U0139720

《资治通鉴》是我国北宋时期著名史学家司马光组织编写的一部编年体史学巨著，记载了上自周威烈王二十三年，下至后周世宗显德六年，共1362年的历史变迁。

⊙品读中国历史　汲取无穷智慧⊙

资治通鉴故事

文若愚　主编

中国华侨出版社

图书在版编目（CIP）数据

资治通鉴故事 / 文若愚主编. —北京：中国华侨出版社，2013.5
ISBN 978-7-5113-3616-3

I.①资… Ⅱ.①文… Ⅲ.①中国历史—古代史—编年体—通俗读物 Ⅳ.①K204.3-49

中国版本图书馆CIP数据核字（2013）第104935号

资治通鉴故事

主　　编：文若愚
出 版 人：方　鸣
责任编辑：良　臣
封面设计：王明贵
版式设计：韩立强
文字编辑：于海娣
美术编辑：张　诚
图片提供：孔　群　郝勤建
经　　销：新华书店
开　　本：720mm×1020mm　　1/16　　印张：27.5　　字数：720千字
印　　刷：北京鑫海达印刷有限公司
版　　次：2013年8月第1版　　2018年10月第5次印刷
书　　号：ISBN 978-7-5113-3616-3
定　　价：29.80元

中国华侨出版社　　北京市朝阳区静安里26号通成达大厦3层　　邮编：100028
法律顾问：陈鹰律师事务所
发 行 部：（010）58815874　　　　传　　真：（010）58815857
网　　址：www.oveaschin.com　　　E - m a i l：oveaschin@sina.com

如果发现印装质量问题，影响阅读，请与印刷厂联系调换。

前　言

　　《资治通鉴》是我国北宋时期著名史学家司马光组织编写的一部规模空前的编年体史学巨著，由宋神宗取意"鉴于往事，有资于治道"而亲赐名。司马光自幼酷爱史学，"嗜读不厌"。屡次深切感受到历代史籍冗杂，并且除了《史记》之外多数都是断代史，不便参阅，使学习历史的人感到很困难，同时他为了给封建统治者提供借鉴，于是决定动手编一部"删削冗长，举撮机要，专区国家盛衰，系生民休戚，善可为法，恶可为戒"的史书，并确定此书的宗旨是"鉴前世之兴衰，考当今之得失，嘉善矜恶，取是舍非"。宋英宗治平三年（1066年），他将记载战国、秦朝历史的《通志》呈进朝廷，获得赏识，并受诏设局续编。宋神宗曾专听司马光进读书稿，并御撰书序，以示鼓励。元丰七年（1084年），全书完成，历时19年之久。

　　《资治通鉴》记载了上自周威烈王二十三年（公元前403年），下至后周世宗显德六年（公元959年），共1362年的历史，内容以政治、军事和民族关系方面的重要史实为主，兼及经济、文化和历史人物评价，博大精深，通古今之变，有"网罗宏富、体大思精、为前古之所未有"的美誉，备受历代统治者及文人学士的青睐，视之为必读之书。

　　全书卷帙浩繁，共294卷，《周纪》5卷，《秦纪》3卷，《汉纪》60卷，《魏纪》10卷，《晋纪》40卷，《宋纪》16卷，《齐纪》10卷，《梁纪》22卷，《陈纪》10卷，《隋纪》8卷，《唐纪》81卷，《后梁纪》6卷，《后唐纪》8卷，《后晋纪》6卷，《后汉纪》4卷，《后周纪》5卷。另外，还有《目录》30卷，《考异》30卷。《资治通鉴》是我国一部极为重要的编年体史书，具有很高的史料价值。全书体例严谨，前后脉络分明，语言文字也较为简练。这些对后世文学都产生了极大的影响。自《资治通鉴》出现后，一度中衰的编年史书体裁才得重振旗鼓，并加以发展起来。但《资治通鉴》也有它的不足和缺点，在体例上也有一些失当的地方，列在同一年代下的历史叙述常常缺乏相关性，而同一事件的来龙去脉也不可避免地分散开来，这些都给现代读者带来了阅读上的不便。鉴于此，我们推出了这部《资治通鉴故事》。

　　本书精选了原著中最为人所称道的300余个独立完整的故事，按时间顺序对其进行了整理编撰，通过科学的体例和创新的形式，全方位、新视角、多层面地向读者呈现这部中华文明巨著，力求在真实性、趣味性和启发性等方面达到一个全新的高度。同时，编者还精心选配了历史文物和遗迹照片、战争示意图、帝王名臣画像、历代人物名画等200余幅图片，更加真实、直观、全面地将中国历史的丰富与精彩呈现在读者面前。

　　精练生动的文字、科学简明的体例、丰富精美的图片、注重传统文化与现代审美的设计理念，多种视觉元素有机结合，帮助读者从全新的角度和崭新的层面去考察历史、感受历史、思考历史。

目 录

汉 纪

周纪

　　周朝分为西周和东周两个时期。西周约从公元前1046年周武王灭商朝起至公元前771年周幽王被申侯和犬戎所杀为止，共经历11代12王，历经275年左右。公元前770年，申侯和其他一些诸侯立周平王为天子，平王将京都从镐京（今陕西西安西南）迁至洛邑（今河南洛阳西），历史上称东迁以后的周王朝为东周。

　　从周朝开始，境内各个民族与部落不断融合。周王为了巩固其统治地位，采取了"众建诸侯、裂土为民"的分封制。"井田制"是周朝社会生产关系的基础，也是贵族赖以生存的经济基础，农业仍旧是社会经济的主要部门。

　　周王朝建立以后，仍不断用兵，常和荆楚、鬼方、猃狁、东夷、淮夷等邻邦发生战争，互有胜负，但更多的则是与邻邦的友好往来和经济文化交流。

中国大事记

公元前403年，周威烈王册命韩、赵、魏三家为诸侯，战国七雄局面正式形成。

赵魏韩三家分晋

晋国自晋文公之后，国君的权力日渐衰落，晋国的大权掌握在智、赵、魏、韩四大家族的手中，尤以智家势力最大。当初，智宣子打算立智瑶做继承人。智果得到消息后就劝他说："我觉得立智瑶不是最好的选择，不如改立智宵。虽然智瑶有很多方面超过了一般人，但是他却有一个方面是致命的缺点。"

智宣子听到后问："那你说说看，智瑶有什么致命的缺点？"

智果回答说："智瑶虽然很聪明，但是做起事来却不仁不义。如果让他继承爵位的话，恐怕我们智氏就要灭亡了啊！"

智宣子听后不以为然，没有听从智果的劝告。

智宣子死后，智瑶成为智家的族长，并掌握了晋国的大权，称为智襄子，而晋国也开始走向衰亡。

这个智瑶果然像智果说的那样，虽然具有治理国家的才能，但是却专横跋扈，残暴无道。有一天，智瑶找来了大夫韩康子和魏桓子，与他们一起在蓝台喝酒。酒席宴间，智瑶不但戏弄了韩康子，而且还侮辱了他的家臣段规。

智瑶又提出让韩康子把地割让给他，韩康子听后本来不愿给，可是段规却说："先不要

着急，我们不如答应他的条件。这个智瑶既贪婪又凶狠，如果我们不给他，他一定会派兵讨伐我们的，以我们的实力，肯定会战败。"

韩康子觉得段规说得有道理，就把一块非常好的地给了智瑶。这下智瑶尝到了甜头，紧接着又向魏桓子要地。这魏桓子本来也不想给，可是他手下的谋士任章劝他说："智瑶现在无故向自己的大夫索要土地，一定会招来很多人的怨恨。不过，现在还不是和他硬拼的时候，不如答应他的要求，助长他的骄横气焰。这样一来，智氏恐怕就离灭亡的时间不远了。"

魏桓子觉得任章说得有理，也给了智瑶很好的一块地。于是，智瑶又向赵襄子索要土地。

赵襄子说什么也不答应智瑶的要求。智瑶还从来没被人拒绝过，一气之下就联合韩魏两家的军队一起攻打赵襄子。

赵襄子一看形势危急，就按照他已故父亲的指示，投靠了晋阳（今山西太原西南）的尹铎。

智瑶一看赵襄子跑了，马上带兵包围了晋阳。为了逼死赵襄子，智瑶命人引水灌淹晋阳，大水很快就淹没了整个晋阳城。即使是这样，晋阳城内的百姓也没有一丝要投降的意思。智瑶趾高气扬地坐在车上，冷笑了几声，说道："原来，一场大水也可以灭亡一个国家啊！"

听到这些话，韩康子偷偷地用胳膊碰了一下魏桓子，魏桓子也用脚偷偷地踩了一下韩康子，两人都明白什么意思，就谎称要去引水淹城，纷纷退了出去。

郗疵觉得事情不对，就对智瑶说："主公，我看这两个人一定会谋反的。"

智瑶奇怪地问他："哦？你怎么知道的？你凭什么这么说？"

郗疵回答说："我是从他们的表现判断出来的！你想，他们两家和我们一起攻打赵氏，眼看赵氏就要灭亡，他们马上就能分到赵国的土地，可为什么还愁眉不展呢？我觉得，他们一定是有所顾虑，想要谋反。"

三家分晋示意图

第二天，智瑶把郗疵的话一五一十地全都告诉了韩康子和魏桓子。两人听后吓出了一身冷汗，赶忙辩解说："不不！这个家伙其实是在为赵襄子办事啊！他想挑拨我们之间的关系，使我们不能攻下赵氏。您想，我们难道放着赵家的土地不要，却偏偏去谋划什么不可能成功的事吗？"

智瑶觉得有道理，就放他们两个走了。这时，郗疵也走了进来，就问智瑶："您是不是把我的话告诉他们了？"

智瑶说："是啊，你怎么又知道了？"

郗疵回答说："我刚才看他们二人神色慌张，不敢看我。可见，这两个人已经知道我揭穿了他们的阴谋啊！"

可是，这时的智瑶已经完全听不进劝告了，反而把郗疵派去出使齐国。后来，赵襄子和韩康子、魏桓子联合起来，用水淹的办法打败了智瑶。最后，他们将智瑶和他的族人全部杀死，只留下了辅氏。

周威烈王二十三年（公元前403年），韩、赵、魏三家灭了智氏，被周天子封为诸侯，晋国遂亡。

·木铎·

商周时期，政府组织比较简单，没有那么多的行政人员。政府需要传达政令时，便由一种叫作遒人的政府官员到民间走街串巷传达，同时官员也顺便采采民风，因此这种官员可谓是兼具上令下达和下情上达两个功能，是政府与社会的直接连接者。

木铎是遒人巡行各地随身所带的器具，是一种带木柄的金属铃铛，类似于走街串巷的小贩所拿的拨浪鼓。遒人正是用这个东西将大家召集起来发布政令。因此，木铎经常象征了王道。后来，孔子周游列国时，一个卫国的小地方官因为被孔子的个人魅力所折服，说"天将以夫子为木铎"，意思是将孔子比做上天的代表。从此，木铎便也象征天道。

豫让刺杀赵襄子

豫让，春秋时期晋国人。他曾经侍奉过晋国的大夫范氏和中行氏，但没有得到重用。后来，他又投靠在大夫智氏的门下。智瑶很赏识他的才华，非常器重他，所以豫让对智瑶感激不尽。

韩、魏、赵三家消灭了智氏以后，赵襄子为了出口恶气，就把智瑶的人头砍了下来，并且用漆把他的头骨装饰了一下，制成饮酒用的器皿。每次赵襄子与大夫们饮宴时，都会用这个仇人头骨做成的酒杯。

逃亡在外的豫让听到智瑶被杀的消息后，十分伤心，后来又听说赵襄子居然用智瑶的头骨做酒器饮酒作乐，更是恨得牙根痒痒。豫让心中暗自发誓，一定要杀了赵襄子，好为智瑶报仇。可是，赵襄子是什么人啊？前呼后应，一呼百应，一个小小的刺客想凭自己的力量刺杀他，简直是做梦！豫让冥思苦想，最后终于想出了一条妙计。

这天，一个奴隶打扮的人出现在了赵襄子的宫门口。来人声称自己因为犯了罪，被判罚到这里来做苦役。还说自己不怕脏，不怕累，别人不愿意干的活他愿意干。赵襄子见他挺可怜的，就把他留了下来，让他每天负责为自己整理、清扫和维修厕所。

其实，这个人就是豫让。为了能够接近赵襄子，豫让变卖了所有的家产，然后怀揣着匕首来到了赵襄子的宫中。豫让是个沉得住气的人，时机不成熟，他是不会动手的。因此，虽然他在赵襄子宫中潜伏了很长时间，但一直没有被发现。

这天，赵襄子去厕所，突然觉得心神不宁。赵襄子马上意识到，这是预示有什么不祥的事情要发生。于是，他下令自己的卫士四处搜索，看看有没有可疑的人。不一会儿，卫兵们就把正在外面粉刷墙壁的豫让抓了过来，报告说："禀报大王，从这个人身上搜出一把匕首。"

赵襄子看了看匕首，又看了看豫让，问道：

中国大事记

公元前396年，魏文侯以吴起善于用兵，能得军心，任命其为西河守，以对抗秦、韩。

"你是何人？为什么要谋刺我？我与你有什么仇恨？"

豫让知道这次被抓后，自己是难逃一死，于是就大声说道："呸！你这个背叛故主的小人，我是智瑶的家臣，今天就是想要杀了你，为主人报仇。"

旁边的大臣们一听，全都气得哇哇乱叫，纷纷表示一定要杀了豫让。赵襄子想了想，就说："你的精神我很佩服，我决定不杀你！"

这下连豫让都被搞糊涂了，他不知道赵襄子葫芦里到底卖的是什么药。赵襄子看了看左右的大臣，对他们说："智瑶残暴无道，最终被我和韩、魏两家消灭。智瑶死了，他的三族也被消灭的差不多了，可以说他现在已经是断子绝孙，没有后代了。但是，眼前这个人明知道这样，还要为他的主人报仇，这难道不是一位难得的义士吗？我怎么忍心杀害他呢？算

了，我以后自己多加小心就是了！"于是，赵襄子就命人放了豫让。

不过，豫让对赵襄子的大度并不领情，他还要继续刺杀他。这次，豫让考虑到赵襄子已经知道自己的容貌和身世，就用漆涂满了全身，弄得浑身上下生满了癞疮，有的地方还流着脓水。接着，他又生吞火炭，把自己的嗓子弄哑。这样一来，当初相貌堂堂的豫让就变成了一个丑陋不堪的丑八怪。

为了检验自己这招是不是管用，豫让又装成乞丐，每天都在大街上乞讨。结果，没有一个人认出他来，就连他的妻子也不例外。豫让觉得很满意，认为自己已经可以蒙骗过任何人了。一天，豫让像往常一样在大街上乞讨，突然他以前的一个朋友认出了他。这位朋友见他把自己折磨成这个样子，非常伤心，流着眼泪对他说："豫让啊豫让，你这又是何苦呢？凭借你的才华，如果去投奔赵襄子，一定可以得到他的宠信。时间一长，他会慢慢放松对你的警惕。到那时，你再找机会刺杀他，不是易如反掌的事吗？可是你……你干吗要把自己的身体摧残成这个样子呢？你把自己搞得这么痛苦，却还想什么阴谋刺杀，这不是更加困难了吗？"

豫让摇了摇头说："我的做法你是不会理解的。如果说我放弃原则，去投奔赵襄子，做赵氏的家臣，那么，当我以后找机会杀掉他的时候，我就不是替故主报仇，而是变成一个怀有二心的小人了，那样我还怎么称自己是一个堂堂正正的人。我知道，我现在做的这些事情是极其困难和痛苦的，可是我必须这样做，因为我要让天下所有人都知道，凡是对主人怀有二心的人，都应该感到非常地惭愧。"

见他已经下定了决心，朋友无奈地摇摇头走开了。

这天，赵襄子乘车出行，豫让躲在桥下伺机行动。可是，连老天都在帮赵襄子。当赵襄子的马车经过桥上时，拉车的马突然受了惊吓。赵襄子觉得一定有什么问题，就让手下的士兵四处搜查。结果可想而知，豫让又被赵襄子抓

·周礼·

周朝建立了一套完整的礼乐制度，将上至天子，下至庶人的各种宗法封建制度合法化、礼仪化，以便平衡权利的分配制度。

周代的社会道德规范统称为"礼"，在举行礼仪活动时，常常歌舞相伴。相传西周的礼乐是由周公制定的。周公对以前的礼乐进行了加工和改造，就成为"周礼"。

周礼分为五礼：吉礼，用于各种祭祀活动；凶礼，用于丧葬和哀吊各种灾祸；宾礼，用于诸侯朝见天子；军礼，用于军事和相关的领域；嘉礼，用于各种吉庆的活动，包括饮食、婚冠、宴享、贺庆等。在《仪礼》中记载的具体的礼仪，则有士冠礼、士婚礼、乡饮酒礼、燕礼、聘礼、士丧礼等，名目极为繁细。

周代的礼乐主要通行于士和士以上的贵族阶层，用以约束贵族的行为，明确他们之间的尊卑关系。对于下层人民而言，则以刑罚治之，礼乐是不适用的，所以说"刑不上大夫，礼不下庶人"。

了起来。

这次，赵襄子知道豫让是铁了心要杀自己，所以就命人把他杀了。

名将吴起

吴起是卫国人，出生于贵族之家，但是到了他这一代，家境已经没落了。

吴起喜欢兵法，曾经拜曾子为师，学习治国之道，后来到鲁国做官。

齐国的军队攻打鲁国，鲁国国君想任命吴起为将军，但是因为吴起的妻子是齐国人，所以鲁国国君对他还是有些怀疑。吴起一心想当上将军，一展自己平生所学。他得知鲁穆公对自己有所怀疑，就回到家，杀了自己的妻子，并砍下妻子的头，拿给鲁穆公，以此表明自己的心迹。鲁穆公一见，非常感动，就任命吴起做将军，率领军队攻打齐国。吴起果然不负鲁穆公的重托，率领鲁国军队，大胜齐军。

鲁国有的人非常嫉妒吴起，就暗中诋毁他说："吴起从不相信别人，而且非常残忍狠毒。他年轻的时候，家里的黄金足足有几千两，他把这些钱都用来去外面买官，但是到最后却什么也没得到，还花完了家里所有的积蓄。和吴起同乡的人笑话他，说他没什么出息，他就拔剑把几十个嘲笑自己的人都给杀了。他杀人以后，就从卫国的东门逃跑，不顾自己年迈母亲的死活，离开了家乡。他和他的母亲告别的时候，咬着自己的胳膊发誓说：'我吴起要是当不上国相客卿，就绝不回卫国。'于是到了鲁国，拜孔子的弟子曾参为师学习儒术。不久，同乡的人来告诉吴起，说他母亲故去，但是他为了做官，竟然不回去奔丧。曾参知道后，认为他一点儿也不孝顺，非常瞧不起他，甚至和他断绝了师徒关系。吴起被老师开除后，就去学习兵法，后来在国君的朝中做官。国君怀疑他，吴起就杀了自己的妻子，向国君表明自己的心迹，希望能够得到将军的职位。鲁

吴起像

国是一个小国，如果任用一个会打仗的将军，就会被其他国家误认为我们鲁国很有野心，那样的话对鲁国十分不利。况且鲁国和卫国是兄弟国家，国君要是重用吴起的话，就等于得罪卫国。"鲁穆公听到流言，就慢慢地对吴起有所猜疑，逐渐疏远了吴起。

吴起被鲁穆公疏远以后，没有办法，只能去其他国家发展。他听说魏文侯非常贤明，觉得不如去投奔他。吴起就前往魏国，表示自己愿意在魏国效力。魏文侯也听人说起吴起有才能，想委以重任，但对吴起了解不多。为搞明真实情况，他问大臣李克："吴起是个什么样的人啊？"李克回答说："大王，虽然吴起这个人贪恋财物而且喜欢女色，但是讲起带兵打仗，那他可真的是一位英雄，连齐国的司马穰苴也很难比得上。"魏文侯听了以后，马上任命吴起为大将军，并且让他率领军队与秦军作战。吴起带领魏国军队西征，击败秦军，夺取了秦国五座城池。

吴起担任将军带兵打仗的时候，总是和士兵们一起同甘共苦。和最下等的士兵穿一样的衣服，吃一样的饭菜，睡觉的时候不铺垫子，行军的时候也不坐车骑马，还亲自背着行李和干粮。吴起还十分爱护士兵。有一次，一个士兵身上长了一个毒疮，吴起就亲自给这个士兵吸出疮里面的毒液。这个士兵的母亲听说了这件事情后，就嚎啕大哭。别人知道了，觉得很奇怪，就问她说："你的儿子在部队里只是一个无名小卒。他身上长了个毒疮，吴起将军却亲自给他吸疮里的毒，你应该为你儿子感到高兴和骄傲才是啊，怎么还哭得那么伤心呢？"那个士兵的母亲回答说："不是像你说的那样。以前他父亲也在吴起将军手下当兵，身上也长了个毒疮，吴起将军亲自替他父亲吸出了疮里面的毒。他父亲为报答吴起将军，在战场上勇往直前，不顾生死，最后战死在战场上。现在吴起将军又亲自给我儿子吸出毒疮里面的毒，他肯

中国大事记

公元前 386 年，田和将齐康公赶到海上，只给其一城为祀，田氏遂有齐国。

定也会像他父亲那样，舍生忘死地报答吴起将军啊。我不知道他会在什么时候战死，也不知道他会战死在哪里，所以才放声痛哭。"

魏文侯因为吴起非常善于用兵打仗，对人公正公平，在部队得到所有将军和士兵们的信任和爱戴，于是就任命他担任西河地区的郡守，来抗拒秦国和韩国对魏国的进攻。

魏文侯死了以后，他的儿子当了国君，这就是魏武侯。有一天，魏武侯带领大臣们乘坐大船，沿黄河顺流而下。船行在黄河中央，魏武侯站在船头，看着黄河宏大磅礴的气势，感慨颇多，便回过头来对吴起说："你看这大山，这大河，多么壮观、多么险要啊！真是我们魏国的珍宝啊！"他满以为吴起会赞同，没想到吴起却讲出下面一番大道理来："君王，成就大业依靠的是国君的仁慈和美德，而不是靠山川的险要。古代三苗氏凶暴好杀，不修德行，不讲信义，他们拥有洞庭湖和彭蠡湖，想凭借这些险要的地势阻挡大禹，最后怎么样，不还是被提倡仁德的夏朝灭亡了吗？夏朝的最后一个王夏桀，不施仁政，残暴昏庸，致使民心离散。再看看他的领土，西有滔滔黄河，东靠高大的泰山与华山，南边是高峻的伊阙山，北面是艰难曲折的羊肠坂，这些地方足够险要吧，但仍然不能阻挡商汤的进攻，最后被商朝灭掉，

·《周易》·

《周易》也叫《易经》，从战国时代起，就被看作国古代儒家学派的经典著作之一，后来被列为儒家经典之首。"周易"的"周"指周代，"易"是变化的意思，按照古书记载，易有"三易"——《连山》、《归藏》、《周易》。春秋时代，《周易》作为占筮书流行，不断有人对它进行解释和研究，其中包括孔子。到战国时，便出现了《易传》七种十篇，称为"十翼"。后来《易传》被编入《易经》，就成了我们今天所见到的《周易》。《周易》虽是一部占筮之书，但也含有一种朴素的辩证法思想。

整个国家也被商汤占有。商朝最后一个王殷纣，暴虐百姓，残杀大臣，最后众叛亲离，虽然拥有太行山和黄河这些天下最重要的军事要地，还是低挡不住周武王的仁义之师，逃不脱灭亡的命运。由此看来，一个国家政权是否稳固，在于国君有没有美德，能不能让百姓得到好处，而不在于拥有多少险峻的山水，占据多少地理上的险要。如果君王您不修仁德，现在和您同乘一条船的人，也难保不成为您的仇敌！"魏武侯听了他的话，连忙点头，说："你说得真对！"

吴起做西河郡守，很有政绩，名声一天比一天大。后来，魏国设置了相国，由田文担任。吴起认为自己的功绩比田文高，心里忿忿不平，总想找田文理论一番。

他就找到田文说："我想和您比一比功劳，比一比才能，你看怎么样啊？"田文一听这句话，就知道他来者不善，但还是和气地回答说："好的，吴将军您请说吧。"吴起就问："那我先问问你，带兵打仗，让士兵心甘情愿地为国作战，让敌国不敢轻视魏国，你说我们俩谁更厉害？"田文回答说："当然是将军您啊，这点我哪能比得上您啊？"吴起一听这话，就更看不起田文了，又问他："那我们再比比其他的。说到管理老百姓，发展生产，让国家富强，我们两个人，你说谁厉害？"田文还是低声下气地说："这点我也比不上吴将军您啊。"吴起更加高兴了，连看都不看田文一眼，趾高气扬地说："那你再说说，镇守西河，抵抗秦国的进攻，打败韩国和赵国，去攻占他们的土地，我们俩相比谁更厉害？还是我吧？"田文连忙点头，说："当然还是将军您啊！我怎么能和您相比呢？"

这时的吴起，满以为田文在自己的逼问下，会主动让出国相的位置，就马上接着说："那我就不懂了，论带兵打仗，你不如我；论治理百姓，你也不如我；论镇守西河，抗拒秦军，你还是不如我，那为什么现在你是国相，而我只做个西河郡守呢？"田文见吴起说出了自己的真正意图，便回答说："吴起将军，上面的三点，我确实是不如您，但是国君让我当国相，

历史关注

自然有他的道理。您想想，现在国君刚刚即位，年龄不大，没有太多的政治经验，不但大臣们对他能否治理好国家都心怀疑虑，而且就连百姓们不大信服。魏国国内，隐藏着许多不安定的因素，您说，这种情况下，是让您来处理国家大事好呢？还是让我来处理国家大事好呢？"

听了这句话，吴起沉默了很长一段时间，想自己的身份和才能在稳定国家政局方面确实不如田文，然后诚恳地说："应该让您来掌管国家政务！"田文接着说："这就是我的优势所在，也是我的职位比您高的原因。"吴起明白了其中的道理，从此以后，再也不敢看不起田文了。

魏国国相田文死了以后，公叔痤接替他当上了国相，而且还娶了魏国的公主做妻子。公叔痤听说吴起曾经和田文比试谁的功劳大，害怕他也会这样对待自己，威胁自己的相位。他想除掉吴起，然而又无良策，只能整天在家唉声叹气。一天，一个聪明的下人知道了他的心思，就对他说："大人，您要想把吴起赶走，那还不简单？只要一个小小的主意就行了啊。"公叔痤一听，非常高兴，连忙问下人说："你快说，有什么好办法？"下人附着公叔痤的耳朵说道："大人，吴起这个人，为人节俭而且清正廉明，但是又非常爱面子，喜欢别人夸他。大人您只要对大王说：'大王，吴起那么有才华，既能带兵打仗，又能管理国家和百姓，而我们魏国国土那么小，又和西方强大的秦国相邻接。他肯定不会在我们魏国这样的小国待下去，一定会有其他的打算的。'那时大王肯定就会对他产生怀疑，并且问您：'那该怎么办呢？'您就对大王说：'大王可以把公主殿下许配给吴起做妻子，来观察他到底有没有永远留在魏国的打算。如果吴起拒绝娶公主为妻的话，那就说明吴起不打算在魏国长住；如果他愿意娶公主为妻，那自然就说明他以后要永远呆在魏国。那大王您也就能放心了。'等到大王下令把要公主许配给吴起的时候，大人您再找个机会，邀请吴起来家里面，让他亲眼看看

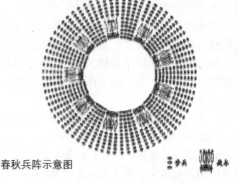

春秋兵阵示意图

公主是怎么对待自己的丈夫的。但是大人您事先要和公主商量好，假装让公主生气，让公主表现得看不起你。到时候，吴起看见公主连您这个丞相大人都看不起，就会担心她更看不起自己一个小小的将军了。那样，他自然就会拒绝大王的美意。如此一来，他只能离开我们魏国了。"

对公叔痤的诡计一无所知的吴起，果然中了他设下的圈套。吴起在公叔痤家做客时，只见公主对国相大人呼来喝去，根本不把他当个人看，十分吃惊。时隔不久，魏武侯提出将公主许配给吴起，吴起委婉拒绝了。于是，魏武侯当真怀疑吴起有另投他国的打算，慢慢地就疏远吴起，不再信任他。吴起见状，害怕魏武侯下令降罪给自己，马上逃离了魏国，去了楚国。

这时的吴起，已经不是原来那个刚学完兵法没什么名气的吴起了。因为打了很多的胜仗，他在诸侯国当中已经有了很大的名气。楚悼王早就听说吴起很有才华，知道吴起到达楚国，就马上派人四处打听吴起的消息。找到吴起后，楚悼王就封他做楚国的国相，让他辅佐自己，

中国大事记 | 公元前384年，秦国废除了用人殉葬的落后制度。

治理楚国。

吴起当了楚国国相以后，没有辜负楚王的厚望，马上着手进行各种改革。他进一步明确了楚国的法令，坚决按照法令办事；命令下达了，就一定执行。他还淘汰并裁减了一些没有什么作用的职位，废除了一些和国君以及公侯关系非常疏远的人的贵族地位，将原本用于养活这些人的财物用来培养军队。吴起致力于提高楚国士兵的素质，增强楚国的军事力量，还揭穿了那些在楚国往来奔走、希望游说楚王进行连横或者合纵的说客。就这样，楚国逐渐强大了起来，向南平定了百越，向北吞并了陈国和蔡国，打退韩、赵、魏三国的进攻，向西还讨伐了秦国。

一个人有得意的时候，就肯定会有失意的时候。诸侯各国对楚国的强大感到非常担心。而且吴起在楚国的改革，得罪了太多的贵族势力。那些因为吴起改革而丧失利益的贵族们，一同谋划，想害死他，但是苦于楚悼王对他非常宠信，一时也没什么办法。终于，楚悼王去世了。

那些被吴起得罪的人，马上展开了行动。他们带领着自己的部下，拿着弓箭，攻打吴起。吴起被迫跑进了停放楚悼王尸体的地方，但围攻他的贵族们并不放弃，一直追到了楚悼王的尸体旁边。吴起一看对方人多势众，就趴在楚悼王的尸体上。贵族们对他早就怀恨在心，现在好不容易等到国君去世，怎么都不能放过他，于是纷纷朝他的身上射箭。因为吴起和楚悼王在一起，他们虽然射杀了吴起，一些人的箭也射中了楚悼王的尸体。

安葬完楚悼王，太子登基当上了国君。太子一即位，就下令把射中悼王尸体的人全部处死。那些为射吴起而射中了楚悼王尸体而被灭族的人，一共达70多家。

聂政刺韩傀

韩傀（《史记》和《资治通鉴》中称其为"侠累"）是战国时期韩国的大臣，也是韩烈侯的叔父，曾经担任过韩国的相国。

在任韩国相国时，韩傀与当时的另一位重臣严仲子（即严遂）政见不合。后来，严仲子因为反对韩傀唆使韩王攻打魏国和晋国而得罪了他，两人结下了仇怨。严仲子怕被韩傀报复杀害，所以逃离了韩国，一心希望可以找到能够杀死韩傀的人。

严仲子后来到了齐国，在和齐国人交谈的过程中得知，有一位名叫聂政的勇士隐居在齐国轵地深井（今河南济源南部）。这个人不仅非常勇猛，武艺高强，而且还十分讲义气。他因为在家乡杀了人，所以就带着母亲和姐姐一同逃到了齐国，靠屠宰牲畜维持生计。于是，严仲子准备了丰盛的酒席，请来了聂政和他的母亲。

酒席宴间，严仲子亲自为聂政的母亲敬酒，而且还拿出了一百镒（古代计量单位，一镒约为二十两）黄金作为贺礼，给聂政的母亲祝寿。聂政对严仲子的行为非常感动，但也非常诧异，问道："不知你找我有什么事？"

严仲子回答说："当今韩国的相国韩傀是我的仇人，我想让人前去刺杀他，为我报仇。我游历了很多国家，发现没有一个人能够担当这项任务。我听说您是勇士，而且还十分重情义，因此想让你替我完成心愿。"

聂政听后摇了摇头，拒绝道："这件事我现在还不能办，我知道刺杀韩傀的任务是十分凶险的，很有可能被他杀死。如今我的老母亲还健在，需要我赡养，所以我是不能将我的性命交付给你的。"聂政还表示坚决不接受严仲子的礼物。

严仲子听后，对聂政十分敬佩。虽然自己报仇的愿望暂时不能实现，但还是热情款待了聂政和他的母亲。

几年以后，聂政的母亲去世了，严仲子得知消息后，马上派人去请聂政。聂政心想："我只不过是个以屠宰牲畜为生的草民，而严仲子却是韩国的重臣。这么一个有身份的人不惜千里来到齐国和我结交，这是对我莫大的信任，我愿意为他肝脑涂地。"

于是，聂政脱下丧服，来到了濮阳严仲子

府上，对严仲子说："先前没有答应您的请求是因为我的老母亲还健在。如今，我的母亲已经去世了，我也没有什么好牵挂的了。我愿意替您报仇雪恨。"

严仲子听后非常高兴，说道："你果然是我要找的义士。不过韩傀现在是韩国的相国，而且又是韩王的叔父，所以他的府院有重兵把守，守卫森严。我以前曾经派人去刺杀过他，但是都没有成功。如今你要前往去刺杀，请让我为您准备足够的银两、车马和随从，那样会增加实现计划的可能性。"

聂政却对严仲子说："卫国和韩国的距离是很近的，我们如今要刺杀的是韩国的相国，带太多人去，很可能会泄露行刺的秘密。如果是那样的话，韩国所有的臣民都会与您为敌，您以后恐怕就很难在韩国立足了。因此，我决定还是我自己去吧，那样成功的概率会大一些。"

严仲子听后觉得有道理，就同意了聂政的意见，让他一个人前去刺杀韩傀。这样，聂政带了一把宝剑，辞别了严仲子，赶往韩傀的府邸。

当聂政赶到韩傀府时，韩傀正坐在府中，府邸周围有重兵把守。聂政心中很清楚，如果现在冲进去，自己恐怕也没命回来。但是，他这次前来抱了必死的决心，所以他根本没把那些士兵放在眼里，提着宝剑，径直闯进了韩傀府，一直冲上了府阶。

守卫看到聂政手中持有宝剑，知道他是刺客，马上过来阻截，但是都不是聂政的对手。聂政来到韩傀近前，不由分手，一剑下去将韩傀杀死，但此时聂政也被韩傀府上的士兵包围。

聂政知道自己已经没有逃脱的可能了，于是就用宝剑划破了自己的脸皮，挖出了自己的双眼，毁掉了自己的容貌。然后，他又用剑剖开了自己的肚子，自杀身亡。韩国人对聂政恨之入骨，于是就把他的尸体抛在大街上当街示众，同时还发下榜文，说如果有人能够说出这个人的来历，就能得到很高的赏金。但是，很长时间过去了，也没有人来认领聂政的尸体。

这时，聂政的姐姐听说了这件事，知道那个刺杀韩傀的人就是自己的弟弟。于是她来到了大街上，哭着说："这个人就是轵地深井的聂政，我是他的亲姐姐！聂政之所以毁掉自己的容貌，完全是怕我也受到牵连啊！以前我们的母亲在世，聂政为了不让母亲担忧而放弃争取名爵的机会，甘心做一个市井屠户。如今母亲已经去世，他又为了我而不敢暴露自己的真实身份。身为一个女流之辈，我怎么能因为害怕丢掉自己的性命而让弟弟的英名被埋没呢？"

说完之后，聂政的姐姐就在聂政尸体的旁边自尽了。

商鞅变法

商鞅（约公元前390～前338年），原名公孙鞅，战国时期卫国人。商鞅年轻的时候就十分喜欢法家的主张，曾经在魏国的宰相公孙痤手下做一名侍从。公孙痤死后，商鞅听说秦国的秦孝公胸怀大志，广招贤才，于是就前去投奔。

商鞅在和秦孝公的交谈中，提出了只有通过变法革新才能使富强国家的观点，秦孝公也表示赞同。但是当时的秦国人思想很保守，所以都对商鞅提出的变法这件事表示不满。商鞅就劝秦孝公说："老百姓的思想是很保守的，他们的目光也是很短浅的。国家做什么事，在

商鞅像

中国大事记

公元前382年，吴起在楚国变法，楚国日益强大，但贵族对其深恨不已。

·世卿世禄制·

卿是古代高级官吏的称呼。世卿就是天子或诸侯国君之下的贵族，世世代代、父死子继，连任卿这样的高官。禄是官吏所得的享受财物。世禄就是官吏们世世代代、父死子继，享有所封的土地及其赋税收入。世卿世禄是周代统治者为笼络亲属、功臣，使他们世代享有特权而实施的制度。西周有许多大贵族世世代代担任卿的高官，世世代代享有周王分封的禄田，这叫作世卿世禄制。如西周初年辅佐周王的周公、召公，其子孙长期在朝廷辅佐周王，为王朝卿士。不过，世袭官职或继承其祖、父的采邑与爵位，均需履行一定的手续，要得到周王或其上级的重新册命。

一开始的时候百姓是不能理解的，但是等到这件事办成了他们就会非常高兴。我认为，我们不应该受百姓思想的左右，必须进行变法才能使秦国强大。"

秦国的贵族大臣甘龙坚决反对变法，对秦孝公说："商鞅的说法是错误的，只有按照祖宗定下来的法律治国，百姓们才可以安居乐业。"

商鞅马上反驳甘龙的说法，陈述变法的好处，指出因循守旧的坏处。秦孝公听后，觉得商鞅说得十分有道理，于是就同意了商鞅变法的主张。同时，秦孝公还任命商鞅为左庶长（官职名称），让他处理所有与变法有关的事宜。

很快，商鞅的新法就拟订好了。新法规定，秦国的百姓每五户编成一组，称为"伍"；每十户又编成一组，称为"什"。"伍"和"什"的成员都必须互相监督，如果有谁犯了法，那么其他成员也要受到牵连，受到处罚。如果有谁告发了罪犯或是把罪犯杀死，那么他就会得到相应的奖励。但是如果有谁故意窝藏罪犯或是与罪犯同流合污，那么他就会受到严厉的惩罚。

新法同时规定，百姓想获得名爵，可以通

过战斗实现。如果在战争中立了功，那么就可以按照功劳的大小得到官爵。但是如果是为了一己私利打架斗殴的话，那么就会视情节的严重程度而判处刑罚。

此外，新法还规定，如果在耕作纺织等方面做得相当出色的话，就可以免除辛苦的劳役，成为一个自由的人。王室贵族的地位也不是长久的，如果有谁在战争中没有立功，那么他将被取消贵族头衔而成为平民百姓。各个不同等级的官吏之间有着严格的限制，不同阶层的官吏在土地的数量、宅院的大小以及衣服的形式和妻妾的数量上都有规定。

新法制定后并没有马上颁布，商鞅为了让百姓们相信新法上写的都是真的，就想了一个办法。他让人在秦国国都市场的南门口树立起一根足足有三丈高的木杆，然后对围观的百姓说，如果有谁能够把这根木杆扛到北门的话，就马上奖励他十金。

开始，秦国的百姓都认为这件事太奇怪了，都不相信这是真的，所以没有人去动那根木杆。商鞅看到这种情况，知道百姓们是不信任他。于是，他又对百姓们说，如果有谁能够按照他的话去做，就奖励给他五十金。

这时，百姓中有一个人站了出来。他走到木杆的面前，很轻松地把它扛了起来，然后一直把它扛到了市场的北门口。商鞅非常高兴，并马上兑现了自己的承诺，给了那个人五十金。那人得到金子后非常高兴，对其他百姓说："看来政府说的话都是真的，没有欺骗我们！"在场的所有百姓也都点头称是。

但是，变法还是遇到了很大的困难。新法实施一年后，有上千人都跑到秦孝公那里告状，说新法不如旧法，请求废除它。秦孝公很为难，但也没有答应。这时，秦国的太子触犯了法，按照新法的规定是要判处刑罚的。但是太子是国家的储君，是不能够定罪的，商鞅就说："新法之所以不能很好的实施，关键原因是我们秦国的上层人物不重视它，不遵守它。如今，太子触犯了新法，理应治罪。但是由于他是储君，所以是不能对他施刑的。那么只好处罚太子的师傅公子虔和公孙贾了。"就这样，太子的师傅公子虔受了刑罚，公孙贾的脸上也被刺上字。

第二天，太子师傅受到惩罚的消息就传遍了整个秦国，百姓们都相信了新法。就这样，商鞅的新法开始在全国推行。在新法的推动下，秦国果然变得很强大。秦国的农业和纺织业都有了很大的发展，国库里的财富越聚越多。同时，秦国的民风也变得非常好，即使有人在闹市丢失一块金子也能够找回来，而且那时的秦国没有山贼强盗，人们更加崇尚的是为国家战斗。

在那些曾经向秦孝公提出废除新法意见的人当中，有些人依然不死心，还和秦孝公提出废除新法。商鞅认为这些人实在太可恶了，就说："这些人没安好心，全部都是扰乱国家法度的人，应该狠狠地处罚他们。"于是，这些人就全被发配到了边疆。

商鞅的新法虽然使秦国强大起来，但是也得罪了很多贵族。秦孝公死后，贵族们联合起来诬陷商鞅"谋反"，最后把他车裂（五马分尸），但新法并未废除，仍然实施。

苏秦佩六国相印

苏秦是东周洛阳人，在齐国上学，后来拜鬼谷子为师，学习纵横之术。他学成后到处游历，但没有国君肯接纳他。几年后穷得过不下去了，只好灰溜溜地回家。全家人都嘲笑他说："我们周人的风俗就是做生意，现在你却舍弃事业去用嘴巴谋生，你穷是活该。"苏秦听到家人这么说感到非常惭愧，从此闭门不出，把所有书都翻出来一本一本地看，说："大丈夫已经学了这么多东西了，还不能用它们来获得地位财富，书再多又怎么样！"不久他得到了一本《阴符》书，日夜埋头苦读。一年后他觉得学得差不多了，说："这下子可以去游说当代的君王了。"于是他求见周显王，而周显王周围的人都听说过苏秦的事，看不起他，所以没有成功。

苏秦去了秦国，他对秦惠王说："秦国地势险要，乃天府之国。以秦国众多的百姓和军事力量，吞并天下都没有问题。"秦惠王刚刚杀了商鞅，本来就讨厌那些游说的人，就没有用他。

苏秦又去了赵国，也没有成功。后来在燕国待了一年多才见到燕王，他一番话把燕王说得晕头转向，很快就打动了他。燕王给了他许多礼物，让他出使各国。苏秦凭借自己的口才把除了秦国之外的其他六国的君王全部说动了心。最后六国在苏秦的帮助下建立了盟约，苏秦为从约长，当了六国的相国。苏秦路过洛阳的时候，声势浩大，身后跟了一大群六国派来服侍他的随从，比国王还威风。周显王吓坏了，赶紧把道路清扫干净，派人去慰劳苏秦。苏秦的家人也都跪在路边不敢抬头看他，苏秦笑着对他嫂子说："怎么以前你们那么傲慢，现在又这么恭敬呢？"嫂嫂很不好意思，遮着脸说："是因为弟弟你地位很高，又有很多钱的缘故。"苏秦长叹道："同样的一个人，富贵的时候亲戚怕他，贫贱的时候亲戚却看不起他。亲戚尚且如此，更何况其他人呢？如果当初我能拥有洛阳的两顷土地，现在怎么能佩上六国的相印呢？"他取出千金分给亲戚朋友。当年苏秦去燕国的时候，问人借了一百钱当路费，现在富贵了，就给了当年借他钱的人百金。凡是当初对他有恩德的人苏秦都重重地回报了他们。但跟从他的人中有一个没有得到报酬，就上前询

双龙形玉饰　战国

西周的礼制中，玉器具有神秘而高贵的内涵，有着完整的佩饰体系。春秋战国时期，旧礼制逐渐崩溃，人们将有关君子的伦理道德观念与玉的特质相结合，使"君子之德比于玉"等观念应运而生。这种理念贯穿中国几千年的历史，成为后世玉器经久不衰的理论基础和精神支柱。

中国大事记

公元前367年，赵国与韩国助周公子争位，始分东周、西周。

六国封相图　年画

问。苏秦说："我不是把你忘了。当年你和我一起去燕国，在易水上有好几次都想扔下我走掉。当时我很穷困，所以对这事耿耿于怀。我想最后一个报答你，现在你也有一份赏赐了。"

苏秦撮合六国合纵后就去了赵国，被封为武安君。由于六国团结了起来，秦国有15年都不敢出兵。后来秦国派人欺骗齐国和魏国，和他们一起讨伐赵国。结果赵王责备苏秦，他只好请求让自己去燕国想办法，他一走合纵就解散了。

不久齐国攻打燕国，燕王很不高兴，让苏秦想办法。苏秦只好跑到齐国游说齐王，他那三寸不烂之舌很快就把齐王骗得团团转，齐王当即答应停止攻打燕国，并把抢来的城池还给燕国。苏秦完成任务后回到燕国，燕王恢复了他的官职，对他更好了。不过苏秦人品不太好，他和燕王的母亲有奸情。燕王知道这件事后不但没有怪他，反而对他更好。苏秦担心自己被杀，就对燕王说："我在燕国不能让燕国强大，而我在齐国的时候反而对燕国好处更多。"燕王说："就听你的吧。"苏秦就假装得罪了燕王而逃到齐国，齐宣王任命他为客卿。

齐宣王死后，苏秦游说新齐王厚葬齐宣王以表示自己是个孝顺的孩子，又花了很多钱来修筑宫殿，实际上是想让齐国变穷，这样对燕国就有好处。后来齐国大夫们和苏秦争宠，有人就派了刺客去刺杀苏秦。刺客刺中了苏秦就跑了，苏秦虽然受了重伤，但还没有死。齐

王派人查访凶手，但总也找不到。苏秦快死的时候对齐王说："我死后大王要把我的尸体拉到集市上车裂，说我是为了燕国而来齐国捣乱的，这样杀我的人就会自己跑出来了。"齐王照他的话做了，不久凶手果然自己跑出来承认了，齐王就把他杀了为苏秦报仇。

苏秦虽然死了，但他开创了一个靠游说取得官职的时代。在他之后出现了很多纵横家，包括苏秦的弟弟苏代也是靠嘴皮子吃饭的人，这些人的思想对中国影响很大。

苏秦激张仪

战国时代和苏秦齐名的纵横家，毫无疑问就是张仪了。

张仪年轻的时候，和苏秦一起拜鬼谷子为师。张仪十分有才华，就连苏秦都认为自己比不上他。张仪离开师父后，就准备去游说诸侯。

张仪的第一个目标，就是楚国国君。但是在当时，平民想见国君的话，需要有大臣的引荐。一般的官员都见不到国君，更何况是张仪这样一文不名的穷书生？于是张仪决定先去楚国国相家里担任门客。如果得到了楚国国相的赏识，那自然就有机会见到楚国的国君。张仪到了国相家里以后，很长一段时间得不到国相的信任。他只能慢慢地等待时机。

有一天，楚国国相设宴招待宾客。在席上，国相丢了自己心爱的玉璧，门客们就对国相说："张仪一向贫困，而且品行恶劣，肯定是他偷了国相您的玉璧。"国相就让人把张仪抓住，打了几百杖。张仪宁死不承认，国相只好把他放了。带着这样大的屈辱，张仪回到了家。他的妻子看见他带着一身的伤回来，就问他："你今天怎么了？"张仪对她说了事情的经过，妻子对他说："唉！你要是不去读书，游说诸侯，

又怎么会受到这样的屈辱呢？"张仪对妻子说："你帮我看看，我的舌头还在吗？"听了他的话，妻子笑着回答说："放心吧，你的舌头还好好地在那呢。"张仪一听，就说："那就够了。"

这个时候，苏秦成功说服了赵王，担任了赵国的国相，并且和赵王相约，去游说其他的国君。但是苏秦还是害怕秦国会攻打各国，破坏盟约。又因为找不到合适的人去秦国，苏秦就派人暗中对张仪说："当初你和苏秦关系很好，现在他已经当上了赵国的国相，你为什么不去赵国找他呢？"张仪觉得很有道理，就前往赵国，求见苏秦。

苏秦知道张仪到了自己家里，就让下人故意刁难他，不给他通报，还故意几天都不让他离开。等到张仪不耐烦的时候，苏秦才在大堂接见了他，让他坐在堂下，并且赐给他下人们吃的食物。对他说："没想到你会沦落到这个地步。我不是不能帮你说几句，让你大富大贵。只是你自己不争气，实在不值得我那样做罢了。"之后就把张仪打发走了。张仪满以为苏秦会看在师兄弟的情分上，会向赵王推荐自己，没想到反而被这样羞辱。他非常生气，发誓一定要报复苏秦。考虑只有秦国能够对付赵国，于是张仪动身去秦国。

打发走张仪后，苏秦就对下人说："张仪非常有才华，我比不上他。只有他才能到秦国

去，获得秦王的重用，从而掌握秦国的权势，然后让秦王不要攻打六国。但是张仪出身贫困，没有机会拜见秦王。我又害怕他贪图小利，不能成就大的事业，所以故意找个借口来侮辱他，目的是激发他的志气，让他能奋发向上。你帮我暗中照顾他。"苏秦于是派下人暗中跟随张仪，和他投宿同一客栈，慢慢接近他，还把车马和金钱送给他，提供给他需要的东西。

在苏秦下人的暗中帮助下，张仪终于见到了秦惠文王并且得到了秦惠文王的重用，担任了秦王的客卿。

看见张仪得到了秦王的重用，自己也完成了任务，下人就决定回国向苏秦复命。张仪感到很奇怪，就问他："多亏了您的帮助，我才能得到秦王的重视。现在正要报答您，您为什么要离开秦国呢？"下人回答说："其实暗中帮您忙的，并不是我，而是您的师兄苏秦先生啊。当初他担心秦国会攻打赵国，破坏六国的联盟，他认为除了您以外没有人能够说服秦王、掌握秦国的权势，所以就故意羞辱您。实际上他是为了激发您，又暗中派我提供各种东西给您，支持您来秦国。这些其实都是苏秦先生的苦心啊。现在您得到了秦王的欣赏，我也应该回去向苏秦复命了。"张仪听了以后，非常感慨，说："哎呀！我现在才知道自己比不上苏秦啊！现在我刚被秦王任用，又怎么能够说动秦王去攻打赵国呢？您替我回去感谢苏秦，说只要有他苏秦在，我一定不会让秦国攻打六国。"

果然，在苏秦死之前，秦国都没有攻打六国。

说魏王连横

秦惠文王十年（公元前328年），公子华和张仪攻占了魏国的蒲阳。张仪劝说秦王把蒲阳还给魏国，并让公子繇去魏国作人质。然后张仪又游说魏王说："秦国对魏国这样宽厚，魏国不能不有所报答。"魏王就把上郡、少梁两郡献给秦国，作为答谢。秦惠文王于是封张

仪为国相，并且把少梁改名叫夏阳。

张仪当了4年秦国国相后，就正式拥立秦国国君称王。一年后，张仪担任将军，夺取了陕邑，并在上郡建立要塞。

后来的两年，张仪被秦王派去和齐、楚两国国相在啮桑会盟。回来以后，张仪被免去了国相的职务，他又去魏国担任国相。张仪到魏国，是为了给秦国谋利益。他想先说服魏国听从秦国的号令，然后迫使其他诸侯国仿效魏国，这样，秦国就可以号令天下了，但他的建议遭到了魏王的拒绝。秦惠文王知道后，非常生气，立刻派军队攻占了魏国的曲沃和平周，并且对张仪更加优待。张仪心里很惭愧，觉得没办法来报答秦王。他在魏国待了4年，这时魏襄王去世，魏哀王即位。张仪又劝说哀王，但再一次遭到了拒绝。为了迫使魏国听命，张仪暗中让秦国军队攻打魏国。魏国出兵抗秦，交战失败。

第二年，齐国在观津打败了魏国军队，秦国想趁此机会讨伐魏国。为扫清进军障碍，秦军攻打申差带领的韩军。秦军获胜，斩杀韩军8万士兵。诸侯们得知此事，非常恐慌。这时，张仪又游说魏王说：

"魏国国土纵横不到一千里，士兵也不超过30万。地势四面平坦，可以和四方的其他诸侯国相通。国内没有什么崇山峻岭，从新郑到都城大梁只有二百多里，战车和士兵们不用费什么力气，就能很快到达。魏国的南边和楚国相接壤，西边和韩国相接，北边和赵国相邻，东边和齐国搭界，如果要让魏国的士兵驻守四方的边疆，单单是防守各种要塞的人就不能少于10万。可以这么说，魏国的地势，就是个天然的战场。假如魏国和南面的楚国交好而对齐国不友好，那么齐国就会攻打魏国的东面；如果和东面的齐国交好而不和北面的赵国亲善，那么赵国就会攻打魏国的北面；如果和西面的韩国不和，那么韩国攻打魏国的西面；和南面的楚国不亲，那么楚国就会攻打魏国的南面；这就是四分五裂的地形啊。

"而且现在各诸侯国成立合纵联盟的目的，是为了让国家得到安定，让国君得到尊崇，让军队更加强大，让声名远扬。现在那些主张六国合纵的人，想让天下成为一个整体，诸侯六国成为兄弟国家，于是就在洹水边上宰杀白马，歃血为盟，互相表示信守盟约。但是，即便是同父同母所生的一对亲兄弟，也会为了争

·礼乐征伐自天子出·

"礼乐征伐自天子出"，语出《论语·季氏第十六》："天下有道，则礼乐征伐自天子出；天下无道，则礼乐征伐自诸侯出。自诸侯出，盖十世希不失矣；自大夫出，五世希不失矣；陪臣执国命，三世希不失矣。天下有道，则政不在大夫。天下有道，则庶人不议。"这段话的意思是，天下有道的时候，礼乐的制定和战争的发动都是由天子决定的；天下无道的时候，礼乐和战争的事宜便由诸侯来决定。由诸侯来决定礼乐和战争，很少有能维持十代而不乱的；如果制定礼乐和发动战争的权力落到了大夫的手中，那就很少有能维持五代而不乱的；如果大夫的家臣把持了国政，就很少有超过三代而不发生动乱的。天下有道，国家的政权不会掌握在大夫的手中；天下有道，老百姓就不会有非议。孔子的这段话是经过对历史的考察而得出的结论，春秋时期，自齐桓公开始，"礼乐征伐自诸侯出"，而天子则失去了号令权；齐国从桓公称霸到简公为陈恒所杀，经历十代；鲁国自季友专政，到季桓子时政权让于阳虎，经历五代；而季氏的家臣阳虎、南蒯、公山弗扰等都是当身而败，未及三代。"礼乐征伐自天子出"之所以为"天下有道"的标志，是因为"自天子出"意味着政令的统一，意味着国家政治活动的清明有序。而若自诸侯出、自大夫出，乃自家臣出，则意味着纷争与混乱，意味着激烈的权力争夺，而在这种争夺的过程中必然会产生种种丑陋的事件，同时也给人民带来危害，也就是"天下无道"。

历史关注

鸿沟位于魏国大梁附近，为魏国引黄河水开凿的人工运河。

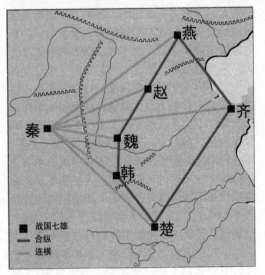

合纵连横示意图

战国末年，各国都展开积极外交，以争取盟友、削弱敌国。"合纵"即合众弱攻一强，攻击对象为秦或齐，以秦为主。"连横"指事一强而攻众弱，主要以秦国为中心。"合纵""连横"为秦强众弱格局下所出现的政治局面。

夺财产而互相争执。难道大王您还打算相信和遵守苏秦那套虚伪狡诈并且反复无常的合纵策略吗？如果真是那样的话，大王您的失败是必然的了。

"如果大王您不听从秦国的命令，秦国就会派兵攻打河外、卷地、衍地、燕地和酸枣，并且攻打卫国，夺取阳晋。这样的话，赵国军队就不能够南下。赵国的军队不能南下而魏国的军队又不能北上，六国合纵联盟的通道就被秦国断绝。六国合纵联盟的道路一旦被切断，魏国也就危险了。到时候，秦国用武力要挟韩国屈服，韩国因为害怕秦国，就会归附秦国。韩国和秦国一旦联盟，魏国就只能坐等亡国。这也是我替大王您担忧的事情啊。

"我为大王您着想，还是不如归附秦国。如果您听从秦国号令，那么楚国和韩国就一定不敢有什么动作了，大王您也就可以高枕无忧，没什么值得担心了。

"再加上现在秦国最想要削弱的国家就是楚国，但是能够削弱楚国的国家只有大王您的魏国。楚国虽然表面上很强大，百姓富饶，实际国力却很空虚；楚国的士兵虽然号称人数众多，却胆小懦弱，在战场上总是逃跑。假如魏国聚集所有的军队攻打楚国，肯定能够取胜。通过夺取楚国的土地而使大王您的魏国得到好处；通过归顺秦国，和秦国一起来攻打楚国，从而将灾祸转嫁给楚国，让魏国国家安宁，这是一件大大的好事啊。如果大王您不采纳我的建议，等秦国的军队向魏国发起进攻，那时，大王您即便想屈从于秦国，恐怕也来不及了。

"而且，那些主张合纵的人，只会讲大话，很难让别人信任他们，只是为了能够得到高官厚禄，封侯封爵。所以那些游说的人，没有一个人不是天天都激动地攘着手腕，瞪着眼睛，向君王们大夸特夸合纵的好处。如果哪个国君因为赞赏他们的口才，就被他们合纵的计划给迷惑了，那就太糊涂啦！

"我听说，羽毛虽然很轻，但要是放多了，也能够让船沉没；很松的货物，但装载多了，也会折断车的架子；群众的舆论可以把铁熔化，众多的诽谤可以毁灭一个人。所以我希望大王能仔细地采取正确的措施，并且恩准我辞去国相职位，离开魏国。"

听了张仪的话，魏哀王就背弃了六国的合纵盟约，并通过张仪表示希望和秦国和解。张仪回到秦国后，又担任了秦国的国相。3年以后，魏国再一次背弃了秦国，重新加入合纵盟约。秦国攻打魏国，并且占领了曲沃。第二年，魏国又重新听从秦国的号令。

张仪欺楚

秦国想要派兵攻打齐国，但是齐国和楚国相互之间缔结了合纵相亲的盟约。秦王于是派张仪去楚国担任楚国的国相，离间齐国和楚国。

楚怀王听说张仪到了楚国，就准备了上等的宾馆，并且亲自去宾馆内安排张仪的起居。看见张仪，楚怀王说："我们楚国只是个非常偏僻的国家，您到我们这里来，有什么东西可以指教我呢？"张仪对楚王说："大王如果真的想听从我的意见的话，就请让楚国和齐国之间断绝往来，解除两国的合纵盟约。如果大王同意的话，我将请秦王把秦国商於一带六百里的土地献给大王您，还让我们秦国的美女来侍奉您。秦国和楚国之间互相娶妇嫁女，永远结为兄弟国家。这样一来，不但齐国被削弱，秦国得到好处，大王您的楚国也能得到土地，没有比这更好的方法了。"听了张仪的话，楚怀王非常高兴，连忙点头答应。

大臣们都来祝贺楚怀王不费吹灰之力得到商於六百里的土地，只有陈轸一个人在一旁大声痛哭。楚王非常生气，就问他说："现在我不费一兵一卒就能得到六百里的土地，其他的臣子都来向我祝贺，你为什么在这痛哭呢？真是坏我的兴致！"陈轸回答说："事情没有大王您想的那么好啊。在我看来，您不但得不到秦国许诺的那块土地，反而会促成秦国和齐国的联合。一旦齐国和秦国联合起来，我们楚国就会大难临头，到时候大王您别说得到土地，恐怕还会失去自己的土地啊。"楚怀王一听，马上问他说："为什么呢？"陈轸回答说："现在秦国之所以那么重视楚国，不惜用自己国家的土地来收买楚国，都是因为楚国

和强大的齐国是合纵盟国。如果大王您听从了秦国的建议，和齐国断绝往来，废除两国的盟约，楚国就孤立了。到那时，强大的秦国又怎么会拿出自己的土地，来满足我们一个已经孤立无援的国家呢？现在张仪口口声声说秦王答应给楚国六百里土地，但是等到他回到秦国以后，肯定不会承认现在向大王许下的诺言。到那个时候，我们不但与齐国断绝了外交关系，还必将招来秦国的攻击，齐国和秦国的军队肯定会联合起来对付我们楚国。大王您不如先暗地里和齐国继续联合，表面上让秦国以为齐楚已经断绝了关系，再派人跟着张仪一起去秦国。如果到时候秦国真的给了我们六百里土地，大王您再和齐国断交也不算晚；如果秦国违背诺言，不给我们土地，那我们也不算失策。"然而楚王哪里听得进陈轸的话，生气地对他说："我希望先生您闭上嘴巴，不要在我面前讲话了。您就等着看我是怎么样得到那六百里土地吧。"

楚王把楚国的相印交给张仪，给了他大量的财宝和礼物，并且派了一位将军跟着张仪一起去秦国，打算去接收秦王许诺的商於之间的土地。随即，楚国和齐国断绝了外交关系，废除了合纵盟约。

·五礼·

五礼是形成于周代的五大类礼仪，分别是：吉礼、凶礼、军礼、宾礼、嘉礼，其最早记载于《周礼》。五礼并非由周人所创立，其中的诸多礼仪是在夏商周1000多年的时间里逐渐形成的，到西周时期，周人对三代的礼制做了总结并将其归纳为此五类。其中，吉礼是五礼之冠，主要是对天神、地祇、人鬼的祭祀典礼；凶礼是哀悯吊唁忧患之礼，用以礼哀死亡、灾祸、寇乱等；军礼是与军事有关的礼仪，用以战前动员，鼓舞士气；宾礼是对于来访的宾客所实施的礼仪，以示尊重；嘉礼比较琐碎，用于国家或人民日常生活中吉庆事情的庆祝活动。五礼在西周形成之后，在春秋战国时期曾一度遭到破坏，即所谓"礼崩乐毁"。孔子所创立的儒家学派对周代礼制进行了继承和发扬，汉代时，儒士叔孙通以五礼为参考所设计的礼仪被汉高祖采纳为宫廷礼仪。自此，五礼成为后世历代帝王乃至民间礼仪的基本骨架，为后世国家政治的稳定和社会运转的有序提供了保障。五礼在后世历代都有所发展，其所涉及的范围不断扩大，内容日渐增多。以宋为例，吉礼已达43种、嘉礼27种、宾礼24种、军礼6种、凶礼12种，加起来总有112种。这些礼仪有形或无形地存在于国家政治和人们日常生活的各个方面，并深入人心，每个人都自觉不自觉地以其为行为规范，中国被称为礼仪之邦正源于此。

历史关注

《东周列国志》是一部章回体历史小说，全书一百零八回，叙写了春秋战国时期五百多年的历史事实，内容多据史实，也加入一些传说故事。

张仪回到秦国以后，假装不小心从车上跌了下来，受了伤，一连3个月都没有去上朝。楚怀王听说了这件事情，就说："恐怕张仪是因为我和齐国之间的断交还不够彻底吧？"于是就派勇士到了宋国，借了宋国的符节，去北方的齐国大肆辱骂齐王。齐王非常愤怒，不但斩断了符节，还主动和秦国联合。秦国和齐国联合以后，张仪才上朝。一上朝，他就对楚国的使者说："现在我有秦王赐给的六里封地，愿意把这六里地献给你们楚王。"

张仪像
战国时期魏国人，和苏秦同拜鬼谷子为师，学习纵横之术。

使者回楚国向楚王报告，楚王气得七窍生烟，马上就要出动军队攻打秦国。这时，陈轸说："现在我可以说话了吧？大王您与其决定发兵攻打秦国，倒不如反过来割让一些土地，贿赂秦国，和秦国一起发兵攻打齐国。这样的话，虽然我们给了秦国一些土地，但能够以从齐国夺过来的土地来作补偿。"楚王还是不听他的话，坚决要出兵攻打秦国。

秦国和齐国联合起来攻打楚国，斩杀楚国官兵8万，楚军主将屈匄战死。秦国获胜后，夺取了楚国的丹阳和汉中两地。楚怀王不服，又派出更多的军队去攻击秦国，楚军再次失败。无奈之下，楚国又割让两座城池给秦国，委屈求和。

脱身有术

秦国要挟楚国，想得到黔中一带的土地，并愿意用武关以外的土地交换它。楚王说："我不愿意交换土地，只要能够得到张仪。"秦王想派张仪去楚国，但又不忍心对他说。张仪却自告奋勇请求去楚国。秦惠王说："您欺骗了楚王，楚王对您恨之入骨，绝对不会对您善罢甘休的。"张仪说："秦国强大，楚国弱小。我和楚国大夫靳尚关系很好，他非常受郑袖的宠信，而楚王对夫人郑袖言听计从。再说，我是

奉了大王您的命令前去楚国，楚王怎么敢杀我？假如我的死能让秦国得到黔中的土地，那是我最大的愿望，死了也值。"张仪就去了楚国。张仪一到楚国，楚怀王就把他抓了起来，打算杀掉他。

张仪买通靳尚。靳尚找到郑袖，对她说："您知道您将不再为大王宠信吗？"郑袖问："为什么？"靳尚说："秦王特别信任张仪，肯定要把他救出来。现在秦王要用上庸等6个县的土地献给楚王，还要把秦国的美女嫁给楚王。大王一向喜欢土地，而且惧怕秦国，肯定会宠信秦国的美女而冷落您。您不如在大王面前替张仪说情，让大王把他放了。那样秦王就不会给大王送美女，也就没人和您争宠了。"郑袖相信了，她对楚王说："凡是作臣子的都要为自己的国家效力。现在大王您还没把土地交给秦国，秦王就派张仪来楚国，可见秦王对大王还是很尊重的。现在大王您不但不回礼，反而要杀了张仪，秦王一怒之下肯定会派兵攻打楚国。到时候，楚国就危险了。"楚怀王听后，非常后悔，赶紧赦免了张仪。

张仪刚出狱不久，还没离开楚国，就听说苏秦死了。他又游说楚怀王说：

"秦国土地占天下的一半，秦国军队能抵挡四方的国家。秦国有险要的地形、河流和坚固的边塞。战士100多万，战车千辆，战马万匹，粮食多得堆成山。法令严明，士兵们不畏艰难，乐于牺牲。以秦国的强大，肯定会吞灭各国。可以说，越后归顺的国家越快被灭亡。而且，那些主张合纵的人，无异于是赶着羊群去攻击凶猛的老虎。绵羊又怎么能够打得赢猛虎呢？现在大王不和老虎结盟，反而去亲近羊群，我认为大王政策失当啊。

"现在天下强国，除了秦，就是楚，两国势不两立。大王要不侍奉秦国，秦国就会派出

中国大事记

公元前350年，卫鞅在秦国进行第二次变法，主要内容为废井田，开阡陌，实行郡县制等，由此秦国日强。

军队占据宜阳，韩国各地交通断绝，无法来往。秦军出兵河东，夺取城皋，韩国肯定会向秦国称臣。魏国见状，也会屈服，并听命于秦国。秦国进攻楚国的西部边境，韩国、魏国进攻楚国的北部边境，楚国怎么会不危险呢？

"秦国之所以15年不攻打齐国和赵国，是因为秦国在暗中谋划，想一举吞并天下。楚国和秦国在汉中打了一仗，楚国列侯战死70多位，还丢了汉中。再次出兵袭击秦国，和秦国军队在蓝田作战，这就是两虎相争啊。在楚国和秦国打仗之时，如果韩国和魏国突然发动全国的兵力进攻楚国，那么楚国就危险了。希望大王仔细地加以考虑。

"假如楚国与秦国结盟，结果会怎样呢？秦军出动军队攻占了卫国的阳晋，一举控制天下战略要地，东方各国全被制住。此时，大王您再出动全部兵力，进攻宋国，用不了几个月的时间就能拿下。再挥师东进，到时候泗水流域的小国就全归大王所有了。

"苏秦负责六国合纵，却暗中和燕王策划破坏齐国，夺取它的土地；苏秦假装得罪燕王，逃到齐国，做齐国国相，两年后被齐王五马分尸。主持各国结盟，最需要的是诚信，可主盟人却是奸诈虚伪的苏秦，因此，诸侯合纵结盟是不可能成功的。

"现在秦国和楚国接壤，从地势上也应该是互相亲近。大王如果能听我的主张，秦楚互相以太子为人质，秦王愿将女儿嫁给大王做姬妾，并且愿意拿出有一万户居民的都邑作为嫁妆，秦楚结为兄弟国家，永远友好。可以说，没有比这更好的办法了。"

楚王想来想去，最后决定听取张仪的建议。屈原劝阻他说："上次大王您就被张仪欺骗。这一次他来到楚国，我以为大王会煮死他，没想到您却放了他。现在您不但放了他，还听信他的计策，想归附于秦国。大王您千万不能这样啊！"怀王说："和秦国联合，就能保住黔中。这是很好的事情。况且我已经答应了他，你叫我又背弃他，这怎么可以呢？"楚王最后还是听从了张仪的建议，与秦国交好。

围魏救赵

周显王十五年（公元前354年），赵国大举进攻卫国，希望通过武力迫使卫国称臣。当时的卫国依附于实力比较强大的魏国，于是魏国以保护卫国为借口，对赵国发动了战争。魏惠王任命庞涓为大将军攻打赵国，很快就包围了赵国的国都邯郸（今河北邯郸西南）。

第二年，也就是公元前353年，赵国实在抵挡不住魏国的进攻，就向齐国求救。齐威王答应了赵国的请求，打算任命自己十分器重的孙膑为大将军，前往赵国解围。

这个孙膑是齐国人，与庞涓是同门师兄弟，曾经一起在鬼谷子门下学习兵法。后来，魏惠王为了完成自己的霸业，不惜重金在天下招揽有才能的人。庞涓得到消息后，认为自己建功立业的时机已到，于是马上投奔了魏惠王。庞涓杰出的军事才能很快就得到了魏惠王的赏识，在魏国做了大官。

后来，魏惠王希望庞涓能把孙膑也介绍到魏国来，和他共同帮助自己完成霸业。庞涓虽然嘴上答应，但心中却十分不满。原来，庞涓一直很嫉妒孙膑，十分害怕他抢夺了自己的

·百家争鸣·

百家争鸣是指春秋（公元前770～公元前476年）战国（公元前475～公元前221年）时期知识分子中不同学派的涌现及各流派争芳斗艳的局面。《汉书·艺文志》将战国主要思想学派分为十家——儒、墨、道、法、阴阳、名、纵横、杂、兵、小说。西汉人刘歆在《七略·诸子略》中将小说家去掉，称为"九流"。"十家九流"就是从这里来的。百家争鸣反映了当时社会激烈和复杂的政治斗争，主要是新兴地主阶级和没落奴隶主之间的阶级斗争。这个时期的文化思想，奠定了整个封建时代文化的基础，对中国古代文化有着非常深刻的影响。

历史关注

战国之时，以张仪、苏秦为代表的纵横家盛行一时。

地位。

当孙膑被请到魏国时，庞涓一方面假装举荐孙膑，另一方面却暗地在魏惠王面前诬陷孙膑，说他是齐国的奸细。果然，魏惠王听信了庞涓的谗言，把孙膑投入监狱，并对他实施了墨刑（在犯人的脸上刺字）和膑刑（挖掉犯人的两个膝盖骨），使他变成了残疾。

不久后，齐国派使臣到魏国。孙膑想办法见到了使者，并说服他帮助自己逃离魏国。孙膑来到齐国以后，受到了齐国大将田忌的赏识，并被他收为宾客。后来，田忌把孙膑引荐给齐威王。齐威王和孙膑谈论如何用兵打仗，发现他有着卓越的军事才能，于是把他留在自己身边，并且还拜为自己的老师。

这次齐威王想派孙膑前去解赵国之围，也好让他建功立业，但是，孙膑听后却拒绝了齐威王。他对齐威王说："两军打仗，主将的威仪也是很重要的因素。我是一个受过'膑刑'的残疾人，是万万不能做大将军的。如果由我来担任大将军，那么一定会让敌人耻笑的，因此希望大王收回成命。"

齐威王见孙膑态度十分坚决，只好放弃了让他当大将军的念头，改派田忌为大将军。但是，齐威王要求孙膑与田忌一同前去，做田忌的随行军师，好为他出谋划策。孙膑答应了齐威王的请求。

田忌召孙膑到他的府上，一起商讨作战计划。田忌认为，他们可以带领精锐部队直接赶到赵国的国都邯郸，然后在那里和魏军的主力部队决一死战，那样就可以解除掉魏军对邯郸的威胁了。

孙膑不同意他的观点，说道："如果想要阻止两个人打架，并不需要直接去阻拦他们落下的拳头。我们应该做的是让他们有所顾忌。现在魏国攻打赵国，肯定是把所有的精锐部队都带去了，只剩下那些老弱病残的士兵留在魏国国都。我们不如带领部队直接赶往魏国的国都大梁（今河南开封），攻打他们守备最空虚的地方。这样一来，庞涓看到自己的老巢受到攻击，肯定顾不上围攻赵国了。

那样的话，我们一方面替赵国解除了被围的困扰，另一方面也可以看准机会，在半路上阻截魏军，给他们来个迎头痛击，这不是一举两得吗？"

田忌想了想，认为孙膑说的非常有道理，于是就带领着大队人马直接杀向魏国国都大梁。当部队走到桂陵（今河南长垣县西北）时，孙膑来见田忌，让他下令把军队停在这里。田忌不明白，就询问孙膑为什么在这里安营扎寨。孙膑解释说："我们攻打大梁的消息很快就会被庞涓知道的，他肯定会日夜兼程地赶回救援。魏国的军队自邯郸返回大梁时，一定会经过桂陵，所以我们在这里设下伏兵，等魏军钻进来时，就把他们一举歼灭。"田忌同意了孙膑的说法，采纳了他的计谋，留了很多人马在桂陵设下埋伏。

周显王十六年（公元前353年）十月，赵国因为抵挡不住魏国强大的攻势而宣布投降。正当魏军准备庆贺的时候，突然得知大梁被攻打的消息。于是，庞涓马上带齐所有人马，急急忙忙赶回大梁。

魏军在攻打赵国时，部队已经有了一定的损失，再加上着急回家"救火"，一路上长途跋涉，士兵都非常地疲惫，所以当他们经过桂陵被齐国军队伏击时，根本没有还手之力。这场战争使魏军元气大伤，死伤约有两万人之多。

不过，魏国并没有因为这次失利而一蹶不振。几年后，魏军重整旗鼓，对韩国发动了进攻。孙膑采用老办法，又一次攻打魏国。

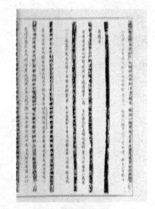

《孙膑擒庞涓》书简

本篇记述了孙膑在"围魏救赵"之战中，用避实击虚、"攻其必救"等方法，在桂陵大破魏军，俘获庞涓。这是孙膑运用他的军事思想取得胜利的一个著名战例。

中国大事记

公元前341年 齐国田忌在军师孙膑的指导下，在马陵大战中大败魏军。魏国大将庞涓自杀。

最后，双方的主力部队在马陵（今河北大名）交战，魏军大败，庞涓战死。

增兵减灶

在齐国和魏国桂陵之战以后不久，齐国发生了内乱，田忌不再是齐国的大将军，而孙膑也不再是军师了。桂陵之战中被孙膑俘虏、又被释放了的魏国将军庞涓，总想着找孙膑再比高低。他见齐国发生内乱，孙膑也不再是军师了，觉得这是进攻其他国、扩大魏国土地的好时机，于是就发兵攻打韩国。正赶上齐威王死了，他的儿子继位，即齐宣王。齐宣王又重新启用了田忌和孙膑，不过庞涓不知道这件事。

韩国本来就没有魏国强大，加上庞涓确实有不低的军事才能，韩军抵挡不住魏军，于是向齐国求救。但是在齐国，关于要不要派兵去救韩国，却有着两种不同的意见。以相国邹忌为代表的一些人认为犯不着为了别的国家的事情派自己的士兵去冒险，而且如果帮助韩国的话，就得罪了魏国；以田忌为代表的一些人却认为应该去救，如果不救韩国的话，魏国就会越来越强大，到最后恐怕连齐国都会被魏国灭了。大家各有各的道理，争了半天，就是没争出个结果来。

虎形灶 春秋
行军作战时使用的炊具。

最后，大家都看着孙膑，看他的想法怎么样。孙膑想了想，然后对大家说："如果我们不去救韩国的话，那韩国肯定抵抗不住强大的韩国，最后只能被魏国消灭。等魏国越来越强大以后，那我们齐国就麻烦了；可要是我们马上就派兵去帮助韩国，一起抵抗魏国的进攻，那无异于就是我们齐国和强大的魏国直接对抗。即便是能打赢，也要损失不少的人，对我们还是非常不利。现在最好的方法，莫过于一方面派人通知韩国，说我们齐国决定帮助他们，而且军队已经在路上，希望他们能够坚持到援兵的到来，另一方面我们先不要发兵，等韩国和魏国打得两败俱伤的时候再去，那样的话，就能一举两得了。"大家听了孙膑的主意，纷纷表示赞同。

果然，一切都按照孙膑的计划进行着。韩国得到齐国的答复后，面对魏国的进攻，拼命抵抗，等待着齐国的援救，而魏国也久攻不下，渐渐地失去了耐心。等到双方打得差不多的时候，孙膑才和田忌一起派兵攻打魏国都城大梁。庞涓听说齐国军队攻打大梁，没有办法，只能班师回国。由于韩国和魏国很近，庞涓的军队比齐国军队更快到达大梁。魏王命令太子魏申为元帅，庞涓为将军，前去迎击齐国军队。

在快到魏国的路上，孙膑对田忌说："大人，您知道，魏国的士兵非常英勇善战，而且一向瞧不起齐国，认为我们齐国士兵胆小怯战。善于打仗的人就应该把握住外在的条件，运用各种方法来取得胜利。兵书上说，如果劳师远征，经过几百里去攻打别的国家，夺取别国的土地，那样的军队肯定要损失他们的将军；而要是经过几十里的路，去攻打其他的国家，那么在到达那个国家之前，士兵们就恐怕会有将近有一半的人都已经逃跑了。我们不如将计就计，每天减少做饭的锅灶，让魏国以为我们的士兵越来越少，从而对我们放松警惕，最后我们就能出其不意，打败魏国了。"田忌听从了孙膑的建议，让齐国军队进入魏国的第一天，建造10万个做饭的锅灶，第二天的时候就减为5万个，第三天又减为3万个，让魏国人误以为齐国士兵已经逃亡了一大半。

庞涓率兵出发三天，听说齐国士兵越来越少，到后来只剩下 3 万人。他非常高兴，就对士兵们说："我本来就知道齐国的士兵非常胆小，但没想到，进入我们魏国还不到 3 天，竟然有一半以上的人逃亡。现在正是我们进攻的好机会。"于是他丢下步兵，自己只带了一些精锐的骑兵不分昼夜地追赶齐军。

孙膑对魏军的行程做了一个初步的计算后，估计着这天晚上魏军应该到达马陵。马陵道路狭窄，而且四周有很多险要关口，可以设下伏兵。于是他就命人在路旁的一棵大树上刮下一块树皮，在露出的白色树干上写着"庞涓死于此树之下"。接着他又选派军队中擅长射箭的士兵，埋伏在险要关口的两旁，并且命令他们，一看见黑夜中魏军点火，就一齐朝着火把放箭。

果然不出孙膑所料。傍晚，庞涓带领自己的骑兵到达马陵，忽然看见路旁有棵被削去树皮的大树，而且上面还有字，感到非常奇怪。他就命人点燃火把，照亮去看。还没等他读完那些字，在关口两旁埋伏多时的齐国士兵纷纷朝着火把开弓放箭。魏国军队突遭袭击，顿时乱作一团，士兵们四处逃窜。庞涓看见士兵们

都四散奔逃，无法收拾，知道败局已定，就拔出自己的长剑，长长地叹了一口气，说："没想到我庞涓成就了孙膑这个小子的名声！"然后无奈地自杀了。正在逃跑的魏国士兵，得知自己的主帅自杀，军心涣散，斗志瓦解。齐军乘势追击，彻底击溃魏军，并俘虏了魏国太子魏申，然后凯旋归国。

孙膑也因此名扬天下，后世还流传着他写的《孙膑兵法》。

燕昭王求贤

周慎靓王五年（公元前 316 年），燕王哙把王位传给了自己的亲信子之，而没有传给太子。周慎靓王六年（公元前 315 年），也就是子之做燕王的第二年，燕国太子姬平和大将军市被合谋，聚集了很多兵马一同讨伐子之。齐国见有机可乘，也马上大举进攻燕国。不久后，燕国国都被齐国攻破，大量金银珠宝被齐国强走，燕王哙也在战乱中被杀死。

战争结束后，燕国一片悲惨的景象，百姓们流离失所，非常痛苦。所以这时的燕国很需要一位贤明的国王来领导。燕国的贵族经过商量，最后共同推举了太子姬平做燕国大王，即燕昭王。

燕昭王是一位很有能力而且很贤明的君主。在和齐国的战斗中，很多士兵和百姓都被齐国军队杀死，燕昭王首先对那些死去的人表示哀悼，而且还亲自探访和慰问那些死者的家属，并给他们发放了一些生活用品。燕昭王以身作则，与百姓们同甘共苦。他取消了所有奢侈的花费，吃的是粗茶淡饭，穿的衣服也很简单。但是，燕昭王在一个方面却是非常舍得花钱，那就是招揽人才。他知道，必须依靠那些有才能的人，才能使燕国恢复并强大起来。

燕昭王听说国内有一个名叫郭隗的是个有本事的人，于是就亲自

马陵之战要图

中国大事记

公元前338年 支持商鞅变法的秦孝公去世，商鞅因谋反罪而遭五马分尸、灭族之祸，但秦法未废。

来到他的府上，燕昭王对郭隗说："齐国的行为实在太可恨了，它趁我们国家内乱的时候发动进攻，而且还打败了我们国家的军队，使燕国遭受了十分沉重的灾难，这样的仇我是一定要报的。不过，我也知道，我们燕国国家很小，而且百姓和军队的数量也不多，所以想报仇是很困难的。但是，如果有很多有才能的人愿意前来帮助我们，就一定可以打败齐国。先生您是一个非常有本事的人，如果您看到有真本事的人，请您一定要帮我把他请过来，我是十分有诚意的。"

郭隗听完燕昭王的话后，马上对他说："大王，您拜托我的事我是不会推辞的，不过请先听我给您讲个故事吧！"

郭隗说："古代的时候有一个国家的大王十分喜欢马，而且特别想得到一匹千里马。于是，他就找来了平时打扫宫廷的人，让他带上千金去各地收购千里马。当那个人找到千里马时，却发现马已经死了。于是就花了五百金，买回了那匹死千里马的马头。大王看后非常生气，大声斥他，说他办事不力，而且还要重重地惩罚他。那人并没有着急，而是对大王说：'大王请先不要着急，等我说完后再定我的罪也不晚。我之所以把这匹死千里马的马头买回来，其实是为了您着想。如果天下人都知道了您愿意花五百金购买一匹死千里马的头的话，那么他们一定会自动将千里马送上门来的。'那个大王虽然没有完全相信他的话，但是也没有杀了他。一年后，他的话果然应验了，拥有千里马的人听说了这件事后，不远千里来为大王献上了三匹千里马。虽然那个大王花费了五百金买了一匹死马，但是却得到了三匹活的千里马。"

燕昭王听完郭隗的话后，觉得非常有道理，就问他说："那么还请先生再讲明白一点，您给我讲这个故事的意思是什么呢？"

郭隗说道："其实我说的这个故事道理很简单，您就是故事中的那个大王，而我就是故事中的那匹死掉的千里马，而那些真正的有才能的人则是那三匹活的千里马。您想招揽天下有才能的人帮助你，那么就请您首先从我郭隗开始吧！因为天下人都知道，我的本事是很小的，也没有很高的才华。如果您对我非常好的话，那么其他人就会知道他们到燕国来一定可以得到更好的待遇，因为他们要比我聪明很多。"

燕昭王听完后，明白了郭隗的意思，也非常赞同他的说法。于是他把郭隗召进了宫中，给他奉上最好的美食，给他穿最华丽的衣服。这些还不够，燕昭王还拜郭隗为自己的老师，赐给了他非常高的地位。后来郭隗给燕昭王出了一个主意，让燕昭王为他建造一座"黄金台"，并向天下宣布，凡是有才能的人来到这里，都可以得到很高的报酬，而且还会获得很高的地位。

燕昭王铸造黄金台招揽贤才的消息很快就传了出去，很多有才能的人都争着投奔燕国。

赵武灵王胡服骑射

古代的中山国是中原诸侯国以外的又一个强国。不过，中山国虽然强大，可是他们在各方面都保留着很浓重的北方民族的生活习惯。

赵武灵王胡服骑射复原图

历史关注

《周易》是周代占卜用书，但反映了中国先民对天地宇宙、人类社会发展规律的普遍认识。

这样一来，中山国以及中山国的人就被那些中原地区的"文明国家"称为了"胡地"和"胡人"（古代中原地区对少数民族的蔑称），自然也招来了那些"文明人"不齿的态度。

周赧王八年（公元前307年），赵国的国君武灵王领兵攻打中山国。为了取得最终的胜利，彻底打败中山国，武灵王心中酝酿着一场改革。虽然这场改革会很困难，也会招来很多人的反对，但是它的确可以使赵国军队的作战能力有很大的提高，所以武灵王下定了决心。

这天，赵武灵王找来了肥义，和他商量改革的事情。武灵王说："论礼仪，我们中原国家的人确实要比中山国的人讲究得多，可是我们的服装太累赘，打起仗来很不方便。通过观察，我发现胡人的衣服短小精悍，十分适合骑马作战。因此，我决定让我们赵国的人穿上胡人的衣服。"

肥义听后，说道："大王真是英明，我完全同意您的意见！不过，这么做那些大臣们会同意吗？"

武灵王笑了笑说："穿胡人的衣服肯定会被人耻笑，可是那些被傻瓜们耻笑的地方，聪明人却能发现很多的不同。这场战争我是志在必得，就算天下人都耻笑我，我也不会退缩。总之，我一定要占领胡地，踏平中山国。"

就这样，赵武灵王身先士卒，自己首先穿上了胡人的衣服。可是，事情果然和肥义预料的一样，赵国人对武灵王的做法非常不满，都不愿意穿上胡人的衣服。公子成一听说让自己换上胡人的衣服，气得直跺脚。可是这是大王的命令，自己不敢明目张胆地对抗，于是，公子成就给武灵王来了个"闭门不出"，坚决不去上朝。

赵武灵王非常清楚，公子成哪里是害什么病了，即使有病也是心病。于是，武灵王就派了一位使者去"探望"公子成。其实，这位使者名义上是"探望"，实际上是来劝导的。使者见到公子成以后，先是来了一通假惺惺的问候，然后马上进入了主题。

使者对公子成说："大王托我给您捎话，

战国时期贵族服装复原图

说您是一个明白事理的人，想必一定知道家中的事情必须听从父母的安排，国家的事情必须听从君王的安排这个道理。如今国君下令全国百姓改换服装，这本来是件好事。可是您却带头违抗命令，坚决不穿胡服。您这无疑是给天下人做了一个'榜样'，百姓们都会拿您当例子来议论国君的命令啊！"

公子成听后撇了撇嘴，没有说话。使者继续说道："大王还说，治理一个国家有一套基本法则，而这个法则的根本就是有利于民，推行政令也有一套方法，而这些最根本的就是能够实行下去。如果想要对天下人施恩泽，那么就应该从百姓施起。可是如果想要在国家推行政令，那么就应该从上层社会开始实施。如今，他希望公子成做天下的榜样，帮助他推行胡服改制的政策啊！"

公子成听到这里，再也坐不住了。他先是拜了两拜，然后磕头说："臣听说所谓的中国，就应该是实施圣贤教化，推行礼乐的地方。那些住在远方的"夷族"（对少数民族的蔑称）只配到我们这里来参拜、效仿，哪有我们去学他们的道理？大王的做法是违背天下人的意志，是不遵从祖先训导的做法，臣不敢遵从，还请大王三思！"

中国大事记

公元前337年，韩相申不害卒。申不害相韩十五年，主张法治，讲究权术，为战国法家代表人物之一。

使者见自己说不动他，只好把公子成的原话转达给了赵武灵王。武灵王听说后，马上亲自来到公子成的府上，用请求的口气对他说："我之所以要这么做，其实是为了我们赵国好啊！你想想，我赵国东面有强大的齐国和中山国，西面有楼烦国、秦国和韩国，就连北面都有燕国和东胡。这些国家没有一个不想把我们消灭，我们是生存在敌人包围圈里的啊！如果我们不精通骑马射箭，我问你，我们用什么保卫自己的国家？用什么捍卫自己的疆土？"

公子成听了赵武灵王的一番话，低下了头。武灵王见自己的话起了作用，接着说道："正因为这样，我才叫百姓们换上胡人的衣服，学习骑马射箭的本领。我们既可以抵抗边境强敌的入侵，又可以打败中山国，以雪我们的耻辱。可你呢？却为了保持什么传统，而把整个国家放在一边，您难道忘记了鄗城被攻（中山国曾派兵攻打鄗城，并且放水淹鄗城）的耻辱吗？我真是太失望了！"

公子成听后，终于明白了赵武灵王的良苦用心，于是接受了赵武灵王的要求。武灵王非常高兴，马上让人拿来一套胡服赐给了公子成。第二天早上，公子成穿着胡服，大大方方地前去上朝。

骑马俑 战国

骑兵是战国以来形成的新兵种，机动性强，富有杀伤力，至战国末年，骑兵成为各国的主要兵种。这是目前发现的最早的骑兵陶俑，也是现在所知的最早的胡服。通常所说的胡服是指古代我国北方少数民族轻便简洁的一种适宜骑马的服装。

就这样，赵武灵王开始在全国发布诏令，让所有的人都穿上了胡服。同时，赵武灵王还把百姓聚集在一起，找人教他们骑马射箭。赵国的军事力量越来越强大，最后终于打败了中山国，占领了胡地。

鸡鸣狗盗

"鸡鸣狗盗"是一句成语，意思是指微不足道的本事或者是偷偷摸摸的行为。按照我们现在的理解，这个成语应该是含有贬义的，可是它的原意并非如此，而且"鸡鸣"和"狗盗"还救过一个非常有名的人的命，这个人就是战国时期的孟尝君。

齐国的孟尝君和赵国的平原君、魏国的信陵君、楚国的春申君合称为战国四公子。和其他3个人一样，孟尝君是个非常仁义和慷慨的人。他的府上足足养了有3000多食客。这些食客中有很多人有真才实学，也有很多人是蒙吃骗喝，当然也有一部分人"身怀绝技"。

秦国的昭襄王一直非常欣赏孟尝君的才学。为了得到孟尝君，秦昭襄王派泾阳君到齐国做人质，请求齐王同意孟尝君到秦国来。于是，孟尝君带着手下的几名食客，来到了秦国。

秦昭襄王见孟尝君果然来了，自然是喜出望外，马上任命他做了秦国的相国。而孟尝君作为战国四公子也不能失礼，作为对秦王赏识的报答，孟尝君送给了秦王一条上好的纯白狐裘。本来，这一切都应该顺顺当当地进行，可谁知道在第二年却发生了变故。

原来，孟尝君大老远从齐国来到秦国，没有给秦王献上一个计策，没有给秦国出一分力，却得到了相国的官职，这太不合"情理"了，自然会招来很多人的嫉妒。因此，有人就开始在秦昭王的耳边煽风。这个小人对秦昭王说："大王，您如此重用孟尝君，就不怕将来他害了我们秦国吗？"

秦昭王听后摆了摆手说："你这是什么话？孟尝君可是个真君子，怎么会害我们秦

历史关注

战国四公子是齐国孟尝君田文、赵国平原君赵胜、魏国信陵君魏无忌、楚国春申君黄歇。

士的崛起

战国时期，养士之风盛行，著名的"战国四公子"都养士千人。士与主人之间建立起一种新型的隶属关系。

国呢？"

那个小人又说："可是大王您别忘了，孟尝君可是齐国人啊！如今他在我秦国做相国，您认为他会一心一意地辅佐您吗？我想，他做什么事的时候，第一个想到的一定是齐国而不是秦国。时间长了，我们秦国真是危险啊！"

秦昭王听后心里也犯了嘀咕，为了防止孟尝君"背叛"自己，他下令将孟尝君软禁了起来。失去自由的孟尝君后悔当初来到秦国，日夜思念着能够回到齐国。可是，如今秦王把自己关了起来，朝中又没有人愿意替自己说话，要想逃出去，简直太难了。这时，孟尝君的食客中有人给他出主意，让他花重金去收买秦王的宠妃燕妃，只要她在秦王的枕边多吹点儿风，那么一切就都可以解决了。于是，孟尝君就派人去请求燕妃帮忙。

很快，派去的人就回来了，告诉孟尝君，燕妃已经答应帮他了。正当孟尝君高兴的时候，那人又说："燕妃说她不要金银珠宝，只想要一件和秦王一样的纯白狐裘。"孟尝君一听，像泄了气的皮球一样坐在了地上，心想："我的天啊！要什么不好，干吗非要那件东西啊！这纯白狐裘就一件，如今已经送给了秦王，让我到哪里去找第二件啊？"

正在孟尝君发愁的时候，他手下的一个食客说："孟尝君不要着急，我自有办法弄到狐裘。"到了晚上，这个人偷偷地从狗洞钻进了秦国的王宫，看准机会悄悄地把那件纯白狐裘偷了回来。孟尝君高兴地都快蹦起来了，赶忙让人把它送给了燕妃。

这白狐裘的魅力还真是不小，燕妃得到它以后，果然替孟尝君说了不少好话。没几天，秦昭王就释放了孟尝君。

孟尝君得知秦王肯放自己，自然是心花怒放。不过他心里清楚，秦昭襄王是个反复无常的小人，如果在这里待得时间长了，说不定他会反悔。事不宜迟，要走马上就走。于是，孟尝君也不等天亮，趁着天黑带领着手下食客，悄悄地来到了秦国的边界函谷关（今河南灵宝西南）。

函谷关是秦国的边界关口，这时也成了孟尝君的最后关口，只要过了函谷关，那秦王就不能把他怎么样了。可是，由于孟尝君到达函谷关的时候是深夜，关口的城门还是关着的。不管孟尝君怎么请求，守门的士兵就是不开城门，非要等到天亮鸡叫的时候才能开。

这下可把孟尝君急坏了。眼看着马上就可以脱离虎口了，却在这里被挡住了，孟尝君能不急吗？不过孟尝君当时还不知道，秦王真的已经后悔了，后悔自己轻易就把他放跑，正派人在后面追赶。如果孟尝君再不走，恐怕就永远走不了了。

就在这最危险的时候，孟尝君手下的一名食客突然扯着嗓子叫了起来。原来，这个人擅长学习鸡叫，他这一叫，周围所有的鸡都跟着叫了起来。守城的士兵以为天亮了，就把城门打开了。

就这样，孟尝君顺利地逃回了齐国。

中国大事记

公元前 329 年 魏国张仪入秦，公孙衍离秦赴魏。秦国攻打魏国，夺取河东汾阴、皮氏、焦、曲沃等地。

乐毅伐齐

周赧王三十年（公元前 285 年），齐湣王派兵攻打宋国，很快宋国就被齐国消灭了。得到甜头的齐湣王越来越骄横，根本不把其他诸侯国放在眼里。他派兵四处征伐，甚至还想消灭周朝，自己称天子。齐王的行为激起了众怒，所有的诸侯国对他都十分不满。

谋划报仇很长时间的燕昭王认为时机已经成熟了，就找乐毅一起商量讨伐齐国的事情。乐毅思量了一会，说道："大王，齐国虽然已经得罪了所有的诸侯，但是它的势力还是不可轻视的。当初的齐桓公也曾称霸，为齐国后代的君主打下了大片的江山和财富。如今想单靠我们自己恐怕打不赢他，依我之见不如联合赵国、魏国和楚国，同时再想办法拉拢齐国。只有这样，我们才有打赢的希望。"

燕昭王同意了乐毅的建议，马上派乐毅出使赵国，然后另派使者前往楚国和魏国。这一招果然见效，其他诸侯国一听说要攻打齐国，一个个兴奋得不行，就连秦国也受赵国的影响同意出兵。

周赧王三十一年（公元前 284 年），讨伐齐国的战争开始了。燕昭王发动了燕国所有的兵力，并且任命乐毅为上将军，由他一人指挥。同时，赵王也拜乐毅做了赵国的相国。就这样，燕国、秦国、赵国、韩国、魏国这五国的军队在乐毅一个人的带领下，浩浩荡荡地杀向了齐国。

齐湣王得知消息后不敢怠慢，马上也组织了全国的兵力抵抗五国联军。可是，就算齐国再强大，也难以抵挡得住这五国的军队。齐军和联军在济西（今山东阳信）展开会战。结果，由于主将指挥不力，齐军大败。

乐毅见胜负已定，就让秦国和韩国的军队先回去，说是以后会重重答谢他们。因为这两个国家与齐国没有什么仇恨，所以也就没有必要再打下去了。接着，乐毅又让魏国的军队去攻打齐国刚刚夺取的原宋国地盘，让赵国去收复他们自己失去的河间地区。魏、赵两国见有大便宜可捡，自然是乐呵呵地听从乐毅的安排。

其实，乐毅心里早有了自己的打算。等联军解散以后，他带着燕国的军队继续追击齐国的败军，大有直捣齐国心脏的势头。这时，乐毅身旁的谋士剧辛觉得有些不妥，就对乐毅说："上将军，咱们部队这是要干什么啊？"

剧辛的话倒是把乐毅搞糊涂了，乐毅疑惑地问道："干什么？这不是正在攻打齐国吗？你怎么问这么奇怪的问题？"

剧辛回答说："我知道您在说什么，可是您不知道我在说什么！我们为什么攻打齐国？还不是为了替先王报仇，同时也借此机会壮大我们的势力。您应该知道，我们燕国与齐国比

·冠礼·

冠是古代男子成人的标志。几乎每一个民族都有自己的成年礼。古代汉族男子到了20岁就必须按照"始加，再加，三加"的程序行"加冠礼"，再取一个名之外的"字"，以此来宣告自己已经成人。女子年满15岁便算成人，可以许嫁，谓之及笄。如果没有许嫁，到20岁时也要举行笄礼，由一个妇人给及龄女子梳一个发髻，插上一支笄，礼后再摘下。在西南的一些少数民族中，男女成年有"穿裤"、"染牙"和"盘发髻"等仪式。在春秋战国时期，冠不仅是成年男子和"童子"的区别，它还是君子的象征。冠不只是头上之物，还是"礼"与"非礼"的界限，是文明与蛮夷的区别。其实，包括冠礼在内的礼仪，是典型的儒家思想的产物。春秋战国时期的"冠礼"虽只是一个成年的仪式，但是成年的意识却是通过"冠"这个特定的载体传达给社会的。所以，对于一个人来说，"冠"在礼当中的意义完全超过了它在服饰中实用的功能。因此，"行冠礼"也就自然成了人生当中的头等大礼。

起来，势力还是要小得多啊！今天我们之所以能打赢齐国，那全是因为联合了其他诸侯国的缘故。一旦这些诸侯国不再和我们联合攻齐，那么我们再想打败齐国可就难了。现在最主要的是趁这个机会占领边界上的城镇，以此来扩大我们燕国的疆土。只有这样做，才是正确的，才是具有深谋远虑的。"

乐毅笑了笑，说："你说的也有几分道理，不过你觉得我现在做得不对吗？"

剧辛更加着急了，说道："上将军，您自己看看都干了些什么，您带着军队从那些边境城镇过，可是并不去占领。反而……反而打着旗号，说什么要深入齐地。您难道不明白，这么做对齐国来说没有一点损失，对我们燕国来说也没有一点好处啊！"

乐毅看了看剧辛，说道："你虽然聪明，但是眼光未免太短浅了。齐湣王自从登上王位以后，对百姓横征暴敛，对诸侯骄纵蛮横。同时，他任用那些阿谀奉承，只会溜须拍马的小人，疏远那些正直忠诚，有真才实学的贤人。这样的君王能受到百姓的爱戴吗？

"如今齐国吃了败仗，只要我们乘胜追击，齐国必定大乱。到时候，我们趁着齐国国内乱成一锅粥的机会，轻轻松松地就把齐国拿下了，这难道不比那几座城池有价值吗？如果我们没有抓住现在的机会，齐湣王回国之后一旦发现了自己的错误，痛改前非，任用贤才，体恤民情，到那时候我们还有机会吗？那几座吃进去的城镇还能保得住吗？"

剧辛一听恍然大悟，心中暗暗佩服乐毅的才识。就这样，燕国军队一直开进了齐国。果然，齐国国内听说前线打败，马上就乱了起来。齐湣王见大势已去，就仓皇出逃。乐毅率领大军杀进齐国的国都临淄（今山东淄博一带）。紧接着，就像当年齐国抢劫燕国一样，燕国军队也把齐国的金银财宝、贵重器皿等全部运回了燕国。

燕昭王得知消息后高兴得不得了，亲自赶往济上犒劳军士兵。当然，这场胜仗最大的功臣是乐毅，于是燕昭王就把乐毅封为了昌国君。

燕国这边是大肆庆贺，一片喜庆的气氛，而那位倒霉的齐湣王，则四处奔逃。当他逃到鼓里时，碰到了楚国的大将淖齿。淖齿本来是被派来救齐国的，可是却一心想和燕国平分齐国的地盘。于是，他慷慨激昂地痛陈了齐湣王的罪过，然后就把他杀了。

完璧归赵

周赧王三十二年（公元前283年），赵王得到了楚国的和氏璧，那是一块天下闻名的宝玉。秦昭王得知这个消息后，十分想得到它，就派人对赵王说，秦国愿意拿15座城池来交换那块和氏璧。

赵王知道，秦昭王是个反复无常的人，根本不会用15座城池来交换和氏璧的。他之所以那么说，无非是给自己抢夺和氏璧找个借口罢了。但是赵王也考虑到，如果不答应秦昭王的要求，那么秦昭王一定会生气，说不定还会引发一场战争。秦国的力量那么强大，赵国一定会吃亏的。

赵王对这件事非常头疼，于是就和大臣们商量，但是讨论了半天，也没有人想出一个两全其美的办法。这时，有一个大臣向赵王推荐了蔺相如，说他是个很有才能的人。于是，赵王马上把蔺相如召进宫中，请教他该怎么办。

完璧归赵画像石

中国大事记

公元前328年，秦国攻取魏国蒲阳，魏不敌，割地求和，将上郡十五县给予秦。

图绘蔺相如见秦王并无诚意以城换璧，于是抱璧欲往柱上撞，秦王急忙展开地图请蔺相如观看。

蔺相如想了想，对赵王说："大王，这件事真的很为难，给和不给对我们赵国来说都没有好处！"

赵王回答说："是啊！我也是考虑到这点啊！要不就不会问你该怎么办了！"

蔺相如接着说："秦王提出愿意拿15座城池交换和氏璧，老实说他给的条件是非常优厚的。如果大王不答应他的要求，那么我们就会理亏，因为别人会觉得我们贪得无厌，还想让秦国拿出更多的城池来；如果我们答应他的要求，而秦国没有给我们15座城池的话，那么就是秦国理亏，因为别人会知道他是不守信用的。将这两方面进行比较，我认为宁可让秦国站在理亏的位置上，也不让天下人耻笑我们。"

赵王听后，觉得很有道理，但是又爱惜和氏璧，舍不得白白送给秦国，所以没有说话。

这时，蔺相如又说："如果大王信得过我，那么就请让我做使者，拿着这块和氏璧前往秦国。您放心，如果秦国给我们那15座城池，我就用和氏璧交换；如果秦国不给我们那15座城池，我会想尽一切办法，把和氏璧完完整整地带回来。"

赵王同意让蔺相如带着和氏璧前往秦国。当蔺相如来到秦国，把和氏璧交给秦昭王后，担心的事果然发生了。秦昭王根本没有想过要用15座城池交换和氏璧，他虽然喜欢这块玉，但是它的价值还没有高到要用15座城池来交换的地步。因此，秦王接过和氏璧后，反复地端详，摆出一副爱不释手的样子。不光这样，秦昭王自己看完了玉，还把它传给嫔妃们看。嫔妃们看完了玉，又传给大臣们看。和氏璧传来传去，秦昭王就是不提那15座城池的事。

蔺相如知道秦昭王想赖账，就对他说："大王，有件事我必须对您说清楚。虽然这块和氏璧是天下闻名的宝玉，但是它上面也有一处细微的瑕疵。请您把它交给我，让我指给您看。"

秦昭王一听说和氏璧上有瑕疵，也没顾得上考虑是真是假，就把玉交给了蔺相如。蔺相如接过和氏璧后，后退了几步，把身子靠到了宫殿中的一根大柱子上，对秦昭王说："秦国是一个大国，说话是要讲信用的。大王您派人到我们赵国，说是愿意用15座城池交换和氏璧，赵王听后马上让我带着它来到了秦国，可见赵王是十分有诚意的。但是我刚才看您的行为，根本没有交换的意思。没办法，我只好选择这种做法。和氏璧现在在我手上，如果您要是逼我的话，我就会把和氏璧连同我的脑袋一起砸向柱子。"说完，蔺相如做出一副要砸璧的样子。

秦昭王一看就着了急，生怕蔺相如真的把和氏璧砸碎，赶忙说："先生何必如此心急呢？我们秦国向来是说话算数的，请先生冷静一下。"说完，他命人拿来了秦国的地图，在上面画出了15座城池，说是划给赵国。

蔺相如已经看清了秦昭王的真面目，知道他又在欺骗自己。于是，他对秦昭王说："大王！在我出发以前，我们的赵王可是斋戒了5天，并举行了一个盛大的仪式后才把和氏璧交给我的。我认为，作为礼貌，您也应该斋戒5天，然后再举行一个隆重的交接仪式，那样我才能把和氏璧交给您！"

历史关注 ｜ 战国之时，七国都筑过长城，除防范西北戎狄外，更多互为构筑防御要塞。

秦昭王听后没办法，只好按照蔺相如说的去办，答应他 5 天之后再接受和氏璧。蔺相如回到住处后，马上让随从装扮成商人的样子，带着和氏璧，偷偷地逃回了赵国。

5 天以后，秦昭王按照蔺相如的要求，在大殿上举行了隆重的交接仪式。秦昭王对蔺相如说："你看，我已经按照你的意思做了，现在可以把和氏璧交给我了吧！"

蔺相如笑了笑说："和氏璧早就已经被我送回赵国了，因为秦国的历代大王没有一个是讲信义的，您也包括在内！现在就请您处罚我吧！"

秦昭王听后非常生气，吼道："你老是说我们秦国没有信用，可是你们赵国呢？你所要求的我都办到了，可是你却把和氏璧送回了赵国，这难道就是讲信用吗？"

蔺相如镇静地说："我这么做也是没办法。秦国要比赵国强大的多，如果大王给了我们 15 座城池，赵国是不敢不给大王和氏璧的。"

秦昭王虽然没有得到和氏璧，但是他非常喜爱蔺相如的才华，所以不但没有杀他，反而好好地款待了他一番。蔺相如回到赵国后，赵王大大夸奖了他，而且还把他封为上大夫。

将相和

秦昭王因为没有得到和氏璧，所以怀恨在心。在接下来的 3 年中，对赵国发动了许多次的战争。由于秦国军事力量比较强大，所以赵国每次都被打败，而且还丢了几座城池。

周报王三十六年（公元前 279 年），秦王突然派使者来到赵国，对赵王说秦国不想再与赵国打仗了，想与赵国和好。秦昭王邀请赵王到黄河边上的渑池聚会。赵王听后不想去，因为他知道秦王肯定没安好心，说不定自己还会被他杀害。

这时，赵国的老将军廉颇和上大夫蔺相如对赵王说："大王，我们也知道这次聚会一定很危险！但是您要知道，您是赵国的大王，代表着一个国家的脸面。如果您不去的话，那么秦国和其他诸侯国一定会认为我们赵国胆小懦弱的。"

赵王听后觉得确实很有道理，于是就咬了咬牙，决定去赴会，并且还带上了蔺相如。廉颇和朝中的大臣一起送赵王和蔺相如出境。当

·精致的战国玉器·

从春秋晚期开始，玉器发生了比较明显的变化。玉器上的花纹由简单向繁密的方向发展，并流行隐起的涡纹，器物显得圆润丰满。体现战国玉器高度工艺水平的是战国中、晚期的玉器，其代表作有辉县固围村魏王室墓出土的大玉璜、平山中山国王墓出土的青玉带钩等。魏王室墓出土的大玉璜中有7块美玉、2个鎏金铜兽头，以铜片贯联起来成为一器，呈弧形，全长20.2厘米，玉质温润。色白而泛浅灰，

透雕双凤腾龙玉璧

四节玉佩

是精美的和田玉。中间一玉微曲似折扇形，上侧琢一回首垂尾卧兽，口部钻有一个小孔，便于穿系，下弧一鼻穿孔，供系玉佩用。此中心玉与其左右的扇面形玉琢有变形蟠虺纹饰，成为龙身，其外两侧为玉龙首，龙首口含鎏金铜虎首，虎首口衔有着卷云饰纹的椭圆形玉，图案匀称饱满，琢工细腻精巧。战国时玉器玉质优良，王侯多使用和田玉，玉质细腻温润，光泽晶莹，青白色较多，偶见白玉。

中国大事记

公元前 325 年，秦惠文王继齐威王、魏惠王之后称王。

送到赵国边境时，廉颇对赵王说："大王，我有件事想要和您说，请您不要见怪。"

赵王知道老将军是个忠臣，他说的话一定有道理，就问："不知道廉老将军有什么事情？"

廉颇一脸严肃地说："大王，您这次前去一定是凶多吉少，因此必须做出最坏的打算。我估算了一下，您往返的时间再加上会议的时间大概是 30 天左右。如果您 30 天之后还没有回来的话，那么我们就会一起立太子为大王。请您不要生气，这完全是为了您和赵国考虑，这样秦王就不会有把您扣为人质的想法了。"

赵王听后，马上同意了廉颇的意见，和蔺相如一起赶往秦国。

渑池聚会开始了，秦王表面上对赵王很恭敬，实际上心里一直在打他的主意，如果不是蔺相如离赵王那么近，并且赵国的军队已经在外边准备好，说不定赵王早就遭了毒手。在酒喝到一半的时候，秦王突然提出让赵王鼓瑟，说是为了助酒兴。赵王当然不愿意，可是听到秦王的话语中分明带有威胁的语气，所以只好为秦王鼓了一曲。秦王见自己侮辱了赵王，得意地哈哈大笑。

这时，站在一旁的蔺相如看不过去了，于是就走到秦王面前，要求他为赵王击缶。秦王知道，蔺相如这么做，其实是想给赵王找回面子，所以秦王一口回绝了蔺相如的请求，说什么也不击缶。蔺相如见秦王不肯，就厉声说道："大王您看清楚了，我和您的距离不过才五步啊！我相信，如果我采取行动的话，一定可以血溅大王。"

秦王领教过蔺相如的厉害，知道他说得出，做得到，于是示意身边的侍卫，让他们杀死蔺相如。可是侍卫们一个个不敢上前，因为蔺相如和秦王离得太近，说不定还没等杀死蔺相如，秦王就上西天了。蔺相如更加厉害，他不但不害怕，反而狠狠地瞪着侍卫，吓得侍卫们一个个都退了回去。秦王没办法，只好也为赵王击缶。

之后，秦王虽然也想过再找机会刁难赵王，但是在蔺相如的帮助下，始终没有能够得逞。

同时，赵国的军队也早就在外面准备好了，所以秦王无奈之下也不太敢轻举妄动。最后，赵王在蔺相如的保护下，平平安安地回到了赵国。

回国后，赵王大大赞扬了蔺相如，并且封他为上卿，地位已经超过了老将军廉颇。廉颇知道这件事以后，非常生气，就对别人说："蔺相如这个家伙太无耻了，他凭什么本事比我的官大！我廉颇是赵国的大将军，每次攻城打仗都要靠我。那个蔺相如以前只不过是个普通的老百姓，凭借花言巧语就在我之上。哼！这口气说什么我也咽不下去，我感觉这是我最大的耻辱。"

之后，廉颇又对外宣称："如果要我看到那个蔺相如，我一定给他点颜色看看，要好好地羞辱他一番，让他知道什么叫天高地厚。"

蔺相如听说后，并没有反过来辱骂廉颇。相反，他开始故意地避开廉颇。为了不和他相遇，蔺相如甚至经常称病不去上朝。有一次，蔺相如外出，看到廉颇的车马时，赶紧避让，他的宾客们有意见了，对他说："您是上卿，是朝中最大的官！那个廉颇只不过是一介武夫，而且地位比您还要低！您为什么那么怕他呢？为什么表现得那么懦弱呢？"

蔺相如并没有直接反驳宾客们的提问，而是反问道："你们说我怕廉颇是吗？你们认为我是因为懦弱才不敢和廉颇相遇吗？那我问你们，廉颇老将军与秦王比起来，哪个更加厉害，更加有威严？"

宾客们都回答说："那当然是秦王了，廉颇怎么能和秦王相比呢？"

蔺相如回答说："这就对了！你们想想，连秦王那么有威严的人我都不怕，难道我会怕廉颇老将军吗？我虽然没什么本事，但是还不至于这么胆小吧！我那么做是因为我考虑到秦国现在之所以不敢大举进攻我们赵国，就是因为有我和廉老将军在。如果我们不和，那么一定会削弱赵国的力量，使秦国有机可趁。正所谓'二虎相争，必有一伤'，我那么做是为了整个赵国考虑。"

历史关注

战国时代以虎符作为发兵、调兵的凭证。

这件事很快就被廉颇知道了，他觉得非常惭愧。于是，就脱光了上衣，背着荆条来到蔺相如府上，请求他原谅自己。从那以后，蔺相如和廉颇成了最要好的朋友。

田单复国

周赧王三十六年（公元前279年），燕昭王去世，太子即位，称为燕惠王。燕惠王早在做太子的时候就和乐毅有矛盾，这次做了燕国的大王，自然对乐毅不好。

齐国的田单听到这个消息后很高兴，打算用反间计来离间他们的关系。于是，他派人到燕国散布谣言说："齐王已经死了，但仍然有两座城池没被燕国攻占。乐毅一直都跟新立的国君有矛盾，害怕被杀所以不敢回国。如今，他正打着攻打齐国的名义屯兵在外，实际上是想着在齐国的地盘上称王啊！只不过，现在齐人还没有归附他。因此，乐毅就故意放慢了攻打即墨（今山东平度市东部）的进程，等待时机的变化。如今的齐国人最害怕的就是燕国派其他的将领替代乐毅。如果真是那样的话，即墨恐怕就支撑不了几天了。"

其实，乐毅之所以没有攻打即墨，完全是出自战略角度考虑，根本不是什么想称王。可是，燕惠王并不像燕昭王那样信任乐毅，当他听到谣言后，觉得自己当初的怀疑是有道理的。为了阻止乐毅，他马上派大将骑劫赶到前线把乐毅换了。乐毅见自己无故被撤，心中十分不满，就逃到了赵国。同时，燕国的将士们也都对燕惠王的做法不满，军心开始涣散。

田单见自己的第一步计划已经实现，马上着手实施第二步计划。他命令城中的百姓每次吃饭前都要在庭院中摆设饭菜祭祀祖先，说是只有这样做才能表达对祖先

的敬意。于是，每到吃饭的时间，即墨城上空都会有很多飞鸟盘旋。城外的燕国士兵看了以后非常奇怪，不知道这是怎么回事。

接着，田单又让人四处散播谣言说："看啊！这是天上的神仙要来帮助齐军了啊！"燕军听后全都半信半疑。为了让百姓们对自己的话深信不疑，田单特意从城中挑选出了一个精明强干的士兵，让他装扮成神仙，对他十分尊重，而且每次发号施令的时候都会说这是神的旨意。就这样，即墨城中士兵和百姓的士气渐渐高涨。

这天，田单派人到燕军中散布消息，说是齐国最怕燕军割掉俘虏的鼻子，把他们放在队伍前面示众。因为如果那么做了，神仙就不会帮助齐国人了。骑劫听到以后，认为这是一个好办法，马上按照谣言上面说的去做。结果，齐国士兵见燕军如此侮辱俘虏，一个个气得火冒三丈，都怕自己被燕军抓去，决心誓死保卫城池。

田单见燕军轻易就相信了自己的话，马上又派人去燕军中散布谣言说："齐军在神仙的帮助下，一定可以把即墨城守住的。不过，神仙曾经说过，城外齐人祖先的坟墓是非常重要的。如果被人挖掘了，齐国人就会心寒了。"

骑劫听后，马上命人去挖齐人的祖坟，而且还焚烧死尸。这下可把齐国人全都激怒了，

犒军图

他们抱在一起失声痛哭，并且发誓一定要和燕人死战到底。

此时的田单心里清楚，时机已经差不多成熟了，如果这时候让士兵们出战，他们肯定会奋勇杀敌，一定可以取得大的胜利。于是，他亲自拿着锹镐与官兵们一起加固城墙，还把家里好吃好喝的东西全部拿出来犒劳守城的士兵。

齐军上下一心，同仇敌忾。这时，田单命令把精锐士卒隐藏起来，而让老弱妇孺登上城头防守，还派使者到燕军那里请降。燕军士兵因为胜利马上就要到了，所以都高呼万岁，完全放松了警惕。

接着，田单又从老百姓那里收来很多黄金，让城中的一个富豪交给骑劫。富豪对骑劫说："即墨城里的齐军马上就要投降了，请你们入城后不要掳掠我的族人。"

骑劫听后喜出望外，便答应了他的请求，接受了礼物。就这样，燕军的防备越来越松懈。

田单见时机成熟，就收集城中 1000 多头牛，并给它们披上画满五彩龙纹的红绸子，在牛犄角上绑上尖刀，在牛尾巴上拴一束灌注油脂的芦苇。当天夜里，他命令士兵将城墙凿出数十个洞，把牛放在洞口，点燃牛尾。牛的尾巴被烧得疼痛难忍，从洞中冲出，直奔燕军的营地，五千精锐齐军紧随其后。

燕军从睡梦中惊醒，见身上满是五彩花纹的怪兽狂冲乱撞，被撞倒的士兵非死即伤。这时，后面的五千齐军冲过来，即墨城中的齐国军民也都呐喊助威，声势震天动地。燕军士兵不知齐军有多少，以为大势已去，四处奔逃。

混战之中，齐军杀死了骑劫，而后继续追歼燕军残余。燕军先前占领的齐国城邑纷纷换上了齐国的旗号。田单率领得胜的齐军一直追杀燕军到黄河岸边，收复了被燕军占领的 70 多座城池。随后，他把齐襄王从莒城接到临淄。

为了表彰田单的功绩，齐襄王封他做了安平君。

范雎睚眦必报

范雎是魏国人，曾经在魏国中大夫须贾手下做一名门客。有一次，范雎跟随须贾出使齐国，齐国的齐襄王早就听说他能言善辩，非常有才华，所以就暗地里送给他很多金银财宝，美酒佳肴。后来，这件事让须贾知道了。不明真相的他以为范雎暗通敌国，把魏国的秘密出卖给了齐国。因此，须贾回国之后，就在魏国丞相魏齐那里告了范雎一状。

魏齐听说这件事以后勃然大怒，马上命人把范雎抓起来审问。可是，范雎并没有做什么对不起魏国的事，当然不会承认了。于是，魏齐恼羞成怒，命令手下鞭打范雎。可怜的范雎被打得死去活来，肋骨被打断了，牙齿也被打掉了。为了能够留下自己这条性命，范雎只好装死，希望能够瞒过魏齐的眼睛。

别看范雎"死了"，可魏齐觉得还不解恨。他下令把范雎的"尸体"用竹席卷起来，然后扔进厕所里。不光这样，魏齐还让那些喝醉了酒的门客往范雎身上撒尿，目的是警示后人，以后不要胡言乱语。四下无人时，范雎对看守说："我刚才是在装死，你帮帮忙，放我出去，以后我一定会重重答谢你的！"

守卫听了以后，就去向魏齐禀报，说竹席中的死人太晦气，不如把他扔掉算了。这时魏齐正喝到兴头上，也没考虑太多，就答应了守卫的请求。就这样，范雎保住了一条性命，得以脱身。

后来，范雎在魏国人郑安平的帮助下，隐姓埋名，改称为张禄。他在魏国等待着洗刷掉他所受的所有屈辱的机会。

过了一段时间，秦国派使者王稽出使魏国。范雎觉得这是个机会，就深夜前去拜访。通过一番谈话，王稽觉得范雎是个难得的人才，于是就偷偷把他放在自己的车上，带回了秦国，引荐给了秦王。秦王听后当即决定在离宫召见范雎。

秦王见到范雎以后，大有相见恨晚的意思，

历史关注

战国末年赵人作的《世本》是我国最早的谱牒类史书。

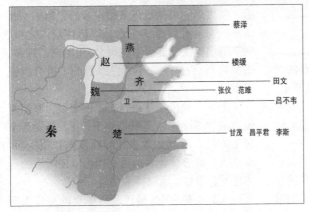

赴秦出任相国的各国国卿

秦国一向广纳天下贤才，为己所用，客卿中拜相者亦不乏其人，这就为秦统一天下奠定了基础。

范雎更是尽心竭力地为秦王服务。他先是为秦国提出了"远交近攻"的外交手段，接着又建议秦王废除掉王太后和穰侯魏冉等人的大权。秦王认为范雎说得非常有道理，就一一采纳了他的建议，任命他做了丞相，还封他做了应侯。

得到秦王信任的范雎开始了自己的报复计划，他让秦王派兵攻打魏国，结果魏国实在忍受不了，只好派须贾出使秦国。范雎一听是昔日的仇人来了，心中暗喜。他脱去了丞相、诸侯的衣服，换上了一件又脏又破的烂衣裳，然后徒步去见须贾。

须贾看到范雎后非常惊讶，说道："范雎，你……你不是死了吗？原来……原来你活得很好啊！"说到这，须贾上下打量了范雎一番，摇头说："哎！虽然你还活着，可是你的生活却……算了！你还是留在这吃饭吧！"

就这样，在须贾的"盛情邀请"下，范雎留了下来。吃饭的时候，须贾看到范雎身上的衣服太单薄了，就命人拿出了一件丝绵袍给他。范雎也不说谢，伸手就接了过来。紧接着，须贾就和范雎打听秦国新任丞相的事："我听说这个丞相张禄是咱们魏国人？我不明白他为什么还要建议秦王攻打魏国呢？我这次来就是想见见他，让他劝说秦王，不要再攻打咱们魏国了。"

范雎回答说："我就是丞相府中的门客，可以替你引见一下。"须贾听后非常高兴，马上让范雎带自己前去。于是，范雎坐在马车上，亲自为须贾驾车，两人一会儿的工夫就来到了丞相府。范雎从车上走了下来，对须贾说："你先在这里等一下，我去里面通报一声！"

须贾点了点头，就在外面等候丞相的传唤。可是，左等范雎不出来，右等范雎也不出来，须贾觉得很奇怪，不知道这是什么原因。又过了很长时间，须贾实在忍不住了，就问丞相府的守门人："麻烦你进去看一下，刚才那个范雎怎么还没有出来啊？"

须贾的话把守门人给问糊涂了，说道："范雎？什么范雎？我们丞相府没有这个人啊！"

须贾着急地说："刚才那个进去的不就是范雎吗？"

守门人说道："什么啊？那是我家丞相张先生，哪是什么范雎啊！"

须贾这才知道自己掉进了范雎的圈套，只好跪在地上，用两只膝盖支撑着走进丞相府谢罪。这时的范雎早已经换上了丞相的衣服。他坐在上面大声斥责说："须贾，我之所以不杀你，并不代表原谅了你！只是因为你还知道送给我一件丝袍，说明你还念一点故人的旧情。既然你刚才请我吃了顿饭，这个人情我还是要还给你的。"

就这样，范雎在自己的府上大摆宴席，招待各国的宾客。可是，须贾并没有被奉为上宾，而是被安排在堂下。不光这样，范雎让人给他送上了一盘黑豆和碎草之类的给马吃的饲料，并且对他说："回去告诉你们魏王，让他们赶紧把魏齐的人头砍下来送给我。要不然，我就会血洗大梁城。"

须贾回国之后把这件事告诉了魏齐。魏齐没办法，只好逃到了赵国，躲在了平原君赵胜的家里。

中国大事记

公元前316年，秦惠文王派兵攻打四川，灭亡巴、蜀，秦国日益富强。

触詟说赵太后

周赧王五十年（公元前265年），秦国派兵攻打赵国，很快就占领了赵国的三座城池。这时，赵国的惠文王刚刚去世，继承王位的孝成王年纪又小，不懂事，所以一切政务都交给了他的母亲赵太后处理。

当时的形势对赵国非常不利，于是赵太后就派使者向齐国求救。齐国回复说："齐国很愿意帮助赵国，不过赵国必须要让孝成王的弟弟长安君到齐国做人质。只有这样齐国才敢相信赵国的诚意，发兵救援赵国。"

可是，这个长安君是太后的小儿子，平日里最受太后的宠爱。如今，齐国想让他做人质，赵太后哪里肯答应啊！就这样齐国迟迟不肯发兵。

赵国的王公大臣一个个都沉不住气了，纷纷劝说赵太后以国家利益为重，忍痛割爱，答应了齐国的要求。赵太后听后非常生气，明确地说："我说过的话是算数的，说不行就是不行！谁要是再来劝我，看我这老婆子不吐他一脸口水。"大臣们一看太后真的发火了，一个个都不敢说话了。

这时，赵国的老臣左师公触詟请求面见太

后。赵太后知道他也是来做说客的，憋了一肚子火，打算让他下不了台，以堵住众人之口。触詟进门见太后满脸不高兴，心里明白了许多，暗暗告诉自己："先不着急，看准了机会再说正事。"

于是，触詟一路小跑着走近太后，寒暄着说道："太后恕罪，老朽腿脚不行了，活动起来很不方便，因此才这么长时间没来看望太后，希望太后能够体谅。最近是因为听说太后的身体也不是很好，所以特地探望一下。"

太后心想："这触詟葫芦里卖的是什么药啊？"于是就随口说道："我比你强不了多少，平时都是坐车进出，身体还算过得去。"

触詟接着："那太后的饮食怎么样呢？"

太后回答说："吃不进什么东西，每天只是喝点粥而已。"说到这里，赵太后的神情稍微舒缓了一些。

触詟见状，把话锋一转，说："老朽膝下有一个小儿子，名字叫舒祺，不成什么气候，可我却过分地疼爱他。如今，我想让他在宫里当一名卫士，不知道这件事太后能不能答应？"

赵太后听后，点了点头说："这不是什么难事！你的孩子多大了？"

触詟回答说："今年已经15岁了，年岁是小了一点。其实，我主要是想在有生之年把他

· 朝聘之礼 ·

朝聘之礼原指古代诸侯派使者或亲自定期觐见天子的礼仪，后来也指藩属国使节前来觐见中国皇帝的礼仪，属于"五礼"中的宾礼。具体而言，聘，是指诸侯派使者觐见天子；朝，则是诸侯亲自觐见天子。《礼记·王制》规定，诸侯每年都要派大夫前往王都拜见天子，称作"小聘"；诸侯每三年要派卿前去拜见天子，称作"大聘"；诸侯每五年须亲自前往王都拜见天子，称作"朝"。诸侯及卿大夫朝聘天子时，要携带当年该向天子交纳的贡赋，还要奉行严格的礼仪，以示对天子的敬重和臣服。其礼仪大致分为六个程序，分别是："效劳"（天子派人迎接并慰问来宾）、"赐舍"（安排来宾下榻）、"朝觐"（来宾正式拜见天子并献礼）、"请罪"（来宾向天子表示自己做得不好，求天子宽恕，是一种谦虚说法）、"赐礼"（天子赏赐来宾一些礼物）。朝聘之礼本来只有天子才有资格享受，但东周时，周王室衰微，各诸侯国也纷纷采用了朝聘之礼。秦统一中国后，中国在2000多年的时间里称雄于东方，期间各国派使节前来时，中国基本上都以朝聘仪式接待，因此"四夷来朝"的说法一直不绝于书。直到鸦片战争后，在西方人的强烈要求下，清王朝才废弃了朝聘之礼，而以现代外交礼仪与各国打交道。

| 历史关注 | 战国末期，李冰任蜀郡守时，兴建了防洪灌溉攻城都江堰，使川西平原成为粮仓沃土。 |

托付给太后您，这样我死也瞑目了。"

赵太后顿了一下，说："真看不出来，男子汉大丈夫也偏爱小儿子吗？"

触詟回答说："瞧太后说的，我不止偏爱，而且比妇女偏爱得还厉害呢。"

赵太后听了笑了笑，说："又在这里胡说八道，你怎么能比得上妇女偏爱小儿子呢？"

触詟见时机已经成熟，马上说道："不是吧，老臣觉得太后对燕后就要比长安君爱得更深。"

太后听了，摇摇头说："这你就错了，我疼爱长安君可要远远胜过燕后呀！"

触詟却说："父母疼爱自己的子女，要为他们的将来打算。当年燕后出嫁的时候，太后您送她，依依不舍，一直把她送上车，还抱着她的脚流泪不已。她嫁得太远了，您舍不得她呀！她走了之后，您还常常念叨她。可是，您每次在做祈祷的时候，却在暗中祷告说：希望她永远不要回来（按照当时的风俗，嫁出去的姑娘只有在被休、丈夫去世或国破家亡时才回娘家）。您之所以要这样，是为她的将来考虑呀，是希望她的子孙后代能当上燕国的君主呀。"

触詟一番话说到了赵太后的心坎儿上，不断地点头，说："还是你了解我啊！是呀，做父母的哪个不希望自己的儿女有个好的前程呀！"

见赵太后已经落入了自己设计好的"圈套"，触詟把话头引入正题："就拿赵国的国君来说吧，除去最近三代不提，以前赵王的子孙后代中有谁把爵禄继承到今天？"

太后思考了一下，说："这……好像还没有。"

触詟接着又说："为什么呢？赵王的这些后代一旦遇到大的变故，近不能保全自身，远不能佑护子孙后代，难道是他们都不肖吗？显然不是。问题的关键在于：他们从前辈那里继承了很高的爵位，而自己没有一点功劳；得到的俸禄很丰厚，自己却对国家没有什么贡献。这还不算，他们还要身居要职，掌握国家大权。如今，太后您让长安君身居高位，把他封在富饶肥美的土地上，让他掌握重要的权力，却不让他趁着年轻为国家建功立业。将来有一天，他失去了靠山，如何能在赵国立足呢？"

听完触詟这番话，赵太后如梦方醒，说道："对呀，您说的太对了。那我就把长安君交给你，让他听从您的安排。"

触詟欣然领命，告别赵太后，着手布置长安君到齐国的事宜。他为长安君准备了100多辆装饰豪华的车子，派人护送他入齐国为质。齐国国君见赵国已送长安君前来，出兵援助赵国。秦国闻讯，主动撤走了军队。

长平之战

周赧王五十三年（公元前262年），秦国派兵攻打韩国。很快，秦国军队就包围了韩国的上党郡。上党郡的太守心中清楚，上党郡迟早会被秦国攻破，不如赶紧给自己找一条后路。于是，

赵括像

太守召集百姓，和他们商议道："大家都看到了，秦国的军队就在城外，上党郡随时都有被攻破的可能。如今，我们通往韩国国都的道路已经被阻断了，就别指望韩国能派兵来救我们了。"

百姓们也同意他的说法，问道："不知道太守您有什么想法呢？"

太守说："我们现在不如去投奔临近的赵国。想一想，赵国接受了我们，秦国一定会发兵攻打赵国。到那时，赵国为了自己着想，肯定会与韩国联合，一同抵抗秦国。这样一来，我们全郡百姓的性命也就保住了。"

百姓们听后都表示赞同。就这样，太守亲自前往赵国，表示愿意把上党郡送给赵王。赵王一听，心想："这真是天上掉下来的大便宜啊！"于是，赵王答应了太守的请求。正所谓"贪小便宜吃大亏"，赵国是得了一个郡，可是赵王不知道，他将会为这个"小便宜"付出惨重的代价。

周赧王五十五年（公元前260年），秦军

中国大事记

公元前311年，燕昭王求贤，得乐毅、邹衍、剧辛等名臣，日益富强。

攻破了上党郡，上党郡的百姓全都逃到了赵国。为了保护"自己的子民"，赵国任命廉颇为大将军，在长平（今山西高平县）布下重兵，抵御秦国军队。秦昭王听说这件事后火冒三丈，马上让秦军调转矛头，杀向赵国。

廉颇是一个非常懂得用兵打仗的老将军。他知道秦国军队的实力非常强，赵国军队已经屡次被秦兵打败，如果现在和他们硬拼，恐怕抵挡不住。因此，廉颇就在长平排开阵势，坚守不出。不管秦军怎么挑战，赵国就是不派一兵一卒应敌。秦军主将干着急没办法。

转眼间4个月过去了，秦国攻打长平的战势还是没有一丝进展。这时，远在国都的秦国相国范雎，看到秦国军队久攻不下的状况十分着急，于是就想了一条狠毒的反间计。他派人带着很多黄金前往赵国，然后在那里散布谣言说："赵王真是老糊涂了，怎么会用廉颇做主将呢？他大概不知道，秦国的军队最害怕的其实是赵括率军啊！至于廉颇嘛，他是个很容易对付的人，如今他早就已经投靠秦国了。"

在此之前，赵王就已经对廉颇坚守不出的战术很不满意了，认为他损兵折将后，被秦国吓破了胆，不敢应敌。当谣言传到赵王耳朵时，他更坚信自己的想法，于是罢免了廉颇，任命赵括为大将军。

赵括是赵奢的儿子。赵括从小就学习兵法，谈论军事，以为天下没人能抵得过自己。他曾经和父亲赵奢一起谈论用兵之道，赵奢虽然难不倒他，可是却不称赞他。赵括的母亲感到很奇怪，就问为什么。赵奢长长地叹了一口气，对妻子说："用兵打仗是一件关乎将士和百姓们生死的大事，但是他却把这样的大事说得那么容易。赵国不用他为将军也就算了，要是让他为将，那么等待赵国军队的就一定会是失败啊！"

和蔺相如一样着急的，还有赵括的母亲。听到赵王任命赵括为将军，她感到非常不安。于是在赵括将要起程去军营的时候，她上书给赵王说："大王，千万不可以让赵括做将军。"赵王很诧异，心想：别人的母亲都盼望着自己的儿子能够建功立业，怎么她却不想让儿子当将军呢？于是就问原因。

赵括的母亲回答说："大王，当初他父亲赵奢担任将军的时候，亲自捧着饮食侍候士兵们吃喝，把士兵们当成自己的朋友。大王赏赐的东西，他全都分给士兵，一点也不留给自己。现在赵括刚刚做了将军，他手下的军官没有一个敢抬头看他。大王赏赐的金帛，他都带回家藏起来，还到处寻找便宜合适的田地房产，全部买下来。大王您说，他哪里像他父亲？又怎么能够让他做赵国的将军呢？希望大王您仔细考虑，不要派他领兵。"赵王闻言，非常恼火，就说："这件事情我已经决定了，别再说了。"赵括的母亲见赵王不听，只能摇摇头，然后对赵王说："大王您要是一定要派他担任将军的话，那我有一个请求。"赵王强自按住心里的怒火，道："你说吧。"赵括的母亲说："如果赵括有什么不称职的情况，大王您能答应我不受他的株连吗？"赵王虽然

长平之战示意图

怒火中烧，但还是答应了她。

就这样，赵国在还不清楚对方主将是谁的情况下，就准备与敌人决一死战。赵括一到长平，马上改变了老将军廉颇坚守不出的战斗策略。他带上赵国所有的军队，杀向秦军。白起早就听说赵括是个只会"纸上谈兵"的废物，所以他命令士兵不要和赵国的军队苦战，一定要假装战败逃跑。赵括以为秦国士兵是害怕自己，于是带领着赵军乘胜追击，一直追杀到秦国军队的大本营。

直到这个时候，赵括才发现自己上当了。秦国的大本营防守牢固，一时间根本就攻不下来。更可怕的是，赵国军队的后路这时也被秦军的25000人截断。同时早已埋伏好的两支部队也从两边杀出，把赵国的军队一分为二，而且还切断了赵国输送粮草的必经道路。这下可苦了赵军，往前走不了，往后退更是不可能。没办法，赵括只好让士兵就地安营，等待援兵。

到了九月，赵国军队已经断粮40多天了。尽管在这期间赵国军队曾经请求齐国发送粮食给他们，可是怕惹火上身的齐王并没有答应。赵国军队已经快熬不住了，士兵之间甚至发生了吃人的事情。赵括此时也没有了往日的威风，知道这样下去是等死。于是，他把军队分为四部分，命令他们一起攻打秦军的大本营，希望能够突围出去。可是，已经饿了40多天的赵国军队怎么打得过精力充沛的秦国军队呢？赵括的军队接连攻了四五次，也没能杀出去。最后，赵括在乱战中被秦国军队射死。

赵括一死，赵国军队更没有了斗志，40多万人全部向秦军投降。

白起起初接受了他们的投降，但是转念一想："我们秦国攻打上党郡的时候，郡中的百姓不愿意归顺秦国，反倒全都投奔赵国。看来，赵国的名声要比我们好得多。现在，投降的士兵足足有40多万，他们很可能会勾结起来，一起叛乱。最好的办法就是把他们全部杀死。"

就这样，白起设下了一个圈套，把45万投降的士兵全部活埋，只将240个未成年的孩子送回赵国。

鲁仲连一言退万兵

鲁仲连是齐国人，长于谋略和辩论，却不肯做官。

秦国将军白起率领部队在长平大败赵军，第二年，秦军又向东挺进，包围邯郸。邯郸危在旦夕，但没有一个国家敢来援助。魏王派新垣衍对平原君说："秦军之所以围攻赵国，是因为想要称帝。赵国如果能尊秦昭王为帝，秦昭王一定很高兴，就会撤兵离去。"平原君犹豫不决。

正在赵国游历的鲁仲连听说了这件事情，就去见平原君，问他说："大人您打算怎么办呢？"平原君叹了口气，无精打采地说："我哪里有什么办法啊！秦军前不久在长平大败我军，还杀了我们40多万将士。现在他们又围攻邯郸。魏国派新垣衍来赵国，劝说赵王尊秦王为帝。我不知道该怎么办才好。"鲁仲连叹了口气，说："以前我认为您是天下贤明的公子，今天才知道我想错了。您告诉我新垣衍在哪儿？我替您去责问他，让他回魏国去。"平原君连忙点头说："那就拜托先生您了！我马上去告诉他。"平原君找到新垣衍，对他说："我想向您介绍一位客人，他叫鲁仲连，现在在赵国。"新垣衍拒绝说："我听说鲁仲连先生道德高尚，很早就想见他。但我现在有要事在身，实在没时间。"平原君为难地说："我已经告诉他您在我这了，您要是不见的话，我不好交代。"新垣衍无奈，只能答应。

鲁仲连见到新垣衍后，一句话也不说。新垣衍感到很奇怪，想：他不是来游说我的吗？为什么现在一句话都不说呢？就先开口对鲁仲连说："先生，现在邯郸危急，人们都逃到其他地方，先生您怎么还在这呢？"鲁仲连说："秦国是个只崇尚战功的国家，用权诈之术对待士卒，像对待奴隶一样役使百姓。怎么能够让秦王称帝统治天下呢？我就算是跳进东海，也不愿意做秦国的顺民。我今天来见将军您，是为了帮助赵国。"

新垣衍好奇地问："您要怎么样来帮助赵国呢？"鲁仲连说："我要请魏国和燕国帮助它，而且齐国和楚国也正在帮助赵国。"新垣衍觉得鲁仲连说的很荒谬，就质疑说："先生您说的燕国，我相信会听从您的。但是我就是魏国人，您怎么能说服魏国来帮助赵国呢？"鲁仲连笑了笑，说："现在魏国之所以想让赵王尊秦王为帝，那是因为魏国没发现秦国称帝带来的祸患。如果让魏国看清了秦国称帝的危害，魏国就一定会帮助赵国。"

新垣衍问："那么依先生您的看法，秦国称帝，会有什么危害？"鲁仲连没有直接回答，却说出以下的话来："先前，周朝贫困弱小，诸侯们没有人去朝拜，只有齐威王奉行仁义，率领天下诸侯朝拜周天子。一年多以后，周烈王去世，齐王奔丧去迟了，新继位的周显王很生气，责备齐威王说：'天子逝世，就好像天崩地裂一样，连我都要守丧，但你的使者居然敢迟到，当斩。'齐威王勃然大怒，破口大骂：'呸！您母亲原先还是个婢女呢！'周显王最终被天下人耻笑。齐威王之所以生气，实在是忍受不了周显王的苛求。本来就那样，这么做不奇怪吧。"

新垣衍反驳说："先生您难道没有见过奴仆吗？10个奴仆侍奉一个主人，不是因为力气和智力赶不上他，而是害怕他啊。"鲁仲连反问道："那么魏王难道是秦王的奴仆吗？"新垣衍说："是。"鲁仲连说："我能够让秦王烹了魏王，把魏王剁成肉酱。"新垣衍很不高兴，脸色一沉，说："先生您实在太过分了！您又怎么能够让秦王烹了魏王，把魏王剁成肉酱呢？"鲁仲连说："当然能。从前，九侯、鄂侯、文王是纣王的3个诸侯。九侯把自己漂亮的女儿献给纣王，可是纣王却认为她很丑，就把九侯剁成了肉酱。鄂侯刚正不阿，指出纣王的错误，纣王又把鄂侯杀死做成肉干。文王听说了这件事，只是叹了一口气，就被纣王关在牢里。为什么他们3个人最终落到被剁成肉酱、做成肉干、囚禁起来的地步呢？齐王前往鲁国，夷维子替他赶车。夷维子问鲁国官员：'你们是按照什么礼仪接待我们国君？我们国君是天子啊。天子到各国巡察，诸侯应该迁出正宫，移居别处，交出钥匙，撩起衣襟，安排桌椅，站在堂下伺候天子吃饭。天子吃完后，诸侯才可以退回朝堂听政理事。'鲁国官员非常生气，干脆不让齐王入境。齐王只得借道邹国前往薛地，这时，邹国国君去世，齐王想去吊丧，夷维子对邹国新即位的国君说：'天子吊丧，丧主一定要把灵柩转换方向，使灵位朝北，然后天子好面朝南吊丧。'邹国的大臣们说：'我们宁愿自杀，也不会这样。'所以齐王不敢进入邹国。现在秦国和魏国都是万乘大国，也都各自称王，但是魏国只看到秦国打了一场胜仗，就要尊它为帝，赵、魏两国的大臣连小小邹国、鲁国的臣民都比不上啊！秦王称帝以后，要是还贪心不足，就会更换诸侯的大臣，还要把秦国的女子嫁给诸侯，让她们住在魏国的宫廷里，到时候，魏王又还会感到安全吗？而将军您还能像原来一样得到魏王的宠信吗？"

听完这些话，新垣衍恭恭敬敬地向鲁仲连拜了两拜，说："原来我以为您是个普通人，现在我才知道自己错了。我马上回魏国，不再要赵王尊秦王为帝了。"秦军听到这个消息，后撤了五十里。不久，魏国信陵君夺了晋鄙的军权，率军赶来援救，秦军撤离邯郸。

平原君要封赏鲁仲连，鲁仲连再三推辞。平原君又设宴招待他，喝到痛快时，平原君站了起来，拿出一千镒黄金，要给鲁仲连。鲁仲连笑着说："杰出的人之所以被人们尊敬，是因为他们替人消灾解难，而不取报酬。如果收了，那就成了生意人了。我鲁仲连决不会那样做。"告别平原君，终生不再和他相见。

毛遂自荐

周赧王五十六年（公元前259年），秦国派兵攻打赵国国都邯郸。第二年，也就是公元前258年，赵王派平原君赵胜作为使者前往楚国，和楚国商议联合抵抗秦国的事。平原君答应赵王后，不敢怠慢，马上召集了门下所有的

历史关注 | 赵国的蔺相如、廉颇相交的故事，留下了完璧归赵、将相和等典故。

宾客，打算从中选出 20 个文武双全的人，和自己一同前往楚国。

经过一番挑选，只有 19 个人符合平原君的要求，剩下的都是些不起眼的人。正当平原君发愁的时候，突然有一个人站了起来，大声对平原君说："您就挑我吧！我毛遂将会是您的最佳人选。"

平原君一听，一脸得不高兴，回答他说："毛先生请不要说笑话好吗？现在的事关系到赵国的生死存亡，你怎么还有心思胡闹呢？"

毛遂满脸疑惑地对平原君说道："我并没有胡闹啊？我也想为您和赵国贡献自己的力量啊！"

平原君更加生气，说道："你还说没有胡闹，你怎么可以说你是我的最佳人选呢？你看看，我挑选出来的人都是十分有才能的，他们在每个国家都很有名气。他们的才气就像是锥子的尖，如果把锥子放在布袋里的话，那么它马上就会露出来。可是先生你呢？如果我没记错的话，你来我这里已经有 3 年了吧！在这 3 年里，你没有给我献一计，也没有让我看到你有什么长处，更没有听到有谁称赞你。出使楚国可是很重要的事，怎么可以派你去呢？"

毛遂听后不以为然，对平原君说："我没有给您献计，没有向您展现我的才华，这些完全是因为我始终没有一个很好的机会。实际上，我也是有尖的锥子，只不过一直没有遇到那个布袋而已。这次的任务就是布袋，我相信我会让您看到我的尖的。"

平原君听后半信半疑，但回过头来一想，反正也找不到更合适的人选了，不如就带他去吧！就这样，平原君带领着自己的 20 个食客，一同前往楚国。一路上，那 19 个人经常嘲笑毛遂。可毛遂就当没听见，根本不理会他们。

到了楚国之后，平原君马上带着这 20 个人来进见楚王。平原君见到楚王后，想尽一切办法，说尽所有好话、摆事实、讲道理，告诉楚王联合抗秦的好处，给楚王分析不和赵国联合的坏处，从早晨一直说到中午。可是，尽管平原君说得口干舌燥，楚王还是犹豫不决，拿不定主意。

这时，站在一旁的毛遂看不下去了。他用手按住剑柄，直接跑上台阶，对着平原君说："何必这么婆婆妈妈的呢？所有人都知道联合抗秦对赵国和楚国都是有好处的。本来两句话就能说明白的事，您何必费那么大劲，从早上一直说到中午，这到底是怎么回事？"

毛遂的举动把楚王吓了一跳，生气地说："哪里来的野汉子？来人啊！把他给我推出去。"

平原君赶紧解释说："大王息怒，这是我的食客毛遂。"

楚王听后摆了摆手，对毛遂说："你也太没礼貌了！没看到我正在和你的主人说话吗？我们正在商量国家大事，你怎么能如此胡闹呢？还不快给我下去！"

楚王本想吓唬吓唬毛遂，没成想到毛遂不但没走下台阶，反而离楚王更近了。他手中握着宝剑，对楚王说："大王，您之所以敢如此大声地斥责我，主要是因为这是在楚国，您仰

毛遂自荐图

仗的是人多势众。不过您看清楚了，我现在和您的距离不过十步而已。就算您有再多的人，恐怕先死的也是您吧！也就是说，您的性命如今在我的手上，您有什么资格斥责我呢？"

楚王不知道毛遂葫芦里卖的什么药，问道："你想做什么？难道你真敢刺杀本王吗？"

毛遂笑了笑，说："我其实没有那个意思，不过如果您做得很过分，说不定我就会有那个意思了。我想问您，您认为赵国派使者来和您商量联合抗秦的事，到底为了我们赵国好，还是为了你们楚国好？"

楚王更加不明白毛遂说的是什么意思，便回答说："这个……那自然是为了你们赵国好了。"

毛遂大笑起来，回答说："大王您错了，我们其实是为了楚国好。我听说商朝开国大王汤和我周朝开国大王文王，在最初的时候，不过拥有那么一百里土地罢了，但是他们却最终都统一了天下。这难道是凭借人多势众吗？还有，楚国如今有五千里的土地，百万名士兵，应该是诸侯国中的强国。可是一个小小的白起，带领着那区区几万人，就能夺走楚国的两个城池，而且还火烧夷陵。您看看，楚国列祖列宗的牌位已经被他烧毁了，楚国的祖先已经被他侮辱了，您难道不觉得羞耻吗？现在您说说，这联合抗秦到底是为了谁好呢？"

楚王听后，觉得毛遂的话很有道理，就对他说："先生说的很有道理，我同意和你们联合抗秦。我会派春申君带兵前往帮助你们的。"

毛遂接着说："那就请与我们一起歃血为盟吧，您第一个滴血，我的主人平原君第二个滴，我毛遂最后一个滴！还有底下那19个跟着来却没有发挥作用的人，你们也过来滴血吧！"

楚王见毛遂还用手握着宝剑，没办法只好按照他说的去做。就这样，楚国和赵国确立了合作关系。

回到赵国后，平原君对别人说："这件事让我太惭愧了，我以后再也不会夸口说，我能够识别天下人才了！"从此就把毛遂当成上宾。

屈原自沉汨罗江

屈原是楚国贵族，担任左徒一职。他博学多才，懂得很多知识，又善于和人交流，在朝内能参与国事，在朝外又能和各国搞好关系，楚怀王很信任他。

上官大夫很妒忌屈原的才华。楚怀王让屈原起草新法令，屈原打好了草稿，还没有最后

饮酒读《离骚》图 明 陈洪绶

《离骚》历来为忧愤之士所爱，图为一位士人坐于兽皮褥上正饮酒读《离骚》，一副激愤而又无可奈何之状，大有击碎唾壶一展悲吟之意。

定稿。上官大夫想把稿子据为己有，但屈原不给，上官大夫就对楚怀王说："是大王让屈原制定法令，但大家都不知道。每次颁布新法令，屈原都把它看成是自己的功劳，说没有他就不行。"楚怀王很生气，从此就疏远了屈原。

秦国想讨伐齐国，但齐国和楚国又是姻亲，秦王就让张仪出使楚国，想拆散两国的关系。张仪对楚怀王说："秦国很讨厌齐国，楚国如果能和齐国断交，秦国愿意献上六百里土地。"楚怀王一时贪心，就答应了，派人和齐国绝了交，并让人去秦国接收土地。张仪见目的已经达到，就对使者说："我和楚王说的是六里地，不是六百里啊。"楚国使者大怒而归，告诉楚怀王。楚怀王生气了，发兵攻打秦国。可是又不是秦国的对手，死伤8万人不说，连汉中也被秦国抢走了。楚怀王还不服气，征发全国士兵再次对秦国发动进攻，在蓝田展开大战。魏国听说后就派兵攻打楚国，想占点便宜，楚国军队只好回国两线作战。而齐国正在生楚国的气，根本不肯发兵援救，楚国陷入了前所未有的巨大危机之中。

第二年，秦国愿意把强占来的土地归还一部分给楚国，楚怀王说："我不想要土地，只要能得到张仪就行了。"张仪对秦王说："张仪一个人就能代替汉中全部土地，这是好事，我要去楚国。"不久他就来到了楚国，他事先送给奸臣靳尚很多礼物，并威逼利诱楚怀王的宠妃郑袖，让他为自己求情。楚怀王受了他们蒙蔽，就把张仪放走了。这个时候屈原正在齐国出使，回来后问楚王为何不杀张仪，楚怀王才后悔了，不过张仪早就逃走了。

秭归屈原祠

不久秦王请楚怀王去秦国聚会，楚怀王打算去，屈原劝谏道："秦国是虎狼之国，从来不讲信义，所以请您不要去。"公子子兰却说："不要拒绝秦国的好意。"楚怀王就去了，结果被秦国扣留了下来，最后死在秦国。太子即位，就是楚顷襄王，公子子兰为令尹。

屈原对国家的衰败感到万分痛心，即使被流放，他的心也始终停留在楚国上。他是多么希望国王能够醒悟过来，带领楚国人民奋发图强，洗雪国耻啊！他写了很多爱国诗篇抒发自己的感情，但终究得不到统治者的肯定，不能引起他们的重视。他觉得，历代君王不管是否贤明，都希望能够得到忠诚而能干的大臣的辅佐。但不是每个人都能分清楚谁忠谁不忠，楚怀王就是不知道如何分辨，所以被郑袖等人欺骗，最后竟然客死异乡。当君王的如果不能明

· 端午节的由来 ·

端午节是专门纪念屈原的节日，在这一天家家户户都要吃粽子，还要举办赛龙舟的活动。有史记载，屈原于农历五月五日投汨罗江自尽，楚国百姓为哀悼他们热爱的屈原，每到这一天，就把米装到竹筒中投入江中，让鱼虾吃，以免它们啃咬屈原。但是有一天，屈原给人们托梦说，投到水中的食物都被蛟龙给抢走了，蛟龙害怕五色丝和竹叶。后来人们就用竹叶把米包成粽子，再用五色丝把粽子捆起来。这就是端午节吃粽子的由来。

端午节"赛龙舟"也和屈原有关。相传渔夫见屈原投江，欲乘舟救他，留下了赛龙舟的习俗。

辨是非的话，灾祸可就大了。

公子子兰听到这种言论后大怒，于是让上官大夫在楚顷襄王面前说屈原坏话，最后把他流放了。

屈原已经对这个国家完全失望了，他到了汨罗江边，披着头发边走边吟诗，抒发心里的郁闷和悲愤。一个渔夫看见他这样，就问他："你不是三闾大夫吗？怎么到这里来了？"屈原说："全世界的人都混浊了，而我还是清澈的；所有人都喝醉了，只有我还保持清醒，所以我就被流放到这里了。"渔夫说："所谓圣人，就是能不拘泥于事物而随着世道的变化而变化的人。既然全世界都污浊了，那为什么不能随着它变化呢？大家都喝醉了，为何不跟着他们一起喝酒吃肉呢？为什么非要坚守自己的操守而被流放呢？"屈原说："我听说刚洗了头的人在戴帽子的时候一定会先把上面的灰尘弄干净，而刚洗了澡的人在穿衣服的时候也会把衣服抖几下，谁又能让自己洁净的身体去接触那些脏东西呢？我宁可投身到这滔滔江水中葬身鱼腹，也不愿让我的高洁品行受世俗的玷污。"

不久楚国被秦所灭，屈原写了一篇《怀沙》，然后抱着一块大石头跳进汨罗江自杀身亡。

信陵君窃符救赵

虽然楚国答应与赵国联合抗秦，但是赵国国都邯郸的危机并没有解除。于是，平原君赵胜又向魏国求救，希望魏王能够出兵，与赵国联合起来。魏王最初满口答应，马上派大将军晋鄙带兵前往赵国。

可是，还没等魏国的军队开到赵国，秦王就派人给魏王送来口信，说是诸侯中如果有谁敢救赵国的话，那么秦国消灭赵国后，第一个就讨伐他。魏王胆小怕事，赶忙让军队驻扎在壁邺（今河北磁县南）。

平原君对魏王的行为非常气愤，心中暗骂他反复无常。可是现在最主要的不是埋怨，而是想办法搬救兵。魏王肯定是不能指望了，只

能找魏国的信陵君想想办法（赵胜的夫人是信陵君的姐姐）。

信陵君就是魏国的公子魏无忌。他为人十分仁义，而且礼贤下士，因此很多人都不远千里来投奔他。据说，当时有 3000 多人在他的手底下做食客。尽管有些人是滥竽充数，但是信陵君从来没有与他们计较过。

信陵君听人说魏国有一个名叫侯嬴的隐士，十分有才能。但是这个人年岁很大，已经70 多岁了，而且家境还十分贫寒，靠在大梁做城门官赚点银子来养家糊口。信陵君心中打定主意，一定要把侯嬴请到自己的府上。

这天，信陵君在府上设下了丰盛的酒席，款待门下的食客。当所有人都坐好之后，信陵君却没有宣布筵席开始，反而叫人备好车马，自己坐在马车的右边（古人认为左边比右边尊贵），亲自去接侯嬴。这个侯嬴还真不客气，衣服也不换，脸也不洗，一屁股就坐在马车的左边。再看信陵君，不但没有生气，反而对他毕恭毕敬，而且还亲自为侯嬴驾车。

半路上，侯嬴对信陵君说："信陵君请停一下，市场上有我一个做屠户的朋友名叫朱亥。我们好久不见了，我想去看看他。"

信陵君听后也不反驳，马上赶着马车来到了市场上。侯嬴也不领情，大摇大摆地下了车，走到朱亥面前，一聊就是半天。其实，这些都是侯嬴在试探信陵君，看他是不是真像人们说的那样礼贤下士。在和朱亥说话的过程中，侯嬴一直在偷偷地观察信陵君的表情。虽然信陵君已经在那里站了半天，但是脸上没有丝毫不耐烦地样子。侯嬴暗暗点头，和朱亥告别，转身随信陵君回到了府上。

酒席开始了，信陵君亲自搀扶侯嬴，让他坐在上座。当时，所有的食客都看傻了，不知道是怎么回事。侯嬴也被信陵君的行为感动。从那以后，侯嬴一心一意地辅佐信陵君。

信陵君接到平原君的求救信，心中确实很想帮助赵国。可是自己虽然是魏国的公子，但是并没有兵权，所以没有办法发兵。然而平原君却不理解信陵君，派了很多使者到他府上，

历史关注

战国时，楚国是最早铸造金币的诸侯国。

信陵君夷门访侯嬴图 清 吴历

公元前 257 年，魏公子信陵君无忌为了救赵，亲往夷门向守门人侯嬴问计，最终夺得晋鄙的兵权，解邯郸之围。

请他出兵。最后，平原君也生气了，就给信陵君写了一封信，信中说道："想当初我和你的姐姐结婚，主要原因是因为我十分仰慕你的忠义。但是现在，赵国很快就被秦国攻破了，你怎么还不帮助我呢？就算你看不起我，但是你也要为你的姐姐着想吧！如果赵国打败了，你姐姐也会遭殃的。"

信陵君看完信后非常着急，马上带着食客来到王宫，希望能够说服魏王发兵。可是魏王是铁了心，说什么也不让晋鄙进兵。没办法，信陵君只好决定带领着自己手下 100 余辆车马，准备赶往赵国，与秦国决一死战。

当人马路过侯嬴府上时，信陵君决定问问侯嬴，看看他有什么办法。谁承想侯嬴不但不帮忙，反而在旁边说风凉话。他对信陵君说："公子啊！你自己去吧！一路上保重啊！我是个糟老头子，帮不了你什么忙。"

信陵君听后非常地生气，扭头走出了侯嬴的府邸。路上，信陵君越想越不对劲，总觉得

侯嬴不应该那么绝情。于是，他又调转车头，回到了侯嬴的府上。侯嬴见信陵君又回来了，笑着对他说道："公子！刚才我说的话请不要介意，我就知道您会再回来的！现在您实在没有办法了，打算带着这 100 余个人前去与秦国拼命。可是您有没有想过，您这点人就像一块肉，那秦国的军队就像一只猛虎。用肉去打老虎，能有什么好结果呢？"

信陵君知道，侯嬴一定有什么妙计，所以就请他赐教。侯嬴说："想发兵就要有兵符！我听说晋鄙的兵符在大王的卧室内，而如姬是大王最宠幸的妃子，一定可以把它弄到手。我还听说，公子曾经替如姬报过杀父之仇，您开口的话，她一定会答应的。"

信陵君按照他的办法，果然拿到了兵符。侯嬴又说："大将在外领兵打仗，不一定非要遵从君王的命令。如果晋鄙看到兵符后还是不发兵，那么事情就难办了。您还记得那个朱亥吗？他可是个大力士，您可以带着他一起去。如果晋鄙不发兵，就宰了他。"

于是，信陵君带着朱亥来见晋鄙。果不出侯嬴所料，晋鄙对信陵君起了疑心，说什么也不发兵。这时，朱亥拿出一个重四十斤的铁锥，一下子就把晋鄙杀死。就这样，信陵君挑选了 8 万名士兵向赵国出发，最终解了赵国之围。

奇货可居

"奇货可居"这个成语相信很多人都知道。在这个成语中，"奇货"不是指一件商品，而是指一个人。这个人就是后来的秦庄襄王——子楚，而那个"居货"的人，就是后来的秦国相国吕不韦。

吕不韦认识这个"奇货"时，他的名字并不是叫子楚，而是叫异人。子楚是他回到秦国后改的名字。这个异人的父亲就是秦昭王的儿子，秦国的太子安国君。可是异人并不是安国君正室妻子华阳夫人的儿子，而是小妾夏姬的儿子。

按照当时的惯例，各国都要选派王室成员

中国大事记

公元前286年，秦将司马错攻魏，得安邑、河内二地，置河东郡，迁秦人居住。

到其他国家去做人质，异人就被派到了赵国做人质。一方面，当时秦国屡次攻打赵国，所以赵国人对这个人质肯定好不到哪去；另一方面，异人虽然名义上是秦昭王的孙子，但是他毕竟是小妾所生，所以秦国也不十分重视他。异人在赵国的生活非常凄惨。

有一天，阳翟（今河南禹县）的大商人吕不韦来到赵国的国都邯郸，碰上了异人。吕不韦是个非常精明的商人，他见到异人后，心里马上盘算起来："这个人是秦国太子的儿子。虽然他现在地位比较低下，但是绝对可以把他看成一件'奇货'。如果囤积起来，将来一定可以获得很高的利润。"于是，吕不韦带了很多礼物，来到了异人的住处。

见到异人后，吕不韦笑呵呵地对他说："我虽然是一个商人，但是我却有非常高的本领。如果你和我合作的话，我保证可以光大你的门庭。"

异人一眼就看穿了吕不韦的心思，笑着对他说："你说的也正是我想要的，不过你这么做其实是为了你自己，因为那样也可以光大你的门庭。"

吕不韦十分镇定地说："是的！你说的一点都没错，我们商人是不会做亏本的买卖的。不过您要知道，要想光大我的门庭，就必须依靠你的门庭。"

异人知道，吕不韦这么说一定是早就想好了主意，他一定有什么办法帮助自己，于是赶忙把他请进屋内。吕不韦见四周无人，就对异人说："如今的秦昭王已经老了，天下迟早是安国君的。安国君的妻子华阳夫人没有孩子，

·商人日益显赫·

战国时期，随着商业的发展，都市里的商业世家和商人群体形成强大的势力，原来地位低微的商人日益显赫。他们不仅开始受到人们的尊重，并开始参与政治，甚至用巨额财富去影响政局，策划"奇货可居"奇谋的吕不韦就是其中典型的代表。

你的兄弟虽然有20多人，但都和你一样是小妾所生，这样就使你有机会成为未来的太子。分析现在局势，子傒是最有可能做太子的，而且还有士仓辅佐他，你的机会就又小了一分。同时，你又不是长子，不可能得到安国君的宠爱。他一旦登基，在设立继承人的时候，第一个想到的决不会是你。如果你不采取行动的话，恐怕要一辈子留在赵国做人质了。"

吕不韦的话说到了异人的心坎里，他马上追问道："你说的很对，这些事我也知道。不过，现在我在赵国做人质，连回国的可能性都没有，又怎么谈得上采取行动呢？"

吕不韦笑了笑，回答说："请不要着急，我早就已经想好了对策。现在，决定谁能成为未来继承人的并不是安国君，而是安国君的妻子华阳夫人。你想，华阳夫人是正室，她绝对有资格决定谁成为秦国的继承人。我吕不韦是个小商人，没有太多的金银珠宝。但是如果您相信我的话，请允许我代替您，到秦国走一趟。我保证，我一定有办法让您成为继承人。"

异人听后非常高兴，对吕不韦说："如果你真的能使我做成秦王的话，那么将来的秦国有你的一半。"

这个吕不韦果然不简单，很有手段。他先从异人下手，拿出五百两黄金送给他，让他拿这些钱广交宾客，从而提高自己的知名度。第二步，吕不韦又拿出五百两黄金，购买了很多奇珍异宝，然后亲自带着这些宝物来到了秦国。

到了秦国之后，吕不韦并没有直接去见华阳夫人，而是先贿赂她的姐姐，然后通过她姐姐把自己介绍给华阳夫人。华阳夫人看到这么多宝物，自然是眉飞色舞。吕不韦趁机在她面前称赞异人，说他在赵国广交朋友，名气十分大。同时，异人还十分想念自己的父亲和华阳夫人，甚至于把华阳夫人看成自己的亲生母亲。吕不韦的话使华阳夫人非常高兴，心中开始喜欢起异人来。

这时，华阳夫人的姐姐也趁机对她说："我们女人如果想在朝廷立足，首先靠的是脸蛋。但是我们总有一天会老的，到那时谁还会记得

你这个华阳夫人呢？因此，我们必须要给自己找一条后路，那就是依靠自己的儿子。你虽然没有生育能力，但是可以从安国君的孩子中选一个出来做自己的儿子啊！那样的话，即使你人老色衰了，也依然可以享受很高的待遇。"

就这样，华阳夫人把异人收为自己的儿子，并要求安国君把他立为继承人。安国君答应了她的请求，还给异人送去大量的金银财宝。异人达成了心愿，在诸侯国中的名声越来越大。吕不韦很是得意，因为他只用了一千两黄金就达成了自己的目的。

后来，在吕不韦的帮助下，异人回到了秦国。在拜见华阳夫人时，改名为"子楚"（因为华阳夫人是楚国人）。

12岁当上卿的甘罗

甘罗是中国历史上有名的神童，他祖父是著名政治家甘茂。甘茂死的时候，甘罗才12岁，在吕不韦家里当门客。

燕王把太子丹送到秦国充当人质，秦王政派将军张唐去燕国当相国，想和燕国联合起来讨伐赵国，把河间的土地抢过来。张唐私下对吕不韦说："我以前替秦昭王讨伐过赵国，所以赵国人特别恨我，宣称'谁能拿到张唐，就赏他一百里土地。'现在去燕国的话肯定会经过赵国，我可不敢去。"吕不韦很不高兴，但张唐的理由合情合理，他也不能让张唐白白送死。这是国家大事，张唐不去的话，又没有合适的替代者，吕不韦于是发起愁来。

甘罗见吕不韦心情不好，就问道："主公为何如此不高兴呢？"吕不韦

说："我让燕国的太子丹来秦国当了人质，但我让张唐去燕国当相国他却不肯去。"甘罗说："我请求您派我去。"吕不韦哪里把这个小孩子放在眼里，大怒道："我向大王请求让我自己去都不行，你这个小孩怎么能去？"甘罗不服气了，他说："项橐才7岁，孔子都能拜他为师。我好歹也有12岁了，您就试一次又怎么样？何必还要责骂我呢？"吕不韦觉得他很有口才，也就没有说什么了。

甘罗自己去找张唐，问道："您的功劳和白起比起来，谁更大？"张唐不假思索地回答："白起向南能打败强大的楚国，向北能震慑燕国和赵国，打的胜仗和攻下来的城池不计其数，我的功劳哪里敢和他相比！"甘罗又问道："当年范雎在秦国当相国，他的权力和所受的信任与吕不韦比起来，哪个更大？"张唐回答："范雎当然比不上吕不韦了。"甘罗再问："你确定不如吕不韦？"张唐回答："当然确定了。"甘罗说："范雎想攻打赵国，白起不同意，结果白起就被害得自杀身亡。现在吕不韦让你去燕国你却不去，我不知道你会死在哪个地方！"张唐赶紧下拜，说："我愿意去。"于是下令打

臣子拜见帝王图

中国大事记

公元前 284 年，燕将乐毅率燕、韩、赵、魏、秦五国联军伐齐，齐王发觉苏秦是燕国间谍，将其车裂。

·《国语》·

杂记西周、春秋时，周、鲁、齐、晋、郑、楚、吴、越八国人物与事迹，以及言论的国别史。亦称《春秋外传》。旧说为春秋末鲁人左丘明所作，与《左传》同为解说《春秋》经的姐妹篇。近代学者研究证实，春秋时有称为瞽的盲史官，专门记诵、讲述古今历史。左丘明即是略早于孔子的著名瞽，其讲史曾得到孔子的赞赏。瞽讲述的史事被后人笔录成书，称为《语》，按国别区分即为《周语》、《鲁语》等，总称为《国语》。西晋时曾在魏襄王墓中发现大量写在竹简上的古书，其中有《国语》三篇言楚、晋事，说明战国时该书已流行于世。今本《国语》大约就是这些残存记录的总集。

点行装，准备出发。

甘罗对吕不韦说："希望丞相借我 5 辆车，让我去赵国替张唐说好话。"吕不韦派人对秦王政说："当年甘茂留下个孙子名叫甘罗，虽然很年轻，但毕竟是名门之后，诸侯们也都听说过他。前几天张唐称病不肯去燕国，甘罗去游说他，结果张唐就肯去了，说明他还是有点才能的。现在他请求让他去赵国出使，请大王派他去。"秦王政于是召见了甘罗，任命他为出使赵国的使者。

甘罗虽然只是个小孩子，但作为使者是代表秦国而来的，赵王也只能按照礼节到郊外迎接。

甘罗对赵王说："大王知道燕国的太子丹到秦国当人质的事吗？"赵王说："听说过了。"甘罗又问："知道张唐到燕国当相国了吧？"赵王说："当然知道了。"甘罗说："燕国派太子丹到秦国当人质，是表示燕国不会欺骗秦国；而秦国派张唐去燕国当相国，是表示秦国不会欺骗燕国。燕国和秦国互相都不欺骗了，那不就表示会打赵国的主意了吗？要是两国联合起来对付赵国，赵国能有好日子吗？秦国和燕国联合起来没有别的原因，无非是想得到赵国的土地以扩大河间地盘而已。大王不如把 5 座城池交给我，这样秦国河间的地盘就扩大了，就没有必要和燕国联盟了。秦国就会把太子丹送回燕国，而和赵国联合起来打燕国。"

赵王一想，这样挺划算的，于是就割给秦国 5 座城池。秦国果然把太子丹送回了燕国，撕毁了盟约。赵国发兵攻打燕国，一口气打下了 30 座城池，把其中的 11 座送给了秦国。

甘罗临时改变国家政策，但是却带给秦国更大的好处，让秦王政和吕不韦非常高兴。甘罗回去后，秦王政将甘罗封为上卿，并把当年没收甘茂的住宅田地重新赐给了他。不过这么聪明的甘罗命却不长，当上上卿没多久他就死了，年仅 13 岁。

秦 纪

　　秦朝是由战国时代后期的秦国发展起来的统一王朝，是中国历史上第一个多民族统一的中央集权国家。秦始皇完成了统一六大诸侯国的事业，实现了从分封制到郡县制的转变。他所建立的中央集权制度及其所采取的一系列措施，为后世帝王所取用。

　　秦始皇及二世胡亥施行暴政，导致了秦朝的速亡。秦朝末年，陈胜、吴广在大泽乡揭竿而起，是中国历史上的第一次农民起义，其意义十分深远。在接踵而来的争夺统治权的斗争中，刘邦和项羽的楚汉之争（公元前207~前202年）最为激烈，最后汉胜楚败，分裂形势得以控制，建立了统一的国家。

中国大事记

公元前277年，秦国攻打楚国，蜀郡守张若获取巫郡，白起得黔中郡。

廉颇难任

长平一战，秦将白起坑杀赵国40万人，震惊了整个赵国。这场战争使赵国元气大伤，也使得赵国国君赵孝成王认识到自己没有听从廉颇的意见是错误的。

秦王政二年（公元前245年），赵孝成王任命廉颇做了赵国的代理相国，由他掌管国家大事。不久，赵孝成王命令廉颇带领大军攻打魏国。这时的廉颇虽然已经有70多岁了，但是打起仗来还是那么勇猛。时间不长，赵国军队就攻下了魏国的繁阳（今河南内黄西北）。

如果这个时候赵国没有发生变故，说不定廉颇就可以继续担任代理相国；如果廉颇继续担任赵国的代理相国，说不定就可以使赵国强大起来；如果赵国变得强大起来，说不定就不会那么快被秦国消灭掉。可是，这一切的说法都是如果，现实却并不是这样。

就在同一年，赵国的国君赵孝成王在邯郸病逝，他的儿子赵偃继承了王位，做了赵王，称为赵悼襄王。可能这个赵悼襄王很早以前就与廉颇有怨恨，也可能赵悼襄王认为廉颇的年纪太大了，总之他刚继位不久，就下令把廉颇召回赵国，让武襄君乐乘取代了廉颇的位置。

很快，廉颇就知道了自己被免职的消息。老将军气得肺都要炸了，他不明白为什么新任的国君要把自己换下来，他更不明白自己忠心耿耿，有什么地方对不起赵国。可是，不管怎么不满意，大王的命令已经下了，是不能收回的。廉颇心中十分恼怒，但有没办法向赵悼襄王发火。于是，老将军所有的怒气就全都发在了武襄君乐乘一个人身上。

乐乘哪里是廉颇的对手啊，他见廉颇怒气冲冲地奔自己来了，知道自己肯定会吃苦头的。乐乘还

算是个聪明人，打得过就打，打不过就跑。还没等廉颇把他怎么样，这个刚刚上任的赵国代理相国就逃走了。廉颇知道自己闯了祸，赵王是不会轻易放过自己的，所以廉颇把心一横，逃到了魏国。

廉颇在魏国待了很长时间，也许是因为他是赵国人，也许是因为他刚刚带兵攻打了繁阳城，总之廉颇并没有得到魏国人的信任，也更谈不上什么重用了。就在廉颇在魏国郁郁寡欢的时候，赵国也发生了翻天覆地的变化。

原来，秦王听说赵国的老将军廉颇被赵王赶走了，十分高兴。为什么？用"将相和"中蔺相如的话解释，那就是秦国之所以不敢攻打赵国，是因为"武有廉颇"。现在，这个最会打仗的人走了，还有谁能保得住赵国呢？

因此，秦王派出大批军队攻打赵国，没有了老将军的指挥，赵国简直不堪一击，多次被秦国的军队围困。赵悼襄王这时才想起了廉颇，知道赵国没有他是不行的。可是，赵悼襄王又怕廉颇年岁太大了，不能再去打仗，所以就决定先派使者去魏国打探一番，看看廉颇这老头还中用不中用。

就在这时，廉颇以前的仇人郭开知道了这个消息。为了让廉颇永远不能返回赵国，他带着很多金银财宝找到了使者，希望他能够帮助自己达成心愿。就这样，使者带着赵王的诏令，也带着郭开的密令，来到了魏国。

廉颇一听说赵王派使者来看他，自然是非常高兴，马上准备酒席招待使者。他怕使者认为自己老了，不中用了，故意一顿饭吃下去一斗米，十斤肉。吃完饭以后，廉颇还特意穿上盔甲，骑上战马，意思是说："你看，我廉颇一顿饭能吃那么多东西，而且我骑在马上还那么精神。虽然我年岁大了，但是冲锋打仗是一点都没有问题的。"

廉颇像

历史关注

郡县制最早在秦国实行，秦统一六国后推行全国，此后在中国实行了两千多年。

使者看了看廉颇，什么也没说，几天后就赶回了赵国。赵悼襄王问使者："怎么样？廉颇还行吗？他还能为赵国冲锋陷阵吗？"

使者回答说："启禀大王，臣见到了廉老将军。老将军饭量不小啊，一顿饭就吃下了一斗米和十斤肉。看来老将军虽然年岁大了，身体还是不错的啊！可是……"

赵王非常着急地问道："可是什么？快说啊？"

使者好像很难为情地说："可是我陪老将军才坐了一会，他就跑了三次厕所啊！"

赵王听后非常失望，摇了摇头说："哎！看来廉颇真的是老了，不中用了啊！"就这样，赵王打消了召廉颇回国的念头，把他一个人留在魏国。

廉颇知道消息后非常伤心，他心里清楚，自己再也没有机会驰骋沙场了，再也没有机会指挥赵国的军队了。正在这时，又有一个使者求见。廉颇听后非常开心，马上把使者迎进了府中。可是，当得知使者的来意后，廉颇又失望了。

原来，这个使者不是赵国的，而是楚国的。楚王得知这件事后，非常想得到廉颇，就悄悄派人来请他。最后，廉颇觉得自己在魏国也没什么作为，就跟随使者来到了楚国。

虽然廉颇来到了楚国，也成了楚国的将领，可是他并没有为楚国立过战功，因为他心里面想的还是赵国。廉颇曾经感叹道："哎！什么时候我才能回国啊？我真想在战场上指挥赵国的军队啊！"可是，廉颇的这个想法直到他在楚国的寿春病死也没有实现。

李牧破匈奴

战国末年，北方匈奴的力量越来越强大，经常侵扰中原的各个国家。当时，赵国与匈奴离得很近，所以受到的危害也最深。为了抵抗匈奴的进攻，赵王任命李牧为大将军，带领重兵驻守在雁门郡（今山西西北部）。

李牧是赵国有名的大将，非常懂得用兵打仗。他到了雁门郡之后，并没有马上带领部队

·战国末期的兵器发展·

战国是一个争霸图强的时代，兵器的重要性尤其突出，决定着军队的战斗力。当时主要的兵器有青铜兵器和新兴的铁兵器。燕赵是铁兵器的最先使用者，韩国铁剑更是"当敌即斩"，此后铁兵器铸造技术相继为各国掌握。但当时铁兵器主要是刀、剑为主的短兵器。而当时的主流兵器矛、戟、戈等长兵器还多为青铜铸造。同时还出现许多新式的城防攻守用具。青铜长兵器用于较远距离的勾刺，是配合战车使用的最佳兵器。

和匈奴作战，而是先对当地情况进行了考察。然后，李牧根据实际需要设立了各种官吏，同时还把从当地征收上来的税钱全部作为军费。为了让士兵有充沛的体力，李牧每天都让人宰杀很多头牛分给士兵吃。同时，李牧还加强对士兵们骑马、射箭等作战技能的训练，派人小心监视烽火台，并派出很多侦查人员，打探匈奴方面的情况。

战士们对李牧所做的一切都非常理解，也非常拥护，因为他们知道这都是为了打败匈奴。可是紧接着，李牧却下了一道让人无法理解的命令。他对将士们说："我们现在离匈奴很近，他们随时都有可能进攻我们。一旦匈奴侵入我们赵国的边境，所有人都必须团结起来，把我们的军用物资运送回营地。我们的任务是守住这些东西，并不是去和匈奴拼命。如果有谁不听命令的话，擅自和匈奴交战，一定军法处置。"

就这样，每当匈奴入侵边境的时候，赵国军队总是坚守不出，所以几年下来赵国军队没有死伤一兵一卒，匈奴也总是白费力气，没得到什么好处。匈奴人以为李牧是个胆小鬼，不敢和他们作战。因此，有时候匈奴见赵军不出营，就在外面骂李牧是个胆小鬼、缩头乌龟。赵国的士兵听后非常气愤，要求李牧允许他们出去和匈奴大战。但是李牧就像没听见一样，依然不允许赵军迎战。就这样，赵国士兵也渐渐认为，他们的主将李牧是个胆小如鼠的人。

中国大事记

公元前 276 年，魏王封公子无忌为信陵君，使各国诸侯"不敢加兵谋魏十余年"。

消息很快就传到了邯郸，赵王听后对李牧非常不满，于是就派人告诉李牧，让他带领军队与匈奴交战。可谁承想，李牧根本不管你是不是大王，坚决执行"将在外君令有所不受"，就是不出兵。赵王这次真的火了，虽然不懂得用兵打仗，可是他毕竟是赵国的大王。赵王马上从朝中选出了一位"勇敢"的将军，前往雁门郡接替李牧。

这位将军确实非常"勇敢"，一到雁门郡就马上取消了李牧的坚守策略。他才不管什么匈奴不匈奴呢，打战就要硬拼，打赢了匈奴就可以回国领赏。于是，赵国军队在这位"勇敢"的将军带领下，冲出了营寨，与匈奴交起手来。

打仗并不是靠"勇敢"就能取胜的，虽然赵国军队经过李牧的训练，骑马和射箭的技能已经有了很大提高，但是和那些以游牧为生的匈奴比起来，还是差很多。几场战争下来，赵国军队被匈奴打得溃不成军，死伤惨重，大量的军用物资也被匈奴抢走。匈奴一见赵国军队这么不堪一击，更是来了精神，三番五次地派兵侵扰。李牧原来精心布置下的阵营已经没有了，边境的军民们也不能安心地耕种了。

赵国军队被匈奴打败的消息很快就传到了赵王的耳朵里，他这才明白李牧的策略是正确的，而自己是个不懂军事的人。于是，赵王又派人去找李牧，希望他能够再次前往雁门郡。李牧早就料到会有今天，为了能够实现自己的

计划，他并没有接受赵王的请求，而是推托说自己有病，坚决不出大门。

这时候的赵王急得像热锅上的蚂蚁，知道李牧是在"耍性子"。没办法，赵王拿起"架子"，命令李牧必须答应。李牧见时机成熟了，就对赵王说："我其实是不想去的，可是大王却一定要我去不可。好吧！我可以答应大王的条件，不过我要先说明白，我到了雁门郡之后，对付匈奴的策略还是老一套。如果您能够接受的话，就派我去。如果不能接受，您就另请高明吧！"赵王哪管得了那么多啊，马上同意了李牧的要求。

李牧第二次来到了雁门郡，一切又和原来一样，不管匈奴怎么进攻，赵国的军队就是不出战。同时，李牧为了鼓舞军队的士气，加大对士兵们的赏赐。赵国的军士看到每天都从国家那里获得很高的赏赐却不能为国家杀敌效力，心中十分着急，希望有一天能够与匈奴大战一场。

赵国这边是斗志昂扬，匈奴兵见赵国军队又把李牧换了回来，而且李牧实施的又是那一套坚守不出的策略，坚定地认为李牧就是个胆小鬼。因此，匈奴开始轻视赵国的军队，渐渐地放松了警惕。

时机终于到了，李牧决定与匈奴展开最后的决战。他准备了 1300 辆战车，13000 匹战马，又从军队中挑选出 50000 名敢死队员和 10000 名作战勇士，让他们日夜操练。紧接着，李牧又发动当地的百姓，让他们赶着大批的牛羊在野外放牧，吸引匈奴。

匈奴果然上当，先派出一小股部队追击赵军。赵军按照李牧的指示，假装败走。单于心中大喜，马上带领大队人马杀了过来。李牧看准时机，将部队分成两部分，给匈奴来了个左右夹击。这下匈奴可吃了亏，10 多万骑兵被赵军消灭。李牧乘胜追击，又接连消灭很多匈奴小国。

这场战争使匈奴受到了沉重的打击，大单于也被打得落荒而逃。在以后的十几年里，匈奴都不敢再去侵扰赵国的边境。

身穿胡服、头戴胡帽的匈奴骑士

春申君之死

楚国的春申君黄歇是战国四君子之一，年轻的时候他礼贤下士，慷慨仁义，很多人都投奔到他的门下。可是到了晚年，春申君变得越来越昏庸，而且对权势的贪恋也越来越重。

楚孝烈王一直没有儿子。为了让楚国后继有人，春申君在民间选了很多妇女进献给楚王，希望她们能给楚国王室留下后代。可惜楚王不争气，那些进宫的妇女始终没有生下儿子。

这时，赵国有一个名叫李园的人听说了这件事，就想把自己的妹妹进献给楚王。这个李园可不是什么好东西，他才不担心楚王有没有儿子呢，他关心的是能不能通过这次婚姻，使自己变成有权势的人。

李园非常狡猾，他认为直接把妹妹进献给楚王并不是最好的办法，因为如果妹妹没有给楚王生下儿子，恐怕就会失宠，那么自己也就跟着遭殃。他想了想，决定先把妹妹献给春申君。见了春申君后，李园向他请假，说是回赵国探亲。

谁知这李园一去竟没有了消息，到他回来的时候，已经超过期限好几天了。春申君问李园为什么这么晚回来，李园回答说："您不知道，齐王派人到我家来，说是要娶我妹妹。我在家多陪了使者几天，所以就回来晚了。"

春申君心想，连齐王都想娶他的妹妹，那这个女人一定挺漂亮的，就问李园："那么齐王的使者这次有没有给你带来聘礼呢？"

李园摇了摇头，说："聘礼倒是没带来，不过他们说很快就会送来的。"

春申君听后赶忙说道："既然是这样，那么就把你的妹妹许给我吧，况且你在这之前就已经答应我了。"

李园听后，装作很为难的样子答应了春申君。就这样，李园的妹妹成了春申君的小妾。没过多久，李园的妹妹就怀上了春申君的孩子。

这时，李园找到妹妹，对她说出了自己的计划。李园的妹妹听后，也认为哥哥说的很有道理，于是就花言巧语的劝说春申君，说如果将来楚王的兄弟做了大王的话，那么春申君就会失去现在的权势，不如先下手为强，把自己进献给楚王，让他的儿子成为太子，那样的话他就可以保持现在的地位了。

春申君听后认为她说的很有道理，就把她献给了楚王。不久之后，李园的妹妹就为楚王生下了一个儿子，当然这个儿子其实是春申君的。楚王非常高兴，把这个孩子立为太子。

一切都按照李园的计划顺利地进行着，李园的妹妹做了皇后，李园也跟着显贵起来，在朝中的权力越来越大。开始的时候他还算老实，可是时间一长，他小人得志的嘴脸就表现出来了。他心里清楚，太子是春申君的儿子这件事绝对不能泄露出去。妹妹和自己都不会说出去，

·将相分权制·

战国时期，各诸侯国鉴于春秋时期卿大夫出将入相，大权在握，导致君权旁落的教训，也为了适应军队扩大、战争发展、指挥复杂的客观现实，普遍实行将、相分权的制度。

齐、赵、魏、韩等国把统领军队的军官称为将、将军、上将军、大将军等。秦惠王从秦国将相合一的大良造中分离出来的相邦，后又被秦武王进一步分为左右二相。大良造在相权分出后，成为秦国武官之长。后撤销大良造，国尉升为武官之长。楚国武官之长称柱国、上柱国。

战国时期将以下的武官设置也比较完备了，赵国设左司马、都尉，齐国设司马。秦、齐、赵、楚设郎中，郎中是国君的侍卫。各诸侯国都普遍设都尉，负责卫戍之职。秦国除了设立都尉外，又有中尉一职，负责警卫国都。秦王嬴政时设立卫尉，负责警卫宫廷。

中国大事记

唯一一个祸根就是春申君。于是，李园在暗地里偷偷地收养了很多的死士，准备找个机会杀掉春申君灭口。正所谓"没有不透风的墙"，渐渐地，楚国有很多人都知道了李园想要杀害春申君。

后来，楚王得了病，卧床不起。春申君的门客朱英就对他说："在这个世上有很多是人无法预料到的福气，也有很多是人无法预料到的灾祸。您现在正处在一个无法预料的社会中，同时又在辅佐一个喜怒无常让人无法预料的君王，您怎么能没有一个无法预料却忽然出现的帮手呢？"

朱英这几个"无法预料"把春申君搞糊涂了，他疑惑地问道："先生说的我不太明白，请问什么是人无法预料到的福气？"

朱英回答说："您在楚国担任相国已经有 20 多年了，可以说是劳苦功高。在楚国，虽然您名义上是相国，可实际上您就是楚国的大王。现在楚王病重，说不定哪一天就咽气。楚王死后，您可以辅佐幼主，等到他成年后再把国家交给他。当然，您也可以来个'一不做二不休'，直接自己当上楚国的大王。这就是我说的人无法预料到的福气。"

春申君听后，摇了摇头说："我还没有做叛逆的想法，那么您刚才说的人无法预料到的灾祸又是什么呢？"

朱英回答说："现在朝中最有权力的除了您之外，就是那个李园了。他是个十足的小人，虽然他没有直接管理国家大事，但是却是您最大的敌人。我听说他暗地里收养了很多死士，一旦楚王死了，李园一定会夺取朝中大权。那时候，他第一个要杀的，恐怕就是春申君您了。这就是我说的人无法预料到的灾祸。"

春申君似乎听出了什么，接着问："那么谁又是无法预料却忽然出现的帮手呢？"

朱英以为春申君相信了自己，就对他说："那就是我！您可以让我做郎中（官职），一旦李园夺权，我就先替您杀了他。"

春申君心想："到现在我才听明白，原来你是为了给自己谋个官啊！"想到这，他对朱英说："这件事就不用先生操心了！李园这个人我很了解，他那么软弱无能，怎么会杀我呢？先生想多了。"

朱英见春申君不听劝告，害怕自己将来被李园杀害，就逃出了楚国。17 天以后，楚王驾崩。果然不出朱英所料，李园派死士埋伏在宫门里，等春申君进宫的时候砍下了他的脑袋。赫赫有名的战国四公子之一的春申君就这样被一个无名小卒杀死了。

清除权臣

秦始皇是秦国庄襄王的儿子。庄襄王在赵国当人质的时候，遇见了吕不韦的姬妾，很是喜欢，后来就娶了她，生下了始皇帝，取名叫政，姓赵（归国后恢复嬴姓）。

嬴政 13 岁的时候，父亲秦庄襄王去世，他就接替王位。那时秦国的地域广阔，已经兼并了巴、蜀、汉中，越过了宛地而占有了楚国的都城郢，并在那里设置了南郡；在北方占领了河东、太原和上党；在东面占领荥阳，消灭了东周、西周两个封国，设置了三川郡。由于秦王年少，又刚刚登上王位，所以国家大事都由大臣们处理。吕不韦担任丞相，被封食邑十万户，又封号为文信侯；李斯担任舍人；蒙骜等人担任将军。吕不韦的野心很大，四处招揽门客，想依靠他们的力量吞并天下。

秦王政即位以后，奉赵姬为王太后。太后长期与丞相吕不韦保持暧昧关系，随着秦王政年龄渐长，吕不韦害怕这种不正当的关系暴露，继而引来杀身之祸，便秘密推荐嫪毐去做太后的情夫，自己则从中抽身。太后见了嫪毐后，果然很喜欢。因为受到太后宠爱，嫪毐逐渐获得一些权利和封地。秦王政八年（公元前 239 年），秦国发生了一些不平常的事情，先是将军蒙骜去世，接着，秦王的弟弟长安君企图谋反，被处死在屯留城。这时，黄河水泛滥成灾，河里的鱼大量涌上岸边，众多百姓因为水灾被迫向东逃荒，另求生计。这一年，嫪毐被封为长信侯，并被赐予山阳一带的土地。所有的宫室、车马、服装、庭院、猎场等准许随意使用。国中无论大事小事都由他处理决定。嫪毐十分得意，甚至把河西太原郡改为以自己的名字命名的国。

秦王政九年（公元前238年）四月，秦王来到雍城并在这里住下。己酉日，群臣为秦王政举行隆重的成年加冠庆典，从此后嬴政就可以佩戴长剑了。据说，嫪毐与太后当时也居住这里，二人私通并生下两个儿子。当年，嫪毐是以阉人的身份入宫侍候太后的，秦王的到来使这件丑事再也隐瞒不下去了。嫪毐担心丑事暴露后被杀，干脆起兵谋反。嫪毐盗用秦王的玉玺和太后玺印，调动县城里的官兵和士卒，准备攻进秦王政居住的蕲年宫。秦王得到报告后，立即命令相国吕不韦、昌平君、昌文君等人调集人马前来平叛。保卫秦王的军队与嫪毐的叛军在咸阳激烈交战，斩杀叛军几百名。后来，参加平叛的大臣和立了功的人都得到了封赏，连参加的宦官也不例外。嫪毐战败逃跑，秦王在全国下通缉令：活捉长信侯者，赏钱100万；杀死长信侯者，赏钱50万。结果嫪毐及其同党全被捕获，无一幸免。嫪毐被五马分尸，他家族里的人也全部被杀；追随嫪毐叛乱的卫尉竭、内史肆、佐戈竭、中大夫令齐等20多人被判杀头，斩下的头颅还要挂在木杆上示众；嫪毐的门客，罪轻的就被罚服劳役3年。此外，因牵连此事被剥夺爵位的还有4000多家，他们全被流放到四川，在房陵居住。在审查此案的过程中，相国吕不韦的所作所为暴露出来。秦王十分生气，便于秦王政十年（公元前237年）免除

吕不韦的丞相职位。太后因为与此事有关联，也被嬴政流放到雍城，送进冷宫。

这年，齐国和赵国都派使臣前来，秦王设下酒宴款待他们。齐人茅焦对秦王说："秦国正处于建立天下大业的时候，您却把太后流放，恐怕对您的名声影响不好吧！各国诸侯要是知道有这样的事情，谁还会信服您呢？"秦王觉得有道理，就把太后从雍城接回咸阳，让她居住在甘泉宫中。

有人告诉秦王，秦国之所以会出现这样的大乱，都是别国来的客卿（不是秦国人，但在秦国做官）捣乱的结果，要想避免这些事，干脆把这些客卿都赶走。秦王采纳了这个建议，命人在全国上下做彻底的清查，赶走那些在秦国任职的客卿。楚国人李斯也在被逐之列，他认为秦国的这项政策不合理，便向秦王上书，陈说利弊。秦王读罢李斯的上书，立即宣布废除逐客令。李斯受到秦王的重用，便向秦王献计说："您应该立刻攻打韩国，来震慑其他诸侯国，让他们都知道您的厉害！"秦王觉得很对，于是派李斯等人去攻打韩国。韩王非常担心，找来韩非商量，筹划削弱秦国的办法。

秦王政十二年（公元前235年），吕不韦死去，他生前的门客偷偷把他安葬在洛阳的北芒山。秦王闻讯大怒，传下命令：凡是哭吊吕不韦的，三晋地区的人驱逐出境；俸禄六百石以上的秦国人剥夺爵位，迁到房陵；俸禄五百石以下的秦国人不剥夺爵位，也迁到房陵。从此，秦王政彻底清除了吕不韦、嫪毐等人对朝政的影响。

·一字千金·

战国末期，养门客之风很盛，吕不韦养了三千门客，作为智囊团，替他想出各种各样的办法来巩固政权。这些门客，三教九流的人应有尽有。他们把自己的见解和心得，都提出来写在书面上，汇集起来，编成了一部20余万言的巨著——《吕氏春秋》。吕不韦就把这部书作为秦国统一天下的法典。当时吕不韦把这书在秦国首都咸阳公布，并声称如果有人能在书中增加一字或减一字者，就赏赐千金（相当于现在的500克黄金）。

后来人们根据这个故事，引申出"一字千金"这个成语，用来形容一篇文章的每一个字和句的价值都很高，不可多得。

中国大事记

公元前273年，魏赵联军攻韩，秦将白起率军救韩，大败魏赵联军并围攻魏都大梁，魏献南阳向秦求和。

兼并六国

大梁人尉缭来到秦国，对秦王说："秦国真的是非常强大，与您相比，其他诸侯国的君王就像您下面郡的首长一样。可是就怕他们联合起来，出其不意地进攻。以前智伯、吴王夫差和齐王他们就是这样失败的。所以我建议您不要吝啬，要舍得用财物去贿赂各国中有权势的人，让他们从中捣乱，破坏东方六国的联合计划。这样，您只不过拿出区区30万两黄金，就能吞并东方所有的诸侯国，还不值得吗？"

秦王高兴地采纳了他的建议。为了表示对尉缭的尊重，秦王以平等的礼节接待他，就连饮食和服装也和自己同等。

尉缭见过秦王后，对人说："秦王相貌不善，高高的鼻子，又细又长的眼睛，胸脯像鸷鸟，说话的声音又像豺狼一样，这种人具有虎狼心肠。他不得志的时候，会对人表现得谦卑，一旦得志，就不会把别人看在眼里，甚至会残害他人。我不过是个普普通通的平民百姓，他却对我如此恭敬，我要是真帮他得到天下，那么全天下的人还不都成了他的俘虏？这种人是不能够长久共事的。"于是尉缭就想逃走，结果被秦王觉察。秦王执意挽留他，任命他为国尉，并且采用他的计策和治国之道。

秦王政十三年（公元前234年），秦国派人攻打赵国平阳，杀死赵国的将领将扈辄，并斩杀赵国士卒10万人。这年，韩非奉韩王之命出使秦国，李斯建议始皇扣留他。后来，韩非就死在秦国的云阳。韩国无奈，归顺了秦，韩王于是成为秦国的藩臣。魏国迫于秦军强大的威力，主动向秦国奉献土地。

秦王政十七年（公元前230年），秦国派内史腾出兵攻打韩国，俘虏了韩王安，吞并了韩国的领土，在这里设置了颍川郡。当年，这些地区发生了强烈的地震，百姓们闹饥荒，生活异常艰难。

秦王政十八年（公元前229年），秦军大举

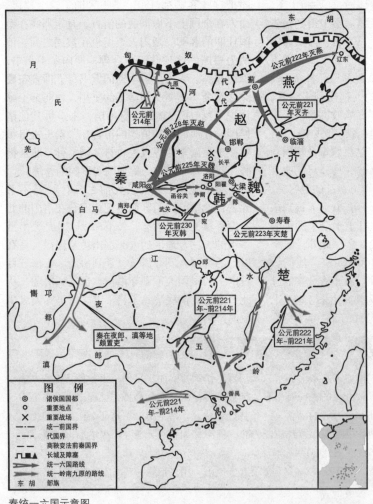

秦统一六国示意图

进攻赵国，王翦率军攻占赵国军事要地井陉。杨端和率领河内的军队攻打赵国，包围了邯郸城。又过一年，王翦等人又夺取了赵国的大片土地，占领东阳城，俘获了赵王。紧接着王翦又率兵准备攻打燕国，在中山地区屯兵。赵国灭亡后，秦王政来到邯郸城，下令活埋了那些曾经和他的母亲结下仇怨的人，然后返回秦国。赵国的公子嘉率领宗族几百人逃往代地，自称代王。公子嘉联络东方的燕国，双方组成联军，驻扎在上谷，与秦军对抗。

秦王政二十年（公元前 227 年），燕国的太子丹唯恐秦军进攻边境，十分害怕，就派遣荆轲去刺杀秦王，不想计划被秦王觉察。秦王大怒，肢解了荆轲的身体，然后派遣王翦、辛胜率兵进攻燕国。燕、代两国的军队奋勇反击，最后敌不过秦军的强大，在易水的西边被击败。一年后，秦王增调了更多的士兵增援王翦，彻底打垮了燕太子的军队，攻下了燕国国都蓟城。秦王杀了太子丹。燕王向东逃去，到达辽东一带，在那里称王。王翦借口年老多病，辞去官职，回了老家。

秦王政二十二年（公元前 225 年），秦王派王贲攻打魏国，挖开堤坝，把黄河水引来，淹没了魏国的都城大梁，大梁城墙被冲毁。魏王请求投降，于是秦国占领了魏国的全部土地，魏国灭亡。

秦王政二十三年（公元前 224 年），秦王再次征召王翦，强行任命他为将军，命他率大军去攻打楚国。王翦攻占了楚国陈县以南平舆以北的大片土地，并俘获了楚王。楚国的大将项燕扶立昌平君为楚王，在淮南一带发起反攻。一年过后，楚军大败，昌平君战死，项燕自杀，楚国灭亡。

秦王政二十五年（公元前 222 年），秦王发动大批军队，派王贲统领，前往辽东地区攻打燕国残余势力，俘虏了燕王喜。回师途中，王贲又打下代国，俘获了代王嘉，燕、赵两国最终灭亡。这年，王翦所率大军平定了楚国的江南地区，降服了越君，在越地设立了会稽郡。同年五月，秦王命全天下的人都摆席设宴，举杯庆贺。

秦王政二十六年（公元前 221 年），齐王派兵保卫齐国的西部边界，与秦国断绝来往。秦国派兵攻打齐国，俘虏了齐王田建，齐国灭亡。

至此，秦王吞并了赵、韩、燕、魏、楚、齐六国，统一了天下。

韩非之死

秦王政十四年（公元前 233 年），韩国抵挡不住秦国进攻，决定向秦国投降，把土地、玉玺都献给秦国，自己则甘愿做秦国的属国。韩王叫来了非常有才能的韩非，让他担任使者出使秦国。

韩非听后心中十分不高兴，暗骂道："想不到，我们韩国居然断送在你这个昏庸的大王手上。我韩非是韩国的公子，虽然没有什么才能，但是却有一个颗爱国之心。以前我向你多

·封建中央集权制·

秦始皇顺应国家政治制度从君主制向专制集权制演变的趋势，首先树立了绝对的皇权。他为了避免列国纷争历史的重演，适应专制皇权和统一国家的需要，采纳廷尉李斯的建议，彻底废除分封诸侯的制度，全面推行郡县制，把全国分为36郡，均为中央政府下辖的地方行政单位。他又以秦国原有官制为基础，对官制进行了调整和扩充。建立了一整套从中央到地方的新的政府机构：在中央设有三公（丞相、太尉、御史大夫）和九卿（郎中令、卫尉、太仆、廷尉、治粟内史、少府、典客、宗正、奉常），可以对国家大政进行廷议，最后由皇帝裁决；地方行政机构分为郡、县两级，郡设守、尉、监，县设令或长。并有相应的官吏考核制度。为维护这种集权制度，秦始皇还颁布了严苛的封建法律，在全国统一施行。

中国大事记

公元前270年，秦将胡阳经上党进攻赵国阏与，赵将赵奢率军救阏与，大破秦军。

次进谏，让你选择那些有才能的人治理国家。可是你呢？完全不理会，选用的全是一群只会吃喝玩乐的蛀虫。没事的时候就宠爱那些蛀虫们，等到有事的时候才想起我们这些有才能的人和那些为国家拼命的武将。这样的大王保你有什么用？我不如去投靠秦王。"

想到这，韩非爽快地答应了韩王的要求。韩王听后非常高兴，给了他地图和玉玺，让他马上前往秦国。

当初，韩非看到韩王荒淫无道，几次劝谏韩王，让他励精图治，结果都没有成功。韩非觉得自己满肚子的才华没地方使，一气之下就躲在家中，闭门著书，写出了著名的法家代表作《韩非子》。这部书很快就传到了秦国，秦王政看到后，非常赞同书中的观点，就对大臣们说："这部《韩非子》写得太好了，如果有机会的话，我将来一定要见见韩非这个人。"

这一次，韩国的使者正巧就是韩非，所以秦王政非常高兴，打算见见他。还没等秦王召见，韩非就已经等不及了，主动向秦王政上书，说道："如今的秦国已经是非常强大了。大王可以想一想，秦国现在拥有数千里的土地，百万名士兵，而且秦国的军队军纪森严，赏罚分明，现在所有的诸侯国都比不上秦国。我是韩国人，但是如今我却要向您献计，这是要冒多大的危险啊！我请求您见我一面，如果我的计谋不能使您破了六国的连横，不能使六国全部臣服于秦国的话，就请您杀了我。"

秦王政看完韩非的书信后，十分高兴，心想："看来这个韩非真有两下子，居然敢拿自己的脑袋做担保，说不定秦国的千秋霸业就真的要靠这个人，一定要大大地重用他。"可是

秦王政转念一想："现在我们秦国和韩国正在打仗，韩非是作为使者来到秦国的。虽然他嘴上说愿意给我出谋划策，可谁知他心里怎么想呢？别是韩王故意搞的鬼，让他到这里来游说我吧？"想到这，秦王政觉得暂时不见韩非，先观察他几天，看看他到底是不是真心归顺秦国。

这时，秦国的另一位重臣却在盘算着如何除掉韩非，这个人就是李斯。李斯和韩非本来是师兄弟，一起在荀子门下学习治国方法。当时荀子非常看重他和韩非，认为他们将来一定会把自己的学说发扬光大。不过，李斯心里清楚，虽然老师看中的是他们两个，但是自己比韩非要差一点。如今韩非来投奔秦国，恐怕自己很快就会被他取代，所以一定要想办法除掉这个眼中钉。

这天，李斯对秦王政说："大王，臣有件事不知道该说不该说？"

秦王政看了看李斯，说道："你有什么事就直说吧，不用这么吞吞吐吐的。"

李斯回答说："是，大王！想必大王知道，我和韩非是同门师兄弟，曾经一起在荀子门下学习。应该说，我比您更加了解韩非这个人。"

秦王政点了点头，说："你说的很对，那么你对韩非是怎么看的呢？"

李斯说："如果论才学，韩非的确是有，而且还在我之上。不过大王不要忘了，韩非可是韩国人啊！他怎么会背叛韩国呢？"

秦王政听后不以为然，笑了笑说："你考虑得过多了！你自己也不是秦国人，如今你怎么又说韩非不会对我们秦国忠心呢？"

李斯想了想，回答说："大王，我和韩非是不一样的。韩非是韩国的贵族，又是韩国公

·郑国渠·

为了削弱秦国的国力，韩国派水利专家郑国到秦国，劝说秦王兴修大型水利工程，想借此分散秦国的精力。后来秦王发觉中计，想杀郑国。郑国坦然地说，修凿此渠或许能让韩国苟延残喘几年，但对于秦国则是百年受益。秦王觉得有理，便让郑国继续主持工程。经进十几年的努力，三百里长的郑国渠终于建成，关中果然因此成为一片沃土。发达的农业成为后来秦王统一中国的有力的物质保障。

历史关注

韩非子为战国末期著名思想家，他综合商鞅、申不害的学说，创立"法、术、势"三者合一的封建君主统治术，对后世影响甚大。

子。如今您想吞并六国，然后统一天下，您认为韩非会帮您吗？要知道，他所做的一切其实都是为韩国的利益着想啊！"

说到这，李斯偷偷看了秦王政一眼，发现他已经被自己说得有些动心。于是，李斯加强攻势，继续对秦王说："大王您可要想清楚了啊！您即使不重用他，把他长期留在秦国，然后再放回去，那也是后患无穷啊！为了整个秦国着想，我劝你还是把他抓起来，暗地里除掉他算了！"

秦王政被李斯的一番"忠言"搞得迷迷糊糊，马上下令将韩非抓了起来，关进大牢。李斯见自己的计划已经成功，非常兴奋。为了斩草除根，他让人偷偷地给韩非送去了毒药，让他尽早自杀。

荆轲刺秦王

燕国的太子丹曾经在赵国做人质，并且和嬴政成了朋友。后来嬴政做了秦国的大王，太子丹也来到了秦国做人质。没想到，嬴政当了大王之后，丝毫不顾和太子丹以前的友情，对他非常不好。太子丹一气之下，偷偷地逃回了燕国。

回国后的太子丹十分怨恨秦王，一心想报复他。他认为联合其他国家一同攻打秦国的计划太慢，不如直接找人刺杀秦王来得快，于是他拿出自己的全部家产，寻找能够刺杀秦王的人。

很快，太子丹打听到有一个名叫荆轲的卫国人非常有本事，于是他放下太子的架子，带着丰厚的礼品来到了荆轲的住处。太子丹心想：如果我对荆轲说让他刺杀秦王是为了报我的私恨，他一定不会答应。于是就对荆轲说："当今天下的局势想必您也知道，秦国的野心越来越大。韩国已经向他们称臣，楚国和赵国也离灭亡不远了。如果赵国被秦国打败的话，下一个就会轮到我们燕国了。现在的诸侯国一个个怕得要死，都不敢联合起来抵抗秦国。"

荆轲看了一眼太子丹，没有说话。太子丹接着说："我身为燕国的太子，实在不忍心看到燕国的百姓遭受苦难啊！"

荆轲皱了皱眉，回答说："太子心地善良，是燕国百姓的福气。可是我不知道您找我有什么事？"

太子丹赶忙回答说："壮士！我有一计，一定可以拯救燕国。我打算找一个武艺高强的勇士，让他做使者前往秦国，然后找机会挟持秦王，让他把侵吞的土地归还给各国。如果他答应，那最好；如果他不答应，就一刀杀了他。"

听到这，荆轲明白了太子丹的用意，就对他说："太子所说的事关系到天下百姓的幸福，我荆轲虽然不才，但是却有几分胆色，愿意为太子出一份力。不过，现在时机还没有成熟，先等等再说吧！"

太子丹没办法，只好答应荆轲。他把荆轲接到自己的府上，每天好酒好菜地给荆轲送，凡是荆轲提出的要求他都尽量满足。不久后，秦国的军队就攻灭了赵国，太子丹再也沉不住气了，就找到荆轲，让他尽快前往秦国。

荆轲对太子丹说："太子你太心急了，就算

易水送别图 清 吴历

荆轲是战国时燕国太子丹手下的勇士。秦灭韩、赵之后，又向燕国进军，荆轲便携樊於期人头及地图前去刺杀秦王，后终因寡不敌众而惨死。荆轲去秦国之前，便抱着必死的决心，此图即绘荆轲上车离去的情景。

中国大事记

公元前266年，秦昭王任用范雎为相，采纳了范雎提出的"远交而近攻"的战略，把斗争重点放在邻近的韩、赵、魏三国。

荆轲刺秦王石像图

我现在去了秦国，也很难接近秦王，根本没有机会下手。如今，要想接近他必须先要取得他的信任，要想取得他的信任就必须有两样东西。"

太子丹听后，赶忙追问道："是哪两样东西？只要我能给的，一定给您！"

荆轲回答说："这第一件东西，就是燕国督亢（今河北涿州一带）的地图，那是燕国最肥沃的土地。"

太子丹笑了笑，回答说："壮士您为了天下连性命都可以不要，我怎么会吝啬那么点土地呢？我答应您的要求，那么您要的第二件东西又是什么呢？"

荆轲顿了顿，说道："听说前段时间，秦国的大将樊於期因罪逃到了燕国，投奔了太子。现在秦王最恨的就是他，如果能得到他的脑袋，那么秦王一定会相信我的。"

太子丹一听，摇头说："您这是什么话啊？樊将军有了难来投奔我，我怎么能杀害他呢？壮士还是想想别的办法吧，我不能答应您的请求。"

看着太子丹离去的身影，荆轲心想："为了天下的百姓，必须有人做出牺牲。"于是，荆轲来到了樊於期的府上，对他说："将军，秦王对您如何您心里最清楚了，您的父母宗族都被秦王杀害，如今又悬赏重金来要您的人头。这个仇无论如何是要报的啊！"

荆轲的话刺痛了樊於期的心，他痛哭流涕，说道："难道我不想报仇吗？可是凭我一个人的力量怎么能杀得了他呢？"

荆轲说："我已经和太子商量好了，愿意前往秦国去刺杀秦王。现在计划已经布置得很周详了，唯独缺的就是将军的人头。只要我把

将军的人头献给秦王，那么他就一定会信任我，到时候我就可以替将军和天下百姓报仇了。"

樊於期听后仰天长啸，喊道："这正是我日夜在想却做不到的事啊！"说完他就自刎而死。这样，荆轲所需要的两样东西就齐全了。接着，太子丹又拿出一把十分锋利的匕首，并让工匠在上面涂上剧毒的毒药，然后又挑选了一位名叫秦舞阳的勇士做荆轲的助手。几天后，荆轲和秦舞阳一同前往秦国。

到了秦国国都咸阳之后，荆轲用重金贿赂了秦王的宠臣蒙嘉，通过他见到了秦王。秦王听说荆轲带着燕国督亢的地图和樊於期的首级前来，非常高兴，就以隆重的仪式欢迎荆轲。荆轲把地图送到秦王面前，一边展开地图一边为秦王讲解。当地图完全展开时，那把涂有毒药的匕首也就显露出来，荆轲一把抓住秦王的袖子，拿起匕首刺他。

秦王被吓坏了，赶忙拉断了袖子。荆轲冲了过去，追得秦王绕着柱子跑。这时，秦国的大臣也非常着急，赶紧冲上前去用双手和荆轲搏斗（秦国的法律规定，臣子不能带兵器上朝），并喊道："大王，您背着剑呢！"

群臣的话提醒了秦王，他拔出宝剑，砍下了荆轲的左腿。荆轲见自己已经残废了，就奋力将匕首扔向秦王。谁承想，匕首一下子却刺到了柱子上。荆轲摇了摇头，大骂说："这件事没有成功，完全是因为我想要秦王亲口答应把土地归还给各国啊！我辜负了太子对我的厚爱。"结果，荆轲被分尸示众。

王翦破楚

秦王政二十一年（公元前226年），秦王政任命王贲为大将军，攻打楚国。很快，王贲的军队就攻下了楚国十几座城池。秦王尝到了甜头，就想一举消灭楚国，于是就问李信将军："秦国军队所向披靡，楚国军队不堪一击。如今我想一举消灭楚国，李将军认为需要派多少兵呢？"

李信是个年轻的将领，十分气盛，夸口说：

历史关注

秦朝设置御史大夫，主要掌管朝廷机要文书、处理地方事务、监察朝廷。

"大王，攻打楚国这样的国家不需要费多大的力气，依我看，20万兵就已经是绰绰有余了！"

秦王听后非常高兴，说道："好！李将军果然智勇双全。不过，我还应该听一听老将军王翦的意见。"于是，秦王又问了王翦同样的问题。

王翦是个久经沙场的老将，性格沉稳。他想了想，对秦王说："大王，楚国是六国中实力比较强的国家，我们千万不能因为得了几座城池就骄傲自大起来。依我看，要想把楚国消灭，至少也要60万兵。"

秦王一听，非常不满，心中暗想：人家李信只和我要20万，你却和我要60万，真是老糊涂了。想到这，秦王就说："哎！看来王翦将军是老了！明明20万人就能办的事，却偏偏要用60万人。这次攻打楚国的事情，我看你就不用去了，交给李信将军吧！"

王翦知道秦王在挖苦自己，也不多说话，眼看着李信和蒙恬带领着20万大军前去攻打楚国。他干脆以有病为理由向秦王提出辞职，回家乡养病。秦王觉得现在有李信一个人就足够了，也就没阻拦他。

第二年，李信和蒙恬带领秦国军队开始进攻楚国。由于兵力不足，很快秦国军队就有些支撑不住。后来，李信和蒙恬又中了楚国的计谋，结果秦国不但没有消灭楚国，自己反而吃了不小的败仗。

秦王听到这个消息后，气得暴跳如雷，这时才想起当初是错怪了王翦。为了表示自己的诚意，秦王亲自来到王翦的家乡，向王翦道歉。秦王笑呵呵地对王翦说："老将军在家养病已经有很长时间了，病也养得差不多了吧！哎！都怪我一时糊涂，没有听从老将军的计谋。现在李信被楚国打败，让我们秦国军队的威名受到了玷污。"

说到这，秦王装出一副可怜的样子，对王翦说："老将军虽然有病在身，可现在正是关键时刻，您总不会忍心把我一个人丢下吧！秦国的军队还需要您指挥呢！"

王翦听后心中暗笑，不过并没有表现出来，而是很为难地说："大王，不是我王翦不愿意为大王出力，实在是疾病缠身，没法带兵啊！"

秦王知道王翦还在埋怨自己，就对他说："老将军一向气度非凡，过去的事就让它过去吧，何必那么耿耿于怀呢？"

王翦见时机成熟，就对秦王提出了要求："大王想让我带兵也不难，不过必须给我60万人马。否则我是不会答应的。"

秦王见王翦答应带兵，马上说道："老将军说的是，老将军说的是！只要老将军肯带兵出战，什么事都听你一个人的。"

就这样，王翦带领着60万大军，准备出发。临行前，秦王亲自送王翦到了灞上（今西安东南）。王翦回过头说："大王放心，臣一定会完成您交给的任务。不过请您先赐给我大片的肥沃土地和田宅吧！"

秦王推笑说："老将军真是会开玩笑！你如今带领我们秦国的士兵攻打楚国，如果凯旋的话那将会是大功一件，难道还怕以后没有好日子过？"

王翦却一本正经，很严肃地对秦王说："给大王当将军，即使立了再大的功劳也封不了侯爵。如今，大王正信任我，我只好趁机和您要点东西，好为我的子孙后代留下点产业。"

秦王听后愣了一下，然后哈哈大笑，目送王翦离去。

这个王翦还真是个"执着"的人，在前往楚国的路上，他先后五次派使者给秦王送书信，向他讨要田宅。这时，王翦的部将对他说："将军，您是不是有些太贪了，怎么可以这样呢？"

王翦笑了笑，回答说："你当我真是看上那点田宅啊！咱们的大王是个多疑的人，今天他把全国的兵力都给了我，心中难免会对我有所猜忌。如今，我派人去和他要田宅，那是表示我对秦国是忠心的，没有别的想法。"部将听后，心中暗暗佩服王翦做事周全。

秦王政二十三年（公元前224年），王翦带领秦军攻取了楚国陈以南直到平舆一代的地方。楚国一听说这次带兵的将军是王翦，而且还带来了足足60万人马，吓得赶紧把全国的兵力集中在一起，拼死抵抗王翦的队伍。

王翦一看两军僵持下来了，也不着急。他命令秦国部队与楚国部队对峙，但就是不出兵应敌。这下可难坏了楚国，他们接二连三地派人挑战，可王翦理都不理他们。王翦非但不派兵出战，反而好吃好喝招待自己的士兵，没事就让他们洗洗澡，和自己说说话。时间一长，秦国的士兵也就放松了。

这天，王翦问部将："现在我们军队的士兵都在做什么呢？"

部将回答说："他们整天没什么事可做，现在正玩投石和跳远的游戏呢！"

王翦一听，笑了笑说："好！时机已到，可以出兵了！"

再说说这时的楚国军队，他们见找不到战机，已经开始向东转移。当王翦带领着秦军追击楚军时，楚国军队根本没来得及防备。结果，楚国军队全线撤退，连将军项燕也被秦军杀死。王翦大获全胜，趁机占领了很多城池。

统一天下

秦王政刚刚兼并六国，统一天下，就召见丞相和御史，对他们说："前一段时间，韩王既献土地又献玉玺，主动要求做我的藩臣。可是没过几天他就变卦了，联合赵国、魏国反叛我。所以我派兵攻打韩国，俘虏了韩王。之后，赵王派丞相李牧来订立盟约，我放了他们的人质。可是没多久，赵国也背弃盟约，在太原反叛我，所以我兴兵讨伐他们，抓获了赵王。后来，赵国公子自立为王，我又消灭了他。魏国起初与我订立了盟约，表示归顺我秦国。然而不久它又与韩、赵合谋，袭击秦国。我们的将士齐心合力，打垮了他们。楚王答应把青阳以西的土地割让给我，可是不但不履行承诺，还派兵攻打我国的南部。于是我出兵攻占了楚国的土地，俘获了楚王。燕王的太子丹更是胆大包天，竟然派荆轲来刺杀我。于是我出兵讨伐，消灭了燕国。齐王采纳后胜的奸计，和秦国断交，想要作乱，我派兵去讨伐，平定了齐地，俘获

了齐王。就这样，寡人我兴兵征战于天下，六国诸侯全都认罪称臣，如今天下总算安定下来。现在，我不能再称王称帝了，那样的话，我的功业就不能扬名天下，流芳百世。我想找你们来商量一下，把帝王名号改成什么好呢？"

丞相王绾、御史大夫冯劫、廷尉李斯仔细商量过后，对秦王政说："从前五帝的领土幅员辽阔，纵横千里。侯服、夷服的诸侯们，有的来朝贡天子，有的不来，天子无法完全控制。如今您率领一支勇猛无比的军队，消灭叛逆之臣，平定了天下，在国内设立郡县，由中央统一发布指令，这是以前从未有过的。就连五帝也没建立过如此的功业啊！我们已经认真地与博士们讨论了，一致认为：'古代有天皇、地皇、泰皇，泰皇最尊贵。'臣等冒死呈上尊号，称您为'泰皇'，把天子之命称为'制'，天子之令称为'诏'，天子的自称为'朕'。您看怎么样？"秦王说："要不这样，除去这个'泰'字，只留'皇'字，再加上原来的称呼'帝'字，尊号为'皇帝'，这就行了，其他的就按照你

始皇诏版 秦

这块青铜的诏版，原置于宫廷重要的器具之上，文为"廿六年，皇帝尽并兼天下诸侯，黔首大安，立号为皇帝，乃诏丞相状、绾，法度量则不壹、歉疑者，皆明壹之"。

历史关注 | 秦朝修筑的长城西起临洮，东至辽东，史称万里长城。

·小 篆·

小篆是在秦始皇统一中国后，推行"书同文，车同轨"，统一度量衡的政策，由丞相李斯负责，在秦国原来使用的大篆籀文的基础上，进行简化，取消其他六国的异体字，创制的统一文字汉字书写形式。小篆一直流行到西汉末年，才逐渐被隶书所取代。但由于其字体优美，始终被书法家所青睐。又因为其笔画复杂，形式奇古，而且可以随意添加曲折，印章刻制上，尤其是需要防伪的官方印章，一直采用篆书，直到封建王朝覆灭，近代新防伪技术出现。《康熙字典》上对所有的字还注有小篆写法。

们说的办。"于是追加庄襄王为太上皇，又下达制书说："朕听说，太古的时候，有号没有谥，中古的时候有号，帝王死后，后任帝王和大臣又根据他生前的行为，给他定个谥号，这不就是儿子在评论父亲，大臣在评论君主吗？朕觉得这样做不太合适，从今天开始，废除谥法。朕为始皇帝，后世按照数字顺序排列，称二世、三世直到万世，就这样一代一代地传承下去，无穷无尽。"

始皇帝根据金、木、水、火、土五德始终循环相生相克的道理，认为周得了火德，秦朝取代了周朝，就像水克制了火。所以秦朝开始就是水德的开始，改十月为新年的第一个月，十月初一为新年的开始；皇帝使用的服装、旌旗的颜色都以黑色为主；国家的兵符、印信都做成六寸高；马车的宽度定为六尺，每六尺为一步；每乘车的拉车马数定为六匹。另外秦始皇不主张讲仁义道德，认为那样不符合水德，主张以苛刻的手段管理民众，所有事情都依照法律办理，施行残酷的刑罚（古人相信水和数字六、黑色、严厉有对应关系）。

丞相王绾等人启奏始皇帝说："皇上，各诸侯国刚刚平定下来，燕、齐、楚等地的偏远地区恐怕很难镇守，应该在那些地方设置王国，封立各位皇子为王。"皇上让群臣讨论，一致

认为这样做便于治理国家。可廷尉李斯却不赞成，他对皇上说："周朝的文王、武王都分封了很多的同姓子弟和诸侯，后来亲属的关系逐渐疏远，甚至发展到互相仇视，互相攻击，周天子也制止不了。现在不同了，在陛下领导下，天下完全统一，并且各地都设立了郡县，利用税收重赏那些王子和大臣们，让他们有很高的收入。这样一来，局面就好控制了。天下人都忠心耿耿地对待您，这才是国家和社会的安定所在啊！所以我认为，设立诸侯不便于治理国家。"皇帝很赞同，说："是这个道理！多少年了，天下无休无止的征战，老百姓饱经苦难，祸根就是那些诸侯。如今，刚刚平定了天下，又要设立诸侯，不是重蹈覆辙吗？那样的话，想要社会安宁就不容易了，我赞同李斯的意见。"

始皇把全国分成36个郡县，每个郡都设立郡守、郡尉、监御史，把百姓改名为"黔首"；他又派人搜集天下所有的兵器，运到咸阳，熔化后铸造成大钟和12个铜人，放置在宫廷中。始皇还统一度量衡；统一车辆的规格；统一文字。至此，秦朝的地域东到大海、朝鲜，西到临洮、羌中，南到北向户，北部以黄河为关塞，连接阴山山脉，直到辽东。秦始皇又清查全国，命12万富豪之家迁居咸阳，把各代的陵庙、

小篆体十二字砖　秦
这件显示秦始皇开创强大帝国声势的秦砖，以阳文篆刻"海内皆臣，岁登成热，道毋饥人"12个字，意思是秦朝统一天下，普天之下都是秦朝子民，希望国富民安。

章台宫和上林苑都设立在渭水南岸。秦国每消灭一个诸侯国，都要人仿照它原来的宫室画出图形，然后派人在咸阳的北坂地区仿建。他还让人在泾水、渭水的相接处建造天桥，在殿屋之间建造优美的环形长廊。并且把从各个诸侯国得到的美女、钟鼓等都安置在建成的宫殿中。秦始皇的治国大业就这样开始了。

蒙恬兄弟遇害

蒙恬和蒙毅两兄弟是秦国有名的大将，同时也是秦始皇最宠信的两个人。秦始皇在位时，蒙恬驻守边疆，抵御匈奴，蒙毅则在朝中做官，掌管国家大事。那个时候，秦国的上上下下，包括诸侯百官在内，没有一个人敢小看蒙氏兄弟的。

可是这两个为秦国立下汗马功劳的忠臣猛将，却在秦始皇死后不久就接连被杀，而害死这两个人的居然是一个宦官。那么害死蒙氏兄弟的宦官是谁？蒙氏兄弟又是怎么得罪这个人的呢？

原来，这个害死蒙氏兄弟的宦官就是秦朝最有名的奸臣赵高。赵高这个人虽然是个太监，却天生神力，而且还很好学，十分精通秦朝的律法。秦始皇听说后，就喜欢上了赵高，而且还赏给他个中车府令做。后来，秦始皇觉得赵高十分"可靠"，又让他教自己的儿子胡亥学习秦国的律法。这个赵高还真是八面玲珑，不出几天就把二王子搞得晕头转向，越来越宠信他。由于觉得自己有皇上和胡亥撑腰，赵高有些张狂起来。

有一次，赵高犯了法，秦始皇把他交给蒙毅处置。也许是蒙毅早就看不惯赵高的所作所为，所以马上判了赵高死刑。秦始皇知道后，并没有同意蒙毅的判决，反而放了赵高，并且还让他官复原职。原来，秦始皇这么做是有私心的，他认为赵高非常聪明，做事也很机警，所以舍不得杀他。赵高捡回了一条命，心里自然高兴。不过从那时起，他

也开始怨恨蒙氏兄弟，总想找机会报复，只是蒙氏兄弟势力很大，又深得秦始皇宠信，所以一直没有机会下手。

始皇帝三十七年（公元前210年），秦始皇出外巡游，没想到在半路上病倒了。因为秦始皇很忌讳谈论死，所以直到病危的时候才让赵高给公子扶苏写诏书，让他回来治丧，然后做自己的接班人。为了让自己能够永远地享受荣华富贵，赵高没有把诏书给扶苏送去，而是悄悄地藏了起来。

同年七月，秦始皇在沙丘平台（今河北广宗县西北）驾崩。为了防止天下大乱，丞相李斯秘不发丧，而是将秦始皇的尸体装进车里，偷偷地运回咸阳。路上，赵高突然来找李斯，说是有大事和他商量。李斯不知道赵高葫芦里卖的什么药，就忙问是什么事。

赵高看了看左右没人，就悄悄地说："如今皇上已经驾崩，他留给扶苏的诏书和符玺又都在胡亥手上。您想想，立谁为太子，还不是你我说了算？"

李斯听后大惊，说道："你……你怎么可以这么想呢？那可是会使天下大乱的啊！你身为臣子，怎么可以说出这种话来？"

赵高也不着急，笑了笑说："丞相先别着急，听我把话说完。我问您，您和蒙恬比起来谁更受扶苏宠信？您和蒙恬比起来谁更有才能？您和蒙恬比起来谁又更有谋略、功劳更大而且还任劳任怨呢？您照实回答我。"

李斯想了想，说："这……这我自然比不

秦始皇陵陵园

历史关注

秦汉时的畜牧业区主要分布在长江沿线及其西部和北部地区。

·中国的县制起源·

中国的县制最早可追溯到春秋时期，广泛应用于战国时期，至秦始皇时作为定制全面推行。春秋初期，秦、晋、楚等国已开始在边地设县，后逐渐在内地推行，其长官可以世袭，这有别于以后的县制。春秋中期以后，设县的国家增多，有的在内地也设置了县，县开始成为地方行政组织。春秋末期，有的国家又在边远地区设置了郡。这时的郡，虽然面积比县大，但是由于偏僻荒凉，地广人稀，行政建制却比县低。战国时，郡所辖的地区逐渐繁荣，人口增多，于是在郡的下面分设了县，逐渐形成了郡统辖县的两级地方行政组织。至此，郡县制开始形成。秦统一六国后，把全国分为三十六郡，郡下辖若干县，县分大小，万户以上的县长官称县令，不满万户的县长官称县长。郡县由于直属中央，不受诸侯王控制，因而避免了春秋以来诸侯纷争的局面，有效抑制了地方割据，为以后历代沿用。

上蒙恬将军，可是……"

还没等李斯把话说完，赵高就说道："就是啊！您想，将来一旦扶苏做了皇上，那么丞相这个位置恐怕就不是您的了吧！我看您啊，终究还是不能怀揣着列侯的印玺风风光光地回归故里啊！"

说到这，赵高偷偷看了李斯一眼，发现他的脸色已经变得很难看。于是，他接着说："不过，胡亥一向是忠厚仁慈，如果他做了皇上，一定会让天下太平。同时，您也会受到重用。怎么样？您还是好好考虑考虑吧！"

李斯听后，想了想，认为赵高说得有道理，于是就更改了诏书，改立胡亥为太子。同时，他们又伪造了一封假的诏书给扶苏，说他不思进取，没有能力，只会天天在那里想着做太子。另外，大将蒙恬也没有好好监督太子，反而参加谋划，所以让他们两个自杀谢罪。

扶苏接到诏书后，放声大哭，进了内室就

想自杀。蒙恬却十分清醒，对扶苏说："先别着急，您想想，陛下一直在外巡游，从来没听说过立太子的事情。如今我驻守边境，您在旁监督，这是多大的责任啊？怎么会说赐死就赐死呢？我看这一定是个阴谋。不如这样，我们给皇上写一封信，请求他收回圣旨。如果那时皇上还是坚持，我们再死也不迟。"

扶苏这时已经完全失去了理智，听不进任何劝告，哭着说："父亲让儿子去死，那是天经地义的，我还有什么好请求的啊？"说完，扶苏就自杀了。

这时，站在一旁的使者又催促蒙恬自杀，可是蒙恬就是不肯。没办法，使者只好缴了蒙恬的兵权，等待胡亥的新指示。胡亥听说扶苏已经死了，就想放了蒙恬。正巧，这时蒙毅也从外边出游回来。赵高趁机对胡亥说："有件事您不知道，其实你父亲早就想立你为太子。可是那个蒙毅老是劝谏，说你根本不是当太子的料。如今他回来了，不如斩草除根，把他杀了。"于是，胡亥就把蒙毅囚禁起来。

秦始皇安葬以后，胡亥打算杀掉蒙毅。他的侄子子婴劝他不要杀害功臣。可是，胡亥这时就只听得进赵高的话，就先把蒙毅杀害了。蒙恬听到消息后，也服毒自杀了。

陈胜吴广起义

秦二世元年（公元前209年），秦国从阳城（今河南登封东南）征发900名百姓前往渔阳（今北京市密云西南）驻守，阳城人陈胜和阳夏（今河南太康县）人吴广被选为这些人的队长。

当时正好是七月，这900人走到大泽乡的时候（今安徽宿州东南），正好赶上天降暴雨，道路被雨水冲刷得不能前行，没办法他们只好在当地停留，等待雨停。

可是老天似乎在捉弄他们，暴雨一连下了几天，丝毫没有要停下来的意思。照这种情形下去，肯定是不可能按照规定的时间到达渔阳了。秦朝的法律是非常严格的，不管什么原因，

中国大事记

公元前212年，有方士议论秦始皇的政策，秦始皇大怒，坑杀数百人，是为坑儒。

只要延误了期限，一律斩首。

900名百姓心中清楚，不管怎么样，都是必死无疑了。因此，他们更加怨恨起秦朝的暴虐。这时，陈胜和吴广两个人趁机杀掉了押送他们的两个将尉，然后把那900人召集到一起，对他们说："相信大家都知道，我们如今已经延误了期限，按照秦朝的法律，我们都会掉脑袋的。退一步讲，就算朝廷这次发了善心，老天爷保佑了我们，我们赶到渔阳的时候没有被杀头。可那又怎么样呢？结果还不是一样要死，有几个驻守边疆的人能活着回来呢？"

那些被征发的人听完他们的话后，也都表示赞同。陈胜见他的话起了作用，接着说："我们都是热血男儿，大丈夫不应该怕死，就算死也要死得有价值，也要为我们崇高的目标而死。大家想想，我们因为没有生在那些有权有势的人家，所以才会遭受到这样的苦难。难道那些所谓的王侯将相们，他们生下来就已经注定了吗？我们一样可以通过自己的努力，变得和他们一样。"

陈胜的一番话说得那些百姓们热血沸腾，他们纷纷表示，愿意和陈胜吴广一起起义，推翻秦朝的统治。于是，陈胜和吴广就假借公子扶苏和楚国的大将军项燕的名号，自己号称"大楚"。

同时，陈胜还把自己立为将军，把吴广封为都尉，就这样中国历史上第一次农民起义开始了。

很快，大泽乡就被起义军攻克，更多人加入了起义军。然后，陈胜带领起义军又杀向蕲县，结果蕲县也很快就被起义军攻占。紧接着，陈胜命令葛婴带领一部分人马，沿着蕲县以东，接连攻下了铚、酂、苦、柘、谯等城池。在起义军的号召下，很多人归附了起义军。当起义军杀到陈县（今安徽淮阳）时，已经拥有战车六七百辆，战马1000多匹，士兵几万余人了。

在攻打陈县的时候，起义军并没有费多大力，因为陈县的郡守和郡尉都不在，只有郡丞带着人在谯门苦苦地死守。区区一个郡丞，怎么能抵挡住越战越勇的起义军呢？很快，陈胜就带人攻下了陈县，并把那里作为根据地。

这时，有两个人来拜见陈胜，一个叫张耳，一个叫陈馀。陈胜询问他们的来历，二人回答说，他们原来是魏国国都大梁人，两个人因为脾气相投，所以结成了生死之交。秦国灭了魏国以后，曾花重金聘请他们，为了躲避秦朝的骚扰，张耳和陈馀两个人就隐姓埋名，来到了陈县，甘心在这里做一个守城门的小官。

陈胜听完两个人的叙述后，十分高兴，就把他们收留下来。几天后，陈县的百姓们向陈胜联名上书，表面愿意拥护陈胜自立为楚王。陈胜拿不定主意，就征询张耳和陈馀的意见。

两个人想了想，回答说："我们认为这件事不能答应。那秦国专横无道，依靠消灭其他国家来强大自己，而且对自己的百姓又十分残暴，搞得天下大乱，人心惶惶。如今您为了让天下百姓过上幸福的生

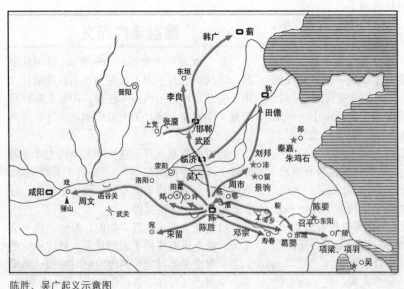

陈胜、吴广起义示意图

历史关注

郡守是秦汉时期地方上的最高长官。

秦末陈胜、吴广大泽乡起义旧址

活，脱离秦国的暴政，不惜冒着死亡的威胁，带领百姓起义，反抗秦国的统治，天下人是会万分感谢您的。可是，您还没有推翻秦国，却自己在陈县称王，天下人岂不是会认为您起义是为了一己私利吗？"

陈胜听后很不高兴，不过他也没有说什么，而是继续听两个人说。张耳和陈馀见陈胜没反对，还以为同意了他们两个的说法，就接着说道："现在您应该做的不是称王，而是赶紧带领部队向西进攻。同时，为了瓦解秦国，给我们的队伍增添几分力量，您应该派人去找六国的那些后人，让他们和您一道反抗秦国的统治。您想，如果多一个人帮助您，那么秦国就多一个敌人；秦国多一个敌人，那么我们就多一个朋友。到了那时候，您就可以很轻松地推翻秦国了，等到占领咸阳以后，您再号召那些诸侯一起帮助您复国。诸侯们一个个感激您的恩情，还会不听从您的安排吗？"

本来，张耳和陈馀的这一番话都是为了陈胜好，可是陈胜就是听不进去。相反，他答应陈县百姓的要求，自立为王，号称"张楚"。

刘邦起兵

秦朝末年，百姓们因为忍受不了秦朝的暴政，所以纷纷起来反抗。一时间，各地出现了很多起义军。这些起义军的首领有的是以前六国的贵族，有的是普通的平民百姓，总之是什么样的人都有。其中，有一个姓刘的"市井无赖"也趁机在沛县（今江苏省沛县）起兵，他就是后来的汉高祖刘邦。

小时候的刘邦非常懒，不愿意和父母兄弟一起下地干活，经常说自己胸怀大志，是不能干那些养家糊口的粗活的。不过刘邦这个人也有优点，别看他是个无赖，但是对人却很好，做起什么事来也不那么死板、严苛。虽然他家里没什么钱，但是却喜好施舍财物，而且心胸宽阔，做事不拘小节，因此很招人喜欢。

刘邦长大以后，在泗水（沛县境内的一条河）谋了个亭长的差事，平日里没什么事可干。有一个单父（今山东单县南）人名叫吕公，非常会给人相面。他见到刘邦以后，觉得这个人长相太奇特了，将来一定会大富大贵，所以就把女儿嫁给了他。

有一次，身为亭长的刘邦按照上级的指示押送沛县的一些刑徒赶往骊山（今陕西临潼县东南骊山）。没想到，很多刑徒在半路上都逃走了。刘邦心里想："这可怎么办才好啊？已经跑了这么多人了，恐怕到了骊山以后，就剩不了几个人了。唉！反正怎么都将是一死，还不如在死前快活一番呢！"

就这样，刘邦带领着剩下的刑徒在丰地（今陕西沣水西岸）西面一个沼泽中的亭子停了下来喝酒。这酒一直喝到晚上，刘邦越喝越生气，越喝越失落，心想：这叫什么世道啊！老子带人去骊山，没到呢人就走光了。这样的话，即使交了差事，恐怕我的小命也保不住了，还不如做个顺水人情。

想到这，刘邦把剩下的刑徒全部都放了，并且对他们说："快走吧，你们都走吧！别去骊山那个地方送死了，赶快自己逃命去吧！你们走后，我也要开始逃亡的生活了。"

刑徒们一听非常惊讶，有些人想都没想就赶紧逃走了。可是，在这些刑徒中，也有十几个年轻力壮的人不愿意扔下刘邦一个人，不愿意离开刘邦，发誓要跟随他。刘邦点了点头，说："好兄弟，我们以后就同甘同苦了！现在天色也不早了，赶紧逃命吧！"

中国大事记

公元前212年，秦始皇派人营造阿房宫和骊山陵墓。

泗水亭

此亭在今江苏省沛县，据《沛县志》记载，汉高祖刘邦曾做过泗水亭长。

刘邦借着酒劲，想要在晚上穿过沼泽。突然，前面几个人惊慌失措地跑了回来，说是有一条大蛇挡在路中央。刘邦生气地说："亏你们还自称是英雄好汉，大丈夫连死都不怕，难道还怕一条蛇吗？"说完之后他提着剑就把蛇砍死了，带着手下人继续赶路。

于是，刘邦就带领着手下人在芒砀山隐藏起来，秘密起义，他的队伍也逐渐壮大起来。

后来，陈胜吴广在大泽乡起义，全国很多地方都想去归顺，沛县的县令也想以沛县为根据地，响应陈胜。沛县的县掾萧何和主吏曹参对县令说："这件事还是从长计议，您身为秦国的官吏，如今想要带领百姓背叛秦朝，恐怕理由站不住脚，得不到人们的响应吧！"

县令点了点头说："你们二人说得很有道理，那你们就出个主意吧！"

萧何和曹参又说："不如这样，您征召那些在外逃亡的人，我们估计最少也能得到几百人吧！之后，用这些人胁迫沛县的百姓，让他们跟着您一起造反，到时候他们就不敢不听了！"

县令说："好！就按照你们的主意去办吧。"接着，县令把樊哙找来，让他去找刘邦。

很快，刘邦就来到了沛县。这时的刘邦已经不是以前的"穷酸相"了，手下已经有几百人了。县令一看刘邦手下的人个个都跟凶神恶煞似的，害怕他会杀了自己，所以就把城门关了起来，想杀了萧何、曹参。萧何、曹参知道

后非常害怕，就连夜跳出城墙，投奔了刘邦。刘邦接受萧何、曹参的建议，给沛县的百姓写了一封信，然后射到城内。信中陈述了各种利害关系，最后沛县百姓们一起杀掉了县令，迎接刘邦入城，并立他做了沛公。就这样，刘邦在沛县正式起义，人马也壮大到了3000多人。

巨鹿之战

秦二世二年（公元前208年），秦国派出大批人马攻打各地的起义军。秦国大将王离带领大军包围了赵王和张耳驻守的巨鹿（河北平乡西南之平乡镇）。第二年，秦国的援兵赶到，秦国大将章邯把军用的甬道一直修到了黄河，这下王离部队的军粮可就充足了。王离非常高兴，下令加紧攻打巨鹿。

王离的士兵是吃饱了，巨鹿城内的士兵们可就惨了。秦军已经包围巨鹿城几个月了，打也打不退，逃也逃不了。现在，粮食已经吃得差不多了，再加上连续作战，城内的士兵人数也已经不足了。张耳实在坚持不住了，就派人去陈馀那里搬救兵。可是，陈馀认为，自己的兵力也不是很充足，就算赶过去也救不了巨鹿，所以尽管张耳多次派人求救，他就是不发一兵。

几个月过去了，张耳再也受不了了，就派张黡、陈泽前往陈馀那里兴师问罪。张黡、陈泽见了陈馀后，对他说："我们将军说，你和他是生死之交，难道就一点也不顾旧情吗？现在赵王和将军随时都有可能丢掉性命，你手中掌管着几万大军，为什么不肯出兵救援呢？当初那同生共死的誓言到哪里去了？不管能不能打败秦军，你都应该发兵。即使全部战死又怎么样呢？那也是遵守了当初的誓言。更何况未必一定会输给秦国。"

陈馀听后，摇了摇头，说道："你们将军错怪我了，我不会忘记当初的誓言。据我估计，即使我把所有的士兵都带上，也一样救不了巨鹿的赵军。既然这样，何必让那些士兵白白送死呢？我之所以不发兵，是想留着我这条命，将来好为你们将军和赵王报仇。真不明白，他怎

历史关注

秦始皇兵马俑坑为秦始皇陵的陪葬坑，出土的秦俑与真人大小相仿，被誉为世界奇迹。

么能说出这样的话。你们想想，我带兵去和他同生共死，那不等于是把肉往老虎的嘴里送吗？"

其实，陈馀说得也是有一定道理的，可是张黡、陈泽这时根本就听不进去，非逼着他发兵不可。没办法，陈馀只好给了他们 5000 人，让他们试着和秦军拼一下。果然不出陈馀所料，这 5000 人是"肉包子打狗"，还没怎么样呢，就被秦军全部消灭了。

正在这危急的时刻，齐国和燕国也接到张耳的求救信，带领援兵赶到了巨鹿。此外，张耳的儿子张敖也带领 1 万多士兵赶来营救父亲。可是，当他们到达离巨鹿不远的地方时，一下子就被秦军庞大的阵势吓坏了。那些带兵的将领，也包括张耳的儿子张敖，你看看我，我看看你，谁也不敢出兵攻打秦军。碍于情面，这些人只好装装样子，把军营扎在巨鹿附近，全都等别人先出兵。

这时，楚国也接到了张耳的求救信。不过，楚国的上将军宋义怕惹火上身，说什么也不出兵。楚国的另一位将军项羽知道后，一怒之下就杀了宋义，请求楚怀王让自己前去救赵国。楚怀王答应了他的请求，并且任命他为上将军。项羽的这一壮举传遍了楚国，楚国上上下下都在称赞项羽。

项羽首先挑选了 2 万精兵，让当阳君和薄将军带领他们作为先锋，先渡过黄河去解救赵国，自己则带领大队人马随后赶到。当阳君和薄将军到达巨鹿之后，马上和秦军展开了较量。虽然楚军只有 2 万人，可还是给秦军来了个不

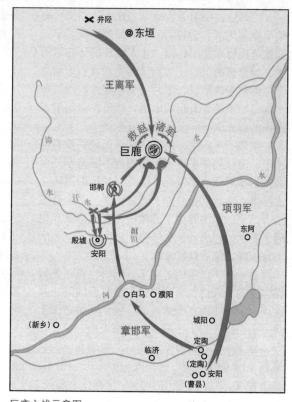

巨鹿之战示意图

小的打击。章邯当初辛辛苦苦修建的运粮甬道，如今也被楚军切断。这样一来，王离的部队就和其他国家的部队一样缺吃短粮。

几天后，项羽的大部队也渡过了黄河。项羽想："虽然我的部队不少，可是和秦国的军队相比还是差很多。更何况，其他国家的将领一个个都贪生怕死，他们肯定不愿意和我一起攻打秦国军队。现在想战胜秦军只有一个办法，那就是让我的士兵抱着必死的决心，以一当十。"

·秦代军队的平时编制·

步兵的编制分为六级，即：五人为伍，二伍为什，五什为屯，二屯为百，五百人，一千人。前五级分设一人为长，第六级设"二五百主"也称"千人"，已属中级军官；骑兵的编制，很可能是四骑一组，三组一列，九列一百零八骑为一队，并能属战车六乘；车兵的编制，没有步兵配合时，每八乘为一偏（即一行），二偏为一组，四组为一队；有步兵配属时，则以兵车一乘、甲士三人、步卒八人为一个基本单位，六乘为一组，十八乘加指挥车一乘为一队。

中国大事记

公元前210年，秦始皇于东巡途中死去，赵高和李斯制造沙丘之变，扶持公子胡亥即位，是为秦二世。

想到这，项羽下达命令，让士兵们把所有的船全部凿沉。士兵们一个个都傻了眼，不知道这位项将军要干什么。让人惊讶的还在后面呢，船全被凿沉后，项羽又命令士兵们把随身携带的锅全部砸烂，把营房全部烧毁，而且每个人只能带够3天吃的干粮。然后，项羽带着楚国的敢死队与秦军展开了战斗。

试想一下，楚国的军队如今已经是没有退路了，士兵们如果在3天之内攻不破秦军，那么他们不战死也要饿死。因此，楚国的军队斗志昂扬，士气大振，一下子就把秦国军队打败了。结果，秦国的将军苏角被杀，主将王离也成了楚国的俘虏。只有一个叫涉间的人，死活不肯投降，最后自焚而死。

这一战不仅重创了秦军，同时也使其他诸侯国受到了震撼。当项羽带兵攻打秦国时，其他国家的将领都在旁边观战。他们看见楚国士兵一个个以一当十，喊杀声震撼天地，早就吓得心凉了半截。打败秦军之后，项羽在巨鹿召见其他国家的将领。这帮人一个个提心吊胆，心中害怕，在穿过辕门的时候，全都跪下前进，没有一个敢抬头的。

巨鹿之战后，项羽不仅是楚国的上将军，而且也成了诸侯国的上将军，各地的诸侯全都听从他的指挥。

陈胜之死

陈胜，这个中国历史上第一个农民起义的领袖可以说的上是一个胸怀大志、有勇有谋的人。在天下百姓"苦秦久已"的时候，他振臂一呼，提出了"王侯将相，宁有种乎"的口号，带领千千万万的贫苦百姓一起作战，誓要推翻暴秦的统治。

可是，他却在起义的第二年就被叛徒给杀害了。秦二世二年（公元前208年），陈胜已经是张楚的大王了。就在这一年的腊月，陈胜带着手下的军队来到了汝阴（今安徽阜阳）。

在此之前，陈胜的部队在和秦军作战时，由于指挥失利，损失了很多人马。本来，陈胜

是想在汝阴这个地方边打边退，可是当军队行进到下城父（今安徽涡阳）这个地方时，陈胜的手下，御者庄贾却趁机将他杀害，然后投降了秦军。

有人可能会想，这个庄贾真是太可恨了，怎么能够背叛自己的主人呢？真是个十足的小人。的确，庄贾这件事做得是不光彩，是很可恨。但是，陈胜被他亲信的人杀死并不是偶然。庄贾之所以要背叛陈胜，是和陈胜当上楚王后的所作所为分不开的。

在刚刚起义的时候，陈胜还是一个平易近人，愿意与士兵们同甘共苦的人。可是当他做了楚王以后，却变得骄横霸道，不懂礼貌了。原来，自从陈胜做了楚王以后，很多他以前的朋友都来投奔他。当然，也不能否认，其中确实有一些人是想占陈胜的便宜，好得到荣华富贵。

这天，有人禀报陈胜，说是又有人来投奔他。陈胜问是谁，使者回答说是他的岳父。陈胜撇了撇嘴，并没有太往心里去，只是吩咐手下人以招待普通宾客的礼节来款待他的岳父。老人本来挺高兴地来投奔陈胜，可一看陈胜的待客之道，心里立刻就埋怨起来。不过他转念一想，也许陈胜是不想让别人说闲话，所以暂时忍了下来。

不一会儿的工夫，陈胜从里面出来了。只见他拱起双手，作了个揖，算是拜过岳父了。老人这下可忍不住了，心想："好你个陈胜啊！这才当了大王几天啊，见了岳父就不行叩拜大礼了，我非要好好教训你一下不可。"于是，陈胜的岳父破口大骂道："呸！你这个臭小子！你现在长能耐了是吧！你还真以为你自己了不起啊！你以为你是什么，你不过是凭借叛乱而起家的暴徒而已。你做的事超越了你的本分，你是凭借叛乱才登上帝位，获得张楚王这个称号。如今，你还没有夺得天下，就开始对长辈如此无礼，我看你的叛乱是不能长久的。"说完后，老人甩手离去。

陈胜这时也觉得自己做得有点过分了，所以就赶紧追了出去，打算向岳父道歉。可是，

陈胜的岳父已经伤透了心，根本不理睬他。没有办法，陈胜只好让他离开了。

后来，投奔陈胜的人越来越多。他们都是草莽出身，哪里懂得那么多礼仪规矩啊。因此，这些人经常在一起谈论陈胜，而且谈论的话题又是以陈胜没当楚王以前的事情为主。时间一长，陈胜对他们的行为感到非常不满。

这时，有一个小人对陈胜说："如今您已经是堂堂张楚的大王了，怎么能够随便让别人评价您呢？况且您的那些客人一个个都是愚蠢无知的人，平时正事不做，就知道在那里胡说八道，损坏您的名声。像这样的人留着他们只会浪费粮食，不如把他们杀了算了。"

陈胜想了想，最终还是采纳了他的意见。从那以后，陈胜以前的朋友都主动的离去了，再也没有人愿意亲近他了，因为他们害怕自己有一天也会和那些客人一样。按理说，这时的陈胜应该醒悟了，应该知道自己错了。可是，陈胜已经被"胜利"冲昏了头脑，已经听不进劝谏了。

为了更好地"树立威信"，陈胜任命朱防做中正，胡武做司过，专门监督手下大臣，看看他们是不是对自己不忠，是不是居心不良。就这样，朱防和胡武开始掌握大权。当时，在外打仗的将领们虽然为陈胜出生入死、拼死拼活，可是每次打完仗回来之后都要向朱防和胡武复命。如果有谁敢不听两人的话，那么就马上抓起来治罪。

这些还不算，朱防和胡武更是打着忠于陈胜的旗号，采用严苛的手段纠察同僚们的过失。其实，他们两个人哪是效忠陈胜啊，分明是借着这个机会排除异己。凡是平时和他们关系不好的人，他们总会找借口把这个人秘密处置掉，而不是送交有关部门。就这样，陈胜身边的人越来越怕他，越来越不愿意亲近他，最终使他落了个众叛亲离，被杀失败。

陈胜的被杀和失败既是可悲的，也是可恨的。他死了以后，很多部下都逃跑了。后来，陈胜的老朋友吕臣在新阳（今安徽太和西北）组织苍头军起义，并且很快就攻下了陈县。接着，吕臣杀了庄贾替陈胜报了仇，把陈胜埋葬于砀郡（今安徽砀山南），谥号为"隐王"。

秦二世之死

赵高害死李斯后，自己做了中丞相，朝中的大权渐渐地全都落入他的手里。当时，各地都爆发了农民起义，很多人都起来反抗秦朝的暴政。本来这正是关系国家生死存亡的时候，可是这个赵高却对秦二世说："那些反贼不过是乌合之众罢了，成不了什么气候。"

秦二世三年（公元前 207 年），刘邦率领几万大军攻破了武关（今陕西商县）。消息传到咸阳后，秦二世大发雷霆。赵高也知道这次自己闯了大祸，生怕皇上一怒之下结果了自己的小命，于是就推托说自己身染重病，不去上朝。

这天晚上，秦二世梦见自己坐着马车出外巡游。突然，不知从哪里窜出一只白色的猛虎，张着血盆大口，把自己座车左边的马给咬死了。第二天早晨，秦二世找来了会占梦的人，让他给自己卜了一卦。

占梦人摇头晃脑地嘟囔了半天，然后对他说："皇上，这梦可是凶兆啊！从梦境中推断，应该是泾水在作怪。"

二世听完赶忙在望夷宫举行了一场斋戒仪式，同时把 4 匹白马投入了泾水中，希望通过祭奠来讨好泾水的神灵。同时，二世还认为，这次泾水神灵发怒，一定和赵高隐瞒叛贼的情况有关，于是他又让人到赵高的府上传令，说是要处罚他。

赵高认为与其等死，不如先下手为强。于是，他找来了自己的弟弟赵成和女婿咸阳令阎乐，一起商量如何应对这场灾祸。

赵高对两个人说："皇上真是个忘恩负义的人，他也不想想，没有我他怎么能有今天。以前的时候我就劝过他，说是现在全国很多地方都有反贼，让他别再吃喝玩乐，关心一下国家大事。可是他呢？根本就不听我的。现在战事紧迫了，他自己知道没法开脱，就想拿我开刀，把罪名全都加在我一个人身上。你们说是

中国大事记

公元前209年七月，陈胜、吴广在大泽乡起义，掀起了秦末战争的序幕。

不是太可恶了。"

赵成和阎乐知道赵高是在给自己找理由，也不敢笑，只是一个劲地说对。赵高接着说："你们都看见了，子婴这个人是很有才能的，而且他平日比较节俭，百姓们也都爱戴他。我想不如把秦二世废掉，立子婴为皇上。你们觉得如何啊？"

赵成和阎乐听后，都表示赞同赵高的说法。就这样，一场新的宫廷政变便拉开了序幕。

首先，赵高他们找到了郎中令（官职），让他在宫廷里做内应。郎中令按照赵高的吩咐，在宫中散布谣言，说是有一些很厉害的反贼混入了宫中，然后命令阎乐召集百官，带领着士兵进宫追捕，也好"勤王护驾"。

接着，赵高又派人把阎乐的母亲劫持到自己的府上，然后命令阎乐带兵杀进望夷宫。这下阎乐是没有了退路，自己的母亲在人家手上，怎么敢不听人家的安排呢？于是，阎乐带着1000多士兵，杀气腾腾地来到了望夷宫门口。

还没等守门的卫士明白过来，阎乐就下令把他们全部捆绑起来，并对他们说："现在有反贼潜入了望夷宫，你们这些废物为什么不阻止呢？"

卫士长十分委屈，辩解道："您说的是什么话？这望夷宫到处都设有哨卡，怎么会有反贼呢？"

谁管你真的有没有反贼啊？阎乐那么说只不过是找个借口罢了。阎乐二话不说，一刀就把卫士长杀死，然后带领士兵冲进了望夷宫。宫中的郎官和宦官们不知道发生了什么事，一个个都吓得惊慌失措。阎乐也不管那么多，一边冲一边朝那些郎官和宦官射箭，射死了几十人。最后，阎乐和郎中令冲进了寝宫，命人用箭射秦二世睡觉的帷帐。

此时的秦二世早已吓破了胆，大声命令身边的侍卫保护自己。可是侍卫们一个个也都很害怕，没有一个上前动手的。秦二世跑进内殿的时候，身边就只剩下一个宦官了。

二世对他说："都是你们害了朕，怎么不早点告诉我呢？"

宦官回答说："正是因为我没说才能保住这条小命啊！"

这时，阎乐走到二世的面前，对他说："你残暴不仁，滥杀无辜，如今天下人都起来反对你，你还是等死吧！"

秦二世请求见赵高一面，可是阎乐没有答应他的请求。为了活命，二世对阎乐说，自己甘愿做一个郡王、诸侯乃至草民。可是阎乐哪管你这么多，根本不听。没办法，二世只好自杀。

政变成功了，赵高召集了百官，先是痛陈秦二世的罪过，然后又宣布由子婴接替胡亥。不过因为这时秦朝已经分裂，所以子婴只能是秦王，不能是皇帝。至于那个胡亥，赵高则将其以庶民的身份草草地埋葬了。

常言说"善恶有报"，就在同年的九月，子婴设计杀了赵高，连他的三族都没能幸免，这就是奸臣的下场。

宇宙锋　年画

赵高欲害大臣匡洪，他得知二世赐予匡洪一口"宇宙锋"宝剑，便将女儿赵艳容嫁给匡洪之子匡扶以图盗剑刺杀二世，再嫁祸于匡洪。一天，胡亥夜幸赵府，见赵女貌美，想纳为妃子，赵女扯破衣衫，披发装疯，上殿大骂胡亥，二世无奈只得回宫。由此不难看出二世贪淫之性情。

汉　纪

　　汉朝是中国历史上继短暂的秦朝之后出现的朝代，分为西汉（公元前206～公元8年）与东汉（公元25～220年）两个历史时期。

　　西汉为汉高祖刘邦所建立，建都长安；东汉为汉光武帝刘秀所建立，建都洛阳。其间曾有王莽篡汉自立的短暂新朝（公元9～23年）和更始帝（公元23～25年）。

　　高祖至文景时期，汉朝的经济实力不断上升，到了汉武帝时期，汉朝已经成为世界上最强大的帝国。张骞出使西域开辟了著名的"丝绸之路"，开通了东西方贸易的通道，中国从此成为世界贸易体系的中心。武帝时期设置太学，是中国古代第一所学校。东汉时期，为纠正察举荐人之滥，开始注重考试。汉朝也是宗教的蓬勃发展时期，佛教在东汉明帝时期传入中国，道教也是在东汉时期形成的。

中国大事记

公元前209年农历九月，刘邦在萧何、曹参等的支持下，起兵于沛，自称沛公。

鸿门宴

当初，楚怀王答应项羽和刘邦，谁先占领关中，谁就可以在关中称王。刘邦抢先一步进入了关中，自然想要在关中称王。可是项羽也不是省油的灯，约定归约定，归根到底还是实力决定一切。当项羽从刘邦军中的叛徒左司马曹无伤那里得知这个消息之后，气得火冒三丈，马上准备攻打刘邦。

当时的情况对刘邦来说是很不利的，因为项羽当时拥有的兵力是40万，而刘邦仅仅有10万。如果项羽真的发兵的话，恐怕刘邦就只有等死的份儿了。项羽身边的谋士范增对他说："想当初刘邦在崤山以东的时候，既贪财又好色。可自从他入关之后，金银财宝没动，歌姬美女没要，我看他一定是图谋不轨。将军，如果不趁他还没强大的时候消灭他，恐怕以后会生出祸端啊！"

项羽听后觉得有理，更加坚定了攻打刘邦的决心。不过，刘邦军中出了叛徒，项羽的军队也不干净，而且项羽军中的叛徒不是别人，正是他的亲叔叔项伯。原来，这个项伯曾经杀过人，是张良救了他。如今张良跟随了刘邦，那么一旦项羽攻打刘邦，张良也难逃一死。为了报恩，项伯连夜赶到了刘邦的大营，把这个消息告诉了张良。

张良听后，没有答应和他一起逃走，而是把项伯引荐给了刘邦。刘邦听说以后，魂儿都吓没了，赶忙讨好项伯，又是敬酒，又是要和他结成亲家。项伯被刘邦恭维得不知道如何是好，自然答应帮助刘邦脱离难关。

项伯回到军营后，对项羽说："是谁说的刘邦想要在关中称王了？简直是造谣。刘邦之所以把军队驻扎在灞上，实际上一直是在等你来啊。你想想，如果他不先把关中打下来，你能这么容易地进来？他是个有功的人，你怎么能杀他呢？咱们可不能做那种不仁不义的事啊！"

项羽听后，也觉得有道理，就答应了项伯的请求。

第二天一大早，按照前一天晚上的约定，刘邦带着张良、樊哙和100多名士兵来到鸿门（今陕西临潼东），拜见项羽。刘邦一见项羽，马上装出一副可怜巴巴的样子，说道："项将军真是误会我了！我们一起攻打秦国，您在黄河以北作战，我在黄河以南作战，说实话我从没想到自己会先攻入关中。我希望您不要生气，不要误听了小人的谗言啊！"

项羽听后点了点头，对刘邦说："这件事也不能怪我，都是你的左司马曹无伤向我告的密！你想，如果不是你的人告诉我，说你想称王，我又怎么会知道呢？好了，事情已经过去了！来，我们一起喝几杯。"刘邦连忙点头称是，心中却在大骂曹无伤。

酒席宴间，范增几次给项羽使眼色，后来干脆三次拿起自己身上戴的玉佩给项羽看，希

鸿门宴壁画 汉

历史关注

汉初，盛行楚声短歌，今传有项羽的《垓下歌》、刘邦的《大风歌》等。

望项羽明白自己的意思，赶紧把刘邦杀了。可是项羽就像没看见一样，根本不理范增。没办法，范增走出营帐，找来了将军项庄，对他说："项王太心慈手软了，不忍心杀掉刘邦。这样，你现在进去，先给刘邦敬酒，再提出舞剑助兴。之后，找机会一剑杀了刘邦。"项庄点了点头，走进了帐内。

项庄按照范增的吩咐，在酒宴上舞起了剑。项伯一见事情不妙，就赶忙也站起来舞剑，用身体护住了刘邦。这时，张良悄悄走了出去，对守在帐外的樊哙说："项庄这小子没有安好心，虽然他在那里舞剑，可是我看得出来，他的心思全在沛公身上。"

樊哙一听就急了，说道："什么？就是说沛公现在有生命危险了。不行！我一定要进去和项庄拼命。"说完，樊哙一手拿着剑，一手举着盾，直接就往大帐里闯。这时，守卫见一个壮汉不分青红皂白，直接就想往里闯，马上就想拦住他。樊哙不管那么多，把盾牌一侧，直接就把守卫撞倒在地。

项羽见突然闯进一个壮汉，而且还杀气腾腾地看着自己，警惕地握着剑柄问："你是谁？想干什么？"

张良赶紧接过来说："这个人是沛公的参乘樊哙。"

项羽点了点头，说道："真是一个壮士啊！来人，赐给他一杯酒。"

樊哙接过酒后，一口就喝了下去。

刘邦像

项羽又说："来人啊！赐给他一个猪腿。"

樊哙把猪腿放在盾牌上，拔出剑来切下肉吃了。

项羽又问："壮士还能再喝酒吗？"

樊哙笑了笑，说："大丈夫死都不怕，难道还怕喝酒。"接着，樊哙就说项羽听信谗言，不但不奖励有功的刘邦，反而要杀他。项羽被问得没话说，只好让樊哙坐了下来。

一会儿，刘邦假装起身上厕所，对樊哙说："我现在想逃跑，可是又没有告辞，这可怎么办？"

樊哙对刘邦说："沛公真是糊涂，现在人家是快刀和案板，我们就是鱼肉。命都要没了，还告什么辞啊？"

刘邦听后连忙点头，自己骑着一匹马，带着樊哙等4个人抄小道回到了灞上。这时，张

中国大事记

公元前207年，项羽率军破釜沉舟，于巨鹿大战秦军，秦军大败，项羽为诸侯上将军。

良估计刘邦已经回营了，就走进营帐对项羽说："实在抱歉，沛公因为怕您责备他，所以就先走一步了！"说完，张良把白璧送给了项羽，把大玉杯送给了范增。

项羽没多想，接过了张良的白璧。范增则一剑把玉杯击碎，说道："项羽不是个成大事的人，将来夺取天下的一定是刘邦。"

刘邦起用韩信

韩信是刘邦手下最有名的大将，不过在最初，他却是一个生活在淮阴（今江苏淮阴西南）地区跟着别人吃闲饭的人。韩信家境贫寒，又没有好的口碑，所以一直也没人举荐他做官，那个时候的他走到哪里都惹人讨厌。

有一次，韩信在城墙底下钓鱼，有一个在水边洗衣服的妇人见他饿得不行了，就给了他口饭吃。韩信非常感激妇人，对她说："大嫂，如果我以后发达了，一定会报答你的。"

这妇人听完后反而非常生气，说道："我是可怜你才帮你的，身为大丈夫你连自己都养活不了，还说什么报答我。"

当时，在淮阴地区有一个屠夫，很瞧不起韩信。有一次，屠夫对韩信说："别看你长得人高马大，其实是个胆小鬼。如果你真的不怕死，就用你的剑刺死我；要是怕死的话，就从我的胯下钻过去。"韩信看了看，一句话也没说，乖乖地从屠夫的胯下钻了过去。

就是这样一个懦弱贫贱的人，却为刘邦打下了整个天下。不过，最初的时候韩信并没有去投奔刘邦，而是去投奔了项羽。虽然他多次给项羽献策，可是项羽并没有采纳。韩信心想：看来项羽是个刚愎自用的人，将来天下肯定会被刘邦夺

韩信铜像

西汉初年，天下已定，汉高祖刘邦在洛阳南宫举行盛大的宴会，喝了几轮酒后，他向群臣提出一个问题："为什么我会取得胜利，而项羽为什么会失败？"高起、王陵认为高祖派有才能的人攻占城池与战略要地，给立大功的人加官晋爵，所以能成大事业。而项羽恰恰相反，用人不利，立功不授奖，贤人遭疑惑，所以他才失败。汉高祖刘邦听了，认为他们说的有道理，但是最重要的取胜原因是能用人。他称赞张良说："夫运筹帷幄之中，决胜千里之外，吾不如子房（子房为张良的字）。"意思是说，张良坐在军帐中运用计谋，就能决定千里之外战斗的胜利。这说明张良心计多，善用脑，善用兵。

走，我不如去投奔刘邦。就这样，当刘邦的部队开进四川时，韩信就投靠了刘邦。

在他投靠刘邦初期，并没有得到刘邦的赏识。后来，虽然他的才华被滕公夏侯婴发现，并特意举荐给刘邦，可是刘邦依然没有重用他，只给了他个治粟都尉的小官做。韩信当时虽然很失望，但还是忍气吞声地接受了。这时，一个对韩信命运产生很大影响的人出现了，他就是萧何。

萧何早就开始注意韩信了，也和他谈过几次话。通过谈话，萧何认为韩信绝对有大将之才，是一般人所不能比的。刘邦的军队到达南郑时，军队中有很多人因为想家而逃走。韩信见到这种情况，觉得自己再留在这里也不会受到重用，所以就跟着其他人逃走了。萧何听说韩信逃走之后，也顾不上请示刘邦，马上出营追赶韩信。

这时，有人把萧何"逃跑"的事情告诉了刘邦。刘邦听后雷霆大怒，大骂萧何无情无义，是个小人。然而刘邦没有想到，"逃走"的萧何过了几天后又

回来了，而且还带回来一个自己没什么印象的小官韩信。

刘邦见萧何回来了，心里自然是非常高兴，可是表面上却装出一副很生气的样子，说道："萧丞相，我一向对你非常的好，也很相信你。你怎么也和其他人一样逃走了呢？"

萧何也不着急，回答说："汉王说错了，我怎么会逃走呢？我怎么敢逃走呢？我之所以离开军营，是为了追赶那些逃走的人啊。"

刘邦听后非常好奇，问道："哦？是什么人值得萧丞相你亲自追赶呢？"

萧何说道："就是一个年轻人，韩信。"

刘邦听后马上骂道："胡说八道，我们军中逃跑的将领有几十个，你为什么偏偏去追这个没用的人？"

萧何听后笑了笑，说："我知道我们已经有很多将领逃跑了，不过那些人都是无用的人。韩信非常懂得用兵打仗，这样的人才是独一无二的。如果您只是想在汉中称王的话，那么我现在就赶走韩信，然后把那些逃走的将领给您追回来。可是如果您想得到天下的话，恐怕除了韩信，就没有别人能帮您了！"

刘邦听后半信半疑，说道："现在我们就面临很大的问题，我想要向东行进，呆在这里总不是办法。"

萧何说道："好的，您现在马上起用韩信，一切问题就都解决了。可是如果您不重用他，他还是会逃走的。"

刘邦想了想，说："好，就相信他一次，封他为将军。"

萧何摇了摇头，说："不行，这不能满足他，他迟早还会逃走。"

刘邦咬了咬牙说："好！那就封他为大将军。"

萧何高兴地说："太好了，您终于想通了。"

刘邦就想派人把韩信召来，好赐给他官职。可是萧何又说："您如果想要得到天下，想要得到韩信这个人才，就不能像以前那样。您对别人一向没有礼貌，如今任命的是我们军队的大将军，怎么可以像小孩过家家那样呢？"

刘邦有点不耐烦地说："那你说该怎么办？"

萧何也不管他，继续说："您必须先选吉日，然后以隆重的仪式接待他。只有这样，才能让韩信为您效劳。"

刘邦想了想，答应了萧何。就这样，韩信终于实现了自己的抱负，成了刘邦军队的大将军。刘邦通过和韩信的对话发现，这个人果然不同凡响。他不仅懂得用兵打仗，而且对天下的局势也有很独到的见解。刘邦非常高兴，后悔自己没有早用韩信。

西汉丞相陈平

陈平是阳武（今河南原阳东南）人。他出身贫寒，但非常喜欢读书。当初，他在家乡的社庙中任社宰时，就因为做事公平而受到父老乡亲们的爱戴。后来，陈平为了实现自己的抱负，就去投靠魏王。可是，陈平在魏王那里不但没有得到重用，反而被小人诬陷。陈平一气之下，就离开魏王，投靠了项羽。

项羽还算是看得起陈平，给了他一个不小的官做。陈平也没有让项羽失望，帮他平定了殷王司马卬的叛乱。项羽非常高兴，就封陈平为都尉。可惜好景不长，陈平刚刚收回来的殷地很快就被刘邦攻克。项羽知道后非常生气，说是要杀掉所有驻守殷地的将领。陈平知道后非常害怕，就悄悄地从小路逃走，渡过黄河投奔了刘邦。

刘邦一听是陈平来投奔自己，非常高兴，马上命人准备酒席，并给陈平安排住处。陈平摆摆手说："汉王，我今天来投奔您是有要事和您商量。这件事非常重要，绝对不能拖过今天晚上啊！"

其实，陈平哪有什么要事和刘邦商量啊，他所谓的要事就是抓紧时间向刘邦显示自己的才华。果然，陈平一通慷慨激昂的话把个刘邦说得心花怒放，刘邦问道："先生真是高见啊，我要是得到先生，还有什么可怕的呢？请问先生在项羽手下做什么官呢？"

陈平看了看刘邦，叹了口气说道："其实项

羽待我也不算太薄，我在那里做的是都尉！"

刘邦一听二话没说，回答道："都尉就都尉，从现在起，先生不仅是我们汉军的都尉，而且还是参乘、典护军。"

从那以后，陈平就成了刘邦军中重要的谋士。陈平是高兴了，可是刘邦手下的将领们却一个个非常不满，嘟囔着说："哼！陈平这小子有什么能耐，不过是一个楚军的叛徒，凭什么得到汉王的重用？如今还不知道他有没有真本事，大王就和他坐在一辆车子上，居然还让他监管我们，这口气实在咽不下去。"

刘邦听到这些话后，非但没有疏远陈平，反而更加宠信他了。

过了一段时间后，刘邦手下的周勃和灌婴实在受不了了，就对刘邦说："汉王，有件事我们想和您说，可是不知道该说不该说。"

刘邦听后问道："干嘛这么吞吞吐吐的，你们都是忠臣义士，有什么事就直说，别拐弯抹角的。"

周勃和灌婴回答说："大王，我们看得出来，您现在十分宠信陈平，将士们对您的做法都有怨言啊！这个陈平虽然相貌俊美，可是未必就有真才实学。"

刘邦听后不以为然，说道："我早就听说你们对陈平不满，那只是你们嫉妒他罢了！你们凭什么说他没有真才实学呢？"

周勃和灌婴说："好！就算他有真才实学，可是他的品行实在是……"

刘邦赶忙问："他的品行怎么了，说给我听听。"

周勃和灌婴见刘邦有些动心，赶忙说道："我们听说，陈平在家的时候就和他的嫂子有奸情，后来给魏王办事也被人家赶跑。之后他又投奔了项羽，可是因为没有得到重用所以才投奔了我们。您想想，这难道不是一个反复无常的小人吗？"

刘邦听后沉默了半天，心中仔细掂量着他们的话。

周勃和灌婴又说："我们还听说，自从他当上典护军后，经常收受将士们给的贿赂。他

分配待遇的时候并不是依据每个人本事的高低，而是依据送的钱多少。您想，留这样一个人在身边，难道不是祸害吗？"

刘邦听后也开始怀疑陈平的能力，就找来了当初引荐他的魏无知。

魏无知笑了笑说："请问大王，如今您的实力不如项羽，如果想要夺得天下，您靠的是计谋还是德行？"

刘邦听后说："这还用问，当然计谋是第一位的。"

魏无知说："这就对了，我之所以给您推荐陈平，主要是因为他有很高的才能。您想想，他的品行再好，可是却没有才能，这样的人对您有用吗？能帮您夺得天下吗？如果我只给您推荐那些有德行却没才能的人，您会满意吗？"

刘邦听后觉得有道理，就又一次找来了陈平，对他说："为什么你被魏王赶走？为什么你要逃离楚国？为什么你要投奔我？这一切是不是都表明你是一个反复无常的人呢？"

陈平听后回答说："大王，您说的这些话真是让我太伤心了！我之所以离开魏王，是因为他不采纳我的意见；我之所以离开项羽，是

·汉初休养生息·

汉初，由于秦末的连年战乱，社会生产遭到极大的破坏。农民流离失所，人口锐减，市场混乱，物价奇高，国家府库空虚，财政困难，另有异姓王对中央政权的威胁及北方匈奴对边境安宁的威胁。针对这种形势，刘邦君臣在铲除了异姓诸王、稳定边疆之后，把恢复农业生产、稳定社会生产生活秩序作为国家的首要任务，采取了一些重要的措施：兵士罢归家乡，免除一段时间的徭役；在战乱中聚保山泽的人各归本土，恢复故爵和田宅；由于饥荒自卖为奴婢的人，一律还为庶人；抑制商人，限制他们对农民土地的兼并；减轻田租，十五税一。这些政策的实行，使封建经济逐步得以恢复，汉初政权逐步地稳固下来了。

因为他不是根据人的才能任命官职的大小。我来投奔您，是因为我听说您是喜爱人才的。至于说我收受贿赂，我承认，可是那是因为我太穷了，没法生活啊！我的计谋好不好，全凭您自己的判断。如果您认为好，就留下我；如果您认为不好，那就赶我走吧！"

刘邦听后赶忙道歉，并当着众人的面重重地赏赐了他，还封他做了护军中尉。从那以后，将领们再也没人敢说闲话了。

陈平使离间计

汉高祖三年（公元前204年），九江王黥布在萧何的劝说下投靠了刘邦，这无疑使汉军的力量大大增强。不过，由于刘邦"基础"不如项羽打得好，所以暂时还不能打败项羽夺得天下。

这天，刘邦对陈平说："现在的局势越来越难预料了，也不知道韩信怎么样了（这时刘邦自己驻守荥阳，而派韩信带兵去攻打魏国、赵国和燕国）。说实话，本王（这时刘邦已经被项羽封为汉王）现在真有点灰心了，虽然我军有一定实力，可是与项羽的楚军相比，战斗力还是差了很多啊！我刘邦什么时候才能统一天下啊？"

陈平笑了笑说："汉王，别着急，成大事的人一定要有耐心。臣现在有一计，可以解除汉王的烦恼！"

"哦？真的？"刘邦眼里直冒光，着急地问，"先生快说，有什么妙计？"

陈平看了刘邦一眼，说道："汉王，现在天下中只有项羽一个人是您的心腹大患，至于其他诸侯，都是一帮酒囊饭袋而已。只要您打败了项羽，那么天下就是您的了。"

听到这刘邦心里非常失望，暗想：我要是能打败项羽还至于这么发愁吗？

陈平看出刘邦的心思，笑着说："汉王，项羽这个人实际上只是个武夫而已，所谓的西楚霸王，不过是一头只知道打仗和杀人的蛮牛。我军之所以屡次被项羽打败，最主要的原因是因为项羽身边的那个亚父范增。这个老头别看岁数不小了，可是计谋还是很多的啊！只要把他除掉了，剩下的什么钟离眛、龙且和周殷等人，都好对付。"

刘邦点头说："先生说的是！可是范增这老东西那么狡猾，我们怎么才能除掉他呢？"

陈平回答说："项羽这个人刚愎自用，平时就喜欢听奉承话，一句难听的话都听不进去。如果汉王能够给我几万两黄金的话，那么臣就可以偷偷地去贿赂楚国人，然后给他们来个离间计，使项羽君臣之间不和。您放心，以项羽的为人，内讧是一定会起的。到时候，汉王再趁机带领大军攻打楚军，那么胜利就是必然的了。"

刘邦听后大喜，赶忙说："好好好！果然是妙计啊！本王这就给你拨黄金。同时，本王拨给你的钱就归你支配，至于你给什么人，给了多少，完全没有必要向我汇报。"就这样，陈平带着这笔巨款，开始了他的离间计。

陈平给了楚国将士大量黄金，让他们在军营中散布谣言说："钟离眛等人都是项王的大将，为项王出生入死，可是项王对他们不公啊！都这个时候了，他们连个王都不是，现在钟离眛等人已经决定投靠汉王，然后和他一起攻打项羽！汉王没那么小气，一定会封他们做王的。"

这些话很快就传到项羽耳朵里，项羽心想："这帮混蛋，一个个就知道封王、封地，看来不是我项家的人是一概都不能相信的。"就这样，钟离眛等大将渐渐被项羽疏远。

就在这一年四月，项羽带领大军把荥阳（今河南省荥阳县东北）团团围住，刘邦见形势不妙，只好派人和项羽讲和。使者对项羽说："项王，汉王希望楚汉双方能够停止战争，希望您能把荥阳以西的地方划给汉王。"

亚父范增站起来，说道："你回去告诉刘邦，让他别做白日梦了！"接着，又对项羽说："项王，你千万不要中了刘邦的诡计！这时候我们不能放弃，一定要赶快攻下荥阳！"

项羽看了范增一眼，对使者说："你先回去，

中国大事记

公元前205年，项羽谋杀义帝，刘邦为义帝发丧，约各路诸侯共讨项羽。

过些日子我会再派使者过去的。"

听完使者的描述后，刘邦急得直跺脚，说道："这可怎么办？"

陈平对刘邦说："汉王不要着急，过几天项羽不是要派使者过来吗？臣敢保证，那时候就是范增的死期。"

几天后，项羽的使者果然来到了汉营。陈平一见使者到了，马上准备了好酒好菜，并把他请进最豪华的客厅里，边吃边谈。谈了些事情以后，陈平突然装做很惊讶地说："啊？什么？你……你不是亚父的使者？既然是项王的使者，那就里边请吧！"

说完，陈平转身离去，让人把使者带进了一间又脏又臭的柴房里，而且还给他换上了难吃的饭。使者气得肺都要炸了，心想："好啊！一听说我是范增的使者就好酒好菜的招待，一听说我是项王的使者就这样对我！好，咱们走着瞧！"

就这样，使者把他看到的"实际情况"禀报给了项羽。项羽心想："这个老匹夫，难道他也投靠了刘邦？"

这时，范增又来劝项羽，可是项羽就是不听。后来，范增知道项羽开始怀疑他，非常生气，对项羽说："既然这样，我留在这也没什么意思了。天下的局势已经定下来了，希望项王你好自为之吧。请允许我告老还乡。"就这样范增离开了项羽。可是还没等到达彭城，范增就因为背上的毒疮发作而死。

井陉之战

汉高祖三年（公元前204年），刘邦派韩信和张耳率领几万士兵向东攻打当时的赵国。赵王知道消息后慌了神，马上召见成安君陈馀商量对策。最后，赵王派出很多人马驻扎在井陉（今河北井陉东）。为了给自己壮胆，为了吓唬韩信和张耳，赵国自称拥有20万大军。

战斗还没开始前，双方都在商议对策。赵国的广武军李左车给成安君献策说："韩信和张耳都是有名的将领，非常懂得用兵打仗。这

次他们又是乘胜追击（韩信和张耳刚刚领兵打败了魏国），恐怕他们军队的士气正是高涨的时候啊！"

陈馀听后点了点头，说："那么你看应该怎么办呢？"

李左车回答说："我听说打仗的时候如果从千里之外给部队运送粮草，那么士兵就会经常挨饿；如果临时捡柴烧火做饭，那么士兵们就会吃不饱。如今，韩信和张耳远道而来，而且我们驻守的井陉的道路又十分狭窄，车辆和马匹是通不过的，所以我敢断定，韩信部队的粮草一定是在大后方。"

陈馀认为李左车说得有理，对他说："你分析得很对，那么我们该怎么办？"

李左车说："请您给我3万士兵，让我从小路包抄，切断他们输送粮食的通道，然后您不和他们作战，坚守不出。我想，不出10天，我一定可以把韩信的人头献到您的面前。可是如果我们不这么做，恐怕都会成为韩信的俘虏啊！"

没想到，陈馀听完后大发雷霆："就算是死，我也不会用这样卑鄙的诡计。我们是义兵，怎么可以这样呢？韩信远道赶来，肯定是人马疲惫，我们怎么可以坚守不出呢？诸侯们一定会说我们赵国是懦夫的。"

李左车见陈馀决心已定，也就不好再说什么。当这个消息传到韩信耳朵里时，可把韩信高兴坏了。他马上命令大军全速前进，一直走到了距离井陉三十多里的地方停了下来。

半夜的时候，韩信从军队中挑选出了2000名精锐的骑兵，给他们每人发了一面代表汉军的红旗子，对他们说："你们不要和大军一起前进，而是单独从小路包抄上去，然后隐蔽起来观察赵军的动静。注意，当我们和赵军交战的时候，他们肯定会派出全部的人马。到那时，你们就趁机冲进去，然后把我们的红旗插满赵军的营地。"

接着，韩信又让人给士兵们发了食物，对他们说："大家吃完后马上出发，明天就是我

历史关注

汉朝时，前耕犁已有翻土装置犁壁、壁形分菱形、瓦形、方形缺角形、马鞍形等种。

韩信像

淮阴人，我国历史上著名的军事家。在整个楚汉战争中韩信发挥了卓越的军事才能，为汉王朝的建立作出了重要贡献，他的用兵之道也为后世兵家所推崇。

们打败赵军的时候。等打完仗，我一定好好犒劳大家。"

将士们听后嘴上虽然说好，可心里却想："什么啊？好像一定能赢似的，人家可是有20万啊！"

韩信装作没察觉，继续说道："如今赵军抢先占领了有利地形，他们看不见我的旗鼓是不会出动全部的兵力进攻我们先行部队的。因为我是主将，他们的目标就是我。"说完后，韩信挑选了1万人，带着他们来到一条大河旁，背对着大河布下了作战的阵型。

赵国的军队知道后，一个个笑得前仰后合，陈馀更是大笑说："都说韩信用兵如神，我看也不过如此。他居然背水扎营，如果我们进攻他们，汉军还有退路吗？"李左车听到后，苦笑了几声，摇了摇头，什么也没说。

天刚蒙蒙亮，韩信的大营中就传来了一片喊杀声。韩信打着大旗，带领着人马，杀向了赵军。赵军一看韩信自己"找死"，马上派兵迎战。双方激战了很久，韩信命令部队假装战败，丢盔卸甲地往河边的军营逃。赵军一看汉军这么"不堪一击"，马上派出全部的军队追击汉军。

不过，那些原本"无能"的汉军却一下子变得非常勇猛，拼死抵抗赵军的进攻。结果，赵军打了半天也没有攻下来。双方陷入了僵局。

这时，另外2000名士兵看准时机，待赵国军队全部出营后，马上冲进他们的营寨，拔掉了赵国的旗帜，换上了汉军的旗帜。而赵军见打了半天也没能攻下来，就想先回营。可还没到营地，就看见自己大营中到处都是汉军的旗帜。这下赵军可乱了套，他们以为自己的将军已经被汉军俘虏了，一时间乱成一团，毫无士气，逃的逃，跑的跑。陈馀大怒，下令说："跑什么跑？我还没死呢。传令下去，有谁再敢逃跑一律杀头。"

可是失去了斗志的赵国士兵依然是四散奔逃。最后，汉军彻底地打败了赵军，而且还杀了陈馀，活捉了赵王。

该到庆功的时候了，将士们非常高兴，对韩信说："大将军，我们真没想到这次战斗可以打赢。我们不明白，兵书上不是说，大营的右边和背后应该靠着山，左边和前边可以靠着水，可是您却让我们背着水扎营，而且在战斗前您就非常有自信一定能打赢这场仗。开始的时候我们都不相信，可是现在居然真的打赢了，您快告诉我们这是怎么回事啊。"

韩信笑了笑说："其实这一招兵书上也写过，只不过你们读书的时候没注意罢了，不是有'置之死地而后生'这句话吗？我们的部队，都是没有经过严格训练的士兵，要想让他们发挥自己的极限，就必须把他们逼上绝路，那样的话他们就会拼死作战了。如果给他们一线生机，他们还会那么卖命吗？"

众将听后点了点头，心里十分佩服韩信。

楚河汉界

汉高祖四年（公元前203年），项羽带领大军攻打彭城（今江苏徐州），留下大将曹咎驻守成皋（今河南荥阳西北汜水镇）。临行前，项羽千叮咛万嘱咐，让曹咎不要与刘邦的军队作战。项羽走后，刘邦用计引诱曹咎出战，结

中国大事记

公关前205年，刘、项彭城之战，汉军死伤二十余万，刘邦仅数十骑遁逃。

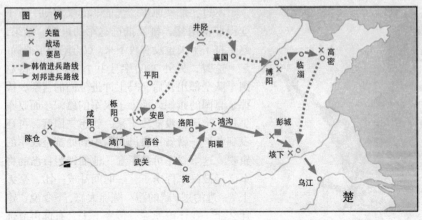

楚汉相争示意图

果很快就占领了成皋。

项羽听说成皋被刘邦攻破，赶忙回来救援。随后，楚军和汉军在广武（今河南荥阳东北）对峙。几个月后，楚军的粮草越来越少，项羽怕支撑不住，就用刘邦的父亲刘太公威胁他。项羽对刘邦说："你这个无耻小人，赶快投降，不然我就要烹杀了刘太公。"

刘邦冷笑了一声，说："项王何必动那么大的肝火？想当初我和你一起在楚怀王那里做事，曾经结拜为兄弟，我的父亲也就是你的父亲。如果今天你非要烹杀父亲的话，看在兄弟的份儿上，别忘了分给我一杯羹。"

项羽听后气得牙根痒痒，马上就想命人烹杀了刘太公。这时，项伯突然走了出来，对项羽说："项王且慢，现在天下大事还没有定数，您怎么能随便就杀了刘太公呢？况且刘邦是一个为了天下而舍弃家人的人，就算您杀了他父亲，对您也没有什么好处啊！"

项羽听后，对刘邦说："我暂时不杀你的父亲。现在天下所有人中，只有你和我才是真正的对手，就让我们一决雌雄。这样的话，也可以让天下百姓免受战乱的痛苦了。"

刘邦听后笑道："项王，别白费心思了！我宁愿和你斗智，也不愿意和你比武。"

刘邦一席话气得项羽火冒三丈，从军中找出3个壮士在阵前叫骂。刘邦一看，就找来汉军中箭法最好的楼烦，一一解决掉了那3人。

项羽一看急了眼，自己穿上盔甲，拿着兵器走到阵前挑战。楼烦赶忙拿起箭，想要射项羽。可是当他看到项羽生气的样子时，吓得又把手缩了回去，然后逃回了队伍不敢再出来。

刘邦不知道楼烦怎么了，就派人去打探。探子回报说，阵前的那个人是项羽。刘邦大惊，赶忙走到了阵前。项羽见刘邦出来了，就拿言语讥讽刘邦，想让他与自己决斗。刘邦眼睛一转，走到阵前，大声说："项羽，你说我刘邦是小人，我看你才是真正的小人。你不守当初的诺言，仅仅把我封在蜀汉地区做王，这是你的第一桩罪；巨鹿之战前，你假托怀王的命令，杀了主将宋义，这是你的第二桩罪；你虽然解救了赵国，但是却不向怀王禀报，反而趁机挟持各路诸侯入关，这是你的第三桩罪；你火烧秦朝皇宫，挖掘秦始皇的坟墓，然后把里面的金银财宝全部装进自己的腰包，这是你的第四桩罪；你杀了已经投降的子婴，这是你的第五桩罪；你残暴不仁，坑杀秦国降兵20万，这是你的第六桩罪；你把好的地方封给自己的将领，把原来的诸侯赶走，这是你的第七桩罪；你背叛故主，把义帝（即楚怀王）赶出彭城，自己在那里建立国都，而且还夺了韩王、梁王的地盘，这是你的第八桩罪；你偷偷派人把义帝杀死在江南，这是你的第九桩罪；你对人不公平，做事不守信用，天下人是不会接受你的。你是个大逆不道的乱臣贼子，这是你的第十桩罪。项羽，你有这十桩罪，天下人都可以讨伐你。今天我刘邦带领仁义的军队，和诸侯们一起诛杀你这个小人败类、乱臣贼子。只要杀了你，就可以天下太平。"

历史关注
汉长安城的市区规划大体可分为宫殿、市场、作坊和居民区等。

项羽早就忍不住了，偷偷抽出一支箭来，直射刘邦。刘邦没留神，一下就被射中了胸口。刘邦心想："如果项羽知道射中了我的胸口，肯定会派兵过来的。"于是，刘邦捂着脚说："这该死的项羽，射中我的脚趾头了。"

就这样，刘邦强忍着疼痛回到了军营。这时，张良走过来说："汉王，还请你到军营中走一圈吧，就是再疼，也要忍耐啊！不然我们军队的士气就会低落，楚军就会趁机得胜啊！"刘邦明白张良的意思，只好装作没事的样子，在军营中巡视了一圈。

就在这时，传来战报，说是韩信已经顺利地攻下齐国。不光这样，韩信还用水淹的计谋打败了项羽派去援救齐国的龙且。

当时的楚军已经陷入孤立的局面，而且粮食也要吃完了。同时，韩信又带兵攻打楚军，项羽的处境越来越艰难。

这时，刘邦突然派使者来，说是请项羽放了刘太公。项羽趁机和刘邦讲和，把天下一分为二。其中，鸿沟以西的地方归刘邦所有，鸿沟以东的地方归项羽所有。就这样，楚汉对峙的局面形成了。

垓下之围

汉高祖五年（公元前202年）十二月，刘邦联合各个诸侯国一起攻打楚国。楚国的军队被汉军打败，项羽带领着很少的士兵来到了垓下。这时，项羽几乎成了"孤家寡人"，不仅自己身边的人马不多，而且粮食也马上就要吃完了。

这时，汉军和其他诸侯国的军队也把项羽包围起来。没办法，项羽只好命令士兵坚守不出。到了晚上，熟睡中的项羽突然听到外面有动静。他仔细一听，原来围在四面的汉军阵营里居然都唱起了楚国的歌。项羽大惊失色，道："怎么？难道说汉军已经把楚国全占领了？要不怎么会有这么多楚人在唱歌呢？我的霸业，我的复国梦想，全都破灭了。"

想到这，项羽从床上坐了起来，在大帐中

喝起了酒。喝着喝着，项羽就哭了。主将一哭，旁边的侍从也跟着哭起来。项羽对他们说："现在楚国已经亡了，我们这些人不能坐以待毙。"于是，他带领着手下800多名英勇的骑兵，决定趁夜突围。

项羽成功了，他冲出了汉军的包围。天亮的时候，汉军发现项羽逃跑了，马上让灌婴带领着五千骑兵在后面追赶。项羽被追得走投无路，只好渡过淮河，而这时，留在项羽身边的士兵仅剩下了1000多人。项羽到了阴陵（今安徽凤阳周圩西南）后，因为不熟悉地形，所以迷了路。项羽发现前面有个农夫，就向他问道，结果被刘邦手下大将假扮的农夫骗了，陷入了沼泽之中，所以汉军很快就追上了他。

没办法，项羽只好带着士兵再次向东突围，当冲到东城的时候，项羽的身边就仅仅剩下了28名士兵了。项羽向后看了看，发现追赶过来的汉军足有几千人，他仰天长啸说："自从我起兵到现在，已经有8年了。我带领着你们经历了70多次战斗，没有一次战败的，因此才能够称霸天下。可是今天我却被困在这里，这不是我的错啊，这是老天要亡我啊！"

说到这，项羽突然恶狠狠地说："我要带领你们冲出去，和他们痛痛快快地打一场。我要让你们知道，是老天要亡我，并不是我项羽无能，不会领兵打仗。"

说完后，项羽就把那28名骑兵分成了四队，让他们朝东南西北四个方向突围。这时，汉军渐渐逼近了，已经把他们包围了起来。项

垓下遗址

中国大事记

公元前202年，汉军在垓下围攻楚军，项羽在乌江边自刎，刘邦称帝，建汉朝。

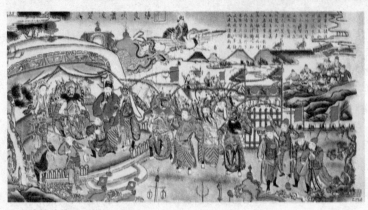

张良吹箫破楚兵　年画

这是杨柳青年画中关于楚汉战争的描绘，生动再现了楚霸王兵败乌江的悲怆。

羽对骑兵们说："将士们，你们是我身边的勇士。我知道你们现在一定有些胆怯，那就让我来斩杀一名将领给你们壮胆。"

项羽命令骑兵开始突围，并和他们约定在山的东面会合。这时，项羽突然大吼一声，催动乌骓马，直冲向汉军。虽然项羽如今已经战败，但他毕竟是西楚霸王，汉军被这位勇猛的英雄冲散了，一名将领也被项羽杀死。

汉军的中郎骑杨喜见项羽要冲出去，就带领着部队追赶。就在马上要追上的时候，项羽突然回过头，睁大眼睛瞪着他，然后大声地斥责杨喜。结果，杨喜和他的人马都吃了一惊，被项羽吓得退避了好几里地。

项羽又一次逃过了劫难，那28名骑兵也都冲出了汉军的包围。于是，项羽和他手下的骑兵们在山的东面又一次会合了。这时，汉军不知道项羽的去向，就把部队分成三路，一点点地搜索。结果，刚刚脱离危险的项羽，又被汉军包围起来。

项羽带领着手下的骑兵，又一次冲进了汉军的包围圈。结果，汉军被杀死几十人，一名都尉也被杀死。项羽又把他的手下集合起来，发现这次突围仅仅死了2个人。

这时，乌江亭长已经把船停在岸边等项羽，因为项羽说要渡过乌江。亭长说："项王，快上船吧！江东的地方虽小，可是也有几千里土地，几十万百姓啊！您在那里照样可以

做您的大王，照样可以复国啊！"

项羽摇了摇头，笑着说："这是老天要亡我，就算我过了江又有什么用呢？当年，我带领着江东8000名勇士渡江西征，如今却没有一个能够活下来的。就算我到了江东，父老乡亲们可怜我，依然让我做大王，可是我有什么脸面去见他们呢？就算他们嘴上不说，可我的心里觉得有愧啊！"

说到这，项羽命令所有人都下马，并把乌骓送给了亭长，自己则手拿短兵器，和骑兵们一起冲向汉军。结果，项羽一人就杀掉了几百名汉军，可是他自己也身负重伤。

这时，汉军越来越多，逐渐把项羽包围起来。项羽看了看，汉军中有一个自己的老朋友，那就是骑司马吕马童。项羽笑了笑，对他说："我当是谁啊？原来是我的老朋友吕马童！"

吕马童低下了头，对旁边的中郎骑王翳说："这……这就是项王。"

项羽苦笑了一声，说道："我听说刘邦为了买我的人头，甘愿出千金而且还封万户侯。好，现在我就便宜你这个老朋友吧！"说完后，项羽就自刎而死。

田横自杀

韩信带领大军进攻齐国，刘邦的谋士郦食其就赶来游说齐王田广，让他放弃抵抗，投降刘邦。齐王觉得郦食其说得有理，就同意了他的意见，撤销了抵抗的兵力。

可是韩信却听从手下谋士蒯通的计谋，带兵攻打齐国，而且一直打到齐国的国都临淄（山东淄博东北）。这下可气坏了田广，他认为郦食其欺骗了自己，就命人把他烹杀了。

后来，刘邦打败了项羽，当初称王的各个

诸侯也都纷纷向刘邦投降，这里面也包括彭越（田广被杀后，田横当了齐王，后来他又投奔了彭越）。曾经帮助过刘邦的魏国相国彭越被封为了梁王，可是田横想到齐国以前曾经烹杀过刘邦宠信的谋士，害怕被杀，所以就带着500多人渡过大海，隐居在一座小岛上。

刘邦得知这件事后，对其他人说："这个田横其实很不简单啊！你们想想，当初田氏兄弟带兵平定了齐国的地盘，并且在那里做了很长时间的齐王。也就是说，田横在齐地应该很有威望，齐地的人才和百姓基本上都归顺了他。现在，这个田横虽然逃到了海外，可是他在齐地人的心中还是很有地位的。如果我们现在不对他进行招抚，恐怕以后会生出乱子来啊！"

其他人也都同意刘邦的说法。于是，刘邦派使者渡海，来到田横居住的小岛上，告诉他说，刘邦可以不计前嫌，愿意封他做王。田横跪在地上，豆大的汗珠从脸上流下来。田横对使者说："请您回禀陛下（即刘邦，当时已经成了皇帝），罪人田横实在不敢回去啊！"

使者皱了皱眉，说道："那您让我怎么和皇上说呢？"

田横说道："想当初田广一时糊涂，烹杀了陛下的使臣郦食其，这是多大的罪过啊！况且，我听人说郦食其的弟弟郦商就在朝中做大将军，所以我非常害怕。因为我知道，只要我回去，郦商肯定要找我报仇的。我不想回去，也不想做什么列侯。我只求陛下能让我做一个平民百姓，世世代代生活在这小岛上。"

没办法，使者只好回去，把田横的意思转达给刘邦。刘邦听后，马上找来了卫尉郦贾，对他说："传朕的旨意，齐王田横很快就会从小岛上回来了。他回来以后，如果有谁敢向他报复，敢伤害他和他的随从，一定会严厉地制裁他，诛灭他的全族。"

说完后，刘邦让人把他的话写成诏令，然后派使者给田横送去，并对田横说："皇上有旨，凡是跟随田横归顺我大汉的，一律可以得到封赏。以前职位高的人可以封王；以前职位低的人也可以封侯。不过，如果顽固不化，坚持不肯归顺，那么就只好派兵讨伐了。"

田横一听没办法，只好带上自己最信任的两个宾客，和使者一起赶往汉朝的国都洛阳。当距离洛阳还有三十里的时候，田横和宾客停了下来。田横对使者说："我想在这里休息一晚上，明天一早再赶路。"

使者听后很不高兴地说："现在天色还早，为什么那么着急休息？只要我们再抓紧点，一定可以赶到咸阳。"

田横笑了笑说："你误会了！你想想，以前的汉王已经变成了如今的天子，而我这个齐王也已经变成了臣子。臣子晋见天子的时候，怎么可以不进行沐浴更衣呢？"

使者听后觉得有道理，就让他们住了下来。田横趁使者不在，就对两个宾客说："想当初我和汉王一样，都是诸侯国的大王。如今人家已经成为天子，而我却变成了臣子，要按照君臣之礼对待他。这对我来说是多么大的耻辱啊！"

宾客听后也非常伤心，不知道应该怎么安慰田横。田横又说："我们当初烹杀

田横五百壮士 油画 徐悲鸿

齐王田横兵败后带500人逃至海岛，汉高祖招降，田横不从而自杀，岛上500名壮士闻田横死皆自杀。

中国大事记

公元前202年，刘邦即位后召田横进京，田横自杀，其死士五百余人皆自杀。

了郦食其，如今却要和他弟弟在一起共事，你们觉得他会高兴吗？就算是他不敢违抗天子的旨意，但是我的心里就好受吗？还有，其实陛下想见我的原因很简单，就是想知道我这个曾经和他平起平坐的齐王长的什么样子。如果现在砍下我的头颅，火速送到洛阳的话，还是能够看清容貌的。"

两个宾客觉得不对，马上想要阻止田横。可是已经晚了，田横已经拔剑自刎了。两个宾客流着泪，带着田横的头颅，来见刘邦。

刘邦愣愣地看了田横的头颅半天，然后叹息说："这又是何必呢？想当初田氏兄弟白手起家，打下了一片疆土，而且兄弟三人相继成为齐王。这难道不是一个非常贤能的人吗？"说到这，刘邦居然还掉了几滴眼泪。

为了表示对田横的尊敬，刘邦封那两个宾客做了都尉，并且派出200名士兵，让他们用王侯的礼仪埋葬田横。田横刚刚下葬，那两个宾客就在田横的墓边挖了两个坑，然后自刎而死了。刘邦得知后非常吃惊，心想：田横真是个贤能的人啊。

之后，刘邦又派出使者前往小岛，希望把剩下的500多宾客召回洛阳。可是当那些宾客听说田横死了，也都自杀身亡，追随田横而去。

定都的争论

经过垓下一战，刘邦彻底打败了自己最强大的对手项羽，终于可以称帝建国了。在称帝建国之前，有一件事必须解决，那就是商量把新国家的都城建在哪里。刘邦考虑后，决定把都城定在洛阳（今河南洛阳一带）。

这天，齐地人娄敬坐着马车前往陇西（今甘肃一带）驻守。在经过洛阳的时候，他听说刘邦打算把都城建到这里，马上让人把车赶到了自己的老乡齐人虞将军那里，请他禀报刘邦，说自己想要朝见。虞将军上下打量了娄敬一番，说道："你我虽然是同乡，可是有些事我还是要说，就你这样的怎么能见皇上呢？"

娄敬一听糊涂了，问道："怎么？我怎么

汉长安城南郊礼制建筑复原图

了？我有什么不能见皇上的？"

虞将军脸上露出很为难的样子，说道："不是我说您，您好歹也是朝廷的官吏。看看你这身打扮，脸没洗干净，头没梳好，再看看您这件羊皮袄，都成什么样子了？赶紧脱下来，换上好衣服，省得让陛下看见了生气。"

娄敬一听，非常不满地说："我的衣服怎么了？我是去陇西上任的路上朝见陛下的。我现在穿的就是这破羊皮袄，怎么了？我就要这样去见陛下。我是去为朝廷办事的，而且我也是陛下的臣子，怎么能随随便便的换衣服呢？那样的话会乱了身份的。"

不管虞将军怎么劝说，娄敬就是不听。当刘邦召见他的时候，依然是穿着那件破羊皮袄。行过礼以后，娄敬对刘邦说："陛下，臣听人说，您打算将都城定在洛阳？"

刘邦点了点头说："是啊，是有这么回事，怎么了？"

娄敬笑了笑说："陛下之所以把都城建在洛阳，是不是为了和周王朝比一比谁更兴盛啊？"

刘邦听后大笑，说道："你果然聪明，朕正有此意。"

娄敬听后摇了摇头说："陛下，这件事万万不可以啊！您想，我大汉建国的途径和周朝建国的途径完全不一样啊！那周朝的祖先，早在后稷的时候就已经被封地称王了。以后，

历史关注 | 汉朝时，已开始使用人厕连猪舍的养猪积肥方法。

周王室十几代人代代相传，一直积累着德政和善行啊！等到了文王、武王的时候，商纣无道，各路诸侯和天下百姓都起兵反抗。这时候，周王室凭着积累的德行和感召力才使得天下人都甘心归顺于他，最后才一举灭了商朝。"

娄敬的一番话使得刘邦有些糊涂，他问道："你说什么呢？什么德政，什么善行？这和我定都洛阳有什么关系？"

娄敬继续说道："陛下不要着急，自从周朝建立，直到周成王即位，有了周公辅佐之后，才把洛阳定为天下的中心，才开始在那里建造都城。实际上，洛阳并不是个安全的地方。周朝前期的君主很贤明，所以那些诸侯一个个都愿意纳贡，愿意交赋税。可是等到周朝后期，那些君主很昏庸，结果怎么样？还不是失去了江山，失去了对天下的控制权。其实，周朝灭亡的原因也不仅仅是因为它的德行渐渐微薄，更主要的是形势在衰退啊！"

刘邦这时还是没听明白娄敬想说什么，就问："你就不要兜圈子了，有什么话直说好不好？"

娄敬顿了顿，说道："陛下，您夺得天下靠的是什么？是武力。您从沛县起兵至今，先是对抗秦国，之后又和项羽争夺天下。这些年中，您大仗打了有70多次，小仗打了也有40多次，这要死多少人啊！您应该清楚，如今大

汉王朝是建立在百姓和士兵们的尸首上的啊！试问，我们靠武力夺得天下，怎么能和以德行治天下的周王朝相比呢？"

刘邦终于听明白了，就对娄敬说："你说的也有道理，那你觉得我应该怎么做？"

娄敬回答说："把都城定在秦地（陕西一带）。那里依靠着华山，又紧挨着黄河，四面都是关隘，那可是天然的屏障，就算突然发生什么变故，陛下也可以立即调动好军队。同时，秦地土地肥沃，如果您在函谷关那里建都，就算是崤山以东发生叛乱，您也可以一直占据着秦地。相信陛下一定知道，和一个人打架，如果不按住他的后背，把他的喉咙卡住，是不能算大获全胜的。如今秦地就是人的咽喉，只要占据了他，就相当于赢得了天下。"

刘邦认为娄敬说的有些道理，就把文武百官召集起来商议。没成想这下可捅了马蜂窝了，原来，刘邦手下的大臣很多都是崤山以东的人，谁也不愿意背井离乡，都不支持在秦地建都。

刘邦有些急了，就问张良的意思。张良想了想，回答说："陛下，臣比较同意娄敬的说法，我认为他分析得很有道理。"接着，张良又把定都秦地的好处说了一遍。刘邦听后仔细想了想，最后决定定都秦地。

刘邦的办事效率还是很快的，当天就向西

·布衣将相·

西汉开国诸臣授官将相的，绝大多数"起自布衣"，称之为"布衣将相"。"布衣"原指穿麻布衣服的人，后来成为一般平民的代称，其中包括农民、手工业者及没有官爵的地主。汉初将相有出身白徒（一般农民）、屠夫、丧事吹鼓手、小商贩、戍卒、小吏等。除娄敬外，大都是跟随刘邦打天下的功臣。他们在反秦起义及同项羽的斗争中，逐渐壮大起来。西汉建立后，形成了布衣将相之局。布衣将相的出身和经历，对他们的政治决策产生了重大影响，给"文景之治"打下了基础。布衣将相之局还影响统治集团的内部关系，使其保某种布衣的朴素作风。表现在汉初君臣之间的等级关系还不那么森严，注意选拔人才，也较注意节俭。这种作风，是汉初布衣政治的一个重要方面。它保证了汉初各项政策、措施的贯彻实施，是汉初治天下的一条成功经验。随着社会地位的变化，布衣将相逐渐变成新的封建贵族，其腐朽倾向不可避免地日益增长起来。武帝时发生的统治政策和指导思想的变化，是布衣将相贵族化的产物，它标志着汉初布衣政治的终结。

中国大事记

公元前201年，刘邦称帝后，大封同姓王，叔孙通为汉朝制定了朝仪。

出发，把汉朝的国都定在了长安。作为奖赏，刘邦封娄敬为中郎（官职），而且还赐他姓刘，"奉春君"。

封侯风波

刘邦在手下的谋士和大将的帮助下，终于夺得了天下。刘邦当上皇帝不久，就开始论功行赏。当然，首先要封的就是那些功劳最大的人，所以刘邦一次就封赏了20多人。可是，那些剩下的大将们却不安分起来。都说自己的功劳大。

这天，刘邦和留侯张良（张良这时被封为了留侯）在洛阳的南宫中谈话，突然看见远处有很多将领。只见他们三五成群的聚在一起，好像在争吵。

刘邦就问张良："那些人在干什么呢？鬼鬼祟祟的。"

张良想了想，说道："陛下难道您不知道吗？这帮人聚集在一起，实际上是在商量如何谋反呢！"

刘邦听后大惊，说道："天下刚刚平定，他们为什么要谋反啊？"

张良用手指了指远处的那些将领，说："这些人正在统计自己的功绩，算一算自己该得到

· 三公九卿 ·

三公九卿是秦汉时期的中央官制。秦始皇始置。秦汉时三公为：丞相，辅佐皇帝处理全国政务；太尉，国家最高军事长官，掌管全国军队；御史大夫，为最高监察长官，掌图籍章奏，监察百官。三公之间不相统属，互相制约，皆听命皇帝。三公之下又设九卿：奉常，掌宗庙礼仪；郎中令，掌宫廷警卫；太仆，掌管宫廷车马；卫尉，掌皇宫保卫；典客，处理少数民族及外交事务；廷尉，负责司法；治粟内史，掌全国财政税收；宗正，管理皇族亲族内部事务；少府，掌全国山河湖海税收和手工业制造，以供皇室需要。此外，还有掌管宫廷修建工程的将作少府等。三公九卿均由皇帝任免，不能世袭。

多少封赏。可是，世上只有一个天下，这么多有功的人又怎么能封得过来的呢？他们心中一方面害怕自己得不到应有的封赏，另一方面又害怕陛下您记恨他们过去的错失而杀了他们，所以臣才说他们是在谋反啊！"

刘邦听后忧心忡忡地问道："事情已经这样了，有什么办法解决呢？"

张良笑着说道："陛下别急，我问您，如今您最痛恨的，而且大臣们都知道的人是谁？"

刘邦想了想，说："这个嘛……应该是雍齿了。"

张良马上接过来说："好！陛下，那就先封雍齿！"

刘邦明白了张良的意思，会意地点了点头。于是，刘邦设下

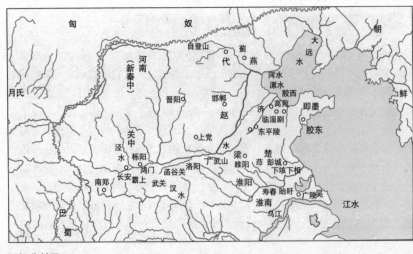

汉初分封图

历史关注 ｜ 汉朝时，长江中下游地区通行"火耕水褥"的耕作方法。

酒席，并封雍齿做了什邡侯，同时还命令丞相和御史加快封赏的进程。张良这一招果然奏效，那些将领们纷纷表示了安心。

一场风波总算平息了，刘邦暗暗松了一口气。可惜好景不长，没过多久，那些将领之间又开始了争吵，这次是为了功臣的排列位次。将领们一起对刘邦说："陛下，我们一致认为在所有人当中，功劳最大的应该是平阳侯曹参。想当初他攻城掠地，斩敌杀将，身上负有70多处伤，所以应该排在第一位。"

刘邦听后没有说话，而是等待其他人的意见。这时，关内侯鄂千秋站了出来，说道："陛下，臣认为我朝功劳最大的并不是曹参。"

刘邦一听眼睛一亮，马上说道："哦？那你的意思是……"

鄂千秋回答说："陛下，臣也承认，曹参在战场上的确立了不少功，而且也的确为我大汉的建立出了不少力。可是，他的这些功劳只不过是一时的功劳，而真正为我大汉建立作出最大贡献的其实是萧何啊！"

话音刚落，那些将领们马上起来反对。刘邦脸色一沉，说道："吵什么？这是朝廷，你们让他说下去。"

鄂千秋继续说："想当初，我们与项羽对抗5年。皇上您的部队开始很弱，屡次被项羽打败，那时候很多人都背叛了您。可是萧何呢？陛下虽然失去了山东，但是他却一直给您输送粮食，而且还替您保住了关中这个大后方。这些事，恐怕100个曹参也做不到吧！我相信，如果单单依靠那些猛将的话，陛下是得不到这天下的。因此，我坚持认为，应该立萧何为第一位，曹参为第二位。"

鄂千秋的一番话说得刘邦心花怒放，其实他心里也想把萧何列为第一。可是由于萧何一直是在后方为汉军补给，没有特别明显的、惹眼的功绩，所以刘邦也就没说出口。眼下，既然有人提出这样的意见，刘邦自然是马上同意了。

于是，刘邦就把萧何列为了第一，而且特别批准他可以佩剑、穿鞋在大殿上行走。至于

争功图 汉
此图描绘汉初天下始定，各位将领争功的场面，最后叔孙通奏议立立礼仪规范，使高祖体会到做皇帝的高贵。

鄂千秋，刘邦也不忘封赏，说道："我早就听人说过，举荐贤者的人也应该得到很高的赏赐。萧何虽然功劳很高，可是如果没有你的推荐，恐怕就不会那么明确吧！"

就这样，鄂千秋因为推荐萧何，被封为了安平侯。

冒顿兴匈奴

秦朝灭亡后，匈奴出现了一位杰出的首领，那就是冒顿单于。

冒顿是匈奴头曼单于的儿子，也是当时的太子。不过，由于头曼宠爱一个新的阏氏，而且这个阏氏又为他生了一个小儿子，所以头曼就想废掉冒顿，立小儿子为太子。后来，头曼想出了一条毒计，决定把冒顿派到月氏国做人质。

就这样，可怜的冒顿背井离乡，来到了月氏。本来，让一个孩子在外国做人质就够残忍

的，可是更加可恨的是，在冒顿到达月氏后不久，头曼居然派兵攻打月氏。于是，月氏人把仇恨转嫁到冒顿身上，打算杀了他出口恶气。

幸好小冒顿聪明机智，偷偷地找来一匹马，逃回了匈奴。头曼见儿子居然能活着回来非常吃惊，就觉得这个孩子还是有一定本事的，所以就给了他一万骑兵。不过，此时的冒顿已经对他父亲没有爱了，心中所剩的只有恨，他要报仇，要做单于。就这样，一场可怕的复仇夺权行动开始了。

冒顿为自己做了很多响箭，然后带领着手下的骑兵一起去打猎。冒顿对手下人说："你们听好了，我是你们的首领，你们必须对我的命令服从！看到没有，这就是我的响箭。以后，不管我把箭射到什么地方，你们都要跟着我射！如果有谁不听从命令的话，定斩不饶！"

说完，冒顿抽出一支响箭，射向一匹自己平时喜爱的宝马。手下人一看冒顿射了，也就跟着射了！冒顿点了点头，又拿出一支响箭，这次竟然射向自己喜爱的妻子。手下人全都傻了眼，心想冒顿是不是疯了，所以有几个人并没有跟着射。冒顿一瞪眼睛，说道："好大的胆子，敢不听我的命令，来人！把他们杀了。"

就这样，那些骑兵再也不敢违抗冒顿的命令了。有一次，冒顿带着手下人去打猎，他放出一支响箭，直接射向了头曼的一匹马，结果所有人也都跟着射了。冒顿心中暗想："好了！是时候了！我等待的时机终于来了。"

过了几天，冒顿带着手下的骑兵跟随头曼出去打猎。突然，冒顿拿出一支响箭，射向了

头曼。手下人早就习惯听从冒顿的命令，也跟着射向头曼。可怜的头曼变成了刺猬，也许他到死都不明白，为什么所有的人都要射自己。

冒顿成功了，他杀死了那个并不爱他的父亲，也杀了后母、弟弟和那些不服的大臣，成为匈奴人新的首领。

冒顿杀父夺权的事情很快就被东胡知道了，他们马上派使者表示"祝贺"。使者对冒顿说："冒顿单于，我们东胡的首领想要得到当年头曼单于骑过的一匹宝马，不知道您能不能……？"

冒顿看了看使者，没有回答，而是问大臣们的意思。匈奴的大臣一个个气得脸都绿了，叫喊着说："单于，不能答应他！他们欺人太甚，那可是我们匈奴的宝马啊！怎么能随便得给了他们呢？"

没想到，冒顿却哈哈大笑，说："你看你们，也太小气了吧！人家东胡怎么说也是我们的邻居，难道我们连一匹马都舍不得吗？我同意他们的要求了。"

于是，使者带着宝马回到了东胡。东胡王一见冒顿这么干脆地答应了自己的条件，就以为他是个窝囊废。过了几天，东胡的使者又一次到达了匈奴，傲慢地对冒顿单于说："单于，我们大王听说您的老婆非常漂亮，他也十分喜欢。我这次来是想请您给我们一个女人！"

大臣们一听都气得跳了起来："单于，这东胡简直太欺负人了，不能答应他啊！我们应该派兵攻打他们。"

冒顿看了看大臣，说道："好了！又不是要你们的老婆，你们激动什么！不就一个女人吗，我给了。"于是，冒顿又在自己的阏氏中挑选了一个最美丽的送给了东胡。大臣看到冒顿这么"懦弱"，一个个都很伤心。

其实，冒顿并不是懦弱，他之所以答应东胡的无理要求，主要是因为现在匈奴的实力还不够强大，还没有必胜的把握。

一段时间后，东胡王又派来了使者。使者撇着嘴对冒顿说："冒顿，我们东胡王说了，

· 匈奴的饰品 ·

匈奴人很注重装饰，车有装饰，马也有装饰，而且匈奴人一身从上到下，都有一系列的装饰品。其中最重要的要数带饰了。在匈奴人中，腰带及带饰是身份、地位的象征。腰带称为"具带"，带上饰物有饰板、联珠状或兽头形饰物等。其他装饰品类目繁多，如项链、冠饰、项圈、耳坠等，不胜枚举。

历史关注

汉朝时，中原地区蔬菜品种增多。新增的有胡蒜、胡葱、胡豆、苜蓿等。

那块没人居住的土地归我们了！你们就别再打它的主意了。"

冒顿冷冷地盯着使者，说道："诸位大臣有什么意见？"

大臣们都以为冒顿肯定会答应他，就说："单于，那是一块没人住的荒地，留着也是浪费，不如做个人情，送给他们吧！"

"胡说八道！"冒顿一拍桌子，怒吼道："宝马、女人我都舍得，但就是不能舍这块地！土地是一个国家的根本，怎么能随便给别人呢？"

冒顿带领着所有的骑兵先后消灭了东胡、月氏、楼烦、白羊等地方，并且还侵占了中原很多地方。

"单于天降"瓦当 西汉

"单于"意为"天子"，是匈奴国家最高首领；"天降"意为天之骄子，表达了树立单于绝对权威的心愿。

韩信被贬

汉高祖六年（公元前201年），有人向刘邦告发，说是楚王韩信有谋反的嫌疑。刘邦知道后非常着急，马上召集文武大臣商量对策。那些武将们一听，马上对刘邦说："陛下，韩信这小子早就该死！您还等什么，还不赶快发兵。等抓住这小子之后，非把他活埋了不可。"

刘邦听后没有说话，过了一会儿，他就对自己最信任的陈平说："你是比较有谋略的，依你看这件事应该怎么办呢？"

陈平想了想，对刘邦说："请问陛下，有人告发说韩信谋反，这件事韩信知不知道？"

刘邦摇了摇头说："这么机密的大事怎么会让他知道呢？如果他知道了，恐怕局势也不是现在这个样子了！这件事只有朕和你们知道，韩信并不知道。"

陈平笑了笑说："那么我请问陛下，您把您最精锐的部队拿出来和韩信所带的部队相比，谁的战斗力更强一些呢？"

刘邦回答说："韩信治军相当有办法，朕的部队与他的比起来，要差很多！"

陈平又说："那好，我再问陛下，这满朝的武将，有谁在用兵打仗上能够胜得过韩信？"

刘邦回答说："这……韩信用兵如神，而且非常懂得兵法，朕的所有将领恐怕都比不上他！你问这个做什么？难道是要长韩信的士气吗？"

陈平摇了摇头，说："陛下误会了。臣的意思是，既然您的兵打不过韩信，将也打不过韩信，那么有什么必要攻打他呢？我认为，如果您真的派兵了，那韩信就算本来没有谋反的意思，让您这么一逼，也会起兵反抗的啊！我其实是在为陛下的安危担心啊！"

刘邦惊出一身冷汗，连声说："是是是！你说的太对了，是朕没有想到这一层。那么你认为我们应该怎么应对呢？"

陈平神秘地说："我有一个办法，既可以抓住韩信，解除掉您的忧虑，又可避免大动干戈，而且还让韩信毫无察觉。"

刘邦一听，着急地说道："你就别卖关子了，快点说吧！"

陈平回答说："古代的那些天子们，有时会去诸侯镇守的地方巡视，并且在那里会见诸侯。这次，陛下不妨效仿古人，假装要出京游玩，到各地去巡视一番。当您到达陈县的时候，您就停在那里，并发出诏令，说是要在那里接见四周的诸侯。您想，陈县就在楚地的边界，韩信听说您到那里游玩，肯定会认为您对他没有丝毫的戒心，您对天下的形势非常放心。这样一来，楚王韩信就会放松警惕，一定会一个人赶到陈县来拜见您。到时候，您只需要偷偷地埋伏下一名力士，只要韩信一磕头，就马上把他抓住。这不是非常容易的事吗？"

刘邦听后哈哈大笑，说道："好好！你说的太好了，一切就按照你的意思去办。"紧接着，刘邦派出使者到各地通知诸侯，说是自己要出京南游，并且会在陈县接见诸侯。

当韩信接到消息后，心里也开始犯了嘀咕，

中国大事记

公元前201年，匈奴冒顿自立为单于，大举进攻燕、代等地，秦朝蒙恬所得匈奴故地尽失。

就对手下的谋士说："我听说有人在皇上面前告我谋反，他理应派兵讨伐我啊？可是我不明白，为什么皇上好像什么事都没有发生过一样，而且还有心情南游呢？这里面不会有什么阴谋吧？"

这时，有人对韩信说："大王您不要害怕，我觉得皇上也不会轻易地相信那些人的话。其实您现在最大的错误就是收留了皇上痛恨的楚将钟离眜，如果您把他杀了，将他的头献给皇上，皇上一定会高兴的。到那时，您就不必担心皇上会杀您了！"

韩信听后点了点头，决定采用这个人的建议。

是年十二月，刘邦到达了陈县，各地诸侯接到了消息，都赶来拜见，韩信也提着钟离眜的人头前来拜见。可是，韩信这次的算盘打错了，刘邦这时对什么钟离眜的人头根本不感兴趣，他关心的是这个"趁火打劫"（韩信曾要挟刘邦让自己做齐国的代理王）的楚王。还没等韩信明白是怎么回事，刘邦就下令手下的武士将他捆绑起来。

这时的韩信才明白刘邦"南游"的真正目的，他愤怒地说道："这一切果然和平时人们所说的一样啊！国家建立了，所有的敌人都消灭了，那么我们这些谋臣也就没有活着的意义了！"

刘邦大声斥责道："住口，死到临头你还敢狡辩！实话告诉你，已经有人告发你谋反！"

韩信还想为自己辩解，可是刘邦已经不给他这个机会了，马上让人给韩信戴上手铐脚镣，拘押着韩信返回了国都。

当刘邦到达洛阳时，他下令大赦天下，赦免了韩信的"罪行"。不过，韩信的楚王是做不成了，被贬为"淮阴侯"。

白登之围

汉高祖七年（公元前200年），刘邦亲率大军攻打谋反的韩王信（与韩信不是同一个人），并且大获全胜。韩王信见大势已去，就投靠了匈奴。

白土（今青海化隆一带）人曼丘臣、王黄等与韩王信狼狈为奸，拥立赵王的后代赵利做了大王。更加可气的是，这些人居然收集自己的残余部队，一起投奔了匈奴，并和匈奴密谋攻打汉军。匈奴单于冒顿见有利可图，就答应了他们的请求，派出左右贤王率领1万多骑兵与王黄等人驻扎在广武（今甘肃省永登县东南）以南，然后一起攻打晋阳（今山西太原一带）。刘邦听后气得火冒三丈，马上组织兵马与他们对战。结果，汉军又一次取得了胜利，守住了晋阳。

连续两次的胜利使得刘邦有些沾沾自喜，他得知此时的匈奴正把军队驻扎在代谷（今山西大同东北），就想派兵去攻打。为了保险起见，刘邦决定先派探子打探一下，然后再制订作战计划。冒顿吃了一次亏后，变得精明起来。这时，他已经想好了如何编一个大口袋，让刘邦老老实实地钻进来。

几天过去了，刘邦已经派出十几批探子，得到的结果都是一样——匈奴已经被打得落花流水，军中只剩下老弱残兵，就连那些牲畜都瘦得皮包骨。刘邦听后非常高兴，决定攻打匈奴。这时有人说："陛下，您不是又派刘敬去打探消息了吗？他还没有回来呢，还是等等吧！"

刘邦不以为然地说："等什么啊？十几批探子回报的都是一个消息，难道那刘敬还能和他们不一样？不管他，大军马上出发。"

就这样，刘邦带领着32万大军，浩浩荡荡地开向代谷。当军队刚刚越过句注山时，刘敬突然回来了。只见他气喘吁吁地说："陛下，万万不可贸然进兵啊！否则，我们将会一败涂地。"

刘邦听了以后很不满意，问道："怎么？难道你看到的和前面那些人看到的不一样吗？"

刘敬回答说："陛下，从表面上看，臣所看到的和那些人看到的是一样的。可是，两军交战，按常理推算双方都应该显示自己的长处。可是如今，我们看到的却是匈奴的短处，

历史关注 | 推拿疗法最早始于西汉。

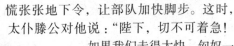

这一定是冒顿的诡计。陛下一定要三思啊！"

刘敬本来是一片好意，反倒把刘邦惹火了。刘邦生气地说："你懂什么用兵打仗。如今我大军还没有开战，你居然在那里说这些丧气话，打击士兵的气势。来人啊！把他给我押下去。"

可怜的刘敬就这样被戴上了枷锁，押回了广武。信心十足的刘邦处置完刘敬之后，带领一部分军队，抢先一步抵达了平城（山西大同）。结果，还没等刘邦喘过气来，匈奴的40万骑兵就杀了过来。刘邦一下子慌了神，带兵逃到了白登山。冒顿也不着急，下令军队把白登山围住，想要活活困死汉军。

匈奴武士复原图
匈奴武士在和平时都是牧民，一到战时都成骑士。匈奴武士主要使弓箭，装束轻便，短衣窄袖。

就这样，刘邦和手下的将士们被困在白登山整整七天七夜，这时的刘邦已经没有往日的威风了，后悔自己没听刘敬的话。不过，刘邦这次出兵也做了一件非常"明智"的事，那就是带上了陈平。陈平向刘邦献计，让他对冒顿的"后院"下手。

果然，大量的金银财宝打动了冒顿的"后院"阏氏（汉代匈奴对单于正室的称呼）的心。经过阏氏一阵劝说，冒顿开始有点犹豫了。正巧王黄和赵利的部队没有按照事先约定好的时间赶到，冒顿开始怀疑他们是不是私通汉军，于是他就命人打开了包围圈的一角。

就在匈奴部队刚刚有动静的时候，天突然下起了大雾。正所谓"机不可失，失不再来"，陈平请求刘邦让部队秘密做好准备，然后用强弩搭上两支箭，对准匈奴的包围圈。这时，匈奴的部队见有大雾，也就放松了警惕。就这样，刘邦终于借着"天时、地利、人和"，冲出了包围圈，捡了一条命。

刚刚逃出来的刘邦此时魂还没有回来，慌慌张张地下令，让部队加快脚步。这时，太仆滕公对他说："陛下，切不可着急！如果我们走得太快，匈奴一定会派兵追杀的。我们不如放慢脚步，那样的话匈奴会有所顾忌，害怕中了我们的埋伏。"

刘邦本来不想答应，可是滕公一再坚持，就只好照做。这样，刘邦终于和自己的主力部队会合了。匈奴人一看没便宜可占，也就收了兵。这时的刘邦也放弃了攻打匈奴的想法，带兵返回长安，只留下樊哙平定代地。

当汉军行到广武的时候，刘邦想起了被自己冤枉了的刘敬，亲自为他解开了枷锁，并向他道歉。

事后，刘敬被赐为关内侯，并称为建信侯。

贯高舍身救赵王

白登山之战结束后，刘邦带领人马返回国都。途中经过赵国，赵王张敖是张耳的儿子，也是刘邦的女婿，因此非常谦恭地照顾刘邦的生活起居。刘邦非但不领情，反而经常辱骂张耳。赵国的相国贯高、赵午等人看不过去，就劝说张敖杀了刘邦。可是张敖胆小，没有答应他们。最后，贯高和赵午暗中商量刺杀刘邦，并约定好谁也不供出张敖。

汉高祖八年（公元前199年），刘邦在东垣（今河北石家庄市东北）追剿韩王信的残兵，途中经过柏人（在今河北内丘县东北）。贯高等人就偷偷在厕所里埋伏下刺客，想要杀死刘邦。到了晚上，刘邦刚要睡觉，突然觉得一阵心慌，于是就问左右："这个县叫什么名字？"

侍者回答说："回禀陛下，此县名叫柏人。"

刘邦若有所思地说："柏人……那不就是迫害人的意思！不行，此地不能久留，还是早走为妙。"就这样，刘邦逃了一劫。

第二年，贯高的一个仇家知道了他们的计划，就向刘邦告发。刘邦知道后勃然大怒，马上命人去逮捕张耳、贯高和赵午等参与谋反的人。这下赵国可乱成了一锅粥，赵午等十几个人吓得不知所措，都打算一死了之，省得受拷打。

看见那几个人都吓得半死，贯高非常生气，大骂道："你们干什么？吓破了胆？是谁叫你们自杀的？你们也不想想，如今大王受到我们的牵连也被逮捕了，你们一死倒是痛快了，可谁来证明大王的清白呢？"于是，贯高等就都把头发剃光了，然后带上枷锁跟着赵王一同来到了长安（这时汉朝的国都已经迁到了长安）。

残酷的审讯开始了，负责审问贯高的官吏让他如实招认赵王是怎么谋反的。贯高对官吏说："你别浪费时间了，所有的事都是我一个人做的，和赵王一点关系都没有。"

官吏恶狠狠地说："你自己做的？你当我是3岁小孩子啊？看来不给你点颜色看看，你是不会说实话的。"于是，官吏命人用皮鞭抽打贯高，又用烧红的铁条烙他。可是，贯高直到浑身没有一处可以施刑也始终不说一句话。

后来，吕后知道了这件事，就对刘邦说："陛下，张敖是我们的女婿，怎么会谋反呢？肯定是有人诬陷。"

刘邦听后大怒，骂道："胡说，等到张敖夺得天下以后，难道他身边还会缺少女人吗？我看这个张敖就是个反贼。你以后少在朕面前替他说情，朕这次是非要治治他不可。"

几天后，廷尉来向刘邦汇报审问的情况，并把贯高的事情告诉了刘邦。刘邦听后点了点头说："唉！没想到这个贯高还是条汉子，果然是个壮士啊！不能再对他用刑了，就算打死他也不会说的。"说到这，刘邦对大臣们说："你们谁和这个贯高有交情啊？咱们硬的不行，就来软的。在私底下问问他，一定可以把事情查

清楚。"

这时，中大夫泄公站出来说："陛下，臣和贯高是同乡，非常了解他。这个人在赵国的时候就非常有名气，而且为人忠义、一言九鼎。如果我去问他，说不定能得到什么消息。"

刘邦点了点头，就让泄公去"私审"贯高。泄公到了牢房之后，先是一阵安慰，然后又和他聊了很多家乡的事。等两个人之间没什么距离的时候，泄公问贯高："贯高，为主人效忠是大丈夫应该有的气节，可是如果不分青红皂白，一味地袒护主人，那就变成愚忠了。现在没有别人在场，你告诉我赵王张耳到底有没有参与谋反啊？"

这时的贯高已经对泄公没有了戒心，就对他说："你说的这些我都明白，也都懂。试问有谁不爱自己的父母，有谁不爱自己的妻子呢？如今我的三族马上就要被皇上处死了，我还会傻乎乎地效忠什么赵王吗？你觉得赵王比我的亲人还亲吗？"

泄公一听有门，马上追问道："那你为什么还要替赵王顶罪？"

贯高叹了口气说："不是我想顶罪，这件事赵王确实不知道，完全是我一个人做的啊！我总不能为了自己活命而去冤枉赵王吧！"接着，贯高就把这件事原原本本地告诉了泄公。

泄公听后，觉得贯高说的都是实话，就一五一十地禀报给刘邦。就这样，刘邦赦免了赵王，把他贬为宣平侯。此外，刘邦觉得贯高这个人非常贤能，就派泄公告诉他赵王被释放的消息，也好让他放心。贯高听说赵王已经被释放了，高兴地说："真的吗？太好了，这我就放心了。"

泄公点了点头，说："皇上非常欣赏你，所以也把你的罪给赦免了！"

贯高苦笑着摇了摇头说："算了，我以前之所以不自杀，是想要留着这条命替赵王申冤。如今，赵王已经释放了，我死也瞑目了。况且做臣子的有刺杀皇上的心思，还有什么面目为天子做事呢？就算皇上仁慈，不杀我这个罪人，难道我心里就不愧疚吗？算了吧，我还是

| 历史关注 | 汉朝在轮台、渠犁置卒屯田，以供出使西域者食用。 |

做我应该做的事吧！"说完之后，贯高就断颈自杀了。

韩信之死

韩信自从被贬之后，一直闷闷不乐。因为他觉得凭借自己的本事和立下的功绩，理应是一人之下，万人之上的封地大王。可如今，自己被贬为淮阴侯，与樊哙、灌婴等人处在同一层次，实在是不甘心啊！韩信心中非常清楚，刘邦对自己的才能是既害怕又厌恶。为了向刘邦表示抗议，韩信干脆称病请假，不去参加朝见和出行。其实，刘邦心里也十分清楚韩信为什么生病，只不过现在时机还没有成熟，"消灭"韩信还不是时候。

汉高祖十一年（公元前196年），刘邦亲自带兵攻打谋反的陈豨。本来，这领兵打仗的事应该交给韩信的，可是韩信因为心里还记恨着刘邦，所以就称自己有病，故意推辞不起。

可是刘邦不知道，此时的韩信真的被他逼得开始策划谋反了。刘邦走以后，韩信派人偷偷地赶到陈豨的部队，和他一起商量如何发动政变的事情。经过一番精密的部署，韩信已经有了一套非常完整的计划。他准备带着他的家臣们，在夜间假传诏书，然后赦免所有在官府做苦工的奴隶和罪人，这样一来他们就达到了收买人心的目的。

紧接着，韩信准备利用这帮人对朝廷的怨恨，发动他们"暴乱"，然后直接杀进皇宫，把吕后和太子全部杀掉。这样一来，远在前线的刘邦听说自己的"老巢"发生了变故，一定没有心情再打仗了，而陈豨也可以趁机打败汉军。一切部署得当，就等待陈豨的消息，好开始实施计划。可是，韩信没有想到，自己在背叛刘邦的同时，有一个人也背叛了他。

韩信的门下有一个舍人犯了错，韩信一怒之下把他囚禁起来，而且还准备把他杀死。舍人知道以后，心里十分怨恨韩信，就把韩信打算发动政变的消息告诉给了自己的弟弟。舍人的弟弟又把这个消息告诉给了吕后。

吕后听后，不知道该怎么办。她想把韩信召进宫来，然后再把他杀死，可是又怕韩信不服，自己反遭毒手。想来想去，吕后还是找来了相国萧何，和他商量怎么应对。当初，正是萧何的举荐才使得韩信能够建功立业，如今得知韩信要谋反，萧何心里自然不是滋味。可是，国家大事是第一位的，其他事情都不重要，所以萧何想到了一条妙计，悄悄地来到了韩信的府上。

韩信一见是自己的恩公来了，戒心自然小了不少。萧何对韩信说道："我今天来也没有什么大事，只是想告诉你皇上已经从前线回来了，而且还打了胜仗，那个陈豨也已经被皇上抓住了，现在已经变成刀下之鬼了！"

说到这，萧何停了一下，偷偷地看了一眼韩信。只见韩信脸上闪过一丝惊讶的表情，马上问道："哦？这是真的吗？"

萧何笑了笑说："我骗你干什么啊，如今

斩韩信

·汉代铁兵器·

西汉末期之前，兵器以青铜为主。由于冶铁技术和锻钢工艺的进步，钢铁兵器逐步增多，到西汉末基本取代青铜兵器。格斗兵器主要有长柄的戟、铍、矛和短柄的刀、剑。东汉时期铁制兵器占据了军事舞台，骑兵以弓剑为主，使用臂张弩。步兵使用蹶张弩，缚以弓剑。步骑兵的格斗兵器以矛、戟、刀、剑为主，常与盾配合使用。

为了庆祝皇上凯旋而归，各地的诸侯和大臣们都要来朝中庆贺呢。你是淮阴侯，也是皇上最宠爱和信任的人，一定要去啊！"

韩信这个时候哪还有心情去做什么朝贺啊？他只是不明白，为什么陈豨那么不堪一击，还没等自己开始实施计划，就被人家打败了呢？想到这，韩信于是对萧何说："你也看到了，我现在是个有病的人，已经很长时间没有去上朝了。我看这次朝贺也就免了吧！"

萧何听后摇了摇头说："这怎么行呢？平时可以不去上朝，这次是庆祝皇上打了胜仗，怎么能不去呢？我知道你有病在身，可是就是强挺着，也要前去祝贺。"

没办法，韩信只好来到了朝廷。可是，当他走进朝廷的时候，没有看到刘邦，也没有看到那些朝贺的群臣和诸侯，迎接他的只有面带冷笑的吕后和凶神恶煞般的武士。而吕后和武士们用来招待他的东西，就是一把明晃晃的刀。

韩信知道自己这次是难逃一死了，绝望地说："太可悲了，我真后悔没有采用蒯通的计谋（刘邦和项羽对峙时，蒯通曾经劝韩信自立为王）。我韩信一世英名，如今竟然死在一个女人和小孩的手上，真是可悲啊！天意，这就是天意啊！"

吕后在长乐宫挂钟的房间砍下了韩信的脑袋。为了斩草除根，吕后又派人去抄韩信的家，一下就把他的三族全灭了。当刘邦回到洛阳时，韩信和他的家人已经从世界上消失了。刘邦听说消息后，真是又高兴又可惜：高兴得是自己的心腹大患终于被铲除了；可惜的是一个人才、一个功臣却落个这样的下场。

刘邦问吕后："韩信临死前，有没有什么遗言啊？"

吕后回答说："有，韩信说他非常后悔当初没有听从蒯通的计划！"

刘邦听后雷霆大怒，说道："可恶，这一定是那个自称能言善辩的齐国人蒯通，不杀他我出不了这口气。"说完后，他就派人抓来了蒯通。本来，刘邦是想杀死蒯通的，可是蒯通却说："当初我劝韩信谋反，并不是因为您无道，而是因为当时我只知道有韩信，而不知道有您，您杀我是没有道理的。"刘邦听后觉得有道理，就放了他。

刘邦亲征黥布

韩信因为"谋反"被吕后设计杀死了，紧接着梁王彭越也因为"谋反"被刘邦处死。这还没算完，为了"杀鸡给猴看"，刘邦让人把彭越剁成肉酱，然后分发给各地的诸侯。淮南王黥布看到肉酱后，非常害怕。他心里清楚，自己迟早也会和他们一样，与其坐以待毙，不如主动出击，于是黥布暗地里开始筹划造反的事情。

不过，在黥布做好准备之前，却因为一个女人坏了大事。原来，黥布有一个宠姬，生了病去看大夫。正巧这个给黥布宠姬看病的大夫是中大夫贲赫的邻居。为了巴结黥布，贲赫偷偷地给宠姬送去了很多礼物，而且还在大夫的家中陪她饮酒。可是

刘邦气黥布

历史关注　　《汉书》是我国第一部纪传体断代史。

贲赫"偷鸡不成蚀把米"，黥布知道这件事后非但没有感谢他，反而打翻了醋坛子，扬言要抓住贲赫。贲赫知道后非常害怕，就跑到长安，向刘邦举报黥布谋反。

听完贲赫的话后，刘邦没有说话。过了一会，他对萧何说："现在有人举报黥布谋反，你看应该怎么办？"

萧何想了想说："陛下，依臣看来，淮南王不一定真的谋反，因为他一直都是一个忠臣。我看，这次很可能是有人故意陷害他，好报一己私仇。"说到这，萧何狠狠地瞪了贲赫一眼，然后接着说："不如这样，我们先把贲赫押起来，然后再派人暗中调查！"

刘邦点了点头，同意了萧何的意见。本来，这件事可以就这么过去了。但是黥布得知贲赫逃到了长安，早就怀疑他可能会告发自己。等刘邦派来使者以后，又查出了很多谋反的证据。这下可是没有回头路了，不反也得反了。汉高祖十一年（公元前196年），黥布杀光贲赫全家，起兵造反。消息传到长安以后，刘邦马上组织军队讨伐，并且赦免了贲赫，还封他做了将军。

为了做到万无一失，刘邦叫来了手下的大臣，和他们一起商量对策。最先开口的还是那些武官，他们叫嚷着说："陛下，有什么可担心的，派兵攻打他不就行了，一个小小的黥布还能成什么大气候！"

刘邦听后没有说话，因为他觉得没那么简单，还想听听别人的意见。汝阴侯滕公知道这件事以后，就找来以前楚国的令尹薛公问话。薛公回答说："黥布造反是必然的，没有什么可惊奇的！"

滕公听后非常惊讶，对他说："可是皇上给了他土地，又让他做了淮南王，他还有什么不满足的？"

薛公回答说："您想，皇上先是杀了韩信，紧接着又处死了彭越，这就是黥布的榜样啊！况且他们3个人都是战功赫赫的功臣，是拴在一条绳上的蚂蚱。如今死了两个，黥布心里自然害怕，所以要谋反了。"

滕公听后觉得很有道理，就把薛公引荐给了刘邦。薛公见到刘邦以后，分析了黥布的为人和当前的局势。刘邦非常认同他的说法，就重重地赏赐了薛公。接下来的事就是派兵攻打黥布了，可是这时的刘邦有病在身，所以打算让太子代表自己前去攻打黥布。

这位太子没继承刘邦的优点，反倒继承了他"胆小怕事"的性格。在手下谋士的怂恿下，太子找到自己的母亲吕后，求她到刘邦面前为自己求情。果然，母亲还是疼爱儿子，吕后找了一大堆理由为太子开脱。刘邦叹了口气说："我早就应该想到，这小子是没有这个胆量的，还是我自己去吧！"

就这样，刘邦亲自带领大军向东出发，留下那些大臣们镇守朝廷。临行前，文武百官都来到灞上送刘邦。这时身染重病的张良也赶来送行，对刘邦说："陛下，臣本该跟随您出征的，可是这身体……黥布的手下都是楚人，个个骁勇善战，陛下一定要小心啊！"

刘邦摇了摇头说："你虽然生病，但是朝廷离不开你啊！不管怎么样，你都要辅佐太子啊！"

就这样，刘邦带领大军前去讨伐黥布，张良和其他大臣则率领亲兵卫队在灞上保护太子。黥布在一开始并没有想到刘邦会亲自带兵

歌风台

汉高祖平定了黥布叛乱后，于归途中经故乡沛县，酒酣之时，有感于昔日亡秦灭楚的戎马生涯，欣喜于既成帝业，即兴击筑而歌："大风起兮云飞扬，威加海内兮归故乡，安得猛士兮守四方。"后沛人于鸣唱处筑"歌风台"以纪念。

前来，他曾对手下人说："皇上已经老了，而且身体还不太好！他打了一辈子仗，现在已厌倦了！因此，我敢肯定，这次他一定不会亲自前来的！这样的话，他就必须派其他将领前来。可是我最害怕的韩信和彭越都已经被处死了，所以我们也可以高枕无忧了。"

黥布说的也并不全是大话，因为他的确非常勇猛，而且很会领兵打仗。当刘邦与黥布的军队遭遇时，汉朝很多地方已经被黥布攻破了。正所谓"仇人见面，分外眼红"，两军阵前刘邦破口大骂道："我给你地，封你王，为什么还要造反呢？"

为了气刘邦，黥布特意摆出当年项羽所用的阵形。只见黥布在队伍中，笑呵呵地说："没什么，当王当的不过瘾，想尝尝当皇帝的滋味！"

刘邦听后大怒，马上命军队与黥布开战。结果，黥布的军队被打得落花流水，黥布也因为长沙成王吴臣的出卖而被人杀死。

恶毒的吕后

刘邦做了皇帝以后，就把自己的正室妻子吕雉封为了皇后。这样一来，吕后的儿子刘盈也就顺理成章地被立为太子，成了刘邦的继承人。可是刘盈并不争气，在性格上十分懦弱。刘邦打心眼里看不上他，一直想废了他，另立太子。

在当皇帝以前，刘邦虽然好色，但是并没有明目张胆地纳妾。可是当了皇帝之后，刘邦自然和其他人一样，三宫六院一个都不能少。在众多嫔妃中，有一个叫戚夫人的非常受刘邦宠爱，而且还为刘邦生了个儿子，取名如意。刘邦觉得这个如意非常像自己，就想把他立为太子，所以虽然如意被封在赵地做王，但是却经常被刘邦留在长安。

戚夫人心中清楚，皇上有意立自己的儿子做太子，所以她就

吕后像

趁刘邦出巡关东的时候，在刘邦面前哭哭啼啼地请求刘邦答应自己的要求。于是刘邦下定决心要废刘盈，立如意。吕后看在眼里急在心上，可是又能怎么办呢？自己已是年老色衰，再加上刘盈确实不争气，怎么能争得过风华正茂的戚夫人和性格刚强的如意呢？

刘邦终于在朝廷上宣布了废太子的事，而且不管谁劝都没有用。就在这个时候，幸亏一个结巴的御史大夫周昌极力劝阻，才使刘盈没有被废。吕后知道这件事后，自然对周昌非常感激。

吕后所以按兵不动，只不过是在等待机会罢了。吕后这个人不仅心狠手辣，而且城府非常深。不到万不得已的时候，她是不会轻易出手的。

汉高祖十二年（公元前195年），刘邦远征黥布归来。在战斗中，刘邦受了箭伤，再加上以前有病，所以身体越来越虚弱。刘邦知道自己快死了，就又一次提出了废太子的事。张良知道后极力劝阻，但是刘邦没有听。后来，叔孙通来见刘邦，向他说明"废长立幼"的坏处，而且还拿死来威胁他。刘邦知道大臣们都不同意废了刘盈，最后只好放弃。

就在这一年的四月二十五日，刘邦在长乐宫归了天，太子刘盈顺利地当上了皇帝，称为汉惠帝。正所谓"母以子贵"，刘盈当上了皇帝，吕后也就成了皇太后。同时，这位汉惠帝年纪还不大，朝政的事也就顺理成章地归吕后掌管。而先前还十分受宠的戚夫人，现在要面临的却是比死更可怕的事。

吕后刚刚做了皇太后，就开始实行报复计划。她先是把戚夫人抓了起来，关在一条很深的巷子里。更加可恶的是，她为了侮辱戚夫人，还命人把她的头发剃光，并用铁链扣住她的脖子，让她穿上囚犯的衣服，像奴隶一样舂米。这还不算完，吕后不仅要报复戚夫人，还要报复如意。

历史关注 | 上林苑是秦汉时的皇家园囿，方圆三百里。

皇后之玺　西汉前期

玺面阴刻篆文"皇后之玺"四字，四侧阴刻云纹，顶雕蟠虎为钮。此玺发现于汉高祖长陵附近，应是吕后生前的御用之宝。

她派人去召如意进宫，想要加害他。可是如意知道吕后没安好心，所以使者连请了三次，如意也没有去。

负责辅佐如意的赵国相国周昌知道后，就对使者说："高祖临终前把赵王托付给我，我就要尽力保护他。如今谁都知道皇太后怨恨戚夫人，想把她和赵王都杀掉。赵王还很小，而且有病在身。再说，我明知道让他去是送死，我怎么会答应呢？你还是回去吧！"

吕后知道以后大发雷霆，不过她转念一想，明的不行，就来暗的。于是，吕后先是让人把周昌召到长安，然后再派人去召赵王如意。如意没办法，只好来到了长安。

虽然吕后恨死了戚夫人母子，可是皇帝刘盈对自己的这个兄弟却很有感情。他知道吕后要加害如意，就在他没有到达长安的时候，自己亲自带着人去灞上迎接。为了保障如意的安全，刘盈陪如意一起进宫，而且吃在一起，睡在一起，甚至上厕所都要两个人一起去。因此吕后一直没有机会杀如意。

公元前194年，即汉惠帝元年，冬十二月，刘盈一大早就出去打猎了。他看了看熟睡中的如意，没忍心叫起他。这下吕后终于等到机会了，刘盈走后，她马上派人给如意送去了毒酒。就这样，如意被吕后毒死了。当刘盈从外面打猎回来时，如意已经七孔流血。

如意死了，戚夫人也就没有活着的理由了。吕后下令砍断了戚夫人的手和脚，挖去她的眼睛，熏聋她的耳朵，而且还给她下了哑药，并且把她关进厕所里，管她叫"人彘"（彘就是猪的意思）。

几天后，吕后还特意请自己的儿子前来观看人彘，刘盈觉得很新鲜，就去看了。可是当他得知这个"人彘"竟然是戚夫人时，号啕大哭，一病不起。一年以后，刘盈的身体有些好转，但是他对母亲也失去了信心。刘盈对吕后说："您的所作所为太可怕了，这简直不是人做的事！我是您的儿子，但我不能像您这样治理天下！"

从此，刘盈整天沉迷于酒色，不再过问朝政。

萧规曹随

汉惠帝二年（公元前193年），酂侯萧何病重。汉惠帝知道以后，亲自到府上慰问。谈话间，汉惠帝问萧何："你是我大汉的忠臣，也是我大汉的栋梁啊！可是你的身体越来越差，那么你百年之后，谁能接替你呢？"

萧何看了看皇上，有气无力地说："最了解臣子的莫过于皇上了，您认为谁能接替我呢？"

汉惠帝想了想说："你认为曹参怎么样？"

萧何听后点了点头，闭上眼睛说："好！皇上既然有了人选，那么就是臣死了，也可以闭眼了啊！"这一年的七月初五，一代贤相萧何去世了。

同年七月二十五日，汉惠帝决定任命曹参做相国。这时，曹参在家中已经得知了萧何去世的消息，他对手下人说："来人啊！快给我准备行李，我马上就要赶往长安做相国去了。"手下人都不明白为什么曹参会这么自信，但是主人有令，也只好照做。

果然，几天以后，朝廷的使者来到曹参的府上，召他进京做相国。原来，曹参和萧何以前是一对非常好的朋友，正是他们两个在沛县杀了县令，推举刘邦做沛公。可是等天下打下来之后，却因为封侯风波使得两个人有了矛盾。曹参之所以那么自信，是因为一方面他知道朝

中国大事记 | 公元前195年，汉高祖刘邦去世，葬于长陵，汉惠帝继位，吕后掌权。

廷里除了自己没有别人能够担任相国，另一方面，他也知道萧何从没有怨恨过他，依然会举荐他。

就这样，曹参继萧何之后做了汉朝的相国。起初，人们以为曹参当政以后，肯定会大刀阔斧地改革，肯定会把萧何在任时期的很多制度都废除。没想到，曹参不但没有废除萧何制定的制度，反而一切都和萧何生前一样，丝毫没有改变。

在选拔官吏上，曹参选择了不喜欢夸夸其谈，为人忠厚老实的长者，把那些说话刻薄，而且追名逐利的人全部赶出了朝廷。这以后，曹参每天就是

曹参像

喝喝酒，欣赏欣赏歌舞，丝毫没有处理朝政的意思。

时间一长，满朝文武都对曹参不理朝政的态度表示不满，纷纷来到他的府上，想要劝说他。他们只要一来，曹参就设酒款待；只要来客想说话，曹参就劝他们喝酒。结果，这些人来一次喝一次酒，喝一次酒就醉一次，如此好几次也没有把话说出去。另外，曹参还对其他人犯的一些小错装做看不见，很少去追究别人。就这样，曹参的相国府一直很太平。

可是，汉惠帝却越来越坐不住了，心想："朕把他找来做相国，是让他为朕处理国事的。他倒好，什么都不管，整天就知道喝酒。这样下去可不行。"于是，汉惠帝找来了曹参的儿子曹窋，让他去问问是怎么回事。

曹窋按照皇上的指示，在底下偷偷地询问曹参。曹窋话还没说完就被打了二百竹鞭，曹参骂道："你这个臭小子，你老子我还不糊涂呢，天下大事还轮不到你小子插嘴！"曹窋见父亲生气了，也就不敢再说什么，灰溜溜地跑到惠帝那去报告了。

第二天上朝的时候，汉惠帝装做很生气的样子对曹参说："曹相国，萧何临死之前向朕举荐了你，说你是接替他的最佳人选。那时，朕也十分看好你，可是你呢？整天不理朝政，

就知道喝酒。另外，是朕让曹窋去问你的，你怎么不分青红皂白就把他打一顿呢？"

曹参听后赶紧跪了下来，说道："陛下，臣知罪，臣实在不知道是您让我的儿子来问我的啊！请陛下原谅我吧！"

汉惠帝点了点头，说："这些都是小事，关键是朕想知道你为什么这么做。"

曹参想了想，说："请问陛下，您和太祖高皇帝比起来，那个更英明，哪个更神武呢？"

汉惠帝疑惑地说："曹相国这是什么话，我怎么敢和太祖高皇帝比呢？我当然是不如先帝了！"

曹参点了点头说："陛下回答得是。那么臣再问陛下，您觉得臣和萧相国比起来，哪一个更贤明，哪一个更有本事呢？"

汉惠帝想了想说："这……你和萧何比起来，还是差那么一点点的。"

曹参笑了笑说："谢谢陛下抬爱！既然您不如太祖高皇帝英明，臣也不如萧相国有本事，那么有什么需要改动的呢？您想，太祖高皇帝当年和萧何一起平定了天下，根据时局的需要制定了法令。如今，时局未发生改变，法令依然可以实行，而陛下您现在又可以无为而治。我们这些做臣子的，只要小心谨慎地办事，严格地遵守以前的法令，这一切就足够了，难道还有改变的需要吗？"

汉惠帝沉思了一会儿，说道："曹相国说的太对了！看来，以前是朕错怪你了啊！好，那就按照你说的办吧！"

就这样，曹参做了3年相国以后，百姓们安居乐业，生活十分幸福。因此，在民间，百姓们为他编了一首歌谣，内容是："萧何为法，较若画一；曹参代之，守而勿失。载其清净，民以宁壹。"这个歌谣的意思就是，萧何根据百姓和国家的需要确定了法令，而曹参代替萧何以后，只是把它沿袭下来，并没有进行一丝

历史关注

汉朝之前，我国已有适地适树的种植观念。已出现树木整枝技术。提倡"斧斤以时入山林"。

改动。这样一来，统治者可以无为而治，百姓们也可以安居乐业了。

张释之公平执法

当初，南阳人张释之只是一个小小的骑郎，在任 10 年也没有得到升迁。张释之觉得自己在仕途上没有什么发展，于是就打算辞官回家。这时深受汉文帝宠信的袁盎知道张释之是个有才能的人，就向汉文帝举荐了他，于是张释之得到升迁，做了谒者仆射。

升了官的张释之有了机会见到汉文帝，在成功处理几件事后，汉文帝开始喜欢他。因此，汉文帝决定重用他，又升他做了公车令。

张释之做了公车令不久，又发生了一件事。这天，太子和梁王两个人同坐一辆车入朝。在经过司马门的时候，两个人没有下车表示敬意。张释之觉得太子和梁王太没有礼貌了，于是就追了上去，拦住了太子和梁王的车子。

太子和梁王一见是个小小的公车令，非常傲慢地说："你这个奴才，居然敢拦我们的车子不让入朝，还不赶快给我滚！"

张释之严肃地说："国家法令有规定，凡是经过公门不下车的，就是对朝廷表示不敬。太子和梁王违反了这个规定，我是不会让你们进去的。"

太子笑了笑说："规定？什么规定？连天下都是我刘家的，更何况是这小小的公门，赶快给我让开。"

可是，不管太子怎么说，张释之就是不让他们进去。很快，这件事就被薄太后知道了。汉文帝赶忙向太后道歉说："请太后息怒，是朕管教不严，朕一定会好好教训这两个人！"

薄太后这才消了气，对文帝说："算了吧，这也不能全怪你。来人啊！传我的诏令，就说我赦免了他们两个的罪行，就让他们进来吧！"于是，太子和梁王才最终进了大殿。

通过这件事，汉文帝觉得张释之不是一个普通人，如果好好利用的话一定可以造福朝廷。于是，汉文帝先是升他为中大夫，过了几天又封他做了中郎将。又过了一段时间，文帝觉得还是有些大材小用，就又任命张释之做了廷尉（掌管司法的最高官吏）。

这天，文帝坐在马车上出外巡游。当车辆经过中渭桥的时候，突然有一个人从桥的下面跑了出来。这下可坏了，坐在车上的人倒是没什么，可是拉御车的马却被受了惊。还好没有什么大碍，不过受了惊吓的文帝大发雷霆，马上让侍卫把那个人抓了回来，并交给廷尉处置。

过了几天，张释之来见汉文帝，向他禀报了自己的处置意见。张释之说："陛下，臣已经根据规定判处了那个人。依据我大汉条例，这个人犯了有关道路戒严的规定，应当处罚他一定的金钱。"

"什么？"文帝听后很不高兴地说，"就罚他点钱而已吗？这个人惊吓到了朕的马，险些让朕受到伤害！要不是御马，朕还会安然无恙吗？可是廷尉你居然只判他点罚金，太轻了吧？"

张释之回答说："回禀陛下，我大汉朝的法是天下人的法，不管对谁都应该是公平的。如今这个人犯了法，按照法令的规定就应该处罚他金钱。如果说因为他惊吓的是皇上的马就要加重处罚的话，请问陛下我们大汉朝的法不是要让百姓们失去信心吗？当然，陛下您是皇上，对百姓有生杀大权。如果当初您抓住他以后就直接杀了他，那么也就没这么多麻烦了。

彩绘骑马俑　西汉
马昂首嘶鸣，骑俑肃穆端庄，整个造型大胆概括，体现了汉人激越昂扬的精神风貌。

可是您把他交给我这个廷尉，那么我就必须按照法律规定的处理，怎么可以随便重判呢？您知道，我这个廷尉是以法治天下的典范，如果我随便的加重或减轻处罚，那么天下人就会效仿了，百姓们也不知道自己该怎么做了。臣的做法都是为了我大汉好啊，请陛下三思！"

汉文帝听了张释之的话以后，心里很不舒服。但是他仔细想了想，说："廷尉说的话很有道理，那就按你说的办吧！看来，朕的廷尉处置得还是很公正的。"

后来又有一次，有个人把太祖高皇帝刘邦庙里神位前的玉环给偷走了，结果还没来得及倒卖就被人捉住了。汉文帝十分生气，一心想要重重地惩罚他，就又把他交给了廷尉张释之。

几天以后，张释之把自己的处置意见交给了汉文帝。张释之说："陛下，这个人大逆不道，臣已经重判了。"

汉文帝点了点头说："好！那么你就和朕说说，你是怎么重判的吧！"

张释之说："按照我大汉条例，凡是偷盗宗庙服饰器物的人，一律斩首。臣已经决定将这个贼人推到街市上斩首了！"

汉文帝听后大声说："荒唐，胡闹！这个人犯了大逆不道的罪过，怎么可以这么判呢？要知道，他偷的可是太祖高皇帝的器物啊！我把他交给你，是想让你灭了他全族！可你呢？拿什么法律出来吓唬朕，说什么只能杀他一个人，这不是违背朕供奉先帝的本意吗？"

张释之一见文帝真的生气了，赶忙跪下磕头说："陛下，臣做的一切都是按照法律规定

· 盐铁官营 ·

西汉初期，盐铁由私人经营，国家只是设官收税。到了汉武帝年间，连年征战加上财政严重危机，武帝就采纳了大农丞的建议，将盐铁收归国家专营，在全国盐铁产区分设盐铁官，负责盐铁的制造与发卖。这一措施增加了西汉政府财政收入，但也导致了官营盐铁质次价高等弊病的出现。

的啊！对这个人的惩罚，已经是最高的了！如果这个人因为偷了先帝的东西被灭了族，那么以后别人从先帝的陵墓中取走一点土，陛下该怎么处置他呢？"

汉文帝听后觉得很有道理，就把这件事禀报给了太后。太后想了想，也觉得张释之说的确实是对的，于是就批准了张释之的判决。

缇萦救父

在汉文帝以前，汉朝的法律基本沿袭了秦朝的法律，实施起来非常严酷。如果是犯了谋反的罪名，那么要死的不只是谋反的那个人，就连他的全家以及和他有亲戚关系的所有人都要死，这就是平常所说的"灭三族"；如果是犯了杀人罪，那么就要被判处死刑，包括车裂、斩首和腰斩等；如果犯的是一些像偷盗、伤人等罪行，则会被判处在脸上刺字的墨刑，或者是挖去鼻子，或者是割掉耳朵，或是砍去手脚等。也就是说，在那个时候，如果谁犯了法，不管是有意还是无意的，都要受到很严厉的惩罚。即使犯了法的人知道错了，想要悔改，也会留下终身残废。

汉文帝十三年（公元前167年），缇萦的父亲淳于意因为犯了罪被拉去见官（据其他史书记载，淳于意是因为给别人看病，失手把人治死，才被人家告的）。审判淳于意的官吏在查清案件的来龙去脉以后，决定判处淳于意"肉刑"（挖去鼻子、割掉耳朵或是砍去手脚等刑罚），并且命令狱官押着他赶往西汉国都长安，在那里监押候审。

缇萦是淳于意的小女儿，知道这个消息之后，非常伤心，她不想看到自己的父亲变成残废。于是，缇萦为了救父亲，就给汉文帝写了一封信，内容是：

我的父亲淳于意本来是齐国的太仓令。做官的时候，他清正廉明、爱民如子，齐地所有的人都称赞他。这样的好官真是很难得！可是，

历史关注 | 西汉扬雄著的《方言》是我国最早的方言学著作。

他因为一次小小的失误被人家告了，而且还被判处了肉刑，这是多么残酷的事啊！

我知道，犯了法的人应该受到惩罚，本来我没有什么可伤心的。但是，如果人死了，就不可能再活过来，而那些受了肉刑的人也不会再长出鼻子、耳朵或是手脚。这样一来，虽然犯法的人得到了应有的惩罚，可是如果他们从心里知道错了，想要改正错误也没有机会了。他们是没法回头，无路可走了啊！

我是父亲的女儿，应该替父亲承担一些责任。如今，我心甘情愿到官府中做一名官婢，希望能够让我的父亲不受那残酷的肉刑，使他以后有机会改过自新，希望皇上能够答应我的要求。

汉文帝读完缇萦的上书以后，被这个小女子的孝心和胆气深深地感动，于是他决定以缇萦救父的事情作为引子，废除掉残酷的刑罚。就在这一年的五月，汉文帝向天下下了新的诏书，大概意思是：

朕读过《诗经》，上面曾经说过："如果一个人是平易近人、忠厚老实、为人大度的君子的话，那么百姓们就会十分喜爱他，愿意和他亲近，甚至把他当成父母一样。"现在的法律太苛刻了，如果有谁犯了错，哪怕是一点点小错，还没等对他进行教育，让他认识到错误，就马上对他实施严厉的惩罚。这样一来，有些人知道错了，想要悔过自新，可是我们没有给他机会。这种法律从秦朝就已经开始，我们大汉还在沿袭，说实话，我对这种情况真的是又痛心，又怜悯啊！

我们不说别的，单单说肉刑。只要肉刑施加在人身上，轻的在脸上和身上刺字，重的要砍掉手和脚，挖掉鼻子和耳朵，更加残酷的是有人还要忍受宫刑，从此再也不能生育。天下人都看到了，这些刑罚难道不够残酷吗？难道还有什么道德可言吗？难道这一切都符合所谓的百姓父母的称呼和道义吗？

为了天下的百姓，也为了我大汉朝的江山，

"文帝行玺"金印
出土于广州象岗南越王墓。

朕决定从今以后废除肉刑。凡是犯了罪的人，以前应该实施肉刑的，从现在起都要用其他的刑罚来代替。凡是那些被判了肉刑的，也可以享受废除以后的待遇。也就是说，那些被判了肉刑的人不用被砍去手脚，只要我们依据罪名的轻重让他们好好服刑就可以了。

此外，再提一点，如果这个犯人在服刑期间没有逃逸，只要服刑了一年，就可以免罪释放了。以后，我们大汉的法律应该废除掉所有苛刻的刑罚，具体制定一些新的法律条文！

之后，丞相张苍和御史大夫冯敬制定出很多新的刑罚条律，比如以前应该刺字的犯人改判他们去做苦力；以前应该被挖鼻子的犯人改判他们受300竹鞭；以前该砍下左脚的人鞭打500下；该砍右脚以及那些杀人后自首的、贪赃枉法的人改判在大街上受鞭打。就这样，缇萦以自己的孝心感动了汉文帝，而汉文帝也借此机会废除了残酷的刑罚。

文帝与冯唐

汉文帝十四年（公元前166年），匈奴单于率兵攻打中原，杀死了汉朝北地（今甘肃庆阳西北）的都尉，掠走了很多百姓和牛羊。汉文帝非常着急，想要亲自带兵去攻打匈奴。由于群臣和太后极力劝阻，文帝才没有去。

这天，汉文帝坐着车经过郎署，就问郎署长冯唐："你一把年纪了还在这里做郎署长，老家是哪里的啊？"

冯唐回答说："回禀陛下，臣的先祖是以

中国大事记

公元前169年，晁错上书，对如何对抗匈奴发表意见，得到太子（汉景帝）的倚重。

前的赵国人，臣的父亲后来迁到了代国（今山西一带）。因此，臣应该算是代国人。"

文帝点了点头，继续说道："老家是赵国的，现在是代国人。朕没做天子之前，曾经是代国的大王。那时，朕的尚食监高祛曾经很多次和朕谈到以前赵国的大将李齐，说这个人很有才能。当时高祛给我讲了李齐在巨鹿之战中的出色表现，到现在朕每到吃饭的时候，心中还总会想起那个李齐啊！老人家你听说过这个人吗？"

冯唐点头说："是的，陛下，臣也听说过这个人。不过，李齐虽有才能，但是比起赵国的廉颇和李牧来，恐怕还要差很多啊！"

也许是冯唐的话触到了文帝的伤心之处，文帝摇了摇头，感慨地说："唉！为什么朕就没能得到李牧和廉颇这样的将领呢？如果真的让朕得到了，那朕还害怕什么匈奴？"

其实，文帝只不过是发发感慨而已，冯唐却较起了真："陛下，您的话有些不妥啊！臣认为，即使是廉颇和李牧在世，恐怕也得不到您的重用啊！"

冯唐一番话气得文帝脸都变了色，一甩袖子回宫去了。过了很长时间，文帝把冯唐召进宫中，对他说："为什么在那么多人面前羞辱我？"

冯唐一听，赶紧跪下来道歉，说道："请陛下宽恕臣吧！臣实在是个粗人，不知道什么

叫作礼仪，什么叫作面子，还请陛下不要再生气了！"

听到冯唐的道歉后，文帝憋在心里的气总算顺了。其实，文帝这次召冯唐进宫，并不是要听他道歉，而是想和他商议一下如何对付匈奴。文帝想了想说："好了，过去的事就让它过去。不过，朕想知道，你为什么说朕即使得到了廉颇和李牧也不会重用他们呢？"

冯唐回答说："陛下，臣听说上古时代的帝王在派遣大将的时候，都是亲自跪下来为他们推车的！临行之前，帝王还会对大将说：'你就放心的出征吧，凡是国内的事，都由我来管理。凡是国外有关打仗的事，都由你来管理！'这样一来，士兵在外打仗，如果涉及到什么军功、赏赐等问题的时候，大将根本不用禀报大王。"

文帝点了点头说："说得有道理，可这和朕有什么关系呢？"

冯唐继续说："臣的先祖曾经说过，当初李牧做赵国将军时，部队驻扎在边疆，军队在当地收上来的租子全部用来犒劳士兵。同时，赏赐士兵的事李牧一个人就可以说了算，从来不需向中央汇报。这样一来，才使得赵国越来越强大，打败了匈奴，还险些成为霸主。"

> ### ·养老令·
>
> 西汉汉文帝时，有养老令，规定八十岁以上的老人，每月赐米一百二十斤，肉二十斤，酒五斗；九十岁以上，又加赐帛二匹，絮三斤。养老令还对这些养老措施的落实作了具体的安排，有执行者，有监督者。但是，犯过重罪，或有罪待决的犯人不在此列。

汉文帝霸陵

位于西安市东郊渭水南岸的白鹿原上。霸陵是依山开掘墓室，平地无冢。这是我国历史上第一个依山开凿墓穴的帝王陵，对以后各朝特别是唐朝依山为陵的影响极大。

文帝赶忙问道："那为什么后来又失败了呢？"

冯唐回答说："这是昏庸的赵迁，听信小人郭开的谗言，杀害了李牧，并让颜聚代替了他。结果才被秦朝所灭。"

汉文帝听到这里点了点头说："你说的很有道理，那么你的意思是……"

冯唐继续说道："臣已经听说了，我大汉有一个叫魏尚的人在做云中郡守。如今，他把军队收上来的租子全部赏给士兵，甚至不惜把自己的俸禄都拿出来。此外，魏尚每隔五天就会杀一次牛，来犒劳那些宾客和军官。正因为这样，才使得匈奴不敢侵犯我汉朝边境，不敢接近云中郡一步啊。陛下您要知道，那些当兵的都是庄稼人出身，有几个知道什么叫文书？他们只知道为国家流血牺牲。再看那些文官，报上军功以后，他们不奖赏；只要有一点点小错，他们却说什么按照法律惩罚。臣认为，您的封赏太轻，惩罚太重了。魏尚只不过多报了6个敌人的首级，那些文官就罢免了他的爵位，还把他关了起来。"

汉文帝听后沉思了半天，然后回答说："你的一番话确实击中了要害，朕这么做真是有点糊涂了。"

过了几天，汉文帝作了两个决定：第一个就是让冯唐拿着符节去见魏尚，说朝廷已经赦免了他的罪行；第二个就是好好感谢冯唐，把他封为车骑都尉。

大将军周亚夫

周亚夫是西汉时期的名将，他治军严明，而且战功赫赫，汉文帝曾经称他为"真将军"。

汉文帝二十二年（公元前158年），匈奴聚集了大批人马，准备对汉朝发动进攻。为了鼓舞军队的士气，汉文帝亲自来到军队驻扎的地方犒劳军士。

汉文帝首先来到了灞上和荆门（今陕西咸阳东北）的军营，驻守在那里的将领一听说皇上来了，自然是不会放弃这个拍马屁的机会，

周亚夫像

一个个都骑着马大老远地出营迎接。汉文帝和将领们寒暄了几句，象征性地问了问，然后就赶往了周亚夫驻守的细柳（今陕西咸阳西南）军营。

当文帝的车马来到细柳军营时，只见这里的士兵一个个都身披铠甲，手拿利刃，十分威武。文帝看在眼里，暗想："这个周亚夫真是名不虚传啊！"这时，被派去通知周亚夫的先头队伍也来到了细柳军营前，使者对守营的卫兵说："赶快打开营门，我们是天子的使者，找你家将军有事。"

谁知守营的卫兵不买账，根本不让他进。使者急了，说道："等一会儿皇上就要来了，你们再不开城门，小心你们的脑袋。"

使者本以为这么一说，守营的卫兵肯定会害怕。没想到卫兵翻了翻眼，说道："少拿皇上吓唬我，周将军有令，这是军队，只认得谁是将军，不认识谁是天子！"

过了一会，汉文帝也赶来了，使者以为这下肯定可以进去了，可卫兵还是说什么也不让他们进去。没办法，文帝只好让使者带着军队的符节去禀报周亚夫，就说天子驾临了，是来这里犒劳军队的。这样，周亚夫才命令卫兵打开了营门。

文帝带着手下人刚想骑马进去，守营的军

中国大事记 | 公元前158年，匈奴进军上郡，周亚夫屯军细柳，军纪严明。

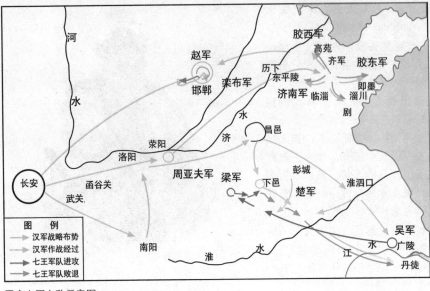

平定七国之乱示意图

官又说："启禀陛下，我家将军有令，任何人在军中都不得骑马奔驰。"

文帝听后心中暗笑："这个周亚夫，管人都管到朕的头上来了。好，朕就看看你能玩出什么花样来！"于是，文帝和随从都下了马，拉着缰绳缓缓地走进了军营。

等到了军营，周亚夫已经带着随从在大帐外等候了。不过，周亚夫和别人不一样，他没有脱去铠甲，而且还带着兵器。只见周亚夫手握兵器，对文帝作了个揖，说道："陛下，请恕臣不能行跪拜的礼节，因为穿着盔甲的士兵是不能够下拜的。陛下如今来到了军营，那就请您允许我用军礼来参拜吧！"

文帝被周亚夫的行为感动了。他收起了犒劳其他军营时闲散的态度，神情变得非常庄重。接着，文帝派人对周亚夫说："皇上对将军的行为非常满意，马上可以开始犒劳军队的仪式。"就这样，汉文帝在细柳军营中待了很长时间，直到劳军仪式结束后才离开。

出了军营以后，跟随文帝出来的大臣们都非常惊讶，不知道文帝为什么不怪罪周亚夫。文帝说道："你们懂什么啊，周亚夫这样的人才是真正的将军啊！灞上和荆门的守将虽然对

朕很恭敬，但是他们却像是在闹着玩一样。如果真的有敌人来攻打他们，恐怕那些人一个个都会变成俘虏。至于周亚夫，试问有谁敢侵犯他呢？"

从那以后，汉文帝越来越器重周亚夫。

到了汉景帝时期，周亚夫先后担任过太尉、相国，而且还帮助景帝平定了七国之乱。但是，"狡兔死，走狗烹；敌国灭，谋臣亡"，周亚夫因为反对汉景帝废太子而得罪了他，最终招来了杀身之祸。

汉景帝后元元年（公元前143年），周亚夫的儿子从工官（管理官府手工业的官署）那里为父亲买来了500件专门给皇室制造的木盾，这些木盾是可以用来陪葬的。可是周亚夫的儿子很小气，雇了很多劳力给他搬运却不给人家工钱。因此，那些劳工忌恨周亚夫的儿子，就上书给景帝，告他谋反。

儿子要谋反，当爹的自然也逃不了干系，于是汉景帝下令将周亚夫抓了起来，送交给掌管司法的官吏处理。官吏得到了皇上的"暗示"，就按照检举信上的情节，一条一条地询问周亚夫。可是周亚夫觉得自己没犯错，始终不屈服。汉景帝知道后非常生气，大骂："好你个周亚夫，别以为不开口就可以蒙混过关！朕不需要你的什么供词，一样可以杀了你。"说完后，景帝就下令让周亚夫去廷尉那里接受审判。

审判过程中，廷尉问周亚夫："皇上待你不薄，你为什么要谋反啊？"

历史关注

《公羊传》是专门阐释《春秋》的儒学经典，战国时已流传，西汉初年成书。

周亚夫冷笑了几声，说道："谋反？笑话！我买的那些木盾，是用来陪葬的，怎么能说是谋反呢？"

廷尉看了看周亚夫，然后阴险地说："就算你活着的时候不想谋反，可是你死了之后，在地下还是一样会谋反的啊！"

周亚夫这才知道，皇上要杀自己，根本不需要什么理由。为了让周亚夫招认，廷尉使出的手段越来越残酷，但周亚夫就是不"认罪"。后来，周亚夫一连绝食5天，吐血而死。

"苍鹰"郅都

郅都是汉景帝时期的人，曾经担任过中郎将。在担任中郎将期间，郅都因为敢于直言进谏，所以很受汉景帝的器重。

有一次，汉景帝带着他和自己的贴身侍从一起到上林苑。这时，景帝的宠妃贾姬去了厕所。突然，不知从什么地方窜出一头野猪来，直接冲进了厕所里。景帝一看就慌了神。那可是自己宠爱的妃子啊！于是，景帝给郅都递眼色，意思是："还愣着干什么？还不赶快去救人，

晚了我的爱妃就要被野猪杀死了！"

可是景帝没有想到，这位平日里很敢说话的中郎将郅都却突然变成了傻子，好像根本没看见似的，依旧在那里站着。景帝的肺都要气炸了，心想："好你个郅都，你不去，朕自己去。"想到这，景帝就想带上武器，去救自己的心上人。

郅都一看，马上明白了皇上的心思。只见他"咕咚"一下跪在景帝面前，说："陛下，您怎么可以这样做呢？贾姬虽然得到您的宠爱，可她毕竟是个妃子啊！她死了，很快就可以再找一个人进宫，我堂堂大汉缺少的难道是贾姬这样的人吗？"

汉景帝被郅都的一番话给问住了，呆呆地站在原地没有动。这时，郅都又说："陛下，您要去救他，臣可以不阻挠！但是您有没有想过，您就算不爱惜您自己的生命，也应该想想，这样做您对得起国家，对得起百姓，对得起太后吗？"

郅都的一番话起了作用，汉景帝想了想，最终还是折了回来。虽然没有人去救贾姬，可是她也没受伤——那个野猪进去转了一圈又出

· 三 纲 ·

"三纲"，即所谓"君为臣纲，父为子纲，夫为妻纲"。"纲"的本义为提网的总绳，其比喻义为事物中占据支配和控制地位的关键成分。"三纲"的提法并非出于儒家，而是始于韩非："臣事君，子事父，妻事夫，三者顺则天下治，三者逆则天下乱，此天下之常道也。"孔子对君臣关系的看法是："君使臣以礼，臣事君以忠。"而孟子则认为："君之视臣如手足，则臣视君如腹心；君之视臣如犬马，则臣视君如国人；君之视臣如土芥，则臣视君如寇仇。"可见，孔子、孟子所言的君臣关系是相互的、双向的对等关系，而韩非所言的君臣关系以及父子关系、夫妻关系则是单向的、一方对另一方具有控驭权的服从关系。韩非将君臣完全对立起来，倡扬权术和法制的重要性，而儒家则强调亲情和仁义是维持社会关系的根本。"三纲"的正式提出者是西汉时期的董仲舒，他在《春秋繁露》中说："君臣、父子、夫妇之义，皆取自阴阳之道：君为阳，臣为阴；父为阳，子为阴；夫为阳，妻为阴。"又言："阴者阳之合，妻者夫之合，子者父之合，臣者君之合。""合"，是配合的意思，也就是被支配的一方。这也就是后来统驭中国社会思想两千余年的"王道三纲"。"三纲"虽然打着儒家的旗号，但与孔孟之学相去甚远，实则是后来君主专制社会的思想家为迎合政治需要而制定的伦理规范。朱熹曾经说自孟子之后真孔学即失传，这表明后来在中国社会占据思想主导地位的儒家学说相较于儒学创始时期孔孟的思想言论发生了很大变异。

中国大事记

公元前 150 年，汉景帝立夫人王氏为皇后，胶东王刘彻为皇太子。

来了。贾姬没受伤，汉景帝也非常高兴，而且还对郅都另眼相看。

后来，这件事让太后知道了，她觉得郅都这样的人才是朝廷的忠臣，是国家的栋梁。于是，太后下了一道诏令，赏赐给了郅都一百斤黄金。从那以后，太后也越来越器重郅都。

郅都虽然得到了很多赏赐，也得到了太后的器重，但是他并没有因此而变得骄傲、蛮横。相反，郅都觉得自己身上的担子很重，更加严格要求自己。郅都这个人不仅勇猛有力量，而且做事公正廉洁，别说向别人索要钱财、贪污受贿，就是有人以看望、问候的名义送来的礼物都被他拒绝。此外，郅都从来不徇私情。

后来，郅都当上了中尉，更加公正廉洁。不管做什么事，他都要依据法律进行，即使是皇亲国戚犯了法也要受到惩罚。就这样，朝廷上下，不管是文武百官还是列侯宗室，没有一个不怕郅都的。他们不管在什么地方见到郅都，都会扭过脸去，不愿意和他"同流合污"，而且还给他取了个外号叫"苍鹰"。

像郅都这样的人应该算得上是汉朝的忠臣了。可是，由于郅都铁面无私、不留情面、执法严峻，给他自己招来了杀身之祸。

汉景帝中元二年（公元前 148 年），临江王刘荣因为修建自己的宫室侵占了太宗庙前空地上的围墙。汉景帝知道以后非常生气，就派人把他抓了起来，然后让他自己到中尉府去接受审问。临江王是个聪明人，知道皇上这么做其实是帮助自己。于是，他赶忙来到中尉府，接受郅都的审问。

说是审问，其实就是自己认罪。临江王请求中尉府的官吏给他写字用的刀笔，准备写一封诚恳的"忏悔书"给皇上。没想到，郅都说朝廷法律有规定，不允许向囚犯提供刀笔。临江王见郅都不答应自己的请求，急得像热锅上的蚂蚁。其实是临江王自己领会错了，皇上把他派到这来，就是不原谅他！

后来，魏其侯派人悄悄地把刀笔给了临江王。临江王拿着刀笔，心情非常沉重。他觉得既然皇上不能原谅自己，与其等着被皇上杀了，还不如自行了断的好。于是，临江王写完了"忏悔书"之后，就在中尉府自杀了。

窦太后知道这件事以后，非常生气，心想："这个郅都，真是不知道天高地厚，连皇室的人他都不放在眼里，一定要好好治治他。"后来，窦太后找了一个算不上罪名的"严重罪名"，把郅都给杀死了。

郅都死了，那些住在长安城的皇亲国戚、近臣权贵们再也没什么可怕的了。他们一个个露出了本性，变得贪婪暴虐。有很多人开始触犯法律。汉景帝看到这种情景十分着急，一心想扭转过来。可是郅都已经死了，还有谁能代替他呢？

汉景帝六年（公元前 138 年），朝廷把济南都尉宁成招进长安，让他做了中尉。宁成这个人也很耿直，而且极力效仿郅都，但宁成却没有郅都那样廉洁。不过，即使这样，长安那些皇亲国戚们也都很害怕，老实了很长时间。

·五 常·

"五常"，指仁、义、礼、智、信这 5 种精神信念与行为规范，是儒家伦理思想的核心。"五常"的定称，出于董仲舒《天人三策》："仁、义、礼、智、信五常之道，王者所当修饬也。"之所以将仁、义、礼、智、信称作"五常之道"，是因为"常"表达的是永恒不变之义。后来，"五常"与"三纲"常常并称，成为中国传统社会的最高伦理准则，但是实际上"五常"的观念比"三纲"早很多，在孔子之前就已经是社会上广为认同的德行规范，孔子继承了华夏文化的优秀传统，并将之发扬光大，泽于后世。可以说，"五常"作为一种思想理念，有着比"三纲"更为广泛的适用范围，当今虽不再有"五常"的提法，但是仁、义、礼、智、信这些基本理念仍在相当程度上影响着中国人的思想和行为。

历史关注

《淮南子》是汉朝淮南王刘安及其门客编撰的，包含天文、地理、政治、军事等多方面内容。

汉武帝招选文士

汉武帝是我国古代一个比较有作为的皇帝，为了巩固汉朝的统治，他从即位开始，就在全国各地挑选那些有文才、有智慧的人，把他们招进朝廷破格录用。

当时还没有所谓的"科举制度"，能够在朝廷上当官的人全是凭仗自己的士族关系，普通百姓即使有再高的学问也是不能做官的。这样一来，汉武帝施行的这种"破格录用"自然受到庶族的欢迎。一时间，全国上下很多有才学的人都向朝廷上书，谈论国家各种政事的得失。

在这些人里，有的自我夸耀、有的自我标榜、也有的自我推荐，总之所有人都使出浑身解数，希望能够凭借自己的上书博得汉武帝的好感，入朝为官。汉武帝看到这种情形非常高兴，就从这些上书的人中，挑选了那些特别杰出的人，封他们做了大官。

汉武帝所以这样做，主要是想为以后推行儒学，广招贤才打下基础，这些被招来的文人主要是帮助他对付那些"老顽固"。汉武帝经常在上朝的时候，让这些文人和朝廷上的大臣们进行辩论，主要是有关国家政事的得失。这些文人难得有入朝"参政"的机会，辩论起来自然非常卖力。每次辩论的时候，文人们总会有理有据，用义理言辞把那些大臣们驳得哑口无言。汉武帝看到这种情形，心里十分得意。

不过，这些文人也并不是完美的，每个人

汉武帝刘彻像

也都有缺点。比如说，司马相如这个人虽然文采飞扬、词藻华丽，可是在政治领域却没什么成就，所以汉武帝喜欢的只是他辞赋；东方朔和枚皋倒是两方面都不错，可是这两个人的观点经常变化，而且说起话来喜欢讽刺挖苦，所以汉武帝更多的是把他们当作"小丑"留在身边。这些人虽然时不时地能从汉武帝那里获得一些赏赐，但是始终没能够参与朝政的处理。只有东方朔对武帝察言观色，偶尔直言进谏一回，对朝廷政令的制定起到了一些补充作用。

虽然汉武帝在天下广招贤才、文士，但是他并不爱惜人才。汉武帝性情非常刻薄，做起事来也非常严厉。别看那些在他身边受宠信的

·察举制·

汉武帝初年，儒生董仲舒提出了让列侯郡守2000石各自选择自己管辖范围内的贤者，每年选择两名向朝廷推荐。到了元光元年（公元前134年），汉武帝向全国下令，各郡国举孝、廉各一人，郡国岁举孝廉的察举制度就这样建立起来了。一开始，各郡国对中央要求举孝廉并不重视，有的郡根本不举荐一人。汉武帝规定了严厉的惩罚措施：2000石如果不举孝，就是不奉行诏令，应当以不敬论罪；不举廉，就是不胜任，应当免官。从此，孝廉一科成为士大夫的主要仕进途径，被推举的孝廉多数在郎署供职，然后由郎迁为尚书、侍中、侍御史，或外任县令长丞尉，再迁为刺史、太守。武帝还令公卿、郡国不定期地举荐茂才、贤良方正、文学等，以从中选拔一些人才。

中国大事记

公元前138年，张骞第一次出使西域。汉武帝派张骞出使西域联络大月氏，以图夹击匈奴。

人平时很风光，其实一个个都过着提心吊胆的日子。不管多受宠信，或者有多高的文采，只要犯了错误，哪怕是一点点小错误，或是有什么欺骗隐瞒的行为，汉武帝二话不说，马上就处以极刑，根本没有商量的余地。

汲黯对汉武帝这种做法十分不满，就劝说道："陛下，您在天下广招贤才，可以说求贤求得非常辛苦。可是，有些人往往还没有等到发挥他的才干的时候，就已经被您处死了。您不觉得可惜吗？天下那些真正有文才、有学识的人的数量是有限的，您再这样杀下去，就不怕杀光了吗？那样的话还有谁能够帮助您治理天下呢？"

汉武帝听后笑了笑，说道："汲黯，你这个人就是太迂腐了，天下的人才怎么会没有了呢？你记住，天下在什么时候都会有人才的，只不过是有些还没有被发现罢了！只要朕不糊涂，善于发现人才，就根本不必担心没有人才，没有人替朕管理国家！"

"可是皇上……"汲黯还想说什么，却被汉武帝打断了。武帝白了他一眼，继续说道："所谓的'人才'是什么？打个比方说，人才就像是我们平日里看到的那些器物。你想，如果器物摆在那里却不使用，你能说这个器物有用吗？人才也是一样，别老是夸口说自己有文才、有学识，如果你的文才学识不能充分发挥出来的话，那和没有有什么区别？这样的废物不杀了他，留着有什么用？"

·太学·

公元前124年，汉武帝创建了太学，标志着中国封建官立大学制度的确立。汉朝掌管文化教育的官员为太常，总负责太学的管理。皇帝也亲自到太学视察。太学的教授称博士，主要职责是教授学生。太学的学生称博士弟子，东汉时简称"太学生"，通常是太学直接挑选，各地方官员也可以选送条件优秀的人才。从西汉一直到清朝，太学（有时叫国子学）一直都是国家的最高学府。

汲黯知道汉武帝的为人，他决定的事是改变不了的。没办法，汲黯只好摇了摇头说："陛下，臣虽然没有办法说服您，但是希望您能反思一下。臣觉得您这件事做得实在是不对。臣不敢有别的想法，只是希望您能够从现在起改变一下自己，纠正自己的错误。"

飞将军李广

李广是西汉时期抗击匈奴的著名将领。他擅长射箭，可以说是百发百中。同时，李广还非常懂得用兵打仗，对手下的士兵也非常好，所以很受士兵们的拥护。

汉武帝元光六年（公元前129年），担任骁骑将军的李广带着人马从雁门关出发，与匈奴军队展开了激战。由于对形势估计错误，李广的部队中了匈奴的埋伏，李广也因为受伤被匈奴活捉。匈奴人终于捉到了这个"可怕"的李广，自然是高兴得不得了。于是，他们在两匹马中间用绳子制成了一个网，然后把李广放在里面。李广知道这时不能轻举妄动，所以就将计就计，躺在里面装死。

就这样，匈奴人赶着两匹马，拉着李广走了几十里路。突然，匈奴队伍中的一个骑兵发出了一声惨叫。原来，李广趁匈奴不备，猛地从网里跳了起来，一下就跳到了一个匈奴骑兵的马背上。那个可怜的骑兵还没明白怎么回事，就被李广夺走了弓箭，从马背上掉了下来。

有了弓箭和战马的李广犹如天神下凡一般，他骑着马飞快地跑回了汉军的营地。汉军的士兵见自己的将军居然活着回来了，自然是惊诧不已。后来，有些人在传这件事的时候，又添油加醋地加了很多神奇的事情，于是李广的威名开始传播。从那以后，李广就有了"飞将军"的称号。

李广这个人治军比较"随便"，他的军队没有固定的编制，也不讲究什么队列阵形。每当找到一块草肥水美的地方，李广就马上令部队驻扎。在李广的部队中，军士们不需要每天接受严格的训练，夜里也不需要派人去巡逻。

历史关注

金缕玉衣是汉代规格最高的丧葬殓服，大致出现在西汉文景时期。

李广的这种治军方法也是有道理的。他手下的士兵一个个过得比较"悠闲自在"，肯定会对他十分感激，所以打起仗来非常卖命。此外，虽然李广夜晚不派人巡逻，但是他平时从来没有放松过对匈奴军队的侦查，所以他的部队也从没受到过偷袭。

李广一生与匈奴人打了大大小小 70 多场仗，很多次都取得了胜利。李广在与匈奴人作战的时候有一个特点，那就是"心理战"使得非常好，常常让敌人摸不清他要干什么。

有一次，李广带领着手下的 100 名骑兵出外巡查，走到半路的时候碰见了 3 名匈奴人。李广二话不说，放箭就射死了两个，又活捉了一个。正在他们高兴的时候，突然看见远处黑压压地上来一片，足足有几千人。

这时，李广手下的骑兵一个个都慌了神，对他说："太守（当时李广担任上郡太守），这可怎么办？敌人那么多，我们对付不了啊！"

李广想了想说："别慌，沉住气，先看看动静再说！"

再来看匈奴这边，别看他们有几千人，可是一样十分小心。他们见李广的部队不过 100 人，马上就起了疑心，怀疑李广是汉军派出来引他们上当的诱饵。因此，匈奴虽然人多，但也没敢轻举妄动，而是跑到山坡下摆好了阵形，观察李广的动静。

李广一眼就看穿了匈奴人的心思，对手下的骑兵说："大家都不要慌，我们千万不可以着急！你们想想，我们现在离军营还有几十里的距离。如果这样不顾一切地往回跑，匈奴骑兵一定知道我们人少，不敢和他们作战。那样的话，匈奴的骑兵就会追赶我们，我们这 100 多人还有命在吗？如果我们留在这里，不表现出慌张害怕的样子，那么匈奴人一定会以为我们是引诱他们上当的部队，肯定不敢贸然地攻击我们。"

骑兵们也觉得李广说得很有道理，可是有人又说："太守，您说的很对！可是我们老在这里呆着也不是办法啊！敌人迟早会明白的！"

李广想了想说："听我的命令，全体前进。"

李广射石图　清　任颐

唐代诗人卢纶诗："林暗草惊风，将军夜引弓，平明寻白羽，没在石棱中。"即讲李广射石这件事，极力称赞李将军的高超箭术和神勇。

"啊？"骑兵们震惊不已，心想："前进？这不是送死吗？太守是不是吓糊涂了？"可是，长官的命令谁敢不听呢？所以，这 100 多骑兵硬着头皮跟在李广的后面，向匈奴走去。

当部队离匈奴还有二里的时候，李广下令停住。之后，李广说："全体听好，全都给我下马，并且把马鞍解下来。"

这下骑兵们更是惊奇了，心想：这不是等死吗？有一个胆大的人说："太守，您这是干什么啊？我们现在离敌人那么近，万一有什么紧急情况，您让我们怎么跑啊？您这么做，不是让我们等死吗？"

李广笑了笑说："你们想想，敌人看我们这么点人，以为我们一定会逃跑的。可如今，我们不但不跑，反而解下马鞍，那么他们会怎么认为？他们一定会更加坚信，我们就是引诱他们的部队，你想他们还会攻击我们吗？"

果然，匈奴人见李广的部队这么悠闲，真的没敢进攻。后来，匈奴中有一位骑白马的将领忍不住了，冲了出来。李广一看，转身上马，带着十几个骑兵跟了过去，一箭射死了那个将

中国大事记

公元前134年，汉武帝初令郡国举孝、廉各一人，察举制确立。

领。紧接着，李广又回到原地，解下马鞍，而且还躺在地下休息起来。

这个时候已经是黄昏了，匈奴人越来越觉得这是"奸计"，为了防止汉军的偷袭，匈奴军队在半夜悄悄地离开了，而李广的部队则在黎明的时候回到了营地。

李广之死

汉武帝元狩四年（公元前119年），汉武帝任命卫青为大将军，率大批人马攻打匈奴。

李广听说这件事以后，非常想参加战斗，于是就请求汉武帝答应自己出征。开始的时候，武帝觉得李广年纪已经很大了，所以就没答应。可是李广一再坚持，最后只好封他做了大军的前将军。

不过，在大军临行前，汉武帝偷偷把卫青叫到身边，对他说："这次大军出征不比往常，我们不仅要打败匈奴，而且还要活捉单于。如今，李广的年龄已经很大了，而且总是没有好的运气，所以这次不能让他和单于的部队发生正面交锋，不然的话，我们就有可能丧失掉捉住单于的好机会。"

卫青听后点了点头，装着皇上的"密旨"，带领大军出了塞。汉军出塞不久，很快就有人捉到了一个匈奴俘虏。卫青从俘虏口中得知了单于军队驻扎的地方，于是亲自带领精锐部队前去攻击，让李广和赵食其的部队合在一起，从东面攻击匈奴。

李广得知消息后非常生气，因为如果从东路攻击匈奴，不仅路途遥远，而且水草也非常少。李广心里明白，卫青这么做无非是想支开自己，说白了就是不想让自己打仗。因此，李广怒气冲冲地来到卫青面前，恳求道："大将军，我李广虽然老了，但是还能打仗。这次出征，皇上任命我做前将军，那我的使命就是打头阵，做先锋。可是大将军您却让我从东路进军，我实在接受不了！想我李广，从年轻的时候就开始和匈奴作战，这么多年过去了，直到今天才有机会和单于正面干一场。李广没有别的要求，

只希望大将军能让我做部队的先锋，让我去和单于决一死战。"

卫青也不是不想答应李广的要求，但是有两个条件却让他不能答应：第一个就是汉武帝临行前的嘱咐；第二个就是卫青的好友公孙敖前不久刚失去爵位，卫青也想趁这个机会让他立下战功，也好从新获得爵位。因此，在这两个条件的驱使下，卫青没有答应李广的要求。

李广见卫青不答应，心里更加生气，于是他都没有和卫青辞行，就带着大军出发了。李广和赵食其带领着大军向东艰难地行进着，这时他们遇到了最可怕的问题——方向。

要想在沙漠中找到正确的道路，必须得有一个非常熟悉地形的向导。可是，李广他们的部队是"受轻视部队"，同时李广临行前又没有向卫青辞行，所以根本没有向导。李广的大军在沙漠中迷了路，所以虽然他们先一步出发，但还是落到了卫青部队的后面。当他们在沙漠南部遇见大部队时，卫青已经把匈奴打得落花流水，正班师回朝。

·西域都护·

汉武帝太初元年（公元前104年），李广利出征大宛并将其击败，西域的交通更加顺畅。西汉又在楼兰、轮台等地设校尉管理屯田，这是汉在西域最早设置的军事和行政机构，为后来设西域都护创造了条件。公元前68年，汉宣帝派侍郎郑吉屯田渠黎，和匈奴争夺车师，以护卫鄯善以西"南道"诸国的安全。公元前60年，匈奴日逐王归降汉朝，匈奴设置在西域的都尉从此撤销，匈奴对西域的控制也越来越弱。西汉王朝在西域设置西域都护府，并任命郑吉为首任都护，其官职相当于内地的郡守，下设副校尉、丞、司马等属吏。西域都护的设置，标志西域正式归属中央政权，汉对西域有权册封国王，颁赐官吏印信，调军征粮；同时，西域都护的设置也保证了丝绸之路的畅通，加强了民族间的团结和经济文化交流。

历史关注 | 汉武帝时，我国开始实行盐业专卖。

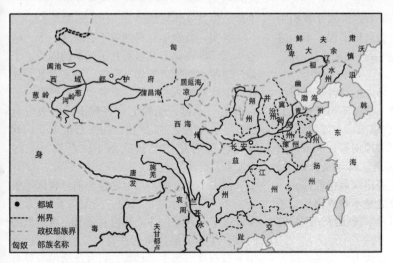

西汉十三州刺史部和西域都护府示意图

卫青得知李广和赵食其的部队因为在沙漠中迷路而没能参加战斗的时候，非常生气，就派军中的长史去责问李广和赵食其迷路的原因。同时，卫青还派人把李广的幕僚找来，让他来自己这里听候审问。

这时的李广已经心灰意冷了。部队迷了路，自己没有赶上和单于的一战，这对这位老将军来说已经是很大的打击了。现在大将军又派人来责问他，李广能不心寒吗？李广看了看长史，说道："劳烦长史回去禀报大将军，就说我李广一人做事一人当，不会让我的部下去替我顶罪的。这次在沙漠中迷路，完全是我李广不听从大将军的安排导致的，和我的部下没有一点关系，责任全在我一个人身上。长史可以先回去，等一会儿我自己会去大将军那里请罪的！"

长史点了点头，转身走了。李广看着远去的长史，对手下的人说："我李广戎马一生，到现在已经和匈奴打过大大小小70多次战斗了。"

过了一会儿，李广接着说："这次皇上派大军出征，意思就是直接攻打单于。我一生就盼着这次能够和大将军一起，与单于展开较量。那样的话，即使我战死沙场，也没有什么遗憾了。可是，人算不如天算，大将军却偏偏派我去什么东路。东路的路途遥远，而且我们又迷

了路，看来我李广是不能实现心中的理想啊，这一切都是天意啊！如今我已经60多岁了，难道还要面对那些刀笔小吏，让他们对我说三道四吗？"

于是，李广拔出宝剑自刎而死。

李广生前十分清廉，自己得到的赏赐全部都分给部下，而且平时和士兵们吃在一起，睡在一起。行军打仗的时候，当部队的给养遇到困难时，如果发现了水源，李广总是在军士们喝过后才喝；如果粮食不充足，李广总是在军士们吃饱后才吃，所以深受军士们的爱戴。李广一死，所有跟随他的军士都失声痛哭，就连百姓们也都为他流下了眼泪。

马邑之战

汉武帝建元六年（公元前135年），匈奴派使者来到长安，请求与汉朝和亲。汉朝主战派大臣王恢虽然力劝汉武帝不要答应匈奴的要求，但是在主和派大臣韩安国的坚持下，汉武帝还是答应了匈奴的请求。

原来，自从在白登山被匈奴围了七天七夜之后，刘邦接受了刘敬的意见，制定了一条对付匈奴的"基本国策"——和亲。实际上，这项基本国策就是暂时向匈奴示弱，换来短暂的和平局面，然后努力发展汉朝的经济和军事实力，一旦时机成熟，马上消灭匈奴。到汉武帝的时候，虽然汉朝经过文景之治已经变得很强大，但似乎还没有必胜的把握，所以这次汉武帝依然采取了和亲政策。

汉武帝元光二年（公元前133年），西汉雁门郡（今山西右玉城南）马邑县（今山西朔县）的富商聂壹来到了王恢的府上。聂壹对王恢说：

中国大事记

公元前133年，汉武帝听从王恢的建议，在马邑设谋，诱击匈奴，失败后王恢自杀。

"匈奴始终是我大汉的心腹大患，如今我们刚刚同匈奴和亲，他们一定会放松警惕。不如趁这个机会把单于引进来，然后给他来个伏击战，一定可以取得胜利！"

王恢听后非常高兴，马上把这件事禀报给了汉武帝。其实，汉武帝也早就不想受匈奴的"窝囊气"了，只是一直没有想出一个好的办法。这次听说王恢有妙计能够除掉匈奴，武帝自然高兴，马上召集大臣们商量。辩论又开始了，主和派大臣韩安国一会儿搬出汉高祖刘邦，一会儿又搬出古代兵法，总之是不赞成出兵。还好，王恢一阵慷慨陈词后，汉武帝终于还是答应出兵。

就在这一年的六月，汉武帝任命韩安国为护军将军、李广为骁骑将军、公孙贺为轻车将军、王恢为将屯将军、李息为材官将军，带领大军30万悄悄地埋伏在马邑不远的山谷中，等待单于自投罗网。

这时聂壹假装成一个受了屈的"汉奸"，逃到了匈奴那里，并对单于说："单于，我可以替您宰了马邑的县令和县丞。到时候，这满是金银财宝、粮食草料的马邑县可就是您的了，您可不要错过这次机会啊！"

单于一听说天下掉下个这么大的馅饼，自然是心花怒放，马上答应他愿意带兵前去"捡馅饼"。不过，单于也不是傻子，他也怕这个"汉奸"是假的。于是，为了证实聂壹的话是真的，单于决定先派使者和他一起去马邑，看看他会不会杀掉县令和县丞。

其实，聂壹早就料到单于会来这一手，暗地里已经准备好了几名被判了死罪的囚犯。于是，当单于的使者来到马邑时，确实看到了挂在城下的几颗人头。聂壹看着单于的使者，暗自偷笑。不过，他脸上却表现出一副很着急的样子，对使者说："快，快去禀报单于，就说马邑的官吏已经被我杀了，赶快派兵过来吧！"

使者不敢怠慢，马上把这个消息告诉了单于。单于一听原来是真的，马上带着10万大军开进了武州塞。在离马邑县还有一百余里的时候，单于突然感觉有些奇怪，心想："这满山遍野有这么多牛羊牲畜，可我怎么没看见有放牧的人啊？难道说这里面有什么诡计吗？不行，我一定得查个清楚。"

想到这，单于马上命令部队攻打边塞的一个亭，捉住了雁门郡的一个尉史。单于假装凶狠地说："来人啊！把这个俘虏给我拖出去砍了！"

那个尉史见单于要杀自己，吓得魂都飞了，马上求他饶命，并把汉军埋伏军马准备偷袭他们的秘密说了出去。单于一听吓出了一身冷汗。于是，单于赶紧带着部队退出了武州塞，并对手下人说："我能够得到汉朝的这个尉史，是上天赐给我的啊！"就这样，这个尉史因祸得福，不但保住了性命，还被单于封为了天王。

汉军苦苦等了半天也不见匈奴的鬼影子，

胡汉交战画像砖

历史关注

西汉时，每隔三十里设置一处驿站。

等塞下的士兵通报后才知道，单于已经带着骑兵"溜之大吉"了。于是，汉军马上组织人马追击匈奴，可是没有追上，只好收兵。而王恢则带领着3万人负责在半路上伏击匈奴的辎重部队。他看到单于部队从武州塞退出时兵马太多，也就没有出战。

汉武帝知道消息后，气得肺都要炸了，把所有的罪责都推给王恢。王恢辩解说："陛下，臣并没有罪啊！当初，如果按照约定把匈奴的人马骗进马邑，前头的军队与匈奴交战，而我的部队在后面攻击他的辎重的话，我们一定可以大获全胜。可是如今，单于的部队还没有到达马邑就退出来了，臣那3万人马怎么打得过匈奴的10万人马呢？那样做的话只不过是自取其辱！臣知道这样回来一定会被陛下处死的，但是臣为我大汉保存了3万士兵的性命啊！"

汉武帝没有理他，而是把他交给了廷尉处理。廷尉认为，按照王恢犯的错误，应该斩首。王恢知道后，虽然托人请太后说情，但是汉武帝还是要杀了他。没办法，王恢只好自杀。

虽然马邑之战没有真正打起来，但是汉朝和匈奴之间的和亲政策彻底消失了，双方开始进入了战争状态。

汉大将军卫青

卫青是汉朝抗击匈奴的战争中有名的将领之一，他带领汉军数次大破匈奴，为汉朝疆土的稳固立下了汗马功劳。可是这位战功赫赫的大英雄却有着极"不光彩"的出身。

卫青和汉武帝的宠姬卫子夫是同母异父的姐弟。卫青的父亲名叫郑季，是平阳县（今山西临汾西南）的一个小官吏。由于工作需要，郑季经常出入平阳侯府。一来二去，他就和卫子夫的母亲卫媪产生了感情，结果就生下了一个男孩，并让他冒姓卫，这就是卫青。

卫青长大了，在平阳侯家里做了一名骑奴。有一次，大长公主把卫青抓了起来，想要杀死他。最后，在好友骑郎公孙敖的帮助下，卫青

·西汉烽火台·

西汉初，北方匈奴多次南犯。武帝为消除北方边患，在主动出击匈奴的同时，大规模重筑长城、复缮秦长城、增筑河西长城和塞外列城。汉长城的总长度约1万公里，是中国古代最长的长城。烽火台，遇险报警，平时传信，紧急时烽烟传千里，为汉朝统治西域三十六国作出了不可磨灭的贡献。

才没有被大长公主杀死。汉武帝知道这件事以后，就封他做了建章宫的宫监，还赏赐给他很多金银。过了一段时间，汉武帝册立卫子夫做了夫人，所以卫青也跟着显贵起来，做了太中大夫。

汉武帝元朔五年（公元前124年），匈奴的右贤王多次带兵侵扰朔方郡（今内蒙古杭锦旗北），使得汉武帝十分头疼。为了打掉匈奴的嚣张气焰，汉武帝任命卫青为车骑将军，统率十几万大军攻打右贤王。

匈奴右贤王得知消息的时候正在喝酒，只见他举起酒杯喝下了一大口，然后轻蔑地说："不就是一点汉军吗？放心，他们离这里还远呢，根本不需要着急。这个时候我们不如抓紧时间享受一下，等和他们打仗的时候好有精神。来，接着喝！"

就这样，匈奴右贤王整日喝得酩酊大醉，丝毫没有戒备。他哪里知道，这次统兵的不是一个普通的将领，而是那个后来让匈奴人闻风丧胆的卫青。卫青出关以后，并没有一点点地逼近匈奴，而是命令军队日夜赶路，很快就赶到了右贤王的营地。

当汉军包围匈奴的营地时，右贤王正抱着美姬睡得香甜呢。直到喊杀声震天时，他才从睡梦中醒来。右贤王推开美姬，掀开帐门向外看。天啊！哪里来的这么多汉军啊？不是说他们还在几百里以外吗？怎么突然间杀过来了？难道是从天而降？右贤王来不及多想，赶忙骑上战马，带领着手下的几百名精壮士兵冲出了汉军的包围圈，向北方逃去。

中国大事记

公元前130年，汉武帝派大臣出使夜郎、邛等地，置都尉，称为通西南夷。

漠北之战　绘画

公元前119年，武帝命卫青、霍去病各统兵5万，深入漠北，寻歼匈奴主力。漠北之战重创了匈奴势力，危害汉朝百余年的边患基本解决。

这场战争汉军大获全胜，一共俘虏了右贤王手下首领十几个人、男女部众15000人，牛羊牲畜近百万头。汉军一个个兴高采烈，带着丰盛的战果班师回朝。

汉武帝得知卫青大获全胜，高兴地从龙椅上跳了起来，并派出使者到关塞接应卫青。

卫青到达关塞的时候，使者已经在那里等候了。使者拿出了汉武帝赏赐的大将军印，就在军中拜卫青做了大将军，其他将领全部听从卫青的指挥。从那以后，卫青在汉武帝心中的地位越来越高。

就在这一年的四月，为了表示嘉奖，汉武帝又加封卫青做了8700户侯，并且还把卫青的3个儿子都封为了列侯。卫青却对汉武帝说："陛下，您给臣的赏赐，臣不能要。"

汉武帝觉得很奇怪，问道："怎么？难道说将军嫌朕给你的赏赐太少？"

卫青赶忙摇头，说道："不是的，是您给臣的赏赐太多了。臣这次是取得了不小的胜利，但这并不是臣一个人的功劳啊。如果没有皇上的英名决策，如果没有众将士的拼死厮杀，臣怎么能顺利地攻破匈奴呢？因此，这场胜利的功劳应该是那些校尉的，而并不是臣自己的。"

汉武帝笑了笑说："这还不都是一样的。"

卫青说道："不，您已经给我很多赏赐了，我的那3个孩子没有一点功绩，如今却被您封为列侯，这并不是我带兵打仗，犒劳军士的本意，请陛下收回成命！"

汉武帝点了点头说："大将军真是我汉朝的栋梁啊！朕并没有忘记诸位校尉的功劳。"就这样，跟随卫青打败匈奴的那些将领们也都得到封赏。至于卫青，虽然他没有接受皇上的赏赐，可是他却征服了汉武帝的心，越来越受宠。当时，满朝文武大臣中，已经没有一个人可以与他相比了。

官做大了，身旁自然少不了拍马屁的人。

· 丝绸之路 ·

西汉初年，河西走廊先后被西域的乌孙、月氏、匈奴所占据，汉与西方的交通受到了阻隔。张骞通西域以后，汉朝在从敦煌至盐泽的通道上修筑了很多的烽火亭障，以防止匈奴南侵。从此，汉朝的使节和商人源源不断地向西行进，大量的丝绸锦绣输入了西方；西域各国的奇珍异物也向东输入中国。这条路被后世称为"丝绸之路"。两汉时期的丝绸之路东起长安，经过河西走廊，到了敦煌后分为南北两道：南道向西南出阳关至楼兰，然后沿塔克拉玛干沙漠的南缘西行，经鄯善、且末、于阗、莎车，越葱岭过大月氏、身毒、安息、条支，最后抵达大秦帝国（东罗马帝国）；北道向西北出玉门关，经楼兰沿孔雀河经渠犁、乌垒、轮台、龟兹、姑墨、疏勒，越葱岭过大宛、康居至安息（今伊朗），再西至大秦。丝绸之路的开辟，对加强东西的文化交流起了巨大的作用。

| 历史关注 | 汉朝时的征辟制指二千石以上的高官，可以直接征召一些人才到自己的官衙内做属僚。 |

卫青成了汉武帝面前的红人，有谁不想巴结他？于是，上到三公九卿、下到普通官吏，没有一个不对卫青点头哈腰，毕恭毕敬的。可是有一个却不这么做，依然以平等的礼节对待卫青，这个人就是汲黯。

朝中很多人劝汲黯，说："你怎么这么笨啊？现在皇上想让所有的大臣都居在大将军之下。如今，大将军的地位太尊贵了，您是不能不下拜的。"

汲黯笑了笑，说道："难不成因为我不向大将军行长揖的礼节，就会使他不尊贵了吗？"

卫青知道这件事后，非但没有生气，反而越来越尊敬汲黯，经常向他请教一些国家大事。

张骞通西域

曾经有一个投降汉朝的匈奴人对汉武帝说："月氏族以前居住在敦煌和祁连山之间，也算得上是一个强国吧！后来，匈奴的冒顿单于带兵打败了它，老上单于又把月氏国的国王杀死，还把他的头骨做成了喝酒用的器皿。其他的月氏人知道事情不妙，就全都逃到很远的地方。可是他们对匈奴的仇恨却一点都没有减弱，如今陛下想要打败匈奴，最好的办法就是与月氏国联合起来。"

汉武帝听后点了点头，认为这个办法可行，于是就开始招募能够出使月氏的人。

汉武帝元朔三年（公元前126年），汉中（今陕西汉中市）人张骞接受了汉武帝委派的任务，带领着100多随从从陇西郡出发，踏上了出使月氏国的路程。这次任务是相当危险的，因为要想到达月氏国，就必须要经过匈奴的腹地。匈奴人见到有这么多汉人从自己的领地经过怎能不起疑心？

果然，张骞的队伍刚刚踏入匈奴的地盘，就被他们抓住了。这次匈奴的单于没有杀了张骞，只是把他关了起来，一关就是10多年。虽然保住了一条性命，可是张骞心里十分着急，因为他还没有完成皇上交给他的任务。

终于有一天，张骞找了个机会逃了出去，一直奔向月氏国所在的西方国土。几十天过去了，张骞首先来到了大宛国。大宛国的国王一听说是汉朝来的使者，马上热情款待，而且还给张骞配备了向导和翻译。原来，这大宛国早就听说汉朝十分富有，想和汉朝结好，可是一直没有机会。

张骞像
字子文，西汉成固人。汉武帝时，张骞以军功受封为博望侯，后又拜为中郎将。

如今汉朝先派使者来到了大宛，这个机会自然不能放过。

就这样，在大宛向导和翻译的帮助下，张骞先是到达康居国，然后又到达了大月氏国。这时，大月氏国以前的太子已经成了国王。他们攻打大夏国后，侵占了很多肥沃的土地。在这里，月氏国的人虽然背井离乡，但是他们也不再有敌人的侵扰，所以时间一长，一个个都忘记了所谓的"国仇家恨"。

张骞在大月氏逗留了一年多，虽然每天好吃好喝，可是始终没有从大月氏国王那里得到消息。张骞想到离开国家已经10多年了，是时候回去复命了。

就这样，张骞带着没有完成的使命，踏上了回国的路程。动身前，张骞就想好了回去的路线。

按原路返回肯定是不可能的了，那样的话还不如直接找到匈奴，让他们把自己抓起来呢。最好的办法，就是沿着南山走，然后从羌人居住的地方返回汉朝。

还没等他回到汉朝，就又被匈奴人抓了起来。就这样，张骞又在匈奴那里待了一年多。后来，匈奴国内发生了内乱，张骞趁机和堂邑氏的奴隶甘父才一起逃回了汉朝。

汉武帝见张骞回来了，非常高兴，虽然他没有"完成"任务，但是他已经尽了最大的努

中国大事记

| 公元前129年，匈奴进攻上谷，汉武帝派卫青、公孙敖、李广、公孙贺等人率军出击，除卫青外，余皆失利。 |

张骞出使西域图

此为敦煌壁画，表现的是汉武帝率群臣到长安城外，为出使西域的张骞送行的情景。

力了。因此，汉武帝任命张骞为太中大夫，又把甘父任命为奉使君。的确，张骞得到这些赏赐是应该的，一个太中大夫的官职，与张骞受的那些苦相比简直太渺小了，当初张骞带着100多人出使月氏，可是只有他和甘父两个人活着回来。

汉武帝元鼎二年（公元前115年），为了彻底打通汉朝与西域交往的道路，在张骞的建议下，汉武帝任命他为中郎将，带领着300人和许多牛羊马匹、金银财宝以及绫罗绸缎出使乌孙国。同时，汉武帝又找了很多人做张骞的副使，每到一个国家，就派出一个人。

就这样，张骞到达了乌孙国。这个乌孙国一直以来是匈奴的属国，而且与匈奴距离很近。由于消息闭塞，所以并不知道汉朝是一个什么样的国家，是不是比匈奴强大，是不是比匈奴富有。因此，乌孙国王昆莫在接见张骞时态度十分恶劣，傲慢无礼。

张骞也不去理会国王的态度，而是直接转达汉武帝的旨意："我朝皇上有旨，如果乌孙国能够向东进发，回到自己以前居住的地方，那么我大汉朝愿意与你们世代结好。为了表示我们的诚意，如果你能答应我们的要求，我汉朝就会将一个公主许配给你做夫人。这样一来，

我们两国就成了兄弟国了，有福同享，有难同当。如果匈奴敢侵犯，我们就联手打败它。"

乌孙国王没有回答。其实，乌孙国王也有自己的小算盘，他知道大臣们都很害怕匈奴，都不愿意东迁，所以也就没有答应张骞。张骞在乌孙呆了很长时间，见一直得不到满意的答复，就开始联络大宛、康居、大月氏、大夏、安息、身毒、于阗等国家。乌孙国王见其他国都愿意和汉朝交往，所以也派出了使者、翻译和向导跟随张骞来到了长安。这么做一方面是"答谢"汉朝，另一方面也是打探一下汉朝的情况。

一年多以后，出使其他国家的使者也都回来了，而且还都带来了那些国家的使者。就这样，西域的各个国家和汉朝联系的通道终于打开了。

淮南王谋反

淮南王刘安是被汉景帝流放的淮南厉王刘长的长子。刘长死后，刘安继承了王位，做了淮南王。当时，各国的王子们都整日沉迷于酒色和狩猎，只有刘安一个人喜欢读书写文章，手下还收养了很多门客。

刘安手下的门客多是些狂妄之徒，他们常用当年厉王的死来刺激他，劝他起兵造反。刘安虽然没有答应，但是也被他们说得心动。

汉武帝建元六年（公元前135年），天空中出现了彗星。这时，刘安的门客对他说："大王，当年吴王刘濞造反的时候，天空中也出现了彗星。可是当时的彗星只有九尺长，所以虽然血流千里，但最终没有成功。这颗彗星横贯了长空，恐怕天下又要起兵了，大王您……"

刘安看了门客一眼，会意地点了点头，表示知道他在向自己暗示什么。于是，从那以后，刘安就开始秘密打造各种兵器，同时开始积攒金钱。

历史关注

汉朝时的察举制是指地方上以"贤良"、"孝廉"、"秀才"等名目选拔人才举荐给朝廷，考核后授予官职。

汉武帝元狩二年（公元前121年），刘安的野心越来越大，整日和他手下的门客在一起商量谋反的事情。这天，刘安召来了中郎伍被，向他征求意见，看看自己现在谋反是不是能够成功。没想到，伍被听完刘安的话后，说道："大王糊涂啊。您怎么能说出这种亡国的话呢？我真不知道您怎么敢有这种想法呢？我听完之后真是太害怕了。"

刘安听后非常生气地说："我是找你来为我出谋划策的，不是叫你来教训我的，你也太不识抬举了。"说完后，刘安就派人把伍被的父母抓来，把他们一起关进了监狱。

3个月之后，刘安再一次把伍被召来问话。刘安问道："现在想清楚了吗？你觉得我的计划怎么样？"

伍被回答说："大王您怎么还是执迷不悟啊？当年秦国是因为施行暴政，天下人的忍耐到了极点，所以才都希望天下大乱。高祖皇帝趁势起兵，最后终于夺取了天下，这一切都是因为把握住正确的时机啊！可是您呢？您如今只认为高祖皇帝得天下容易，怎么就看不到七国之乱中吴国和楚国的下场呢？"

刘安听后显得很紧张，心虚地说："这不是一回事，不是一回事。"

伍被叹了口气说："大王想想，当初吴王刘濞国富民强，而且准备相当充分，然后才敢起兵造反。可是结果呢？梁国一战使得吴王大败，不仅丢掉了自己的性命，还使祖宗宗庙的祭祀从此断绝了啊！您难道就没有想过这是为什么吗？"

刘安结结巴巴地说："为……为什么？"

伍被回答说："还不是因为他逆天行事，不了解当时的形势。再来看看您的兵力，您现在的实力还不及当初吴楚两国的十分之一，而且时局又很稳定，远比吴楚起兵时要好一万倍。您觉得您能取胜吗？听到您的话后，我就好像已经看到了您将来的下场啊！"

刘安听后痛哭流涕，说道："先生说的话都是为了我好啊，我以前错怪了您啊！"说完，刘安马上命人释放了伍被。后来，刘安的孙子

刘建向汉武帝告发，说刘迁（刘安的长子）曾经想杀害朝廷命官，于是汉武帝就派廷尉调查这件事。

刘安听说这件事后非常害怕，就又想起兵造反，于是他又问伍被："先生，你觉得当年吴王刘濞造反起兵是对的还是错的？"

伍被回答说："当然是错的了，这还有什么疑问吗？我曾经听人说过，吴王刘濞其实非常后悔造反，可是当时已经没有退路，所以只好硬撑下去。我希望大王您不要像吴王那样，否则将来追悔莫及啊！"

刘安听后不以为然地说："先生这话说得就不对了，那吴王刘濞是个废物，他懂什么叫起兵造反，他知道如何用兵打仗？真不明白，当初他居然一天之内让40多个朝廷将领经过成皋。如今我打算截断成皋的道路，然后再招兵买马，还能不成功？其他人都说有九成胜算，怎么就你偏偏说不行呢？"

伍被摇摇头，说："既然您已经下定了决心，那我也没什么好说的了。不过现在您首先要做的，就是使得各个诸侯对朝廷不满，使得百姓们都对朝廷有怨气。您可以假借朝廷的名义驱赶和抓捕诸侯和百姓，这样一来形势或许对您有利，您也可能会侥幸成功吧！"

刘安听后点了点头，同意了他的意见。于是，刘安开始暗地里制作皇帝的御玺，同时也制作了很多大臣的印玺和符节。为了保险起见，刘安又派人到长安投靠在卫青门下，告诉他只要自己这边起兵，他就在那边杀害卫青。

· 推恩令 ·

自从汉景帝削藩之后，西汉诸侯王的势力虽受到沉重打击，但与中央的矛盾并没有彻底解决。公元前127年，汉武帝采纳主父偃的建议，颁行推恩令，允许诸侯王除由嫡长子继承王位外，可将封地进一步分封给其他子弟为列侯，建立侯国，但侯国隶属于郡。这样一来，王国封地也越来越小，势力越来越弱了。

中国大事记

公元前 126 年，张骞从月氏归来，武帝拜其为太中大夫。

就这样，刘安打算开始秘密调遣军队。因为害怕朝廷派来的国相和官员不听从他们的命令，所以他和伍被商量，打算先杀掉这些官吏，然后再派人假扮使者，拿着文书从东面跑来，高喊："不好了，不好了！南越国的军队已经攻入我国边境了。"这样一来，刘安既可以扫除掉起兵的障碍，也给自己发兵找到了一个合适的借口。

虽然刘安的小算盘打得很是精明，但是现实却没有给他这么个机会。还没等刘安谋反，朝廷派去的官吏就得知了消息，马上派兵把他的王宫包围了起来。结果，刘安自刎而死，王后和太子也都被汉武帝处死，至于那些门客，则全被灭了三族。

浑邪王归汉

汉武帝元狩二年（公元前 121 年）秋季，匈奴浑邪王带领人马投靠汉朝。浑邪王为何会投靠汉朝呢？事情还要从汉朝与匈奴的战争说起。

原来，当时匈奴浑邪王和休屠王都驻守在西部地区。由于战事不利，浑邪王和休屠王的部队被汉军杀死了好几万人。匈奴单于得知情况后，非常生气，就想把浑邪王和休屠王召回来，然后秘密处死。还没等单于开始行动，浑邪王和休屠王就得到了消息。他们两个非常害怕，知道如今已经不能再回去了，于是就开始计划向汉朝投降。

经过一番商议后，浑邪王和休屠王开始部署投降计划。他们首先在边境处拦截经过的汉人，然后让他们向汉武帝禀报，说他们是诚心诚意地向汉朝投降。很快，消息传到了长安，汉武帝马上召开会议，商量是否接受他们的投降。

其实，汉武帝和很多大臣一样，都担心这是匈奴玩的鬼把戏，想借投降的名义偷袭边境。最后，汉武帝认为浑邪王和休屠王是真心实意，决定接受他们的归降。不过，为了安全起见，汉武帝任命霍去病为使者，让他带领军队前去迎接。

本来，一切都可以顺顺利利地进行，可是就在这时，浑邪王和休屠王之间发生了矛盾。原来，休屠王先前因为害怕，也赞成投降汉朝。可是过了一段时间后，他又觉得这样做对不起匈奴，感到非常后悔。浑邪王几次劝说都没能成功，最后只好杀死休屠王，吞并了他的人马。

霍去病带领大军渡过黄河后，浑邪王手下的士兵已经能够看到汉军了。这时，很多人认为这样做是不对的，不想投降，于是纷纷逃走了。霍去病怕事情发生变故，就骑马来到浑邪王的大营。见到浑邪王后，霍去病先将想要逃跑的 8000 多匈奴士兵杀死，然后又让浑邪王一个人前往汉武帝的住处，而他手下的 4 万多降兵则跟在后面。

当浑邪王到达长安后，汉武帝非常高兴，马上赏赐给了他很多金银财宝，而且还封他做了漯阴侯。此外，为了安定人心，汉武帝又把浑邪王的儿子呼毒尼等 4 个人全部封为了列侯。就这样，浑邪王开始在汉朝的国土上舒舒服服地生活。

不过，在浑邪王归降时，也出现了一个小插曲。为了迎接浑邪王，汉朝决定征调 2 万辆车。可是当时国库又没有多少钱，所以只好向百姓们借马。汉朝的百姓一个个早就吃够了匈奴人的苦，谁愿意把自己的马借给朝廷去迎接那些"可恶"的匈奴呢？因此，很多人都将自己的马藏了起来，结果马还是没有够用。这下可把汉武帝气坏了，如果没有足够的车辆去迎接浑邪王的话，一方面会让浑邪王觉得汉朝没有诚意，另一方面也有损大汉的威名啊。于是，汉武帝一气之下就想杀了长安的县令。

这时，右内史汲黯对汉武帝说："陛下，您要杀就杀我好了，长安县令没有罪。只要您把我杀了，百姓们就会交出马来了。"

汉武帝正在气头上，哪有工夫听他的废话啊。汉武帝很不高兴地说："你在这添什么乱，杀你有什么用？关你什么事？"

汲黯回答说："陛下，臣真的是不明白，来归降我汉朝的不过是匈奴一个小小的浑邪王，值得我们这么大动干戈吗？我堂堂大汉需

历史关注 | 汉武帝时置太学，立五经博士。

要这么做吗？现在我们是主人，他是仆人，有什么理由要倾出国家的财力，去奉承一个异族人呢？"

汉武帝白了汲黯一眼，没有说话。后来，浑邪王来到了长安，当地很多商人看准"时机"，趁机和匈奴人做起了买卖。

汉武帝知道后非常生气，一下子就处死了500多人。

汲黯实在看不过去了，对汉武帝进谏说："陛下，臣对您的做法实在是不理解。想当初匈奴人攻打我们的边境要塞，而且还断绝与我们和亲。为了保护大汉的子民和财产，我们兴兵讨伐他们。经过这么多年的战斗，多少好男儿战死沙场，多少财富用于军费，这对我们来说是多大的牺牲啊！这次浑邪王来归降我们，臣原以为您会把他们全都贬为奴婢，分给那些在战场上牺牲的将士的家，把他们的财产全部缴获，分给那些身受残害的百姓。只有这样做，才能减轻天下百姓的痛苦，才能让百姓们觉得公平啊！"

汉武帝非常不高兴地看着汲黯，说道："你和我说这些做什么？事情已经到了这个地步了，你觉得应该怎么做？"

汲黯说道："即使您不能像我说的那样做，可也没必要赏赐给匈奴人那么多东西吧？更加不能理解的是，您居然还要让全长安的百姓去侍奉他们。百姓们是无知的，他们怎么会知道和匈奴人做买卖会招来杀身之祸呢？您仅仅为了保护这些匈奴人，就杀掉了五百多无辜的百姓，这难道不是为了保护树叶而去伤害树枝的行为吗？臣对您的做法实在是有意见。"

汉武帝冷冷地看着汲黯，沉默不语，最后甩袖离去。到了后宫，汉武帝对左右说："这个老东西，这么长时间没听到他的声音，还以为他悔改了呢。没想到今天又跑这里胡说八道了，真是气人。"

虽然汲黯极力劝谏，但是汉武帝还是没有答应他的请求。不过，为了缓解矛盾，汉武帝还是把浑邪王的部队迁到了边境，并在那里设立了5个属国，让他们依然保留自己的习俗。

苏武牧羊

汉武帝天汉元年（公元前100年），汉武帝派中郎将苏武、副中郎将张胜以及临时使团官吏常惠等人带着丰厚的礼品出使匈奴。当苏武到达匈奴时，正赶上匈奴的会缑王和长水（今河南洛宁西南）人虞常以及当初卫律（卫律本是汉朝官吏，后投降匈奴，得到重用）手下的汉朝官兵商量一起劫持单于母亲归降汉朝的事情。

虞常和张胜关系非常好，为了能够回到汉朝，虞常就找张胜商量，说他们愿意杀掉卫律，替汉朝报仇，希望张胜能够在汉武帝面前多说好话，也好保住自己的家人。张胜想了想，就答应了虞常的请求，还送给他很多钱财。

一个月后，虞常等人想趁单于外出打猎的机会杀掉卫律，劫持单于的母亲。可是还没等行动开始，就因为内奸的告发而被匈奴袭击。

苏武牧羊图　清　任颐

在这场战斗中，匈奴的会缑王战死沙场，虞常等人也被活捉。

张胜很快就得知了这件事，他害怕受到牵连，就去找苏武商量如何应对。苏武不愿意背叛汉朝，也不想受到匈奴人的侮辱，所以几次都想自杀。幸亏张胜和常惠极力劝阻，苏武才活了下来，但也受了重伤。本来，单于派卫律办理这件案子，本意是想杀掉汉朝的使者。后来在大臣的劝说下，单于决定招降汉使。当他听说苏武的行为时，认为他非常有气节，于是每天都派人来慰问他。

过了几天，苏武的伤已经好得差不多了。这时，卫律突然押着虞常来见苏武。卫律提着宝剑，冷冰冰地看着苏武，然后当着他的面一剑砍下了虞常的脑袋。之后，卫律对苏武说："汉朝的使者张胜意图谋杀匈奴的大臣，按照匈奴的法律理当处斩。不过，单于看你们是人才，不忍心杀了你们。只要你们投降，一切都可以既往不咎。"

卫律的话刚说完，张胜就跪倒在地，表示愿意投降。卫律看了看张胜，轻蔑地笑了几声，然后又对苏武说："怎么？先生难道还执迷不悟？副使参与了谋反计划，你这个做正使的恐怕也脱不了干系吧？"

苏武狠狠瞪了张胜一眼，然后大义凛然地对卫律说："真是笑话，我本来就没参与他们这次谋划，和张胜又非亲非故，关我什么事？想杀我就直说，没必要拐弯抹角的。"

"你……"卫律气得脸色发青，举起剑做出一副要杀人的模样。苏武连看都不看他一眼，站在那里纹丝不动。卫律一见硬的不行，就又来软的，对苏武说："苏先生，你这又是何苦呢？想当初我投降匈奴，承蒙单于器重，做了匈奴的丁灵王，掌管几万军队，拥有数不尽的金银财宝、牛羊马匹，这是多么风光的事情啊！凭你的才干，我敢保证，你今天投降，明天就可以和我一样享受荣华富贵，何苦在这里白白等死呢？"

苏武看了看卫律，没有说话。卫律以为打动了苏武，就接着说："这件事你一定要考虑

清楚啊！如果你现在听我的，归顺了匈奴，那么从明天起我们就是兄弟；如果你不听我的，恐怕我们就没机会再见面了，我看你……"

"呸！无耻！"还没等卫律把话说完，苏武就破口大骂："你居然还有脸在我面前卖弄。身为汉朝的臣子，却不要恩德信义，背叛自己的君主，抛弃自己的亲人，心甘情愿地给蛮夷做走狗，你有什么资格在我面前说三道四。"

卫律被苏武骂得无话可说，只好呆呆地立在那里。这时，苏武又说："放下你和我大汉的事不说，就说你和匈奴的事！单于交给你裁决别人生死的权力，这是多大的信任。可你呢？不但不公正地处理问题，反而在这里挑拨两国君主之间相互争斗，自己却在一旁坐山观虎斗，你居心何在啊？当初，南越国杀死我大汉使者，结果被我大汉消灭；大宛国王杀死我大汉使者，结果被我们砍下来脑袋；朝鲜杀死我们的使者，结果招来了灭国的灾难，如今就只剩下匈奴还没有干过这种事。你明知道我是绝对不会投降的，却想要借这个机会杀死我，然后挑拨汉朝和匈奴之间的战争。恐怕匈奴的灾难就要来临了，而这场灾难也是从我开始的啊！"

卫律摇了摇头，他心中清楚，不管怎么劝说，苏武始终是不会投降的。没办法，卫律只好把这件事禀报给单于。单于听后更加欣赏苏武，非要把他招降。于是，单于命人把苏武关进了一个地窖里，不给他供应水和食物。这时正赶上天降大雪，苏武就靠啃雪和毡子上的毛团维持了好几天。匈奴人看几天下来苏武居然没有饿死，就认为有神灵在保护他。

最后，单于把苏武流放到北海没有人烟的地方，让他在那里放牧一群公羊，并对他说："苏先生是可以回国的，不过必须等到公羊能够生出小羊才行。"

在这期间，匈奴曾经两次派李陵来劝说苏武，但都被苏武拒绝。直到19年后，苏武才回到汉朝。当初苏武出使匈奴的时候还是壮年，可回国的时候，胡子和头发却全白了。

李陵降匈奴

李陵是飞将军李广的孙子，曾经担任侍中。他不仅善于骑马射箭，而且对待手下的士兵也非常好，所以军士们非常拥护他。汉武帝认为他有老将军李广的风范，就任命他做了骑都尉，让他带领丹阳（今江苏省丹阳）和楚地的五千人马驻守在酒泉和张掖一带，从而防备匈奴的进攻。

汉武帝天汉二年（公元前99年），贰师将军李广利带领3万大军攻打匈奴。这时，汉武帝下令让李陵为李广利押送辎重粮草。可是李陵不愿意做李广利的部下，就向汉武帝请命，说自己愿意带领五千步兵去攻打匈奴。汉武帝被李陵的胆魄和豪气感动，就答应了他的请求。

当李陵的部队来到浚稽山（约今蒙古图音河南）的时候，正好碰见匈奴单于带领3万骑兵前来迎战。李陵见匈奴的人马多出自己好几倍，而且已经将自己的部队包围，就下令在两山之间安营扎寨，并在营寨的周围布满大车。李陵让前排的士兵手里拿着戟和盾，让后排的士兵拿着弓和箭，自己则亲自带领军士拒敌。

匈奴兵一见汉军人少，以为有大便宜可捡，就直接攻打汉军的营地。李陵见匈奴攻了过来，就带领着手下的士兵与匈奴展开了战斗。其实李陵在出战前就已经布置好了，他自己在前面与敌人进行肉搏战，后面的士兵则不停地向匈奴放箭，只见匈奴骑兵一个接一个地从马上掉了下来。这下匈奴人可乱了阵脚，慌忙向后逃窜。李陵乘胜追击，一下子就歼灭匈奴几千人。

匈奴的首领单于吓坏了，不知道为什么看起来数量那么少的汉军怎么就杀死了自己几千名勇士。为了对付李陵，单于居然又从其他地方调来5万骑兵，然后合兵一处，从左右两侧包抄汉军。李陵见匈奴的骑兵实在太多，只好边打边退，最后撤到了南方的一个山谷中。

这时的汉军损伤也很重，很多士兵都身负箭伤，但是依然拼死作战。李陵动员全体士兵，连那些文员都参加了战斗，一口气歼灭了匈奴3000多人。之后，李陵又带着剩下的士兵从龙城旧道撤退，一直向东南方而去。单于气得哇哇乱叫，下令骑兵继续追赶。

几天后，李陵的部队退到了一个芦苇丛中。匈奴马上在上风的地方放火，想要烧死汉军。李陵识破了敌人的奸计，马上命令自己手下的士兵先把自己周围的芦苇点着。匈奴见火攻没有奏效，就继续堵截汉军，结果又被汉军杀死了几千人。

这天，汉军捉到了一个匈奴俘虏。李陵从俘虏口中得知，单于认为他们是汉朝的精兵，是汉武帝派来引诱匈奴进入边塞的诱饵，所以想要退兵。手下的大臣怕这样做会让别人耻笑，所以单于决定再进攻山谷一次，如果还不能取胜就退兵。

苏李泣别图轴 明 陈洪绶 绢本

此图源自汉史中苏武与李陵的故事。苏武出使匈奴后，匈奴王令降将李陵前去劝降，但遭苏武拒绝，李陵只得与其洒泪而别。画面中苏武持节斜视李陵，虽衣衫褴褛，但仍不失汉官气节。李陵身着胡服，佩胡刀，掩面而泣。

中国大事记

公元前 110 年，汉武帝在泰山封禅，下诏改元，是为元封元年。

彩绘骑马俑　西汉
此群俑充分显示了汉军的威武阵容。

李陵得知消息后非常高兴，就告诉士兵们再坚持几天就可以脱离危险了。可是，就在匈奴打算撤兵的时候，李陵的部队中却出现了一个叫管敢的"叛徒"。他因为受到都尉的欺辱，就跑去报告单于说："李陵的部队现在是死撑，他们武器不多了，弓箭也用完了，更不会有什么援军。"

单于听后大喜，马上命令所有骑兵一起进攻，并且大喊："李陵、韩延年赶快投降吧！"接着又派出很多骑兵截断了汉军的退路。李陵没办法，只好带领部下拼死抵抗，边打边往南面撤退。这场战争打得非常惨烈，李陵只剩下3000 多士兵了，而且 50 万只箭已经射没了，用于搏斗的武器也都打丢了。没办法，李陵只好丢下辎重粮草，让士兵拿车上的辐条做武器与敌人作战。

最后，由于匈奴军队的攻势太猛，李陵只好带领手下退到了一个峡谷中。这下可犯了兵家大忌，为了彻底打垮汉军，单于亲自带领骑兵堵截住汉军的退路，并让其他人在峡谷上方往下扔巨石。汉军在峡谷里根本没有回旋的余地，所以死伤惨重。

到了晚上，李陵穿着便衣走出了大营，对侍从说："你们谁也不许跟着我，我要一人前往匈奴的营地，非要把单于活捉回来不可。"很长时间过去了，李陵垂头丧气地回到了军营，对其他人说："形势已经不可能发生改变了，如今我们已经彻底失败了，恐怕都要死在这个地方。"

手下人听到李陵这么说，也都非常伤心。李陵擦了擦眼泪说："大丈夫生于天地之间，怎么能就这样白白送掉性命呢？我们把所有的旗子全部砍倒，然后把财宝全部埋入地下，不给匈奴人留下一点东西。"

士兵们听后也都停止了哭泣，赶忙照着李陵的吩咐去做。接着，李陵又说："如果再有几十支箭的话，我们就一定能够逃脱了。可是如今我们已经没有了武器，等到天亮的时候大家都是死路一条，还不如分头行动，说不定有谁能逃回长安，向皇上禀报一切！"

就这样，李陵发给每一位士兵一些干粮和一片冰，并和他们约定好在遮虏障（今内蒙古额济纳旗境）会合。可是还没等他们出发，匈奴就开始了进攻，结果大多数人都被匈奴杀死，李陵无奈之下投降了匈奴。

当时，李陵手下有 400 多人逃回了长安，向汉武帝禀报了李陵投降的事情。汉武帝非常生气，并在第二年诛杀了李陵全家。就这样，李陵再也不能回到汉朝，再也不能回到家乡了。

李广利之死

汉武帝征和三年（公元前 90 年），匈奴大举侵犯汉朝边境。于是，汉武帝派李广利带领 7 万大军攻打匈奴，保卫汉朝的领土。

大军出征之前，丞相刘屈氂亲自给他送行，并为他祭拜路神。走到渭桥的时候，李广利对刘屈氂说："我这次恐怕要离开一段时间，希望您能尽早奏请皇上册立昌邑王为太子。只要昌邑王将来即位做了皇上，对你对我都有好处。那样的话，我们以后就没什么可忧虑的了。"

刘屈氂点点头，说："将军放心，我自己心中有数，这件事我一定会抓紧办的。"

昌邑王刘贺是贰师将军李广利的妹妹李夫人所生，李广利当然希望自己的亲外甥能够被册封为太子。那么这件事又和刘屈氂有什么关

历史关注

系呢？原来，这李广利的女儿是刘屈氂的儿媳妇，也就是说他们两个人是亲家。因此，不管是李广利还是刘屈氂，都希望昌邑王能够做太子，当皇上。

可是天下没有不透风的墙，当官的有几个在朝廷上没有敌人呢？内者令郭穰知道这件事以后，就向汉武帝告发，说："陛下，丞相刘屈氂的夫人在暗地里诅咒皇上，希望皇上早日归天。同时丞相和贰师将军还在一起祭拜神灵，想让昌邑王做皇上。"

汉武帝听后勃然大怒，马上命人进行调查。负责调查这件事的人回来禀报说一切属实，结果汉武帝就给他们定了个大逆不道的罪过。就在同年六月，汉武帝下令抓捕丞相刘屈氂，并把他装进囚车里游街示众，最后在长安的东市腰斩（古代死刑，把犯人从腰部斩断）。紧接着，刘屈氂的妻子和孩子也都在华阳街被斩首，他们的脑袋还被挂起来示众。李广利一家也好不到哪去，汉武帝命人把李广利的妻子和孩子也都抓了起来，不过并没有杀了他们。

远在前线的李广利听到消息后非常害怕，不知道该怎么办。这时，他身边一个因为犯了法而从军避祸的幕僚胡亚夫说道："将军，现在的形势您难道还不清楚吗？如今，您的妻子和孩子都被抓进监狱，您可千万不能轻易地回去啊！"

李广利伤心地说："不回去？不回去我妻子和孩子全没命了！"

胡亚夫回答说："将军糊涂啊！你想，如果你现在贸然地回去，哪怕有一点不合皇上的心意，也会招来杀身之祸啊！这不是自投罗网吗？那样的话您觉得还能够活着到达郅居水（今蒙古色楞格河）以北吗？那个时候，恐怕就是您想归降匈奴都是不可能的了。"

李广利虽然觉得胡亚夫的话有些道理，不过依然不想投降匈奴。他更加希望自己能够直接插入匈奴的腹地，然后漂漂亮亮地打一场胜仗，也许能使汉武帝回心转意。于是，李广利带领大军继续北进，直接来到了郅居水畔。

当到达那里的时候，匈奴军队已经撤离了。没办法，李广利只好命令护军将领带领2万骑兵渡过郅居水，与匈奴的左贤王和左大将率领的2万骑兵展开了战斗。这场战斗整整打了一天，双方互有损伤。匈奴死伤的人数更多些，而且左大将也在战斗中被汉军杀死。不过，汉军的损失也不小，也有很多人丢掉了性命。

这时，汉军中的长史和决眭都尉煇渠侯密谋说："这样下去可不行啊，要是再往里面走，我们都可能死无葬身之地啊！现在的贰师将军已经怀有叛逆之心了，他是想带领所有的士兵深入到最危险的地方，然后给自己捞上一笔功绩啊！我们必须想个办法，把他抓起来，也好保住所有人的命。"

不过，还没等他们行动，李广利就得知了消息。李广利知道后非常生气，马上命人把他们两个抓了起来，并且还把长史杀死。接着，李广利带领手下士兵退到了燕然山（今蒙古杭爱山）。这时，匈奴单于也得知汉军已经疲惫不堪的消息，就想一举打垮汉军。于是，单于

· 刺史制度 ·

西汉中期，中央统辖的郡国数量越来越多。为了加强中央对地方的管理，汉武帝在元封五年（公元前106年）把全国除了三辅（京兆、冯翊、扶风）、三河（河南、河内、河东）和弘农以外的地区分成了13个州部：冀州、青州、兖州、徐州、扬州、荆州、豫州、益州、凉州、幽州、并州、交趾、朔方。中央在每个州设立刺史一名，专职监察地方。刺史没有固定的治所，每年八月巡视所辖区域，考察吏治、奖惩官吏、决断冤狱。刺史当时在国家的官制中地位并不高，但是在地方时代表中央，可以监察2000石和王国相，也可以监督诸侯王；刺史权责虽重，但并不直接处理地方行政事务。刺史制度的确立，加强了中央对于地方的监控。

中国大事记

公元前91年，发生巫蛊之祸，太子刘据被江充陷害，起兵失败后自杀。

亲自带领骑兵5万攻击汉军，结果双方都损失惨重。

到了晚上，单于悄悄命人在汉军前进的道路上挖了一个很深很深的壕沟，接着又对汉军发起了猛烈的进攻。汉军由于准备不足，一下子就乱了阵脚，拼命逃跑。可跑到一半才发现，自己的退路早就被人家堵死了，现在只有两条路可选：一是战死沙场；二是投降敌人。最后，李广利选择了第二条，向匈奴投降。

单于得到李广利后非常高兴，因为他早就听说李广利是个非常有本事的人。为了让李广利死心塌地的呆在匈奴，单于还特意将自己的女儿许配给他，并且给他加官晋爵，官做得比卫律还高。

因为单于的过分宠爱，所以招来了卫律的嫉妒。有一次，单于的母亲生了病，卫律就趁机买通了巫医，让他陷害李广利。巫医对单于说："我们的老单于在天上发怒了，他说为什么要如此重用这个屡次攻打我们的汉人呢？必须用他来祭祀我，我的怒火才会平息。"

就这样，单于听信了巫医的话，把李广利作为祭品捆在了柱子上。李广利这时才明白自己当初的选择是错误的。

巫蛊之祸

汉武帝一直喜欢神仙方术。到了晚年，由于他体弱多病，变得更加疑神疑鬼。

汉武帝征和元年（公元前92年），有人告发丞相公孙贺的儿子公孙敬和阳石公主私通，并在暗地里诅咒汉武帝。汉武帝知道后非常生气，下令把所有涉案人员都抓了起来。第二年，公孙贺父子、诸邑公主、阳石公主以及卫青的儿子卫伉全都因为巫蛊案被处死。

当时，汉朝的国都已经被那些方士、巫师搞得乌烟瘴气，他们整天用一些旁门左道的邪术迷惑人们做出一些扰乱社会安定的事情。甚至一些女巫还趁机钻进汉朝的后宫，教那些后宫的夫人、美人等如何获得汉武帝的宠幸，如何躲避灾祸惩罚。

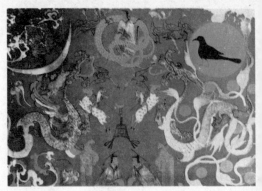

马王堆汉墓出土的帛画（局部） 西汉

此图描绘了汉人心目中的神仙世界，体现了较为浓厚的天人合一观念。

汉武帝实在忍不下去了，就下令把这些人全部处死，当时涉及巫蛊案的巫师、后宫妃嫔、宫女以及大臣共有数百人之多。

一天，汉武帝在宫中午休，梦见有几千个木头人手中拿着棍棒想要打他。汉武帝从梦中惊醒，觉得身体很不舒服，精神也很恍惚。这时，与卫太子刘据有仇的小人江充对汉武帝说："陛下，臣认为这些事情都是巫蛊作祟。如果陛下想身体健康，长命百岁的话，就必须彻底消灭巫蛊。"

汉武帝同意了江充的建议，任命他为使者，全权负责调查巫蛊一案。他带领着胡人巫师到处挖掘埋在地下的木头人，还把那些用巫术害人的巫师全部抓了起来。为了做到"人赃俱获"，张充事先命人在地上洒上血，并且说这就是那些巫师害人的地方。如果那些巫师还是嘴硬不肯招认，那么就严加拷打，强迫他们承认。

从客观上讲，江充的做法也确实是起到了一定作用，除掉了很多害人的巫师。可是由于他为了完成使命不择手段，导致当时全国因为巫蛊案而死的人有数万之多。

江充知道汉武帝现在的疑心是越来越重，就叫胡人巫师对汉武帝说："陛下，虽然现在其他地方的巫蛊已经被清除得差不多了，可是您身边还是有的啊！后宫中的巫蛊可以说对您的危害最大，您不把这些消灭掉的话，恐怕您的病永远都不会痊愈。"

历史关注 ｜ 汉赋是汉代最主要的文学体裁，一般分为骚体赋、散体大赋和抒情小赋三类。

汉武帝认为胡人巫师说得有道理，就派江充去后宫搜捕，还给他派了韩说、苏文等几名爪牙。江充心花怒放，知道自己的计划正在一步步地顺利进行。他先是装模作样地搜索其他人的房间，最后才来到了他的目的地——皇后和太子的房间。

经过一番"严查"以后，江充在皇后和太子的房间狂妄地说："真是想不到，后宫中木头人最多的地方居然是太子府，真是让人不能相信啊！还有，这些丝帛上都写满了字，都是一些大逆不道的内容。虽然是太子，但是我身负皇上的使命，也是不能纵容的。我一定要把这件事原原本本地禀报皇上。"

太子知道后非常害怕，就去找自己的老师石德商量。石德对太子说："现在你就要大祸临头了！你没看见以前的公孙贺父子和两位公主的下场吗？不管怎么说，江充确实是从你的府中搜出了很多证据，虽然不知道这些东西是不是真的是巫师放的，可是却足以要了你的命啊！"

太子着急地说："那……那您说怎么办？"

石德想了想说："现在唯一的办法就是太子假传皇上圣旨，然后把张充等人除掉。"

太子摇了摇头说："我还是太子，怎么能够随便诛杀朝廷的大臣呢？不能这么做。"本来，太子想去甘泉宫向汉武帝请罪，可是江充却不同意，非要整死他。没办法，太子只好遵从石德的意见，把江充等人全抓了起来。太子对江充说："你这个无耻小人，当初你害死赵国的国王父子，如今又到这里来害我们父子，不杀你不能平民愤。"于是，太子下令把江充杀死，并把那个胡人巫师烧死在上林苑。

为了彻底平息巫蛊之祸，太子决定调集皇家军队。可是，长安的官员和百姓不知道实情，纷纷传言说太子造反。这时，苏文也逃到汉武帝那里，告发太子谋反。起初，汉武帝并不相信，就派使者前去询问。可是这个使者胆小如鼠，没到长安就回来了，还说太子想杀他。结果汉武帝大怒，马上派丞相刘屈氂迎战太子。

刘屈氂的部队和太子的部队在长乐宫西门外相遇，双方激战了五天五夜，死伤共有数万人。当时，鲜血像水一样流进了街边的河沟，场景十分悲惨。由于兵力不足，太子很快就被刘屈氂打败了。最后，太子在湖县（在今河南灵宝县西）的一间茅屋内上吊自杀。

后来，汉武帝逐渐知道了事情的真相，非常后悔。于是，他把江充一家灭了族，还在宫中建立了一座思子宫，以寄托自己对儿子的思念。

霍光专权

汉武帝后元二年（公元前87年），汉武帝在五柞宫驾崩。临终前，汉武帝把太子刘弗陵托付给霍光、金日磾和上官桀，让他们3个负责帮助新国君处理国家大事。汉武帝死后不久，金日磾也病死了。就这样，朝中的大权逐渐落在了霍光和上官桀的手上。

本来，霍光和上官桀的关系非常密切，他们两个还是儿女亲家，所以处理起朝廷大事来自然是同心协力。可是，由于汉武帝临终前把霍光立为首辅大臣，所以时间一长，霍光在朝廷中的权势渐渐地超过了上官桀。

为了在朝廷中安排自己的势力，上官桀父子几次向霍光推荐亲信入朝为官，但都没有得

霍光像

中国大事记

公元前89年，汉武帝后悔征伐之事，下诏不复出兵，与民休息。

上林苑斗兽图

上林苑为皇家园林，是娱乐休闲场地。此图反映皇室的游乐活动。

到允许。因此，上官桀父子开始怨恨霍光，并和他争权。此外，还有3个人非常怨恨霍光，那就是盖长公主、燕王刘旦以及御史大夫桑弘羊。就这样，这5个人合起伙来，串通一气，密谋除掉霍光。

首先行动的是燕王刘旦，他因为自己没能继承皇位而心中怨恨，就派孙纵之带着大量的金银珠宝来到长安，拉拢上官桀等人。于是，上官桀与孙纵之商量了一下，想出了一条"妙计"——他们伪造燕王的上书，打算在汉昭帝面前弹劾霍光。

这天，霍光有事不在朝中，上官桀等人见时机已到，马上给汉昭帝呈上了弹劾书，上面写着："霍光仗着先帝赐给他的权利，做起事来目中无人。更加可恨的是，他出外校阅郎官和羽林军的时候，排场根本不像是一个臣子应该有的。霍光命人清道，驱赶道上的行人，而且还派太官预先为他准备好饮食。这一切简直就和皇帝一样啊！"

汉昭帝抬眼看了看上官桀等人，上官桀等人也偷眼看了一下汉昭帝，觉得他的脸色不太好，于是他们心中暗自偷笑，认为自己的计划快要成功了。汉昭帝没有说话，接着看那封弹劾书，上面又说："霍光为人做事不公正，起用的人都是自己的亲信。当初，苏武出使匈奴，被扣押了19年都没有投降，这是我大汉朝的忠臣啊！可等到苏武回朝后，霍光仅仅封他做了个典属国；而那个大将军长史杨敞，既没有多少功劳，也没有过人的本领，反而被任命为搜粟都尉，这简直太不公平了。"

汉昭帝看到这里，有些沉不出气了，就问上官桀他们："这是燕王写的？"上官桀他们连忙说是。汉昭帝没再说什么，而是继续往下看："霍光越来越不把皇上放在眼里，他擅自增选大将军府的校尉。这一切都表明霍光已经独揽了朝廷的大权，现在可以说是为所欲为。臣真担心，他以后会不会做出什么不利于朝廷的事！臣愿意交出燕王的印玺，然后来到您的身边，监督那些奸臣的行动，也好保我大汉江山永固。"

汉昭帝实在看不下去了，把弹劾书合上，什么也没说，就让上官桀等人回去了。上官桀心中没底，不知道汉昭帝是怎么想的。本来，他打算把这件事交给其他官员去处理，然后和其他人一起把霍光抓起来，撤销掉他所有的职位。可如今汉昭帝看完后却没有什么表示，所以也就不好再说什么。

第二天清晨，霍光赶来上朝，听说这件事以后非常害怕，不敢贸然的进殿，而是在画室中停留。这时，汉昭帝就问大臣："今天大将军怎么还没有来啊？他在什么地方？"

上官桀以为机会来了，就对汉昭帝说："回禀陛下，因为燕王刘旦控告大将军有罪，所以他不敢贸然进殿！"

汉昭帝听后说："胡说八道，让大将军进来！"

霍光听到皇上的召见以后，颤巍巍地来到殿前，然后脱下官帽，跪下来磕头请罪。汉昭帝看了看霍光，说道："大将军不必这样，

历史关注 | 汉太学的教授称博士，太学的学生称博士弟子。

快快请起，把帽子戴上。朕知道，这弹劾奏章上写的所有内容都是假的，大将军并没有罪。"

霍光回答说："多谢陛下对臣的信任，可是陛下您是怎么知道的？"

汉昭帝笑了笑说："朕又不是小孩子，有自己的判断能力！大将军去广明校阅郎官是最近才发生的事，选调校尉也不过才 10 天。在这短短的时间里，燕王是怎么知道的呢？这一定是有人暗中捣鬼，想要害大将军。况且，就算大将军要谋反，也不需要选调什么校尉吧！"

满朝文武听后全都震惊了，因为这些话完全不像是从一个 14 岁的小孩子口中说出来的话。后来，汉昭帝命人调查这件事，发现当初呈递奏章的人果然全都跑了，于是汉昭帝下令抓紧追捕这些人，并且表示一定要严惩。

后来，上官桀又指示同党弹劾霍光，结果汉昭帝非常生气地说："胡说八道，大将军是我汉朝的忠臣，怎么会做出大逆不道的事情呢？先帝当初把我托付给他，是对他的信任。今后谁再诬蔑大将军，朕一定重重惩治他！"

从那以后，上官桀等人再也不敢攻击霍光。

霍氏灭门

霍光专权以后，霍氏家族很多人也都跟着沾了光，开始掌握朝廷大权。到了后来，由于霍光的权势越来越大，霍氏家族的成员也变得越来越骄横跋扈，以至于霍光的妻子霍显为了让自己的女儿做皇后，把已经怀孕的许皇后给毒死了。霍光知道这件事以后非常害怕，想要向皇帝自首，但又下不了狠心。最后，这件毒杀许皇后的案子，也就不了了之。

汉宣帝地节二年（公元前 68 年），霍光病死在自己的府上。为了答谢霍光拥立自己做皇帝的大恩，汉宣帝册封霍山做了乐平侯，霍氏家族的其他成员也都跟着显贵。霍氏子孙越来越目中无人，在朝中的势力也越来越大。他们不把任何大臣放在眼里，甚至不把皇帝放在眼

> ### ·征辟制、察举制·
>
> 征辟制，即二千石以上的高官，可以直接征召一些人才到自己的宫衙里做属僚。察举制，是由地方州郡以"贤良"、"孝廉"、"秀才"等名目，选拔德才兼备者举荐给朝廷，经国家考核合格后，授予官职。征辟、察举制，对士家大族集团的形成起重要作用，后来被九品中正制取代。

里。霍氏子孙的行为终于触怒了汉宣帝。

汉宣帝地节三年（公元前 67 年），魏相做了汉朝的丞相，于是汉宣帝开始了大刀阔斧的"改革"。汉宣帝把霍光的女婿度辽将军、未央卫尉、平陵侯范明友调任为光禄勋，接着又把霍光的二女婿诸吏、中郎将、羽林监任胜调出长安，让他做安定（今甘肃镇原东南）太守。

几个月后，汉宣帝把霍光的姐夫给事中、光禄大夫张朔调任为蜀郡太守，又把霍光的孙女婿中郎将王汉调任为武威（今甘肃武威）太守。几天以后，汉宣帝又把霍光的大女婿长乐卫尉邓广汉调任为少府。这还不算完，汉宣帝紧接着又任命张安世做了卫将军，并且把两宫卫尉、城门以及北军的兵力全部调派给他。

为了显示自己的做法是"公平"的，汉宣帝任命霍禹做了大司马。可是霍禹这个大司马做得却没有一点意思。原来，汉宣帝虽然给了他官职，但却并没有给他实权。汉宣帝不仅不让他戴大官帽，而且还不颁给他印信、绶带。之后，汉宣帝又剥夺了其他霍氏子孙的兵权。

当时，霍氏子孙也感觉到事情不妙，他们看到自己的权势日益被削弱，心中十分不满。这天，霍显、霍禹、霍山和霍云在一起谈话，当说到霍家当前的状况时，几个人抱头痛哭，纷纷表示悲伤。哭过以后，霍山先说了话："情况是越来越不容乐观了啊！如今朝廷中的大权已经全都掌握在丞相手里，当初大将军定制的法律已经全都废除，而且还经常宣扬大将军在世时的过失。"

其他人听到这也非常着急，纷纷表示不满。

中国大事记 | 公元前60年，汉宣帝在西域设置都护府。

霍山又说："不光这样，现在皇上还经常和那些穷酸的臭儒生们一起谈论国家大事，这些都是以前大将军所不耻的啊！这些儒生多次给皇上上书，指责我们霍家，还有人上书说我们兄弟骄横跋扈，而且言辞十分激烈。"

这时有人说："那怎么办？皇上怎么说？"

霍山说："那封上书被我压下了，可是后来上书的人变得越来越狡猾，都改成秘密奏章。现在皇上也越来越不信任我，所有奏章都是让中书令取走，根本不通过我这个尚书。其实，这都不是主要原因。最近我听民间传闻，说是我们霍氏毒死了许皇后，难道真有这回事？"

霍显听到这吓出了一身冷汗，赶忙把事情的真相都说了出来。霍家人听完后大吃一惊，说道："原来这件事是真的啊！你太糊涂了，怎么不早点告诉我们呢？现在我们终于明白，皇上将霍家的女婿全都调离京师就是因为这件事。这可不是闹着玩的，一旦事情败露，一定会遭到严惩，现在该怎么办？"

俗话说"狗急跳墙"，已经被逼上绝路的霍家子孙忘记了祖先的训示，开始策划谋反的事情。后来，一个叫张赦的人给霍云的舅舅李竟献计，说不如让霍太夫人向上官皇后进言，先除掉掌握大权的魏相和许广汉，然后再把汉宣帝废了，另立一个新君。

可是，还没等开始行动，汉宣帝就知道了这件事。于是，他下令把张赦交给廷尉处理，但并没有说要抓捕霍家的人。霍山知道这件事以后更加害怕，就对其他人说："这并不是什么好事，皇上之所以不抓我们，完全是看在太后的面子上。现在已经出现了不好的苗头，恐怕时间一长就会爆发。到时候，我们霍氏一族恐怕都要被灭门啊！与其坐以待毙，不如先下手为强，我们应该马上采取行动。"

这天，霍山对家人说："最近丞相擅自把祭祀宗庙用的羊羔、兔子和青蛙等东西减少，我们完全可以以此向他问罪。"

霍家人听后纷纷表示同意。接着，霍山等人又准备让上官太后设宴款待王媪、丞相、许广汉以及他们的亲信，然后假传太后的旨意杀掉他们。之后，他们再趁机废掉汉宣帝，立霍禹做皇帝。虽然他们的计划布置得很周详，但是还没有实施就被发现了。

汉宣帝地节四年（公元前66年）七月，霍云、霍山和范明友畏罪自杀；霍禹以及邓广汉等人被捕。最后，霍禹被判腰斩，霍显以及霍氏其他成员全被处死。此外，汉宣帝还把与霍氏联系密切的人全部诛杀。

· 三堂会审 ·

中国文学作品中经常会出现"三堂会审"这一名词，以形容事态的严重性。其实，三堂会审又称三司会审，是中国古代三法司（三个司法有关单位）共同审理重大案件的制度。《商君书·定分》中载"天子置三法官，殿中置一法官，御史置一法官及吏，丞相置一法官"。后世的"三法司"之称即源于此。汉代以廷尉、御史中丞和司隶校尉为三法司。唐代以刑部、大理寺和御史台为三法司。明、清两代以刑部、大理寺和都察院为三法司，遇有重大疑难案件，由三法司会同审理，以避免决策失误，也是古代法制民主的一种体现。

班婕妤

婕妤，并不是一个人的名字，而是汉朝对皇帝妃子的一种称呼。班婕妤是西汉后期汉成帝的一位妃子。

汉成帝是有名的好色皇帝。开始，他十分宠爱许皇后。可是随着年龄的增长，许皇后对他的吸引力越来越小，于是汉成帝就开始宠爱班婕妤。不过，班婕妤是个非常通情达理，而且没有野心的女人，虽然得到了汉成帝的宠爱，但是她一点也不骄傲。

有一次，汉成帝到后宫的庭院中游玩。汉成帝提出要和班婕妤同乘一辆车，说那样才显得两个人关系亲密，才更能体会到游玩的乐趣。班婕妤听后摇了摇头说："陛下，这件事万万

历史关注

汉武帝时，全国除三辅（京兆、左冯翊、右扶风）、三河（河南、河内、河东）和弘农以外，还分为13个州部。

班婕妤辞辇图　南北朝　佚名

不可！"

汉成帝很奇怪，就问班婕妤："怎么？你觉得朕对你不够好？"

班婕妤摇了摇头说："不是的，陛下！我虽然没怎么读过书，但是也看到过很多古代的图画。在那些画里，凡是陪伴在圣贤的君主身旁的，都是些有本事的、忠君爱国的大臣，哪有什么宠妃啊？只有那些昏庸的君主才会这么做。我不懂什么国家大事，但我觉得您让我和您乘坐一辆车，就是和那些昏庸的君主一样，所以……"

汉成帝点了点头，称赞道："好，说得好！班婕妤说得太好了！朕就听你的了！"于是，汉成帝没有再提乘车的事。

过了不久，这件事传到了太后的耳朵里，太后高兴地说："这个班婕妤还真是不错，有她在皇上身边我就放心多了。古代虽然有樊姬，但今天我们汉朝也有班婕妤啊！"

班婕妤贤惠，通情达理，为了让汉成帝满意，班婕妤还特意把自己身边的侍从李平进献给了汉成帝。

不过，即使班婕妤做得很大度，但是汉成帝的好色程度却一点没有减轻。有一次，汉成帝微服出行，正好经过了阳阿公主的府邸，于是就进去坐了一会。这一坐可不要紧，把汉成帝的魂都丢在了阳阿公主家。

原来，阳阿公主家有一个舞女名叫赵飞燕，生得真可谓是国色天香。汉成帝见到她以后，简直是茶不思饭不想，最后实在受不了了，就让人传旨召赵飞燕进宫。之后，赵飞燕又向汉成帝推荐了自己的妹妹。汉成帝二话不说，马上也把她召进了宫。从这以后，赵飞燕姐妹开始把持后宫。

其实，早在赵飞燕姐妹刚入宫的时候就有人劝过汉成帝。当时，赵飞燕姐妹来见汉成帝，侍从们都被她俩的美貌吸引，赞不绝口。可是，站立在汉成帝身后的披香博士淖方成却说："这哪是什么美女，这分明就是祸水啊！这两股祸水将来毕竟会灭掉我大汉朝的火啊（古人相信五行相克的说法，汉朝自认为属火）！"

当时汉成帝并没有相信淖方成的话，因为他已经完全被赵飞燕姐妹迷住了。可是，后来的事情却证明了淖方成的话是正确的。

赵飞燕姐妹虽然生得美若天仙，可是心肠却十分狠毒。她们得宠后，许皇后和班婕妤相继失宠。为了巩固自己的地位，赵飞燕姐妹开始了"夺权"斗争。她们向汉成帝进谗言，说许皇后和班婕妤因为失宠而产生怨恨，暗地里用各种妖术诅咒后宫的嫔妃，蛊惑皇帝。

鬼迷心窍的汉成帝相信了赵飞燕姐妹的话，废了许皇后，还把她赶出了后宫。许皇后被赶走了，下一个就轮到班婕妤了。在审问班婕妤的时候，班婕妤义正词严地回答说："别拿死吓唬我，我从来就没有怕过。虽然我读书不多，但常听人说：'生死有命，富贵在天。'按照常理正道进行修行的人都还没有得到上天的赐福，那些妄想运用邪恶手段、妖术邪道来满足自己要求的人又怎么会有什么希望呢？我不知道世界上是不是真的有鬼神，即使有我也不知道他们怎么想。如果那些鬼神明白事理，他们是绝对不会听从那些用来蛊惑皇上的诅咒的，可是如果那些鬼神不明白事理，那我向他们祈祷，请求他们保佑又有什么用呢？"

审讯的官员继续说："那你为什么还要用妖术蛊惑皇上？"

班婕妤笑了笑说："我什么时候说过我懂得妖术了，我刚才已经说过了，我不会把我自己的事情寄托在鬼神身上，那些用妖术诅咒的事，我是绝对做不出来的。"

汉成帝知道这件事以后，认为班婕妤说得有道理，就下令赦免了她，而且还赐给了一百斤黄金。不过，通过这件事，班婕妤也看清了赵飞燕姐妹的嘴脸。她害怕如果在宫中住得时间过长，会被她们害死，就请求到长信宫去侍奉太后。汉成帝同意了她的请求。

王莽专权

元寿二年（公元前1年），汉哀帝驾崩，汉平帝即位，王太后开始临朝听政。这时，王太后招来了外戚新都侯王莽，让他帮助大司马董贤料理汉哀帝的丧事。

王莽是个城府非常深的人，野心也非常大。这次太后召他入宫办事，王莽觉得自己入朝主政的时机已经到了。就这样，王莽打着太后的旗号，和尚书串通一气，弹劾大司马董贤。结果，太皇太后（这时的王太后已经成了太皇太后）马上罢免了董贤大司马的官位。董贤知道王莽不会轻易放过自己，只好自杀。

王莽见第一块绊脚石已经被除掉，非常高兴。这时，太皇太后又让公卿们推荐大司马的人选。王莽此时已经是成竹在胸，因为他以前当过大司马，而且自己是太皇太后的亲戚，这次又为皇家办事，所以大司马的人选应该是非他莫属。

果然，满朝文武都极力推荐王莽，只有前将军何武和左将军公孙禄除外。何武和公孙禄的头脑是比较清醒的，他们知道，如果让王莽做大司马，很可能会出现外戚专权的现象，那样的话对整个国家都是很有危害的。因此，两个人商议了一下，就互相推举对方做大司马。

可是，什么人做大司马是太皇太后说了算。于是，太皇太后没有理他们两个，亲自任命王莽做了大司马。

王莽像

王莽如愿以偿地登上了大司马的位置后，开始了他的下一步计划。

王莽首先要做的就是排除异己，在朝廷内安排自己的亲信。王莽"上奏"说，大司徒孔光是当世有名的儒家学者，而且还辅佐过三代君王，所以让他来处理国家大事最合适不过。接着，为了拉拢孔光，王莽又推荐孔光的女婿甄邯做了侍中和奉车都尉。

王莽又是怎么对待他的那些政敌呢？因为王莽这个人城府非常深，当他想要处置一个人的时候，往往并不是自己出面。他总是先给这个人罗织一系列罪名，不管是真是假全都算上，然后写好一份弹劾的草稿交给甄邯。接着，甄邯再把草稿交给孔光。同时，王莽总是会拿太皇太后的意思来要挟孔光。

这个孔光虽然学问很高，但做起事来却是胆小。他一直都非常惧怕王莽，所以对于王莽交代的事不敢不办。接下来，王莽再去找太皇太后，把自己的意思说清楚。这时的太皇太后对王莽已经是深信不疑了，所以全部准奏。第一个倒霉的当然是何武和公孙禄。王莽弹劾他们两个人串通一气，互相保举对方做大司马。结果，两人全部被免了官职，何武还被送回了封国。

就这样，朝廷中那些依附归顺王莽的，给他拍马屁的人都得到了升迁，而那些耿直的、看不过王莽做法的人全都被赶出了朝廷。王莽的势力越来越大。到了后来，王莽想要做什么事根本不需要说，只要稍微暗示一下，他的党羽们就会向朝廷上奏。这时，王莽则会假惺惺地跪在地上，说自己如何如何无能，实在不能担当重任。太皇太后看了以后，认为王莽实在谦让，于是就"逼"着他接受。结果，王莽一方面达成了自己的心愿，另一方面又迷惑了太皇太后，也在下层人士当中获得了很好的口碑。

对此，汉平帝毫无办法，

历史关注

· 王莽杀子求名 ·

王莽辞官在家时，他的小儿子意外杀死了一个奴婢。当时这在贵族之家当然算不了什么，但王莽却对他儿子说："我一生克己奉公的清誉，岂能为你这不孝子毁于一旦？你自己做个了断吧。"他儿子吓得面色如土："您就是把儿子送到官府，也不会判死刑啊，您难道真要杀子求名吗？"面对儿子哭泣哀求，王莽没多啰嗦，只是把剑扔在儿子面前。他儿子总算明白老子意思了，大喊一声："儿成全父亲之名！"便举剑自刎了。

因为当时他只有9岁，太皇太后又临朝听政，所以大权渐渐地全都落到了大司马王莽的手上。当时，百官们的眼里根本没有皇上和太皇太后，只有这个外戚王莽。

随着王莽权势的日益强盛，老臣孔光越来越感到恐惧。害怕自己有一天因为依附王莽而丢掉老命，所以就请求告老还乡。王莽不是傻子，他绝不会轻易放弃这个自己好不容易扶植起来的傀儡！为了不让孔光回家，王莽对太皇太后说："陛下如今年纪还太小，极需要一位德高望重的人来教导他。既然孔光不愿意做官了，那就让他做陛下的老师吧！"太皇太后觉得王莽说的有道理，就封孔光做了太傅。就这样，孔光被王莽牢牢地拴住。

元始元年（公元1年），由于王莽"政绩突出"，太皇太后下旨，封王莽做太傅，参与辅政的事情，号称"安汉公"，并加封28000户。王莽得到消息后，表示愿意接受爵位，但是坚决不接受封赏。他装模作样地对太皇太后说："臣实在不能接受封赏啊！现在百姓们还很贫穷，我怎么忍心接受这些东西呢？还是等百姓们富了以后再说吧！"

太皇太后听了以后非常高兴，越发觉得王莽是个可以完全信赖的人。后来，王莽又指使他的党羽向太皇太后进言，说太皇太后的年纪很大了，过去的规矩该改一改，像官吏的任免这种"小事"就不要亲自过问了，全都交给安

汉公就可以了。太皇太后觉得有道理，就同意了他们的请求。

就这样，王莽开始把持朝政，权力已经和皇帝没什么两样了。

王莽称帝

王莽专权以后，变得越来越飞扬跋扈。开始，他还对这种状况很满意，可是时间一长，他开始觉得这种"专权"的日子远不如自己当皇帝过瘾，于是他又开始了新的计划。

元始五年（公元5年），泉陵侯刘庆在王莽的示意下上书说："当年周成王年幼，所以周公就开始行使摄政的权力。如今，我们的皇上比周成王还要年轻，所以应该让安汉公王莽代行天子的权力。"

满朝文武早就从王莽那里得到暗示，所以一个个都随声附和着说："对对对，泉陵侯说得非常对，就应该按照他说的那么办。"

这时，坐在龙椅上的汉平帝听后，心里非常不是滋味。随着年龄的增长，汉平帝也越来越懂事了。王莽为了钳制汉平帝，强行把他的母亲卫后留在中山，不让他们母子相见。汉平帝一直以来对这件事非常不满，心中开始怨恨王莽。

其实，王莽这时也察觉出汉平帝对自己的不满。为了彻底扫除这个障碍，王莽在那一年腊日这天，借着给汉平帝进献椒酒的机会，在酒里下了慢性毒药。最后，年轻的汉平帝就这样白白地送掉了性命。汉平帝死了，太皇太后马上召集文武大臣商量册立新国君的事情。为了达到自己的目的，王莽极力反对在汉宣帝的曾孙中挑选，而是非要在汉宣帝的玄孙中挑选。

正当太皇太后被册立新国君的事搞得焦头烂额的时候，前辉光谢嚣突然上奏说，武功县（今陕西武功县）有人禀报，说是当地在打井的时候挖出一块白色的石头，上面刻有"告安汉侯莽为皇帝"8个朱红的大字。

太皇太后看完了谢嚣的奏折，非常生气地

中国大事记

公元8年，王莽自立为帝，改国号曰新，次年改元为始建国。

说："全都是一派胡言，这是欺骗天下的行为，怎么能够相信呢？"

这时，太保王舜也在旁边煽风点火，说不如就满足了王莽的条件。太皇太后虽然心里不愿意，可是这时自己已经拿王莽完全没办法，所以也就只好答应。不过，当时王莽还没有明目张胆地称帝，所以太皇太后只是下诏说让他像周公一样，代理皇帝行使摄政权。

可是，王莽哪肯善罢甘休。他示意大臣们上书，要求让自己登上皇位，穿上天子的衣服，像真正的皇帝那样行使摄政的权力。太皇太后没办法，也只好又同意了他的要求。就这样，王莽已经成了半个皇帝了。

居摄元年（公元6年），王莽册立了汉宣帝玄孙刘婴为皇太子，号称为孺子。王莽宣称，卦象上已经显示得非常清楚，这个刘婴是最适合做皇室继承人的人选。其实，哪里有什么卦象，王莽这么做完全是因为刘婴才两岁，对他来说最有利。

初始元年（公元8年），在王莽的帮助下，各地纷纷出现了"符瑞"，而且这些符瑞全表示一个意思：那就是让王莽做皇帝。王莽对待这些符瑞的态度非常"宽容"，不管是真是假，一概接受。经过一系列的准备，王莽认为时机已经完全成熟了，自己是时候正式登基做皇上了。于是，他先是把各种符瑞交给太皇太后看，然后又派安阳侯王舜去劝说，让她把皇帝的玉玺交出来。

王舜见到太皇太后后，还没提御玺的事，就被她狠狠骂了一顿，太皇太后说："我真是看走眼了，亏我当初还那么信任你！你们父子都是我汉家的臣子，也蒙受我汉家的恩德。如今，你们不但不为国家社稷担忧，反而帮助他人谋夺汉朝的江山。你的这种做法简直让所有人不耻，天下人都不会原谅你们的做法。"

王舜被太皇太后说得满脸羞愧，站在那里半天没说一句话。太皇太后越说越气，骂道："今天你们不就是想要册立新的皇帝吗？那么你们完全可以再刻一个玉玺，何必要这个不祥的亡国玉玺呢？我是一个老寡妇，本来就是快死的人了，现在就让我和玉玺一起下葬吧！"

太皇太后说着说着就流下了眼泪，身边的很多人也都跟着掉泪。王舜这时也觉得很悲伤，就对太皇太后说："可是王莽非要玉玺，我又能怎么办呢？"

最后，太皇太后冷静地想了想，知道现在这玉玺是交也得交，不交也得交。没办法，她只好听从了王莽的吩咐。这下可把王莽乐坏了，马上在未央宫举行了一场盛大的宴会，庆祝自己就要登上天子的位置。紧接着，王莽宣布放废除汉朝，建立新的朝代，并且还废除了太皇太后的尊号，改封为"新室文母太皇太后"。

始建国元年（公元9年）正月初一，王莽正式登基，并封孺子做了安定公，允许他穿自己的衣服，使用自己的历法。册书宣读完以后，王莽拉着孺子的手说："当初周公也是摄政，可最后把政权还给了周成王。其实，我也十分想那么做啊！但是上天命令我必须代替你，我真为不能把政权交给你而伤心啊！"

就这样，王莽正式灭了刘氏的江山，建立了自己的政权。

龚胜死节

王莽当上皇帝以后，开始大肆收买人心，起用那些比较有威望的人。王莽知道，老臣龚胜在朝廷中口碑非常好，于是他派使者带着诏书、官印来到龚胜的住处，希望能够请他"出山"。

早在王莽当皇上以前，龚胜就一直称病在家。使者到达龚胜的家乡后，马上当着所有人的面宣布了王莽任命龚胜做师友祭酒的事

大司马印章　西汉

历史关注

汉代以廷尉、御史中丞、司隶校尉为三法司。

情。接着，使者又找来了彭城的（龚胜的老家）郡太守、县令、县丞、郡县的三老、所有下属的官员以及在县乡中有头有脸的士绅、儒生等共1000多人，带着他们一起到龚胜的府邸送诏书。

使者认为，这么多人劳师动众地请你龚胜一个人，你不会不给面子吧？况且，这是封你龚胜做官，是很多人做梦都想得到的东西，你龚胜不会这么不识抬举吧？因此，当大队人马来到龚胜府邸时，使者并没有"屈尊"进入龚府，而是站在门口等着龚胜迎接。

可是使者想错了，这个龚胜就是不给面子，就是"不识抬举"。龚胜派家人出来对使者说，自己病得太严重，没法出来迎接。使者碰了一鼻子灰，心里非常不高兴。可是皇上交给的任务还是要完成的啊！没办法，使者只好忍气吞声，自己捧着诏书来见龚胜。

这一见可不要紧，把个使者吓了一跳。原来，龚胜这老头儿真是病得不轻。只见龚胜有气无力地躺在榻上，身上的官服好像很长时间没洗了。再看脸上，一点血色都没有，而且也是很长时间没清洗的样子。

使者先是假惺惺地问候了一番，然后就把皇帝的诏书、官印以及随带来的马车一同给了龚胜，然后笑嘻嘻地说："先生，皇上一直在朝廷中挂念您呢！现在圣明的新王朝建立了，可是我们从来没有忘记过老先生您啊！您看，朝廷正在用人的时候，您怎么也要出来主持大局吧！"

龚胜装作没听见，把头扭在一边。使者继续说："先生，如今朝廷的制度还没有建立，很多大事也没有处理，就是等待您出山主持朝政啊！皇上有很多事情要请教您，想听听您准备实施哪些措施治理国家，也好使新建立的国家太平昌盛啊！"

龚胜听到这，抬了抬眼皮，有气无力地说："劳烦使者回去禀报皇上，就说老朽愚昧，不能担当这么重的任务。况且，老朽年纪大了，身体又非常不好，实在是无能为力啊！还是请你回去禀报，就说我实在不能答应这件事。"

使者说："老先生说得是哪的话啊？您一定可以去的，没问题，您看……"说着，就把官印系在了龚胜的身上。龚胜一看，赶忙又摘了下来，说什么也不肯接受。使者一见老头这么固执，只好灰溜溜地回到了朝廷。

王莽一见使者自己回来，赶忙问道："龚胜呢？是不是没请来？"

"这……"使者刚想实话实说，突然眼珠一转，说道："陛下，其实龚胜很愿意过来。不过现在正是夏天，天气太热了，而且龚胜又有病在身，所以他说打算等到天气凉快一点的时候再过来。"

王莽一听就明白是怎么回事，知道是使者怕受责罚编的瞎话，于是就同意了龚胜的"要求"。使者一见暂时蒙混过去了，长出了一口气。接着，他每隔五天就和郡太守一起去看望龚胜，希望他能早日答应入朝做官。

为了能使龚胜出山，使者还对龚胜的儿子和学生高晖说："你们说这龚老先生也真是的，朝廷这次是真心真意地请他入朝为官，而且是用封侯的礼仪来对待他，这是多大的光荣啊！就算是龚先生身染重病，可是也应该先移到官舍去居住啊！那样的话，才是向朝廷表示他确实有进京做官的诚意啊！可是现在呢？他的做法有点不太合适吧！再说，如果龚先生做了官，也可以为你们这些子孙后代留下不小的产

·号 角·

古代军旅中使用的号角是用兽角做成的，故称角，它是东汉时由边地少数民族传入中原的。由于它发声高亢凌厉，在战场上用于发号施令或振气壮威，后来角也用于帝王出行时的仪仗。随着角被广泛使用，制角材料也改用轻易获得的竹木、皮革、铜角、螺角等。其型号长短大小有别，以适应不同需要。

元明以后，竹木、皮革制作的角消失，铜角广泛使用，到清末新军创建，洋式军号盛行，角就退出历史舞台了。

中国大事记

公元 17 年，新市（今湖北京山东北）人王匡、王凤聚众起义，他们隐藏在绿林山中，因而被称为"绿林军"。

业啊！"

高晖等人把使者的话转告给了龚胜。龚胜知道，不管自己怎么推辞，王莽恐怕都不会放过自己。于是，他把高晖等人叫到自己的跟前，对他们说："我龚胜虽然不才，但也知道什么叫作道德廉耻。我接受了汉王朝的厚恩，不管怎么作都无法报答。从道义上讲，我一个将死的人怎么可以再去侍奉另一个君王呢？如果我真的那样做了，我有什么脸面去见地下的故主啊？"

接着，龚胜又开始吩咐他们为自己准备后事，说道："我为官一直清廉，所以死后也不能奢侈。记住，我死后穿的衣服只要能包住身体就行了，棺材只要能放得下我就可以了。还有，不要给我种什么松柏、建什么祠堂，这些都是没用的东西啊！"

14 天后，龚胜绝食而死，终年 79 岁。

绿林赤眉起义

王莽当上皇帝以后，推行了一系列新的法令。

新法令非常琐碎而且还很苛刻，百姓们一不小心就会触犯并受到惩罚。为了"遵守"新的法令条文，百姓们根本顾不上地耕田，很多田地都荒芜了。此外，新法中规定的徭役也非常繁重，很多人对新法都非常不满。

在王莽推行新法的那几年，各地的蝗灾、旱灾接连发生，百姓们的生活苦不堪言。再加上地方官办事不力，各种案件都积压待审。各地的监狱中虽然关押了很多犯人，但却总是不能结案。

另一方面，各地的官吏借着推行新法的机会，采用苛刻残暴的手段欺压百姓，借助新法中的相关禁令侵吞百姓的财产。在当时，即使那些有钱人都不能保证自己的财产不被剥夺，更不用说是那些无权无势的穷人了。最后，百姓们终于忍受不了，纷纷起来反抗。

为了逃避官府的抓捕，"强盗们"都以高山大泽等地势险要的地方为根据地，对抗官府的军队。各地的官吏只知道欺负百姓，对那些起来反抗的强盗却没有一点办法。没办法，为了不被朝廷责罚，各地的官员只好隐瞒事实。这样一来，盗贼的数量越来越多，天下也越来越乱。

当初，临淮人瓜田仪带人攻下了会稽郡的长州（今江苏苏州西南）。后来，琅琊（今山东胶县南琅琊台西北）人吕母又聚集了几千人，杀死了海曲县（今山东省日照市）的县宰，然后一起逃到海上做起了海盗。由于百姓生活太悲惨，所以很多有人都去投奔他们，于是吕母的队伍越来越壮大，最后达到了上万人之多。荆州地区也不太平，当地发生了饥荒，百姓们都逃到了山野沼泽，在那里靠挖野菜为生。这些人拉帮结伙，互相攻击，都想抢夺各自的地盘。

在各地的盗贼中，有两支队伍的力量比较强大。其中一支被称为绿林军，另一支则被称为赤眉军。

王莽天凤四年（公元 17 年），新市人（今湖北京山东北）王匡和王凤兄弟因为处理事情非常公平，被大家推选为首领。当时，这两个人手下只有几百人。后来，很多逃亡在外的人都慕名投奔了他们。这些人聚集在一起，以绿林深山作为基地，攻打附近的村落。因此，人们把他们叫作绿林军。

王莽天凤五年（公元 18 年），琅琊人樊崇

玉虎队全出图　版画
这是一幅表现王莽年间，绿林、赤眉农民起义军传奇故事的版画。

历史关注 | 阳关始建于汉武帝元鼎年间，是丝绸之路南道的重要关隘。

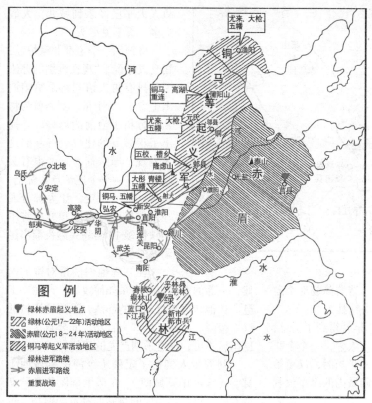

绿林、赤眉、铜马起义示意图

这下可把王莽气坏了，他大骂绿林军不识抬举，还问使者他们为什么不肯接受招安。使者回答说："起初，他们倒是同意了。不过这些人解散之后，没过多长时间又聚集在一起了。我就去问他们为什么这么做，他们说现在的法令既繁多又严苛，小心谨慎地过日子都有可能触犯。百姓们整日里辛勤劳动，得到的那些东西还不够交赋税呢。即便不去干活，不随便出门，也说不定哪天就因为邻居犯罪而被连坐入狱。同时，官吏们趁机压榨，百姓们实在没有活路了，所以……"

还没等使者把话说完，王莽就拍案而起，大骂说："这群贱民，太不识抬举了！你没完成朕的使命，免去你一切职务。"

从那以后，一些势利小人摸透了王莽的心思，总是在他面前说一些诸如盗贼该死，盗贼是乌合之众、长久不了的话。就这样，王莽被蒙蔽了。

又在莒城（今山东莒县）聚集百姓起兵反抗，当时也只有100多人。后来，附近的盗贼都知道樊崇很勇猛，就全部跑去归附他。后来，樊崇手下的士兵也有几万人。王莽知道这件事以后，赶忙派遣使者发动附近郡县和封国的队伍去剿灭他们，但是一直没能取胜。

后来，王莽又派太师王匡和更始将军廉丹带领大军攻打樊崇的军队。樊崇听说王匡和廉丹带军前来攻打，怕自己手下的士兵在和王莽军队作战的时候因混淆而伤了自己人，便想出了一个好办法。他让手下士兵把朱砂涂在眉毛上。这样一来，樊崇手下的士兵就成了红眉毛，从那以后，樊崇的士兵就被称为赤眉军。

其实，王莽早就知道这些情况。当初，为了能够消灭绿林军，王莽曾经派使者前去招安。可谁知绿林军不肯接受朝廷的招降。没办法，使者只好回去照实禀报。

昆阳大捷

王莽称帝后引起天下大乱，各地纷纷起义讨伐王莽。为了平息各地的叛乱，王莽派出大批兵马四处征讨，其中大将严尤和陈茂负责消灭刘秀兄弟建立的更始政权。

由于作战不利，严尤和陈茂被刘秀兄弟打得落花流水。王莽得到消息后，急得坐卧不安，马上派遣司空王邑和司徒王寻前去助阵。王莽召集了足足有43万人，王邑和王寻带领人马，

中国大事记

公元 22 年，南阳的豪族刘缜、刘秀兄弟为了恢复汉室，率领七八千人发动起义。

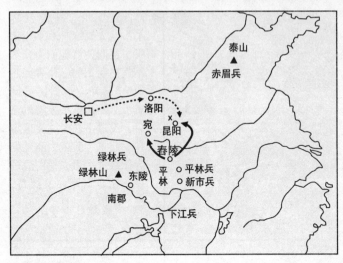

昆阳之战示意图

一路上大造声势，号称百万，浩浩荡荡地杀向了崤山以东的昆阳城（今河南叶县）。

此时，守卫昆阳城的汉军早就得到了消息，将领们见到王邑和王寻的兵力太多，一个个吓得全都跑回了城里，不敢出来。当时，汉更始帝刘玄正带兵攻打宛城，昆阳城内的汉军仅剩下八九千人。

刘秀见手下的将领都开始担心，而且还想分散到各个地方去，就对他们说："你们怎么可以这样呢？如今我们昆阳城内兵少，粮食也不充足，而城外的敌军力量又那么强大，你们认为逃跑是最好的选择吗？"

将领们平时就瞧不起刘秀，这时见他这么说，都顶撞道："那刘将军有什么高见呢？"

刘秀继续说："现在如果我们合力拼死抵抗敌军，也许还会立下功劳。可是如果全都逃跑，恐怕我们这八九千人一个也活不了。一旦昆阳城被敌人占领，我们汉军就会在一天之内被人家消灭。现在正是生死存亡的时候，你们不考虑同心协力，共举大事，反而在这里思念什么老婆孩子，成何体统？"

刘秀的话激怒了将领们，他们大声说："刘将军，说话太难听了吧！"

刘秀看了看他们，笑着起身离去。正在这时，负责侦查的骑兵回来禀报，说："报告将军，敌人大军已经杀到城北，人数众多，看不见尽头。"

将领们一个个都非常惊慌，相互议论说："现在没别的办法了，只有再去请刘将军给咱们出主意了。"于是，刘秀就为将领们分析了当前的局势，并提出了很多好的建议。将领们这才发现，原来刘秀是个很有头脑的人，一个个连忙点头称是。最后，刘秀决定，让大部分人马留守昆阳，自己和五威将军李轶带领 13 名骑兵趁夜溜出昆阳城搬救兵。

在刘秀他们商量对策的时候，王莽的军队也在商量如何攻城。严尤劝王邑，让他转道攻打刘玄的部队，逼迫昆阳城的汉军投降。可是王邑好大喜功，非要直接打下昆阳城不可，没有采纳严尤的建议。

刘秀带人到达了定陵（今河南郾城西）、郾县（今河南郾城南），在那里调派各个营部的军队。可是，当地的将领们都贪恋财物，想要分出一部分士兵留守在那里。刘秀看到这种状况非常生气，对他们说："你们真是目光短浅。如果我们打败了敌人，将会得到比你们现在多出几万倍的财宝，而且还可以建功立业，成就大事。可是，如果我们被敌人打败，恐怕连命都没有了，要那些财宝还有什么用呢？"

将领们觉得刘秀说得有道理，就放弃了这个念头，带上所有的人马跟随刘秀出发。刘秀便带领步兵和骑兵 1000 多人做先头部队，来到距离王莽大军四五里远的地方摆开了阵势。王邑和王寻一见汉军的援兵赶到了，连忙派出几千人应战。

这时的刘秀眼睛都红了，他大吼一声，率先冲向敌人，一连砍死几十个敌人。将领们一个个惊得合不上嘴说："真看不出来，刘将军一向胆小怕事，平时见到弱小的敌军吓得不敢出战，怎么今天看到强敌反而勇猛了呢？"

旁边一个人也说："是啊！既然这样，我们

怎么能落后呢？让我们一同协助刘将军。"

就这样，刘秀带领手下的士兵向前进兵。作战就是这样，将领的士气直接关系到整个军队的士气。一会儿的工夫，王莽的军队已经被杀得七零八落，死伤足有 1000 多人。汉军越战越勇，没有一个不以一当百的。紧接着，刘秀又带领 3000 敢死队，直接杀向王莽大军的主力。

王邑和王寻非常轻视汉军，亲自带领 1 万多人迎战，并且命令其他人不得擅自行动。王邑和王寻怎么是刘秀的对手。只见汉军一个个奋勇杀敌，把敌军杀得落花流水。最后，汉军取得了重大胜利，王寻在战斗中被杀。

经过昆阳一战，刘秀兄弟的名气越来越大，很多地方的英雄好汉都起兵反抗，并且使用汉军的年号，等待刘秀兄弟的命令。

刘秀建立东汉王朝

刘秀出身于南阳豪族地主集团，是西汉长沙定王刘发的后代。刘秀鼻梁高耸，额角隆起，性格勤勉，政治资本雄厚，具有敏锐的政治才能和丰富的军事韬略。

自从王莽篡夺汉朝政权以后，刘秀兄弟时常愤愤不平，心怀光复汉朝的志向。他们没有经营家产，反而变卖家产用来结交天下的英雄豪杰。绿林、赤眉大起义爆发后，刘秀和他的兄长刘縯一起打着"复兴高祖之业"的旗号，

在春陵（今湖北枣阳东）一带集结了七八千人起兵和绿林军三路人马联合起来，接连打败了王莽的几名大将。

这时的绿林军已经发展到好几万人，但队伍没有统一的指挥。将士们认为队伍壮大了，必须有个威望高的首领来统一号令。一些贵族地主出身的将军，认为一定要找一个姓刘的人当首领才符合正统。

绿林军里有这么多姓刘的，该由谁来当首领呢？春陵兵觉得刘縯无论是威信还是能力都是数一数二的，推选这样的人来担当首领最合适不过了。可是新市和平林兵的将领因为害怕刘縯的威武严明，担心他的势力太大，坚持要立懦弱的刘玄做皇帝。虽然各个英雄豪杰感到失望，心里很不服气，但也没办法，也只好同意了。

公元 23 年，刘玄被推选为皇帝后，恢复了汉朝的国号，改年号为"更始"，从此绿林军又称汉军。汉军虽然表面上归刘玄统领，实际上他手下的各个将领都有各自的封号和势力，刘縯和刘秀兄弟也不例外。

后来，起义军内部发生内讧，新市兵、平林兵的旧将领因为刘縯和刘秀兄弟名声越来越大，秘密建议刘玄除掉他俩。刘玄借口刘縯违抗命令，将刘縯杀了。

刘秀听到哥哥刘縯被杀，知道刘玄必定怀疑到自己了，说不定下一个被杀的就是自己，于是立刻赶到宛城向刘玄赔罪。当别人向他

· 东汉募兵制 ·

东汉时光武帝刘秀改革兵制，中央禁军多采取招募，地方郡县不设常备军，废除都试制度。遇到战事，临时招募士卒组成军队，将原来的西汉时期的征兵制改为募兵制。

募兵制是当有战事时，以雇佣的形式招募士卒的一种兵役制度，最早形成于战国时代，比如魏国的"武卒"。西汉时也曾招募一些身强力壮、武艺高强的勇士组成精锐部队，但是不带有普遍性。东汉募兵的来源主要有农民、商人和少数民族。主要方法有使用钱财、免除赋役和强抓壮丁等。由于募兵是临时招募的士兵，缺乏军事训练，战斗力很差，导致"是以每战常负，王旅不振"。募兵制的盛行，加重了国家财政负担，使一批农民长期脱离土地，影响了农业生产。应募者对将领有严重的人身依附关系，逐渐演变为私人部队，造成地方势力膨胀，成为军阀割据的重要原因之一。

中国大事记 | 公元23年，更始帝迁都洛阳，刘秀被派到河北，开始发展自己的势力。

光武帝涉水图 明 仇英

表示哀悼时，他不谈论私事，只是一味地责备自己；当有人问起他昆阳大战的情形时，他也一点不居功，说全是将士们的功劳；他更不敢为哥哥披麻戴孝，照常吃饭，照常喝酒，还要有说有笑，装成高兴的样子。

刘秀忍辱负重，终于麻痹了刘玄，再次取得他的信任。刘玄不但没有杀掉刘秀，反而对刘秀感到愧疚。为了补偿杀害刘縯的过失，刘玄让刘秀担任破虏大将军，并封他为武信侯。后来，长安攻下来了，王莽也被杀了。刘玄到了洛阳又给了刘秀少数兵马，让他到河北去招抚黄河以北的各个郡县。

为了进一步壮大自己的势力，刘秀树立了复兴汉室的旗帜，取得了许多怀念西汉的仁人志士的拥护。他考察官吏政绩，根据能力的大小或任用或罢免，废除王莽时期的一些苛刻法令，释放一些囚犯。一面消灭了一些割据势力，一面镇压河北各路农民起义军。不久，差不多整个黄河以北的地区全被刘秀占领了。

更始三年（公元25年），刘秀在鄗（今河北柏乡县北）自立为皇帝，这就是汉光武帝。他改年号为建武元年，定都洛阳，史称东汉。

刘玄掌握政权后，认为自己的江山已经坐定，开始腐败起来。他整天待在皇宫里喝酒，荒废政事，还滥封官爵，引起了许多将领的强烈不满。不满更始政权的赤眉军别树一帜，与以绿林军为主体的更始政权相抗衡。赤眉军于汉光武帝建武元年（公元25年）九月攻入长安，推翻了更始政权。

赤眉军的首领樊崇一定要找个姓刘的人做皇帝，于是硬把一个15岁的放牛娃刘盆子立为皇帝，据说刘盆子跟西汉皇族的血缘最近。

赤眉军声势浩大地打进了长安，可是富商和地主趁机囤积粮食，几十万将士的口粮发生了困难。

樊崇只好带着好几十万人马离开长安向西撤退，但是到哪里都解决不了粮食供应的问题。到了天水一带，樊崇又遭到地主豪强的拦击，只好率军返回重新控制了长安。

由于粮食问题仍然没有得到解决，赤眉军再度陷入饥饿，并被豪强武装夹击，不久又被迫放弃长安，引兵东归。

汉光武帝刘秀一听说赤眉军向东转移，马上派冯异率军向西进发，追击赤眉军，同时沿路收罗了许多投降的盗贼。冯异在华阴追上赤眉军，两军对峙了60多天，交战10次均以赤眉军失败告终，赤眉军陆续有5000多人投降了冯异。

赤眉军的残余部队向东逃往宜阳，刘秀亲自率领大军严阵以待。赤眉军突然遇到威武的大军，早就吓得不知所措，纷纷束手就擒。

刘秀建立了东汉王朝，镇压了赤眉农民军后，削平各地方割据武装势力、统一全国就提到议事日程之上了。

刘秀平定陇西

在平定关东以前，光武帝刘秀采取了"联陇制蜀、西和东攻"的作战策略，确定了先攻打关东、再进攻陇蜀，由近及远、各个击破的统一全国的战略方针。在平定关东时，隗嚣一直帮助东汉，多次打败公孙述的军队，阻止了公孙述向北发展的势力，解除了西边的忧患，使刘秀能够集中力量平定关东地区。

历史关注

汉代的屯田分军屯与民屯两种。军屯为利用士兵，民屯为迁移民众充实边疆。

陇西地区连接巴蜀，靠近关中，隗嚣10万多军队占据了甘肃陇西地区，对刘秀完成东汉的统一威胁极大。关东割据势力被平定之后，刘秀随即准备向西平定陇西。

汉光武帝建武六年（公元30年）四月，刘秀前往长安，派遣耿弇、盖延等7位将军从陇西进攻陇蜀，隗嚣于是起兵叛变。他命王元防守陇坻，砍伐树木，堵塞道路，阻止刘秀的大军。两军交战，东汉将领们大败，各自率兵逃下陇山。隗嚣急速追赶，幸亏东汉将军马武挑选精锐骑兵断后，杀敌数千人，各路军队才得以返回。

东汉大军败退陇山后，刘秀重整旗鼓，派冯异率军镇守洵邑。冯异还没有到达洵邑时，隗嚣乘胜派王元、行巡率领2万余人下陇山，令行巡夺取洵邑。冯异率领大军日夜赶路，趁他们没有防备抢先占据洵邑，祭遵也在肝县打败王元的军队。北地郡豪强首领也都背叛隗嚣，投降了东汉。

刘秀命令冯异继续进军义渠，平定了北地郡、上郡和安定郡。

当时割据河西的窦融已经归附刘秀，受命进攻金城，击破隗嚣的羌族强何封等部落。这样隗嚣腹背受敌。

隗嚣手下的大将马援也在隗嚣反汉时归附汉朝。刘秀派马援前往游说隗嚣的将领高峻、任禹等人以及羌族的首领，为他们分析利害得失，以此来离间瓦解隗嚣的部属。

隗嚣见败局暂时难以挽回，于是向刘秀上书表示投降，企图以此作为缓兵之计，但刘秀已看穿他的欺骗术，没有接受他的投降。没办法，隗嚣又派使者向公孙述称臣。公孙述接受了隗嚣的投降，将他封为朔宁王，让他派军队作为自己的援助。隗嚣率领3万人马侵犯安定，又另派部队进攻肝县，企图夺取关中。但是隗嚣的出兵都不能取胜，最后只好返回。

汉光武帝建武七年（公元31年）春，刘秀派来歙率领2000多人抄小路绕道偷袭略阳县，斩杀了隗嚣的守将金梁。隗嚣闻讯大惊，说："刘秀的军队怎么这么神速？"刘秀听说略阳已经被攻取了，高兴地说："略阳可是隗嚣的心脏地带，略阳攻取了，那么其他的地方就像分解肢体一样容易了。"

吴汉等将领为了邀功请赏，都争相追击隗嚣。但刘秀认为隗嚣失去了可依靠的战略要地，心里一定很害怕，势必会出动所有的军队前来进攻，企图夺回略阳。在对方士气高涨的时候交战，一定很难战胜他们。不如等敌军围攻城市疲惫困顿的时候再进军。于是，刘秀把吴汉等将领全都追回来了。

正像刘秀预料到的，隗嚣果然亲自率领几万大军重重包围了略阳，大有一口气吞下略阳的气势。为了围攻略阳，隗嚣还派几员大将分别守住各个关隘。公孙述也派出军队前来协助隗嚣。他们挖山筑堤、放水灌城，企图逼迫来歙投降。来歙和部众们誓与略阳城共存亡。箭射完了，他们就拆掉房屋把里面的木头取出来作为兵器。由于来歙和将士们誓死坚守，隗嚣动用了全部的精锐部队，好几个月都没有将略阳城攻下，隗嚣的部下不免都有些气馁。

云台二十八将图（版画）
永平中，汉明帝追感前世功臣，乃命图画二十八将于南宫云台，后来又加上王常、李通、窦融、卓茂，合为三十二人，故又有云台三十二将之说，他们都是当年追随刘秀打天下的功臣。

中国大事记 | 公元32年，光武帝刘秀亲征割据陇右的隗嚣。

刘秀觉得征伐隗嚣的时机到了，于是决定亲自率军进攻。光禄勋汝南人郭宪劝阻说："如今东部地区才刚刚平定，陛下不能远征。"于是他拦住刘秀的战车，拔出佩刀，砍断引车前行的皮带。但刘秀执意向西进军，一直走到漆县。这时，将领们都认为皇帝的军队不宜深入险恶的地方。刘秀拿不定主意，征求马援的意见。马援认为隗嚣的军队已经快要土崩瓦解了，一旦进军，必定会击溃他们。接着，马援又用谷粒堆成各种各样的地势，分析双方的形势，清晰地展示出大军进攻的路线，刘秀惊喜地说："敌人的情况我都清楚了！"第二天一大早，刘秀就发动大军抵达高平县第一城。

这时，窦融也率领步骑兵几万人、辎重车5000多辆和刘秀的大军会合。于是，联军分成几路上陇山，牛邯投降。接着隗嚣的13位大将以及他所属的16个县、部众10余万人全部归降，略阳县解围。隗嚣率领残余部队逃奔西城，汉军占领天水郡。

次年，刘秀派遣来歙率领冯异、寇恂等人西征，消灭隗嚣的残余势力。

汉光武帝建武十年（公元34年），汉军相继攻破高平第一城、落门，王元只身逃奔公孙述，隗纯等人投降。这场战争，持续了4年，陇西终于平定了。

"强项令"董宣

东汉初年，出了个远近闻名的"强项令"（即硬脖子，意思是不向强权屈服）董宣。他刚直不阿，秉公执法，受到当时人们的称赞，就连汉光武帝都非常信任他。

当时，京都洛阳住着许多皇亲国戚和大官僚，成了全国最难治理的地方。由于东汉刚刚建立，社会治安还不够稳定，再加上京城里聚居着皇亲国戚、功臣显贵，一个小小的洛阳令，怎么敢去管制他们？于是这些皇亲国戚常常纵容自家的子弟和奴仆横行街市，无恶不作。董宣担任洛阳令后就遇到了一个棘手的难题：如何处理湖阳公主的家奴行凶杀人的案件。

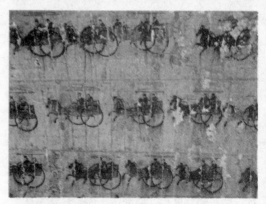

君车出行图 汉

这个湖阳公主可是光武帝刘秀的嫡亲姐姐。她仗着自己是皇帝的姐姐，豢养着一批凶狠的家奴，在京城里作威作福，为非作歹，横行无忌。

一天，湖阳公主的一个家奴大白天公然在街上杀了人，董宣立即下令逮捕他。那个狡猾的家伙赶紧躲进湖阳公主家里，董宣手下的人不敢贸然跑到公主的府邸里去搜捕。董宣知道以后很生气，心想：我就不相信了，难道你这个恶奴就天天躲在里面，一辈子不出来？于是，董宣派人时刻监视湖阳公主的住宅，下令只要那个杀人犯一出来，就立刻逮住他。

这个恶奴在公主家待了好几天，也没有听到这个新县令有什么动向，心想这个县令也是害怕公主的势力，不敢把他怎么样。

不久公主要出门，恶奴也跟着公主的车马队伍走，在大街上被董宣派出去的人发现。派出去监视的小吏立即回来向董宣报告，说那个杀人犯跟着公主的车马队伍走在大街上，实在无法下手。董宣急忙带人赶到夏兰亭将公主的车马拦住。湖阳公主坐在车上，看到一个小小的县令居然敢拦自己的道，简直是太放肆了！她气愤地问道："你是什么人？竟敢拦我的车驾？你不要命了吗！"

董宣很有礼貌地上前施礼，解释说："我是洛阳令董宣，您身边的一个奴仆几天前在大街上杀了人，我现在就是要把他绳之以法，请公主把杀人犯交给我们处置！"

历史关注

三纲五常是汉代政治道德、社会道德、家庭道德及个人道德的总概括。

湖阳公主一听董宣当众要抓自己的人，顿时火冒三丈："你有几个脑袋，敢拦住我的车马抓人？你的胆子也太大了吧？"

可是，她万万没有料到，眼前这位小小的洛阳令竟然怒发冲冠，双目圆睁，猛地从腰中拔出利剑向地上一划，厉声叱责她身为皇亲竟公然祖护杀人犯，目无国法。湖阳公主一下子被镇住了，吓得连大气都不敢出。

董宣义正词严地接着说："就是王子犯了法，也得与老百姓一样受到法律的制裁，何况是你的一个家奴呢？我身为洛阳父母官，决不允许任何罪犯逍遥法外！"董宣一声喝令，恶奴顿时人头落地，把湖阳公主吓得目瞪口呆。

身为皇帝的姐姐，湖阳公主哪里受得了这种委屈。她觉得自己蒙受了奇耻大辱，气得脸色发紫，浑身打颤。其实，丢了个奴仆，她倒不痛心，可是在这洛阳城的大街上当着这么多人丢面子，她怎么也咽不下这口气！

湖阳公主二话不说，立即掉转车头，直奔皇宫而去。

湖阳公主一见到刘秀就委屈得哭哭啼啼，刘秀见姐姐这么伤心，忙问是怎么回事。湖阳公主好久才止住了哭声，数落董宣不把自己放在眼里，非让刘秀杀了董宣替她出了这口恶气不可。光武帝听了不禁大怒，心想：董宣对自己的姐姐如此无礼，分明就是不把他这个皇帝放在眼里。想到这，刘秀便不分青红皂白，厉声喝道："快把那个董宣捉来，我今天非杀了他不可！"

董宣被带上殿后，对光武帝叩头说："请允许我先说一句话，再让我死吧！"光武帝非常恼怒，说："你还有什么话说？"

董宣十分严肃地说："托陛下的圣明，才使汉王朝重新兴盛起来。没想到您今天不但要纵容一个家奴滥杀无辜，残害百姓，还要杀掉严格执法的官吏。您带头破坏国家的法纪，以后还怎么治理国家？我也不等您用棍子将我打死，还是让我自己去死吧！"说着，便一头向旁边的柱子上撞去，顿时血流满面。

光武帝不是一个昏君，他被董宣的凛然正气深深地折服了。他又惊又悔又惭又喜：惊的是董宣是如此刚正不阿，悔的是自己不该一时冲动，惭愧的是自己不辨是非，喜的是自己的手下有这么忠心的官员。此时，刘秀先前心里的怒气早已一扫而光，下令身边的人赶紧将董宣扶住，给他包扎好伤口，并免去董宣的罪。

但当着公主的面，也得给公主留点面子，于是刘秀和气地对董宣说："今天的事情就到此为止，你就给公主磕头赔个不是吧。"

董宣不服从，理直气壮地说："我没有错，我不会磕头！"

光武帝只好让两个小太监强行把董宣搀扶到公主面前磕头谢罪。两个小太监照办，可是董宣的脖子硬得怎么也按不下去。

湖阳公主见董宣死不肯向自己赔礼道歉，顿时觉得颜面扫地，冷笑着对光武帝说："文叔（刘秀字），你当年是老百姓的时候，还常常把逃亡的罪犯藏在家里，官府都不敢把你怎

·沙盘的使用·

东汉建武八年（公元32年），光武帝刘秀亲征割据陇右的隗嚣。汉军行至漆县（今陕西彬县），不少将领认为前方情况不明，地势险要，胜负难料，不宜进军。刘秀也犹豫不决，是战是退，难下决心。这时，大将马援进见，指出"隗嚣将帅有土崩之势，兵进有必破之状"。他命人取些米来，在光武帝面前堆成山谷沟壑的之状，然后指点山川形势，标示各军进退往来的道路，"分析曲折，昭然可晓"，对战局分析得也很透彻。刘秀大喜，说"如在吾目中矣"（《后汉书·马援传》），遂决意进军。汉军势如破竹，很快消灭了隗嚣。其中马援"堆米为山"起到了重要作用，这是中国历史上第一次使用军事沙盘，是战争史上的一个创举。在战争中使用沙盘，能够使战场上双方的形势一目了然，为指挥者提供了形象直观的信息。

么样。如今您当了皇帝，难道一个小小的洛阳县令都制服不了了吗？"

光武帝笑着说："做皇帝跟当老百姓可不一样呀。正因为我是一国之君，才更应该秉公执法，以身作则，要不然怎么治理国家呢？"

光武帝转过脸赞叹地对董宣说："好个强项令，快起来吧！"

光武帝非常欣赏董宣执法如山、不畏强权的牛劲儿。为了对他嘉奖和鼓励，也为了给其他官员树立一个榜样，刘秀专门派人给董宣送去了30万赏钱。董宣把这笔赏钱都分给了手下的官吏和衙役。

自从洛阳城里有了"强项令"董宣，洛阳城的社会秩序大为改观。洛阳城里的豪强、官僚和皇亲再也不敢像以前那样为所欲为了。

退功臣，抑外戚

建武十三年（公元37年）四月，吴汉平定西蜀，班师回朝。光武帝大规模犒劳将士，给予功臣高官厚禄，更改封号、增加封邑的有三百六十五人，又分封外戚、恩泽侯四十五人。其余各功臣按不同等级各有赏赐，对已经去世或战死沙场的功臣的子孙进行了提拔，有的甚至还分封了他的旁系亲属或庶出子孙。

经历了长期战争的光武帝，厌倦了戎马生涯，深知长期战争，国家经济十分萧条，人民饱经战乱之苦，想休养生息，因此，不准在没有紧急军情时谈论军队战争之事。有一次，皇太子向光武帝问起有关攻战的问题，光武帝回答说："以前卫灵公向孔子请教战阵的问题，孔子没有回答，这也不是你所应该知道的事。"邓禹、贾复等知道光武帝想停止争战，注重文治，不愿让功臣聚集在京城，遂退职回家。同时光武也想保全功臣爵禄，担心这些功臣担任职事官会因此而失去爵邑，就罢除了左右将军等职。交上大将军、将军印绶归家的有耿弇等人，光武帝都加以空衔，让他们可以参与朝会。

邓禹为人修养较好，敦厚，有十三个儿子，且都让他们学得一技之长。邓禹平时注重整顿门风，教养子孙，他所制订的许多家法门规为后世所效法，在经济上除了食用封邑，不再从事其他营利性的生产。

贾复不轻易过问外事，为人也刚毅正直、重志节。朱祐等人向光武帝推荐说贾复可以出任宰相，光武帝注重让三公负责处理一般政事，但是功臣一概不用。一般情况下，邓禹、李通、贾复等人的意见才有可能被采纳，光武帝对他们三人格外照顾。

光武帝虽然剥夺了功臣的军政大权，但对功臣还称得上关心爱护，恩赏备至。对于功臣的小过失往往能原谅和赦免；对于远方进贡的物品，他常遍赐功臣列侯；同时还经常告诫功臣要珍重自爱，不要以身试法。

对刘秀这种安置功臣的办法，王夫之评论说："光武帝没有让功臣出任要职，诸将不做非分之想，光武帝的用意是深远的。自古以来，这种关系能处理得这样好，也只有东汉。"

外戚干政的问题自刘邦建汉以来始终没有解决，以致出现了西汉末年的外戚专权、王莽篡汉。刘秀重建汉政权后，为防止外戚专权再现，对后族、外戚干政进行了严密地防范，外戚一律不得封侯。如冯衍小时候就有奇才，9岁时就能背出很多诗，20岁时就因知识渊博而小有名气。王莽时，虽多有举荐，冯衍都拒绝了。建武六年（公元30年），冯衍上书，建议光武帝采取注重文治、奖励功臣、安抚边境等一系列的措施，深得光武帝的赏识。后因外戚阴识、阴就也很看重冯衍，冯衍也就与他们结交。光武帝把外戚宾客抓起来绳之以法，借此打击外戚私交宾客。冯衍虽经光武帝下诏赦免，但也终不得用。光武帝名义上是打击宾客，但实际是在警告、震慑外戚不要有非分之想，所以，外戚在光武帝时都谦逊以求自保。建武九年（公元33年），光武帝想要封阴兴，阴兴极力推辞说："臣蒙陛下恩泽至厚，家贵已极，不可复加，至诚不愿。"刘秀对阴兴的这一举动感到十分高兴："嘉兴之让，不夺其志。"事后，对于阴兴为何如此谦退，他说："夫外戚之家

历史关注

西汉时，筑龙首渠，发明井渠法，创造地下渠道。

苦不知谦退，嫁女欲配侯主，娶妇眄睐公主，愚心实不安也。富贵有极，人当知足。"光武帝的计划就是这样，既鼓励他们谦退，更不愿外戚势力增长，正因如此，在光武帝时代，外戚"皆奉遵绳墨，无党势之名。至或乘牛车齐于编人"。

许多诸侯王在光武帝建国之初得到分封，但和西汉初年的诸侯王相比，东汉的诸侯王的领地小了很多，大多只有一个郡。同时，这些诸侯王，只有食封权，而无治民权。尽管如此，鉴于七国之乱，光武帝约束限制了各诸侯王的势力。建武二十四年（公元48年），光武帝重申了汉武帝的"阿附蕃王法"，严禁诸侯王私交宾客。但过了不长时间，沛王纠集宾客谋杀仇人，事后，光武帝将许多王侯宾客坐以刑罚，被处死的有千人之多。所以三国时的诸葛恪说："自光武帝以来，诸王都很有节制，唯得自娱宫内，不得临民与政事，其与交通，皆有重禁。"

·太尉和尚书台·

东汉建立后，对中央军事机构进行了一些改革。

一是太尉的职权增强。东汉时，太尉仍是最高军事行政长官，但它的职权比西汉有所扩大：太尉的职权超过了司徒、司空，在三公中的地位最尊；太尉的属官增加，领有24人：东曹、西曹、户曹、法曹、兵曹、仓曹、奏曹、辞曹、尉曹、贼曹、决曹、金曹等；太尉有时也可以统领中央实权机构尚书台。

二是尚书台成为实际军事权力机构。尚书在秦和西汉时只是少府的属官，职责是传达殿中诏令。汉武帝时职权有所扩大，开始代替皇帝裁决和下达章奏。到东汉光武帝刘秀时扩充为尚书台，规定其"掌凡选署及奏下尚书曹文书众事"，成了一个实权机构，"虽置三公，事归台阁"，位卑而权重。尚书台因参与国防、战略等重大决策，所以成为事实上的中央军事领导机构。

马革裹尸还

"马革裹尸"这句豪言壮语，出自东汉伏波将军马援之口，历史上不知有多少军人在它的激励之下舍身赴死、为国捐躯。伏波将军马援是一位充满传奇色彩、令人敬佩的一代名将。在两汉交替之际，马援以他杰出的将才为这副壮丽的历史画卷添上了浓重的一笔。

马援，字文渊，扶风茂陵人。虽然马援是历史上的一代名将，但是他开始读书的时候已经12岁了。当时有个叫朱勃的人经常去他家里，朱勃与马援年龄差不多，但是人家小小年纪就能背诵《诗经》、《书经》，言谈举止温文尔雅，所以马援总觉得自惭形秽，非常自卑。

他的哥哥马况察觉到后，就勉励他说："朱勃只是比你早熟，总有一天你会远远超过他的。"马况果然慧眼识珠，后来的事实证明了这一点：朱勃还不到20岁，便当上了县令。可是等到马援做了将军并封侯的时候，朱勃的官位仍然是一个小小的县令。

穷人的孩子早当家，马援由于家庭贫困，不得不辞别哥哥外出独自闯荡天下。临行前，哥哥马况对马援说："你是一个大器晚成的人，真正的能工巧匠不会轻易把还没有完全雕琢好的玉石拿给别人看。你就按照自己的意愿，去干你想干的事吧，千万不要有什么牵挂。"

马援远离家乡，到北地种田放牧。他常常对宾客们说："大丈夫在穷困的时候意志应当更加坚定，年老的时候应当更加雄壮。"后来，马援放牧发了财，拥有几千头牲畜，几万斛粮食。可是他又叹息道："财富是用来赈济那些需要它的人，不然的话人就成守财奴了！"于是他毫不犹豫地把全部的家产慷慨地分送给了亲友和老朋友。

后来，王莽篡夺了汉家的江山，西汉覆亡。随后，各地都相继爆发了农民起义，很多豪强也趁机割据，希望将来能够夺得天下。

当时有三股势力最为强大，他们都极力想拉拢马援。其中割据陇西的隗嚣是他的同乡，

中国大事记

东汉"伏波将军章"

刘秀于公元41年封马援为伏波将军。

对他言听计从，占据蜀中的公孙述则是他的同学，待他殷勤无比，许诺封他为王。后来，马援见到了刘秀，虽然二人是初次见面，但是刘秀却像老朋友一样笑着去迎接他，没有一点架子，这一点让马援非常感动。马援说："乱世中，自称帝王的人不计其数。可是只有您恢弘大度，有帝王的威严。"此时，马援就有了投靠刘秀的意向。

汉光武帝建武五年（公元29年），隗嚣割据一方，准备背叛东汉独立。马援深知隗嚣不是刘秀对手，几次写信劝告，但是隗嚣根本不理会。马援于是上书刘秀，指出剿灭隗嚣的作战方案，正式投靠刘秀。同时，他还用米堆成山谷地势，展示大军进攻的路线，给刘秀一一讲解，十分清楚明白。刘秀高兴地说："敌人的情况，我都已经掌握了，这场仗是必胜无疑了。"果然，在马援的暗中帮助下，刘秀平定了隗嚣的叛乱。

在征讨边境少数民族时，马援也同样以卓著战绩表现了他杰出的军事才能。

马援担任陇西太守时，先后多次击退羌族的侵犯，平定了陇西。打败羌人后，马援便安置流民、开沟挖渠，鼓励耕作，发展生产。

平定了陇西后，南方交趾又有出现叛乱，并且有脱离东汉的危险，汉光武帝又派马援前去征讨。经过2年征战，马援斩杀数千叛军。之后，他又继续追击叛军的残余部队，斩杀5000多人，交趾地区全部平定。战争结束后，马援仍旧采用当地原有的制度来治理南越人，此后数年南越人民一直沿用马援的政策。

一般的开国元勋在功成名就之后，就开始享受天伦之乐，但是马援并不这么想。马援征讨交趾胜利班师回朝时，大家都去迎接他，劝他安度晚年，好好享受生活。可是马援仍然为国家的稳定担忧，说："现在匈奴、乌桓还在侵扰北部边疆，我应该出兵讨伐他们。"接着又说："男子汉应当战死沙场，马革裹尸（用马皮包裹尸体）还，怎么能够贪图安逸，老死在家里呢？"

当时，武陵蛮族人趁火打劫，进攻临沅（今湖南常德）。马援率军到达临乡，老将军虎威犹存，斩杀蛮兵2000多人。当大军到达下隽时，面前有两条道路可以进入蛮界：一条路近但地势险恶，另一条路平坦但是运输路线太长。马援的副将耿舒主张走平坦的道路进攻，但作为老将的马援求胜心切，坚持走险路。双方相持不下时，朝廷下令采取马援的建议。当时天气酷热，很多士兵患瘟疫而死。马援虽然也被传染，但仍然蹒跚着查看敌情，士兵们都被他感动得落泪。马援因年老体衰，没能逃过这场灾难，一代名将从此陨落。

马援死后，他的副将耿舒将失败的责任全部推给马援，上书抨击马援，认为马援因军事决策失误导致这次战役失败。曾经与马援结怨的虎贲中郎将梁松也趁机诬陷马援。刘秀大怒，立刻收回马援的新息侯印信。马援的妻子、儿女感到非常害怕，不敢将他的灵柩运回老家安葬，只是匆匆地葬在城西。马援生前的老朋友，也没有一个人敢来吊唁，葬礼显得非常冷清。

· 百 戏 ·

百戏是汉朝对音乐、舞蹈、杂技、魔术、角抵戏等表演艺术的统称，起源于民间，是由古老的原始宗教仪式发展而来，秦朝时开始传入宫廷。西汉时，在汉武帝的倡导下，百戏盛极一时。到了东汉，无论是宫廷中的庆典，还是民间节日，尤其是庄园内的宴乐聚会，都少不了百戏表演助兴。百戏表演时往往数百人同台演出，载歌载舞，场面热烈。

历史关注

汉朝之时，我国新疆、海南岛、云南等地区已经开始种植棉花。

汉明帝治国有方

汉明帝刘庄是东汉开国皇帝汉光武帝刘秀和皇后阴丽华的长子。

刘庄从小就机智聪颖，当他还是一个12岁的小孩的时候，就在历史上著名的"度田事件"表现出过人的资质。光武帝刘秀建立东汉统一中国后，下令清查垦田亩数。地方官员派人进京汇报工作时，刘秀无意中发现陈留官吏的简牍上写着："颍川、弘农的垦田亩数可以进行参照，河南、南阳的垦田亩数不可以参照。"

刘秀看了很生气，责问陈留官吏是怎么一回事，但陈留官吏不肯承认，还抵赖说是在路上捡的。这时刘庄插话说："这是地方长官教他们丈量垦田数目的方法。"刘秀还是不明白，刘庄解释说："河南洛阳是京城，陛下的很多大臣在这里居住，而南阳是陛下的老家，住着很多皇亲国戚。他们的田地和住宅都要超过国家的规定，所以不能作为参考依据。"刘秀又问陈留官吏是不是这么一回事，那个官吏不得不承认。

经过这件事情以后，刘秀开始对刘庄另眼相看，并且封他为太子。为了加强对刘庄的教育，刘秀让刘庄的舅舅阴识和阴兴共同辅导他学习。后来刘秀又任命当时的儒学大师桓荣教刘庄学习儒家经典。刘庄天性聪明，加上名师教导，到后来即皇位时已是饱读诗书、满腹经纶。

汉明帝刘庄即位后，便实施他一系列的治国方略。首先他举荐贤才，严格选用官吏。他任命邓禹为太傅、任命学识渊博而有谋略的刘苍为骠骑将军，并鼓励官员向朝廷举荐人才。明帝还对地方官吏进行考核，成绩最优异的和最差的都要上报朝廷。馆陶公主曾经向明帝替自己的儿子谋求郎官的官职，可是明帝没有答应，只赏给了她一万钱，说："郎官是一县之长，如果用人不当，会给当地百姓带来灾难的。"

汉明帝还是中国历史上屈指可数的以文兴邦的杰出皇帝。他以文治国，一方面大力弘扬儒家文化，另一方面积极引入佛教。他身体力行，推动儒学的发展和佛教的传播，把秦汉以来的文化事业推向了高峰。

为了弘扬儒家文化，明帝开帝王尊师重教的先风，第一次举行养老礼。明帝当太子时，曾向桓荣学习《尚书》。等到登上帝位，他仍然以师生之礼尊奉桓荣，像当初当学生一样恭敬有礼。桓荣去世后，明帝亲自改换丧服吊唁送葬，在首山南麓赐给桓荣一块墓地，还让桓荣的儿子继承父亲的爵位。汉明帝还亲自前往鲁城，拜访孔子故居，并亲自登上讲堂，为大家阐说儒家经典。

在明帝的积极倡导下，上自太子、诸王、侯爵，下至高官的子弟、功臣的子孙，都努力学习儒家经典。明帝还为外戚樊氏、郭氏、阴氏、马氏的儿子们在南宫专门设立学校，这些学生称为"四姓小侯"。明帝给他们安排讲解儒家"五经"的老师，选拔学识渊博的老师授课。明帝

白马寺山门

白马寺有中国佛寺"祖庭"之称，始建于东汉永平十一年（公元68年），因汉明帝"感梦求法"，遣使迎天竺沙门摄摩腾与竺法兰回洛阳后，按天竺式样为两位沙门所建的精舍。"白马"之名则取自"白马驮经"的典故。

中国大事记 | 公元57年，光武帝死，太子刘庄即位，是为汉明帝。

时期学习儒家经典的风气盛行，即使是期门、羽林等禁卫武官，也都通晓《孝经》章句的含义。另外，匈奴也纷纷派出贵族子弟到汉朝学习。

为了加强精神统治，汉明帝有意引入佛教文化。他派使者前往西方天竺国寻求佛教道义，运回了佛经，并带着沙门（精通佛家道义的人）回到了中原，佛教从此传入中国。

在对外关系上，汉明帝一方面派兵出征匈奴，另一方面派班超出使西域，于是汉朝与西域中断了半个多世纪的联系得以重新恢复。

此外，汉明帝还吸取西汉灭亡的教训，严格限制外戚势力，规定皇后妃子的娘家人都不得封侯参与朝政。马皇后的兄弟、虎贲中郎将马廖和黄门郎马防、马光3人，在明帝当政时一直没有得到升迁。尚书阎章精通过去的典章和制度，早就应当担任要职，但明帝因他是后宫妃子的亲属，竟不录用。明帝为了表彰创立东汉中兴大业的功臣，特意在南宫云台画上了28位将领的肖像以作纪念。因马援是皇后的父亲，虽然也是一大功臣，但是却并没有列入其中。

对待外戚犯法，明帝也从不徇私枉法。明帝的姐夫梁松，同时也是功臣梁统的儿子，因

怨恨朝廷、悬挂匿名书进行诽谤而被捕入狱，汉明帝毫不留情地将他处以死刑。同样，阴太后的弟弟阴丰因杀人犯法，虽然当时阴太后还健在，但明帝也不徇私情，坚持将阴丰处死。

汉明帝还十分重视农业生产。他任用王景治理黄河，直到东汉末年黄河也没有决口。另外他还免除了徭役，让农民能专心地从事农业生产，粮食连年丰收，百姓殷实富裕，牛羊遍野，天下太平。明帝当政时期，选贤任能，政治措施得当；轻徭薄赋，百姓安居乐业；民族关系缓和，国家人口增长。

马皇后

东汉明帝马皇后，是东汉名将伏波将军马援的小女儿，在光武帝时被选入太子刘庄的宫中。马氏入宫后，一心一意地侍奉阴皇后。她待人和蔼，与宫里的人都相处得十分融洽，因此深得阴皇后和太子刘庄的喜爱。汉明帝刘庄即位后，文武官员建议选立皇后，阴太后主张选马氏，明帝也欣然同意。

马氏登上皇后的位子后更加谦虚庄重。她常常穿着粗布制成的衣服，裙子边缘也不加花边修饰。每月初一、十五，嫔妃和宫女们入宫请安，远远看见她衣着简单粗糙，还以为是特制的上等丝绸，走近一看，才笑起来。马皇后说："这种料子特别适合染色，我就用了它。"

在古时候不孝有三，无后为大。没有儿子，这在古时是最大的憾事。"母以子贵"，作为皇后如果不生下太子，就难坐稳皇后这个位子。当时，马皇后的异母姐姐的女儿贾氏也被选入太子宫，生下皇子刘炟。明帝因马皇后没有儿子，便命他抱养刘炟，对她说："儿子不一定非得是自己亲生的，做母亲的只怕爱心不够，抚养不周到。"于是马皇后全心全意抚育刘炟，比抚育自己亲生的儿子还要辛苦操劳。太子刘炟生性淳朴笃厚，母慈子爱，两人始终亲密无间，毫无芥蒂。

马皇后还是一位很好的贤内助。在明帝当政时期，明帝的兄弟楚王刘英企图谋反。事情

历史关注

约在汉武帝之时，冬麦种植区域扩大到关中平原。

败露后，明帝认为刘英是受人指使的，所以穷究刘英的党羽，结果受到牵连的人越来越多，连续审查了好几年都没有结果。一些正直的大臣劝谏明帝，但他根本就听不下去。马皇后也知道这其中有不少冤案，心里十分忧虑。一天，明帝亲自到洛阳监狱去审问囚犯，并且当场释放了1000多人。在明帝释放囚犯后，天空立刻下起了一场及时的好雨，马皇后乘机劝说明帝不要再追究刘英的案件。明帝半夜里睡不着，反复思考马皇后的话，终于醒悟过来，案件也很快结束了。

自从那件事情以后，明帝发现马皇后很有政治才能，于是经常将一些在朝廷上无法裁决的事情拿出来，让马皇后帮着解决。马皇后为他深入地分析事情原委，并提出解决方法，弥补了许多朝政上的缺陷，明帝深为赞赏。但马皇后从来不提及自己娘家的私事，因此得到明帝的敬重。

明帝去世后，太子刘炟即位，即汉章帝，马皇后也被尊为太后。

过了一年，章帝想按照以往的制度封马太后的3个兄弟为侯爵，但马太后坚持不答应。当时朝政大权掌握在马太后手里，一些大臣误以为马太后故作谦虚。为了讨好太后，借以谋求晋升，他们便借全国发生旱灾为名，联合上书请求加封马太后的三个兄弟为侯。

马太后接到奏章，非常气愤。她说："这些上书的人，纯粹是想讨好我，以此来谋求升官。他们讲的理由是极为荒唐。西京成帝时，王太后的家族一天之内5人同时被封侯，当天黄沙漫天，云雾四起。武帝时外戚窦婴、田蚡荣宠身贵，横行不法，倾覆之祸，千夫所指。先帝生前吸取前朝教训，限制外戚干预朝政，禁止他们担任国家重要职务。我身为太后，却穿着粗布衣服，吃得也不要求美味佳肴，随从也穿得很朴素，之所以这样做，就是要给他们做个表率。不料他们见了只是笑笑说'太后一向喜欢节俭'。前些时候我经过娘家，看见那些到我娘家拜访的人络绎不绝。了解臣子的，莫过于君王，更何况他们是我的亲人呢！我不能让他们重蹈前朝外戚灭亡的覆辙。"

章帝见太后坚决不答应，只好把封侯的事暂时搁起。

马太后为了不让自己的娘家人生活过于腐朽奢侈，还特地下诏禁止马氏家族的人因私事请求地方官府，干预地方行政。她母亲死后，她觉得坟堆太高，就下令削低。家族中如果有穿着过于华美的人，便将他们的名字从皇亲国戚的名册中删除。对于那些正直朴素的家人，马太后就会赏给他财物和官位。因此，章帝时期，外戚节俭廉洁的风气远远超过了明帝时期。

马皇后身体力行为天下做出了榜样，她一生谨慎、谦虚、朴素、知书达理，赢得后世人们的赞誉，成为历代皇后的楷模。

约束外家

此图描绘的是东汉明德马皇后训诫宗族亲戚不要骄横越礼的故事。马皇后是东汉名将马援小女，明帝皇后。她曾以西京败亡之祸为戒劝阻章帝封爵诸舅，以防止外戚专权。

中国大事记

公元72年，汉明帝遣耿秉、窦固等将兵屯凉州，备击匈奴。

班超经营西域

自从西汉张骞出使西域开辟了丝绸之路后，西域各国与汉朝的交往得到广泛的发展。

可是，到了东汉初年，北方的匈奴再次强盛起来，不仅征服了西域的大部地区，还切断丝绸之路，导致东汉与西域的交往断绝。为了加强西部边疆地区的军事防御，汉明帝永平十六年（公元73年），车都尉窦固派副职假司马班超和从事郭恂一同出使西域。班超是今陕西咸阳人，班彪的儿子，著名史学家班固的弟弟。班超奉明帝的诏命再次出使西域，希望能够重新与西域建立联系。

班超开始到达鄯善国的时候，鄯善王广待他非常尊敬，礼数周到，后来态度忽然变得疏远冷淡了。班超对他的部下说："你们有没有发觉鄯善王对我们的态度突然变得冷淡了？"部下说："胡人性情变化无常，没有什么别的原因。"班超说："事情肯定没有这么简单，这一定是因为有匈奴的使者来了，而鄯善王心里犹豫不决，不知道该投靠哪一边。明眼人能在事情还没有发生之前就看出端倪来，何况事情已经很显著地暴露出来了。"于是班超召来胡人的侍从，假装已经知道实情，说："匈奴的使者来了好几天了，他们现在住在哪里？"胡人侍从惊慌恐惧地回答："他们已经来了3天了，就住在离这儿三十里远的地方。"

班超把胡人侍从关起来，召集全部的属下一共36人一起喝酒，正喝得起劲，班超借着酒兴激怒众人说："你们和我同在荒远的地方，如今北匈奴的使者才到了几天，而王广就对我们这么冷淡了。如果鄯善王把我们抓起来送给匈奴人，那么我们的尸骨恐怕要喂给豺狼了。大家说我们应该怎么办？"

部下一致回答说："如今我们已经处在危险的境地，我们愿意跟随您共生死！"班超激励大家说："不入虎穴，焉得虎子。当今可行的办法，只有趁着黑夜用火进攻匈奴人，让对方不知道我们到底有多少人。这样的话，敌人必定会大为震恐，就可以将他们一网打尽。除掉了北匈奴的使者，那么鄯善人就会胆战心惊，惧怕我们，进而归附我们。"有人说："我们应当先和从事郭恂商议这件事。"班超生气地说："命运的吉凶就决定于今天，从事郭恂是一个胆小怕事的文官，听到我们的打算一定会害怕，我们的计谋便会泄露，到时候死得没有任何价值，就不是英雄了。"众人都说："好！"

夜幕降临，班超便带领部下奔向匈奴的营地。当时天正刮着大风，班超带领10个人手持战鼓藏到匈奴的帐房后，相互约定说："一看见火起，都一齐擂鼓呐喊。"其余的人全都手持弓箭大刀，埋伏在匈奴营地的帐门两侧。班超顺着风向放火，大火一起，帐房前后鼓声齐鸣，匈奴人惊慌失措，乱成一团。班超亲手杀掉3个匈奴人，下属官兵斩杀北匈奴使者以及随从共30多个人，其余的100多个匈奴人也全部被烧死。班超等人第二天才提着匈奴使者的人头回去，把事情的经过告诉了郭恂。郭恂听了，大为震惊，接着神色一变，班超知道他在想什么，举起手说："您虽然没有参与这次行动，可我班超怎么会一人居功？这功劳也有您的一份。"郭恂这才高兴起来。

班超把鄯善王叫过来，把匈奴使者的人头给他看，鄯善王大为震惊。班超告诫

班超像

班超，字仲升，东汉扶风安陵（今陕西咸阳）人，班彪之子，班固之弟。公元62年随兄班固至洛阳，以文为生，后投笔从戎。公元73年，奉明帝之命与窦固一起北击匈奴，班固任司马，机智勇敢，杀敌无数。后出使西域以肃清匈奴势力，被任命为西域都护，使50余国归汉。公元95年，班超被封为定远侯，公元102年去世。

鄯善国柳中城遗址
鄯善即楼兰，为汉代西域三十六国之一。

鄯善王说："从今以后，不要再同北匈奴来往。"鄯善王连忙叩头谢罪，说："从今以后我愿意一心一意臣属汉朝，绝不再有异心。"

同年，汉明帝任命班超为军司马前往于阗国。

临走前，窦固想要增加班超的随行兵马，但被他拒绝了，只愿意带领原来跟随他的36人，说："于阗国是一个大国，而且路途遥远。如今率领几百人前往，无法显示强大；如果遇到危险，人多了反而成为累赘。"

当时，于阗国是西域一个强大的国家，但该国一直受到匈奴人的控制，所以班超到于阗的时候，于阗王广德接待他的态度非常冷淡。于阗国有信奉巫师的习俗，巫师怂恿广德说："神已经发怒了，问我们为什么要投靠汉朝。汉朝的使者有一匹黑唇黄马，快去找来做祭品！"于是广德派国相私来比向班超索要马匹。班超暗中获知底细，便爽快地答应了他，但要巫师亲自来取马。不久，巫师来了，班超当即将他斩首，并逮捕私来比，痛打数百鞭。班超将巫师的人头送给广德，借机谴责他。广德早就听说过班超在鄯善国斩杀匈奴使者的事，大为惊恐，立即斩杀了匈奴使者向东汉投降。班超重赏于阗王及大臣，并安抚于阗国百姓。

接着，班超又到达疏勒，当时的疏勒王兜题是龟兹人，是由匈奴人扶立的。班超到了以

后，废兜题王，扶立前疏勒王的侄儿为国主，疏勒百姓大为高兴。

从此，西域各国恢复了同汉朝的关系，纷纷派遣使者归附汉朝。自从班超出使西域后，阻塞了五六十年的丝绸之路重新开通，西域与汉朝重新恢复交往，西域出现一派和平安宁的景象。

汉章帝建初元年（公元76年），东汉政府下令召班超回国，在西域南道各国的苦苦挽留下，班超还是继续留在西域。此后他联合疏勒、于阗等国，顶住北匈奴的反扑。在东汉政府增派援兵之后，他又陆续平定了莎车、龟兹、焉耆等国的叛乱。

汉和帝永元九年（公元97年），班超派遣甘英出使大秦帝国和条支王国。甘英因途中遇到了大海，没有抵达最终目的地，但也到达了安息国西部边界，走遍了西海一带。他沿途所经过的地方，都是前代人从来没有到过的。甘英全面了解当地风土人情，收集各种珍奇的物产。

班超官至西域都护，封定远侯。直到汉和帝永元十四年（公元102年）八月，班超才回到洛阳，被任命为射声校尉。九月，班超去世。

窦太后临朝

窦皇后，扶风平陵（今陕西省咸阳西北）人，东汉章帝刘炟的皇后，她本来没有儿子，刘肇是她抱养过来的。当时宋贵人生下刘庆，由于马太后宠爱宋贵人，便将刘庆立为太子，而此时梁贵人也生了一个小皇子，起名刘肇。没有儿子的窦皇后"不甘落后"，就把梁贵人的儿子抱了过来，当做自己的儿子进行抚养。

等到马太后死后，宋贵人也就失去了靠山，而窦皇后此时更受章帝宠幸。窦皇后为了巩固自己皇后的位子，决定寻找除掉太子刘庆和宋贵人的机会。窦皇后暗中派人搜罗宋贵人的过失，连很微小的过错也不放过。

由于宋贵人温良贤淑，处世谨慎，窦皇后始终也没有抓到她任何把柄。最后，窦皇后终

中国大事记 | 公元88年，汉章帝死，皇太子刘肇嗣位，是为汉和帝。

于按捺不住了。一次，宋贵人因病吃不下东西，只是想吃新鲜的兔肉，就吩咐娘家人四处找寻。窦皇后却诬告宋贵人作法诅咒章帝，又说太子刘庆精神恍惚，不能够做皇位的继承人。章帝也不仔细核实情况，就听信了窦皇后的谗言，将刘庆的皇太子名号废掉，改封为清河王，并立刘肇为太子，由窦皇后抚养。同时，按照窦皇后的意思，章帝还将宋贵人逐出内宫囚禁起来。宋贵人不堪忍受这种屈辱和诬蔑，最后服毒自杀了。

刘肇被立为太子后，梁家人相互庆贺。窦皇后听到这个消息，心里十分厌恶。她想使窦氏家族成为这位未来皇帝的唯一舅家，不能容忍其他家族与她共同分享荣华富贵，因而嫉恨刘肇的生母梁贵人，经常在章帝面前说梁贵人的坏话。渐渐的，章帝也开始嫌弃梁贵人了。窦皇后又与娘家人串通一气，用匿名信诬告梁贵人的父亲梁竦，说他意图谋反。最后，梁竦死在监狱里，梁家被流放，梁贵人也在忧愤中死去。

章帝死后，太子刘肇即位，窦皇后被尊为太后。作为皇帝，年仅10岁的刘肇还只是一个孩子，显然不懂得如何必管理国家事务，政权只好交由养他成人、最为亲近的窦太后掌管。窦太后临朝摄政，不断巩固、扩大窦家的势力。

首先她大肆封官。为了把持朝政大权，她让哥哥窦宪担任侍中，掌管朝廷机密，负责发布诏命；弟弟窦景、窦环均担任中常将，负责传达诏令和掌管文书。为了控制军权，她让弟弟窦笃担任虎贲中郎将，统领皇帝的侍卫。这样，窦氏兄弟便都占据了显要的官职，掌握了

平索戏车骑出行图（局部）　东汉

国家命脉，权倾朝野。窦太后还不放心，把窦氏家族的其他亲属也安排在朝廷或地方担任各种官职。这些人勾结在一起，为所欲为，无恶不作。

为了取得豪强地主的支持，窦太后极力迎合他们的利益，甚至不顾劝阻，宣布解除郡国盐铁之禁。

不仅如此，窦太后还为了一己私利，不惜损害国家利益，屡次发动对匈奴的战争。

北匈奴遭受灾乱，南匈奴单于请求东汉朝廷帮助他们趁机扫平北匈奴。对此，朝臣意见并不统一。正好此时窦太后的弟弟窦宪把来京吊唁的都乡侯刘畅暗杀了。为了找一个借口让窦宪免遭处罚，窦太后将窦宪任命为车骑将军，联合南匈奴讨伐北匈奴，以便将功赎罪。

汉和帝永元元年（公元89年），汉军与北匈奴军大战于稽落山，结果汉军大破北匈奴军，追击余部一直到私渠海。窦宪胜利班师回朝，窦太后不但没有追究他以前犯的罪行，还赐封他官爵，升任大将军，封为武阳侯，地位仅次于太傅。窦太后还趁此机会将她的另外两个弟弟窦笃和窦环也分别升任为卫尉、侍中。窦氏家族至此可以说是权势显要，不可一世。窦氏兄弟也日益骄纵，朝廷官员全都看着窦宪的脸色办事，没有人敢违抗他。

窦太后将政权统归于自己一人之手，独断专横，强予决策。对于讨伐北匈奴，尚书、侍御史、骑都尉、议郎等人都极力反对，可是太后都没有听从。

随着权力的无限膨胀，窦太后利用自己至高无上的权力来满足私欲。汉和帝永元元年（公元89年），她下诏为弟弟窦笃、窦景修建豪华住宅，楼馆错落，府第相连。当时窦宪因北伐匈奴大量征兵，所耗费的人力、财力、物力就已经令老百姓困苦不堪，此时，又大兴土木，进一步加重了人民

的负担。

在窦太后的袒护下，窦氏家族子弟更加骄傲放纵，无法无天。其中以执金吾窦景最为突出。他放纵奴仆掠夺人民的财物，奸淫妇女，以至商人都不敢出门经商，像躲避敌人一样。他居然还敢擅自征用国家守卫边疆的精锐骑兵部队为己所用。即便他如此胆大妄为，也始终没人敢举报。

窦太后另一个兄弟窦宪豢养了许多刺客，暗杀、谋害那些平时跟自己有宿怨私仇、持有不同政见、可能危害窦氏的人。窦宪的父亲窦勋在明帝时期因犯罪被韩纡依法斩杀。窦太后临朝执政后，韩纡已经死了，窦宪就派刺客取了他儿子的人头去祭奠父亲窦勋。

从章帝驾崩，和帝即位，到汉和帝永元四年（公元 92 年）上半年，在这长达近 5 年的时间里，窦太后一直把持朝政，和帝年幼，只好听之任之，成了一个名副其实的傀儡。

专横的窦宪

汉章帝时期，窦宪的妹妹被封为皇后。从此以后，窦宪依仗妹妹的势力，专横跋扈，胡作非为。当时，从亲王、公主，到阴家、马家等外戚，没有人不怕他。

窦宪曾经看中了沁心公主的一片庄园，要以极低的价格强行买过来。公主因惧怕他的权势，不敢跟他争论，只好忍起吞声地"卖"给了他。后来章帝与窦宪一起出行经过那片庄园，觉得庄园景致很美，指着庄园问那是谁家的。窦宪没有回答，身边的侍从也不敢照实说，都说不知道。后来，章帝才发现事情的真相，大发雷霆，把窦宪叫过来严厉责骂："连公主家的庄园都被你强行夺过来了，我想起这件事情就感到害怕，如今连尊贵的公主都要受到你的欺辱，又何况那些地位卑微的平民百姓！你窦宪敢这样无法无天，国家要抛弃你，就像扔掉一只腐臭的死老鼠一样容易！"

窦宪这才害怕起来，连忙向章帝求饶，窦皇后也脱去皇后的礼服替窦宪求情。章帝因宠爱窦皇后，看在皇后的面子上，才没有将窦宪依法处置，只是命令他把庄园还给公主。但自从这件事情发生后，章帝再也不对窦宪委以重任，窦宪这时候也开始有些收敛，不再那么胆大妄为。

后来，章帝驾崩，年仅 10 岁的和帝即位，窦太后开始了临朝执政，窦宪担任了侍中的职务，凡是太后发布的诏命都由窦宪公布，而且宫中的机要事件也都由窦宪掌管。章帝一死，窦宪飞扬跋扈的本性就暴露无遗了。

为了巩固自己的势力，窦宪开始在朝廷扶植自己的亲信。他见太尉邓彪仁义礼让，受到先帝的敬重，为人又忠厚随和，所以把他捧上高位，推举他担任太傅（主管尚书机要，百官都要听命于太傅）。窦宪想要做什么，就鼓动邓彪上奏，自己到内宫向太后说明，因此，没有一件事不被批准。邓彪身居太傅的职位，只是修身自好，凡事都听从窦宪的，所以对朝廷根本没有什么作为。

窦宪性情暴烈，睚眦必报。明帝时韩纡曾依法审理过窦宪的父亲窦勋的案件，后来窦宪居然派人将韩纡的儿子杀死，用人头祭祀窦勋的坟墓。都乡侯刘畅来京祭吊章帝被窦太后频繁地召见，窦宪因嫉妒竟然将他暗杀，还反诬是刘畅的弟弟刘刚干的。

刘畅之案真相大白后，窦太后大怒，将窦宪禁闭在内宫。他知道自己这次是真的触怒了太后，害怕被杀，就请求去打匈奴，以赎死罪。当时匈奴分为南北两个部分，南匈奴亲汉，北匈奴反汉。正好南匈奴请求汉朝出兵讨伐北匈奴，太后便任命窦宪为车骑将军联合南匈奴出兵攻打北匈奴。

窦宪的军事才能在北伐匈奴时得到了充分的展现。他集合三路大军在涿邪山会合，命令副校尉阎盘、司马耿夔、耿谭率领精兵 1 万多，与北单于在稽洛山交战，最后大败敌军，匈奴单于逃走。窦宪带领士兵乘胜追击北匈奴的残余部队，一直追到私渠北海，一共斩杀 1 万多匈奴人，俘获了 100 多万头牲口，另外收纳了前来投降的匈奴人 20 多万。就这样，窦宪一

中国大事记

公元 91 年，汉复置西域都护，以班超为都护，驻节龟兹。

直打到塞外 3000 多里的地方，最后登上燕然山，命令班固在石头上刻上自己的功劳才返回来。

因北单于已经逃到边远的地方，所以窦宪派遣军司马吴汜、梁讽携带金帛追寻北单于，企图招降他。当时北匈奴人心涣散，吴汜、梁讽每到一处，就宣传东汉的国威，许多人都先后投降。在北海西北的西海，汉军终于追上北单于，劝他仿效当年呼韩邪单于归附汉朝的先例，保全国家。北单于知道已经没有别的办法了，于是欣然接受，率领他的部下与梁讽到洛阳。后来，北单于听说汉王朝的大军已经进入塞外，就派他的弟弟右温禺王跟着梁讽到洛阳向朝廷进贡，并留在那里服侍汉和帝。窦宪见北匈奴单于没有亲自来洛阳，认为他缺乏诚意，便奏请朝廷打发右温禺王回去，准备再次出征攻打北匈奴。

窦宪大败北匈奴班师回京，窦太后将窦宪任命为大将军，并将窦宪封为武阳侯，享有 2 万户食邑，并使得窦宪大将军的地位在三公之上，太傅之下。此时，窦宪权震朝廷，大臣们纷纷谄媚阿谀，唯窦宪马首是瞻。

因北匈奴力量微弱，窦宪想趁势将它消灭。永元三年（公元 91 年）二月，派遣左校尉耿夔、司马任尚出居延塞，在金微山包围了北匈奴单于。最后，汉军大败北匈奴军队，斩杀 5000 多人，北匈奴单于逃走，不知去向。

平定匈奴后，窦宪的威名越发显赫。他任用耿夔、任尚、邓叠、郭璜等人作为自己的心腹，总揽朝政，地方大多数官吏也是由窦宪举荐任命。这些人搜刮官吏百姓，干着贪污贿赂的勾当。尚书仆射乐恢为官正直，毫无忌讳地检举了许多由窦宪任命的不合格官吏，却遭到窦宪的陷害，被迫服毒而死。从此，朝廷官员再也没有人敢抵触窦宪，全都看他的脸色行事。

窦宪认为自己立了大功，更加跋扈恣肆，连皇帝都不放在眼里。汉和帝永元四年（公元 92 年），他的党羽邓叠、邓磊、郭举、郭璜等人相互勾结在一起共同策划杀害和帝。和帝知道了他们的阴谋，与宦官郑众等将他们逮捕并

·露布·

露布是汉代时的一种军事文书，因其不加检封，而称为露布，也称"露版"、"露板"。一般是大臣在上书时，为表自己的坦诚而用。一些檄文、捷报、紧急文书，为使大家迅速得知，或即将要公开宣布，也称露布。后也指向大众宣告的檄文。

全部处死。接着，汉和帝先是收回了窦宪的大将军印，在窦宪同 3 个弟弟一一前往各自的封国以后，又全都强迫他们自杀。

窦宪平定匈奴，为东汉立了大功，但由于他恃宠而骄，滥杀无辜，终于导致身败名裂。

邓太后专权祸及家族

邓太后即邓绥，是东汉和帝的皇后。和帝死后，她临朝执政将近 20 年，先后迎立过殇帝、安帝两位皇帝。

邓绥从小就很孝顺、友爱，喜欢读书，经常白天学习女红，晚上诵读儒家经典，家里人都称她为"女学生"。邓绥长大后，出落得贤良淑惠，明艳美丽，身材修长，被选入后宫，立刻被册封为贵人。然而邓绥并不恃宠而骄，她依旧谦恭谨慎，举止合乎法度。她侍奉阴皇后，小心翼翼，与其他嫔妃相处时，总是克制自己，礼让别人，即使是对待地位卑微的宫女和做杂役的奴仆，也都没有一点架子，和帝对她的品行十分赞赏。

有一次，邓绥病了。和帝忙令邓氏家属前来探望，并且破例允许她的母亲、兄弟自由进出皇宫照顾她，不限定天数。邓贵人屡次推辞说："陛下，皇宫大内是朝廷禁地，如果让外戚在这里久住，不但会招来非议，还会为陛下招来宠幸私亲的讥讽，我实在是不想看到这样的事情发生啊！"和帝看到她如此通情达理，不禁赞叹说："别人都以多次进入皇宫为荣耀，你怎么反而因此而忧虑。真是难得呀！"从那以后，和帝对邓绥更加宠幸，渐渐超过了阴

历史关注

汉朝为了对抗匈奴，大规模修缮、重筑长城，汉长城总长度约1万公里，是中国古代最长的长城。

皇后。

邓绥病好后还是像以前一样低调，并没因和帝的宠幸变得骄横。每逢六宫举行宴会，所有妃嫔都争相打扮自己，唯独邓绥淡妆浅抹，朴素无华，却自有高雅的气质。她平时穿的衣服如果偶尔和阴皇后的衣服颜色一样，便立即换掉。有时和帝和阴皇后同时觐见，她与阴后并坐，只是在侧面坐下，走路时微微躬着身子，表示自己身份卑微。每当和帝有所询问，她总是等阴后说完后再说，不敢抢在阴皇后前开口说话。阴皇后身材矮小，举止常常有不合礼仪的地方，左右随从见了总是掩着嘴偷偷地发笑，独邓贵人不笑，反而尽量为阴皇后隐瞒遮蔽，仿佛是自己犯了过错一样。和帝得知邓贵人的一片苦心和委屈后，不禁感叹道："如此谨慎用心，实在是太难为她了。"后来，阴皇后失宠，邓贵人每当遇到和帝的召见，总是借病推辞。

阴皇后不能生育，邓绥也一直没有怀孕，后宫虽然有嫔妃生了孩子，但孩子都早早地夭折了。邓贵人担心和帝的后代不多，多次向和帝推荐美女。阴皇后见邓贵人的口碑比自己好，德望也一天比一天高，十分嫉妒。和帝曾经卧病在床，情况非常危险，阴皇后私下里恨狠地对别人说："我若是得势了，决不让邓家留活口！"邓贵人听到这番话，流泪说道："我全心全意地侍奉皇后，怎么换来的是这样的结局？我今天应当跟随皇上去死，上可以报答皇上的大恩，中可以消解家族的灾祸，下不至于成为人彘，即使死也能够瞑目了！"说完，她就要喝下毒药自杀。有个叫赵玉的宫人慌忙阻止她，并且哄她说："刚才有人过来，说皇上的病已经好了。"邓贵人这才放下毒药，打消自杀的念头。第二天，皇上果然病好了。

后来阴皇后

被废黜，邓贵人为阴皇后求情，没有成功。和帝想封邓贵人为皇后，邓贵人以病重为由，坚决推辞，但和帝坚持册立邓绥为皇后，没办法邓绥只得答应。当上皇后以后，她下令："各郡、各封国以后不需要再进贡物品，每年只要供应些纸墨就足够了。"和帝每次想封邓氏家族官爵时，皇后总是苦苦哀求表示谦让。因此，在和帝生前，邓皇后兄弟的最高官职始终也没有超过虎贲中郎将。

和帝去世后，邓皇后迎立刘隆即位，即殇帝。刘隆幼小不懂事，邓绥以皇太后的身份临朝摄政。

和帝去世的时候，宫里刚刚遭受大丧，于是一些人"趁火打劫"，宫中丢失了一箱珠宝。邓太后心想：如果审问这件事，势必会牵累到许多无辜的人。于是她决定亲自查看宫里的人，但是并不明着审问，而是暗中观察有嫌疑的人的表情。结果，偷珠宝的人忍受不了这种"折磨"，当即自首认罪。众人都因此对邓太后赞叹佩服，认为太后圣明。

自从邓太后临朝听政以来，各地都闹水旱灾害，盗贼叛匪也纷纷兴起。不光这样，就连周边外族也不断入侵骚扰。邓太后每当听说民间常有人饥饿致死的情况，总是心情忧虑，以致整晚睡不着觉。为了减少灾难给国家带来的危害，她以身作则，率先削减了宫内的日常费用。在她的倡导下，天下渐渐又恢复了安定，重新出现了丰收的年景。

不久汉殇帝刘隆夭折。邓太后又立清河王的儿子刘祜为帝，即汉安帝。由于当时安帝的

奔车伍佰画像砖　东汉

中国大事记 | 公元94年，西域地区的50多个国家都臣服于汉朝。

年纪也很小，所以这朝政大权依然把持在邓太后手中。

开始的时候，邓太后素来对邓氏家族的人要求严格。可别人却不像她一样淡泊名利。因邓太后摄政时间很长，所以邓氏家族的权势越来越大，而朝廷大臣也不免对邓家人阿谀奉承。到了后来，由于邓太后把持朝政多年，所以她也不肯交出政权。只要有人要求她交还政权的，她不但不听，反而严加惩处。邓太后的堂弟、越骑校尉邓康因屡次劝邓太后自行削减外戚的私权，最后被免官并遣送回封国，取消了族籍。

直到邓太后死后，安帝才得以亲政。安帝因与邓太后生前有隔阂，所以在她死后开始了报复计划。安帝先是逮捕了邓太后的兄弟邓悝、邓弘、邓阊的儿子，以大逆不道罪撤官为民，并迫令自杀，他们的家属也都流徙远方。接着，安帝又罢了邓太后的哥哥邓骘的官，把他的资财田宅全部充公，邓骘和儿子邓凤绝食而死。邓骘的堂弟邓豹、邓遵、邓畅也相继畏罪自杀。

邓骘兄弟

东汉时外戚专权的现象比较普遍。外戚们凭借自己皇族亲属的特殊身份，恃宠而骄，身居高位，滥用职权，横行霸道，而朝中大臣虽然对他们恨之入骨，但大都为求自保而敢怒不敢言。不过也有为数不多的一些外戚，像邓骘兄弟（邓骘、邓悝、邓弘、邓阊），能够做到富贵而不骄横，受到天下人的称赞。

邓骘和邓绥是兄妹关系，而邓绥就是邓太后。等到和帝死后，邓太后开始了将近20年的临朝执政。在此期间，她先后迎立了汉殇帝和汉安帝。

在和帝生前，虽然妹妹邓绥很受和帝的宠爱，并被和帝立为皇后，但邓骘的官职始终也没有超过虎贲中郎将。

汉殇帝延平元年（公元106年），和帝去世，太子即位，即殇帝。邓皇后被尊奉为邓太后。殇帝年幼，由邓太后临朝执政。

自从和帝去世，邓骘兄弟就一直住在皇宫。

·《两都赋》·

作者班固。《两都赋》分为《西都赋》和《东都赋》，西都指长安，东都指洛阳。《西都赋》主要赞扬了长安城物产丰富以及险要地势；《东都赋》则描绘了洛阳的繁荣景象，歌颂了东汉政府措施，并以东都的节俭之风抨击了西都的奢侈浪费，使西都宾从内心折服。全篇气势宏大，条理清楚，说服力强，体现歌功颂德的基调。

不过，邓骘这个人很有自知之明，不愿意在宫中待得太久，怕这样做会引起朝中大臣的非议。于是，邓骘三番五次地找到邓太后，希望她能够答应让自己回家去住。邓太后见哥哥一再要求，而且自己也怕惹来不必要的麻烦，于是就答应了。

就在这一年的四月，邓太后将他的4个兄弟邓骘、邓悝、邓弘、邓阊全都封为侯爵，各自享有1万户的食邑。邓骘因协助邓太后册立殇帝有功，另外增加3000户。邓骘和他的弟弟们认为这样做非常不妥，就一再推辞不肯接受，不过这次太后没有答应。最后，邓骘兄弟实在推辞不过，只好躲开朝廷的使者偷偷前往皇宫，向太后陈述利害关系，非要太后收回成命。最后，邓太后没办法，只好按照哥哥的意思去做。

不久，邓太后又将虎贲中郎将邓骘任命为车骑将军、仪同三司，待遇与三公相同；将邓骘的弟弟、黄门侍郎邓悝任命为虎贲中郎将，将邓弘、邓阊二人任命为侍中。邓骘兄弟实在推辞不过，只好接受。

汉安帝永初元年（公元107年），邓太后下诏书令车骑将军邓骘和征西校尉任尚，率领屯骑、步兵、越骑、长水、射声等五营兵及各郡郡兵，共5万人，进驻汉阳，以防备羌军进攻。

汉安帝永初二年（公元108年）十一月，邓太后下诏，命邓骘班师回朝，负责各军的调度。

邓骘回来后，邓太后又任命他做了大将军，还派大臣亲自前往迎接，连亲王、公主以下的群臣都要在路旁等候。邓骘受到极大的恩宠，自己的声势也开始显赫。

不过，邓骘虽然身居高位，但并不像一般的外戚那样飞扬跋扈、结党营私、任用亲信。不光这样，他还能够为国家的利益着想，推举贤能的人才，像何熙、李郃、杨震和陈禅等有才能的大臣都是通过他保荐才得以进入朝廷任职的。特别是杨震，他知识丰富，博览群书，被儒家学者们称他为"关西孔子"。邓骘听到杨震的名声以后，将他聘为幕僚。

等到邓骘的母亲新野君因病去世以后，邓骘兄弟就以坚持忠孝的原则为名，全都自动的退下高位，辞官服丧。起初，邓太后不答应他们的做法，但是经不住他们多次请求，最后邓太后才肯答应让他们辞官回去。等到邓骘兄弟服丧期满，邓太后又诏他们重新回来辅佐朝政。可是兄弟四人依旧再三推辞。邓太后见他们主意已定，于是就赐予邓骘兄弟以"奉朝请"（地位仅次于三公）的名义，遇到国家大事的时候，才前往朝堂，与三公九卿一同参议。

虎贲中郎将邓弘于汉安帝永初七年（公元113年）去世，他生性节俭朴素，博学多才，曾经还是安帝的老师。邓太后根据他生前的遗

愿，没有给他加官封爵，只是赐给他的家属一千万钱和一万布匹，尽管如此，邓弘的哥哥邓骘等人仍然不肯接受。

汉安帝建光元年（公元121年），邓太后因病去世。由于邓太后临朝执政多年，一直不肯把政权交给安帝，最后终于给家族带来祸害。邓太后死后，邓骘兄弟遭受迫害。

邓骘兄弟死后，朝廷中很多大臣都为他们感到伤心。大司农朱宠脱光上衣，抬着棺材，上书为邓骘鸣冤。许多百姓也为邓骘兄弟鸣冤，安帝有所觉悟，于是责备迫害邓氏家族的州郡官员，准许邓骘等人的尸骨运回北芒山安葬，邓骘的堂兄弟们也都得以返回京城洛阳。

名将虞诩

虞诩是东汉的名将，具有杰出的军事才能。

汉安帝永初四年（公元110年），羌族人领兵，攻占了凉州，大将军邓骘认为军费太多，无法兼顾，就想丢弃凉州，然后集中力量对付北方的边患。郎中虞诩对太尉张禹说："我认为大将军的计策行不通，凉州绝对不能丢弃。"接着他又陈述了3条理由。张禹认为他说得很对，说："我没有考虑到这些，如果没有你这番话，几乎要坏了国家大事！"接着，虞诩又建议把凉州一带的豪杰和州郡长官的儿子带到朝廷，名义上让他们在朝廷做官，实际上是把他们扣为人质。张禹想了想，就按照虞诩的话去做了。

大将军想出的计策竟被一个小小的郎中否定了，邓骘觉得很没面子，从此对虞诩怀恨在心，想方设法来陷害他。

机会终于来了，朝歌县叛匪宁季率领着几千人起兵造反。几年下来，他们杀死了官吏，聚众作乱，可是当地的官府毫无办法。邓骘把这块难啃的骨头丢给了虞诩，任命他做了朝歌县长。

虞诩的老朋友都同情他，纷纷赶来慰问。虞诩却自信地笑着说："作为一个臣子，做事

市楼画像砖 东汉

此画像砖描绘了汉代县城之中"市"内商肆的布局和交易情况。

不应该畏惧艰难。斧子好不好用，只有在遇到难砍的树的时候才能显示出来，如今，我建功立业的机会来了！"

虞诩一到任，便去拜见河内太守马棱。马棱说："您是一位饱读诗书的文臣，应当在朝廷做谋士，怎么跑到朝歌这种盗贼出没的地方，说实话，真替您捏一把汗！"

虞诩胸有成竹地说："朝歌的这群叛匪不过是乌合之众，目的就是为了寻求温饱，请您不要担忧！"

马棱问："为什么这么说？"

虞诩说："朝歌地势险要，自古以来就是兵家必争之地。可是叛匪不懂的利用地形，既不打开谷仓用粮食来招揽难民，也不抢劫武库中的兵器，据守成皋。从种种迹象看来，他们并没有什么远见，所以不值得担心。如今他们正在得意的时候，我们暂且不理他们。你放心，我一定可以消灭他们的。"

之后，虞诩开始了他的"剿灭"策略。他先是召集了 100 多个有罪的人，将他们过去的罪行一律赦免，并派他们混入叛匪的队伍，诱使叛匪抢劫，而官府则设下伏兵等候，结果杀死叛匪几百人。

同时，虞诩还招徕一些会缝纫的贫民，让他们给叛匪制作衣服，然后趁机在衣襟上缝上彩线作暗记。这下叛匪可倒霉了。他们穿上带有暗记的衣服，在集市街巷一露面，就被官吏认出来并当场抓获。可怜的叛匪们都蒙在鼓里，还以为有神灵在帮助虞诩，结果吓得四处逃散。于是朝歌县的叛乱终于被平定，虞诩也改任怀县县令。

东汉元初二年（公元 115 年），西羌又进攻武都，而且来势凶猛。临朝执政的窦太后听说虞诩很会用兵打仗，就任命他做了武都郡的太守，希望能够抵御西羌的进攻。

就这样，虞诩率领着不足 3000 名士兵赶往武都。羌军早就知道虞诩很厉害，这次又听说汉朝派他前来征讨，所以不敢怠慢，立即派出几千人马，在陈仓崤谷集拦截虞诩。

为了稳住敌人，虞诩下令部队停止前进，并扬言要等朝廷派来的援兵赶到时才动身出发。羌军不知是计，放松了警惕，便分头前往邻近的县城去抢劫。虞诩趁羌军兵力分散的时候，日夜赶路，每天要走一百多里。在行军过程中，他让官兵每人各挖两个灶坑，以后每天增加一倍。

有人对虞诩的做法提出疑问，说道："以前孙膑通过减少灶坑数量来迷惑敌人，而如今您却增加灶的数量；兵书上还说每天行军不要超过三十里，以保持体力，防备不测，而您如今却每天行军将近二百里，这是为什么？"

虞诩笑了笑，说："这是因为敌人远远多于我们的军队，如果我们走慢了很容易被他们追上，而走快了他们就难以摸清我们的底细。敌人见我军灶坑的数量每天都在增多，肯定会以为救援我们的军队到了，一定不敢轻举妄动。当初孙膑之所以通过减少灶坑数量来迷惑敌人，给敌人造成一种兵力弱小的假象，是因为孙膑当时的兵力强大，想借此引诱敌人前来攻打，而现在我们的军队很弱小，所以我有意向敌军显示自己的强大，我们所用的方法不同，是因为我们的形势不同。"

虞诩到达武都郡以后，军队被羌军围困在赤亭。虞诩命令将士们拼死抵抗，一连坚守了几十天。羌军见屡次进攻都没能取胜，士气大衰。可是他们仍不死心，再一次发动了进攻。虞诩站在城墙上观察，发现羌军士兵一个个都不敢前进，好像是害怕被虞诩军队的强弓利箭射着。虞诩计上心来，下令不许使用强弩，只用小弩射击。羌人见状十分高兴，还认为汉军的弓箭力量十分弱小，伤不到自己，便集中兵力猛烈进攻。可是，当羌军冲到城墙下时，虞诩命令 20 副强弩集中射击一个敌人，一射就中。羌军大为震恐，纷纷退下。虞诩乘胜出城奋战，杀死许多敌人。

羌军这一次虽然战败，死伤了不少人马，但是他们发现汉军的兵力并不多。因此，羌人准备再次进攻赤亭。这时，虞诩也料到了这一点，估计敌人肯定会再次进攻，心中盘算着如何退敌。

历史关注

张骞开拓的从长安到西域各国的通商之路是联系东西方文化的要道，人们称之为"丝绸之路"。

第二天，他集合全部兵众，命令他们排成长队，大摇大摆地先从东边城门出城转一圈，再从北边城门入城。进城后改换服装，又从这个城门出发，那个城门进来，并不断更换衣服迷惑羌军，每天都这样反复出入好几次。羌人见穿着不同服饰的人源源不断地出入城门，根本猜不透城中到底有多少汉军，因此更加惊恐不安，军心也开始动摇。

虞诩料想羌军会要撤退，便派遣500多人秘密在河道浅水处设下埋伏。羌军果然集体撤退，汉军乘胜突袭，大败羌军，杀死许多人。

虞诩察看研究地形，修建营垒180处，并招回流亡在外的百姓，赈济贫民，开通水路运输，武都郡逐渐安定下来。

虞诩刚到武都郡时，谷价每石一千钱，盐价每石八千钱，仅存户口1.3万户。由于他采取了一系列的政策，仅仅3年的时间，米价每石八十钱，盐价每石四百钱，居民增加到4万多户。从此武都郡人人富足、家家丰裕，平安祥和。

关西孔子杨伯起

杨震，字伯起，华阴人（今渭南华阴）。由于他勤奋好学，通晓各种儒家经典，因此被儒生们称为"关西孔子"。

杨震淡泊名利，教了20多年书，却从来不接受朝廷的征召。人们都认为他岁数大了，再想入朝为官恐怕是很难的事。可谁知杨震反而更加坚定了做官的决心。邓骘知道后，就聘他为幕宾。当时杨震已经是50多岁的人了，接连升任做了荆州的刺史、东莱的太守，后来又被调任为涿郡的太守，升任为司徒、太尉。

杨震为官公正廉洁，生活俭朴。他做官多年，没有给自己置办任何产业，也从来不给自己建造豪华的府邸。他的子孙在他的影响下，也常常只是吃些蔬菜粗粮，出门也只是步行而不乘坐车马，生活十分简朴。有人劝他为自己的子孙考虑，置办一些产业，可杨震坚决不肯，还说："让后世的人们知道我的子孙是清白官

吏的后代，这样的美誉要远远超过丰厚的产业。"

杨震洁身自好，从不接受不义之财。当他去东莱任职的时候，路过昌邑县（今山东省巨野东南），以前经他举荐的荆州茂才王密当时担任昌邑的县令。为了答谢杨震对自己的举荐之恩，王密夜晚悄悄地揣着十斤黄金到驿馆拜见杨震。杨震生气地说："亏你还认为我们是老朋友，我了解你，可是你却不了解我。"王密四下张望了一下，说："没关系，这件事是不会有人知道的。"杨震义正词严地说："天知，地知，我知，你知，你怎么能说没有人知道！"说完，生气地将金子扔到地上。王密非常惭愧。

杨震不但洁身自好，而且还力图肃清官场腐败的恶习。

当时，江京因当年曾前往清河国驻京官邸迎接安帝入宫即位，所以被封为都乡侯并兼任大长秋；李闰被封为雍乡侯，二人全都提升为中常侍。江京与黄门令刘安、中常侍樊丰、钩盾令陈达，以及汉安帝的乳母王圣和王圣的女儿伯荣在相互勾结，生活奢侈腐败。

汉安帝永宁元年（公元120年），杨震升职担任司徒后，不畏强权，仗义执言，上书抨击他们的无耻行为。

安帝的奶娘王圣因对安帝有养育之恩，便依仗安帝的恩典，为所欲为。王圣的女儿伯荣利用着自己能够出入皇宫的特权，从事串通贿赂的勾当，影响极坏。杨震直言不讳地向安帝提出要将其奶娘王圣赶出宫外，切断伯荣和宫廷的联系，并主张治理国家应当任用贤能的人才，铲除奸恶的小人。安帝将杨震的奏章交给王圣等人传看，使得王圣那一帮人大为恼怒，对他心怀怨恨。

朝阳侯刘护的堂兄与伯荣通奸，后娶她为妻。靠着这种裙带关系，他的官位升到了侍中，并继承刘护的爵位。杨震上书说："臣看到陛下颁布的诏书，命令已故朝阳侯刘护的远房堂兄继承刘护的爵位。按照常规来说：父亲去世后，爵位由儿子继承；兄长去世后，爵位由弟

弟继承，这么做主要是为了防止篡位。现在刘护的亲弟弟刘威还在人世，刘护的爵位本应由刘威继承，可他的堂兄毫无功功德却凭借自己娶了皇上奶娘的女儿而官运亨通，又是升官又是封爵。大家都在议论纷纷。陛下应该以史为鉴，遵从帝王的制度啊！"安帝听后很不高兴，没有同意他的要求。

汉安帝延光二年（公元123年），安帝任命杨震为太尉。大鸿胪耿宝受中常侍李闰之托，亲自去见杨震，向他推荐李闰的哥哥，说："我今天来是传达李常侍的意思。如今，李常侍在受皇上宠信，他想让他的哥哥当官，还请太尉……"

话还没说完，杨震就说："不必多言，皇上想要征召官员，会让尚书发出征召的敕令，我没有这个权力。"耿宝吃了个闭门羹，十分恼恨地离去了。执金吾阎显向杨震推荐自己亲近的人时也被杨震拒绝了。司空刘授听说后，便立即征召被杨震拒绝的这两个人作为自己的下属官吏。从那以后，这些人更加怨恨杨震。

当时安帝下诏派遣使者为王圣大修宅第，而中常侍樊丰及侍中周广、谢恽等人趁机勾结，祸乱朝廷。杨震深感忧虑，多次向安帝上书予以抨击。但安帝不肯听取他的意见。

樊丰、周广、谢恽等人见杨震接连进谏却没有被采纳，因而更加无所顾忌，甚至私自伪造诏书，从大司农那里征调了不计其数的钱粮、木材，为自己修建豪宅。杨震再次上书劝谏安帝将这些骄傲奢侈之臣治罪，但依然没有被采纳。

恰好在这个时候，河间男子赵腾上书分析批评朝廷得失，安帝发怒，将赵腾逮捕，被扣上欺君之罪。杨震上书营救赵腾，安帝不听。赵腾终于被处死，尸体在京城街市上示众。

等到安帝外出巡视，樊丰等人因皇上在外而竞相大修宅第。太尉部掾高舒把大匠令史叫过来，经过询问核查，得到了樊丰等人伪造发下的诏书。杨震将樊丰等人的全部罪行详细地写在奏书上，准备等安帝回京后呈上，樊丰等人大为惶恐。

为了保全自己，樊丰等人等安帝一回京城洛阳，便一同诋毁杨震，说他是邓氏家族的旧人（杨震最初是由外戚大将军邓骘征召为官的），而且跟赵腾是一伙儿的，对朝廷有怨恨之心。

安帝听后非常气愤，二话不说立即派人收回杨震的太尉印信。樊丰等人仍不死心，又指使大鸿胪耿宝上奏说："杨震竟然不服罪而心怀怨恨。"安帝又下令将杨震遣送回原郡。

临行前，杨震满怀慷慨地对他的儿子、学生们说："死，本来就是正直臣子的平常遭遇。我蒙受皇恩身居高位却既不能惩罚狡诈的奸臣，又不能禁止淫妇作乱，还有什么面目活在世上！我死以后，你们千万不要祭祀我，也不要将我归葬祖坟！你们只要拿口劣等棺材，用单被包裹，仅够盖住身体就可以了。"于是服毒自杀。

樊丰等人又派地方官吏在陕县截留杨震的丧车，使棺木暴露在大路边上，并责罚杨震的儿子们为驿站传递文书。

一代忠臣竟遭到这样的下场，人们都深感痛惜。

张纲招降"贼寇"

汉顺帝即位后，把朝廷大权交给了皇后家族。汉顺帝永和六年（公元141年），梁皇后的父亲乘氏侯梁商因病去世，梁冀继承了父亲梁商的乘氏侯爵位，擢升为大将军，梁冀的弟弟梁不疑也担任了河南尹。梁冀与梁不疑一时权倾朝野，他们飞扬跋扈，凶狠暴虐，引起朝廷大臣的强烈不满。

汉顺帝汉安元年（公元142年）八月，东汉朝廷派遣侍中杜乔、周举，代理光禄大夫周栩、冯羡，以及张纲、栾巴、郭遵、刘班8位使者，分别到各个州郡进行视察，考察地方官吏的政绩。他们的任务是嘉奖那些清正廉洁的地方官吏，而对那些贪赃枉法的官吏，凡是属于县令、县长及以下级别的，就地依法处置，

历史关注

丝绸之路即自长安西行穿河西走廊，出玉门关、阳关，越葱岭，至西亚地区。

对于属于刺史、郡太守及以上级别的地方官吏，则将他们的罪行迅速上奏朝廷。

其他人接受使命后立即动身出发，唯独张纲不动身，还气愤地说："如今豺狼当道，居然还有心思去审问狐狸？"接着，他又上书弹劾说："大将军梁冀、河南尹梁不疑两兄弟凭借外戚的身份，蒙受皇恩，却漠视王法，无恶不作。我列举了他们犯下的15件罪行，件件都令人发指。"

汉顺帝虽然知道张纲说的句句属实，可是由于当时梁皇后大受宠幸，而且梁家的势力布满朝廷，所以并未采纳张纲的意见。后来，杜乔从兖州视察回来，向朝廷推荐了泰山郡太守李固，于是汉顺帝将李固征召入京，任命他为将作大将。

那些被使者弹劾的地方官吏，多数是梁冀或宦官的亲友和同党。由于宦官和皇亲的庇护，所有的弹劾案都形同虚设，被搁置在一边。御史种暠对此十分痛恨，再次进行举报。廷尉吴雄和将作大将李固也主张对8位使者所指控的地方官吏迅速予以惩处。在众位大臣的一致强烈要求下，顺帝这才把8位使者的弹劾奏章重新交付给有关官吏，命令审查定罪。

由于张纲"不识时务"，触犯了梁氏家族的利益，所以梁冀非常痛恨张纲，一心想找一个机会来陷害他。当时，广陵郡以张婴为首的叛乱已持续10多年了，朝廷虽然多次派人去镇压，但大都是无功而返，无济于事。于是，

梁冀就任命张纲为广陵郡太守，让他去负责剿灭叛贼。其实，梁冀这点小把戏谁都看得出来，平定叛贼是假，想借叛贼手杀害张纲是真。不过，张纲却并没有推辞，而是欣然接受了这项任务。

张纲果然不同凡响，刚一上任就给叛贼来了个下马威。以前去广陵郡赴任的新太守都请求朝廷多派兵马护送上任，而张纲却只乘坐一辆车前往。张纲一到广陵，就直接走到盗贼首领张婴的营垒大门外，张婴大吃一惊，急忙下令紧闭营门。张纲请张婴出来见面，张婴开始有些害怕，但看到他态度十分诚恳，并无恶意，于是出营拜见。

张纲请张婴坐上座，耐心开导他说："过去许多太守都因贪婪、残暴，使得你们心怀怨恨，不得已才聚众起兵。这的确是他们的过错，可是你们这样做也不对。如今皇上仁爱，不想对你们动用武力，所以才派我来安抚你们，想给你们加官晋爵，今天确实是转祸为福的大好时机。如果你们听到这些道理还执意不肯归附朝廷的话，等到皇上真得动了怒，征调来荆州、扬州、兖州、豫州的大军，各路大军汇合起来，你们就将身首异处，子孙灭绝。你是个明白人，这件事应该怎么办，相信你心里清楚。"

张婴早已泣不成声，流着眼泪说："大人，我们只不过是些野蛮的愚民，根

· 五斗米道 ·

又称正一道、天师道，是道教最早的一个派别。据史书记载，在东汉顺帝时期，由张道陵在四川鹤鸣山（今成都市大邑县北）创立。

据《后汉书》、《三国志》记载，凡入道者须出五斗米，故得此名，因又称为"米巫"、"米贼"、"米道"。另外，也有人认为，这个名称也可能和崇拜五方星斗（南斗、北斗等）和斗姆有关，五斗米就是"五斗姆"（另一说法是五斗崇拜和蜀地的弥教结合而成，即五斗弥教）。因教徒尊张道陵为天师，又称"天师道"。

东汉末年，张陵、张鲁祖孙传布五斗米道。张鲁在汉中20多年，信徒众多，成为汉末一支很有实力的割据势力。

张天师画像

中国大事记 | 公元 121 年,《说文解字》书成。

本无法直接与朝廷沟通,向朝廷反映情况。可是,我们又不堪忍受残酷迫害,这才聚集在一起苟且偷生。今天听到您的开导,这真是我们获得新生、重新找到出路的时候呀!"张婴同意回去后说服大家归顺朝廷后,便回到了自己的营地。

第二天,张婴就率领他的部众 1 万多人以及他们的妻子儿女,把手臂捆绑在背后,向张纲投降。张纲走进张婴的营垒,大摆筵席,饮酒作乐,遣散了张婴手下的部众,听任他们去自己愿意落脚的地方。张纲还亲自为张婴选好住处和田地,并且许诺说凡是张婴的子孙中有想当官的,他都会加以推荐任用。就这样,广陵郡的叛乱被平定了,百姓们也都心悦诚服。

梁冀"偷鸡不成蚀把米",本想借这个机会谋害张纲,没有想到反而让张纲因祸得福,立了个大功,心中自然不是滋味。等到朝廷评论功绩的时候,按理说应当封张纲侯爵,但是梁冀却坚决阻挠。

一年后,张纲在广陵郡去世,张婴等 500 多人纷纷赶来为他穿上丧服。他的灵柩被送回家乡犍为(今属四川)安葬。顺帝为了表彰这位功臣,任命他的儿子张续为郎中,并赏赐100 万钱。

真假隐士黄琼和樊英

汉安帝和汉顺帝当政的时期,朝廷先后征召了一批名气很大的隐士,其中既有像樊英徒有虚名的假隐士,也有像黄琼一样名副其实的真隐士。

樊英是南阳郡人,他从小学识渊博,品行兼优,声名远扬,长期隐居在壶山南麓。州郡官府听说他的大名后,曾先后多次征召他出来当官,但都被他拒绝了,以致他的名气越来越大,连朝廷都知道樊英这个人。朝廷公卿大臣接连荐举他为贤良、方正、有道(汉朝的官名),但他都没有接受。最后安帝亲出面征召他,可他还是不去。

·豪右与门阀·

豪右原是西汉时期出现的占有大量田产的豪族。他们广占田宅,横行乡里,屡遭压制而不禁。东汉建立时,豪右势力纷纷拥众起兵,帮助刘秀建立并稳固了政权。所以,东汉建立后豪右势力进一步扩张,发展成为东汉时的豪强地主,并成为此后门阀士族的雏形。

东汉时期,显贵家族的正门外竖有两柱,左柱称阀,右柱称阅,用以夸耀功绩,这种门第较高的豪族世家就被称为阀阅或门阀。东汉以后,随着士族制度的发展和兴盛,门阀士族子弟在各方面享受特权,他们生活糜烂,纵情声色犬马,隋唐以后逐渐腐朽没落。

为了进一步表示诚意,汉安帝又派人送去策书和黑色的缯帛,非常礼敬地征召樊英,而樊英却以病重为理由坚决推辞。安帝于是下诏命令樊英所在的地方官府督促樊英上路。地方官府没办法,只好将他强行抬上车子。樊英不得已,只好前往京城洛阳。

到了洛阳后,樊英又说自己有病,不肯接受安帝的征召。安帝派人用轿子把他抬进宫殿,可樊英还是不肯接受。后来,安帝又安排他到太医那里去休养,并吩咐下人每个月都要按时给他送去美酒和羊肉。过了一段时间后,安帝觉得樊英休息得差不多了,又派人去请他,还特地为他设立讲坛。接着,安帝又让公车令在前面引路,尚书陪同,然后才询问他朝廷得失,并将他任命为五官中郎将。

几个月后,樊英又说自己病重请求回家。安帝答应了,还特地嘱咐当地的地方官府一年四季都要给他送去酒肉。九五之尊的安帝如此礼节极为完备、情意极为殷勤地征召樊英,樊英的名声越来越大。可是尽管如此,樊英回家后还是请求辞去安禄大夫的职务,但是安帝没有批准。

当时,人们都以为樊英肯定会继续抗争到

| 葡萄、黄瓜、芝麻等作物，是张骞出使西域之后开始传到中国内地的。

底，拒不接受安禄大夫的职位。樊英有个叫王逸的朋友写信给他，引用了许多古人的事进行比喻，劝他接受朝廷的征召。于是，樊英听从了王逸的建议，前往洛阳。

经过一波三折，樊英终于肯出来做官了，大家都对他寄予厚望。可是，后来樊英在应对皇帝的提问时，没有什么奇谋远策。大家大失所望。流言飞语铺天盖地而来，到处传言隐士都是一些纯粹盗取虚名的伪君子，严重损害了当时隐士的名誉。

与樊英同时接受朝廷征聘的河南人张楷指责樊英说："天下只有两条路，就是做官和隐退。我以前还以为你肯出来做官，一定会很好辅佐君王，拯救百姓，因为你一开始就不惜极为珍贵的生命去激怒皇帝。可是一旦享受到官爵俸禄后，却没有发现你有什么治理国家的好办法，你这样做失去了做人的原则。"

继樊英之后，朝廷又征召了江夏人黄琼。樊英被朝廷征召以后，并没有像大家所期望的那样有大的作为，因此黄琼是顶着巨大的舆论压力接受朝廷征聘的。黄琼快要到洛阳的时候，当时的儒学大师李固派人给他送去一封信，信上说："正人君子都认为伯夷心胸不够宽阔，柳下惠为人太傲慢，所以我们既不要学伯夷，也不要学柳下惠，要做到既不要太傲慢也不要太狭隘，这才是一个真正的圣贤应有的品行。如果你真愿意做一个像许由、巢父那样的隐士，每天隐居在深山里不问世事，那也就算了。如果你想有一番作为，觉得自己应该出来为朝廷效力，拯救百姓，那么现在正是时候。"

黄琼看到这点了点头，心中暗自佩服李固，继续往下看。只见信上又说："自从有了人类以来，贤明的君主

远远少于平庸的君王，要是每个人都一定要等到遇上像唐尧一样圣明的君主，才肯出来实现自己救国救民的理想，恐怕你永远不会有这种机会。我听说过这样一句话：'山太高容易崩塌，玉太白容易被污染。'一个人的名气如果太大了，他的实际才能往往难以与他的名气相匹配。最近，樊英受到朝廷的征召，他刚一到洛阳的时候，朝廷还专门为他设立了讲坛，就像对待一个神明那样恭敬有礼。后来樊英虽然没有提出什么高明的治国方略来，但他本人的言行还是很谨慎的，并没有什么过失。可是，对他的流言蜚语仍然铺天盖地，他的声望也随着时间的推移江河日下。之所以会这样，都是因为一开始大家对樊英的期望过高，他的名气太盛，以至于大家都说：'这些所谓隐居的人，纯粹是为了沽名钓誉。'希望你这次接受征召以后，能够有所作为，真正让大家赞叹佩服，洗刷隐士背负的诬名。"

看完李固的信以后，黄琼豁然开朗，将李固的话全都记到心里。等到黄琼接受朝廷的征召赶赴洛阳以后，先被任命为议郎，由于才能出众，政绩突出，又被擢升为尚书仆射。由于曾经与父亲黄香在尚书台住，耳濡目染，黄琼很是精通典章制度，等自己任职的时候，也就轻车熟路，处理尚书的各种事务也就应对自如。每次在朝堂上与大臣争论国家大事的时候，黄琼思维缜密，大家都难以驳倒他的意见。而黄琼向皇帝提出的各种意见，也往往被皇帝采纳。

出行画像砖 汉

中国大事记

公元 125 年，废太子济阴王刘保即位，是为汉顺帝。宦官权势从此日盛。

阳球除奸

汉顺帝时期，宦官王甫、曹节等人结党营私，把持朝政，玩弄权势，朝廷内外的政事没有他们不插手的。更加可恶的是，朝中一些大臣如太尉段颎等人不但不加以制止，反而因为畏惧他们的权势一味地迎合顺从。这样一来，无形中更加纵容他们狼狈为奸，以致他们的父亲和兄弟，以及养子和侄子们，都分别担任了各种重要官职。他们的亲戚、亲信和爪牙几乎布满了全国各地，所在之处，横征暴敛，无恶不作。

在所有的"恶人"之中，沛国相王吉性情最为残暴。他仗着养父王甫的权势，滥杀无辜，残害百姓。他每次杀了人以后，把尸体切成好几块放到囚车上，拉着车子到处游街示众。夏季，由于天气炎热，尸体很快就腐烂了，王吉就用一些绳索将骨骼串联起来遍游州郡。路上的行人看到这种惨状，都感到非常害怕。王吉担任沛国相 5 年，总共杀害了 1 万多无辜的手无寸铁的人。尚书令阳球听说后，勃然大怒，拍着大腿恨恨地说："如果哪天我阳球做了司隶校尉，看这群宦官崽子们还敢不敢这样胡作非为？"

没过多久，阳球果然做了司隶校尉。刚一上任，阳球就暗下决心要好好整治一下以王甫、曹节等人为首的宦官。正好这时候，王甫派人在京兆的边境私吞了国家财物 7000 多钱。阳球得知后，立即揭发了他们的罪行。

当时王甫正在家里休假，阳球趁机入宫当面向灵帝述说了王甫等人的罪行。灵帝听了大怒，命阳球立刻逮捕王甫等人。于是，王甫以及那些平时经常与他勾结在一起的大臣段颎等，还有他的养子永乐少府王萌、沛国相王吉，全都被阳球逮捕，关押在洛阳监狱，由阳球亲自审问。

由于阳球早就对这些为非作歹的宦官恨之入骨，所以在审问他们时把 5 种最狠毒的酷刑全都用上了。王萌在阳球之前，也曾经担任过

司隶校尉，于是他向阳球套近乎说："我们父子罪大恶极，是应当被诛杀，但求你看在我们先后担任司隶校尉的分上，就宽恕我的父亲，让他少受点苦刑吧！"

阳球轻蔑地说："你所犯下的罪行不可胜数，就是让你死了，也不能抵消你所犯过的罪行。你这种人居然还厚着脸皮跟我说什么前后同官，宽恕你的父亲，可笑至极。"王萌听后破口大骂："你从前侍奉我们父子，像奴才侍奉主子一样，如今奴才竟敢背叛主子！今天你乘人之危，迟早会要遭到报应的！"

阳球也不示弱，马上命人用泥土堵住王萌的嘴巴，用鞭子和棍子一齐抽打他们。最后，王甫父子都被活活打死，段颎也畏罪自杀了。阳球把王甫的尸体剖成几块，堆放在夏城门口示众，并且张贴布告说："这就是奸贼王甫！"然后把王甫的家产全部没收，并将他的家属全部流放到比景（越南顺化灵江口）。

阳球将王甫诛杀后，打算按照次序弹劾曹节等人。阳球手下有些官员建议他先除去那些小奸贼，阳球说："我们应该先抓紧时间把那些大奸除掉，再商议除掉那些小奸贼。至于像袁姓家族那样的三公、九卿中的豪强大族，只是一些小辈，只要你们几位自行处置就是了，何必要我这位校尉亲自出面！"

权贵豪门听到这个消息，都吓得不敢轻举妄动，曹节等人连休假日都不敢出宫回家。恰好此时顺帝的一个宠幸的妃子虞贵人去世，大臣们都去参加她的葬礼。曹节在回来的路上看到了王甫的尸体被剁碎扔在路旁，禁不住悲愤地擦着眼泪说："我们宁可自相残杀，也不能够让狗来舔我们的血肉！"于是，他与其他宦官一商议，并没有回家，一起径直走到后宫，向灵帝禀报说："阳球过去本来就是一个暴虐的酷吏，先前的司徒、司空、太尉等三府曾经提出过弹劾，应当将他免官。只因为他在担任九江郡太守时立了一点微不足道的功劳，才再次被任命为官。犯过罪的人，本性难移，喜欢胡作非为，不应该让他担任司隶校尉来纵容他的暴虐。"灵帝听到曹节等人一把鼻涕一把眼

历史关注

汉武帝时，国家开始实行盐铁专卖，设盐铁官，负责盐铁的制造与发卖。

泪地诉说，心里大为恼怒，下令将阳球贬为卫尉。

当时阳球正在城外的皇家陵园祭奠虞贵人，听到曹节召见自己，知道事情不妙。他回到宫殿，得知灵帝因听信了曹节等人的逸言把自己贬为卫尉，便去面见灵帝，对灵帝说："臣虽然没有什么才能，但蒙受皇上的恩宠，担任了犹如苍鹰和猎犬一样为朝廷清除奸贼的重任。我之前虽然诛杀了王甫等人，但他们只不过是几个狐狸一样的小丑，我请求陛下再给我一个月的时间，我一定会将那些像豺狼一样的奸佞绳之以法，给天下人一个交代。"说完，就不停地叩头，叩得血流满面。宦官们怕灵帝反悔，就在大殿上大声呵斥："卫尉，你竟敢违抗圣旨！"一连呵斥了两三次，阳球才肯接受任命。

跋扈将军梁冀

汉安帝延光四年（公元 125 年），东汉第 7 个皇帝汉顺帝即位，外戚梁氏家族开始掌权，梁皇后的兄弟梁冀做了大将军。梁冀骄横跋扈，甚至公开勒索，根本就不把皇帝放在眼里。

后来，当了多年傀儡的汉顺帝死去，汉冲帝即位。当时汉冲帝还只是一个两岁的娃娃，不到半年竟也夭折了。梁冀又在皇族里找了一个 8 岁的孩子接替，就是汉质帝。

别看汉质帝年纪小，却聪明伶俐，一直都对梁冀的蛮横劲儿看不惯。有一次，他在上早朝的时候当着文武百官的面，看着梁冀说："诸位都看见了吗？这位可是个跋扈将军啊！"

梁冀听了以后，气得咬牙切齿。可是不管怎么说，毕竟是皇上，他也不好当面发作。他只好耐着性子忍着，心中暗想："这个娃娃小小年纪就这么厉害，胆敢对我如此不敬，等他长大了还得了？"于是就有了谋害质帝，另立新皇帝的念头。

这天，梁冀让质帝身边的侍从把放了毒药的汤饼送去给他吃。质帝吃后，药性开始发作，急忙派人把自己亲信的大臣李固召来。李固询

问病因，质帝说："我刚才吃过汤饼，觉得肚子难受，给我点水喝，我可能还能活下去。"梁冀当时也在一旁，阻止说："恐怕要呕吐，不能喝水。"话还没有说完，质帝就一命呜呼了。

质帝被害死后，梁冀看中了 15 岁的刘志，让他接替皇位，即汉桓帝。梁太后仍然临朝听政。等梁太后死后，增封大将军梁冀食邑 1 万户，连同他以前所封食邑，共 3 万户。梁冀掌握了全部的朝政大权后，变得更加飞扬跋扈了。

为了自己享受，梁冀与妻子孙寿在街道两旁相对兴建住宅，金银财宝、奇珍异宝堆满了房间。他还到处开辟新的园林，从各处运来土石，堆砌假山，十里长的大道，有九里都紧靠着池塘。园林内林木茂盛高大、山涧流水淙淙，宛如自然风景，各种各样奇异的珍禽和驯养的走兽在园林里飞翔奔跑。梁冀和妻子孙寿一起乘坐辇车，在园子里面游玩观赏，后面还跟着许多歌舞艺人，一路载歌载舞。有时，甚至夜以继日地纵情娱乐。

有了这些，梁冀还不满足，他又霸占京都洛阳附近各县的田地修筑园林，在洛阳城西建立了一处兔苑，面积纵横数十里。同时，他还发布文书，命令当地官府向人民征收活兔子。他命人将每只兔子都剃掉一撮毛作为记号，若有人胆敢猎杀兔苑里的兔子，要被处以死刑。

梁冀还公然强抢民女，他抓来几千个良家女子充当奴婢，还美其名曰地把她们称作"自卖人"（意思就是说，她们都是"自愿"卖给梁家的）。他还派人去调查有钱的人家，然后栽赃陷害这些富人，将他们逮捕关押，严刑拷打，让他们自己出钱赎罪，出钱少的就被活活打死。

有一位扶风人叫孙奋，家里很富有，但是生性吝啬，梁冀曾经送给他一匹马，要求跟他借 5000 万钱，可孙奋只给了他 3000 万钱。梁冀大为愤怒，于是派人到孙奋所在的郡县，诬告孙奋的母亲是梁冀家里看守库房的婢女，曾经偷盗了他们家白珍珠十斛、紫金一千斤逃

跑。于是当地官府将孙奋兄弟逮捕，严刑拷打致死，全部没收了他们家的财产，总计7000多万钱。

梁冀还派遣他的门人宾客周游四方，甚至到了荒远的边塞地区，四处征求各地的奇珍异宝，而这些被派出去的门人宾客，大都仗着梁冀的势力横征暴敛，抢夺百姓的妻子、女儿，殴打地方官吏和士卒，无恶不作。所到之处，怨恨之声不绝于耳。

梁冀把持朝政将近20年，权倾朝野，桓帝什么事情都不能参与，对这种傀儡的生活早已忿忿不平。梁冀又想派人暗杀桓帝宠爱的贵人，桓帝忍无可忍，便秘密联络单超等5个跟梁冀有怨仇的宦官，趁梁冀不防备，发动羽林军1000多人，突然包围了梁冀的住宅。

就这样，梁冀和他的妻子孙寿双双自杀。梁家和梁冀妻子的孙氏家族，以及他们在朝廷和地方的亲戚全部被斩首。朝廷官位一下子空了许多，百姓一个个拍手称快，表示庆祝。

汉桓帝没收了梁冀家的家产，一共值30多亿钱。被梁家占用作花园、兔苑的民田，仍旧还给农民耕种。

汉桓帝论功行赏，把单超等5个宦官都封为侯，称作"五侯"。从那时候起，东汉政权又从外戚手里转到宦官手里了。

李固遭害

汉冲帝永嘉元年（公元145年）正月，冲帝在玉堂前殿驾崩。梁太后因扬州、徐州正遭遇盗贼的扰乱，打算等受征召的王侯全部到京城以后，再对外发布冲帝驾崩的消息。太尉李固说："皇上虽然年龄幼小，但他毕竟还是天下的君王。今天他去世了，百姓都为他感到悲痛，哪有做臣子的共同隐瞒君父去世消息的道理？从前，秦始皇死后会出现沙丘之谋，以及最近的迎立北乡侯的事情，都是因秘不发丧造成的，这是最忌讳的事，千万不要这样做！"梁太后听从了他的意见，当天晚上就给汉冲帝发了丧。

清河王刘蒜和渤海孝王的儿子刘缵接到诏命后都立即赶到京都洛阳。清河王刘蒜态度严肃、庄重，大臣们都倾向于让他做皇上。李固也劝大将军梁冀说："现在确定继位皇帝，应当选择年长的、德高望重且能够亲自处理朝廷政事、比较贤能的人。我希望大将军能够仔细考虑国家大计，体察当初周勃之所以选立文帝、霍光之所以选立宣帝的道理，不要重蹈邓氏家族和阎氏家族选立幼主的覆辙！"梁冀听从他的劝告，与邓太后在宫中决策，当时年仅8岁的刘缵被选为新的皇位继承人。

不久，刘缵就登基做了皇上，即汉质帝。别看质帝年纪不大，但是却十分聪明。他曾在一次早朝时称梁冀为跋扈将军。梁冀听后对质帝深恶痛绝。一天，梁冀让质帝身边的侍从把毒药放在汤饼里给质帝吃。质帝吃后药性发作，中毒而死。李固扑到质帝的尸体上痛哭，气愤地弹劾了照顾质帝的太医。梁冀怕李固会泄露自己下毒谋害质帝的阴谋，想方设法要除掉李固。后来，梁冀劝梁太后免去了李固太尉的职务。

李固接到太后免去自己职务的诏书后，知道大祸临头了。他心中十分清楚，以梁冀的个性必定不会满足于仅仅报复自己，这场祸事一定会波及到自己的子孙。于是李固事先就把他的3个儿子李基、李兹、李燮都送回故乡。当时，李燮还只是一个13岁的小孩子，他的姐姐李文姬嫁给了同郡人赵伯英。李文姬见到自己的3个兄弟突然秘密从京城洛阳回来，知道必定是父亲在朝中出了事。

果然不出所料，李固因得罪权贵梁冀被罢官。李文姬伤心地悲叹道："看来我们李家是难逃此大难了。自从祖父李郃以来，我们李家也积了不少德，为什么到头来会落到今天这个下场！"于是，李文姬与自己的两个哥哥商量，最后一致决定，为了保存李家的后代，事先将三弟李燮藏起来，然后放出风声说李燮已经回到京城洛阳了。当时没有人怀疑他们的话，都信以为真。

过了不久，果然大祸临头，州郡官府派人

历史关注

西汉中期，为了加强对郡国的管理，开始实行刺史制度，此后历朝多有沿用。

前来逮捕了李基、李兹，结果二人全部死在监狱里。于是，李文姬把三弟李燮托付给了父亲李固的学生王成，拜托他说："您为我的父亲主持公道，坚持正义，有古人的气节。如今，我把李家唯一存留下来的孤儿托付给您。李家是存是灭，就在于您了！"王成于是带着李燮沿着长江东下，一路奔逃，直接进入徐州。为了掩人耳目，李燮改名换姓，在一家酒店做佣工，而王成则在街市上给人占卜算命。他们两人假装不认识，只是暗地里相互来往。

一晃就是10多年过去，当梁冀被诛杀以后，桓帝宣布大赦天下，下诏寻找忠臣李固的后代。李燮这才把自己的身世和事情的真相告诉给酒店的老板。酒店的老板听了大为震惊，马上准备了车马和丰厚的礼物要送李燮回家，但是李燮都没有接受。

李燮回到家乡，才有机会在父亲和哥哥的坟前吊唁。李燮与失散多年姐姐相见，悲感交集，连旁边的人都被他们感动了。姐姐告诫李燮说："我们李家的后代几乎要灭绝了，你幸好逃跑，得以保全性命，这就是天意。现在，你应当待在家里，不要轻易和别人来往，千万不要抨击梁家！你如果抨击梁家，势必会牵连到皇上，那么大祸又会重新降临。我们只有把过错和责任都揽到自己的头上，才能躲过这场灾难。"李燮严格遵从了姐姐的教诲。

王成去世以后，李燮非常感激这位曾经舍命救助自己的恩公，将他安葬好，并且常年将王成的牌位摆放在上宾的位置进行祭拜。

·《孔雀东南飞》·

东汉乐府民歌中最著名的长篇叙事诗。全诗共353句，通过叙述焦仲卿和刘兰芝这对恩爱夫妻在封建礼教摧残下的婚姻悲剧，有力地揭露了封建礼教和封建家长制的深重罪孽，表达了青年男女追求婚姻幸福的美好愿望。故事情节曲折生动，表现形式丰富多彩，为世人广泛传颂，堪称是乐府诗中的代表作。

不接受征聘的五处士

桓帝年间，尚书令陈蕃向朝廷推荐了5位在乡间隐居的贤能的士人，他们分别是：豫章人徐稚、彭城人姜肱、汝南人袁闳、京兆人韦著、颍川人李昙。桓帝特意送去比较丰厚的礼物诚心诚意地征聘他们，结果他们都没有接受。

徐稚虽然家境贫寒，还经常要亲自下地干活，但他做人很有原则，不是通过自己劳动所得的食物，从来不吃。同时，徐稚待人谦虚礼貌，当地的人都很尊敬他。官府知道以后，就多次征聘他做官，可是都被他拒绝了。后来，陈蕃担任豫章太守，很有诚意地请他出来担任功曹。徐稚因敬仰陈蕃的为人，所以没有表示推辞，而是亲自前往拜见陈蕃。但在拜见了陈蕃后，徐稚却自行告退，不肯任职。

后来，徐稚又被推举为"有道"，被命为太原太守，他没有接受。徐稚虽然不接受各位官员的征聘，但是却把那些人对他的"知遇之恩"铭记在心。每当徐稚听到他们的死讯时，必定会背着书箱前往吊表。他通常是先在家里烤好一只鸡，再将一两棉絮浸泡在酒里，再晒干，然后用棉絮裹着烤好的鸡，径直来到死者的坟前。他把浸有酒的棉絮泡在水里，使水散发出酒的气味，准备一斗米，以白茅草为垫子，把鸡放在坟墓的前面，将酒水洒在地上进行祭吊后，留下自己的名帖，立即离去，不见主表的人。

名士黄琼当时在家里教书的时候，徐稚还经常向他讨教问题，可是后来，黄琼因接受朝廷的征召担任了官职，并且青云直上，地位越来越尊贵，徐稚便主动和他绝交，不再来往。可是等黄琼去世以后，徐稚得知消息，赶过去吊表，在黄琼的坟墓前洒酒放声痛哭后才离开，吊表的人都不知道他是谁。有位知名人士问负责主表的人，主表的人说："早些时候，是有一个书生来过，他衣着粗糙单薄，哭声哀戚，但他没有留下姓名。"大家都说："这个人肯定是徐稚。"于是大伙选派能说会道

中国大事记

公元 144 年，顺帝死，皇太子刘炳嗣位，是为汉冲帝。

的茅容骑着快马去追赶他，终于在半路上追上了徐稚。

茅容买来酒和肉，请徐稚坐下来一块儿吃，徐稚答应了。茅容问及国家大事的时候，徐稚闭口不回答。茅容只好改变话题，与他谈论农事，徐稚才和他交谈。茅容回去后，把情况告诉了大家。有人说："孔子曾经说过'遇上说得来的人，却不和他谈论，这是很不礼貌的。'这样说来，徐稚岂不是太没有礼貌了吗？"了解徐稚的郭泰说："不是徐稚没有礼貌，而是他这个人清高廉洁，为人处世很有原则。他饥饿的时候，不会轻易接受别人的施舍；寒冷的时候，不会随便穿别人的衣服。而他答应茅容的邀请，一块喝酒吃肉，这是因为他知道茅容是一个贤能的人！他之所以不愿意回答国家大事，是由于他的智慧我们可以赶得上，他的故作愚昧我们却赶不上。"

姜肱与两个弟弟姜仲海、姜季江，都以孝敬父母、友爱兄弟著称，甚至睡觉时兄弟俩都合盖一条被子。

一次姜肱与弟弟姜季海一块去郡府，晚上在半路上遭遇了盗匪的抢夺。盗匪想把他们杀了灭口，姜肱哀求盗匪说："求您把我弟弟放了，让我一个人去死吧。我弟弟还这么小，我父母都很疼爱他，况且他还没有娶亲。"

盗匪正要对姜肱动刀，姜季海连忙护住哥哥姜肱，请求他说："求您千万不要杀我哥哥，我哥哥品德比我高尚，能力比我高，他是国家的人才，请你杀了我，让我代替我哥哥去死吧！"两兄弟争来夺去，都一致请求盗匪斩杀自己，为对方求情。这下可把盗匪搞糊涂了，他遇到过无数的人，像这样为了自己的兄弟，毫不顾惜自己生命的，他还是第一次遇到。盗匪为他们兄弟之间的友爱精神打动了，不忍心杀害他们当中的任何一个，于是将他们俩都放了，只是抢光了他们随身携带的一些衣物和钱财。兄弟俩只好光着身子来到郡府，郡府的人见他们都没有穿衣服，连忙问他们俩是怎么回事。姜肱随便找了个借口搪塞过去了，始终没有把盗匪供出来。盗匪知道后，既感动又羞愧，

亲自跑到姜肱的住处拜见，并向他叩头请罪，奉还了全部的衣服和财物。姜肱坚决不肯接受，并挽留盗匪一起吃饭。

地方官府得知他们孝敬、友爱的高尚品德后，前来征聘他们，但他们也都没有接受。后来，桓帝也听说了他们的事迹，下令要征聘姜肱到京城洛阳，但姜肱拒绝了。桓帝心有不甘，于是命令彭城地方官府派画工画出姜肱的形体容貌，姜肱始终躺在一间幽暗的房子里不肯出来，还用被子蒙住自己的脸，所以画工始终不知道姜肱长什么模样，这幅画也就无从画起。

袁闳是袁安的玄孙，他平时非常注重品德修养，但是从来不肯接受官府和朝廷的征聘。

韦著学问渊博，一直隐居在家，他每天只是向学生讲授儒家经书，不愿意过问世事。

李昙也是以品德著称。李昙有一个凶狠残暴的继母，可是尽管如此，李昙对她照顾得非常周到，像对待自己的亲生母亲一样。每当李昙有了珍贵的玩物，他总是很恭敬地送给继母，乡里的人都把他当成了好榜样。桓帝得知他的孝名要征召他，但他也没有接受。

桓帝又征聘另一名隐士魏桓，当魏桓接到聘书后，家乡的人都劝他接受。但是魏桓对他们说："我一旦接受了皇帝的征聘，就是为了实现我的政治理想。如今皇宫里的马匹多达上万匹，可是会因为我的反对而减少吗？皇帝身边有一群权贵豪强，皇帝会因我而将他们赶走吗？"大家都异口同声地说："不会。"魏桓感慨叹息着说："你们是让我活着去死着回来呀，这又何必呢？"魏桓终身坚持隐居不肯出来做官，大家也不再劝他。

郭泰善知人

郭泰生活在东汉中叶之后，在同宦官集团展开猛烈的斗争中，成为士人集团的代表和太学生的领袖人物。

郭泰从小就有很大的志向。他刻苦努力，勤奋好学，终于成为一位学问渊博、善于言谈

历史关注

云南地区在汉朝初期是滇国，武帝之时与中原开始广泛交流。

的名士。

后来，郭泰到京都洛阳去求学。在他刚到的时候，当时的人并不认识他。陈留名士符融一见到他就惊异赞叹，将他推荐给河南尹李膺。李膺是当时声望很高的士人领袖，但是他生性耿直，不喜欢与人结交。他反对宦官专政，被京师太学生标榜为天下的楷模，当时人们很难与他接近。士人中有他愿意结交的，都被称为"登龙门"。李膺见到郭泰以后，也非常欣赏郭泰的人品才学，就与他结为好友，还万分感慨地说："读书人我见多了，可是，从来没有遇到过像郭泰您这样的人。您聪慧通达，高雅谨慎，是不可多得的人才。"以李膺当时的影响和身份，竟然会如此青睐一个不见经传的郭泰，可见郭泰不是等闲之辈，于是京城里的读书人不得不对他刮目相看，郭泰名噪一时，成为当时的知名人物。

郭泰不但博学聪颖，还特别擅长识别人是否贤能、愚钝，喜欢鼓励资质优秀的人求学读书，他在身份低贱的人中发现了许多人才。

陈留人茅容，年纪已经四十开外。有一天他在野地里耕种，遇到大雨，和大家一起到大树下避雨，大家都大模大样地相对蹲坐着，很不礼貌，只有茅容仍然正襟危坐。郭泰看见后，感到很惊异，便请求要到他家投宿。第二天一早，茅容就杀鸡做饭，郭泰还以为茅容杀鸡要招待自己，可是等到吃饭的时候，只见茅容把一半的鸡放到自己母亲的碗里，剩下半只鸡不

声不响地放到碗柜里了，自己与客人只是吃些粗菜淡饭。郭泰见了不但不生气，反而赞叹地说："你的品德远远超过了一般的人，我郭泰有时还靠减少供给父母的美味来招待客人，可是你却能够无论在什么情况下，都能够坚持保障对父母食物的充足供给，真是难得呀，你可真是我志同道合的朋友啊！"

巨鹿人孟敏，寄居在太原。一天，他背着瓦甑行走，不小心掉在地上。可是他看都不看一眼，若无其事地继续往前走。郭泰见了，觉得奇怪，就走过去问他的想法，孟敏说："瓦甑已经摔破了，再看它一眼又有什么意义！"郭泰听了，觉得这个人做事很有分寸，并且处事果断，便主动跟他攀谈，了解了他的为人，同时还鼓励他在出游时不忘刻苦求学。后来，孟敏终于成了当代一位知名人士。

陈留人申屠蟠，家境贫寒，靠做漆工活维持生计；鄢陵人庾乘，年轻的时候在县衙门里做守门的小兵。郭泰见了，觉得他们都是奇才，便鼓励他们读书。他们都听从了郭泰的劝告，后来也都成了知名人士。

其余的许多被郭泰发现的人，有的是出身低贱的屠夫和卖酒的，或者是身份卑微的士兵，都因为郭泰的鼓励和引荐而最终成为名士。

郭泰不但擅长识别人才，而且也善于教导、考查学生。陈国有一个叫魏昭的少年听说郭泰的大名后，前去向郭泰拜师，请求说："只知道教学生学习经书的老师容易遇到，可是像

·汉 赋·

汉赋是汉代最主要的文学体裁，一般分为骚体赋、散体大赋和抒情小赋三类。汉赋一般篇幅较长，多采用问答体，韵散夹杂，其句式以四言、六言为主，但也有五言、七言或更长的句子。汉赋闳阔壮丽，但也好堆砌词语，极尽铺陈排比之能事。汉赋的形成受到了《诗经》和《楚辞》的巨大影响。汉赋的三种类型代表了汉赋发展的三个阶段。骚体赋主要盛行于西汉初年，受骚体诗或者楚辞的影响，如贾谊的《吊屈原赋》。散体大赋又称作汉大赋，也是人们一般意义上所认为的汉赋。它主要盛行于西汉中叶至东汉初年，代表作家作品有枚乘的《七发》、司马相如的《子虚赋》、《上林赋》等。抒情小赋是汉赋的新发展，它的出现预示着汉大赋的衰弱。但是抒情小赋篇幅短小，比起汉大赋的恢宏壮丽自有一番情趣。代表作家作品主要有张衡的《归田赋》、赵壹的《刺世疾邪赋》等。

中国大事记 | 公元 151 年，张陵弹劾梁冀，并请廷尉论罪。

您一样不仅能够传授知识，还会教学生一些做人道理的老师就很少了。如果您不嫌弃，我愿意跟在您的身边，每天替您打扫房子和院子。"郭泰见这个少年很有诚意，于是就答应了。

有一次，郭泰身体有些不舒服，让魏昭给他煮稀饭。稀饭煮得恰到好处，可是郭泰为了考察他的为人，有意刁难他说："你给长辈煮稀饭，没有一点诚意，我没法吃下去。"说着，就把一碗稀饭扔在地上。魏昭脸上毫无怨色，恭恭敬敬地将碗拾起来，又重新回到厨房里煮稀饭。不久，一碗热气腾腾的稀饭又送过来了，郭泰还是不领情，再次责骂他。郭泰就这样反复多次地刁难魏昭，可是魏昭态度依然恭敬如故，脸色始终温和没有怨色。郭泰说："我以前只是看到你的表面，并不知道你的本质，今天我总算彻底了解你的为人了。"从此，郭泰不再把魏昭当成学生，而是把他当成志同道合的好朋友。

郭泰不但重视优秀的人才，即使是那些所谓的后进生，也能尽其所能给予帮助。郡学有个叫左原的调皮学生，因经常违反学校纪律，被郡学劝退。其他的人对左原唯恐避之不及，只有郭泰特地为他准备了一桌好酒和菜肴，并安慰他说："颜涿聚原来是梁甫地区有名的大强盗，段干木本来是晋国的大市侩，可是，他们最终都成了著名人才。就是像孔子的学生颜回这样品德高尚的人，都犯过错误，又何况其他的人呢？你千万不要心怀怨恨，而是要好好反省自己，改过自新。"左原虚心听取了郭泰的教导。

有人讥讽郭泰和恶人来往。郭泰听后，感慨地说："对于犯错误的人理应热情帮助，劝他改过，如果只是一味地疏远甚至忌恨他，那就无异于是在促使他自暴自弃。"左原后来还是对郡学的学生怀着极大的仇恨，结集了很多人，准备去报复。可是这一天，郭泰正好也在郡学，左原见到了郭泰，觉得自己辜负了郭泰以前对他的一番劝导，心里很惭愧，又悄悄地离开了。后来这件事传开了，大家都很佩服郭泰。

"党锢"冤案

汉桓帝延熹二年（公元 159 年），桓帝依靠宦官将政权从外戚梁冀手里夺过来以后，论功行赏，将单超、徐璜、具瑗、左悺、唐衡都封侯，称为"五侯"。从此政权又落在以五侯为首的宦官手里。

五侯跟外戚梁冀一样胡作非为，骄横跋扈。当时老百姓流传着一句刻画他们形象的歌谣说："左悺有回天之力，具瑗是唯我独尊，徐璜的威风如卧虎，唐衡的势力像大雨。"他们竞相修建宅第，追求豪华奢侈，任命亲信当官，搜刮百姓财富，暴虐无道，民不聊生。

当时朝廷的许多士族地主出身的官员，因不满宦官掌权，主张改革朝政，限制宦官专权。还有一批中小地主出身的太学生因政治腐败，找不到出路，也反对宦官专权。

太学学生共有 3 万多人，郭泰和贾彪是他们的首领。他俩和李膺、陈蕃、王畅等人经常聚集在一起评论朝政。当时流行这么一句赞美他们的话："天下楷模是李膺，不怕强梁横暴是陈蕃，才智出众是王畅。"于是朝廷群臣都害怕受到他们的舆论谴责，争先恐后地登门与他们结交。

李膺性格耿直，为人严肃正直，尤其痛恨宦官。他当了司隶校尉以后，有人向他告发宦官张让的兄弟、野王县令张朔贪污残暴，品行恶劣。李膺立即查办张朔，张朔慌忙藏到哥哥张让的家里。李膺不畏强权，带着手下径直来到张让的家里搜查，结果在隐蔽的夹墙里搜出张朔，当即将他逮捕入狱，进行审问。李膺听完张朔的供词后，没有经过桓帝的批准立即将他处死。当时，朝廷政治腐败，许多大臣都畏惧宦官的权势不敢得罪他们，因而法纪废弛，只有李膺敢挺身而出维护朝纲，因此他的声望一天比一天高。许多读书人纷纷去拜见他，但因为李膺不喜欢招待宾客，要见他很难。

第二年，有个叫张成的方士（搞迷信活动的人）跟宦官来往密切，因而时常能够打探到一些朝廷机密，一次，他从宦官侯览那里得知朝廷即将宣布大赦天下，于是就怂恿自己的儿子去杀人。李膺把张成父子抓起来了，准备法办。

可是第二天，皇帝大赦天下的诏令就下达了，张成得意扬扬地说："皇帝的诏书都下来了，我就不相信李膺敢不把我们父子放出去。"

这话传到李膺耳朵里，李膺顿时怒火中烧，说："张成因原先知道皇帝大赦的诏令今天会下达，故意纵容自己的儿子杀人，这大赦就不应该轮到他身上。"说完，李膺就下令将张成父子斩首。

李膺像

张成一向用占卜术和宦官结交，连桓帝有时候也向张成询问占卜。张成父子死后，有宦官指使张成的徒弟牢修诬告李膺蛊惑从各地来京城洛阳求学的学生结成朋党，诽谤朝廷，严重扰乱了社会秩序。汉桓帝果然大怒，当即下令逮捕党人。李膺的案件牵连涉及到的有太仆杜密、御史中丞陈翔，以及太学学生陈寔、范滂等200余人。一时间朝廷派出去缉拿党人的使者遍布全国，随处可见。

缉拿党人的诏书下达各郡后，各郡的地方官员立即将那些跟党人有牵连的人上报，有的一个郡上报的人数竟多达好几百人。桓帝发现众多的奏报中只有青州平原相（相，相当于郡的太守）史弼一个党人也没有上报，于是下诏催逼他，催逼多次不成，就派了一个官员去督促他，叫他限期向朝廷汇报，他属下的官员甚至因为这件事情还受到了鞭刑的严厉处罚。尽管如此，他还是无动于衷。青州派来一个官员亲自来到平原查问。

那个官员把史弼找去，质问他为什么不报党人的名单。史弼反问道："我们这里没有党人，叫我怎么报？"

那官员把脸一沉说："青州6个郡，那5个郡都有党人，难道平原郡就会没有？"

史弼回答说："划分州郡界限，水土不同，风俗也不一样。其他郡国都有，平原国恰好没有，怎么能够相比呢？如果硬要陷害无辜，那么我们平原国的人，家家户户都是党人。但是我就是死也不能干诬陷无辜的事情呀。"

那官员被他反驳得勃然大怒，立即将史弼和他的下属官吏送到监狱囚禁，然后弹劾史弼。

陈寔是太学生里很有名望的一个人，他的名字也就理所当然地被划到党人的名单里去了。有人劝他赶快逃走，陈寔并不害怕，说："我不到监狱，大家都没有依靠。"于是，自己前往监狱请求囚禁。范滂也主动进了监狱。

与李膺齐名的杜密，当时被人们并称为"李杜"，也跟着被捕入狱。

陈蕃多次上书，极力规劝桓帝。桓帝不但不听，反而借口说陈蕃推荐的官员不称职，将他官职也一起罢免了。

陈蕃被免职以后，朝廷群臣都害怕，再也没有人敢替党人求情。只有颍川人贾彪亲自来到洛阳，说服皇后窦氏的父亲窦武出面营救党人。

桓帝的怒气也稍微消解，就派中常侍王甫去监狱里审问范滂等党人。范滂等人颈戴大枷，手腕戴着铁铐，脚挂铁镣。王甫审问他们互相保举推荐到底有什么企图。范滂回答说："我只是希望通过表扬善良的人，使大家同样清廉；嫉恨恶人，使大家都明白他卑污的地方。本以为朝廷会鼓励我们这么做，从没有想到反而被扣上结党的罪名。"王甫也良心发现，对他们起了同情心，当即下令解除他们身上的刑具。

李膺等人在狱中采取以攻为守的办法，在口供中，又牵连出许多宦官子弟。宦官们也害怕事态继续扩大，用发生日食作为借口，请求桓帝将他们赦免。

中国大事记

公元 166 年，第一次党锢之祸发生。在宦官的蛊惑下，桓帝通告各郡，逮捕"党人"，牵连了 200 多人。

汉桓帝永康元年（公元 167 年），桓帝下诏大赦天下，改年号。200 余人虽然全部被释放，但都被打发回老家，将他们的姓名编写成册，分送太尉、司徒、司空三府，终身不许再出来做官。历史上把这次事件叫作"党锢"事件。

党人遇害

汉桓帝永康元年（公元 167 年），汉桓帝驾崩。汉灵帝即位后，由窦太后临朝主持朝政。窦太后封她的父亲窦武为大将军，任命前太尉陈蕃为太傅。

窦太后被册封为皇后时，陈蕃曾经尽过力，所以太后临朝时，把大小政事都交给陈蕃处理。陈蕃与窦武同心合力，辅佐王室，重新征召曾经被宦官诬陷而罢官免职的党人李膺、李密等人参与朝廷政事。

由于曹节等宦官扰乱朝政，窦武和陈蕃多次请求诛杀宦官，窦太后犹豫不决，把事情拖延下去。宦官没有除掉，却打草惊蛇。曹节、王甫等人来了个先发制人，先从窦太后那里抢了玉玺和印绶，把窦太后软禁起来，又以灵帝的名义，宣布窦武和陈蕃等人谋反，把他们杀了。宦官重新掌握了政权，被陈蕃征召的李膺等人再度被废黜。

党人是宦官的死对头，为了避免他们东山再起，宦官们决定斩草除根，将他们一网打尽。

皇帝每次下诏书，宦官们都要重申对党人

的禁令。中常侍侯览对张俭的怨恨特别深，侯览的同乡人朱并素来奸诈邪恶，曾被张俭尖锐地批评指责过，对张俭的怨恨也是由来已久。于是，侯览利用朱并，诬告张俭跟同乡 24 个人结成一党，诽谤朝廷，企图造反。

宦官大长秋曹节也暗示有关官员奏报说前司空虞放，以及李膺、杜密、翟超、荀翌、刘儒、范滂等人互相牵连结党，请求将他们逮捕交付给州郡官府拷打审讯。灵帝只是一个 14 岁的小孩，根本就不懂什么是党人，问曹节说："什么叫互相牵连结党？"曹节回答说："互相牵连结党，就是党人。"灵帝又问："党人究竟有什么罪大恶极的地方，一定要将他们诛杀呢？"曹节解释说："他们互相推举，结为朋党，图谋不轨。"灵帝又问："他们图谋不轨，究竟想干什么？"曹节回答说："他们是要推翻朝廷。"于是，灵帝就批准了奏章，再次下令逮捕党人。

有人得到朝廷要逮捕党人的消息，跑去劝李膺说："你赶快逃吧！"李膺说："做事不怕艰难，有罪不要逃避，这是做臣子应有的节操。我已经满了 60 岁了，生和死是上天注定的，我还能逃到哪里去！"后来被投入监狱，并拷打致死。

李膺的门生

·《熹平石经》·

《熹平石经》是中国历史上最早的官定儒家经典刻石，它和魏正始年间所刻《正始石经》，以及唐文宗开成二年所刻《开成石经》并列为古代著名的三大石经。汉代独尊儒术之后，朝廷将儒家经文刻制成石头书籍，供学官们正定校勘，作为向太学生讲授的标准经本。熹平石经共刻《鲁诗》、《尚书》、《周易》、《春秋》、《公羊传》、《仪礼》、《论语》等7经，共64石，计200910字，刻制时间从东汉熹平四年至光和六年（公元175～183年），一共历时9年。制成后立于洛阳太学门前。《熹平石经》主要由蔡邕等人用隶书体写成，是中国书法史上著名碑刻。

熹平石经残石 东汉

东汉灵帝熹平四年，蔡邕等人以隶书写过《诗》《书》《易》《仪礼》《春秋》《公羊传》《论语》等七经，历时九年，刻四十六碑，作为儒学经典的标准版本，是儒学发展史上的壮举。

历史关注

汉武帝时，凿六辅渠，使郑国渠发挥了更大的水利灌溉作用。

和过去的下属官吏也都被牵连，不许再出来做官，但是名籍上遗漏了侍御史蜀郡人景毅的儿子景顾，所以景顾没有受到处罚。景毅感慨地说："我之所以把儿子送去拜李膺为师，就是仰慕他是一代贤才。如今他遭难了，我怎么可以因为名籍上漏掉了他的名字而苟且偷安呢！"于是，景毅毅然上书检举自己，免职回家。

汝南郡督邮吴导接到逮捕范滂的诏书，抵达征羌侯国时，关紧驿站旅社的房门，抱着诏书倒在床上大哭，全县没有人知道究竟发生了什么事情。范滂得到消息后说："这一定是因为我。"于是自己跑到监狱报到。县令郭揖大吃一惊，赶忙出来迎接，解下印信，要带着范滂一起逃走，劝他说："天下这么大，你为什么偏偏要跑到这里来送死呢？"范滂坦然地说："我一死，灾祸也就停止了，怎么敢因为我犯罪来连累您，又怎么忍心让我的老母亲因我而流离失所呢？"

他的母亲来和他诀别，说："你今天能够和李膺、杜密齐名，就是死了，又有什么遗憾的！既然已经享有美好的名声，又要盼望长寿，两者能够都得到吗？"范滂跪下，聆听母亲的教诲，拜了两拜向母亲告别。临行时，范滂的母亲回头对自己的儿子说："我叫你做坏事吧，可是坏事毕竟是不该做的；我叫你做好事吧，可是却落得这步田地。"过路的人听了，都感动得流泪。

因为党人案受牵连致死的共有100多人，他们的妻子和儿女也都被流放到荒远的边境地区。宦官借清除党人的名义，将天下的英雄豪杰和品德高尚的儒家学者也一并指控为党人。一些地方官府为了逢迎讨好宦官，将许多跟党人没有任何关系的人，也处以严厉的刑罚。因此被牵连成党人而被处死、放逐的人，又多达六七百人。

凡是被划入党人名单的人，或被处死，或被流放，无一幸免于难，只有张俭逃过了这次劫难。

许多人因敬重他的声名和德行，宁愿冒着家破人亡的危险也要收容他。后来，他辗转逃

到东莱，住在李笃家里。外黄县令毛钦手持兵器来到李笃家要捉拿张俭，李笃领着毛钦就坐后，说："张俭是背负重罪的逃犯，我怎么敢窝藏他！假如他真的在这儿，这人是有名的士人，您难道非捉拿他不可吗？"毛钦站起来，抚摸着李笃的肩膀说："伯玉以单独为君子而感到耻辱，你为何要一个人获得仁义的美名！"李笃回答说："如今我就要和你一同分享仁义的美名，你已经获得了一半。"于是毛钦叹息着告辞了。李笃把张俭带到北海郡戏子然家里，然后再进入渔阳郡，逃到塞外。张俭自从逃亡以来，被他牵连遭到逮捕和审问的人几乎遍及全国，因窝藏张俭而被杀的人有10多个，这些人的亲属也都同时灭绝，甚至有的郡县因此残破不堪。

张俭和鲁国人孔褒是老朋友，所以张俭去投奔他。但是正好遇到孔褒不在家，孔褒的弟弟孔融，当时年仅16岁，便自作主张把张俭藏在自己家里。消息泄露后，张俭逃走了，但孔褒和孔融兄弟两人都被当地官府逮捕了。孔褒说："张俭是我的朋友，他是来投奔我的，我的弟弟年龄小，还不懂事，是我的错，跟我弟弟没有关系。"于是负责审案的官员又去征求孔母的意见，孔母说："这是家事，我是一家之主，这责任应当由我来承担。"一家母子三人都争着往自己身上揽罪名，这可让审案官员犯难了，他犹豫了很久，迟迟不能作出决定，只好上报朝廷请求裁决，朝廷下令将孔褒逮捕，并处以死刑。

经过这次对党人的清剿，无论是地方还是朝廷，一些比较正直的官员都遭到沉重的打击。从此以后全国上下官员差不多都被宦官的亲信占据了，社会进一步黑暗腐败。

汉灵帝安葬窦太后

汉灵帝熹平元年（公元172年），窦太后因母亲去世忧伤过度，思念成疾，不久后死于南宫云台。

窦妙（即窦太后）最初被册封为皇后的时候，陈蕃从中帮了不少忙，所以窦妙当上太后

中国大事记

公元 169 年，第二次党锢之祸开始，被杀死、流放、监禁的党人有六七百人。

主持朝政的时候，对陈蕃特别信任，把朝廷大大小小的政事都交给他去处理。但是像曹节、王甫等宦官整天守在窦太后的身边，阿谀奉承，竭尽所能地讨好窦太后，逗她开心，终于取得窦太后的宠幸，被封爵拜官，操纵国家大权，扰乱朝政。

对此，陈蕃、窦武深为痛恨，便一同谋划诛杀曹节、王甫等宦官。不料消息被泄露，曹节、王甫等人先发制人，将窦太后劫持软禁在南宫，并夺取了皇帝的玺印，把窦太后娘家的人（包括窦武在内）全部流放到边远的地方。不光这样，朝廷中凡是那些由陈蕃和窦武推荐的官员，包括他们的学生，甚至原来在他们手下做过事的部属，一律被免去官职，并且以后不许再出来做官。就这样，宦官们得以进一步控制朝政。

窦太后死后，宦官们因怨恨窦氏家族，所以只用运衣服的破车把窦太后的尸体运到洛阳城南的一个小商铺里，停放了好几天。并且曹节和王甫等人打算按照贵人的规格来埋葬窦太后。

身为皇上的灵帝认为这样做不妥，说："朕是由窦太后亲自拥立为皇帝才最终得以继承大业的，怎么能够以贵人的礼仪来为她送终呢？传朕的旨意，必须按照太后的规格礼仪来安葬窦太后。"

曹节、王甫等人听后仍然不甘心，又提出将窦太后的尸体埋葬在别的地方，不与桓帝合葬在一起，而把冯贵人的尸体移过来与桓帝合葬。灵帝召集文武大臣，在朝堂上共同商议，命中常侍赵忠在一旁监督。

太尉李咸当时身患重病，一听到朝廷要商议埋葬窦太后的消息，也顾不得家人劝阻，拖着病体，勉强上了车，并且随身携带了毒药。临走时，对妻子说："如果皇太后不能和桓帝合葬在一起，我也决不会活着回来！"

等到会议开始后，参加会议的好几百人，都互相望了很久。因为慑于宦官的权势，所以没有人肯首先发言。中常侍赵忠有些不耐烦了，催促说："怎么一个个都变成了哑巴，应当迅速作出决定。"

廷尉陈球义正词严地说："皇太后出身高贵，品行端正，临朝执政功勋显著，应当和先帝安葬在一起，这是毫无疑问的。"

赵忠冷笑了一声，说："那就请你陈廷尉赶快起草一个议案吧。"

陈球立即下笔写道："窦太后长期生活在宫中，品德高尚，禀赋聪明。在时局混乱的时候，她毅然扶立了陛下即位，使得陛下继承先祖大业，功不可没。窦家虽然犯下了种种罪行，但这并不是窦太后主使发动的，因此也不能算是窦太后的过错。可是，她却被迫迁到凄冷的南宫居住，凄凉地度过余生，过早离开人世。如今她去世，却要被改葬到别的地方，实在是让天下人大失所望。况且冯贵人的坟墓曾经被人盗窃过，尸体被污染了，而且冯贵人生前对国家没有任何功劳，有什么资格和先帝合葬在一起？"

赵忠看完陈球起草的议案，气得脸色大变，浑身发抖，嗤笑陈球说："陈廷尉起草的议案写得真是好呀！"

陈球如释重负地说："陈蕃、窦武已经蒙受冤枉，窦太后又无缘无故地被幽禁，我常常感到痛心，天下的人也都愤慨叹息！今天，我既然把话都说出来了，即使以后遭到报复，也决不会后悔。能找个机会把心里的这些话说出来，一直是我的心愿。"

太尉李咸紧接着说："我本来也认为应当这样，我的意见和陈廷尉完全相同。"于是三公九卿以下的官员都纷纷表示赞成陈球的意见。

曹节、王甫仍然继续争辩，大声说道："梁皇后是先帝的正妻，后来因为梁家犯了谋逆的大罪，所以在她死后，才把她葬在懿陵。想当初，汉武帝废黜了正妻卫皇后，而将李夫人放在一起合葬。现在窦家的罪恶如此深重，怎么能够和先帝合葬在一起呢？"

太尉李咸又向灵帝上书，据理力争，说："章帝窦皇后陷害和帝的生母梁贵人，然而和帝并没有提出将嫡母窦皇后移葬到别的地方。安帝阎皇后的娘家人犯有谋逆的大罪，顺帝也没有下诏贬降嫡母阎皇后。至于卫皇后被罢黜，那是汉武帝在世时亲自作出的决定，不

历史关注　｜佛教最迟于西汉末年已传入我国。

可以相提并论。如今长乐太后一直拥有皇太后的尊号，又曾经亲自主持朝政，治理国家，况且她又援立陛下为皇帝，使皇位兴隆。太后既然把陛下当做儿子，陛下怎么能不把太后当做母亲？没有儿子废黜母亲、臣子贬谪君王的道理，所以应当将窦太后与先帝合葬在宣陵，一切都要遵从原来的制度。"灵帝看完奏章，觉得李咸说得入情入理，而且自己也不想担负不孝的骂名，就完全采纳了李咸的意见，让窦太后与桓帝合葬。

黄巾起义

黄巾起义是东汉灵帝中平元年（公元184年）至汉献帝初平三年（公元192年），由巨鹿人张角等领导的反抗东汉王朝的大规模农民起义。

东汉末年，朝廷上外戚与宦官争权夺利，相互倾轧，交替把持朝政。外戚与宦官专权引起了地主出身的士大夫的强烈不满，他们为了争夺政治权力，与外戚和宦官展开了激烈的斗争，引发了两次"党锢之祸"，进一步加深了统治集团的内部矛盾。地方上，豪强地主趁机大量兼并土地，使得大批农民失去了他们赖以生存的土地，过着流离失所的生活。由于政治腐败，社会黑暗，经济凋敝，农民生活在水深火热当中，苦不堪言，而东汉朝廷又不及时采取措施，缓和社会矛盾，农民只好举起起义的大旗，发动了一场声势浩大的农民起义。灵帝中平元年（公元184年），张角领导的黄巾起义，是农民反抗东汉朝廷的总爆发。

巨鹿人张角信奉黄老之学，组织了大批的门徒，号称"太平道"。他们依靠咒语和符水来替人治病，在贫苦农民中宣传教义，鼓动民众暴动。

张角在宣传发动群众的同时，还把他的骨干弟子分派到全国各地，到处传播教义，发展教徒，聚集力量。仅10年的时间，张角就聚集了10万信徒，青州、徐州、幽州、冀州、荆州、扬州、兖州、豫州等8州的人，都纷纷积极响应。有的甚至卖掉了所有的家产投奔张角。一路上挤得水泄不通，仅病死在路上的就数以万计。起先各地方官员由于不了解张角的真实意图，以为他们是在教民向善，所以不仅没有反对他们的活动，反而鼓励他们，因而张角的组织越来越壮大。

渐渐地，张角的活动引起了朝中大臣的密切关注，太尉杨赐首先意识到了事态的严重性。当时他担任司徒，上奏说张角正在扩充势力，造成时局混乱，主张让各地方刺史、郡守把流民的籍贯查清楚，遣送回原籍，并诛杀他们的首领以平息一场叛乱。正当此时，杨赐被免职，他的奏章也被留在了宫中，没有引起皇帝的重视。

司徒掾刘陶再一次上奏申明杨赐的意见，主张重金悬赏捉拿黄巾军的首领张角等人。但皇帝接到奏章，并没有重视，反而下诏让刘陶整理《春秋条例》。

张角的势力发展迅速，于是将信徒按照地域组织设置了36个方，"方"，相当于将军。大方统率1万多个人，小方统率六七千人，各方设立一个首领。同时，张角又提出了"苍天已死，黄天当立，岁在甲子，天下大吉"的战

"苍天乃死"字砖　东汉
字砖中"苍天乃死"四字与黄巾起义的口号不谋而合，起义军因此广泛传布太平道，表达民众推翻汉朝的普遍心愿。

中国大事记 | 公元189年，军阀董卓以讨伐宦官为名，率军进入京城。

斗口号，并在京城洛阳各个官署以及各州、郡官府的大门都写上"甲子"二字，计划由大方马元义等人先集结荆州、扬州的党徒几万人，按期会合，在邺城起义。

起义的准备工作做好以后，张角派遣大方首领马元义多次前往京城洛阳，积极联络皇宫里的宦官信徒充当内应，约定在京城洛阳和地方各州同时发动起义。

在起义即将发动的紧急关头，黄巾军内部的唐周于中平元年（公元184年）春向朝廷告密。朝廷逮捕了马元义，并在洛阳对其施以车裂的重刑。同时下诏三公、司隶查处张角的同伙，总共杀了1000多人，接着又派兵到冀州逮捕张角等人。

张角等人得知事情已经暴露了，决定提前起义，便派人日夜兼程地赶往各地，一时间各地纷纷起兵响应。他们个个头戴黄巾，所以称为"黄巾军"。

张角自称"天公将军"，张角的弟弟张宝称为"地公将军"，另一个弟弟张梁称为"人公将军"。他们火烧官府，攻陷城镇，占据各地方州郡。仅一个月的时间，天下纷纷响应，连京城洛阳也为之震动，安平人和甘陵人还生擒了安平王和甘陵王来响应黄巾军。

灵帝慌了手脚，急忙召集群臣商议对策。为了镇压起义大军，灵帝下令大赦党人，解除对党人的禁令，希望通过调整朝廷内部矛盾来笼络更多的人对付起义军，但张角并不在赦免的行列之内。在军事上，汉灵帝征调全国各地的精兵分头剿灭，派遣北中郎将卢植征讨张角，左中郎将皇甫嵩、右中郎将朱俊重点进攻在颍川地区活动的黄巾军。

朝廷进攻的矛头，首先指向直逼京师洛阳的颍川黄巾军波才指挥的农民军。左中郎将皇甫嵩统率大军对战。双方交战，皇甫嵩被波才率领的黄巾军围困在长社县城。但波才缺乏作战经验，紧靠着遍野的荒草设置营寨。恰好碰上狂风大作，皇甫嵩命令一批士兵们手持成束苇草上城，命令另外一批勇士偷偷地越过包围圈，放火烧草并高声呐喊。与此同时，城上的士兵也一齐点燃火把。皇甫嵩率领军队从城中擂鼓呐喊着冲出城去，直接攻击黄巾军的营寨。黄巾军大惊，四处逃散，溃不成军。这时恰好骑都尉曹操率军赶到，与皇甫嵩一起夹击黄巾军。五月，皇甫嵩、曹操与朱儁会师，再次出战，

黄巾起义示意图

大败黄巾军，斩杀数万人。

朝廷将颍川、南阳两地的黄巾军镇压后，又集中兵力对付河北的黄巾军。北中郎将卢植率领军队打败张角领导的黄巾军，杀掉和俘获了1万多人。张角战败后退守广宗县城，卢植率领军队包围了广宗城。正在积极备战，眼看马上要攻下广宗城的时候，卢植却由于拒绝贿赂宦官左丰遭到诬陷，结果灵帝改派东中郎将董卓接替卢植，但却没有攻下。后来朝廷再次征调皇甫嵩为帅，进攻广宗。

当时张角已经病死，他的弟弟张梁继续带领黄巾军与朝廷对抗。皇甫嵩与张梁在广宗交战。由于张梁率领的黄巾军士气高昂，勇猛善战，所以皇甫嵩一开始并没有取胜。皇甫嵩退下来，让士兵休息，另一方面又派人密切观察黄巾军的动向。皇甫嵩发现黄巾军由于首战获胜，情绪有些松懈。于是皇甫嵩趁夜部署军队，等清晨天微亮鸡一叫的时候，迅速冲入黄巾军的营垒。黄巾军还在睡眼惺忪的时候，突然遇到敌军，只好仓皇应战。这次战斗，从清晨一直达到傍晚，黄巾军损失惨重，死了共8万人。紧接着皇甫嵩又挥兵进攻张角的弟弟张宝，在曲阳将他杀掉，并杀死、俘虏黄巾军有10多万人。

黄河南北的几支黄巾军主力先后被官军及地方豪强武装各个击破。但黄巾军的残余势力仍然顽强斗争，坚持了好几年时间。直到汉献帝初平三年（公元192年），曹操追击黄巾军到济北，黄巾军才全体投降。

诛灭宦官

为了挽救即将灭亡的东汉王朝，汉灵帝自从黄巾军起义以后开始留心军事。在京城，灵帝任用身体壮健、通晓军事的宦官蹇硕担任禁卫军头目，统率禁军，连当时的外戚何进也要听从他的指挥。在地方，灵帝选用重臣掌管军事，各地方长官权力从此越来越大，出现了许多地方割据势力。

灵帝在位时，宦官蹇硕非常忌恨担任大将军的外戚何进，一心想谋害他，但没有成功。

后来，灵帝病重去世，皇子刘辩即位，即汉少帝。当时汉少帝只有14岁，按照惯例，由何太后临朝，于是何太后的哥哥何进就掌握了朝廷大权。何进掌权后，怨恨蹇硕曾经谋害自己，暗中与袁绍密谋将蹇硕杀掉了。

袁绍是个大士族的后代，他祖上历代都有人在朝中做高官，朝廷和地方的许多官员都是袁家的门生或者部下，势力特别大，所以何进把袁绍当成了自己的心腹，对他言听计从。最后，何进终于把蹇硕杀掉。

蹇硕被杀以后，袁绍劝何进把宦官势力彻底除掉，他说："以前窦武消灭宦官之所以失败，是因为泄漏了机密。现在将军执掌兵权，应该替天下除害。那样的话就可以流芳百世，可千万别错过了机会。"

何进于是向太后请求把宫里的宦官全部撤掉，饮食起居都要依赖宦官服侍的太后当然不愿意。

何进不能违背太后的意见，但又不能当机立断，于是事情就拖了下来，久久不能决定。

袁绍一计不成又生一计，他劝何进秘密召集各地的兵马进京，迫使太后同意除掉宦官，何进同意了。

何进的主簿（管理文书、办理事务的官员）陈琳听了，连忙阻拦何进说："您掌握了兵权，手里有的是兵马，要杀掉几个宦官还不像烧掉几根毛发一样轻而易举？如果你把地方的强大兵力召进京城，这就等于引狼入室，把自己手里的刀子交给别人来对付自己，将来必定会给自己带来灾难！"

何进不听陈琳的忠告，执意要召董卓的军队进京。董卓在凉州结交了许多当地的羌族豪强，割据凉州，称霸一方。在黄巾起义后，他因镇压起义军有功，被提升为并州牧，势力进一步强大。他本来就是一个野心勃勃的人，对中原地区一直就虎视眈眈，这次碰上这么好的一个机会，他岂能错过？因此当他听到自己被召入京的消息后，连忙带了三千人马赶来了。

可是何进剿灭宦官的消息已经泄露，几个宦官商量在宫殿门口埋伏了几十个武士，假传

中国大事记

公元190年，董卓将献帝和洛阳数百万民众迁到长安，并放了一把大火将洛阳城烧毁。

太后的命令，召何进进宫。何进一进宫，就被宦官杀了。

何进被宦官杀害的消息传来，袁绍立即派弟弟袁术攻打皇宫。袁术率领军队烧掉皇宫的大门，涌入皇宫。他们见了宦官就杀，有些人虽然不是宦官，但由于没有长胡须，也被乱军误杀了。

宦官张让和段珪被逼无奈，便胁迫着少帝和陈留王一同出了宫。后来，尚书卢植、河南中部掾闵贡发现了他们，并解救下了汉少帝。正当几个人前行的时候，遇见了前来"助阵"的董卓。就这样，朝廷虽然诛杀了宦官，但是却又迎来了董卓。

董卓被杀

汉灵帝中平六年（公元189年），董卓废掉少帝刘辩，改立陈留王刘协为帝，即汉献帝。之后，汉献帝任命董卓做了相国。

董卓一旦控制了朝政大权，全国军队和国库里的金银财宝全部由他掌握，威震天下。但他的欲望没有止境，常常对他的门客说："我的相貌，是尊贵无上的！"他大肆封官，将董家的人都安插在朝廷和地方的重要官职上，他的弟弟和侄子不是将军就是校尉，连还在襁褓中的婴儿也被他封侯。董卓为了恣情享乐，在离长安二百多里的地方修筑了一座城堡。这座城堡又高又厚，很难攻打进来，董卓在里面贮藏了搜刮过来的无数金银财宝，单是粮食，就足够吃30年的。城堡筑成以后，董卓得意扬扬地向别人夸耀说："如果大事成功了，天下就是我的；即使不成功，我也可以在这里面无忧无虑地安度我的晚年，谁也别想打进来。"

董卓极其暴虐无道。

汉献帝初平元年（公元190年），献帝刘协迁都长安。董卓为了搜罗财物，把洛阳城里的富豪统统扣上一个罪名加以处死，死了的人不计其数。他还命人驱赶剩下的几百万居民，令他们向长安迁徙。他命步兵、骑兵在后面催促，马在人群里踩踏。长期的辛苦和饥饿，百姓们不断死去，一路上堆满了尸体。他自己带兵停留在毕圭苑里，命部下纵火焚烧掉所有的宫殿、官府和老百姓的住宅，以致洛阳城方圆二百里内，房屋都化为乌有，听不到鸡和狗的叫声。董卓又让吕布率兵挖掘历代皇帝陵墓和公卿及以下官员的墓地，搜罗珍宝。

董卓性情残忍，甚至还以杀人取乐。他曾经抓到一批山东兵，让人把这些士兵用布紧紧裹住，在布上涂满猪油，然后再点火，把这批山东兵烧得嗷嗷直叫，董卓却开心得发出阵阵奸笑。董卓随意杀人，种种罪行令人发指，即使是他的手下，如果有谁惹得他不高兴，都会被当场处死，因此他身边的人终日提心吊胆。

以司徒王允为首的朝中大臣秘密谋划除掉董卓，大家迟迟没有动手，是因为董卓身边总是跟着一个心腹——吕布。吕布是有名勇士，他的力气特别大，而且骑马射箭样样精通，武艺十分高强。吕布原来是丁原的部下，董卓带兵进入洛阳的时候吕布杀了丁原，正式投靠了董卓。董卓很清楚自己为人残暴，不得人心，

连环计 年画

本图绘王允利用美貌的貂蝉来离间董卓和吕布的感情，从而达到诛杀董卓的目的。

历史关注 | 《史记》原名《太史公书》，为司马迁所著，开创纪传体编史之先河。

害怕有人谋害他，所以把吕布收做干儿子，叫吕布随身保护他。他走到哪里，吕布就跟到哪儿。大家因惧怕吕布的勇猛，一直不好对董卓下手。

董卓非常宠信吕布，发誓说他们情同父子。可是董卓心胸狭窄，吕布曾经因为一件很小的事情惹得他心里很不高兴，居然拔出戟就向吕布投去。幸好吕布身手矫健，躲开了，又马上装出一副低声下气的样子向董卓赔礼道歉，这才平了董卓的心头之气。自此以后，吕布一直对董卓怀恨在心。

司徒王允心里很清楚，要除掉董卓，首先必须得把吕布拉拢过来。于是他有意无意地与吕布套近乎，常常把吕布请到家里来喝酒聊天。时间一长，吕布越来越信任王允，于是把自己在董卓那里受到的委屈和对董卓满肚子的怨气一股脑地向王允倾诉，还忍不住说出了自己差点被董卓杀掉的经过。王允觉得时机成熟了，于是把密谋诛杀董卓的事跟吕布说了，并要求吕布充当内应。吕布有些犹豫，说："毕竟我们是父子，哪有儿子杀掉父亲的呢？"

王允摇摇头说："哎，将军呀，您可真是糊涂呀。您怎么就想不明白呢？他姓董，你姓吕，你们没有一点血缘关系。再说了，当初他掷戟要杀你的时候，顾及过一点父子感情吗？你现在连自己的命都顾不过来了，还讲什么父子情呢？"

吕布觉得王允说得有道理，于是答应了。

汉献帝初平三年（公元192年），献帝生了一场病刚刚痊愈，在未央宫召见文武百官。董卓穿着朝服乘着车子入朝。为了提防人家暗算，他在朝服里面穿上铁甲。从军营里一直到皇宫，这么长的距离，董卓部署了两列士兵密密麻麻地排成一条夹道，左边是步兵，右边是骑兵，身边还跟着吕布等人，戒备非常森严。他自以为这样就万无一失了，大摇大摆地走向皇宫。

可是他哪里料到，自己最信任的心腹吕布已经背叛自己和王允串通一气了。王允把预先备好的皇帝的诏书交给吕布。吕布约好了10多个心腹勇士冒充卫士，埋伏在宫门口等待董卓的到来。董卓刚一进门，就有人举起一把刀朝向董卓刺过去。

由于董卓穿了厚厚的铠甲，没有刺进去，只是伤了他的手臂，董卓掉到车下，回过头大声呼喊吕布："吕布，你在哪里？"

吕布跳出来，高声宣布说："我是奉诏来讨伐你这个奸贼的！"

董卓气得大骂："狗奴才，你竟敢……"

吕布没等他骂完，举起矛向董卓刺去，并催促身边的兵士赶快把他杀了。主簿田仪及董卓的奴仆扑到董卓的尸体上，吕布又把他们杀了。这时吕布从怀里掏出诏书，向官兵宣读诏令："皇帝下诏，只讨伐董卓，其余的人一律不追究。"这些官兵们听了，一动也不动，齐声呼喊万岁。

长安的百姓吃尽了董卓的苦头，得知董卓被诛的消息，高兴地在街上跳舞。长安城中的士人、妇女们纷纷卖掉珠宝和衣服买来酒肉共同庆祝。董卓的弟弟董旻以及在城堡中的董氏宗族的老老少少，都被他们的部下杀死了。董卓的尸体被暴露在街上示众，当时天已经开始热了，董卓身体肥硕，脂肪流得满地都是。看守尸体的人，便做了一个大灯捻，放置在他的肚子中间点燃了，从白天烧到晚上，一连烧了好几天。受过董卓迫害的袁氏家族，把董卓的尸体烧掉，并把骨灰撒在路上。

蔡邕之死

蔡邕曾因得罪宦官王甫的弟弟王吉，被指控为诽谤朝廷，流放到边疆，前后长达12年，遇到大赦才得以返回家乡。

董卓非常敬重蔡邕，便征召他做自己的僚属。蔡邕借口有病，不接受征召。董卓大怒，骂道："我董卓可以把你蔡邕全家杀得片甲不留！"蔡邕听了非常害怕，只好接受命令。他到了京城洛阳后，被董卓任命为司空祭酒。董卓非常欣赏他的才华，不断推荐他，使他在短短的3天之内连升3级，一直迁升到侍中。

董卓死的时候，蔡邕当时正在王允家中做客，听到这个消息后，忍不住惊叹。王允勃然大怒，厉声斥责他说："董卓是祸害国家的奸贼，几乎要毁灭了大汉江山。你是汉家的臣子，应该同我们一样对他怨恨，可是你却怀念他对你的恩惠，替他感到悲痛，你这不是要与他一起逆反吗？"说完就将他逮捕，送给廷尉审问。

蔡邕请求王允说："我虽不忠，但古今的一些大道理还是知道的，又怎会做出背叛国家袒护董卓的事呢？我宁愿忍受酷刑，也请饶我一命，让我把《汉书》剩下的部分写完。"

很多士大夫都同情蔡邕，想法营救他，但都没有成功。太尉马日磾劝王允说："伯喈（即蔡邕）是世上少有的奇才，对我朝的典章史事非常熟悉，应当让他写完史书，这将会是一部大作。况且他只不过犯了一个很小的罪，这样杀了他，岂不是让天下的士人很失望吗？"

王允说："当初汉武帝就是因为没有杀掉司马迁，才使得他写了一部谤书流传下来了。他要完成《汉书》，那我更不能留下他。难道也让他像司马迁一样写一部谤书，使我们蒙受后人的讥讽和耻笑吗？"马日磾退出后，对别人说："恐怕不久王允就要遭到家族灭绝的大祸了！"

蔡邕最终被王允杀害。

蔡邕死后，百姓纷纷传言王允要杀死董卓部下的所有凉州人，那些原来是董卓部下的将领都惊恐不安，全都紧紧把持住军队，以求自保。他们还相互议论："蔡邕只因受过董卓的信任和厚待，都被牵连处死了，何况我们还是董卓的部下和亲信。现在王允不但没有赦免我们，还要解散我们的军队。如果我们今天解散了军队，明天就会成为别人手里任人宰割的鱼肉了。"

正在谣言纷起的时候，吕布派李肃前往凉州陕县，宣布皇帝的诏命，诛杀董卓的部下牛辅。牛辅等人率军迎击李肃，李肃战败。牛辅见皇上下令派人前来诛杀自己，心中惶恐不安，正好遇到军营里发生了动乱，牛辅想乘机逃走，却被身边的亲信杀死。李傕等人回到军营时，

蔡邕像

牛辅已经死了。他们见失去了靠山，只好派使者去长安请求赦免。王允回答说："朝廷一年之内不能发布两次赦免的命令。"于是拒绝了他们的请求。李傕等人更加害怕了，不知道该怎么办才好。

正在犹豫不决的时候，讨虏将军贾诩说："如果你们放弃军队，单个逃命，王允只需要一个小小的亭长就可以把你们捉起来，不如大家齐心合力，向西攻打长安，为董卓报仇。如果事情成功，我们还可以拥戴皇帝来号令天下；如果失败了，到那时我们再逃走也不迟。"李傕等人同意了。于是一起宣誓结盟，率领着几千人马，日夜赶路向长安进发。

王允得知李傕率军攻来的消息，便召见在凉州很有威望的两个人——胡文才、杨整修，想让他们去向李傕当面解释，以消除误会。可是王允在召见胡文才和杨整修的时候，并没有和颜悦色，而是厉声呵斥说："这些凉州来的鼠辈，到底有什么企图？你们去把他们叫来！"

胡文才和杨整修也是凉州人，被王允这一顿臭骂，心里很不痛快。因此，胡文才和杨整去见李傕，并没有去阻止他们的行动，反而把他们的大军引回长安。

李傕一路招兵买马，等到达长安的时候，已经是有 10 多万人的大军队了。他们与董卓的旧部樊稠、李蒙等人会合，一起包围了长安。长安城墙高大，无法攻入，只好围守。守到第八天，吕布属下的蜀郡士兵叛变。六月，叛军把李傕的军队引入城内，李傕放纵士兵大肆抢掠。

吕布与李傕等在城中交战，吕布接连失利，便率领几百名骑兵，把董卓的头颅挂在马鞍上，突围逃走。吕布在青琐门外遇到王允，招呼他一起逃走，王允拒绝了，说："国家平安，这是我最大的愿望，如果这个愿望不能实现，那么我愿意献出我的生命。如今皇帝年幼，需要我的辅佐和保护，一旦遇到危险，我只顾自己

历史关注

西汉时的《九章算术》是我国古代主要的数学教科书。

逃命的话，于心不忍。请勉励关东的各位将领，常将皇帝安危和国家的大局放在心上。"最后王允奋战而死。

与此同时，董卓的另一个部将郭汜也打进长安。

汉献帝下诏，任命董卓的部将李傕为车骑将军，兼任司隶校尉、假节，任命董卓的另一部将郭汜为后将军，两人都被封为侯爵。李傕、郭汜掌管朝政。

曹操起兵

曹操是沛国谯县人，他父亲曹嵩是宦官曹腾的养子。曹操从小聪明机灵，有谋略，擅长权术，行为放荡不羁。

当时的人并不认为他有什么过人之处，只有太尉桥玄见了他大为惊奇，说："天下即将大乱，只有靠能够掌握时代命运的杰出人才能拯救。能够平息这场大乱的人，恐怕就是你吧！"随后，桥玄又让曹操去拜访善于品评人物的许劭。

许劭评价他说："你在和平时代会是一个能臣；在乱世的时候是一个奸雄（治世之能臣，乱世之英雄）。"曹操听了，非常满意地离去。

黄巾起义爆发后，曹操被朝廷任命为骑都尉，派到颍川一带协助卢植镇压黄巾军。他打败了波才领导的黄巾军，斩杀了好几万人，被提升为济南相。

为了巩固统治，加强军事防备，汉灵帝吸取黄巾起义的教训，设置了西园校尉，曹操因家世被任命为八校尉中的典军校尉，重新回到洛阳。

后来董卓率军进驻洛阳，废掉少帝，改立献帝刘协，接着又杀掉太后和少帝，自称相国，掌握了朝政大权。为了巩固自己的

曹操讨伐黄巾军　粉彩瓶

势力，董卓用高官厚禄收买了不少人。他还将曹操提升为骁骑校尉，企图以此来拉拢曹操。但是曹操很有先见之明，早就料到董卓倒行逆施很不得人心，迟早会垮台，所以不愿意在他手下做事。他改名换姓，抄小路逃出京城洛阳，到陈留去投奔父亲。

曹操的父亲在陈留有点财产。回到陈留，曹操征求父亲的意见，花钱招兵买马，准备讨伐董卓，逐渐聚集了五千多人马。他一边训练军队，一边等待时机。

自黄巾起义后，各地方豪强割据一方，各自拥有自己的人马。关东各路军队趁洛阳大乱，借进京讨伐董卓的名义，纷纷起兵，其中声势最为浩大的是袁绍。

曹操和各路讨伐董卓大军一共十几万人马，在陈留附近的酸枣（今河南延津西南）集合，组成一支联军，大家推袁绍为盟主。

董卓驻守洛阳，可是袁绍领导下的联军惧怕董卓强盛的军力，没有人敢担任先锋进攻。曹操说："我们兴义兵联合起来就是要讨伐董卓，诛除暴乱的，你们还有什么疑虑的呢？如果他现在挥兵东下，将会成为我们的大患。如今董卓烧毁宫殿，强迫皇帝迁都，惨无人道，不得人心，正是上天赐给我们的好时机。"尽管曹操说得慷慨激昂，可是没人响应。

曹操终于明白各路军队是借着讨伐董卓的名义伺机发展自己的势力。曹操非常失望，决定带着五千人马向西进发，准备攻占成皋（今河南荥阳汜水镇）。张邈拨出部分军队，派部将卫兹率领，随曹操一同进军。

曹操率领军队来到荥阳汜水，遇到董卓部将徐荣的部队，结果曹军战败，曹操被乱箭射中，战马也受伤了。正在紧急关头，曹洪赶来。曹洪跳下马，要把马让给曹操，劝他赶快逃走，说道：

中国大事记

公元 192 年，董卓被司徒王允等人设计杀死。

"国家可以没有我曹洪，但不能没有您！"曹操推辞不过，才骑上马连夜逃走。

曹操逃回酸枣后，见到联军 10 多万人，每天无所事事，早就把讨伐董卓的事抛到九霄云外，满心气愤地责备说："你们口口声声地说征讨叛逆，号称什么'义兵'，却整天待在这里迟疑不敢前进，让天下人大失所望，我真替你们感到羞耻！"

经过这次事情以后，曹操真正看清了这群乌合之众的真面目，知道他们终究难以成就一番事业，不愿意再跟他们搅和在一起。于是，他单独跑到扬州去招募新兵，招到了 1000 多人，驻扎在河内郡。

为了抑制袁绍势力的发展，曹操又率军进攻东郡，在濮阳大败白绕。朝廷任命他为东郡太守，郡府就设在东武阳。

不久董卓的余部李傕、郭汜率军攻陷长安，关中地区陷入战乱。这时候，地方长官割据一方，形成割据局面。青州的黄巾军趁势得到很大发展，接连攻破了兖州郡县。

兖州济北相鲍信迎接曹操担任兖州的长官，联合曹操进攻黄巾军。曹操追击黄巾军的残余部队，一直追到济北，黄巾军全体投降。曹操从中挑选精锐的士兵组成了一支"青州兵"。

此时曹操的部下陈宫因对曹操不满，背叛了曹操，趁曹操征讨徐州时，迎接吕布担任兖州的最高长官。曹操整顿军队攻打吕布，在巨野大败吕布的军队，把吕布赶出了兖州。

从陈留起兵到兴平二年（公元 195 年）将吕布、张邈赶出兖州，经过 6 年的经营，曹操终于有了自己的根据地。

曹操刚起兵的时候，只有几千个人，出任东郡太守前后，他才陆续将一些豪强地主的家兵收纳到自己的部下，后来又击溃了青州的黄巾军，收纳了其中精锐的士兵组成了"青州兵"。这样，曹操又有了一支战斗力强的军队。为曹操以后得以成就一番大事打下了良好的基础。

"小霸王"孙策

孙策仅仅用了几年的时间，便开拓出会稽、吴郡、丹阳、豫章、庐江、庐陵 6 个郡，招揽了大批人才，割据江东，为日后建立东吴国奠定了坚实的基础，这一切与他杰出的才能分不开的。

孙策的父亲孙坚当年娶钱塘人吴氏为妻子，生下 4 个儿子，即孙策、孙权、孙翊、孙匡，此外还有一个女儿，孙策是他的长子。孙坚长年在外征战，把家眷留在寿春（今寿县）。孙策 10 多岁的时候，已经开始广泛结交当地知名之士，其中为东吴立下了汗马功劳的周瑜就是在这个时候认识的。周瑜与孙策年龄相仿，当时也是少年早成的一个英雄人物。他听说孙策的名声后，从舒县赶来拜见孙策。两人一见如故，成为志同道合的好朋友。周瑜邀请孙策迁居舒县，孙策同意了，周瑜就把一座大宅院让给孙策居住。

孙坚死时，孙策才 17 岁，他把父亲的棺木送回老家曲阿安葬。安葬父亲后，孙策渡过长江，住在江都，结交天下豪杰，立志为父亲报仇。

孙坚原来是袁术的部下。孙坚死后，孙策带兵投靠袁术。袁术见孙策的言谈举止十分恰当，感到很惊异。可是袁术出尔反尔，并不是一个值得信任的人。

一次，孙策手下的一名士兵逃到袁术军营的马房里躲起来了，孙策立即派人进去将那名士兵斩杀，然后才去拜见袁术，向他谢罪。袁术虽然心里很不高兴，还是假惺惺地说："我和你一样痛恨叛变的士兵，你为什么要来道歉呢？"可是自从孙策的英雄本色逐渐流露出来，袁绍更加不敢重用他，孙策感到很失望。

曾在孙坚的手下担任过校尉的朱治看到袁术对待属下刻薄寡恩，知道他并不是一个值得依靠的人，就劝孙策返回故乡，占据江东。当时孙策的舅父吴景在江东丹阳当太守，被扬州刺史刘繇逼走。孙策趁机向袁术请求带兵去江

历史关注

汉武帝时在陕西建成的白渠，灌溉四千五百余顷，大大增加了粮食产量。

东帮舅父攻打刘繇。袁术由于跟刘繇早有矛盾，便欣然同意了，并拨给他 1000 人马。

就这样，孙策率领这 1000 人马前往江东。他一路上招兵买马，当到达厉阳的时候，兵力已经增加到了五六千人。这时，周瑜率领军队来迎接孙策，并给了他不少人马和粮草。孙策大喜，说："我有你的帮助，事情就一定可以成功！"孙策紧接着进攻横江、当利，并全部攻克。

接着，孙策又渡过长江，一路上战无不胜，势如破竹，没有人能够抵挡住他的攻势，百姓们一听到孙策的军队将要抵达，全都吓得失魂落魄，各地方官员也纷纷弃城逃走，躲到深山里。孙策命令士兵不得侵犯老百姓的任何财物，连一只鸡、一棵蔬菜都不能动。于是老百姓都很高兴，争先恐后地送去牛肉和美酒犒劳孙策的部队。江东的百姓和士大夫见孙策长得相貌堂堂，仪表不凡，言谈幽默，开朗豁达，乐意接受别人的意见，善于任用人才，都对他尽心尽力，乐意为他效命。

刘繇镇守丹阳，孙策与他交战，刘繇兵败。孙策继续率军进入曲阿，他宣布："凡是刘繇的乡亲和部下，只要肯前来自首投降，就一概不予以追究责任。如果有愿意当兵的，一户人家只出一个人，就可以免除全家的徭役负担；如果不愿意当兵，也不会勉强。"通知一出来，仅仅 10 天的工夫，从四面八方主动前来应募的人就多达 2 万，还另外得到了 1000 多匹战马。从此孙策威震江东，声势浩大。

这时部将吕范向孙策提议说："如今，您的事业蒸蒸日上，手下的将领也越来越多，但是军队的纪律还不是很好，制度也存在许多不完备的地方。我请求暂时担任都督来整顿军队的纪律。"孙策说："子衡（即吕范），你是士大夫，担任统率重兵的重任，并且立下了不

少军功，我怎么能够委屈你，让你担任都督这种小官，来管理军中那些琐碎的小事呢？"吕范说："不是这样的，我如今舍弃故乡来追随你，不是为了妻子儿女，而是为了天下的太平。这就好比同坐一条船漂洋过海，如果一件事情处理得不好，就会影响全局，到头来大家都跟着受害。我之所以这样做，也是为了我自己打算，不仅仅是为了将军。"孙策没有说答应，也没有说不答应，只是对着吕范笑了笑。吕范出来后，自己换上骑马的军服，以兼任都督的身份去孙策的办事处报到，孙策委任他主管各项工作。在吕范的治理下，军营里的气氛变得严肃和睦，从此军纪严明，各项制度能够得到彻底贯彻。

谋事在人，成事在天。孙策非常重视提拔任用人才，他委任张昭为长史，经常让他跟随自己出征。孙策非常尊重张昭，像对待师长和朋友一样，把行政和军务大事都交给他全权处理。张昭由于政绩突出，经常收到别人称赞的书信。有人将这件事情告诉了孙策，孙策不但不生气，反而十分高兴地说："从前管仲在齐国为相的时候，齐王把所有的事情都交给他做主，使得齐桓公终于成为一代霸主。如今，张昭贤能，政绩突出，这也说明我用人得当，他的功名不也有我的一份吗？"

南京古石头城遗址

这里古为长江故道，江涛逼城，形势险峻。东汉末，孙权依山傍江筑石头城，作为军事堡垒。

中国大事记 | 公元194年，孙策据江东，自领会稽太守。

孙策骁勇善战，军队纪律严明，礼贤重士，得到老百姓的称赞和支持。因此，他得以迅速渡过了长江，不但打败了刘繇的人马，夺回丹阳，还攻下了吴郡和会稽郡。这样，江东6个郡的大片土地，都被孙策占领了。

占据了江东后，雄心勃勃的孙策还想继续向北发展。当时北方的曹操和袁绍两大势力在官渡相持不下，孙策趁机准备偷袭许都。不想，正在孙策调兵遣将、准备粮草的时候，却发生了一件意外的事。

原来，孙策攻下吴郡的时候，杀了那里的太守许贡。许贡的家奴和门客逃走，隐藏在民间，伺机替主人报仇。他们得知孙策喜欢打猎，就密切打探他出来打猎的时间。一次孙策像往常一样出来打猎，他骑着一匹速度极快的骏马，其他人的马根本就追不上。正猎得起兴时，孙策忘了自己的身份，扬着马鞭追赶野兽，在路上突然遇到许贡手下的3个门客，被他们的箭射中。

受了重伤的孙策知道自己快不行了，便把张昭等人叫来，对他们说："北方中原战乱频繁，你们好好据守长江险要，以东吴为基地，足以成就一番大业。我弟弟就托付给你们了，你们一定要好好辅佐他，不要辜负了我！"

孙策又把孙权叫来，把印绶给孙权佩上，语重心长地勉励孙权说："行军打仗，决战疆场，你不如我；任贤选能，保住江东的基业，我不如你。"

一代英才就这样从历史的舞台上陨落了，孙策去世的时候才26岁。

袁绍计取冀州

董卓带兵进入洛阳后，倒行逆施，残暴无道，函谷关以东的各州、郡纷纷起兵讨伐董卓，推举渤海太守袁绍为盟主。袁绍自称车骑将军，其他各位将领也都被临时授予官号。袁绍驻军河内，韩馥担任冀州牧留守邺城，供应军粮。关东各军军马都有好几万人，各路豪杰多拥戴袁绍。

外戚何进曾经因筹划诛杀宦官时派遣张杨回并州招募兵马。兵马虽然招募到了，可是何进这时因计谋泄露被宦官诛杀。张杨当时手下有几千个人，得知袁绍在河内，就带领人马投奔了袁绍。

冀州刺史韩馥看到各路豪杰都纷纷拥戴袁绍，不禁妒火中烧。他暗地里减少对袁绍的军粮供应，想使他的军队自行离散。可是就正在这时，他的部将麹义叛变，韩馥前去讨伐，不仅没有镇压住，反而被叛军战败。袁绍趁机拉拢麹义，与他联合起来对付韩馥。

袁绍的门客逢纪是一个很有远见的人，他对袁绍说："将军如果想要干一番大事，就不能依靠别人供应粮草，如果您不能占据一个州作为根据地，就不能保全自己，扩大势力。"

袁绍说："冀州的兵力强大，而我的部下又饥饿又困乏，一旦失败，我们连立足之地都没有了。"

逢纪献计说："冀州牧韩馥是一个平庸没有智谋的普通人，您可以秘密联络公孙瓒，让他攻打冀州，给韩馥造成压力。这样的话，韩馥必定会惊慌恐惧，然后我们乘机派遣一个口才好的人为他分析祸福利害。到那时，韩馥迫于突然而来的危机，必然肯将冀州拱手相让。"袁绍觉得有道理，立即写信给公孙瓒。

公孙瓒于是率军赶到冀州，表面上是讨伐董卓，实际上是要暗地里偷袭韩馥。韩馥没有做好准备，与公孙瓒一交战就失利了。正好董卓也带着士兵进入了函谷关，袁绍便率军返回延津，派外甥陈留人高干和韩馥亲信的辛评、荀谌、郭图等人去游说韩馥，说："公孙瓒率领军队南下，其他各地纷纷响应，势不可当。袁绍也率领精锐骑兵向东进军，真正的意图我们谁也猜不准，可是我们很为您现在这种危险的处境感到忧虑。"

韩馥听了很害怕，问他们说："那么我到底该怎么办呢？"

荀谌没有回答，只是问他："自己好好想想，您的宽厚仁义能否让天下的英雄豪杰诚心诚意归附，这一点您比得上袁绍吗？"

韩馥回答说："比不上。"

荀谌又问："那么，临危不乱，做事果断，智慧和勇气过人，比得上袁绍吗？"

韩馥说："比不上。"

荀谌再问："数个时代以来，家族德高望重，天下人都受到恩惠，有比得上袁绍的吗？"

韩馥说："比不上。"

荀谌说："袁绍是一代豪杰，您3个方面都不如他，他必定不会愿意屈居在你的属下。冀州是天下物产丰富的地方，他如果与公孙瓒联合起来夺取冀州，您灭亡的时刻就不远了。袁绍是您的老朋友了，又曾经与您结为盟友共同讨伐董卓。现在最好的办法是把冀州让给袁绍，袁绍到时必定会感谢您的厚德，公孙瓒也不敢和他争夺冀州了。这样，将军便有了主动让贤的美名，而自身也会像泰山一样安稳，没有后顾之忧了。"

韩馥生性懦弱，同意了他们的意见，拱手将富饶的冀州地区让给了袁绍。

袁绍不费一兵一卒夺取了冀州，兼任冀州牧，以皇帝的名义任命韩馥为奋威将军，但是韩馥除了得到一个空头衔外，既没有兵，也没有官署。袁绍任命广平人沮授为奋武将军，派他监督所有的将领，对他十分宠信。魏郡人审配、钜鹿人田丰都因为太正直而不被韩馥重用，而袁绍则分别任命田丰为别驾，审配为治中，与南阳人许攸、逢纪，颍川人荀谌一起都成了袁绍的主要谋士。

袁绍任命河内人朱汉为都官从事。朱汉原先曾被韩馥轻慢，这时又想迎合袁绍的心意，便擅自发兵包围韩馥的住宅，拔刀登屋。韩馥逃上楼去，朱汉捉到韩馥的大儿子，将他的两只脚打断。袁绍立即逮捕朱汉，将他处死。但是韩馥仍然忧虑惊恐，请求袁绍让他离去，袁绍同意了。于是韩馥就去投奔陈留郡太守张邈。正在这时，袁绍派遣使者拜见张邈，与他商议机密大事，使者在张邈耳边悄声细语。韩馥当时也在一旁，看到他们秘密嘀咕，以为是在算计自己。过了一会儿，他起身走进厕所，找了一把刮削简牍的刀子自杀了。

挟天子以令诸侯

自董卓之乱以来，东汉王朝早就名存实亡，失去了对地方的控制。各地方的豪强地主也趁乱纷纷发展自己的势力，割据一方，争夺地盘。在众多大大小小的割据势力当中，冀州的袁绍、南阳的袁术、荆州的刘表、徐州的陶谦和吕布等人比较强大。他们之间相互混战，成千上万的无辜百姓惨遭屠杀，许多地方甚至出现了荒无人烟的凄凉景象。

曹操也在陈留起兵，但是他的势力很弱小。后来，他打败了攻进兖州的黄巾军，在兖州建立了一个据点。接着曹操又从黄巾军的降兵中，挑选一部分精锐力量，组成"青州兵"，逐步扩大了武装，为以后扩充势力打下了基础。后来他又打败陶谦和吕布，势力发展很快，终于成为一个强大的割据力量。

汉献帝兴平二年（公元195年），董卓的两个部将李傕、郭汜在长安城内相互攻击，长达几个月，死了好几万人。为了躲避这场血腥的杀戮，外戚董承和一批大臣带着汉献帝逃出长安，回到原来的都城洛阳。可是洛阳早就今非昔比，汉献帝到了洛阳，没有宫殿，只好以一所用荆

曹操逼宫图　年画

中国大事记

公元196年农历九月，曹操纳荀彧、董昭计，奉献帝东迁至许。

棘做成的破旧房子作为临时宫殿。

堂堂的一国之君穷得只剩下一所破旧的房子，连一些起居用品都没有。献帝只好派人去跟李傕和郭汜讲和，李傕这才愿意归还了被抢去的物品，并释放了被俘虏去的公卿百官和宫女。可是不久粮食就吃光了，宫女们只好挖野菜来充饥。当时，地方长官一个个都忙着抢夺地盘，谁也顾不上皇帝的死活。

袁绍基本平定冀州以后，谋臣沮授得知献帝的处境，建议袁绍把献帝接过来，迁都邺城，挟天子以令诸侯，积蓄兵马，打着天子的旗号讨伐不服从自己的割据势力。可是袁绍没有长远的谋虑，认为把天子迎接到自己的身边，一举一动都要先上表奏请，服从天子，反而会削弱自己的权力，如果不服从天子的旨意，就要蒙受违抗圣旨的罪名。因此，他拒绝把献帝接到自己的身边来。

这时候，曹操正驻兵在许县，计划迎接献帝，就召集部下的谋士，商量要不要把汉献帝迎过来。曹操的谋臣荀彧立即表示赞同，劝他赶快行动。于是曹操立即派人遣扬武中郎将曹洪率兵到洛阳迎接献帝。外戚董承见曹操派兵前来，以为曹操图谋不轨，很害怕，连忙发兵扼守险要，阻拦曹洪的人马，使得曹洪的人马不能前进。而朝廷议郎董昭认为最大的敌人不是曹操，而是杨奉。他发现杨奉虽然兵强马壮，但缺少足够的外援，就冒充曹操写信给杨奉说："将军您德高望重，应当主持朝政，我可以充当您的外援。如今您有强大的兵马，我有充足的粮草，我们两个联合起来相辅相成，生死与共，足够成就一番事业。"

杨奉接到信后当然十分高兴，游说其他将领："曹操的军队驻扎在兖州，靠近许县，有兵有粮，朝廷正好可以依靠他们。"在杨奉的号召下，各路将领联名上书推荐曹操担任镇东将军，并承袭他父亲曹嵩的爵位费亭侯。于是曹操亲自率领大军浩浩荡荡地前往洛阳。

曹操抵达洛阳后，又依据董昭的意见，派遣使者携带重金感谢杨奉，表示愿意与他结交，做他的外援，使他安心。使者还转达了曹操的

话："洛阳没有粮食，想让献帝暂时移居到鲁阳。因为鲁阳靠近许县，交通便利，可以免去粮食匮乏的忧虑。"杨奉是个有勇无谋的武夫，对曹操的这番话深信不疑。

汉献帝建安元年（公元196年），献帝迁都许县，改称许县为许都。后来献帝亲自来到曹操的军营，任命他为大将军，封武平侯。曹操开始用汉献帝的名义向各地州郡豪强发号施令。

曹操首先用献帝名义下诏书给袁绍，袁绍接到诏书后，发现有一些措施对自己不利，觉得很烦恼，因此想把天子迁到自己的身边来。可是曹操不答应，结果袁绍后悔不及。

迁都许都以后，献帝和大批官员倒是结束了在洛阳那种饥寒交迫的日子，但是时间一长，大批官员和军队的粮食供应就出现了困难。当时经过10年混乱，百姓无法从事农业生产，全国各地到处都在闹饥荒，呈现出一片萧条景象。如果许都的粮食问题不解决，大家也呆不下去。这时，官员枣祗向曹操提出一个办法，叫作"屯田"。曹操觉得这个办法很好，于是下令召集流亡的农民到许都郊外开垦荒地，由官府给他们提供农具和牲口，每年收获的粮食一半归官府，一半归自己。一年下来，原来的荒地上都种上了庄稼，并且获得了大丰收，光是许都的郊外就收到公粮100万斛。曹操又在他所管辖的其他地方推行屯田制，结果凡是实行了屯田制的地方，粮食都装满了谷仓。因此，曹操虽然长年出兵征战，并没有缺少军粮的忧虑，这才使得他能够集中精力兼并各地方的割据势力。

三顾茅庐

当袁绍与曹操在官渡作战时，刘备被袁绍派往汝南，希望扰乱曹操的后方。官渡大战后，袁绍失败，曹操就挥兵进攻刘备。刘备战不过，率领残余部队狼狈地逃往荆州，去投靠同宗刘表。

刘备到荆州后，刘表给了他少量人马，令他屯驻新野（今河南省新野），守护荆州的北

方门户，遏制曹操。

刘备在荆州一住就是好几年，刘表嫉妒刘备的才能，表面上把他当座上宾，实际上却不敢重用他。刘备是一个雄心勃勃的人，他怎么能够长期忍受过着这种清闲、无所事事的生活？眼看着光阴流逝，自己也是一天比一天苍老，可是当年发誓要光复汉室的抱负却依然没有实现，为此刘备不禁伤感落泪。他深切认识到自己之所以屡遭挫败，先后依附于曹操、袁绍、刘表，辗转寄人篱下，主要由于力量弱小，身边又缺少一个得力的谋臣。他感到要改变目前被动的局面，必须聘用人才。

后来，刘备终于打听到襄阳有个叫司马徽的名士特别擅长识别人才，就去拜访他，向他寻访人才。司马徽很客气地接待了刘备，问明了他的来意。司马徽说："像那些普通书生，怎么能够看清天下的形势呢？能够看清天下形势的人，只有才能特别杰出的人。"刘备又问："那么究竟谁是这样的人才呢？"司马徽说："在我们襄阳这里，也只有诸葛亮与庞统，他们被称为卧龙与凤雏。你只要得到他们其中的任何一位，就能够得到天下了。"

后来，刘备在新野县又遇到徐庶。徐庶是一个很有才干的人，刘备对他很器重。徐庶与诸葛亮是好朋友，于是特地向刘备推荐了诸葛亮。

刘备这才进一步了解了诸葛亮的情况。原来诸葛亮不是本地人，他是寄居在襄阳隆中。诸葛亮博学多才，经常把自己比作管仲和乐毅一样的人，但是看到天下战乱纷纷，当地的刘表也不是一个能够任用人才的人，所以他宁愿隐居在隆中。虽然一直过着恬淡的平民生活，但他时刻关注着当今天下的形势，等待时机，希望有朝一日，能够遇到真正有作为的圣明君主。

刘备见徐庶与诸葛亮彼此很有交情，就说："那你去帮我把他叫过来吧。"

徐庶微微一笑，说："那可

不行，诸葛亮这个人，只有你亲自去请他，却不可以随便召见他。"

刘备见司马徽和徐庶都这样推崇诸葛亮，知道他不是等闲之辈。求贤若渴的刘备决定放下自己的面子，亲自带着人去拜访诸葛亮。诸葛亮得知刘备要来拜访自己，但不知刘备对自己到底有多少诚意。因此，每次刘备一来，诸葛亮就故意避开，让刘备接连扑了两次空，连刘备身边的人都不耐烦了。但是刘备谨记徐庶的话，第三次又去请他。最后，诸葛亮终于被刘备的诚意打动了，肯出来见刘备。

刘备把身边的随从留在外面，自己跟着诸葛亮进了屋，坦率地跟诸葛亮说："汉王朝已经衰败了，大权落在奸臣的手里。我自不量力，一心想挽救日益衰落的汉朝，可是我的能力有限，以至于屡次遭受挫折，才落到今天这个地步。但我仍然还有光复汉室的雄心，你认为我应当怎么做？"

诸葛亮见刘备这么谦虚有诚意，就推心置腹地把自己的想法都说出来了，即历史上有名的"隆中对"。他首先分析曹操和孙权集团，说："如今，曹操在北方，已经拥有了百万大军，挟持天子来号令天下，这个人您不能跟他对抗。孙权占据了江东，已经有三代，而且江东地区紧靠长江，地势险要，民心归附，这个人，您可以与他结成联盟，作为外援，也不可以算计他。"

接着诸葛亮分析了荆州的形势，以及盘踞在这个地方的刘表集团的情况，说："荆州地区，

三顾茅庐 年画

中国大事记 | 公元 197 年，袁术称帝于寿春。

北方有汉水和沔水可以作为屏障，西边连接着巴郡、蜀郡，地势相当重要，是一块重要的军事基地。可是占据荆州的刘表懦弱无能，您可以夺取荆州作为自己起家的地盘。"

他又分析了益州，说："益州边界地势险阻，中心地带土地肥沃，素来有'天府之国'的美称，但是占据它的刘璋昏庸懦弱；益州北边还有张鲁相邻，虽然也土地肥沃，百姓富庶，财力充足，但也不知道珍惜，志士贤才都盼望着有一个圣明的君主来治理。"

分析完天下的形势，诸葛亮又指出了夺取天下的最佳策略："您是汉朝王室的后裔，很有威信。您可以先夺取荆州，再占据益州；之后，与西南少数民族搞好关系，再和孙权结成联盟，对内修明政治，对外观察时局变化，等待时机北伐。这样，您就能够建立霸业，复兴汉朝王室了。"

刘备听了这番精辟深刻的分析，不禁茅塞顿开，不得不佩服眼前这个年轻人，连连赞叹："好！真是好！"

刘备极力邀请诸葛亮帮助自己完成兴复汉朝王室的大业。诸葛亮也觉得刘备礼贤下士，谦虚谨慎，志向远大，正是自己心目中理想的君王，于是欣然答应了刘备的请求。这就是历史上有名的"三顾茅庐"的故事。

从此以后，诸葛亮跟随刘备出生入死，为他出谋划策，对他忠心耿耿，成了刘备最得力的助手。两人的情谊也日益深厚，以致引起了关羽和张飞的不满。刘备对关羽、张飞说："我有孔明，就像鱼有水一样！"

刘备在诸葛亮的辅佐下，奠定了蜀汉国的基础，终于成就了一番惊天动地的事业。

白门楼斩吕布

汉献帝建安二年（公元 197 年），曹操与部下商议讨伐袁绍。谋臣郭嘉和荀彧认为，如果袁绍反攻时吕布在一旁支援的话，则很难战胜袁绍，所以不击败吕布，就很难占据袁绍所辖的河北地区。曹操认为他们分析得很有道理，

于是第二年正式征讨吕布。

等到曹操大军出动时，泰山军首领臧霸、孙观、吴敦、尹礼等人都归附了吕布。曹操在梁地遇到刘备，一同进驻彭城。陈宫对吕布说："我们应当积极迎战，以逸待劳！"吕布说："不如等他们来了以后，我们把他们赶到泗水淹死。"曹操一路顺畅地抵达彭城并进行屠城。他还任命广陵郡太守陈登作为先锋，进逼下邳。吕布亲自率军，屡次与曹操交战，全都大败，只好退守下邳，不敢出战。

曹操写信给吕布，向他分析利害得失，劝他投降。吕布心里害怕，打算投降曹操。陈宫阻止了吕布，向他献策说："曹操远道而来，一定不会停留太久。你率领军队驻扎在城外，我率领剩下的军队在内守城。如果曹军在城外进攻将军您，我就率领军队出城从后面袭击曹军；如果曹军攻城，你就在城外援救我。一个月过后，曹军粮食吃光了，我们再进行反击，一定可以打败敌人。"

吕布打算采纳陈宫的建议，留下陈宫与高顺守城，自己率领骑兵截断曹军的粮道。吕布的妻子却坚决反对，说："陈宫与高顺向来不和睦，您一出城，他们必定会谁也不服谁。万一出了什么事，你还有立足之地吗？况且曹操对待陈宫就像对待怀抱中的婴儿，陈宫却还背叛曹操来投靠我们；你对待陈宫远不及曹操，却这样轻率地把全城交给陈宫，抛别妻儿家小，孤军远出。一旦有什么变故，怎么办呀？"吕布于是打消了原来的计划，偷偷派遣部下官员许汜、王楷向袁术求救。

袁术忿忿地说："吕布想要我救他，先把女儿送来。否则，就不要来找我。"

许汜、王楷毫不客气地说："您和吕布是唇齿相依的关系，您如果现在不救吕布，那无疑是自取灭亡。吕布一旦失败了，您也就要跟着失败了。"

袁术这才忙着整顿军队准备援救吕布。吕布担心袁术因为自己不把女儿送去而不发兵救援，就趁夜将女儿绑在马背上，亲自送女儿出城。不料半路上遇到曹操的守兵，曹军的弓箭

| 历史关注 | 百戏是汉朝对音乐、舞蹈、杂技、魔术、角抵戏等表演艺术的统称。 |

一齐射过来，吕布没法过去，只得又退回下邳城中。

吕布坚守下邳城，拒不出战。曹操于是命人挖掘壕沟包围下邳城，仍然攻克不下，所以不免有些气馁。这时士兵也因长期作战十分疲惫，曹操想撤军了。

荀攸、郭嘉劝他坚持住，说："吕布有勇无谋，现在屡战屡败，锐气已经衰竭。主将锐气一衰，那么士兵的斗志也跟着全部瓦解。陈宫虽然足智多谋，但机变不够。现在应该乘吕布锐气还没有恢复，陈宫的计谋还没有定下来的时机，发动猛烈进攻，一定可以一举消灭吕布。"于是，曹操下令开凿沟渠，将沂水、泗水引来灌下邳城。

又过了一个月，吕布更加困窘，登上城头对曹军士兵说："你们不要逼我了，我要向明公投降。"陈宫劝他说："曹操是个狡猾奸诈的东西，怎么配称明公！我们向他投降，就好像拿鸡蛋碰石头，哪能保住性命！"

恰好这时吕布手下的一名将领侯成丢失了一匹好马，不久又找了回来。其他将领送礼给侯成，向他道贺。侯成了表示感谢，设宴招待诸将，先分一份酒肉献给吕布。吕布被曹操围困得焦头烂额，心情正烦闷，一肚子的怒气正无处可发，叱责侯成说："我下令禁酒，你们居然敢违抗我的命令，是不是想借饮酒来共同算计我？"侯成又气又怕，于是与宋宪、魏续等将领共同捉住陈宫、高顺，率领部众归降曹操。曹操带领士兵将下邳城围了个水泄不通，吕布率领士兵登上白门楼。望着城门下密密麻麻的曹军，吕布命令士兵砍下自己的脑袋向曹操邀功请赏，投降曹操。士兵们听了纷纷落泪，不忍心对自己的主帅下手，吕布于是带领他们走下城楼向曹操投降。

吕布见到曹操，还不死心，说："现在，我已经归顺你了，如果让我率领骑兵，您亲自统领步兵，天下无人能敌。"吕布见曹操不搭理他，又回头对刘备说："刘玄德，如今我成了阶下囚，你难道忍心坐在上面无动于衷，见死不救吗？好歹咱们也是相识一场，绳子把我捆得太紧，你总该为我说句话吧。"曹操笑着说："捆绑猛虎，不能不紧。"说着下令给吕布松绑。刘备连忙阻止说："不行，您不记得吕布事奉丁原与董卓的情形吗？"一句话惊醒梦中人，曹操想起身为吕布义父的丁原和董卓都相继死在吕布的屠刀下，把这样的人留在自己的身边，岂不是养虎为患、自取灭亡？

就这样，吕布与陈宫、高顺全部被绞杀，他们的头颅被送到京城许都示众。

这次战役，曹操歼灭了劲敌吕布，为扫灭袁绍等人的割据势力，完成统一北方大业，创造了有利条件。

郭嘉屡出奇计

郭嘉是东汉末年曹操手下的谋士。他在曹操统一北方的过程中，尤其是在平定袁绍割据势力的官渡大战中，屡出奇计，立下了卓著功勋。

当时郭嘉去投靠袁绍时，袁绍对他十分礼敬。郭嘉住了几十天后，看出袁绍不会有什么大的作为，于是决定离开袁绍。临走前，他对袁绍的谋臣辛评、郭图说："真正有智谋的人，一定要谨慎地选择主人，特别是在乱世时代，这样才能保全自己，建立功业。袁绍想要效仿周公姬礼贤下士，却画虎不成反类犬。他根本就不懂得用人的方法，而且做事繁杂没有重点，喜欢谋略却又优柔寡断。想同这样的人建立大业，简直太困难了！"接着又说："我要重新投靠圣明的人，你们为什么还不走呢？"辛评、郭图说："袁氏家族对天下有恩德，许多人都来归附，而且现在他的势力最强，你还要去投奔谁？"郭嘉知道他们执迷不悟，便不再劝说，离开了袁绍。

比起袁绍来，曹操当时的势力还不是很强大，郭嘉却看中了曹操，前去投奔他。曹操接见了郭嘉，与他谈论天下大事，发现他智谋超群，很有深谋远见，高兴地说："能使我成就大业的，一定就是这个人！"郭嘉出来后，也非常高兴地说："这才是我能够依靠的主人！"曹操举荐郭嘉为司空祭酒。从此以后，郭嘉因

中国大事记 | 公元198年农历十月，曹操围吕布于下邳。

多谋善断深得曹操信任。

汉献帝建安元年（公元196年），吕布以辕门射戟的方式解救了刘备。刘备不久就集合起了1万多人的部队，引起了吕布的妒恨，认为自己受到了威胁，于是亲自出兵攻打刘备。刘备逃走，投奔曹操。曹操十分优待刘备，让他做了豫州牧。有人劝曹操说："刘备雄才大略，野心勃勃，如果不趁现在除掉他，必然会成为我们的后患。"

曹操为此征询郭嘉的意见，郭嘉说："这种说法不是没有道理的。但是，您现在刚刚起兵，除暴安良，需要天下英雄豪杰的辅佐。您诚心诚意地招募，还唯恐他们不来。现在刘备也是天下有名的英雄豪杰，因走投无路前来投靠您，而您却要将他杀掉，这将会使您背负谋害贤才的恶名。而那些有才智的人士也会怀疑您的诚意，另选主人，将来谁还会愿意和您一起平定天下呢？因除去一个人的祸患而失去天下的人心，实在不是明智的做法，您应当再仔细考虑一下。"

曹操笑着说："你分析得很对。"于是拨给刘备少量军队和粮草，让他在小沛一带集合残余的部队与吕布对抗。

汉献帝建安二年（公元197年），袁绍派人给曹操送去一封信，语气十分傲慢。曹操非常气愤，找来郭嘉、荀彧商量："我要讨伐袁绍，可是现在势力没有他强大，你们说我该怎么办？"郭嘉和荀彧两人都一致鼓励讨伐袁绍，并十分详细地分析了曹操和袁绍两人间的10项胜负因素，指出曹操必胜的理由。接着郭嘉又提出先消灭吕布，同时安抚关中的割据势力，为讨伐袁绍消除后顾之忧的计策。曹操于是命钟繇以朝廷的名义安抚、监督关中地区诸军，马腾、韩遂等都表示服从朝廷，并各自派遣儿子到朝廷任职，充当人质。

在郭嘉和荀彧两人的支持和鼓励下，曹操下定决心要剿除袁绍的势力。他根据两人的计策，于第二年发兵征讨吕布。吕布败退坚守下邳。曹军久久不能攻克，将士们也疲惫了，曹操想罢兵撤退。在最关键的时刻，郭嘉分析利弊，主张猛攻吕布。于是，曹军引来沂水、泗水灌城。吕布坚持了一个多月，终于抵挡不住，向曹操投降了。

曹操迎接汉献帝迁都许都以后，总揽了军政大权，接着又以皇帝的名义到处发号施令，汉献帝其实成了一个傀儡。曹操的这种做法引起了朝中许多大臣以及天下英雄豪杰的强烈不满，车骑将军董承、刘备等人接受献帝的密诏，一起密谋刺杀曹操。刘备害怕这件事迟早会被爱猜忌的曹操发现，想要脱离曹操的控制。于是，他趁右将军袁术溃败的机会，主动请求跟大将军朱灵前去截击袁术。郭嘉等人看穿了刘备的真实意图，都劝阻曹操，说："不可以让刘备带着军队出去！"曹操后悔了，立刻派人去追赶，但没有追上。结果正如郭嘉所预料的一样，刘备逃出来以后，趁曹操对袁绍发动战争的时候，占据了徐州、下邳等地方，背叛曹操，响应袁绍。

董承与刘备等人谋划刺杀曹操的计划泄露后，董承等人被夷灭三族，刘备侥幸逃脱，而且势力越来越大。曹操说："刘备是英雄豪杰，现在不进攻他，恐怕以后会留下后患。"将领们都说："与您争夺天下的是袁绍，可您却向东讨伐刘备。假如袁绍从后

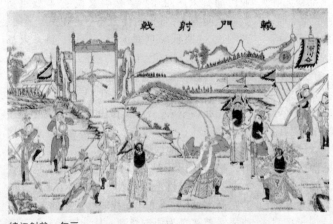

辕门射戟　年画

面突然袭击，必定会成为后患。"只有郭嘉支持曹操的行动，说："袁绍做事优柔寡断，即使打算进攻，也不会很快发兵。刘备的基业才刚刚建立，人心还不稳定，如果迅速进攻，一定能够将刘备击败。"

曹操为了除去后患，于是挥师东征刘备。田丰劝袁绍乘机偷袭曹操的后方，袁绍却以幼子病重为由错过战机，迟迟不肯出兵。刘备见到曹军突然从后面攻过来，只得仓促应战，结果被曹军打得落花流水。

建安五年（公元200年），郭嘉跟随曹操在官渡之战中出谋划策，大败袁绍。建安七年（公元202年）五月，袁绍因兵败忧愤而死，他的次子袁尚继任大将军及冀州牧，长子袁谭率领少数兵力防守黎阳。九月，曹军渡过黄河进攻黎阳，袁谭请求增加救援兵力，但袁尚害怕袁谭兵力太多夺去了自己的权力，就自己率领军队前来救援，与曹操的军队对峙黎阳。

建安八年（公元203年）二月，曹操大举进攻黎阳，与袁谭、袁尚在黎阳城下展开大战。袁谭、袁尚败走，退回邺城，曹军占领了黎阳。四月，曹操大军追到邺城，为了充实军粮，抢收了地里的小麦。曹军将领都提出要乘胜攻打邺城，郭嘉建议说："袁绍生前很宠爱这两个儿子，以致没有能够确定继承人。现在，他们两兄弟的势力相当，并且都有各自的党羽。情况危急的时候，他们两兄弟还能够念及手足之情互相救援；等到局势稍微有所缓和，就又会争权夺利。我们不如先向南进军夺取荆州，等他们兄弟俩发生了内讧，然后再乘机进攻。"于是，曹操率军退下，留下部将贾信驻守黎阳，密切监视袁军。

等曹兵退下后，袁尚、袁谭两兄弟果然互相猜疑，发生内讧。最后，袁谭被袁尚打败，并派人向曹操投降。曹操以支援袁谭为名，攻打邺城，不

久袁尚的势力基本上被曹操消灭。

在曹操围攻邺城时，原来已经投降曹操的袁谭等人后来又背叛曹操。曹操按各个击破的方针打败他们以后，让他们所属各郡、县都重新归顺曹操。郭嘉吸取前面的教训，劝说曹操多延聘青、冀、幽、并四州的名士作为属官，使人心归附。曹操为了安抚地方，采纳了郭嘉的意见，稳定了统治。

官渡之战

在曹操与刘备交战时，袁绍办事不果断，没有听从田丰的意见趁机袭击曹操的后方，一再错过攻打曹操的好机会。直到刘备被曹操打败，逃到了邺城，曹操率军返回许都，驻守官

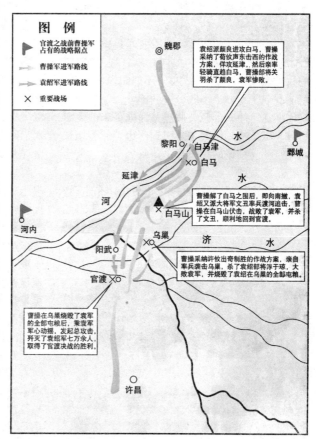

图 例

▶ 官渡之战前曹操军占有的战略据点

➡ 曹操军进军路线

➡ 袁绍军进军路线

✕ 重要战场

袁绍派颜良进攻白马，曹操采纳了荀攸声东击西的作战方案，佯攻延津，然后亲率轻骑直趋白马，曹操部将关羽杀了颜良，袁军惨败。

曹操解了白马之围后，即向南撤，袁绍又派大将军文丑率兵渡河追击，曹操在白马山伏击，战败了袁军，并杀了文丑，顺利地回到官渡。

曹操采纳许攸出奇制胜的作战方案，亲自率兵袭击乌巢，杀了袁绍部将淳于琼，大败袁军，并烧毁了袁绍在乌巢的全部屯粮。

曹操在乌巢烧毁了袁军的全部屯粮后，乘袁军军心动摇，发起总攻击，歼灭了袁绍军七万余人，取得了官渡决战的胜利。

官渡之战示意图

中国大事记 | 公元200年，董承等谋诛曹操、事泄被杀。

渡。袁绍这才感到曹操已经对自己构成了严重的威胁，才正式开始计划进攻许都。原来劝袁绍攻打许都的田丰，这时候却不赞成马上进攻。田丰说："曹操既然击败了刘备，那么现在许都已经不再空虚了，怎么还能去袭击呢？曹操兵马虽然少，但是他善于用兵，变化无穷，可不能轻视他。我看还是按兵不动，与他相峙，再做长期的打算。"袁绍一意孤行，听不进田丰的忠言。田丰一再劝谏，袁绍却认为他是有意扰乱军心，下令将他关进监狱，接着向各州郡发出文书，宣布曹操的罪状，声讨曹操。汉献帝建安四年（公元199年）六月，袁绍发动10万大军向许都进发，大有一口吞下曹操势力的气势，官渡之战序幕由此拉开。

汉献帝建安五年（公元200年），袁绍进军黎阳。他先派大将颜良作为先锋渡过黄河，进攻白马。

曹操听说白马被围，急着要亲自率军前往援救。他手下的谋士荀攸向他献计说："袁绍的兵力强大，我们的兵力少，不能跟他们硬拼，只能智取。不如把军队分成两部分，一部分人马往西在延津一带假装渡过黄河准备袭击袁绍后方，以此将袁绍的主力引到西边。然后您亲自率领一支精锐的轻骑兵迅速赶到白马，杀他个措手不及。"

曹操采纳了荀攸的意见，来了个声东击西。袁绍见曹操要在西边的延津一带渡河袭击自己的后方，急忙调兵向西拦截，可是他哪里料到

水田附船陶器　汉

东汉末年，曹操占据北方，实行屯田，这样既能舒解军粮短缺的压力，又可操练军队，控制军纪。汉代规定，作战士兵每人以月供应粮物，粮物的进出都有严格的手续，曹操更是规范了这一程序，并且更为严密。此器即是军屯的士兵在水田中劳作的形象反映。

曹操早就暗地里率领一支精锐的轻骑兵急速进军白马。当时袁军大将正将白马紧紧包围住，见曹军突然杀来，没有任何防备。颜良率兵前来迎战，结果被寄居在曹操那里的关羽一刀砍死。袁军杀得大败，白马之围也解除了。

袁绍听到曹操救了白马，气得直跺脚，心急火燎地下令全军渡河追击曹军，并且派大将文丑率领五六千骑兵作为先锋。这时候，曹操从白马向官渡（今河南中牟境）撤退。曹操率领不到600名骑兵在延津南坡安营，见袁军从后面紧追过来，赶忙命令士兵解下马鞍，把盔甲和武器丢得满地都是，又将战马牵到山坡下四处溜达。这时，曹军从白马运送的辎重车辆也已经赶来了。

文丑率领一支骑兵赶到延津南坡，遇到曹军的辎重车队。正当文丑攻打辎重车队时，曹操命令埋伏的600名骑兵跨上马，一齐冲杀出来。袁军来不及抵抗，被杀得四处逃散，袁军大将文丑也死在曹军的刀下。

颜良、文丑是袁绍军中有名的两员大将，两次交战，先后被曹军杀死，因此袁绍军中士气大衰。袁绍气急败坏，一定要追击曹操。曹操出兵与袁绍交战，没有取胜，又退回官渡，坚守营垒。

袁绍见曹军坚守营垒迟迟不肯出来，就吩咐士兵在曹军的营垒上堆成一座土山，在山上向曹营射箭。

袁军的弓箭雨点般地射向曹营，曹军在营里走动的时候，就用一块盾牌挡住飞箭。一计不成再生一计，袁绍又叫士兵秘密地在夜里挖地道，企图从地道里钻到曹军的营垒进行偷袭。可是这个计谋早就被曹操知道了。曹操让士兵在营垒前挖了一条又深又长的壕沟，挡住了袁军的出口，袁绍的偷袭计划再次落空。

双方就这样在官渡对峙了一个多月，始终没有分出胜负。时间一长，曹军的粮食开始供应不过来了，士兵也因长期作战疲惫不堪。曹操也深感忧虑，渐渐地有些支持不住了。他写信告诉荀彧，准备退兵回许都。荀彧回信劝曹操一定要坚持下去。曹操听从了荀彧的劝告，

历史关注 | 豪右原是西汉时期出现的占有大量田产的豪族。

继续坚守营垒，与袁绍相持。

曹军正缺粮的时候，袁绍军队的粮草却源源不断地运来。袁绍派大将淳于琼率领1万人马将大批军粮一路护送着运往距离官渡四十里的乌巢，并囤积起来。

袁绍的谋士许攸打听到曹操军营里急缺粮食，坚持不了多长时间了，于是向袁绍献计，劝袁绍派出一支轻骑兵，趁深夜秘密绕过官渡，偷袭许都，奉迎献帝，接着以天子的名义发动各路军队来讨伐曹操，一定可以大败曹操。

可袁绍并不信任许攸，对他的计策也不感兴趣，很冷淡地说："不行，我一定要先捉住曹操。"

许攸正在失望的时候，正好有人送过来一封信，说许攸家人在邺城犯法，被当地官府抓起来了。许攸大怒，对袁绍彻底失望了。

许攸又气又恨，决定离开袁绍。他想到曹操曾经是自己的老朋友，而且自己作为袁绍的谋士也亲自参与官渡大战，对袁绍的情况了如指掌，所以曹操一定会很高兴地接纳自己的。于是，他连夜逃出袁绍的军营，投奔曹操。

曹操正在大营里为军粮的事一筹莫展，听说许攸来投奔他，高兴得来不及穿鞋，光着脚板跑出去接许攸，拍着手笑着说："子远（许攸字），你远道而来，我的大事可以成功了！"

许攸坐下后问曹操："你现在想出对付袁绍的法子了吗？你们现在还有多少粮食？"

曹操凑到许攸耳边诡秘地说："还可以支持一年。"

许攸冷冷一笑，说："没有那么多，你再说一次。"

曹操顿了顿，连忙改口说："只能支持半年。"

许攸装出生气的样子说："你难道不想打败袁绍吗？为什么还不跟我说实话呢！"

曹操又垂头丧气地说："我刚才跟你开个玩笑。我实话跟你说吧，军营里的粮食，只能维持一个月，你看怎么办？"

许攸听了哈哈大笑，说："你军中的粮草已经用尽了。"接着许攸又说："你外无救援，

乌巢烧粮图

而且粮食耗尽，情况危急。现在袁绍的粮食和全部的军用物资全部囤积在乌巢，淳于琼防守松懈。你只要带领一支轻骑兵偷袭，一把火把他的粮食和军用物资烧光，那么用不了3天，他就不战自败了。"

曹操大喜，留下曹洪等人坚守军营，自己带领5000名士兵连夜出营，向乌巢进发。曹操命令士兵们举着袁绍的旗号，把马嘴绑上，防止发出声音，每人嘴里衔着一根小木棍，手里抱着一捆柴草。路上一旦遇到袁军的哨岗，就谎说是去增援乌巢的，袁军的哨岗也信以为真，将他们放过去了。

曹军顺利地到达乌巢，将乌巢紧紧包围，从各个方向同时放火。顿时火光冲天，浓烟滚滚，一万车粮草被烧得一干二净。乌巢守将淳于琼慌忙组织应战，却被曹军杀死。

官渡的袁军将士一听说乌巢失火，个个惊慌失措，主张派重兵前去援救乌巢。可袁绍却只派出少量的士兵去援救乌巢的淳于琼，同时还执意派出两员大将张郃、高览率领大军进攻官渡的曹营。曹营不但没有攻下，张郃、高览两员大将反而都投降了曹军。于是，袁军更加惊恐，全面崩溃。袁绍和他的儿子袁谭骑着快

马，带着剩下的800多骑兵渡过黄河逃走。曹军歼灭了袁军7万多人。

经过这场决战，袁绍的主力已经消灭。过了两年，袁绍因兵败忧愤而死。曹操又花了7年工夫，扫平了袁绍的残余势力，终于统一了北方。

赤壁之战

曹操统一北方以后，计划先消灭荆州的刘表，再顺着长江东进，击败东吴的孙权，从而完成统一大业。为此，他还在邺城修建玄武池，专门训练水军，为向南进军做好充分的准备。献帝建安十三年（公元208年），曹操亲自统率10万大军南征荆州。

此时荆州牧刘表已经病死，他的小儿子刘琮继位。面对曹操大军压境，刘琮投降了曹操。曹操得到了荆州水军数以千计的战舰，实力大增，而依附刘表驻守樊城的刘备则闻讯南撤。曹军占据新野后，率领精锐的骑兵一路追击南逃的刘备，在当阳长坂坡击溃刘备大军。刘备逃到夏口，曹操继续南下占据了江陵，企图先在夏口歼灭刘备，然后再乘胜顺着长江东下兼并东吴。

面对严峻的局势，刘备决定联合东吴共同抗击曹军。建安十三年（公元208年）十月，刘备退至夏口后，派诸葛亮赶赴柴桑会见孙权，共同谋划抗击曹操的大计。

东汉斗舰复原图

诸葛亮在柴桑见到孙权，说："刘备的军队虽然在长坂大败，但集合起来的残余部队以及关羽的水军还有1万多，江夏郡刘琦的士兵也不下1万人，这样刘备的军队加起来也有2万人。曹操虽然兵力强大，数量众多，但他们经过长途跋涉到达南方时已经疲惫不堪了。曹操的部下又都是北方人，不擅长水战。另外，新近投降曹操的荆州水军也是受他的威逼才投降的，并不是心悦诚服地归附他。因此，如今您如果能够命令猛将统领几万大军，一定能够打败曹军。曹操失败后退回北方，南方就剩下荆州与东吴的势力，三足鼎立的局势就形成了。"

这时，曹操讨伐孙权的宣战书也到达了孙

赤壁大战图

历史关注　东汉时期，显贵家族的正门外竖有两柱，左柱称阀，右柱称阅，用以夸耀功绩，这种门第较高的豪族世家就被称为阀阅或门阀。

权手里，声称统领了80万大军准备与东吴大战。孙权把这封信给部属们看，一个个都惊惶失色，以张昭为首的群臣都主张投降。孙权在投降与抵抗之间犹豫不决，只有鲁肃和周瑜坚决主张抗曹，并对当前的形势做了精辟的分析。

鲁肃说："像我鲁肃这样的人还可以投降曹操，唯独将军不可以。为什么这样说呢？现在我去投降曹操，曹操一定会给我一个小官当，然后我再结交一些士大夫，还可以步步升官，也能当上州郡的长官。可是您投降了曹操，曹操会放过您，让您有立足之地吗？"

一句话，触动了孙权的痛处。他叹息说："你刚才说的，正和我想的一样。"

周瑜也闻讯赶回来，对孙权说："马超、韩遂屯驻函谷关以西，曹操在北方的后患还没有完全消除，人心还不稳定，却急着向南边进军。另外，他放弃了擅长的骑兵作战，反而要与从小就生长在水边的东吴人水战。现在严冬季节，战马缺乏草料。这些士兵长途跋涉赶来，水土不服，必然会生病。这几个方面都是用兵的大患，而曹操却贸然行事，形势对他很不利。我请求率领几万精兵进驻夏口，一定能够击破曹操。"

当天夜里，周瑜又去见孙权，说："曹操声称有水、陆军80万，其实没有那么多。曹操所率领的中原部队只不过十五六万人，而且因为长期征战，早已疲惫不堪；他新近接收的刘表的部队，顶多也就七八万人，并且对曹操心怀猜疑。因此，曹操的士兵虽然人数比较多，却没有什么可怕的。我只要有5万精兵，就足以制服敌军，希望您不要有顾虑！"

孙权坚定了抗曹的决心，任命周瑜、程普为左右督，鲁肃为赞军校尉，率领3万精锐水师，与刘备军会合总共约5万大军，一齐进驻夏口。

同时，被胜利冲昏了头脑的曹操凭借着众多的军队，骄纵轻敌，拒绝谋臣的建议，亲自统率大军水陆并进，直逼江南。孙刘联军从夏口沿着长江而上，与曹军在赤壁相遇。

面对长江，不习水战的曹军立刻失去了优势。当时曹操的部队许多士兵由于水土不服已经发生了瘟疫，以致两军刚一交战，曹军就失

赤壁之战旧址，在今湖北蒲圻。

利了。没办法，曹操只好退到长江北岸，孙刘联军则驻守长江南岸，两军夹江对峙。

长江上风颠浪急，曹操的士兵是北方人，坐不惯船，可是作战非得要渡过大江不可。曹操便叫人用铁索把船一条一条连起来，铺上木板，就像平地一样，使步兵和骑兵可以在上面自由驰骋，有利于主动进攻。

周瑜手下有一员老将，叫黄盖。他对周瑜说："如今敌人军队数量远远多于我军，力量相差太远了。我们不能跟他们长期相持下去，我看他们把战船连在一起，首尾相接，只要用火攻，船就会全部烧掉，他们想逃也逃不了。"

周瑜非常满意地连连点头称赞："火攻确实是个好主意。"可是这一仗究竟怎么打，还得想个万全的计策才行，周瑜紧锁眉头陷入了沉思。黄盖贴近周瑜的耳边将计策说了一遍，周瑜大喜，连说是好主意，叫他就这么办了。

黄盖当即就给曹操写了一封信，说东吴的兵太少了，要跟曹操的80万大军相抗衡，简直就是拿鸡蛋碰石头，哪有不失败的呢？他愿意带着部众和粮草前来投靠曹操。曹操看完信，高兴得不得了。可他万万没有想到自己已经中了黄盖的计了。

这一天，东南风吹得正紧，江面上波涛翻滚。曹操正带着士兵们在船头迎风眺望，忽然一个士兵跑过来报告说："江对岸有一队帆船径直驶过来了。"曹操定睛一看，果然有一队帆船浩浩荡荡地迎着东南风向北岸驶过来，不一会儿就到了江心。只见领头的船头上分明写

中国大事记

公元215年，孙权、刘备以湘水为界，划分荆州。

着一个硕大的"黄"字。曹操看了非常高兴，笑着说："黄盖果然言而有信，他带着士兵和粮草来投降了。"

江上顺风迅速驶过来的正是黄盖的帆船，可是行使在最前面的10艘战船上既不是士兵也不是粮草，而是装满了一点即燃的芦苇和干柴，上面都用幔子遮住了，幔子上浇满了油。其余的船紧紧跟在后面。

帆船顺着猛烈的东南风很快到了江心，黄盖下令把船帆升起来，船顿时快得像离弦的箭向北岸飞驰而去。周瑜带着兵船跟在后面。在离曹军还有二里多远的时候，黄盖命士兵们将那10艘装满了干柴的船同时点火。大家上了小船，解开缆绳，火烈风猛，小船顺着东南风冲进了曹操的船队。由于被铁索紧紧地拴在一起，曹操的战船没法分开，结果全部被烧光，火苗还顺着东南风一直蔓延到设在陆地上的曹操的军营。

顷刻间，火光照得满天通红，浓烟封住了江面，分不出哪里是水，哪里是岸。凄厉的哭声喊声震动江面，曹军被烧死的、淹死的，不计其数。在南岸的孙刘联军主力船队乘机擂鼓前进，横渡长江，大败曹军。曹操见大势已去只得率军从华容道狼狈逃跑。

赤壁之战后，曹操所有的水军全部丧失，而孙权、刘备的实力大大增强。曹操失去了在短时间内统一中国的机会，三足鼎立的形势开始逐渐形成。

樊城水淹七军

东汉献帝建安二十四年（公元219年）六月，刘备大败曹军，向西夺取汉中以后，势力有所扩展。乘着这个势头，刘备准备继续从东面的荆州进军直接攻打中原地区。七月，孙权想攻取合肥，魏军大部队调往淮南防备吴军。镇守荆州的蜀国将领关羽抓住战机，派南郡太守糜芳镇守江陵，将军傅士仁镇守公安，自己率领主力军北上攻打樊城。

当时，魏国的征南将军曹仁驻守樊城（今

关羽擒将图　明　商喜

湖北襄樊），将军吕常驻守襄阳，右将军于禁和立义将军庞德驻守在樊城的北边。

吴国扬州刺史温恢对兖州刺史裴潜说："这里虽然有敌人，却不值得担忧。现在正是涨水的季节，曹仁却孤军深入。关羽强悍狡猾，只恐怕曹仁会有难。"事情果然如温恢所预料的一样。不久，关羽率军向樊城的曹仁进攻。曹仁派左将军于禁、立义将军庞德等人在樊城以北的平地上驻兵，和樊城互相接应，使关羽无法攻进城去。

双方久久相持不下，当时正当八月，樊城一带连降暴雨，河水泛滥，平地的雨水有好几丈深。于禁的军营扎在平地上，大水把于禁七军的军营都淹没了。于禁和将领们不得不找个地势高的地方躲避雨水。

关羽早就料到于禁在平地上扎营必定会被雨水淹没，于是趁着发大水之前，早就安排好了一批大船。等于禁被大水围困，关羽便乘大船前来进攻。于禁等人被围在平地的一个小土堆上，四处是深几丈的大水。于禁没地方可以逃跑，只好束手就擒，向关羽投降。

魏将庞德也带了另一批人马在一个河堤上避水。关羽率领部队向他们围攻，在船上向庞德的人马射箭。庞德的手下不免心虚害怕，但看到自己的将领庞德站在河堤上，身穿铠甲，威风凛凛，面无惧色，手里挽着弓箭，箭无虚发，射死不少蜀军，也都振作精神，奋力抵抗。

双方从清晨一直打到中午，关羽的进攻愈来愈凶猛，庞德的箭也用完了。于是，庞德就带领士兵们抽出短刀来与关羽的军队搏斗。

庞德越战越英勇，但雨水也越涨越高。眼看不是被战死就是被水淹死，庞德部下的官员和士兵都失去了继续战斗的勇气，纷纷投降了。庞德趁着乱哄哄的时候，偷偷地爬上一艘小船，想返回曹仁的军营。不料小船被一个浪头掀翻，庞德奋力抱住翻船，结果被关羽的士兵活捉了。

士兵把庞德带去见关羽，士兵叫他跪下，他硬是站着不肯下跪。关羽又好言好语劝他投降，对他说："你哥哥在我们汉中，如果你早早投降，我就让你做我的将领。"庞德大骂道："小子，我到现在还不知道什么叫作投降！我们魏王英雄盖世，威震天下，你家刘备算得了什么？怎么能够和我们魏王相比？我就是死，也不屑当你们的将领！"关羽气得大怒，一挥手，就叫人把庞德杀了。

魏王曹操得知这件事后，说："我和于禁认识了30年，怎么也没料到，在危难的时候，于禁反而不如庞德！"于是曹操下令将庞德的两个儿子都封为列侯。

关羽水淹于禁、庞德的七军，乘胜向樊城发起猛烈进攻。曹仁的手下都惊恐不安。有人对曹仁说："现在形势紧迫，不是我们的力量所能够应付的，趁关羽还没有完全把我们包围住，我们还是赶快连夜坐船逃走吧。"

曹仁也觉得没法继续守下去，就跟汝南太守满宠商量。满宠说："山洪来得快，去得也快，过几天水就会退下去的。我听说关羽已经派别的部队向北进攻郏下（今河南郏县），许都以南的百姓吓得混乱不安。关羽之所以不敢自己率军北上，就是顾虑孙权攻击他的后路。要是我们一逃，他就会继续向北边进攻，到那时恐怕黄河以南的地区都会被他占领了。请将军还是再坚持一下吧。"

曹仁说："你说得对！"于是与将士们盟誓，誓死将樊城坚守到底。

这时候，樊城里的军队只有几千人，没有被水淹没的城墙也只有几尺高。关羽已经乘着大船到达樊城的城墙下了，没多久就将樊城重重包围，使其内外断绝了联系。接着，关羽又派军队将将军吕常包围在襄阳。

荆州刺史和南乡太守都投降了关羽。其他地方响应关羽的人也不少。从那以后，关羽更是威名远扬。

名将吕蒙

吕蒙从小就练了一身好武艺，作战骁勇，是东吴的名将。他年轻的时候就立了不少战功，深受孙权器重。

一次，孙权对吕蒙说道："你现在已经掌握着军政大权，责任大，应该抽出点时间学习！"

吕蒙以军中事务繁多为借口推辞。孙权说："我哪里是要你像博士（官名）那样去钻研经书，去当学校的教官，我只是要你多看看书，了解一下历史。你说你事务繁多，总没有我多吧？我还经常读书，那实在是一件受益匪浅的事情啊！"

吕蒙听了孙权的劝告，一有空就认真读书。

后来鲁肃经过浔阳的时候，去看望吕蒙。鲁肃一直以为吕蒙不过是一员武将，没有什么雄才大略。当他同吕蒙谈论军政大事时，觉得他见解精辟，非常惊讶地说："以你现在的才能智谋，已经不是当初在吴地的那个吕蒙可以相比了。"

吕蒙幽默地回答："对一个人，3天不见就应该另眼看待，鲁先生您怎么现在才明白过来呀！"鲁肃与吕蒙结为好朋友，走之前还特地拜见吕蒙的母亲。

鲁肃死后，吕蒙接替了他的大将职务驻守陆口。当时刘备和孙权两家虽然结了盟，但是矛盾很大。鲁肃在世的时候，是主张吴蜀和好，一起对付曹操的。吕蒙的主张却和鲁肃的不同。

汉献帝建安二十四年（公元219年），吕蒙趁着蜀汉荆州守将关羽率军北攻襄阳、樊城，与曹魏大军激战不已，造成后方空虚之时，向孙权上书说："刘备、关羽，都是反复无常的人，不能再把他们当盟友看待。我们应当趁现在的机会袭击关羽的后方，然后将长江上下游全部占据。"

中国大事记

公元 216 年，汉献帝被迫封曹操为魏王。

　　孙权也早就对关羽的狂妄无礼怀恨在心。他曾经派使者向关羽提亲，请求关羽将女儿嫁给自己的儿子。关羽不但不答应，还将孙权派来的使者辱骂了一顿，这着实让孙权很没面子，非常恼怒。这次有这么一个好机会可以除掉关羽，洗刷自己受到的耻辱，孙权马上同意了吕蒙的意见。

　　关羽也早就听说东吴将名吕蒙的威名，不敢掉以轻心。他虽然亲自率大军征讨樊城，但害怕吕蒙从后面进攻他，所以在蜀吴交界一带，留下很多军队防守，布置得严严实实。

　　为了消除关羽的警惕心，吕蒙便借治病为名，请求孙权公开发布命令，召自己率领一部分士兵返回建业休养。吕蒙准备回建业，临行前孙权问他："你走后，谁可以顶替你大将军的职务？"

　　吕蒙说："陆逊考虑问题全面深远，有能力担当重任。我看他的气度，终究可以重用，而且他没有很大的名气，关羽也不会把他放在

　　眼里，对他不会有顾忌的，所以没有人比他更加合适了。如果任用他，应该让他隐藏锋芒，暗地里观察形势，寻找可乘之机，然后向敌人发起突然进攻，可以取得胜利。"孙权于是召来陆逊接替吕蒙。

　　消息很快传到樊城。由于吕蒙经常生病，所以关羽听说后，对这一消息深信不疑。他又听说吴王让一个没有作战经验的年轻书生顶替了吕蒙的职务，心里暗自高兴。

　　陆逊到了陆口后，立即写了一封信给关羽，大力称赞关羽如何功德无量，又说自己如何卑微，并表明了愿意把前途托付给关羽，竭尽全力为关羽效忠的意向。关羽被陆逊的这一番甜言蜜语迷住了，再加上自己本来就没把陆逊这个无名小卒放在眼里，因此完全放松了警惕，便逐渐撤走了防守的军队，带领他们赶赴樊城。关羽将防守的军队全部撤出后，陆逊把全部情况向孙权做了详细汇报，陈述可以擒服关羽的方法。

　　此时，关羽包围樊城，水淹七军，接受了曹军大将于禁手下几万人的投降。不久，由于粮食匮乏，关羽的军队便擅自强占了孙权在湘关的粮米。孙权知道这件事情以后，大为气愤，派吕蒙率军袭击关羽的后方基地江陵。

　　吕蒙奉命悄悄地来到浔阳。他挑选了一些精锐的士兵，让他们脱去战袍，换上普通商人的衣服，埋伏在商船里。接着，他又请一些普通百姓摇橹渡河，昼夜赶路，上岸后将关羽安排在江边守卫的官兵全部捉了起来。可关羽对吕蒙的行动一无所知。

　　关羽此时正率兵在外忙着和曹军大战，根本无暇顾及江陵。他命令部将糜芳、傅士仁供应军用物资。糜芳、傅士仁一直对关羽轻视自己耿耿于怀，所以没有将军用物资全部送到。关羽忿忿地说："回去后，我一定要治他们的罪。"糜芳、傅士仁听了都感到害怕。吕蒙命令原都校尉虞翻写信游说傅士仁，为他指明得失、分析利害。傅士仁得到虞翻的信后，便投降了。由于糜芳在南郡守城，吕蒙又根据虞翻的建议带着傅士仁一起到了南郡，让傅士仁出

马上关公图

来与麋芳相见，最后麋芳打开城门也投降了。

吕蒙率军到达江陵，释放了于禁，控制了关羽和他的将士的家属，对他们都采取了安抚的政策。吕蒙向军中公布了一条纪律："不准骚扰老百姓的家，禁止向老百姓索取任何财物。"吕蒙手下有一个士兵，跟吕蒙是同乡人，取了老百姓家里的一顶斗笠来遮盖官员的铠甲。虽然官员的铠甲是公家的，但是吕蒙仍然认为他触犯了军纪，并没有因为是自己的同乡而对他网开一面，流着眼泪将他斩杀了。自从这件事以后，军营里的人没有一个不畏惧的，即使路上有遗失的东西，也没有人敢去捡。

吕蒙经常派自己亲信的人去问候年老的人，问他们缺少什么。如果有人生病就给他医治，有人挨饿受冻，就给他送去衣物和粮食。将关羽府库里藏着的金银财宝都封闭起来，等待孙权前来处理。

关羽得知吕蒙占据了江陵后，多次派使者去探听情况。使者一到江陵，吕蒙便派人殷勤招待，还叫使者到蜀军将士家去看望，这些家属都说东吴的人待他们不错。关羽的使者每次回来后，都私下里互相打听询问，知道家人平安无事，而所受到的优待又比关羽的好，所以部下都没有了战斗的心思。等到孙权到了江陵，荆州地区的将士全都归附了孙权。

这时候，曹操派徐晃率领援军对关羽发起猛烈进攻。结果关羽大败，不得不撤除对樊城的包围。

关羽知道自己陷入了孤立无援的境地，决定向西退守麦城。孙权派人劝他投降，关羽假装投降，树起旗子在城上摆上假人，趁机逃跑了。他的兵士都分散了，只留下了10多个骑兵。

汉献帝建安二十四年（公元219年）十二月，潘璋的部下司马忠在章乡俘获了关羽和他的儿子关平，将他们杀了，于是孙权占据了整个荆州。

后来，孙权与陆逊评论吕蒙时说："吕子明（即吕蒙）年轻时，我认为他的优点只是不怕吃苦、果敢、不怕死，在他年长以后，学问越来越好，韬略常常出奇制胜。他只是言谈和

才华次于周瑜，可是谋划消灭关羽这一点，却超过了鲁肃。"

庞统英年早逝

诸葛亮人称"卧龙"，庞统就是历史上与诸葛亮齐名的"凤雏"。

庞统是庞德公的侄子，他少年时期就胸怀韬略，素有大志，但性格淳厚朴实，沉默寡言，所以才华没有显露出来，并不为人所知。但是庞德公与司马徽却很看重他。庞德公还评价庞统是"凤雏"，与"卧龙"诸葛亮、"水镜"司马徽齐名。

当年刘备在荆州时，曾经四处寻访人才，得知名士司马徽为人高雅，善于鉴别人才，于是去拜访他。司马徽说："一般的儒生，岂能认清时务。能够认清时务的，只有非常出众的人才。我们襄阳这里的人才很多，卧龙与凤雏是其中出类拔萃的大才。"刘备连忙问是谁，司马徽说："就是诸葛亮与庞统。"

庞统的从政之路并不像诸葛亮那么顺利。刘备占据荆州，担任荆州牧的时候，任命庞统以从事的身份担任耒阳县县令，但庞统对这个小小的县官并不感兴趣，以他的才能和志向，他要干一番大事。因此，庞统在任的时候因政务荒废，被刘备免去了官职。

鲁肃得知后连忙写信给刘备，说："让庞统管理一个方圆百里的小县，真是大材小用了，应当让他担任治中、别驾一类的职务，才能充分发挥他的才干。"诸葛亮也极力称赞庞统的才干，再三向刘备推荐庞统。刘备听了鲁肃、诸葛亮的建议，召见庞统。刘备与庞统纵谈天下大势后，发现他果然不是等闲之辈，大为器重，当即任命他为治中，让他与诸葛亮一样做军师中郎将。

庞统很有才能，在做了军师中郎将以后，为刘备夺取益州积极出谋划策。

当时刘璋为益州牧，占据了益州。他手下的军议校尉法正不仅没有得到刘璋的重用，还受到与他一起客居在益州的老乡们的鄙视，因

而心情郁闷。与法正私交很好的益州别驾张松是一个很自负的人。他总觉得刘璋太平庸了，和这种人在一起不能有所作为，所以极力劝说刘璋与刘备结交。刘璋说："那派谁去充当使者呢？"于是张松推荐了法正。刘璋派法正担任使者，法正假惺惺地作了一番推辞，假装不得已才接受任务。法正回来后，在张松面前极力称赞刘备如何雄才大略，说得张松动了心，于是两人密谋策划奉迎刘备作为益州之主。

刘璋占据的益州紧邻张鲁占据的汉中。当曹操派遣钟繇率军讨伐张鲁时，刘璋心里恐惧不安。张松乘机劝他说："曹操的兵马强大无比，他如果攻下汉中，利用张鲁的物资进而进攻益州的话，谁能够抵挡得住？刘备与您是同宗，又和曹操有仇，而且善于用兵。您现在有难了，他一定不会观望的。如果让他讨伐张鲁，一定能够打败张鲁。那么益州的势力增强了，曹操也不敢来进犯了。如果得不到刘备的帮助，那么敌军压境，一些骄横不法的将领们

如庞羲、李异等人会趁机投靠曹操，那样必定会失败的。"刘璋被张松说服了，派法正率领4000人去迎接刘备。

法正率军到达荆州后，暗中向刘备献计说："以您的聪明才智，足够对付懦弱无能的刘璋，而且又有张松在内接应，这样来攻取益州，易如反掌。"刘备拿不定主意，庞统劝刘备说："益州有 100 多万人口，沃野千里，物产丰富，如果占据了益州，以益州为据点，足以成就一番大业！"刘备说："我与曹操水火不容。曹操严厉、凶暴、狡诈，我就要显得宽厚、仁慈、忠信，我只有什么事情都同他相反，事情才能取得成功。我怎么能够因为贪图一点小利而失去了对天下的信义呢？"庞统说："乱世里本来就不能依靠一种一成不变的办法取得胜利。我们先用不合礼义的方法取得，再用合乎礼义的方法加以治理。兼并了益州之后，您可以赐给刘璋面积广大的封地，这并不违背信义。现在如果咱们不去夺取，终究也会落入别人手中。"刘备觉得庞统说得很有道理，于是留下诸葛亮、关羽镇守荆州，而自己带着庞统率领几万名步兵进入益州。

刘备率领大军长驱直入，进入益州，好像回到自己家里一样畅通无阻。刘璋还在沿途各地为刘备的军队提供所需要的物资。刘备率军到达涪县时，刘璋率领3万人马来迎接刘备。法正建议刘备就在会面时斩杀刘璋，刘备不同意，说："这件事不能太着急了！"庞统也说："如果您趁会面的时候捉住刘璋，那您就可以不动用武力，益州也唾手可得。"刘备说："我们刚刚入别人的地盘，不能做出这么没有恩义的事情来。"于

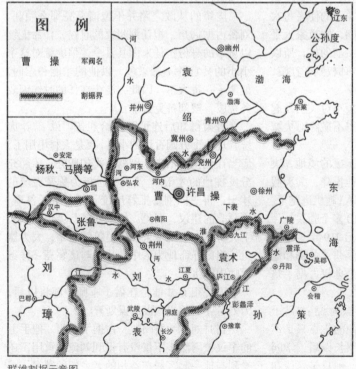

群雄割据示意图

是拒绝了庞统的建议。刘璋隆重地招待了刘备及其部下，增拨给刘备不少人马粮草和军用物资，连战略要地白水关以及驻扎在那里的部队都统统交给刘备全权代理，让他去进攻张鲁。刘璋交代完毕，就回了成都。刘备向北进发，到达葭萌。

此时的刘备实力大增，已经拥有部下3万多人，车辆、甲胄、器械及粮草钱财等都很充足。但他并没有立即进攻张鲁，而是停在葭萌，先广施恩德，收买人心。

汉献帝建安十七年（公元212年），刘备驻军在葭萌关已经有一年了。庞统就战略问题向刘备献了3条计策："暗中挑选精兵迅速偷袭成都，这是上策；假装回荆州救援，诱使刘璋部下的两员名将杨怀、高沛送行，趁机将他们捉住，再向成都进军，这是中策；退回荆州再慢慢策划夺取益州，这是下策。我们必须得作出决定了，不能再耽误了。"

刘备仔细考虑后，决定采用庞统的中策。于是，刘备率领军队直接进入关头，吞并了杨怀、高沛的部队，然后挥兵直指成都。刘备一路上势如破竹，所经过的地方都顺利攻克，很快就占领了涪城。

不久后，刘备围攻雒城，雒城攻破，进而包围了成都，最终夺取益州。不幸的是庞统率领士兵进攻雒城的时候，被流矢射中而死。

庞统足智多谋，实在是一代英才，只可惜英年早逝，令人叹惋。

神医华佗

华佗是历史上有名的神医，直到现在，形容某个医生医术高明都常常用"华佗再世"这个词，说明华佗在人民心目中的地位。可惜华佗救了那么多人，最后却死于非命，连他用毕生心血写的医书都被焚毁，不能不让人感慨封建制度对人才的摧残。

华佗年轻的时候曾在徐州一带求学，学习了几种医书，当时很多人请他做官，他都拒绝了。华佗精通养生术，人们都以为他快100岁

了，但还是保持着壮年人的外貌。华佗善于开药方，配药不用称量，心中自然掌握了药物的分量，他煮好药就让病人服用，告诉他们用药的次数，用完药就能痊愈。如果给病人针灸，不过选一两个穴位，每个穴位不过灸七八个柱，病就好了。如果需要扎针的话，也就扎一两处。他下针时会告诉病人："针扎进去后应该有某种感觉，如果感到了就告诉我。"当病人说感到了时，他就立刻拔针，疼痛马上消失。如果疾病靠针灸和药物治疗无效的话，华佗会给人开刀。开刀前，他会给人喝一种叫麻沸散的药，病人不一会儿就会睡死过去，什么都不知道，华佗就开刀割去患病的部位。比如病患在肠子里，他就把肠子切开清洗，然后把腹部缝合起来，用药膏涂抹伤口，过个四五天就好了，也不会疼痛，病人自己也没有感觉，一个月内伤口就能全部长好。华佗的神奇医术治好过很多疑难杂症。

有两个人一起来看病，都是头痛发热，症状都一样。华佗却让一个人吃泻药，另一个吃发汗药。有人就问为什么他们症状一样，但治法却不同。华佗回答道："他们一个是因为肠胃有病，一个是受了风寒，治疗方法当然不一样了。"结果第二天早上，两个人都大有好转。

有一次华佗的朋友来看他，刚一进门华佗就问他："你身体感觉怎么样？"那人说："和平时一样啊。"华佗告诉他："你有急病，千万不要多喝酒。"那人坐了会儿就走了，走了几里地后，他突然感到头晕，从车上掉了下来，回到家第二天半夜就死了。

彭城有一夫人晚上上厕所的时候被毒蝎子蜇了手，痛得一直呻吟，别的医生一点办法都没有。华佗让人把汤药烧热，让夫人把手放在汤药里，夫人的痛感减轻了很多，终于可以睡着了。然后让人多次换汤药，保持药的温度，天亮时手就好了。

有个太守得了病，请华佗去治疗。华佗诊断只要让他大怒就能痊愈，于是收下他的很多财物，但就是不给他治病，不久还跑掉了，留下一封信把那个人骂了一顿。那个太守果然大

中国大事记 | 公元 219 年，著名医学家张仲景死

虎戏图　　　　鹿戏图　　　　熊戏图　　　　　　　猿戏图　　　　鸟戏图

五禽戏

一套使全身肌肉和关节都能够得到舒展的医疗保健体操。模仿虎、鹿、熊、猿、鸟的动作姿态创作而成。华佗的学生吴普循此锻炼，活到 90 余岁，还"耳目聪明，齿牙完整"。

怒，命令手下去追赶，一定要杀了华佗。他儿子知道内情，暗中嘱咐手下不要去追。那人越气越难受，实在憋不住了，喷出好几口黑血，没过多久病就痊愈了。

曹操听说了华佗的医术后，把他召去给自己看病。曹操患有头风病，每次发病的时候都头昏眼花，华佗用针扎他的膈，一针见效。

有一位李将军的妻子病得很重，请华佗来医治。华佗说："伤了胎，但胎儿没有流下来。"李将军说："确实是伤了胎，但胎儿已经打掉了。"华佗说："根据脉象显示，胎儿其实没有打下来。"李将军觉得华佗这次弄错了，华佗就走了。但过了 100 多天后，那女子病情突然加重，于是再次来找华佗。华佗说："根据这个脉象，肯定是有胎儿的。前一次应当生两个孩子，一个孩子被打掉了，出了很多血。后面那个孩子来不及流出来，所以母亲没有感觉，别人也不会知道，也就没有注意。那胎儿死了后，血脉不再顺畅，胎儿就干枯掉了，贴在母亲的脊背内，所以夫人才会脊背疼痛。现在我给她喝汤药，同时用针扎某个穴位，这个死胎就一定会下来。"结果照他说的方法做了之后，妇人感到剧烈疼痛，像生孩子一样。华佗说："这个死胎时间太长了，没办法自己生下来，只能让人去把它掏出来。"果然最后取出一个死了的男胎，手脚都有了，只是颜色已经变黑，大约有一尺多长。

华佗本来是个读书人，但却因为医术高超而出名，而医生在当时社会地位很低，他常为这事而感到后悔。后来曹操得了很严重的病，请华佗前来专门为他治病，华佗说："这种病很难在短期内治好，必须长期坚持治疗才能痊愈。"但华佗离家时间太长，想回家看看，于是向曹操请假回去了。他到家后借口妻子有病，多次拖延回去，曹操连续写信让他回来，后来又让当地官员把他遣送回来。华佗还是不肯回去，曹操很生气，派人去查探，说如果华佗的妻子真病了就赐给他礼物，再延长他的假期，如果他妻子没病，那就把他抓起来。结果华佗被抓进了监狱，认了罪。荀彧替他说好话："华佗的医术天下第一。这关系到人的生命，应该饶恕他。"曹操说："用不着担心，天下难道就不会有这样的鼠辈吗？"还是把华佗处死了。华佗临死前，把自己写的医书拿出来送给狱吏，狱吏害怕犯法，不肯接受。华佗也不勉强，把医书烧掉了。华佗死后，曹操还生他的气："华佗明明能治好我的病，偏偏让它延续下去，用它来抬高自己，如果我不杀死他，他也不会给我除去病根的。"

后来曹操最疼爱的儿子曹冲病危的时候，曹操才后悔了："我后悔把华佗杀掉，现在只能眼睁睁看着孩子死去了。"

魏 纪

　　东汉末年，各地豪强纷纷起兵割据自立，一时间全国陷入内战的混乱之中。建安五年（公元200年），袁绍与曹操在官渡展开决战，曹操大败袁绍，成为北方最强的军事集团。建安十三年（公元208年），曹操率军南下，占荆州，与在长江中下游的孙权对垒。此时刘备也起兵欲兴汉室，率荆州的残余势力与江东的孙权结合。孙、曹大军在赤壁会战。曹操大败，退回北方，刘备得以占据荆州，后入成都。从此，曹、孙、刘三大势力成鼎足之势。

　　建安二十五年（公元220年）曹操卒，曹丕称帝，国号魏。次年，刘备也在成都称帝，国号汉（一般称蜀或蜀汉）。公元229年，吴王孙权在建业称帝，国号吴。三国分立时代正式开始。

中国大事记

诸葛亮挥泪斩马谡

　　魏明帝太和元年（公元227年）三月，诸葛亮呈上《出师表》给后主刘禅，率军到达接近魏、蜀边界的汉中地区，准备北伐。他先在汉中重点训练了一年军队，然后才开始北攻魏国。

　　在正式北伐前，诸葛亮扬言要从斜谷道经陕西郿县（今陕西眉县北），然后直捣长安。曹魏得知消息后，一面派兵驻守郿县，一面派老将张郃率领 5 万精兵赶往西线，驻防陇右。

　　第二年春，诸葛亮正式出兵北伐。他命令赵云、邓芝假装攻打箕谷（今陕西宝鸡南），试图把魏军主力吸引过来。同时，诸葛亮亲自率领主力军北出祁山（今甘肃西和西北），以便先取陇右，最后夺取长安。

　　当诸葛亮率领主力部队突然抵达祁山时，汉阳、南阳、安定三郡也纷纷起兵响应诸葛亮，战局对蜀军十分有利。

　　但是等到在祁山发兵时却出了问题。诸葛亮没有让经验丰富的老将魏延、吴懿等人担任先锋，而是让没有实际带兵经验的马谡担任督军带兵前行，与魏国的大将张郃在街亭（今甘肃庄浪东南）交战。

　　太守马谡才华抱负远远胜过一般的人，喜欢大谈用兵谋略，深得丞相诸葛亮的器重。蜀汉国主刘备临死前曾规劝诸葛亮说："马谡的才能有些言过其实了，这个人不能委以重任，希望你慎重一些！"诸葛亮并不这样认为，他让马谡担任参军的职位，经常召见马谡谈话，甚至通宵达旦。诸葛亮南征时，马谡曾献策不宜强服，以攻心为上，攻城为下。诸葛亮采纳了他的计策，7次擒获孟获又 7 次将他放了，使得南中人诚心诚意地归附蜀国。

诸葛亮像

　　在诸葛亮北伐曹魏之时，南中人没有反叛，消除了诸葛亮北伐的后顾之忧。

　　马谡在街亭一战中，违背了诸葛亮的作战安排，指挥混乱，还放弃水源上山扎营，没有在山下的城邑驻守。他的副将王平曾多次劝谏他，可是他不听。魏将张郃趁机切断了他的取水通道，然后发动进攻，把蜀军打得落花流水，四处逃散。王平仍然率领着千余人鸣鼓相聚，坚守阵地。张郃害怕有敌军埋伏，不敢前去追击，王平才得以从容收纳各个军营里残余的部队，率领将士归来。

　　此时诸葛亮进军祁山，失去了据点街亭，只好退回到汉中。街亭失守，使诸葛亮顿时陷入被动局面。

　　诸葛亮回到汉中后，便将马谡关进监狱，执行军法。尽管诸葛亮十分爱惜马谡的才华，但是为了重振蜀汉北伐取胜，兴复汉室的士气，为严肃军法重振军威，诸葛亮挥泪把他斩杀了。马谡被斩后，诸葛亮亲自来到马谡灵前祭奠，痛苦流泪，下令安抚照顾他留下的儿女。

　　蒋琬见诸葛亮这么伤心，对他说："从前晋国和楚国交战的时候，楚国杀了得力的大将贤臣，晋文公暗地里不知道有多么庆幸。现在天下还没有安定下来，而杀戮智谋出众的人才，你能忍心吗？"

　　诸葛亮流着眼泪说："孙武之所以能够战无不胜、所向披靡，其中一个很重要的原因是他执行军法极为严格。现在天下四分五裂，战争才刚刚开始，如果此时不严格执行军法，一旦坏了章法，以后还怎么能够战胜敌人呢？"

　　王平在街亭一战中曾经劝阻过马谡，在退兵的时候凭着智谋突破敌人的重围，在这次战役中的表现特别突出，已经显露了他出众的军事才能。因此，诸葛亮把王平提拔为参军，后来又将他升为讨寇将军，并封他为亭侯。

诸葛亮对将士们说："这次出兵失败，虽然是因马谡违反军令造成的，但我也有用人不当的过失，这次兵败我也负有不可推卸的责任。"于是他上奏后主刘禅请求降职3级。

刘禅接到奏章，不知该怎么办，去问大臣。大臣们都了解诸葛亮的个性，说："既然丞相心意已定，就依着他的意思办吧。"刘禅于是将诸葛亮贬为右将军，但仍然负责办理丞相的事务。

由于诸葛亮赏罚分明，勇于承担过错，令蜀军将士深受感动，大家的士气更加旺盛，作战也更加勇敢。

这年冬天，诸葛亮又率军杀出散关，包围陈仓（今陕西宝鸡东）。第二年春天，他又收复武都、阴平两个郡。之后，后主刘禅下诏恢复了诸葛亮的丞相职位。

曹操之死

魏文帝黄初元年（公元220年），魏王曹操在洛阳去世。

曹操善于观察人，轻易不会被一些假象蒙蔽。他提拔人才，从不考虑他的出身，只要有才能都可以任用；他作战时与敌人对垒，看上去神态安详，不像要打仗的样子，可是一到决战的关键时刻，士气盎然，威风凛凛；他论功行赏，毫不吝啬，对没有立功的人，分毫不给；他法律严明，对违法者必定给以严惩，即使有亲信犯法，自己虽然伤心得痛哭流涕，但还是不能得到赦免；他生性节俭朴素，不喜欢华丽的东西，正因为如此，他才能消灭各地军阀，几乎要完成统一大业。

曹操去世的时候，世子曹丕正在邺地（今河北临漳县西南）。魏国群龙无首，军中人心骚动。大臣们想要把曹操死的消息保密，暂不对外宣布丧事。谏议大夫贾逵认为这事没法保密，决定对外公开曹操去世的消息。有人提议应该撤换各个城市的将领，把他们都换成曹操老家谯、沛两地的人担任。魏郡太守徐宣厉声叱责道："现在各地统一了，人人都怀着效命

《短歌行》

曹操平定了北方割据势力，控制了朝政。他又亲率83万大军，直达长江北岸，准备渡江消灭孙权和刘备，进而统一全中国。建安十三年（公元208年）冬十一月十五日，天气晴朗，风平浪静，曹操下令："今晚在大船上摆酒设乐，款待众将。"到了晚上，天空的月亮非常明亮，长江宛如横飘的一条素带。再看船上众将，个个锦衣绣袄，好不威风。曹操告诉众将官："我自起兵以来，为国除害，扫平四海，使天下太平。现在只有南方我还没得到，今天请你们来，为我统一中国同心协力，日后天下太平，我们共享荣华富贵。"文武们都站起来道谢，曹操非常高兴，先以酒奠长江，随后满饮三大杯，并横槊告诉众将说："我拿此槊破黄巾、擒吕布、灭袁术、收袁绍，深入塞北，直达辽东，纵横天下，颇不负大丈夫之志，在这良辰美景，我作歌，你们跟着和。"接着，他唱曰："对酒当歌，人生几何……绕树三匝，无树可依，山不厌高，水不厌深，周公吐哺，天下归心。"是为《短歌行》。

的忠心，又何必专门委任谯和沛两地的人来疏远其他各地将士！"于是，这个提议也就作罢。

鄢陵侯曹彰是曹操的儿子，听到父亲去世的消息连忙从长安赶来，问贾逵曹操的玺绶放在哪里。贾逵严肃地说："国家早已确定了继承人，至于先王的玺绶在哪里，这不是你应该问的。"

曹操去世的噩耗传到了邺地，世子曹丕号啕大哭。中庶子司马孚劝谏说："君王去世后，天下的人都在等着您发布命令。您应当上为祖宗基业着想，下为四方百姓生活考虑，怎么能够跟普通老百姓一样只是尽做儿女的孝道呢？"世子曹丕哭了很久才止住，说："你说的确实很对。"当时各位大臣们一听到曹操的死讯，哭成了一团，朝廷内外一片混乱。司马

中国大事记

公元220年，曹操病逝，其子曹丕继位当了丞相和魏王。

孚在朝廷上厉声说："现在我们的君王去世了，天下震动，我们应当及早拜见继任的新君王来稳定全国的局势，你们难道只知道哭吗？"说完之后他解散了群臣，布置了戒备森严的警卫，开始办理丧事。

有些大臣认为必须等到汉献帝的诏令下达，世子曹丕才能即魏王位。尚书陈矫驳斥道："魏王在外地去世，全国惊惶恐惧，人心不稳。世子应该节制悲痛，立即即位，以安定全国上下的人心。况且魏王钟爱的儿子曹彰正守在灵柩旁边，他若是这个时候有不仁义的举动，生出变故来，那么国家就危险了。"于是，陈矫当即召集百官，安排礼仪，一天之内，全部办理完毕。

第二天清晨，陈矫以魏王的名义，拜立世子曹丕继承曹操做了魏王，下令大赦天下。曹丕当上魏王后，就将曾经想与自己争夺王位的鄢陵侯曹彰遣送回原来的封地。曹丕一向嫉恨才华过人的弟弟临淄侯曹植，监国谒者灌均迎合曹丕的意图，诬陷曹植说："曹植喜欢酗酒，说话轻狂傲慢，还胁迫魏王的使者。"曹丕借机将他贬为安乡侯，并将他的党羽全部处死。

不久，曹丕又逼迫汉献帝将帝王之位"禅让"给自己，即位称帝。

曹丕与曹植

曹丕和曹植是曹操的两个儿子。自从汉献帝迁都许昌以来，朝廷大权和兵权全掌握在曹操手里。当年孙权占据荆州，杀了关羽之后，怕受到曹操和刘备的夹击，避免两线作战，主动上书向曹操称臣，并写信劝曹操即位称帝。曹操把孙权的信给大家看，说："这小子是要害我呀，要我现在称帝，不是等于把我放到炉火上烤吗？"曹操的属下也不理解曹操为什么不称帝，说："汉朝的统治早已经名存实亡了，您现在完全有实力称帝呀！而且大家都异口同声响应您，您还有什么可犹豫的呢？"曹操说："如果上天有意要我们曹家的人当皇帝，那我还是当个周文王吧。"因此，在曹操的有生之年，

他始终没有废掉汉献帝自己称帝，只是当了个魏王，名义上还是汉王朝的臣子，但他早就在暗中物色能实现他帝王梦想的后继人选。

曹操的儿子个个出众。其中曹植从小就思维敏捷，表现出过人的才华，曹操对他尤其钟爱，一直有把他立为太子的想法。

有个叫丁仪的大臣，非常怨恨曹丕。当时曹操要把女儿嫁给丁仪的时候，曹丕认为丁仪有一只眼睛瞎了，配不上自己的妹妹，坚决阻止了这桩婚事，所以丁仪对这件事一直耿耿于怀。他和弟弟黄门侍郎丁廙以及丞相主簿杨修经常称赞曹植的才干，劝曹操立他为继承人。曹操虽然也喜欢曹植，但因他不是长子，所以一时拿不定主意。

于是，曹操用信秘密探访大家对立继承人的看法。尚书崔琰用不封口的信答复说："按照《春秋》上的道理，应该立长子为太子，而且曹丕仁厚、忠孝、聪明，应当做继承人，我的看法至死不变。"东曹掾邢颙说："长子才是正统的继承人，这是一贯的规矩，希望您仔细考虑。"

曹操又单独询问贾诩关于立太子的事，贾诩默然不答。曹操说："我与你说话，你却不回答，这是为什么？"贾诩委婉地回答说："我心里正在想事情，所以没有立即回答您。"曹操说："你在想什么？"贾诩委婉地说："我一直在琢磨着袁绍、刘表两对父子怎么会落到那样的下场啊。"

曹操见大臣们都反对自己立曹植为太子，就一直没有行动。

曹丕听说曹操在立太子的事情上犹豫不决，很担心自己的地位不稳固，于是询问贾诩，说："我应当怎样取得父亲的信任，巩固自己的地位呢？"

贾诩很了解曹丕和曹植两兄弟，知道曹丕在才华上要略逊一筹，难以超过曹植，于是给他出了一个主意，说："你只要表现出良好的道德品质，尽量表现得孝顺恭敬，就可以了。"曹丕将贾诩的话牢记在心，暗自磨炼自己。

曹丕为了取得太子的地位，挖空心思讨曹

历史关注

九品中正制创立之初，评议人物的标准是家世、道德、才能三者并重。

山东东阿山曹植墓 三国
位于山东省东阿县鱼山。魏太和三年（公元 229 年），曹植被徙封东阿；六年，封为陈王，抑郁而逝，谥曰思，世称"陈思王"。

操的喜欢。一次，曹操带兵出征，曹丕和曹植一起把曹操送到路旁。曹植称颂曹操的功德，出口成章。旁边的人听了，都十分赞赏，曹操听得心里美滋滋的。曹丕自愧不如，感到惆怅，若有所失，属下吴质在他耳边小声说："魏王即将上路的时候，你只要流泪哭泣装出伤心的样子就可以了。"等到辞行的时候，曹丕哭着下拜，曹操和部属们都很伤感。因此，大家都认为曹植虽然才华横溢，但孝心远远不及曹丕。曹操也认为曹丕这个儿子虽然才华不及曹植，但为人老实，很有孝心。因此，曹操对曹植越来越冷淡了。

承相府主簿杨修和丁仪兄弟也在加紧策划让曹操立曹植为太子，曹丕对此很担忧。于是他想把心腹吴质找来商议。为了遮人耳目，他把吴质藏在旧竹箱中，用车接来，但是这件事还是被与曹植要好的朋友杨修发现了。杨修将这件事告诉了魏王曹操。曹操还没有来得及调查，曹丕就因为害怕把事情的原委告诉了吴质。吴质说："没有关系，你不要担心，我自有办法。"

第二天，吴质又让曹丕派人大摇大摆地抬着一个旧竹箱进入曹丕的宅邸。杨修果然中计，马上报告了曹操。曹操派人来检查，发现里面除了一些绢以外什么也没有，更没有什么杨修所说的那个人。曹操开始怀疑杨修是不是串通

了曹植想陷害曹丕，于是对曹植更加疏远了。

曹植做事任性，言行不加掩饰，是一个不拘小节、率性而为的人，而曹丕很有心计，懂得在众人面前掩盖自己的缺点，又善于笼络人心，于是宫中的人和曹操部属大多为曹丕说好话，所以最终还是曹丕被立为太子。

曹操死后，世子曹丕当了魏王，仍然很忌恨曹植，并将曹植贬为安乡侯，将他的党羽全部处死。

魏文帝黄初元年（公元220 年），曹丕称帝，建立魏朝，这就是魏文帝。他追封父亲曹操为魏武帝，实现了曹操生前做周文王的心愿。

孙权假降

汉献帝建安二十四年（公元 219 年），孙权擒杀蜀国名将关羽，夺取了刘备所占据的荆州。魏文帝黄初二年（公元 221 年），刘备不顾群臣劝谏，决意伐吴，亲自统领大军沿着长江向东吴进军。

蜀国大军压境，孙权多次派人向刘备求和，结果都遭到拒绝。为了避免北边曹魏夹击，两线作战，孙权决定向曹魏称臣，以此拉拢曹魏。

刘备派吴班、冯习率领 4 万多人在巫县（今湖北巴东）大败孙权的将领李异、刘阿等人，继续向秭归（今湖北秭归）进军，武陵的蛮夷部队都派使者请求派兵前往协助刘备。孙权派大都督陆逊统领朱然、宋谦、韩当、徐盛等人，率领 5 万大军对抗蜀汉军队。

当时，魏文帝下诏令大臣们讨论刘备是否会为关羽的死讨伐孙权，大家纷纷议论说："蜀国只是一个偏远的小国，名将又只有关羽。关羽死了，军队溃败，国内担忧恐惧，没有理由再出兵了。"侍中刘晔说："蜀国虽然地方狭小

中国大事记

公元 220 年，曹丕废汉称帝前夕，采纳陈群建议设立九品官人法，在各郡县设中正，对人才进行评定，并分出九等，作为选拔官员的标准。

·屯田制·

屯田亦称屯垦，是历代封建王朝组织劳动者在官地上进行开垦耕作的农业生产组织形式。主要采取军屯和民屯两种形式。军屯即以军事组织形式由士族及其家属进行垦种，民屯则以民户为主体进行有组织之屯垦，其中也有利用犯人者。此外，明代还有商屯。民屯、军屯均始于汉代。西汉文帝、武帝、宣帝时都组织过屯田，有民屯，也有军屯。东汉末，曹操组织的屯田为民屯，取得了显著效果。其后，历代多沿此制，唐以后又称营田，元、明、清一般仍称屯田。各代均设专门机构管理之，具体名称、制度或有不同。

而且偏远，但是刘备打算用武力壮大自己，一定会大举兴兵讨伐孙权，以显示自己还有实力。况且关羽和刘备名义上是君臣，感情却深厚如同兄弟。关羽被杀了，如果刘备不能替他报仇，那也不符合善始善终的礼仪。"

魏文帝黄初二年（公元 221 年）八月，孙权派使者向魏国投降，奏章言辞谦卑，并且把魏国的部将于禁也送回来了。大臣们都表示庆贺，只有刘烨说道："孙权无缘无故地来投降，必定是内部出现了什么紧急情况。孙权杀了关羽，刘备一定会出动大部队讨伐他。孙权见境外有强敌，境内人心不安，又担心我们乘机袭击他们，所以才献上土地请求投降。他们之所以这样做，有两个原因：一是避免我们出兵；二是借我们的力量作为外援，来向敌人显示他的强大。现在天下分成 3 个部分，我们占据了十分之八的范围。吴国和蜀国各自占了一个州，靠着高山大河的阻隔，一遇到紧急的情况，就互相求救，这只是小国的做法。现在他们相互攻击，这是自取灭亡呀！我们应该趁机发动大军，直接渡过长江去袭击吴国。蜀国在外线攻击，我们直攻内线，那么吴国灭亡的时间决不会超过半个月。吴国灭了，蜀国就孤立了。就算我们把吴国的一半土地割让给蜀国，它也不

会长久地存在。况且蜀国只是得到了它边远的土地，我们却得到了吴国的中心地带！"

文帝听了后，说："吴国向我们称臣表示投降，我们却要讨伐它，这样会使天下想来归附我们的人感到怀疑，失去人心。我们不如先接受吴国的投降，然后再攻打蜀国吧。"

刘烨说："蜀国偏远，吴国离我们近。如果蜀国知道我们攻打他们，他们就会退军防守，那样我们难以攻入。现在刘备已经很愤怒，发兵攻打吴国。他知道如果我们也攻打吴国的话，吴国必定会灭亡，他们将会很高兴地进军，同我们一起争夺、分割吴国的土地，绝对不会压制内心的愤怒改变主意救援吴国。"

文帝不听取刘烨的建议，接受了吴国的投降。

魏文帝派太常邢贞带着策命，封孙权为吴王，为表示尊重和礼遇，加赐九锡的礼遇。

邢贞到达吴国，吴国的臣子们认为孙权应当称为上将军、九州伯，而不应当接受魏王的册封。吴王说："从古至今我还没有听说过九州伯这个称号。从前沛公刘邦也接受了项羽册封给他的汉王称号，这只是一时的权宜之计，接受了又有什么损失呢？"于是孙权接受了魏王的册封。

吴王到都城的亭子里等候邢贞，邢贞进门时也不下车。孙权的谋士张昭说："你们如此没有礼节，胆敢如此妄自尊大，难道是欺负我们吴国弱小得连一寸兵器都没有了吗？"邢贞听了赶紧下车。

中郎将徐盛抑制不住自己的愤怒，回头对他的将领说："我们不能拼出性命，为国家吞并许都、洛阳、巴蜀，却让我们的国君与邢贞结盟，这不是很耻辱的事吗？"说着伤心得痛哭流涕。

邢贞听了，对身边的随从说："吴国有如此的将相，不会甘心久居人下的。"

孙权派中大夫南阳人赵咨入朝致谢。文帝问他："你们吴王是一个什么样的人呢？"

赵咨回答说："我们吴王是一个聪明、仁慈、智慧、有雄才大略的人。"

文帝问："何以见得？"

赵咨说："从一般的老百姓中发现鲁肃，委以重任，可见他的聪明；从普通的士兵中提拔吕蒙，任以统帅，可见他的明智；俘获于禁却不伤害他，可见他的仁厚；攻取荆州而兵不血刃，可见他的智慧；占据了荆、扬、交三州的地方，准备夺取天下，可见他的雄心；暂时屈身于陛下，这是他的谋略。"

文帝又说："吴王很博学吗？"

赵咨说："吴王有战舰万艘，士兵百万，任用贤能的人，以治理天下为己任，闲暇时博览群书，阅读史籍，汲取精华，并不像一般的书生寻章摘句只会做做文章。"

文帝又问："吴国可以征服吗？"

赵咨答道："大国有征战的军队，小国有充分的防备。"

文帝问："吴国抵抗魏国有困难吗？

赵咨回答说："吴国有百万军队，还有长江和汉水作为护城河，防守魏国又有什么困难！"

文帝接着问："吴国像你这样的人才有多少？"

赵咨说："特别聪明的有八九十人，像我这样的人，多得不可计数。"

文帝派使者向吴国索要雀头香、大贝、明珠、象牙、犀角、玳瑁、孔雀、翡翠、斗鸭、长鸣鸡。吴国的群臣都说："荆州、扬州，按常规向朝廷纳贡，魏国向我们索要玩物珍宝，不合礼制，我们不应该给它。"

吴王说："我们正和西北蜀国对峙，江南的老百姓都得依赖魏国的势力才能保全自己。魏王要的那些珍宝，对于我们来说都只是一些瓦石，更何况曹丕还在服丧期间，却向我们索要这些珍奇玩物，还怎么同他谈论礼制！"于是吴国都按照魏王的要求，如数献上。

夷陵之战

关羽被杀之后，刘备非常恼怒，打算亲自带兵攻打吴国。翊军将军赵云劝说刘备："现在国家最大的敌人是曹操，并不是孙权。我们现在应该做的是先灭掉曹魏，那样的话孙权自然也就臣服了。现在，曹操虽然已经死了，但是他的儿子曹丕却篡夺了汉家的江山。我们现在最要紧的是联合天下的兵马讨伐曹魏，而不应该和孙权开战。"朝中很多大臣也都同意赵云的说法，极力劝说刘备不要出兵，但是刘备根本听不进去。

魏文帝黄初二年（公元221年），蜀国国主刘备亲自带兵攻打吴国。刘备派将军吴班、冯习率4万余人深入夷陵地区。孙权派大都督陆逊统领5万人，对抗蜀军。

魏文帝黄初三年（公元222年），刘备率军从秭归出发，攻打吴国。这时，治中从事黄权向刘备进谏说："吴国人都非常强悍，而且善于作战。如今，我们的水军沿着长江而下，进军容易但是退军难。臣希望陛下能够让我做先锋，您自己留守后方！"

刘备听后摇了摇头，没有同意黄权的意见，反而任命他做了镇北将军，派他去统率长江以

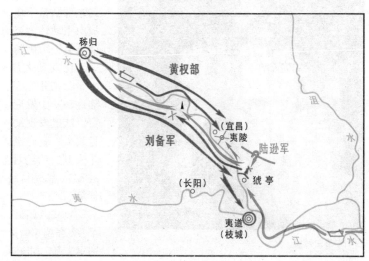

夷陵之战示意图

中国大事记

公元 223 年农历四月，刘备死，时年 63 岁，谥曰昭烈。

北的蜀军，监视魏军的动向。接着，刘备亲自带领将士，沿着长江南岸向吴国进发。

很快，吴国的军队就得知刘备前来的消息，将领们一个个摩拳擦掌、跃跃欲试，都请求出兵迎战。谁承想，陆逊却很平静地说："作战的事情先不着急。刘备大老远的率军前来，现在正是斗志旺盛的时候。更何况他们如今已经占据了十分有利的地形，我们要想打败他们非常困难。退一步讲，就算我们成功了，也不可能把他们完全击败。可是如果我们失败了，那么损失的则是我们的主力军队，那可是很大的失误啊！现在我们应该做的是奖励和激励我们的将士，然后采纳各种破敌的策略，耐心地观察形势的变化。"

吴国的将领听后都撇了撇嘴，认为陆逊这么说根本就是在找借口，实际上是他心里惧怕刘备的大军。因此，将领们虽然嘴上不说什么，但心里却都对陆逊十分不满。

蜀军按照刘备的安排在巫峡建平扎营，一直扎到夷陵附近。刘备任命冯习为总指挥，张南为前军指挥，与吴军展开对峙。从这一年的

四川奉节白帝城

三国时期，刘备在湖北夷陵大败于吴国陆逊之手，狼狈逃回白帝城，忧愤交加，一病不起，一世英雄就此谢世。

正月开始一直到六月，蜀军与吴军整整对峙了有半年时间，但始终未进行决战。刘备让吴班率领几千人在平底扎下了营寨。

吴国的将领们认为刘备是在挑衅，都请求出兵迎战。陆逊却说："不要着急，我看这里面一定有鬼，还是暂且观察一下为好！"刘备左等陆逊不出兵，右等还不出兵，知道自己的计策已经被人识破，只好带着埋伏在山谷中的8000 名士兵走了出来。陆逊知道以后长出了一口气，对吴国的将领们说："我当初之所以没听你们的意见，主要是因为我知道刘备一定是有计谋。"接着，陆逊又上书给孙权说："夷陵是重要的军事基地，它的得失关系到我们的生死存亡。虽然夷陵可以很容易地得到，但是也同样很容易失去。再说，失去夷陵，不过是损失了一个郡罢了，但关键是如果失去了它，那么荆州就让人担心了。现在我们对夷陵的争夺，坚决不可以放弃，一定要取得彻底的胜利。刘备不懂得用兵打仗，犯了兵家大忌，居然不好好守护自己的巢穴，反而自己带兵前来。臣陆逊虽然没有什么大的才能，但是凭借大王您的威名，再名正言顺地去讨伐逆贼，相信很快就会取得胜利，您大可不必担心。"

再看蜀军方面，由于陆逊坚守不出，所以蜀军上下越来越没有斗志。再加上天气炎热，蜀军部队苦不堪言。陆逊见蜀军士气衰落，作战由主动转为被动，认为战略反攻的时机到了，请求吴王防御转入反攻，吴王当即批准了。

在发动大规模的反攻之前，陆逊先出动少量兵力进行试探性的进攻。进攻虽然失败，陆逊却从中发现了破敌的好办法。通过仔细观察，陆逊发现蜀军紧靠着树林、荒草扎营，一旦起火，就会烧成一片。吴国将士们还在因战斗失利，纷纷埋怨说："白白损兵折将！"陆逊却胸有成竹地说："我已经有了破敌的好计策。"

决战开始后，陆逊命令战士每人拿一束茅草，突袭蜀军营寨，顺风放火，顿时间火势猛烈，蜀军大乱。陆逊乘势向蜀军 40 多座营垒发动全面进攻。蜀军走投无路，只得投降。

历史关注　曹丕的文学修养很高，与其父曹操、其弟曹植并称"三曹"。

刘备兵败后，逃往白帝城，吴将潘璋、徐盛等人都主张乘胜追击。陆逊担心曹魏南下，袭击后方，所以下令撤军，夷陵之战结束。

夷陵之战最终解决了荆州归属问题，吴国占据了荆州，蜀国元气大伤。

七擒孟获

刘备死后，刘禅即帝位，史称汉后主。可刘禅是一个只知道享乐、不思进取的昏君，于是朝廷上的事情，无论大小，都由诸葛亮来处理。刘备生前想要复兴汉室的重任就都落在诸葛亮的身上了，诸葛亮对刘备忠心耿耿，大刀阔斧地决心要把蜀国治理好，想使蜀国兴盛起来。没想到这时南中地区却发生了动乱。

以前益州的地方土豪雍闿杀了太守正昂后，与吴国交趾太守士燮串通起来。后来蜀国重新派成都人张裔担任益州太守，雍闿又将新任太守张裔也抓起来，把他献给吴国表示归附。吴主任命雍闿为永昌太守，雍闿前去赴任，但永昌郡曹吕凯、府丞王伉率却封锁了城门，阻止雍闿入城。雍闿不能进城，于是鼓动同郡人孟获煽动各地的夷族纷纷起来叛乱。柯太守朱褒、越郡的夷族酋长高定也都起兵响应雍闿。

蜀国将近一半的土地都要丢失了，这让诸葛亮心急如焚、寝食难安。但是蜀主刘备刚刚去世，新即位的后主刘禅还年幼不懂事，人心不稳定，所以不宜在这个时候大举出兵。由于时机不成熟，诸葛亮对叛众只是进行了安抚，并没有兴兵征讨。诸葛亮积极派遣使者前往东吴，与东吴重新恢复友好关系，先稳住一头；同时他又鼓励生产，大力发展经济，积蓄粮食，训练军队。过了两年，等百姓生活比较安定了，

粮食充足了，一切都稳定下来时，诸葛亮才正式决定平定南中。

魏文帝黄初六年（公元225年）三月，诸葛亮率领大军出发。参军马谡送诸葛亮出城，一直送了100多里。临别的时候，诸葛亮握着马谡，诚恳地望着他说："你我认识这么多年了。今天我要远征，你还有什么话要嘱咐我吗？"

马谡说："南中人叛乱有很多年了，他们依仗地形险要，我们很难征服。即使我们这一次用大军把他们征服了，他们以后还是要反叛的。您不久还要发动大军北伐征讨魏国，他们如果知道了，必定会趁着我们内部兵力空虚，加快叛乱。我听说用兵的办法，攻心是主要的，攻城是次要的。丞相这次南征，一定要叫南人输得心服口服，诚心诚意地归顺我们，只有这样我们才能够一劳永逸。"

马谡的一番话真是说到诸葛亮的心坎里去了。他不禁连连点头说："你真不愧是我的参军呀，我正是这么想的，我这次出兵的目的不是要将他们斩尽杀绝，而是要他们心悦诚服地归顺我们，以后不再叛乱，为我北伐打下坚实的基础。"

就这样，诸葛亮率领大军一路南下，节节胜利。大军还在半路上，越巂就南下斩杀了叛乱首领高定和雍闿。诸葛亮乘机派大将李恢、马忠分两路进攻，不到半个月就平定了南中各郡的叛乱。

但是事情还远远没有结束。南中酋长孟获

七擒孟获图
此壁画位于云南省曲靖市境内，传说这里曾是诸葛亮七擒孟获之处。

中国大事记

公元227年，诸葛亮上出师表，率军北驻汉中，筹备攻魏。

收集了雍闿的残余部队，继续反抗蜀兵。诸葛亮得知孟获不但作战骁勇，而且在南中很有威望。他想起了临别前马谡的话，一定要让孟获输得心服口服，将他争取过来。于是，诸葛亮制定了周密的作战计划。他下令任何人不得杀害孟获，只许活捉。善用计谋的诸葛亮很快就将孟获活捉了，南兵被打得四处逃散。士兵们将孟获押送过来，诸葛亮定睛一看，只见孟获双目圆睁，炯炯有神，正愤怒地直瞪着自己，果然是条硬朗的好汉，不禁对他产生了好感，微笑着走上前去。孟获心想自己已经是人家手中的俘虏了，横竖也是一死吗，没什么大不了的。正想着，诸葛亮走到跟前，将他身上的绳索松开了。孟获正感到惊异，听见诸葛亮说："孟将军，我们一块出去走走吧，也让你见识一下我们的军营和阵容。"

孟获跟着诸葛亮走出来，在大营外兜了好大一圈。诸葛亮问孟获说："你看我们的军队怎么样？"

孟获冷笑着说："也不过如此嘛。我只是以前不了解你们，才中了你们的计，如果你放我回去，我们再交战，我就服了你们。"

诸葛亮哈哈大笑，说道："既然这样，那你就回去好好地准备吧！"

孟获回到自己的大营，重整旗鼓，准备再次进攻蜀军。他本来就是一个有勇无谋的武夫，哪里是诸葛亮的对手。就这样，孟获一次次被诸葛亮活捉，一次次又被他释放了，反反复复捉了又放，放了又捉，前后一共将经历了7次。

到了第七次的时候，孟获终于输得心服口服了，因为他不只是佩服被诸葛亮的过人智慧，也被诸葛亮那宽广的胸怀所折服。诸葛亮以为他还不心服，准备再放他走，只见他扑通跪倒在自己的跟前，流着眼泪说："丞相七擒七纵，不与我一般见识，我打心眼里敬服。从此以后，我们南中一心一意归顺朝廷，决不再造反了。"诸葛亮高兴得赶紧将他扶起来。

孟获回去以后，就劝说其他各部落都归顺蜀汉，南中地区的叛乱终于全部被平定了。

平定南中后，诸葛亮仍然沿用当地有威信的人担任地方长官，负责治理南中。有人劝诸葛亮说："我们好不容易征服他们，为什么还让他们担任长官？万一他们再从中生事怎么办？我们自己派官员来不是更好吗？"

诸葛亮解释道："如果让我们自己派官员来管理，会遇到3个难题：一是我们派兵驻守的话，由于路途遥远，粮食、物资供应会比较困难；二是他们刚刚遭受战争，不少人被我们的士兵杀死，怨气还没有消解，如果我们只派官员来治理，而不派军队来驻守的话，恐怕会有祸害；况且这些叛乱分子长期和朝廷作对，自知有罪，与我们有很深的隔阂，难以信任我们的官员，终究治理不好南中。如今我让他们自己来治理南中，既不要留下军队驻守，又省去了转运粮食的辛劳，法令制度仍然可以得到贯彻落实，彝族和汉人可以和平相处，不是更好吗？"大家听了

·"丢落"族的习俗·

基诺族居住的地方非常偏僻，与外界的联系很少，过去自称"丢落"，一直到20世纪70年代末到80年代初，才正式命名为"基诺"。基诺族的祖先是诸葛亮的部下，公元3世纪的时候，诸葛亮带领部队南征。一天，大部队来到澜沧江边，看到天色已经晚了，于是就地安营扎寨。第二天，天还没有亮的时候，大军匆匆远行，竟然忘记叫醒睡在森林中的一队人马。等他们醒来时，诸葛亮的大军已经渡过了澜沧江，他们只好望洋兴叹了。从此以后，他们就被丢落在澜沧江的彼岸。过去基诺族的男子头顶上的头发一共有3撮。左右是怀念父母的，中间的是为了纪念诸葛亮的。基诺族的男子大多穿原色、没有领的对襟小褂，后背上缝有一块六寸见方的布帕，中心彩线绣成直径大约是两寸的圆形印记，他们把这个叫作"孔明印"，也是用来纪念诸葛亮的。

诸葛亮这番话，不得不佩服他的远见卓识。

在诸葛亮的有生之年，这一地区再也没有反叛。诸葛亮也得以集中精力一面积蓄财富，一面训练军队，以集中精力大举北伐。

邓艾出奇兵偷渡阴平

蜀汉接替诸葛亮的大臣蒋琬、费祎都相继死去，由姜维担任大将军的职务。姜维继承诸葛亮的北伐事业，但智谋和力量都不够，连年征战不但不能够取得胜利，反而白白消耗了不少兵力，使得蜀汉力量越来越弱。

魏元帝景元四年（公元 263 年），魏国大将军司马昭决定大举进攻蜀汉。他派将军邓艾率领 3 万大军牵制姜维，派诸葛绪断绝姜维的退路，派钟会统兵 10 万奔赴汉中。

钟会率领大军长驱直入，声势浩大。

姜维知道汉中难以保住，急忙摆脱邓艾的牵制，退往阴平（今甘肃文县），集中兵力据守在剑阁（今四川剑阁县）以抵御钟会。

钟会率军到达剑阁，久久难以攻克，而且运粮道路既危险又遥远，准备退兵。邓艾上书建议，从阴平出发由小路经过江油奔赴涪县（今四川绵阳东），出奇兵直捣蜀国的腹心之地——成都。

钟会虽然没有攻克剑阁，但却把姜维的主力牵制住了。于是，邓艾趁机偷偷率领精兵从阴平绕道向南进军。这一带本来就是人迹罕至的地方，邓艾带领这支精兵，凿山开路，遇河架桥，一直走了七百多里也没有被蜀军发现。

最后，他们被一条险路挡住了去路，山高谷深，非常艰险。这时运来的粮食也将吃尽，濒临危险的绝境，将士们都慌了神。

邓艾处事不惊，冷静地视察地形，随后当机立断用毡毯裹住自己，翻转着从悬崖峭壁滚下山去。将士们见邓艾带头滚下去安然无恙，也都攀缘着树木崖壁，鱼贯而进，终于越过了这条险路。

邓艾首先到达江油，驻守江油的蜀军没想到邓艾会率领魏军出其不意地从后面杀出来，来不及组织抵抗，只好束手就擒，蜀国守将马邈带头投降。

邓艾继续向绵竹（今四川德阳北）进攻。当时驻守绵竹的蜀国将领是诸葛亮的儿子诸葛瞻。诸葛瞻率诸军抵御邓艾，但到达涪县后停住不进。尚书郎黄崇多次劝说诸葛瞻不要滞留，应当迅速占据险要，阻止敌人进入平地，诸葛瞻犹豫不决没有采纳。黄崇再三劝说，甚至流着眼泪苦口婆心地一再规劝，但诸葛瞻仍然不听。结果，诸葛瞻的先锋部队被邓艾迅速击溃，只好退兵驻扎在绵竹。

邓艾写信劝诱诸葛瞻说："如果你肯投降，我一定会推荐你为琅琊王。"

诸葛瞻气得火冒三丈，当即杀掉邓艾的使者。他部署军队等待邓艾进攻，决心和邓艾拼个你死我活。

邓艾派他儿子惠唐亭侯邓忠和司马师纂等人分别从东西两面夹击诸葛瞻。蜀军的士气高涨，邓忠与师纂战斗不利，都撤兵而还，对邓艾说："敌兵还不能攻破！"

邓艾大怒，说："存亡之别就在此一举，有什么不能的。"

邓艾怒叱邓忠、师纂等人，说："你们再攻不破，我就要杀了你们。"邓忠、师纂只好硬着头皮跑回来再战，结果大败敌兵，杀了诸葛瞻和黄崇。

邓艾攻下绵竹，直奔蜀汉都城——成都。蜀汉人做梦都没有想到魏国的军队突然来到，没有做好守城的准备。成都的百姓一听说邓艾的军队已经进入平地，马上要兵临城下，惊恐万状，纷纷逃到山林大泽里躲起来，蜀汉朝廷也乱作一团。汉后主不知该怎么办才好，紧急召集群臣商议。有人认为蜀国与吴国关系一向友好，应该投奔到吴国；有人认为南中山势险要，容易防守，应该奔赴南中；光禄大夫谯周却认为魏军已经临近，况且同样是称臣投降，还不如趁早投降大国。众人一商量，都听从了谯周的建议。

后主也是一个没有主意又胆小如鼠的人，见大家都这么认为，也就派人带着玉玺向邓艾

中国大事记 | 公元 252 年，吴主孙权死，时年 71 岁。

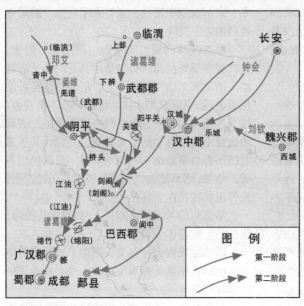

魏灭蜀汉之战示意图

公元 263 年，魏军开始了灭蜀军事行动。魏军迅速占据汉中后，被蜀军阻于剑阁（今四川剑阁境）。魏军随机应变，从阴平（今甘肃文县西北）南进，奇袭江油，一举攻占蜀都成都，蜀国至此灭亡。

投降了。当时蜀将姜维正在剑阁跟钟会大战，突然接到向魏军投降的命令，将士们都十分震怒，气得拔出刀来，在地上乱砍乱划。姜维倒是十分冷静，命令士兵都放下武器，向钟会投降。其他各个郡县和据点的部队都接到后汉主的命令，也纷纷放下武器投降。

司马昭之心

大家常说"司马昭之心，路人皆知"，或者干脆只说"司马昭之心"，意思是说任何人都知道的阴谋或野心。

三国时代魏国末年，魏王朝大权渐渐旁落。战功卓著的司马懿与魏宗室为了权势明争暗斗。魏邵陵厉公嘉平元年（即曹魏齐王曹芳，公元 249 年），司马懿发动兵变，诛灭曹爽集团，从此魏国的大权完全落在司马氏手中。司马懿的两个儿子司马师和司马昭也掌握军事重权，特别是司马昭权重一时。为了独揽大权，司马昭大肆屠戮曹氏家族的成员。司马昭后来又由

大将军升任为相国，被封为晋公，并加赐九锡，进而威逼魏帝曹髦。

魏帝曹髦见自己的权力威势日渐削弱，感到不胜忿恨，实在无法忍受这种傀儡皇帝的生活。

甘露五年（公元 260 年）五月，曹髦召见侍中王沈、尚书王经、散骑常侍王业 3 个人，对他们说："司马昭之心，路人皆知。我不能坐着等他来收拾我，遭受被废黜的耻辱，今日我将亲自与你们一起出去讨伐他，铲除这个逆贼。"

可是大家都知道要跟司马昭作对，简直是鸡蛋碰石头。王经就劝他忍耐，不要闹出大祸来，说："以前鲁昭公就因无法忍受季氏独断专权，贸然兴兵讨伐季氏，结果因兵败逃走，好端端的一个国家也丢了，还要遭受天下人的耻笑。如今司马昭专权也不是一天两天了，他的势力已经几乎到了坚不可摧的地步，而且朝廷的大臣几乎全部都是他的人，为他效命。同时，宫里的那些兵力实在太弱小了，根本就不足以与强大的司马昭抗衡，陛下凭什么去征讨他呢？您这样轻率出动，只怕会招来更大的祸患。"

可是曹髦这时心意已定，当即从怀中掏出黄绢诏书扔在地上说："朕已经决定了！就是死了又有什么可怕的，何况还不一定会死呢！"说完就进内宫禀告太后。

曹髦哪里知道这 3 个大臣当中，早有两个人背叛了自己。王沈、王业乘机偷偷溜出去向司马昭通风报信了，只有王经对他比较忠心没有去告密。

曹髦年轻气盛，根本就不知道怎么对付老谋深算的司马昭。他拔出剑登上辇车，率领宫内的禁卫军和侍从太监，吵吵嚷嚷地呼喊着从宫里杀了出来。

司马昭的弟弟屯骑校尉司马伷在东止门遇到魏帝曹髦，曹髦身边的人怒声呵斥司马伷，司马伷的兵士被吓得逃走了。

历史关注 | 建安七子指鲁国孔融、广陵陈琳、山阳王粲、北海徐干、陈留阮瑀、汝南应玚、东平刘桢。

司马昭的心腹贾充知道后，连忙带了许多士兵在南面宫阙挡住了曹髦的去路。曹髦亲自用剑拼杀。曹髦毕竟是一国之君，皇帝亲自动手了，士兵们不免有些心虚胆怯，一个个吓得不敢动手，有的还准备逃走。

正在紧急的关头，贾充手下有个叫成济的，问贾充说道："你说怎么办？"贾充说："司马公平时养着你们这些人，正是为了今天。该怎么办，这还用得着问吗？"贾充这么一说，成济才壮着胆子立即抽出长戈上前去刺杀曹髦，曹髦跌下车来死了。

毕竟是自己的手下诛杀了皇帝，这可不是小事。司马昭听到消息后，吓得出了一身冷汗，瘫倒在地上。太傅司马孚闻讯跑过去，扑在曹髦的尸体上痛哭，把曹髦的头枕在自己的腿上，哭喊道："陛下被杀，这都是我的罪过啊！"

司马昭走到宫殿，把群臣都召集起来商议。尚书左仆射陈泰拒绝参议，但家人都惧怕司马昭的权势，逼着陈泰去，陈泰这才不得已而入宫。见到司马昭后，陈泰悲恸欲绝，司马昭也假惺惺地对着他流泪，说："玄伯（即陈泰），您说怎么办呢？"陈泰："只有杀掉贾充，才能向天下人谢罪。"司马昭不忍心杀卓他的心腹大臣，感到很为难，考虑了很久才说："你再想想其他办法。"陈泰说："我说的只能是这些，没有别的办法了。"司马昭就不再说话了。

狡猾的司马昭贼喊抓贼，逼着太后下令，给曹髦罗列了一大堆罪状，将他废为庶人，以百姓的丧礼安葬曹髦，又拘捕了王经及其家属。

王沈由于即时告密，立了大功劳，被封为安平侯。

曹髦被杀后，15岁的曹奂被司马昭看中，妄替了曹髦的皇位，这就是魏元帝。

后来曹奂当了多年傀儡皇帝以后，渐渐没有多少可利用的价值了。司马昭的儿子司马炎执政时将他废黜，自立为帝，建立西晋。

曹髦虽死，他说的话却成了成语流传后世。人此，后人用"司马昭之心，路人皆知"这句舌来比喻人所共知的阴谋或野心。

乐不思蜀

当人们形容一个人乐而忘本，不思念故国故土的时候，常常会用到"乐不思蜀"这个成语典故。这个典故的主人公就是历史上有名的昏君，三国时蜀国的后主刘禅，也就是人们常说的扶不起来的阿斗。

魏文帝黄初四年（公元223年），汉主刘备病重，命令丞相诸葛亮辅佐刘禅，临终前把诸葛亮叫过来，把自己的儿子拉到诸葛亮的身边，哽咽地说："你的才干远远胜过了魏国的曹丕，一定能够安定国家，复兴汉王室，完成统一的大业。"

刘备又望望身边不争气的阿斗，深深地叹了一口气，说："我这个儿子很不成器，如果他还可以辅佐，你就辅佐他吧；如果他实在不行，你就看着办吧。"说到这里，早已泣不成声。

诸葛亮也哽咽着说："我怎么敢不竭尽全力辅佐太子呢？您放心，我一定会忠贞不二，尽我所能地去辅佐他，至死不渝！"

刘备还是不放心，再次下诏叮嘱太子刘禅："我活了60多岁，没有什么遗憾的了，唯一牵挂的是你们兄弟。你们一定要努力，再努力啊！不要因为坏事很小就去做，也不要因为好事很小就不去做！只有依靠贤能和德行才足以让人折服。"

刘备交代完后事，就去世了。诸葛亮兢兢业业地辅佐刘禅。蜀国在诸葛亮的治理下，倒也一直比较安定。但等到诸葛亮这个顶梁柱一倒下的时候，蜀国江河日下，境况一天不如一天，可是刘禅根本就不担心这些，他只关心自己每天如何尽情享乐。

北方的曹魏对蜀汉这块肥肉已经垂涎了很久。魏元帝景元四年（公元263年），邓艾率领魏军突然向都城成都打过来，后主刘禅不是想办法派人守城，而是慌忙召集大臣商议逃跑的事。他想逃到南中，却被大臣劝住了。于是刘禅决定向邓艾投降。邓艾灭了蜀汉以后，后主刘禅还留在成都。到后来蜀将姜维串通魏

中国大事记

公元262年，嵇康因拒与司马氏合作，为司马昭杀害。

将钟会发动兵变时，司马昭觉得让后主刘禅留在成都总不大妥当，就派他的心腹贾充把刘禅接到洛阳。

当时刘禅因昏庸无能，宠信宦官，亲近小人，而身边的忠臣死的死，走的走，以致在司马昭命令自己搬家到洛阳的时候，身边连一个随行的大臣都没有，只有地位比较低的两位官员秘书令郤正和殿中督张通舍弃妻儿老小单身随刘禅而行。刘禅什么也不懂，连怎么与人打交道都不会，全仰仗郤正手把手地教导，才使得言谈举止合乎礼仪，没怎么被人笑话。平时，刘禅根本就没有把郤正放在眼里，到这个时候，才知道郤正对自己的忠心。

这时魏元帝已是司马昭的手中傀儡，魏国的朝政大权全掌握在司马昭手中。刘禅到洛阳时，司马昭便以魏元帝的名义，封他为安乐公，还把他的子孙和原来蜀汉的大臣50多人封了侯。刘禅不但不把这件事当作耻辱，反而认为是一种恩德，欣然接受了。

司马昭对刘禅的昏庸无能早有耳闻，知道他胸无大志，对他的统治不会构成威胁，才一直没有杀掉他，并把他留在身边。

有一次，司马昭大摆宴席，邀请刘禅和他的一帮蜀汉大臣参加。宴会中间，司马昭想试探一下刘禅是否还有复国的念头，特地叫了一班歌女演出蜀地歌舞。一些蜀汉的大臣看了这些歌舞，触景伤情，想起了亡国的痛苦，伤感得偷偷抹眼泪。只有刘禅看得津津有味，就像在自己的宫里一样快活。

司马昭暗中仔细观察刘禅的神情，宴会过后，对贾充说："一个人没心没肝，竟然到了这种地步，即便是诸葛亮还活着，恐怕也没法辅佐，更何况是姜维呢？像这样的昏君，哪有不灭国的理？"

过了几天，司马昭心想："刘禅来洛阳的时间也不短了，难道他一点也不想念家乡吗？"于是再次接见刘禅的时候，问刘禅说："您还想念蜀地吗？"

刘禅乐呵呵地回答说："我在这里过得很开心，一点也不想念蜀地。"

郤正在旁边听了，心里感到很难受。回到刘禅的府里，郤正说："您不该这样回答晋王。"

刘禅疑惑不解地说："那我该怎么说呢？"

郤正长长叹了口气，说："以后晋王再问起的话，您应该伤心地流着眼泪说：'我祖先的坟墓在远方的蜀国，我的心里没有一天不思念它。'说完后，就闭上双眼，装出深切思念的表情来。如果这样回答的话，或许晋王发善心还能把我们放回去。"

刘禅似懂非懂地使劲点点头，说："好，我记住了。"

后来，司马昭见到刘禅，又打趣他说道："我们这儿待你不错吧，你还想念蜀地吗？"

刘禅牢记郤正的话，照着他的话原原本本背了一遍。他还闭上眼睛，竭力装出悲伤的样子。

司马昭没有想到他会这么回答，心中不免疑惑，说："这话怎么这么像郤正说的啊！"

刘禅吃惊地睁开眼睛，傻里傻气地望着司马昭，说道："是呀，郤正正是这么教我的。"

司马昭忍不住笑了，一旁的人也跟着哈哈大笑起来。

好猜忌的司马昭这回可真是彻底看清了刘禅这个糊涂虫已不足以对自己的统治构成威胁，才一直没有对他下毒手。刘禅也因祸得福地在洛阳安乐地度过了他的余生，直到晋武帝泰始七年（公元271年）去世。

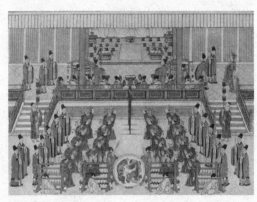

司马昭宴请刘禅

刘备去世后，刘禅即位。他昏庸无能，加上诸葛亮等辅佐他的人相继去世，蜀汉国势日消。不久，就为魏国所灭，刘禅被俘，演出了"乐不思蜀"的闹剧，被世人传为笑柄。

晋 纪

　　晋朝分为西晋（公元265～317年）与东晋（公元317～420年）两个时期。西晋为晋武帝司马炎所建，建都洛阳；东晋为晋元帝司马睿所建，建都建康。两晋的政治体制为世族政治，政治制度由汉代的三公九卿制走向隋唐的三省六部制。司马氏原为曹魏世族，高平陵事变后掌握魏国大权。司马炎篡位后统一中国，但无法解决浮华奢侈的社会问题及贪污腐败的政治风气。由于王室享有军权，使得诸王在朝廷衰落后纷纷争权，史称八王之乱。西晋元气大伤后，内迁的诸民族乘机举兵，北方进入十六国时期。

　　这一时期的文化走向多元，是一个文化冲突又融合的时代。边疆少数民族与中原逐渐展开文化交流和民族融合。

| 中国大事记 | 公元263年，曹魏大将军司马昭派出三路大军讨伐蜀汉，邓艾兵临成都城下，刘禅出降。 |

司马炎称帝

司马炎是西晋的开国皇帝，即晋武帝。

司马懿是司马炎的祖父，他在魏明帝时，统率魏军在祁山与诸葛亮对峙，打败蜀军，终于成为魏国最有声望、手握重权的大臣。魏明帝死后，司马懿与大将军曹爽共同辅佐幼主曹芳。后来曹爽被司马懿杀死，魏国政权从此转到司马氏手里。司马懿的儿子司马师、司马昭也手握重权，相继执政。尤其是司马昭，权重一时。他杀了曹髦，立曹奂为魏帝。不久魏帝晋封司马昭为晋王。不过司马昭当皇帝的梦还没有做成，就因病去世了。司马昭当皇帝的心愿由他的长子司马炎实现了。

当上帝王的司马炎亲自指挥了消灭吴国的战役，结束了近百年的战争和分裂，统一了中国，百姓也得到了暂时的休养生息。

打江山难，守江山更难。司马炎深知创业的艰难，所以他很珍惜经过祖辈好几代人创下的基业。为了把西晋治理好，司马炎宽厚仁德，广开圣听。

一次，司马炎召见右将军皇甫陶商议事情，当时散骑常侍郑徽也在场。皇甫陶是个直性子的军人，由于意见不合，也顾不得那么多的君臣礼节，竟然与司马炎争执起来，甚至不等司马炎说完就打断他的话。这时，散骑常侍郑徽趁机向司马炎拍马屁说："皇甫陶顶撞陛下，违背了君臣礼节，应该将他治罪。"司马炎最忌讳阿谀奉承的话，非常反感，责骂郑徽说："忠诚正直的话，我生怕听不到，作为一国之君，

怎么能把谏臣当做祸害呢？郑徽你逾越自己的本职，说一些作为臣子不该说的话，才是有违君臣之礼的！"于是罢免了郑徽的官职。

还有一次，司马炎在京城洛阳南郊举行祭祀活动。祭礼结束以后，司马炎远望气势磅礴的皇陵，无限感慨，问站在身旁的司隶校尉刘毅道："你认为，我可以跟汉朝的哪一位皇帝相比？"

刘毅毫不犹豫地回答道："您可以跟汉桓帝、汉灵帝相比。"

其他的官员听了都为刘毅捏了一把汗，谁都知道，汉桓帝和汉灵帝可是东汉末年最昏庸的皇帝。刘毅的胆子也真够大的，他难道就不怕司马炎龙颜大怒？司马炎也是一愣，他没有想到臣子会给自己这样一个评价，但他并没有发怒，只是笑着说："我虽然不能跟尧、舜一类的圣君相比，好歹也能够做到克勤克俭。我还灭掉吴国，完成了统一大业，怎么也比桓帝和灵帝强吧？"

刘毅不依不饶，仍旧固执地说："汉桓帝和汉灵帝卖官鬻爵所得的钱财都进了国库，而陛下卖官所得的钱财都据为己有，只怕您连他们都不如呢！"

司马炎听了没有生气，反倒哈哈大笑道："汉灵帝、汉桓帝在世时恐怕还听不到这样的话，而我有这样敢于当面指责我过错的臣子，这就说明我已经胜过他们两位了！"

然而，司马炎毕竟是一个帝王，帝王尊贵的地位足以让他比普通人有更多的权力和条件尽情享乐，以致生活日益奢侈腐化。特别是到了晚年的时候，司马炎越来越糊涂、昏庸，他的一系列弊政给晋王朝的动乱和危机埋下了伏笔。

司马炎追逐声色犬马，不断挑选美女入宫。为此，他还专门下了一道诏书，规定凡是公卿以下家庭的女儿，一律都要送上来备选，如果隐瞒不上报，就要问罪。在备选之前，这些女子一律禁止婚嫁。司马炎看上了卞氏家族的女儿，想把她选入宫中充当宫女。杨皇后认为这样不合礼法，劝他说："卞氏家族有三代都是

拜谒图　西晋

历史关注 | 西晋汲取曹魏集权被异姓篡位的教训，实行分封制。

皇后的身份，不能屈尊后宫的卑微地位。"但司马炎见皇后阻止便发怒了，干脆自己来挑选。

第二年，司马炎又下诏命令普通家庭的5000名女子入宫备选。诏书下来，做母亲的都很不情愿地将自己的闺女送到皇宫。被选上的女子与母亲抱头痛哭，不忍离别，哭声响彻宫中。

西晋后宫的美女将近1万，这么多的美女把司马炎都看得眼花缭乱了。他别出心裁地乘着羊车在后宫游玩，任羊车停在哪里，哪里的嫔妃就受到临幸。嫔妃们为了得到皇帝的宠幸，纷纷在门前插满了竹叶，洒上了盐水，想引诱羊车停下来。

司马炎还大封藩王，倚重外戚。司马炎刚即位不久，就将皇族的27个人封为藩王。每个藩王都拥有自己的领土和武装，不受朝廷的约束，相当于一个个小的朝廷，这也为后来引发八王之乱埋下了隐患。

司马炎非常宠幸杨皇后，并重用杨皇后的父亲杨骏和杨骏的弟弟杨珧、杨济。在立太子的问题上，司马炎明知司马衷是一个痴呆，不宜承嗣帝位，但因为宠爱杨皇后，还是让他继承了帝位。司马衷这个白痴皇帝成了别人手里的玩偶，受尽了愚弄。立一个白痴为太子，本来就是一个很大的失误了，可是在立太子妃的时候，司马炎更是错上加错，他听信杨皇后，选择了凶悍的贾南风。

另外，在对待边境问题上，司马炎没有听取大臣们的意见，没有把各州郡刺史的兵权和政权分开，反而减少朝廷驻守的军队，对边疆各投降的少数民族的骚扰也是听之任之，为以后留下了不少边患问题。司马炎死后，西晋王朝便陷入了连续不断的动乱，直至灭亡。

·高平陵事变·

曹魏中后期，世族大地主代表人物司马懿的地位日益显要，明帝时官至太尉。明帝卒，司马懿与魏宗室、大将军曹爽共执朝政，政治矛盾日益尖锐。曹爽上表请将司马懿转为太傅闲职，剥夺兵权，又安排心腹何晏、丁谧等人执掌机要，竭力排斥司马懿在朝中势力。司马懿装病不起，有意麻痹曹爽，暗中策划。

正始十年（公元249年）正月，司马懿乘曹爽兄弟随魏帝祭扫明帝高平陵（在洛阳南）之机，发动政变。夺取武库，派长子司马师屯兵司马门，自己和太尉蒋济出屯洛水浮桥，断绝曹爽归路。又迫郭太后（明帝后）下令废曹爽兄弟官职，先示夺人。派人送奏章给魏帝，要求罢免曹爽兄弟。曹爽犹豫不决，最终为求活命而同意交出大权，以侯还第。数日后，司马懿以谋反罪名族诛曹爽兄弟及亲信何晏、丁谧、毕轨等人。自此以后，曹魏政权实际落入司马氏集团手中。

陆抗复西陵

晋武帝泰始八年（公元272年）八月，吴主突然召见昭武将军、西陵督步阐。

步阐世世代代都居住在西陵，这次突然被吴主召去，还以为是因自己失职，吴主要问罪处罚。但步阐转念一想，自己并没有做错过什么事情，应该不会有什么问题。可步阐又担心是朝廷里有人向吴主进谗言陷害自己。步阐越想越害怕，在九月的时候，他占据西陵（今湖北宜昌西北），投靠了西晋。为了表示自己投降西晋的诚意，步阐还特意派了自己的两个侄子到西晋的都城洛阳充当人质。晋朝欣然接受了他的投降，为此还给他加封了许多官职，并赐给他爵位，让他负责管理西陵的事务。

步阐背叛吴国投降晋国的消息很快传到吴国，吴国大将陆抗立刻派遣将军左弈、吾彦等人去讨伐他。晋武帝派遣荆州刺史杨肇去西陵迎接步阐，车骑将军羊祜率领步兵进攻江陵，巴东监军徐胤率领水军攻击建平救援步阐。

吴国将领陆抗命令西陵各军加紧修筑牢固的围墙，从赤溪一直修到故市（今湖北宜昌）。

中国大事记

公元265年，司马昭去世，他的儿子司马炎继位为晋王，后称帝，命令魏的文武大臣都改任晋官。

这座围墙，内可以用来围困步阐，外可以用来抵御晋军的攻击。陆抗白天黑夜地催促修筑围墙，好像敌人已经打过来了一样，为此将士们都苦不堪言。诸位将领都说："现在我们应当趁着三军的锐气，很快攻下步阐，等到晋军救援的军队到了，一定可以马上攻克西陵，哪里还用得着修筑围墙来白白耗费士兵们的力气！"

陆抗说："西陵地势险要，城里的粮食又充足，况且所有用来防备抵御的器具都是我早先任职西陵时就已经设置好了的。现在我们反过来攻打西陵，不可能一举取胜。晋军北来，我们没有任何防备，会导致内外受到夹击，到时我们靠什么来抵御呢？"

诸位将领都想一举攻打步阐，陆抗为了让他们心服口服，就让他们去试一试，果然没能取胜。大家齐心协力刚把围墙修好，而羊祜率领5万兵马到了江陵。各位将士都认为陆抗此时不应该去西陵，陆抗解释说："江陵城坚固，兵力又多，没有什么可以担忧的。即使敌人攻下了江陵，必定不能坚守，我们的损失也很小。

兵阵图　西晋

但是如果让敌人占据了西陵，南山众多的少数民族就会趁机骚乱，那祸患就不可估量了！"于是陆抗亲自率领军队进军西陵。

以前陆抗因江陵以北地势平坦，命江陵督张咸修筑了一座大坝蓄水，逐渐使平地成了水泽来抵御外贼进犯。羊祜想利用船只来运送粮食，就故意扬言要毁掉大坝来让步兵通行。陆抗听到后，马上派人把大坝全部毁掉。诸位将士都感到疑惑，不能理解陆抗的这种做法，多次劝阻，陆抗不听。等羊祜率军到了当阳的时候，得知大坝已经被毁坏了，只好改为用车子运粮，耗费了大量的时间和精力。

十一月，前来迎接步阐的杨肇率军到达西陵。陆抗派公安督孙遵沿着长江南岸阻止羊祜的军队，水军督留虑拦截徐胤的军队，自己则率领主力与杨肇对峙。

正在双方剑拔弩张的时刻，将军朱乔营中的都督俞赞逃到了杨肇那里。陆抗说："俞赞是我们军中的旧官吏，对我们的底细掌握得一清二楚。我常常担心夷兵训练不够，如果敌人来围攻，一定会从这个地方开始。"于是陆抗当即在夜里就把夷兵撤换了，全部换成训练有素的精兵把守。第二天，杨肇的阴谋没有得逞，趁夜逃走了。陆抗想要去追击，但又担心步阐蓄积兵力，窥探时机。此时的兵力不足以分开来同时抵抗两头的敌人，于是陆抗只是擂鼓引起杨肇军队的警戒，好像要追击他们。杨肇的将士们极为惊恐，解下战甲纷纷逃走，陆抗派轻兵紧随其后，把杨肇的部队打得落花流水，羊祜等人只好带着军队回去了。陆抗攻下了西陵，杀了步阐以及与步阐同谋的主要将领几十个人，并且将他们处以诛灭三族的严刑，其余好几万人就赦免了。

陆抗班师向东回到乐乡，脸上没有骄傲自负的神色，还像平时一样谦虚。吴主加封陆抗为都护，而羊祜则被晋主贬为平南将军，杨肇被削去官职贬为平民。

自从步阐事件发生以后，陆抗更加重视对西陵的军事防御，在病危临死前还不忘提醒吴主要特别注意西方边境的防卫。

| 历史关注 | 西晋泰始元年，分封宗室27个王：1个叔祖父，6个亲叔叔，3个亲兄弟，17个同族的叔伯和兄弟。 |

西晋大臣羊祜

羊祜的祖上几代都是清廉的官吏。在家风的熏陶下，羊祜也继承了祖上清廉、正直、关心民间疾苦的品质。司马昭当权的时候，朝廷征召羊祜担任了中书侍郎。晋武帝即位时，羊祜被授予中军将军。

晋武帝即位后，着手消灭吴国，让羊祜担任了征南大将军，兼任荆州都督，镇守襄阳。襄阳是一块重要的军事基地，它毗邻吴国，是西晋进攻吴国的前沿阵地。

羊祜赴任后，就加强对襄阳地区的治理。羊祜只留下一半的士兵巡逻，另一半士兵除了每天必要的操练外，其余的闲暇时间都忙着垦田。在羊祜的带领和鼓励下，羊祜第一年就开垦了800项良田，并都种上了庄稼，获得了大丰收。羊祜刚来的时候，军队的储藏的粮食只够吃100多天，1年之后，军队储藏的粮食足够吃10年了。羊祜在生活十分朴实，在军营里，他很少披着铠甲，喜欢穿着轻便、宽松的衣服，身边随从的侍卫也只有10多人。

在发展生产、储备粮食的同时，羊祜也没有放松对险要关隘的防守，在那里建筑了营垒派兵驻守，还不动声色地占据了不少原来属于吴国的肥沃土地。

羊祜不轻易动用武力，即使是对吴国的官兵，通常也只是采用怀柔政策，对他们十分友好。

羊祜每次与吴军作战时，只是先与吴国约定好交战的具体时间，从来不搞什么偷袭，也不利用一些阴谋诡计。手下的将士有向他进献阴谋诡计的，羊祜总是用淳美的好酒将他灌醉，使他没法开口。

羊祜俘获吴国的士兵时，从来不开杀戒，而是将俘虏如数奉还。有一次，吴国的将领陈尚、潘景来攻打西晋时，被羊祜手下的士兵杀害，羊祜说："两军交战，都各自为自己的国家尽忠，他们也是对吴国尽了忠的，应当买两口上等的棺材装殓他们，通知他们的家属来迎接。"陈尚、潘景的家属到了以后，羊祜亲切地接待了他们，并好心安慰他们不要太悲伤。

羊祜率领军队经过吴国的边境时，如果不小心踩踏了地里的谷子，就记下谷子的数量，回去后送去绢丝作为抵偿。羊祜有时带领手下将士在长江、沔水一带打猎，只局限在晋国的领土范围内，从不越境。如果捡到被吴国人先打伤的猎物，羊祜都统统送还给吴国。羊祜的善行使吴国人深受感动，他们每次一提到羊祜，从来不直接叫他的名字，而是亲切地叫他"羊公"。在不知不觉中，羊祜把吴国的人心收买过来了。

当时与襄阳地区相邻的吴国边境，同样是由一位满腹韬略的杰出将领镇守，这个人就是陆抗。陆抗早就看穿了羊祜的怀柔政策，他常常嘱咐守边的将士说："羊祜专门讲仁德，如果我们的军队对老百姓一味粗暴的话，那么用不着他们来攻打，我们就已经失败了。现在你们只要守护好自己的疆界就行了，不要想着占他们的小便宜。"

羊祜也非常了解陆抗的为人和才干。一次，

· 九品中正制 ·

九品中正制是魏晋南北朝时期一种重要的官吏选拔制度，又名九品官人法。公元220年，曹丕废汉称帝前夕，采纳陈群建议设立九品官人法，在各郡县设中正，对人才进行评定，并分出九等，作为选拔官员的标准。即上上、上中、上下；中上、中中、中下；下上、下中、下下。九品中正制创立之初，评议人物的标准是家世、道德、才能三者并重，但由于中正权力被门阀士族所垄断，因而在实际执行过程中，才德标准逐渐被忽略，家世逐渐成为唯一的标准，到西晋时形成"上品无寒门，下品无士族"的局面，成为维护门阀统治的重要工具。隋唐以后，门阀制度衰落，隋文帝改革吏制，用分科考试的办法选拔官吏，九品中正制至此被废除。

中国大事记

公元265年，司马炎迫使魏帝让位，正式称帝，建国号为晋，定都洛阳，司马炎就是晋武帝。

部将跑过来禀告羊祜："吴国的士兵非常懈怠，我们可以趁他们没有防备的时候发动突然袭击，一定能够很快将他们打败。"羊祜笑着说："你们太小看他了！陆抗这个人足智多谋，吴国有他做守将，我们只要守住自己的疆界就行了。只有等到吴国内部有变，我们才可以发兵攻取。"

就这样，羊祜与陆抗在边境对峙了许多年，但常常互相派使者来往。陆抗一次得到了好酒，他不忘给羊祜也送去一壶。

过了一段时间，羊祜为了表示感谢，派使者去陆抗的府上问候。羊祜的使者见陆抗气色不大好，精神有些颓靡，一问才得知陆抗已经病重卧床好几天了，就回去报告给羊祜。羊祜仔细打听了病情，将现成的几副好药派人送去。陆抗得到药立刻服下，许多人都劝阻陆抗说："羊祜是我们的敌人，您就不怕他趁机下毒吗？"陆抗笑着说："下毒的话，那就不是羊祜了。"不久，陆抗的病果然痊愈了。

昏庸吴主孙皓听说陆抗与晋国的羊祜相处得十分融洽，而且两国边境地区相安无事，很少发生冲突，就产生了疑心，对陆抗非常不放心，改派孙翼顶替了陆抗，并罢去了陆抗的兵权。

得到陆抗被撤的消息，羊祜大为欢喜，他知道灭吴的时机终于等到了，立即向晋武帝请求征伐吴国。晋武帝本来也表示赞同，但以贾充为首的一批朝臣为了贪图安逸，极力反对伐吴，于是伐吴的事情就这样被搁置下来了。羊祜心痛得连连感慨："天下不如意的事情常常十之八九，天赐的良机就这样被错过了，真是可惜呀，可惜呀！"

后来羊祜因伐吴的志向一直不能实现而忧郁病重，在疾病缠身时还不忘伐吴的事，临死前特地嘱咐晋武帝说："现在吴国的君主孙皓暴虐无道，是到了不战而败的大好时机了。如果孙皓突然死去，吴国再立一个圣明的君王，那么即使我们有百万大军，也难以逾越长江的天险。"晋武帝被说得有些动心了，问羊祜说："你可以躺着去指挥战役吗？"羊祜无奈地摇头说："伐吴的事，我是无能为力了，但我可以向陛下推荐杜预来顶替我的职务！"不久，羊祜就带着遗憾去世了。

好像老天也在为这位忠臣哀鸣，羊祜去世的那天，天气奇冷。晋武帝哭得很伤心，流下的眼泪粘在胡须上立刻结成了冰。

两年后，西晋大举伐吴。在庆功的那天，晋武帝想起了羊祜，举起酒杯，流着眼泪说："消灭东吴，统一天下，羊祜应当记头等功呀！"

西晋大军灭东吴

晋武帝咸宁五年（公元279年）十一月至次年三月，晋国水军、陆军分六路齐头并进，突破了长江防线，直接攻取吴国都城建业（今江苏南京），一举灭掉吴国而实现了全国统一。

司马炎建立西晋以后，为了吞并吴国，在政治、经济和军事上采取了一系列措施。其中最重要的一条，就是编练水军。吴国皇帝孙皓暴虐无道，不修内政，政局动荡不安，而且他还自认为有长江天险，晋国难以攻破，因此放松了长江上游的防备。

晋国大将王濬认为消灭吴国的时机已经成熟，于是上书请求举兵伐吴，晋武帝欣然接受。晋武帝咸宁五年（公元279年）十一月，晋朝大举出兵讨伐吴国。

武帝司马炎发兵20多万人，分六路进攻吴国：镇军将军、琅琊王司马伷从涂中出兵；安东将军王浑从江西出兵；建威将军王戎从武昌出兵；平南将军胡奋从夏口出兵；镇南将军杜预从江陵出兵；龙骧将军王濬和巴东监军唐彬从巴蜀进军。晋武帝任命太尉贾充为大都督，冠军将军杨济为副手，率领中军向南驻扎在襄阳，负责各军队的部署、调度与节制。

为了挫败吴国的锋锐和士气，晋武帝下令首先攻打吴国的重兵驻守的地区和边防的营垒。杜预先从江陵进发，王浑从横江出兵，所到之处，势如破竹。

晋武帝太康元年（公元280年）二月初一，晋将王濬、唐彬率军攻破了吴国的丹阳，擒获

历史关注 | 三张二陆两潘一左指西晋文学家张载、张协和张亢；西晋文学家陆机和陆云；西晋文学家潘岳和潘尼；以及西晋诗人左思。

了丹阳监盛纪，然后顺着长江向东前进。吴国人把江边浅滩上的要害区域用铁索拦住，还打造了一丈多长的大铁锥，暗中放进江里，企图阻挡晋军的战船。有了这道屏障以后，再加上长江的天险，吴国将士想着任凭晋军怎么骁勇也不能渡过长江，除非晋军长了翅膀。王濬知道吴军的阴谋后，命人造了几十个大木筏，每一个木筏长、宽都有一百多步。又在这些大木筏上扎了许多草人，这些草人都披上了铠甲，手持兵器，远远望去跟真的士兵一样。木筏和草人都准备好了以后，王濬又精了一些水性好的人与木筏在前面带路。这些大木筏一旦遇到水里的铁锥就被深深地扎住，所有吴军埋伏的铁锥都被大木筏带走了。第一道天险就这样顺利逾越了。

等上岸的时候，晋军又在岸边的浅滩上遇到了牢固的铁索。王濬事先早就让人造了许多大火把放在船头上，每支火把都有十几丈长，几十围粗。一遇到铁索，士兵就点燃浇上了麻油的火把。一会儿功夫，铁索就被熊熊烈火烧得融化断开了，于是晋国的战船就可以畅通无阻地前进了。

吴军还自以为晋军无法清除这些障碍，所以也没有派任何兵把守。当王濬率领晋军清除了这些障碍，顺利地上岸时，仓皇失措的吴军被打得落花流水。仅仅两天的工夫，王濬的军队就攻克了西陵，还杀了吴国的都督留宪等人。接着，王濬一路乘胜而下，于二月初五又攻下了荆门、夷道两座城市，杀了夷道监陆晏。

与此同时，杜预派遣牙门

周旨率领800名精兵，在夜里乘船渡过长江，在巴山树起了许多旗帜，点燃火把，迷惑吴军，并在乐乡城外布下伏兵。这些伏兵等吴军都督孙歆派遣军队阻击王濬大败撤退时，悄悄尾随着吴军进入城内，擒获了孙歆。晋军占领了乐乡，杀掉了吴国水军都督陆景。杜预攻占了江陵，杀掉了江陵的都督伍延。吴国沅江、湘江以南的交州和广州为首的各个州郡都纷纷向晋国投降了，杜预安抚了这些州郡。到这时候为止，晋军总共俘获和斩杀了吴国都督、监军14人，牙门、郡守120多人。接着胡奋又攻克了江安。

这时晋将王浑也乘势率军南下，全面进攻吴国。吴主孙皓慌忙派遣丞相张悌督率丹阳太守沈莹、护军孙震、副军师诸葛靓率领3万人渡过长江迎战。张悌等人渡过长江很快就在杨荷包围了王浑的部将张乔。张乔手下只有7000多名士兵，自知寡不敌众，难以与吴国大军相抗衡，于是请求投降，以此作为缓兵之计。诸葛靓看穿了张乔的意图，劝张悌斩杀张乔以除后患。可张悌不听，执意接受张乔的投降，还带着他们一起北上。张悌率领军队在扬州与晋国的刺史周浚相遇，两军结阵对峙。吴将沈莹率领丹阳精兵以及手持大刀、盾牌的士兵共5000人，3次向晋兵发起冲锋，但是没

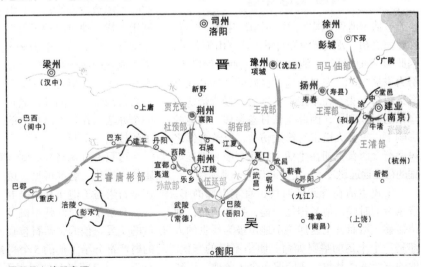

晋灭吴之战示意图

有成功。最后，沈莹只好率领军队撤退。士兵在撤退时开始混乱，晋国的将军薛胜、蒋班乘机反攻，吴兵接二连三地奔逃溃散。晋将张乔又背叛张悌，突然率军从背后杀过来夹击吴兵。晋军在版桥大破吴兵，斩杀了张悌、孙震、沈莹等 7800 人。

眼看吴国接连溃败，王濬率领军队浩浩荡荡地从武昌顺着长江直捣吴国的心脏——建业。这时候，江面上全是王濬的士兵。他们一个个身披铠甲，威风凛凛、英气逼人，船头上旌旗飘飘，气势威猛盛大，吴国人见了异常恐惧。眼看晋国大军直逼城下，自己马上要成为亡国之君，吴主孙皓派遣游击将军张象率领 1 万水军抵抗。但是这时吴国的军心涣散，张象的部下还没有交战，远远望见王濬的旌旗就纷纷投降了。

晋将王浑、王濬以及琅琊王司马伷都已经逼近了建业附近。吴国的司徒何植、建威将军孙晏主动向王浑投降了。吴主见大势已去，只好采用光禄勋薛莹、中书令胡冲等人的计划，分别派遣使者向王浑、王濬、司马伷请求投降。吴国的 4 个州，43 个郡也都归入晋国的版图。

吴国灭亡，三国分裂的局面随之结束。

石崇王恺斗富

晋武帝消灭吴国后，统一中国，建立了西晋。在建国之初，晋武帝深知打下一片江山不容易，因此为了巩固统治，他也采取了一些节俭措施，努力发展生产。但是，这种良好的开端并没有继续维持下去，在平定了吴国后，晋武帝认为享乐的时候到了，因此生活日益奢侈。在他的影响下，王公大臣也纷纷效仿他，以致奢侈之风盛行。西晋王朝在生活上腐化奢靡、相互炫耀的程度远远超过了历史上的任何一个朝代。

王戎生活在晋武帝时代，官至吏部尚书。晋惠帝的时候，他又担任司徒，位列三公，地位显赫。然而就是这样一个地位极为尊贵的人却是一个十足的嗜财如命、庸俗不堪的家伙。他的家产不计其数，庄园遍布全国各地，以致

金谷园图

此图描绘的是西晋富豪石崇与小妾绿珠在金谷园中的宴乐情景。

家里专门用来堆放钱的仓库都装不下了，许多铜钱都积压得生锈了。可是尽管如此，他还是一有时间就把自己关在账房里，亲自拿着账簿，噼噼啪啪地拨弄算盘，好像家里的钱财永远不够用一样。他家里种了很多李树，李树的品种非常好，树上结的李子又大又好吃。王戎每到果子成熟的时候都放到市场上去卖，总是能够卖到好价钱。但是他又怕李子卖出去以后，别人会得到这个好品种，老是不放心。于是想了一个办法，在每次出售之前，他总是让人把李子的核钻一个洞。

这只不过是略举一例，西晋王公大臣贪婪、庸俗、腐化、奢靡可见一斑。不过，最有名的还是石崇与王恺斗富的故事。

石崇小的时候就很机灵，有头脑，深得父母的宠爱。他的父亲石苞临死的时候，把家里的财产都分给了他的 5 个哥哥，就是没有留给石崇。石崇的母亲觉得很不公平，抱怨石苞。

历史关注

晋灭吴后，陈寿搜集魏、蜀、吴史料，终于撰成《三国志》65卷。

石苞摸着石崇的脑袋说："你不要担心，别看我这个儿子现在还小，但是他将来一定能够大富大贵。"

石崇很早就出来当官了，但是他没有把聪明才智放在为老百姓办事上，而是想方设法为自己牟取私利，聚敛财富。他先后担任过修武的县令，接着升任了荆州的刺史、徐州的监军等官职。在担任荆州刺史时，他带领手下的一帮人乔装改扮，神不知鬼不觉地偷偷地溜到富商巨豪的家里，连偷带抢的将这些巨额财物据为己有，成为暴富的富翁。就是这样一个暴徒，居然官运亨通，青云直上地一直做到九卿。

石崇暴富以后，在河阳的金谷专门修建了一座豪华的别墅用来享乐，这就是著名的金谷园。园中楼阁假山，亭台轩榭，应有尽有，装饰得十分豪华。他又花钱四处搜罗美女，不断纳妾，先后纳了100多个，一个个不仅如花似玉、国色天香，而且能歌善舞。这些小妾们一个个也是锦衣玉食，绫罗遍体。

石崇因富有无人不知。当时有一个叫王恺的贵戚，他是司马昭的小舅子，也是晋武帝司马炎的亲舅舅。王恺也是一个爱慕虚荣贪鄙庸俗的小人。他对石崇的富有很不服气，非常嫉妒他，一心想要压倒石崇。石崇也看不惯王恺是皇亲贵胄，也想压一压他的气焰。于是两个人谁也不服谁，便在暗中斗富。王恺用糖水洗锅，石崇就用蜡烛烧饭；王恺用细纱制成四十里长的屏障，石崇就用绢绸制成五十里长的屏障。王恺败下阵来，更是觉得脸上无光。后来，王恺听说石崇用椒泥涂墙，他马上让人用赤石脂来粉刷墙壁，总算胜了一回石崇，稍稍还挽回来一点颜面。不过总的比较起来，还是石崇略胜一筹。

王恺气不过，于是常常在晋武帝面前说石崇的坏话，向晋武帝倒苦水。晋武帝早就知道他们两人互相斗富的事情。为了让舅舅高兴起来，晋武帝笑着对王恺说："舅舅，你是不是在为斗不过石崇而不高兴呀？我送给你一株南国进贡的珊瑚树，你拿去给石崇看，一定会让他输得心服口服。"王恺接过珊瑚树一看，果

然是世间少有的宝物。这株树足有两尺多高，王恺还从来没有见过这么高、这么美丽的珊瑚树，于是捧着他喜滋滋地去石崇家了。

王恺将珊瑚树放置在石桌上，只见它晶莹剔透，熠熠生辉，真是一件不可多得的宝物。王恺自己都忍不住啧啧赞叹，大家也都纷纷赞叹不已。石崇只是随意地瞥了几眼，就顺手拿起一个铁如意砸去，只听见哐啷一声，一尊美丽耀眼的珊瑚树便成了一堆碎片。

王恺顿时傻了眼，这可是皇帝赏赐给自己的宝物。王恺还以为石崇是妒忌自己才砸碎的，声色俱厉地揪着他要去见晋武帝，找晋武帝评理。

可石崇不急也不气，反倒哈哈大笑起来，说："王将军也太小气了吧？这也算个宝物？我赔你就是了。"说完，令仆人拿出好几株珊瑚树来，每株高三四尺，而且一株比一株光彩夺目，把王恺都看傻了。这一次，王恺是真的无话可说了，他不得不服输了。

经过这次斗富事件以后，石崇富可敌国的威名响彻全国上下。许多人已经开始对他的财富虎视眈眈了。赵王司马伦早就对石崇的财富垂涎三尺了，在晋惠帝时的宫廷政变中，借机将他杀了，而且他的全家男女老少也都被杀。

临死的时候，石崇感叹地说："他们只不过是想侵占我的财产！"站在旁边的一个军官说："早知道财富太多会要害人的，你为什么不早积点德，将财产都分给别人呢？"

美男子潘安

"貌似潘安"这个词用来形容美男子再合适不过的了，潘安本人确实长得很英俊，不过可惜的是他品行欠佳，喜欢谄媚权贵，最后把自己送上了死路。

潘安名岳，字安仁，后人都叫他潘安，他少年时期就以才华横溢而出名，被称为神童，说他是和贾谊一样的天才。很早就被征召到司空太尉府，举荐为秀才。

潘安的才华和名气非常出众，引起了很多

中国大事记

公元276年，羊祜提议伐吴，遭群臣反对而作罢。

·门阀制度·

门阀世族是以家族为基础、以门第为标准而形成的地主阶级中的特殊阶层。它的根源最远可以追溯到先秦时期的宗法制度。东汉以来，地主田庄崛起，世家大族在经济上占据了有利的地位，控制了朝廷选官的途径，就形成了累世公卿的显赫家族。九品中正制更加巩固了世族的地位。魏末司马氏夺取曹魏政权，依靠的就是世家大族的支持。因此整个西晋时期，世家大族的势力进一步膨胀，门阀世族制度就这样确立了。从此，地主阶级中的士、庶之别更加严格。门阀世族为了维护自身的特权，就极力地扩大和寒门庶族的差异。他们独自把持政权，完全支配了国家的权力，形成了典型的门阀政治。整个两晋南北朝时期，门阀制度都十分稳定。

人的嫉妒，他因为这个而隐居了10年。后来他出任河阳县令，仗着自己的才华，觉得这样的小官很不得志。当时的尚书仆射山涛，领吏部王济、裴楷等人都得到了皇帝的赏识，潘安在内心里对他们有非议，在尚书阁上题写了歌谣："在尚书阁的东头，有一头大牛，王济作缰绳套在牛脖子上，裴楷套在后头，和峤成天忙碌不得休。"表达了自己的不满。

后来潘安调任为怀县令，当时许多当地人因为经商而放弃了农业，许多亡命之徒都跑到旅舍去避难，破坏法律法规。皇帝下诏取消旅舍，每十里路就设立一座官办的旅舍，让贫穷人家的老人和小孩看守，派小官主持，按照普通旅舍那样收费。潘安针对这件事上书议论，认为旅舍制度由来已久，为百姓提供了方便，所以旅舍不应该被取消。至于开办官办旅舍，他认为那些违法犯纪的事多数都发生在偏僻的地方，如果连续十里路都没有人烟的话，不法之徒就要干坏事了，如果道路相连，旅舍又多的话，不法之徒就会害怕而不敢乱来，所以旅舍也起到了维护地方治安的作用，官办旅舍密

度不够，起不到这种作用。而且赶路的人都要多走路，吃饭休息都选在傍晚或者早上，尤其夏天，还得连夜赶路，如果规定旅舍早早关门的话，客人不能及时赶到，那么他们就只能在路边休息，容易导致强盗抢劫。如果以旅舍经常破坏地方教化为理由，派官吏守在旅舍门口，那谁还敢来投宿？现在那些小官和弱者独自占有旅舍的收入，凭借手上的权力，以非法手段获利的现象就会越来越多。所以他请求取消这个规定，朝廷听从了他的意见。

潘安兼管两个县城，在政务方面很勤劳，不久就升任为尚书度支郎，又改任廷尉评，后来被免职。杨骏辅佐朝政的时候让他提拔为太傅主簿，杨骏被杀后他也被免职。当初公孙宏没做官的时候，潘安对他很好，杨骏被杀时，公孙宏是楚王的长史，他帮潘安说了好话，朝廷才免了潘安一死。

潘安性情浮躁，喜欢趋炎附势，他和石崇等人侍奉、攀附贾谧，每次等候贾谧出门的时候，两人就望着车马扬起的尘土行礼，十分谄媚。贾谧的"二十四友"里，潘安排名第一，关于《晋书》的起笔年限的议论文章也是潘安的大作。潘安母亲好几次都讽刺他说："你应该知道满足了，还要侥幸冒险没个完吗？"但潘安始终都无法改变。

当初潘安担任琅琊内史的时候，孙秀在他手下当小吏。这个人奸诈自负，潘安很讨厌他，多次鞭打他，孙秀一直对此怀恨在心。到了赵王司马伦执政的时候，孙秀担任了中书令。潘安在宫里碰到孙秀，问他："孙大人还记得以前我们相处的事吗？"孙秀回答："我心里一直藏着呢，哪一天能忘记？"潘安知道自己好日子不长了。不久孙秀诬告潘安和石崇等人密谋帮助淮南王和齐王造反，于是把他们杀掉并灭了他们的三族。潘安在押赴刑场时，向母亲告别："我辜负了母亲对我的教诲啊！"当时被抓的时候，潘安和石崇都不知道对方也被抓了，石崇先到刑场，潘安后到。石崇对他说："安仁啊，您也在这里呀？"潘安回答："这可说是'白首同所归'了。"潘安以前写过送给石崇的《金谷

诗》里面有一句是"投分寄石友，白首同所归"。潘安的母亲、兄弟、兄弟的儿子和他自己的女儿，无论年纪大小全部被杀，只有哥哥的儿子逃难免死。而弟弟的女儿和她母亲抱在一起哭得很惨，怎么拉都拆不开她们，引起人们同情，皇帝就下诏把她们俩赦免了。

潘安面容俊美，举止有风度，他的诗歌和文章都写得非常华丽，特别擅长写哀悼的文章。他年轻的时候乘着车到洛阳大街上游玩，遇到他的妇女们都手拉着手围着他，往他的车上扔果子，最后满载着一车的果子回家。潘安的英俊潇洒可见一斑。

八王之乱

晋武帝建立西晋以后，为了吸取曹魏政权灭亡的教训，大封藩王，希望以此来对抗权臣中妄想篡权的野心家，从而巩固延长晋王室的统治。他一共分封了27个人为藩王。这些藩王各自都有自己的领地、百姓、军队，实际上就是一个个独立的小王国，事实上制造了更多的觊觎帝位的野心家。"八王"就是一批窥视帝位的野心家。

这八王就是汝南王司马亮、楚王司马玮、赵王司马伦、长沙王司马乂、齐王司马冏、成都王司马颖、河间王司马颙、东海王司马越。

晋武帝临死前曾经嘱咐司马亮与杨骏共同辅佐痴呆的司马衷管理朝政，并且留下了一道诏书。可是杨皇后与她的父亲杨骏为了独揽大权，就合谋将诏书暗暗地加以修改，改成让杨骏一个人辅佐朝政。大家都知道杨骏篡权，但是谁都不敢吭一声，就是司马亮也不敢站出来替自己说话。司马亮还害怕

杨骏谋害自己，就急忙逃回自己的封地去了。

当时的贾皇后是权臣贾充的女儿，也很有势力，并且野心勃勃，很有心计。她当然不能坐视大权旁落，就在次年找来司马亮密谋诛杀杨骏。但司马亮惧怕杨氏的权势不敢答应，倒是年轻气盛的司马玮与贾后不谋而合。贾后于是与司马玮、孟观、李肇等人发动政变。她又与东安公司马繇串通起来，指使司马繇率兵突然包围杨骏的宅邸，将他诛杀，还将杨太后软禁起来，不久也把她杀害。贾后为了斩草除根又诛杀了杨氏党羽好几千人。

政变成功后，贾后掌握了大权，但是毕竟自己是一个女流，还不足以镇服朝廷百官。于是，她想到司马亮毕竟年长，在朝中还是比较有威信的，自己可以借助司马亮的威望来稳定朝廷。于是，贾后将司马亮任命为太宰，负责处理尚书事务，总理朝政。由于司马玮在政变中功不可没，于是贾后将他升任为卫将军。司马亮当上太宰后，为了进一步稳固自己的地位，开始滥封官爵，以此来收买人心，前后总共封了1000多个侯爵。司马亮虽然负责尚书事务，但唯独没有兵权，这成了他进一步扩充势力的软肋，于是他又想剥夺司马玮的兵权。

司马玮早就不满司马亮，认为他没有任何

西晋时期八王封国示意图

中国大事记　　公元 278 年，羊祜病故，临终推荐杜预镇守荆州。

· 宗族制度 ·

魏晋南北朝时期的宗族组织是整个中国历史上最强盛的，从结构上看，分为皇室宗族、士族宗族、寒门宗族三种类型。皇室宗族拥有最大的政治经济特权，但是由于皇权的更替不断使他们的影响受到限制。寒门宗族由于缺乏政治权势，影响较小。而士族宗族拥有强盛的政治、经济、军事实力，处于社会的支配地位。在宗族制度的影响下，社会上呈现重门第轻才德、重宗族轻个人、重孝悌尚复仇的观念。

功劳就当上了太宰，心里很不服气。贾后利用两兄弟之间的矛盾，唆使司马玮讨伐司马亮。司马玮于是带兵包围了司马亮的府第，将他逮捕。当时正是炎炎酷暑时期，司马亮被捆得紧紧的，汗如雨下。一些士兵因同情他，替他扇风。司马玮很气愤地下令说："如果有谁将司马亮的脑袋给我送来，我赏他一千匹布！"士兵们听了，个个眼红发亮，一齐扑向司马亮，像抢橄榄球一样团团围住司马亮，扯他的头发，割他的鼻子、耳朵，司马亮就这样被乱兵害死，惨不忍睹。司马玮也没有落个好下场，当他对贾后已经没有任何利用价值后，阴毒的贾后反咬一口，指责司马玮谋杀重臣，罪当诛。于是，司马玮被斩首。

贾后的专横跋扈引起了公愤，首先起来收拾贾后及其党羽的是司马伦。平时司马伦对贾后阿谀奉承，所以贾后偏偏忽视了他。司马伦依据属下孙秀的计策，假称惠帝的诏令，一路率兵攻进皇宫，将贾后废黜并毒死。贾后临死前无不懊悔地说："系狗应当系在狗的脖子上，我却系住了狗尾巴，难怪要被他反咬一口。"司马伦又矫诏命自己为大都督、相国，接着干脆逼惠帝退位，自己当上了皇帝。司马伦和他几个儿子都顽劣愚笨，而他手下的孙秀又十分狡猾贪婪。他们根据自己的喜好随意改动诏令和制度，有时甚至是朝令夕改，百官像流水一样换来换去。

孙秀认为齐王司马冏、成都王司马颖、河间王司马颙三王都各自拥有强大的军队，十分危险，于是打起他们的主意来。三王于是联合起来，打着清理逆臣的旗号兴兵讨伐司马伦，结果司马伦兵败被杀。这次混战，死了 10 多万人，司马伦和他的 4 个儿子以及党羽都被处死。惠帝重新即位后，将司马冏封为大司马，辅佐自己管理朝政，任命司马颖为大将军，都督中外军事，任命司马颙为侍中太尉。

司马冏掌权后，生活腐化堕落，沉湎酒色，大兴土木，追求享乐。于是司马乂与司马颙发兵包围司马冏的府第，两军展开大战，死尸遍地，最后司马冏被诛，党羽被夷灭三族。就这样，司马乂被升为太尉，掌握了兵权。

本来司马颙是想借司马冏的手杀掉司马乂，然后借这个机会声讨司马冏，没想到司马乂顺利得手。于是司马颙与司马颖联合起兵进攻司马乂，司马乂率兵迎战。这场战争延续了好几个月，死了几万人。这时司马越叛变，出卖了司马乂，将司马乂逮捕交给张方。张方因怨恨司马乂，将他活活烧死。

经过接连不断的几场厮杀，八王只剩下了三王，即司马越、司马颖、司马颙。这三王谁也不服谁，相互展开了最后的角逐。司马越攻打司马颖，结果大败，逃回封地，而司马颖又被王濬所杀，最后司马颙得以独揽大权。接着，司马越又兴兵攻打司马颙，结果司马颙被杀，大权又落在司马越手里。后来，司马越将惠帝毒死，立司马炽为帝。不久，司马越也病死。

八王之乱，从晋惠帝元康元年（公元 291 年）一直持续到晋惠帝光熙元年（公元 306 年），长达 16 年，死伤无数，洛阳、长安被洗劫一空，成为废墟。西晋从此一蹶不振，各少数民族政权兴起。

痴呆晋惠帝

晋惠帝司马衷是历史上有名的痴呆皇帝，虽然身为九五之尊的皇帝，他的一生却受尽了各种苦难和屈辱。

历史关注

在东晋王朝，王家几乎和司马氏平起平坐，所以当时流传"王马共天下"的说法。

晋惠帝司马衷是晋武帝司马炎的第二个儿子。杨皇后生了3个儿子，长子2岁就夭折了，司马衷成了理所当然的皇太子。司马衷从小就很愚笨，七八岁的时候还不认识几个字，怎么教也教不会。晋武帝总是怀疑像这样愚蠢的人能否继承自己的大业，多次有想废黜他的打算，朝中大臣也有许多人都委婉地劝司马炎废掉司马衷的太子身份。但是杨皇后却偏偏很喜爱这个蠢儿子，常常说自古以来，就是立长子作为太子。由于司马炎很宠爱杨皇后，所以一直没有将司马衷废掉。

司马衷成年后，司马炎开始替他物色对象，选择太子妃。当时有两家（卫瓘和贾充）的女儿竞选，杨皇后接受了贾充的妻子郭槐的贿赂后，在司马炎的面前极力称赞贾充的女儿如何美貌，又如何贤惠，把她夸得天花乱坠。晋武帝虽然没有亲眼见过两家的女儿，但对别人对他们两家的评价早有耳闻，晋武帝听了杨皇后的介绍后，连连摇头说："不行，不行。卫家的女儿有5项优点，而贾家的女儿有5处缺点：卫家的人贤德，而且子女多、人丁旺，卫家的女儿个个长得白净、身材修长；贾家的人喜欢嫉妒、好猜忌，后代不繁盛，贾家的女儿长得黝黑丑陋、身材矮小。两家比较起来，差距太大了，难道我们还要选择差的，舍弃优秀的吗？"但是杨皇后不依不饶，整天在司马炎耳边唠叨。司马炎只好去征询中书监荀勖、侍中冯紞的意见。这两个人都是与贾充私交很好的朋友，当然极尽所能地夸赞贾充的女儿如何美若天仙，又如何德才兼备。最后，几个人终于把司马炎说得动心了，同意选贾充的女儿贾南风为太子妃。贾南风比司马衷大2岁，性格机巧奸诈，嫉妒心特别强。司马衷娶了这么一个妻子，对她又爱又怕，完全被她玩弄于股掌。

晋武帝司马炎死后，太子司马衷继承了皇位，即晋惠帝，立贾南风为皇后。做了皇帝的司马衷的智力没有丁点起色，仍然像以前一样愚鲁痴呆。一次，他在华林园玩耍，突然听到池塘里的蛤蟆正欢快地叫着。司马衷就故作聪明地问身边的侍从说："你们说这叫的东西是为公事叫呢？还是为私事叫呢？"弄得身边的人个个哭笑不得。当时全国各地都在闹饥荒，许多老百姓都被活活饿死了，有人向惠帝报告此事，惠帝听了，却反问道："他们没有饭吃，为什么不吃肉粥呢？"

大家知道了他的愚弱后，都不把他这个皇帝放在眼里，权力逐渐被他手下的一帮小人掌握了。他也不知道怎么管理各个部门，因此政令经常出自各个不同的部门而不能统一发布。许多大臣官僚勾结起来，相互向朝廷推举自己亲信的人。贾后更是肆意妄为。她公开接受贿赂，总揽朝政，培植自己的党羽亲信，终于成为历史上有名的一代悍后。

等贾后被梁王司马肜、赵王司马伦、齐王司马冏合谋废黜杀害后，惠帝又辗转成为诸位王侯争权夺利的工具。

先有司马伦逼迫司马衷退位，自己做起了皇帝，将司马衷软禁在金墉城。等后来司马伦被其他王打败，他才得以恢复帝位。

司马衷虽然愚钝，但也是一个很有感情的人。晋惠帝永安元年（公元304年）七月，司马衷又随着司马越到荡阴与司马颖激战。司马越大败，丢下司马衷逃走。叛军的乱箭如雨点般地射过来，司马衷的面颊中了3箭，其他人纷纷作鸟兽散，只有侍中嵇绍奋不顾身地保护他。叛军向嵇绍一刀砍下去，鲜血溅在司马衷的衣服上。后来司马衷回到大营，侍从要他把脏衣服脱下来洗洗，司马衷悲怆到哭道："这上面有嵇绍的血，千万不要洗了！"

次年八月，司马颖被王濬军击败，司马颖

"富贵万岁"瓦当　西晋

中国大事记

公元 279 年，西北之乱始平，司马炎决定于十二月进攻吴国，史称晋灭吴之战。

于是带着惠帝从邺城撤往洛阳。回到洛阳，惠帝又被河间王司马颙部将张方劫持到长安，为司马颙所操持。

光熙元年六月，惠帝又被司马越挟持返回洛阳。当惠帝重新回到洛阳时，昔日繁华的洛阳城已经是一片衰草连天的凄凉景象，经过多年的混战，洛阳城早被洗劫一空。惠帝任命司马越为太傅，主持朝政。

就在这年十一月，惠帝吃麦饼中毒，在显阳殿驾崩。一朝帝王就这样结束了悲惨的一生。

一代悍后贾南风

贾南风是晋惠帝司马衷的皇后，西晋开国功臣及宰相贾充的女儿。贾充自魏朝时就受到司马昭宠信而当权，晋武帝能成为太子，贾充起了很大的作用，所以他更加受到晋武帝宠爱。贾南风的母亲郭槐极其凶悍妒忌，连贾充都很惧怕她。贾南风的性格像极了她的母亲，而且长得又矮又黑。

贾南风在 15 岁时，成了当时还是太子的司马衷的妃子。贾南风之所以能够在众多佳丽中脱颖而出而成为太子妃，并不是因为她本身有多么优秀，而是既依靠她父亲的权势，也利用了后宫复杂的人情关系。本来晋武帝在选太子妃时，并没有看中贾充的女儿，而是看中了司空卫瓘的女儿。可是贾南风的母亲郭槐四处活动，找关系，还贿赂了杨皇后说情。贾南风的父亲贾充利用自己宰相的地位，唆使一帮阿谀奉承的大臣在晋武帝面前极力夸赞自己的女儿如何优秀。在杨皇后和大臣们的坚持下，晋武帝也改变了初衷，将贾南风选为太子妃。

太子司马衷是个痴呆，晋武帝自己都怀疑选立他为太子是不是一个错误。大臣卫瓘更是多次暗示晋武帝将司马衷太子的身份废掉。晋武帝决定当着众臣亲自测试一下太子的能力。

一天，晋武帝设宴招待群臣，将事先准备好的一些问题密封起来，这些问题都是尚书卫瓘裁决不了的事情。晋武帝将这些问题送到东宫，让司马衷来处理。贾南风听到这个消息慌

了神，连忙找了个人替答。这个人在答题时引用了许多古义，贾妃看后，还是有点不放心，为了慎重起见，她又找来给使张泓一起商议。张泓看完别人代写的答案，摇着头说："太子没有学问，这是陛下很清楚的，他知道以太子的才能不能引用这么多的经义典故，肯定会发现他作弊的行为，那么太子将会错上加错了。"贾南风犯愁了，说："那怎么办才好？"张泓说："就依据提问，直接用通俗的口语来回答。"贾妃听了很高兴，对张泓说："你这就给我好好地答题，将来太子的地位保住了，有你享不尽的荣华富贵。"张泓当即根据司马衷的语气回答了所有的提问，司马衷照着抄了一遍，叫人送去。武帝看了很高兴，虽然词语不够文雅，但意思通顺，而且方法也比较好。武帝第一个拿给了卫瓘，卫瓘满脸羞愧，连忙表

·狗尾续貂·

司马懿的第九个儿子司马伦，与一个名叫张林的大臣密谋策划，玩弄阴谋诡计，篡夺了皇位。由于是靠这种手段当上皇帝的，司马伦整日忧心忡忡，害怕众人不服。为了笼络人心，扩大势力，巩固他的权位，就大肆地封官许愿晋爵。甚至连听差的奴役也给以爵位。像皇帝左右的侍中、散骑、常侍等一类高官，在当时的宫廷人事编制中一般只有 4 人，可司马伦当皇帝时竟达近百人。真是官职泛滥成灾！当时凡宫内高级官员的官服，都是统一式样。如帽子上都插着貂尾做装饰。不同官职，插的位置也有分别。侍中插在左面，常侍插在右面。可是，当时司马伦封的高官太多了，貂是珍稀的动物，无处去找那么多的貂尾，于是有人出了个高招，用狗尾替代。这样，不细看，还真分不出真假来。

这就是"狗尾续貂"这个成语的来源，原意是指官爵太滥，后来人们就用它比喻以坏续好，美丑不相称。多用来形象地揭示妄续他人文学作品，也有时用来表示自谦之意。

历史关注

东晋徐州都督府位于都城建康的东北，号为北府。

示歉意。大家都看出为消除卫瓘对司马衷的不满，晋武帝才出了这么一个计策。贾充当时也在场，事后秘密派人把这个消息告诉贾妃，并且说："卫瓘这老家伙差点毁了你！"

晋惠帝永熙元年（公元290年），司马衷即位，贾南风被立为皇后。由于晋惠帝的愚蠢软弱，贾皇后的权势欲不断膨胀起来。当时阻碍她篡权的绊脚石就是杨太后及其父亲杨骏。杨太后与杨骏父女俩对朝廷大权也是窥伺了许久。他们秘密修改遗诏，将辅政大权改为杨骏一个人，从而攫取了朝政大权。贾皇后当然不甘心大权旁落，她利用楚王司马玮的年轻气盛，将他召到京城带兵包围了杨骏的府第，将杨骏及其亲信一网打尽，处死了几千人。

贾后从此更加骄横跋扈。为了巩固自己的势力，她在朝廷安插了许多亲属和党羽担任重要的官职。她将自己母亲的堂兄弟贾模越级提升为侍中，相当于丞相的地位，表舅郭彰任命为右将军。她的侄子贾谧由于过继给了贾后，所以格外受宠，得以历任散骑常侍、后军将军、侍中等官职，并且可以随便出入禁廷，生活极其奢侈。

为了进一步篡权，贾后打起了皇室诸王的主意，一再对他们下毒手。他先借楚王司马玮之手诛杀了司马亮，同时乘机杀了与她有过怨隙的卫瓘及其子孙一共9人。接着，贾后又反咬一口，说楚王司马玮诈称皇帝命令，擅自诛杀大臣，派人将司马玮杀死。

从此以后，贾皇后便独揽大权，重用亲族。由于贾后没有儿子，谢淑媛生的司马遹就被封为太子。贾后就用棉絮把自己的肚子垫得隆起来，谎说自己怀孕，暗中将妹妹生的婴儿韩祖慰抱进宫来，说是自己生的。为了让自己"儿子"承袭帝位，她又逼迫惠帝将太子遹废掉，并处死了太子的母亲谢淑媛。

多行不义必自毙。贾后的倒行逆施激起了朝廷大臣和诸王的怨恨。右卫督司马雅，右军将军、赵王司马伦，翊军校尉司马冏等合谋，假称惠帝的召令，率领士兵突然进入宫中捉拿贾谧。正要诛杀贾谧时，贾谧大声呼叫贾后求

救，贾后闻讯赶过来，看到齐王司马冏，感到事情不妙，吃惊地问："你为什么来这儿？"司马冏说："有诏令要逮捕你。"贾后说："诏书应该从我这儿发出，你们哪里来的诏书？"说着贾后跑出门口，远远地向惠帝求救。惠帝又哪能救得了她？贾后心有不甘，问司马冏说："是谁谋划这件事情的？"司马冏说："是梁王和齐王。"贾后这才无比悔恨当初没有将司马氏斩尽杀绝，以致留下祸患，她恶狠狠地说："系狗应该系狗的脖子，我却系住了狗的尾巴，反倒被狗反咬了一口，哪能不落到这个下场呢？"

贾后被废黜为平民，囚禁在建始殿。贾后的亲信党羽全部被处死。一代悍后，终于自食其果。

李特的流民大营

东汉末年，少数民族氐人李氏从巴西宕渠去依附张鲁，后又率领500多家归附魏武帝，被授予将军的职位，迁移到略阳（今陕西略阳县）以北地区定居，称为巴氐。

李氏的孙子李特、李庠、李流，都是文武双全的人，擅长骑马射箭，性格仗义，好打抱不平，当地许多与他们志同道合的人都乐意归附他们。

晋惠帝元康六年（公元296年），氐族人齐万年造反，连年混战。元康八年（公元298年），关中地区闹了一场大饥荒，连年庄稼不熟，略阳、天水等6个郡的十几万流民逃荒进入了汉川。李特兄弟也跟着这些流民一起逃荒。一路上，处处可以见到有流民饥饿的、生病的。李特兄弟经常救助保护这些流民。流民非常感激、敬重李特兄弟。

这些流民到了汉中以后，散布于梁州、益州等地。由于蜀地土地肥沃，粮食比较充足，人口相对较少，所以流民靠着给富人家帮工，基本上能够解决吃饭问题。

但是西晋朝廷却要将这批流民赶回汉中，还专门派遣了有关官吏监督执行。

当时中原地区刚刚发生过变乱，这些流民回去根本没法生活。李特多次向官府请求留下流民，流民们都感激他，信任他。许多人携带家属归附李特，而李特就在绵竹设置了大棚帐来安置流民。归附李特的流民越来越多，仅仅一个月的时间，他就收容了2万多流民，李特的弟弟也聚集了几千个流民。

李特又派阎式去见益州刺史罗尚，重新确定期限，缓期遣送流民回原籍。阎式看到罗尚正组织人马在要害地段营建栅栏，图谋拘捕流民，感叹地说："现在流民的人心还不稳定，就这样急着遣送他们回去，看来一场变乱将要发生了。"阎式又得知罗尚手下的辛冉等人坚决遣送流民回去的态度不会改变，于是向罗尚告辞。

罗尚假惺惺地对阎式说："你就回去告诉那些流民，说我同意放宽期限了。"

阎式警告他说："您受奸人蒙蔽，恐怕不会放宽期限。老百姓虽然地位卑微弱小，但是你不能轻视他们，不要引起众怒，到那时你恐怕就不好收场了。"

罗尚连连点头，满脸奸笑，说："是的，是的，我不会欺骗你的，你走吧！"

阎式回到绵竹，对李特说："罗尚虽然口口声声地说放宽期限，但是不可信。为什么呢？罗尚的威信和势力、刑法都还没有确立，手下的辛冉等人都各自把持着强大的兵力，一旦辛

持盾武士俑　西晋

冉他们要变乱，也不是罗尚能够制服的，我们应当做好充分的准备。"

李特认为阎式说得对，采纳了他的意见。

晋惠帝永宁元年（公元301年）十月，李特把流民分成两个部分，李特驻扎在北营，李流驻扎在东营，准备好铠甲和兵器，做好了抵御晋军的准备。

不出所料，晋兵果然前来攻打李特的大营。李特早就得知消息，并做好了充分的准备。他故意假装不知道敌情，按兵不动。晋将以为李特中计了，出动全体士兵一齐进攻李特的大营。3万晋军进到大营的一半时，突然听见四面八方响起了震耳欲聋的锣鼓声。预先埋伏在大营里的流民个个手持长矛大刀呼喊着冲杀出来，个个勇猛无比，早就把没有防备的晋军吓得手脚发软。流民见了晋军就杀，把晋军杀得丢盔弃甲，四处逃窜，不少晋将也在混战中丢了脑袋。

流民们知道自己杀害了晋兵，朝廷肯定不会放过他们，于是6郡的流民一致推举李特为镇北大将军。李特任命弟弟李流为镇东大将军，镇守统领一方，又任命哥哥李辅为骠骑将军，弟弟李骧为骁骑将军，一同进军攻打广汉。一路上势如破竹，晋军大败，流民的军队占拒了广汉。

当时罗尚非常恐惧，写信向阎式求救，阎式回信说："我以前跟你说过有关处理流民问题的办法，可是你们就是不听。你们对待流民过于严厉苛刻，就是走投无路的鹿也会拼死与强大的老虎搏斗，流民也不会答应伸着脖子让人宰割，所以最终导致了这场变乱。假如你当初接受了我的意见，放宽期限使流民能够从容整理行装，九月份一过去，就能够把流民全部聚集在一起，十月份就可以让他们上路，回到故乡，又怎么会落到今天这个地步？"

李特进入了蜀地，对当地老百姓遍施恩惠，取消劳役，赈济穷苦百姓，尊敬贤能的人，提拔怀才不遇的人为官，整顿军队，政务井然，蜀地的老百姓都非常高兴。罗尚多次被李特击

败，后来就一面派使者与李特求和，一面暗地里勾结当地的豪强势力，围攻李特，最后李特战败。李特死后，他的儿子李雄领导流民继续与朝廷对抗。

晋惠帝永兴元年，李雄自称皇帝，国号大成。后来李雄的侄儿李寿改国号为汉，历史上又称"成汉"。

周处悔过自新

孔子说过："过则勿惮改。"意思是说，犯了错误，就不要害怕及时改正。一代名将周处就成为改过从善的榜样。千百年来，他除三害悔过自新的故事一直流传，不断给后人以新的启迪。

周处生活在西晋时代，他的父亲周舫担任过吴国鄱阳太守。周处十八九岁的时候，长成了一个高大的汉子，有惊人的臂力，是个远近闻名的大力士，一般十几、二十人根本不敢靠近他身边。因父亲去世比较早，没有人管教，他变得不爱读书，喜欢喝酒，经常打架闹事。他还喜欢打猎，任意破坏老百姓的庄稼。当时乡里人对他是又怕又恨，但又不敢把他怎么样，只好远远地躲避他，尽量不招惹他。周处是一个不拘小节的武夫，虽然干了许多坏事，给乡里人带来了许多祸害，但他自己并不是恶意的，只是自己一直没有意识到。后来他发现大家都远远地躲避他，不愿意与他交往，觉得很无聊，也很疑惑不解。

有一个丰收的年头，周处出去游玩，看到大家在地里干活，主动走过去跟大家打招呼，可是大家见了他，皱着眉毛，远远地跑开了，只有一个老人没有来得及躲开。周处很恭敬地向老人作了一个揖，说："老人家，今年风调雨顺，是个难得的丰年，可是大家怎么还是闷闷不乐的呀？"老人深深地叹了一口气，说："你不知道呀，这三害不除，哪来的出头之日呀？"周处问道："两害指的是南山上的白额老虎和长桥下的蛟龙，另一害是什么呀？"老人说："另一害就是你周处呀。"周处听了，心里难过极了。

他诚恳地对老人说："老人家，你去告诉大家，我一定能够替乡里除掉这三害。你们不要再忧虑。"老人说："如果你能够除掉这三害，那可是我们乡里的一件的喜事，全乡人都会对你感激不尽的。"周处没再说什么，神色凝重地转身向老人告辞。

第二天，周处肩上扛了一袋干粮，手里挽着一张大弓，只身走进南山寻找白额老虎。南山高树丛生，阴森森的，仰望不见天空。周处小心翼翼地搜寻，走到半山腰时，突然听到老虎一声长啸，惊天动地。要是一般的人，早就吓得魂飞魄散了。周处身上顿时一阵寒栗，但一想到要为乡里人除害，很快镇定下来了。他寻着老虎喊叫的声音蹑手蹑脚地走过去，只见密林深处一只吊睛白额猛虎，身长一丈多，张牙舞爪，威风凛凛，向周处藏身的树下扑来。显然，它凭着敏锐的嗅觉，已经闻到了生人的气味。周处眼疾手快，左手持弓，右手搭箭，使出平生力气，向猛虎的要害处射去，一箭正中猛虎的左眼。猛虎顿时鲜血直流，疼得在地上翻滚，咆哮不已。周处赶忙再抽出一支箭，直射猛虎的喉咙。猛虎痛苦地抽搐一阵，倒下了。周处确定猛虎已经没有气息，确实已经死去，才拖着疲乏的身子回家。

乡里人听说周处杀掉了白额老虎，确实高兴了一会儿，可是很快又犯愁了——还有两害没有除掉。

休息了几天，周处又带了一把锋利的匕首，来到长桥。只见桥下水流湍急，一片浑浊。果然是蛟龙在水中肆意翻滚。周处定了定神，决定下水与蛟龙搏斗一番。于是他脱掉上衣，手握利刃，一跃跳入水里。蛟龙以为又是送上来的口中食物，非常高兴，向周处迎过去。周处纵身一跃，骑在了蛟龙的背上，左手紧紧地抓住蛟龙的身子，右手举起匕首向蛟龙的头顶狠狠地砍去。可是蛟龙的鳞片很厚，骨头太硬，没能砍下来，只是疼得在水中乱扑腾，血水把河面都染红了。蛟龙带着周处，也不知道游到哪里去了，一连好几天，也不见蛟龙和周处回来。大家都猜想蛟龙与周处两败俱伤，都死了。

这样岂不更好？一下子就除掉了所有祸害。于是大家都手舞足蹈，鸣鞭舞狮，庆祝乡里终于除掉了三害。人们正高兴庆祝的时候，周处回来了。原来，蛟龙因受伤痛得游了好几十里外，终于因失血过多死了。这时，周处才真正知道大家对自己厌恶到这种程度了。于是辞别大家："我周处多年来连累了大家，现在祸害已经除掉，乡亲们从此可以安居乐业。我周处也要从此告别。"说完，周处准备出外求学，磨炼操守和德行。

当时最有学问的人是吴郡二陆：陆机、陆云两兄弟。他们是原吴国名将陆逊的儿子，不仅学问渊博，而且品德高尚，受到世人的尊重。周处于是去拜访二陆。见到二陆，周处向二陆详细地叙说了自己的身世经历和求学的原因。周处悔恨地说："我想痛改前非，重新做人。只是年纪已经不小了，不知道是否还来得及？"二陆见周处本质善良，只是不懂礼节，才犯下了许多错误，于是鼓励他说："古人说过'朝闻道，夕死可矣'，能够认识自己的错误，有决心改正，什么时候学习都不晚。"周处听了，幡然醒悟，从此立志笃学，跟着二陆潜心学习，品德和学业都进步迅速。一年后，当地官府就征聘他做官。

晋惠帝时，周处担任了御史中丞。他为官清正廉洁，检举官吏的过失、罪状，不回避有权势的皇亲国戚。梁王司马肜曾经触犯法律，周处审查并揭发了他。梁王司马肜非常忌恨他，一直想借机报复。晋惠帝元康六年（公元296 年），惠帝任命周处为建威将军，隶属于安西将军夏侯骏和梁王司马肜，去讨伐氐族人齐万年，平定叛乱。梁王司马肜乘机劝惠帝让周处担任前锋，痴呆的惠帝当然不知道司马肜的诡计，便答应了。于是周处担任前锋，率领5000 人攻击 7 万敌军。这次战斗从早上一直打到晚上，周处斩杀了大批敌军，直至弹尽粮绝，司马肜也没有派来一兵一卒支援。周处只好孤军奋战，直到战死。

周处改过自新，成为一代忠臣。他虽然被奸臣害死，但终于能够名垂青史。

清谈家王衍

西晋的知识分子，崇尚老子、庄子，喜欢谈玄。何曾、山涛、王戎、王衍等人就是这类知识分子的典型代表，而清谈家王衍尤为突出。

王衍出身显贵，他的家族则是西晋赫赫有名的世家。他的堂兄王戎是朝廷的重臣，同时也是一个大名士，他的弟弟王澄在当时也很有名。王衍有两个女儿，一个女儿是太子遹妃，另一个女儿嫁给了当时独揽大权的贾后的侄子贾谧。王衍一生可谓官运亨通，他做过太子舍人，历任黄门侍郎、尚书令、中书令、尚书仆射、司空、司徒、太尉，威势煊赫。那些妄想升官发财的士人都把他当成了榜样。

小时候的王衍，长得非常聪明秀美。当时山涛见到了他，忍不住赞叹了很久，说："什么样的妇人，生下了这样漂亮的孩子！但是将来害天下百姓的人，未必就不是这个人。"王衍身居高官显贵，如此出名，并非因为他有多大的政绩，主要是他的清谈，不关心政务。王衍和他的弟弟王澄，还喜欢评论人物并定其高下，当时的人们都把他们的评价作为标准。

· 杯弓蛇影 ·

晋朝乐广是有名的清谈家，他有个好朋友已经有许多日子不到家里来访谈了。有一次乐广在路上遇见了他，问他长久不来的原因。那人答道："上一次在您家，承蒙您请我喝酒，我正想喝，忽然见杯中有一条蛇，害怕极了，喝完回家后就生了一场大病，所以不敢再来。"乐广知道后，就再次请他，在同一座位上让他喝酒。然后问道："你在酒中还见到了蛇吗？"客人答："仍见到蛇，和以前一样。"乐广告诉他，这是因为屋角上挂了一张弓，它的影子照在杯子上的缘故。客人知道了事实真相，心情豁然开朗，病也就好了。后来把"杯弓蛇影"比喻成疑神疑鬼、妄自惊慌。

历史关注

王衍的一生，完全可以用自私自利4个字来概括。

晋惠帝元康九年（公元299年），宫廷发生了太子司马遹被害的事件。当时贾后没有生儿子，惠帝就将谢淑媛的儿子司马遹册立为皇太子。贾后嫉妒心极强，对司马遹恨之入骨，一心想除掉他。贾后到处

三男议事图

宣扬太子的短处，谎称自己怀孕，还煞有介事地在宫里准备了各种各样的接生工具，用棉絮把自己的肚子垫得隆起来，秘密地把自己妹妹刚生下来的韩祖慰接过来抚养，说是自己亲生的。接着贾后又想出了一条毒辣的计策，支使人将太子遹灌醉，趁他神志不清的时候，将一份秘密谋反的信要他抄写，然后拿着这封信向惠帝告发，要惠帝将他杀了。惠帝犹豫不决，于是召来群臣商议，可是群臣意见不统一，迟迟没有决定下来。贾后又让董猛向惠帝假传长广公主的话："这件事应当尽快做个决断，如果大臣有反对意见的，就按军法处置。"可是张华等大臣态度非常坚决，贾后怕发生变故，于是逼迫惠帝将太子司马遹贬黜为平民。就这样，太子终于被废掉。王衍的女儿嫁给了司马遹，算起来还是司马遹的岳父。可是王衍为了自保，不但不为自己的女婿申辩或者说句公道话，反而连忙向惠帝上书请求让女儿与太子司马遹离婚。

继贾后的宫廷政变后，接着又发生了八王之乱。晋惠帝永安元年（公元304年），成都王司马颖率军攻进洛阳，掌握了大权。王衍却在这个时候接连升迁，从中军师一直升到尚书仆射，后来又做了尚书令、司空、司徒，累居显职。

王衍虽然身居要职，但一点也不考虑国家的安危，满脑子想的都是如何巩固自己的既得利益。当东海王司马越攫取了朝政大权的时候，

王衍乘机对司马越说："现在朝廷局势混乱，全靠地方支撑，所以一定要选择可靠的、能够担当重任的能臣到各地方担任长官。"司马越沉吟了一会，说："你说得很对，那么你认为可以派谁去呢？"王衍见司马越中计了，心里暗自高兴，说："王澄是大名士，可以让他担任荆州刺史；王敦声望也高，可以让他担任青州刺史，一旦发生变乱，南方和北方都有援助了。"司马越接受了他的意见。这时的王衍好不得意，要知道，这王澄可不是别人，而是自己的亲弟弟，而王敦也是自己的堂弟。王衍毫不掩饰地对即将赴任的王澄和王敦说："荆州有长江、汉水的天险，青州有背靠大海的险要，都是进可攻、退可守的稳固基地。你们二人在外面，而我坐镇朝廷，足以形成狡兔的3个窝了。"可是王澄上任后夜以继日地纵情喝酒，根本就不把政事放在心上，即使有像盗贼进犯的紧急军情，他也置之不理。

后来宰相司马越专权引起朝廷的不满，怀帝决定征讨司马越。司马越忧愤成疾，把后事托付给王衍。不久司马越去世，大家共同推举王衍为元帅，而王衍却不敢接受，推辞给襄阳王司马范，可司马范也不敢接受。

虽然有三窟，但王衍还是难免一死。

当时，汉国羯族人石勒率领轻装骑兵追击太傅司马越的灵车，在苦县宁平城将晋朝军队击败，又放开骑兵包围并用弓箭射击，10多万晋朝官兵互相践踏，死尸堆积如山。王衍等

中国大事记 | 公元301年，赵王伦自立为帝，改元建始，惠帝退位为太上皇。

一大批王公大臣被俘虏。

石勒质问王衍："晋朝怎么这么混乱？"王衍争辩说："我从小就没有当官从政的愿望，从来就没有参与朝廷的事务，这些计策也不是我出的。我实在是身不由己呀。"

"现在晋朝大乱，快要灭亡，将军是盖世英雄，何不早早称帝，我王衍怎么说也是晋朝一大臣，有我的扶助，定能干一番大事业！"

石勒将桌子一拍，指着王衍说："你年轻的时候就爬上朝廷的高位，名扬四海，居然还有脸说自己没有当官的欲望？晋朝乱成现在这个样子，难道说你没有责任吗？"说着命人将王衍拖下去。后来，王衍被石勒手下的士兵用推倒的墙压死了。

耙地图砖画　晋

嘉峪关魏晋墓室壁画中的耙地和耱地的内容，是迄今所知我国使用耙耱农耕技术最早的形象资料。图中，农夫站在耙上，左手扬鞭，右手执缰绳，驱动二牛拉耙碎土。

长沙桓公陶侃

从晋惠帝延续了16年的"八王之乱"开始，到后来的匈奴人刘渊、刘聪、刘曜相继入侵，接着是羯族贵族主石勒之乱，直到东晋内部的王敦叛乱、苏峻叛乱，这短短的几十年间，真是战乱频繁，民不聊生。陶侃就生活在这个中国社会最动乱、最黑暗的年代。青年时代的陶侃就抱着以天下为己任的理想和抱负，凭着坚强的毅力和严谨的作风，从一个小小的县官升任为太尉、大将军，还被封为长沙公，成为与祖逖齐名的国家栋梁，为东晋王朝多次平定叛乱屡建奇功。而这一切，跟他办事果断，雷厉风行，严于律己，宽于待人，长期坚持个人道德情操、意志毅力的修养是分不开的。

晋愍帝建兴三年（公元315年），陶侃虽然在平定荆州时立了大功，消灭了大贼寇，王敦反而将他降职为广州刺史，让自己的堂弟担任了荆州刺史。后又怀疑陶侃指使郑攀攻打自己的堂弟，因而几次想杀掉陶侃。陶侃毫无惧色，表情严肃地对王敦说："您雄才大略，善于决断，应该能够决断天下的大事，为什么现在这么犹豫不决呢？"说完头也不回起身向厕所走去。王敦于是放弃了猜疑，安排了丰盛的宴席为陶侃钱行。陶侃连夜出发，直接进发广州。

但当时王机与杜弘以及广州将温邵、交州秀才刘沈已经占据了广州，广州所辖的各郡县也都投降了王机。陶侃快要抵达广州时，许多人都认为现在不能轻率行动，应当观察形势。可是陶侃根本不听，直接就来到了广州。

杜弘为了对付陶侃，就派使者假装投降。陶侃一眼就看穿了他的阴谋，带兵攻打杜弘。结果，杜弘战败，刘沈也被抓。后来，陶侃又派遣督护许高讨伐王机，结果王机在路上病死。许高挖出他的尸体砍下脑袋。部将们请求乘胜攻打温邵，陶侃笑着说："我的威名已经显示出去了，难道还需要再派兵吗？如今我只需要写一封信就完全可以平定了。"于是给写了一封信给温邵送去。果然温邵早就闻风丧胆，落荒而逃，陶侃的军队在始兴抓获了温邵。后来，杜弘也投降了，广州终于平定了。

陶侃担任荆州刺史时，荆州的男女百姓互相庆贺，从南陵到白帝，几千里的管辖范围内路不拾遗，老百姓们安居乐业。

陶侃一生无论是行军打仗，还是处理政务，都恪守两个字：一是"严"，一是"恒"。

陶侃对自己要求很严格。他每次带兵打仗，凡有缴获，都分给士卒，自己分毫不取；冲锋陷阵，则身先士卒，义无反顾，因此将士无不忠心效命。陶侃处理政事，极其谨慎认真。他每天并膝端坐，一丝不苟地仔细地审阅公文，大事小事，无一疏露。即使再忙，所有的公函，也从来不让人代写，必定亲自答复，而且从不积压。陶侃常常对属下说："像大禹这样的圣人，还珍惜每一寸光阴，更何况是我们的普通

历史关注

士族在魏晋、南北朝时期泛指世代为大官高爵的家族，又称世族、高门，以严格区别于庶族。

人。一个人，如果活着对国家和社会没有一点贡献，死得也悄无声息，这简直是自暴自弃！"陶侃从不随意收受别人的礼物，如果有客人给自己送礼，他只收那些客人自己劳动所得的土产等，即使价值很低，他也很乐意接受，而且还礼时的物品价值通常都是自己接受礼品价值的 3 倍。一旦他发现客人送的礼品不是从正道上来的，不但拒不接受，还会把客人痛骂一番。

陶侃能够严于律己，对属下要求自然也很严格。一次，他看见属下聚集在一起喝酒、赌博，陶侃看见了，将头领恨恨得鞭打一顿，斥责他们说："赌博这种游戏，是那些不务正业的人玩的！这些东西华而不实，正人君子怎么能够蓬头垢面，玩物丧志，还自以为洒脱？"

还有一次，陶侃出去散步的时候，看见有人手里拿着一把没有成熟的稻子。陶侃叫住他，问他："你手里拿着稻子干什么？"那个人说："我只是路过稻田，顺手摘了一把玩玩而已。"陶侃立即涨红了脸，把那个人狠狠批评了一顿，并命令手下将那个人捆起来鞭打了好几十下。陶侃还鼓励百姓辛勤耕种，所以在他管辖的范围内，家家粮食充足。

陶侃也很注意培养属下节俭的好习惯。一天，士兵们在江边上造船，陶侃让大家把剩余的木屑和铁钉捡起来收好，大家都感到疑惑不解，也不知道陶侃要用它们干什么。后来下了一场大雪，议事厅里积满了残雪，陶侃命人将藏起来的木屑铺在地上，大家行走十分方便。许多年以后，桓温准备讨伐蜀地，需要建造战舰，陶侃藏的竹钉子居然发挥了很大的作用。这时大家才明白陶侃的用心良苦。

除了这种严格谨慎的作风外，陶侃还有宽宏大量的一面。

晋成帝咸和三年（公元 328 年），陶侃率领士兵到达浔阳。大家都说陶侃准备诛杀庾亮向天下人谢罪，庾亮心里很害怕，便采用了温峤的建议，去见陶侃叩拜谢罪。陶侃大吃一惊，制止他说："庾元规（即庾亮）竟然要来叩拜我吗？叫我怎么担待得起？"庾亮主动承认自己的错误，态度非常诚恳，陶侃笑道："您

·侨 置·

西晋永嘉之乱以后，由于北方战乱频繁，各少数民族统治者肆意烧杀掠夺，那里的汉族人民纷纷越淮渡江，南下避乱。据统计，北方人口迁到南方总数90万余，南方人口有六分之一为北来的侨民。如何处置好这一大批北来侨民，关系到东晋政权的稳定与巩固。东晋政府对这部分人采取了侨置郡县的办法，即在地广人稀之处立侨州、侨郡、侨县，让北方人集中居住，仍沿用北方原籍地名。侨州郡县的官吏仍由北方人士担任。侨人不入当地户籍，与当地土著人所区别，而且享有免除赋役的优待。

当年修石头城来对付老夫，今天反倒要来求我吗？"随即和他谈笑，并盛情宴请他。为了国家大事，陶侃完全忘记自己的私人恩怨，尽释前嫌，与庾亮、温峤一同赶赴建康征讨苏峻叛贼。

陶侃做到长沙桓公的时候已近晚年，为晋朝立下了卓越功勋。他深知物极必反的道理，主动要求功成身退，不再参与朝政，多次请告老还乡，官吏们都苦苦相留。晋成帝咸和九年（公元 334 年）六月，陶侃病重，上表请求辞去所有的职务。陶侃将后事托付给右司马王愆期，授予其都护官职，统领文武百官。不久，陶侃去世。

陶侃去世后，尚书梅陶评价他说："陶公做事的果断明智像曹操，忠诚勤劳像诸葛亮，是陆抗这些人无法相比的！"当时的名相谢安也说："陶公虽然严厉，但也有宽容的一面。"

西晋灭亡

晋愍帝建兴四年（公元 316 年）八月，汉大司马刘曜进逼长安。

不久，刘曜就攻陷长安的外城，麹允退到内城自守。长安城内与外界断绝了联系，城里的人由于断绝了粮食来源，非常饥饿，以致一

中国大事记

公元 302 年，成都王颖及河间王颙派军讨伐齐王冏，长沙王乂联合宫廷将领于京城洛阳响应。

斗米能卖到二两黄金，人吃人的现象时有发生。城里人死了一大半，士兵逃走了也无法阻止，只有 1000 凉州人，死守不撤退。京城粮仓有几十个麦饼，麴允把饼磨碎做成粥给晋愍帝喝，可是不久也吃完了。

愍帝哭着对麴允说："现在穷困到这种地步了，外面又没有来救援的，我们应该忍受耻辱向他们投降，让城里的士兵、百姓活命。"接着他又叹息地说："耽误朕大事的，是麴允和索綝两个人！"愍帝派侍中宗敞把写好的投降书献给刘曜。索綝秘密地留住宗敞，并派遣他的儿子对刘曜说："现在城里的粮食还足够维持一年，是不容易攻克的，如果您允诺索綝车骑仪同、万户郡公，那我们就请求献城投降。"刘曜当即把索綝的儿子杀了，送回尸体时说："帝王的军队，按照道义行事。我领兵 15 年，还从来没有靠诡计去打败对方，必定是竭尽全部兵力战斗到底，然后占领该地。现在如果真像索綝的这种情况，那就是他们内部不统一，以致互相攻击杀戮。如果军中的粮食确实还没有吃完，就可以努力坚守；如果城里的粮食用尽了，兵力衰竭了，也应该早点明白上天的旨意，早早出来投降。"

不久宗敞赶到刘曜的军营里声明投降，然后愍帝乘着羊车，袒露臂膀，口衔玉璧，用车拉着棺材从东门出城向刘曜投降。群臣号啕大哭，登上车去拉愍帝的手，愍帝也悲痛不已。御史中丞冯翊吉朗叹息说："我的才智不能为国家出谋划策，勇力不足以为国家战死，怎么能够忍受君主与臣子一起侍奉贼寇！"于是自杀。刘曜接受了愍帝的投降，让宗敞把他送回宫中。

刘曜把愍帝以及公卿大臣们迁移到自己的军营里，不久就把他们送到平阳。汉主刘聪来到愍帝的住处，愍帝赶紧出来迎接，见了他向前行稽首礼，俯首称臣。麴允见了趴在地上痛哭，扶都扶不起来。刘聪大怒，把他囚禁起来，结果麴允自杀了。

刘聪任命愍帝为光禄大夫，封他为怀安侯。并任命大司马刘曜为假黄钺、大都督，主管陕西的军事，又任命他为太宰，封为秦王。接着刘聪宣布大赦，改年号为麟嘉。根据麴允的忠烈，刘聪追赠他为车骑将军，谥号为节愍侯。索綝对皇帝不忠，出卖愍帝，在长安被斩首。

长安被攻陷后，晋国大将张寔与韩璞等忠义之士仍然进行顽强抵抗。

晋元帝建武元年（公元 317 年），张寔派遣太府司马韩璞、抚戎将军张阆等人率领步兵和骑兵总共 1 万人马向东阻击汉军，命令讨虏将军陈安、安放太守贾骞、陇西太守吴绍各自统领本郡兵马为前驱。又给丞相司马保送去一封信，信上写道："晋王室遭遇了灾难，我没有忘记投身报效国家。以前曾经派遣贾骞看先生的举动行事，连连接受符命，诏书命令贾骞撤回军队。不久就听说敌寇进逼长安，麴允携带 500 两黄金向胡崧求救，可是他却仍然屯兵不前，于是我决定派遣贾骞等人翻山越岭进军援救。听说朝廷已经倾覆，尽忠报效祖国的愿望没能实现，心中感到无限伤心悲痛，至死也感到很遗憾，自责不已。现在我又派遣韩璞等人，一切听从您的调遣和安排。"可是韩璞的军队始终不能向东前进，只好退回来。

等退到南安，韩璞被许多羌人部族截断了退路。双方对峙了 100 多天，韩璞军队的粮食吃完了，作战用的弓箭也用尽了。韩璞杀掉拉车用的牛来犒劳士兵，哭着对他们说："你们想念家里的父母吗？"士卒都回答说："想念。"韩璞接着问："你们想念家中的妻子儿女吗？"士卒都高喊："想念。"又问："那你们想活着回去吗？"士卒都激动地回答："想。"韩璞又问："愿意听从我的命令吗？"士卒齐声高喊："愿意。"于是擂鼓呐喊，冲向敌军。适逢张阆率领京城的援兵赶到了，夹击羌人，杀了几千羌军。

长安失陷以前，民间曾经流传着这样的话："秦川之中，血流没腕，唯有凉州倚柱旁观。"等到汉兵攻陷关中，氐族、羌族攻夺了陇右，雍州、泰州的人民十有八九死亡，唯独凉州安然无恙。

历史关注

士族在东晋及南朝时势力鼎盛。他们占有大量土地和劳动力，世代享有政治、经济等各方面特权。

刘渊重建汉国

如果说八王之乱削弱了西晋的政权，那么匈奴人刘渊就是西晋的直接掘墓人。

刘渊是匈奴贵族左贤王刘豹的儿子，从小就好学，才能出众。他拜上党儒生崔游为老师，广博地学习各种儒家经典著作。刘渊还喜欢阅读各种史书。有一次，他和同学谈论起历史人物时说道："我每次读《史记》、《汉书》，常常为随何、陆贾、周勃、灌夫这些人感到羞愧。随何、陆贾能文不能武，周勃、灌夫能武不能文。一个人要干一番事业，应文武兼备。不管有哪一方面的缺陷，都让人觉得遗憾。随何、陆贾有幸与汉高祖一起建立帝王大业，却不能建功封侯，周勃、灌夫生在汉景帝以文治国的时代，却不能兴办学校，重视教育，这难道不可惜吗？"

刘渊认真学习文化知识的同时，也学习武术，武艺精湛。他魁梧高大，力气特别大，还擅长射箭，是一个文武全才。

三国魏元帝的时候，刘渊作为匈奴部落的人质被送往洛阳。晋朝建立以后，王浑与儿子王济都很器重刘渊，多次向晋武帝荐举他。晋武帝就召见刘渊，并与他交谈，非常喜欢他。王济主张朝廷应当予以他重任，可是却遭到更多朝臣的极力反对，认为他是匈奴人，是"异类"，不会对汉族人建立的朝廷忠心，反而会成为祸害。于是晋武帝最终没有任用刘渊。

刘渊与家世承袭二千石俸禄的东莱人王弥关系很好。有一次，刘渊伤感地对王弥说："王浑和李熹因为我是他们的同乡，所以才了解我。他们经常向皇上荐举我，可是朝臣们却不能容纳我，极力排斥我，这恰恰是我忧虑的。"说着不由得落下眼泪。

匈奴人黄金铠甲

父亲刘豹去世后，刘渊继承了父亲左部帅的职位，后来晋武帝又任命他为北部都尉。刘渊努力推行法治，打击邪恶势力，轻视钱财，恤贫济苦，以诚待人，在匈奴五部中树立起崇高的威望，吸引了幽州、冀州的许多汉族不得志的知识分子去投奔他。

晋武帝司马炎死后，他的白痴儿子司马衷即位，相继发生了贾后的宫廷政变和八王之乱，晋王朝的局势一片混乱，刘渊认为起兵的时机成熟了。

晋惠帝永安元年（公元304年），刘渊的堂祖父右贤王刘宣与他的族人密谋说："自从汉朝灭亡以来，我们的单于也只是徒有虚名，连一寸土地都没有，其他的王侯都沦落到跟平民百姓没有任何区别了。如今我们的族人虽然衰落，但也还有2万多人，怎么能够俯首帖耳地充当别人的奴隶而虚度了一生呢？左贤王刘渊是天下少有的英雄豪杰，这是上天不想让我们匈奴族衰败呀！现在司马氏几个兄弟互相残杀，天下乱得像壶里烧开的沸水，这正是上天赐给我们光复祖宗事业的大好时机！"族人纷纷响应，共同推举刘渊为大单于。

刘渊到达左国城后，刘宣等人给他奉上大单于的称号，20天之内，有了5万人跟随他起兵反晋，刘渊于是建都离石县。同年十月，刘渊将都城迁移到左国城，胡人、晋朝人归附他的更多了。刘渊对臣下说："过去汉朝能够长久地拥有天下，是因为恩德和仁义。我是汉皇室刘氏的外甥，是兄弟关系，现在我的哥哥亡故了，我这个做弟弟的应当继承汉王的位子，有什么不可以呢？"于是刘渊建立了汉国。

但是刘渊辛辛苦苦地打下的一片江山只维持了短短的10多年时间。刘渊死后，太子刘和继承了帝位。但刘和生性多

中国大事记 | 公元304年，匈奴贵族刘渊称大单于。

疑，喜欢猜忌，对待属下非常苛刻残暴，几个心怀鬼胎的大臣怂恿他诛杀其他几个兄弟，于是刘渊的第四个儿子刘聪起兵杀了刘和，夺取了皇位。刘聪骁勇超人，博览经史典籍，善于写文章，能使用三百斤张力的大弓，并结交了京都许多名士。尽管刘聪才能出众，但是还是抵不住权势、色欲的诱惑，生活荒淫腐化，竟然私通刘渊生前的单后，又将太保刘殷的2个女儿4个孙女同时收进宫去，以致游乐无度，荒废了国事。

刘聪死后，太子刘粲即位。但是刘粲还没有坐稳皇帝的位子，就被野心家靳准杀害了。刘渊生前抚养的刘曜闻讯从长安赶来，在赤壁自称皇帝。太兴二年（公元319年）六月，刘曜知道"汉"国的旗号已失去对汉人的号召力，改国号为"赵"，这就是历史上的"前赵"。

刘渊兴建的汉国在历史上只存在短短的16年，便像流星划过般匆匆地陨落了。

石勒建立后赵

西晋时期，匈奴人刘渊建立了汉国。刘渊死后，刘渊的养子刘曜发动政变夺取了帝位，改国号为赵，史称前赵。与刘渊同时代的羯族人石勒也继刘渊建立汉国后创建了赵国，史书上为了把两个赵国区分开，将石勒建立的赵国称为后赵。

石勒是一个出身贫苦的羯族青年，和历史上的许多英雄人物一样，他的一生充满了传奇色彩。

石勒有胆识有魄力，力气特别大，善于骑马射箭。当时八王之乱兴起，晋惠帝被张方劫持，司马越在崤山以东发兵征讨张方。并州发生了严重的饥荒，并州刺史司马腾把各少数民族的人抓到崤山以东的地区，把他们卖了补充军粮。石勒作为一个贫苦的羯族青年当时也被抓起来，卖到茌平县（今山东东阿北）地主师懽家，与放马场为邻，石勒获得自由后，就与放牧的首领汲桑聚集一些体魄强壮的人组成了强盗团伙。

等公师潘起兵以后，汲桑和石勒率领几百名骑士投奔到公师潘那里。后来刘渊起兵，石勒又投靠刘渊。石勒骁勇善战，跟随刘渊南征北战，在战场上勇猛无比，横冲直撞如入无人之境，所到之处战无不胜，攻无不克，很快被刘渊看中，成为他手下一员大将。

直到晋怀帝永嘉三年（公元309年）以后，石勒进犯巨鹿、常山，势力发展到了10多万人，并且聚集了一些有身份的人士，另外编成君子营，石勒这才开始独树一帜。他以张宾为主要谋士，刁鹰为辅佐，以夔安、孔苌、支雄、桃豹等人作为自己的助手，并州的胡人、羯人当中也有不少人跟随石勒，更加坚定了石勒图王霸业的决心和信心。

石勒之所以超出当时在中原称霸的其他许多霸主，是因为他尊重知识，努力招纳贤士和虚心纳谏。这也是作为一个优秀君王难得的政治品质。

张宾从小好学，博通经史，多谋胜算，常常把自己比作西汉的著名谋臣张良。在石勒攻取崤山以东的地区时，张宾凭着他敏锐的眼力，看中了石勒，认为他的军队有前途，就对所亲近的人说："我仔细观察了各位战将，没有谁能比得上这位胡人将军的，我可以投奔他，和他一起成就一番事业。"于是张宾跑到石勒的军营前请求投奔石勒门下。可是石勒并没有认为他有什么过人的地方，所以也没有重视他。但是在后来杀王弥、建都襄国等重大决策问题上，张宾表现出了过人的智谋。他献计献策，料事如神，石勒因此节节胜利。从此，石勒彻底消除对张宾的偏见，非常信任并看中他，尊他为长史、大执法，封为濮阳侯。

在石勒登上皇帝宝座后，张宾作为功臣，得到的职位高、待遇优厚，群臣没有谁能比得上。但张宾本人却非常谦虚、恭敬、小心，真诚地对待比自己职位低的官员。他不徇私情，以身作则，入朝的时候能够直言规劝，但有功劳总是归于主上，因此石勒非常看重他。

每次上朝的时候，作为一国之君的石勒为了表示对张宾的尊重，总要先穿戴得整整齐齐

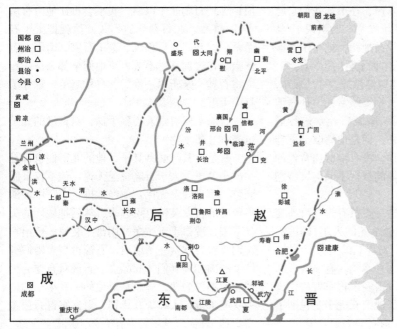

后赵疆域示意图

终究是要盖的，不过现在我还是会暂时停下来，就是为了长长忠臣的志气！"石勒为了表彰续咸敢于直言，还赏赐了他二百匹绢和一百斛稻谷，又下诏让公卿以下的官吏举荐贤能正直的人为官。

石勒曾经在犒赏群臣的时候问徐光："我可以和古代哪个皇帝相比？"徐光说："陛下的聪明才智超过了汉高祖，任贤选能胜过了魏太祖，您只是稍微比轩辕氏逊色一点！"石勒很有

后才去见他，说话时也总是先揣摩一下语言，生怕有失礼的地方。张宾去世的时候，石勒悲恸地哭着说："这是上天不愿意让我成就事业吗？为什么这么早夺去了我的右侯（即张宾）！"

在称帝的第二年，石勒准备在邺城大兴土木，修建豪华宫殿，廷尉续咸上书恳切谏阻。石勒气得大怒，说道："看来不杀了这个老家伙，朕的宫殿就建不成！"于是令御史收拿续咸。中书令徐光劝石勒说："陛下圣明聪慧简直超过了尧舜，可是怎么听不进忠臣的意见了呢？难道陛下要做一个像夏桀和殷纣一样的暴君吗？对于臣子的意见，觉得能够采用的就采用，不能够采用的也要予以宽容，怎么能够动不动就杀人呢！"

石勒也后悔自己说过的话了，不由得叹了一口气，说道："做一个帝王真的好难，好不自由啊！朕难道不知道续咸提的意见很对吗？我刚才只不过是说句气话。就是一般的家庭只要有一百匹布的家财，就要盖一栋别墅，更何况我还富甲天下，万乘之尊呢！这宫殿我

自知之明，笑着说："人的可贵之处，就在于有自知之明，你称赞得太过头了。我要是能够遇到汉高祖，我必定心服口服地向他称臣，只是与韩信这些人一争高下。要是遇到了光武帝，我必定与他并驾齐驱争夺天下。大丈夫做事应当光明磊落，胸怀坦荡，不能像曹操和司马昭父子那样靠欺负孤儿寡妇来夺取天下。我是高祖和光武帝之间的人物，怎么能够跟轩辕帝相比呢！"群臣听了，都叩头高呼万岁。

暴君石虎

后赵从石勒建国起，只经历了短短的33年就亡国了，是一个短命的王朝，而后赵的掘墓人就是那暴虐无比、赛过真虎的石虎。

石虎本来是石勒的远房侄子，只因被石勒的父亲收养，于是成为石勒的兄弟。

石虎从小就凶狠残忍，长大后当了军人，残忍的本性更加暴露无遗，军中的人都把他当成祸害。石勒知道后，告诉自己的母亲说："石虎这小子凶暴，爱耍无赖，如果让军队里的人

中国大事记

公元308年，刘渊称帝，迁都平阳（今山西临汾）。

把他杀了，有损石家的名声，还不如我们自己把他除掉。"石勒的母亲不忍心，劝阻说："壮健的牛还是犊子时，常没命地跑，把车子都颠破了。他还是个没长大的牛犊子啊！"

石虎长大以后，身体矫健敏捷，弓马娴熟，打起仗来，勇不可挡。石勒很欣赏他，任命他为征虏将军。石虎占领一座城后经常进行屠杀，很少有人能够活下来，但是他驾驭部下却很有办法，严厉而不繁琐，没有谁敢违背他的命令，因此石勒虽然对他的暴行不满但又特别器重他。

石虎残忍嗜杀的本性一直没有改，反而变本加厉，前前后后，被他杀死的人不计其数。特别是攻城掠地的时候，对俘获的士兵、百姓，不是砍头，就是活埋，无一幸免。有一次，石虎率领步、骑兵4万人攻击安东将军曹嶷，青州的郡县有不少人投降了他，石虎于是包围了广固城。曹嶷出城投降，被石虎送到襄国处死，投降的士兵3万人也全部被坑杀。石虎原本打算把曹嶷剩下的部下也斩尽杀绝，青州刺史刘征不满地说："你现在要把我留在这里，为的是统治百姓。现在你把他们全都杀了，我还怎么统治？我想我还是回去吧！"石虎饶了剩下的700多人，让刘征镇守广固城。

石勒建立汉国称帝后，立长子石弘为太子，石虎因功勋卓著被授予太尉，并被封王。石虎依仗赫赫战功，对毫无功劳的石弘被立为太子和大单于非常不满。他常常私下里忿忿地跟自己的儿子石邃说："是我成就了大赵的功业，大单于的封号应当属于我，现在却给了一个毫无功劳的黄毛小儿，想起来就让人气

·庶族·

庶族指魏、晋、南北朝时期泛指相对于士族而言的百姓。凡庶民均须服役纳税，庶民立有特殊的军功虽可为官，但出身仍为庶族。魏、晋、南北朝时，高官上品，庶民难以染指，且士族不与庶族通婚，当时有"士庶天隔"之说。

愤！等到石勒死了以后，我不会再让他留有后人。"果然，在石勒死后不久，他就把太子石弘杀了，并将太后程氏、秦王石宏、南阳王石恢幽禁在崇训宫，不久也将他们全部杀掉。石虎将石勒一家斩尽杀绝后，自称赵王，篡夺了赵国天下。

石虎不仅对别人心狠手辣，对自己的儿子也毫不心慈手软。

真是有其父必有其子，他的儿子们也都是一群小老虎。太子石邃荒淫无道，他不仅沉湎酒色，而且残忍无比。他经常挑选东宫中最漂亮贤淑的宫女装饰打扮起来，然后把她们的头砍下来，洗得干干净净，用盘子装着，传给宾客们观看，欣赏完了以后，石邃再烹煮她们身体上的肉和宾客们一起品尝。石虎对石邃的种种恶习不以为然，但总是对他的一些小小的过失吹毛求疵，大肆责骂惩罚，常常害得石邃左右为难，好像自己不管做什么都要招惹到父亲，心里很不痛快，并生出怨恨。于是石邃就一直想寻找机会谋害石虎。但是后来谋杀石虎的事情败露，石虎当天夜里就就派人将石邃及其全家男女26人一齐杀死，然后又杀掉他200多个党羽。

太子石邃被杀后，石虎立自己的另一个儿子石宣为太子。石虎还有一个儿子叫石韬，深受石虎宠爱，被石虎任命为太尉，与太子石宣轮流处理政事，并可以独自决定赏赐或刑罚，不必向石虎禀报。石虎还一度想把石宣的太子身份废掉，改立石韬为太子。这引起了石宣的不满和妒忌，石宣与亲信密谋先杀掉石韬，然后趁石虎前去吊丧时把石虎也干掉，自己当皇帝。一天晚上，石宣趁着石韬与属下在东明观喝醉了酒，就派人爬着绳梯偷偷溜进去将石韬杀了。

石虎听说自己最宠爱的儿子石韬的死讯，当时就要赶去吊唁石韬。司空李农劝阻说："害秦公（即石韬）的凶手虽然还不能确定是谁，但肯定还在京城里。陛下这时千万不能轻率出去，恐怕会有什么不测。"石虎立刻就怀疑是石宣杀害了石韬，于是骗他说石宣的母亲因

悲伤过度昏死过去了，石宣连忙赶到宫里看望母亲，却被石虎扣押了。后来有人告发了石宣的阴谋，石虎知道后大怒，命人将石宣捉来。石虎眼睁睁地看着自己亲生的儿子慢慢被折磨而死，不仅没有一点怜悯之心，反而带着几千个嫔妃登上高台观看。处死了石宣，石虎还不解恨，又杀了他的妻子儿女9个人，连同石宣宫里的太监，被处死的就多达350人。

晋穆帝永和五年（公元349年）石虎病死。

祖逖闻鸡起舞

祖逖是一位杰出的英雄，他生活在晋朝。多少年来，祖逖半夜闻鸡起舞的故事一直流传，不知激励了多少仁人志士。就是在现在，仍然没有失去它的积极意义。

祖逖年轻的时候就有很大的志向，曾经担任过司州主簿（主管文书簿籍的小官）。他有一个很要好的朋友叫刘琨，也是一个有志气的青年。两个人因为意气相投，就经常在一起谈论时事，谈建功立业，报效国家，一谈就是大半夜，后来就干脆睡在一起。一天，他们谈得兴致勃勃，一直到深夜。刘琨一躺下就马上进入了梦乡，可祖逖却还在想着与刘琨谈论的话题，怎么也睡不着。好不容易要入睡了，突然听到荒鸡的叫声（古人把在三更以前啼叫的鸡叫作荒鸣，荒鸡的叫声是起兵的征象，被看作不吉利的征兆）。祖逖猛然一惊，从床上爬起来，猛摇正在酣睡的刘琨说："你听听，这不是荒鸡在叫吗？恐怕天下要大乱了，赶快起来。"刘琨也揉揉蒙眬的睡眼从床上爬起来，拿着剑跑出门外，到了院子里。只见深夜很安静，哪里有什么兵变，原来是自己在吓唬自己。祖逖对刘琨说："虽然现在还没有大乱，但我们也要居安思危！"于是两人商量以后每到鸡叫的时候，就爬起来在院子里舞剑。

不久，晋王朝果然爆发了八王之乱，天下大乱起来。晋怀帝永嘉五年（公元311年），汉国主刘聪趁着晋王朝内乱，派大将王弥、刘曜率领军队攻陷京城洛阳，烧杀劫掠，杀了3万多无辜百姓，连晋怀帝都成了俘虏。整个京城顿时一片混乱。

祖逖也在这时带着一家老小和亲人、邻居好几百个人向南渡过长江逃难。司马睿也逃到南方，在建康建立新的都城，史称东晋，司马睿就是晋元帝。司马睿听说祖逖也流亡到了长江以南，便任命他为军谘祭酒。祖逖在京口招募了一批骁勇的壮士，准备等待时机再打回去。可是当时的东晋王朝上上下下都是贪图安逸的人，只想偏安一隅，不思进取，根本就不想北伐的事情。后来中原大乱，藩王争权夺利，互相残杀，而且中原的汉族百姓遭受少数民族统治者的残酷掠夺，非常怀念西晋。祖逖见时机已经成熟，向司马睿请求北伐。

但是司马睿根本就无心北伐，不过为了打发祖逖，也为了显示自己的"英明"，他还是将祖逖任命为奋威将军进行北伐，但是只拨给了他1000个人的粮食和3000匹布，也不给任何铠甲和兵器，连士兵都要自己去招募。祖逖除了一个奋威将军的空头衔外，什么也没有，只得带了跟随他一起逃难而来的100多个人，租了一条大船，渡过了长江北上。祖逖站在船头，望着滔滔江水，感慨万分。已经50岁的他，回想起年轻的时候与刘琨闻鸡起舞的事情来，恍如隔世。当年从这条江逃难到南方，山河支离破碎几十年，想起中原地区遭受铁骑的蹂躏，中原百姓生活在水深火热之中时，祖逖心痛不已。现在虽然受命北伐，但奋威将军只是一个头衔，北伐的任务就落在这100多个人身上，悲壮之感油然而生。祖逖拔出利剑，发誓说："我祖逖如果不收复中原，决不回来！"言辞之壮烈，让船上的100多个人感动得热泪盈眶。

祖逖渡过长江后，带人在淮阴铸造兵器，招募士兵。大家一听说是东晋王朝派来北伐收复国土的，都积极响应。很快，应募的就有2000多人。祖逖带领这支队伍继续北进。当时石勒建立了后赵，中原地区差不多都在他的控制之下。祖逖接连攻破了依附石勒的堡、坞等割据势力，并击退了石勒派来的援军。这

彩绘闻鸡起舞图　民国　魏墉生　瓷板画

本画源自《晋书·祖逖传》："祖逖与司空刘琨俱为司州主簿，情好绸缪，共被同寝。中夜闻荒鸡鸣，蹴琨觉曰：'此非恶声也。'因起舞。"祖逖立志为国效力，与刘琨互相勉励，半夜鸡啼起床舞剑。后成为有志者及时奋发的典故。

时，投靠祖逖的人越来越多，势力进一步扩充，进而占据了封丘、陈川老城的东、西二台以及雍丘等地，使后赵的国土面积日益缩小。不久，祖逖就收复了黄河以南的土地。

祖逖用兵很讲究谋略。他的军队与后赵的将军桃豹分别占据了陈、川两城，双方在西台对峙了40天。祖逖用许多布袋盛土，好像装满了粮食的样子，派1000多个人运到台上，又让一些人挑真正装有粮食的米袋子在路边休息。桃豹的军队很早就开始缺粮了，常常供应不足，士兵们饥饿难忍。当知道东晋士兵的粮食时，他们都以为祖逖的士兵们生活富足，心中很恐惧。后赵将领刘夜堂于是用100头驴子为桃豹运来军粮，祖逖派遣部下在汴水截击，全数劫获。

祖逖除了善于谋略，还严于律己，宽以待人。他鼓励、督促农业生产，抚慰安置新近归

附的兵民，即使是关系疏远、地位低贱的人，祖逖也对他们以礼相待，并主动和他们结交。当时后赵石勒为了控制黄河流域的许多坞堡，强迫坞主们送去人质。祖逖对那些凡是有被扣留在后赵的人质的坞主都很宽待，从来不为难他们，允许他们同时听命后赵和东晋。坞主们都对祖逖感恩戴德，后赵一有什么特殊举动，便秘密转告给他。因此，祖逖带兵打仗总是胜利，俘获了很多敌军。黄河以南的很多士民纷纷背叛后赵而归附东晋。

正当祖逖储备粮食训练军队，准备进军黄河以北，进一步收复失地的时候，司马睿却害怕祖逖势力膨胀，威胁到自己的统治而任命戴渊担任豫州都督。戴渊是一个典型的不思进取、力主偏安的人。司马睿派这样一个人来担任都督，不是要将北伐大业前功尽弃吗？而且，祖逖又得知掌握重权的大将军王敦与担任北伐重任的镇北将军刘隗是势不两立的仇人，一旦发生内乱，北伐岂不是又成了泡影？以前取得的一切成功也就功亏一篑了。祖逖越想越忧虑，终于积劳成疾，一病不起。

祖逖重病缠身，却仍然念念不忘北伐收复中原。他考虑到黄河以南缺少抵御敌人的坚固营垒，就派自己的侄子祖济修缮虎牢城。虎牢城北临黄河，能进能退，可以作为北伐的基地。可是没等虎牢城修好，祖逖就带着遗憾去世了。

祖逖一死，大将军王敦就认为自己天下无人能敌，在第二年就发动了叛乱。

宰相王导的明智与糊涂

晋朝在晋元帝司马睿的时候曾出现过一段短暂的中兴时代，当时辅佐司马睿的就是历史上有名的"糊涂"宰相王导。

当时前骑都尉桓彝为了躲避北方战乱渡过长江，见司马睿的势力微弱，对周颢说："我因中原地区战乱频繁，来到这里想图个清静，结果这里如此势单力薄，很没有安全感，将来靠什么复兴晋王朝呀？"后来，桓彝见了王导，并与王导一起谈论天下的大事，这才改变

历史关注

魏晋南北朝时，士族不与庶族通婚，当时有"士庶天隔"之说。

了看法。出来后，桓彝对周颛说："我刚才好像见到了管仲，有这样的贤臣辅佐，我还有什么忧虑的呢？"

当时的名士喜欢在都城建康游玩喝酒，周颛也有这个爱好。他眺望长江以北，想起过去与同伴们在黄河边上游玩，而现在却为了躲避战乱，不得不远离故土，逃到江南，忍不住触景伤情，直掉眼泪，无比伤感地叹道："这里的风景和家乡没有很大的差别，举目望去只有黄河与长江的区别！"大家听了，也都触到了痛处，互相望着忍不住流泪。只有王导看不惯大家的这种女人一样哭哭啼啼的样子，神情严肃地说："我们应当齐心协力报效朝廷，收复中原沦陷的土地，怎么能够像楚国囚徒一样只知道哭哭啼啼的呢？"大家听了，都感到无比惭愧，连忙停止了哭泣。

晋元帝大兴元年（公元318年）三月，晋王司马睿即位，即历史上的晋元帝，当时文武百官都站在皇帝的两旁。元帝让王导走上去同自己坐在一起，王导坚决拒绝了，说："您是太阳，如果太阳与天下的万物等同，还怎么能够俯照苍生！"元帝于是更加信任他，后来还加任他为骠骑大将军，开府仪同三司。

可是就是这样一位聪明贤能的人也会有"糊涂"的时候。

王导在扬州担任刺史的时候，曾经派有关人员到所辖各郡去考察各郡官员的政绩。他们回来后纷纷向王导详细汇报各官员的情况，只有顾和低着头不说话。王导问他考察的情况，顾和挖苦他说："您辅佐朝政的时候，宁可使法网宽松以至连大鱼都可以漏过去，为什么现在又要道听途说，对这些地方官员吹毛求疵呢？"王导听了后不但不生气，反而大加称赞，连忙说："对，对，说得好。"于是这次考察功亏一篑。

当时东晋有一句民谣说："王与马，共天下。""马"自然是指司马氏，"王"则指的是王导家族。当时王导、王敦两兄弟垄断

王导像

大权，引起了司马氏的不满。特别是大将军王敦很有政治野心，气焰嚣张，晋元帝非常反对他。晋元帝本来很信任王导，但因为王敦的原因，也慢慢疏远了王导，开始信任刘隗、刁协等一班佞人。王敦于是借清君侧，即清理刘隗、刁协等小人为由发动了叛乱。当王敦造反的时候，王导也是装模作样地消极抵抗。既不对他加以阻止，也不组织防备，以致王敦很快就打到了石头城。刁协和刘隗等人死的死，逃的逃，等到叛军兵临城下时，晋元帝在建康城里急得像热锅里的蚂蚁。他想到毕竟王导和王敦是堂兄弟，于是命王导带着百官与王敦讲和，王敦支开百官与王导进行了一次密谈。王导出来后，向百官转达了王敦的要求，百官又将这些话转告了晋元帝。虽然这些要求实在很过分，但晋元帝也无可奈何，只好听之任之，于是下令大赦天下，对王敦叛乱的罪行一律不予以追究，而且将王敦封为丞相，统领全国的军队，并负责管理尚书事务，封王敦为武昌郡公，任江州牧。

晋元帝经历了这次叛乱后，气得大病一场，不久就含恨死去。

晋元帝死后，晋明帝即位，王敦又发动了第二次叛乱。在加紧篡位的时候，王敦病重去世，而他的儿子又是一个没有任何政治头脑、庸碌无为、只知道享乐的荡子，所以王敦生前称帝的野心没能得逞，这场叛乱逐渐被平息下去。

明帝追赠在这次叛乱中死去的功臣，封甘卓、戴渊、虞望、郭璞、王澄等人官衔。王敦之所以能够如此迅速地攻进石头城，进而威逼都城建康，都是因为周札打开城门引进敌寇造成的。当时，周札在守备石头城的时候不但不积极抵抗，反而主动打开城门接纳王敦的军队进城，致使东晋朝廷的军队一击即溃。虽然后来周札也在这次叛乱中丧生，但是他的罪行非常明显。然而王导却黑白颠倒，

中国大事记 | 公元316年，晋愍帝向刘曜递交降表，西晋宣告灭亡。

好坏不分，说周札是忠臣，并与朝臣据理力争要替周札追赠谥号。在王导的坚持下，明帝最终还是追赠周札卫尉官衔。

"吾虽不杀伯仁，伯仁由我而死"

东晋王朝著名的开国元勋除了王导之外，还有周颢。周颢字伯仁，是安东将军周浚的儿子。周颢年少时期就有很好的名声，为人庄重，即使是和他关系很亲密的人，也不敢随便开他的玩笑。戴若思是有名的俊逸之士，他一向仰慕周颢的名声，于是前去拜见。结果和周颢交谈的时候，他始终不能侃侃而谈，只能老老实实地坐着。州郡都征辟过周颢，但他都没有受命。周颢成年后，继承了父亲的爵位，从此迈入了政坛。

周颢被任命为荆州刺史，他刚到荆州，当地人就造反了，周颢狼狈，因为他没有地方可以据守。陶侃派兵援救，周颢才得以脱身，于是去豫章投奔王敦，王敦收留了他。后来周颢投奔司马睿，被任命为军谘祭酒，司马睿即位后，周颢被补为吏部尚书，不久因为喝醉酒而被弹劾，又因为仆人砍伤人而受牵连被免官。

太兴初年，周颢被召回任命为太子少傅，继续担任尚书一职。他上表推辞，但皇帝没有同意，将他转任为尚书左仆射。

晋元帝有一次宴请群臣，喝得正高兴的时候，晋元帝说："今天各位有名的大臣欢聚一堂，和尧舜时期比如何？"周颢严厉地说："今

天陛下虽然称得上是圣明的君主，但怎么能和圣世君王相比呢？"晋元帝大怒，亲手写诏书下令把周颢交给廷尉治罪，想杀了他，过了几天才饶了他。周颢出狱后，同事们去看他，周颢说："我犯下的罪，我知道是不会被处死的。"不久周颢和王导一起参加尚书纪瞻的宴会，他喝得太多，失态了。有人便弹劾他，皇帝知道周颢的毛病就是喜欢喝酒，就没有责罚他，还帮他辩解。

本来周颢有很高的名声，后来因为他酗酒，才把名声降低了些。当初他担任仆射的时候，几乎就没有清醒的时候，成天都喝得大醉，当时的人称他为"三日仆射"。有一次他的一个老酒友来看望他，周颢非常高兴，于是拿出两石酒来喝，两人都喝得大醉。等到周颢醒来后一看，那个酒友已经因为饮酒过多，酒气烧胸而死了。

后来王敦起兵背叛朝廷，温峤对周颢说："王大将军这样做好像只是针对个别人，应该不会过火吧？"周颢回答："你还年轻，没有什么阅历。皇上又不是尧舜，怎么会没有过失呢？作为臣子怎么能带兵来挟制君主！我们拥立皇上还没有几年，这个时候出这样的事，不是作乱是什么？王敦刚愎跋扈，眼里根本没有皇上，他的欲望难道有终止么？"不久王敦打败了朝廷的军队，周颢去见王敦，王敦对他说："伯仁，你对不起我！"周颢说："您统兵造反，我统率大军却不能打败你，我就是这一点对不起你！"王敦被他的话震慑住了，不知道怎么回答才好。司马睿召见周颢说："王敦攻下了建康，两宫都没有事，大家也都平安，王敦应该满意了吧？"周颢说："两宫的情况确实如此，但对于我们却还不知道呢。"有人劝周颢躲避王敦，周颢说："我身为大臣，朝廷的衰败和我有关，难道我可以躲到草丛里躲命，或者逃走投奔胡人吗？"不久周颢和戴若思被捕，路过太庙的时候，周颢大呼："天地和祖宗的神灵们啊！乱臣贼子王敦颠覆社稷，屠杀忠臣，你们如果有灵的话，就赶快杀死他，不要让他再荼毒生灵，危害王室了啊！"话还没说完，

逮捕他的人就用戟刺伤他的嘴，不让他再说下去，血一直流到了脚下，他却始终神情自若，看见的人都为他流泪。周颛在建康城南边的大石头上被杀死，年仅54岁。

王敦一向很忌惮周颛，每次见到周颛的时候脸上都会发烧，即使是冬天也得用扇子扇脸。周颛死后，王敦派人抄了周颛的家，结果只抄出几个没有涂漆的装着旧棉絮的竹筐而已，另外还有几瓮酒和几石米，大家都很佩服他的清廉。直到王敦死后，周颛才被平反，被追赠为左光禄大夫、仪同三司。

当初王敦造反的时候，刘隗劝司马睿诛杀王家所有人，王导率领家人每天都跪在宫门口请罪。周颛正准备入宫，走到门口的时候，王导喊住周颛说："伯仁，我把全家人的性命都托付给你了！"周颛连停都不停下来，更没有搭理他。但他见到皇帝后，反复陈述王导的忠诚，极力营救他，皇帝接受了他的请求。周颛在宫里喝得大醉才出来，这个时候王导还在门口，对周颛打招呼，周颛不理他，反而对随从说："今年杀了这些混蛋，拿个斗大的金印挂在手臂上。"等回到家里，他又为王导上书辩解。王导不知道周颛营救自己，心里还很恨他。王敦掌握大权后，问王导："周颛和戴若思很得天下人的众望，应该进入三公的行列。"王导不说话。王敦又说："如果不是三公的话，那尚书令、仆射怎么样？"王导还是没说话。王敦说："那实在不行，就干脆杀了他们。"王导仍然不说话。结果周颛被处死了。等到后来王导整理档案时，发现周颛当年营救他的奏章，写得非常恳切。王导捧着奏章流下了眼泪，悲痛得不能自已，他对子侄们说："我不杀伯仁，伯仁由我而死。冥冥之中，我辜负了这个好朋友啊！"

书圣王羲之

中国最著名的书法家莫过于王羲之了，他的《兰亭集序》被誉为天下第一行书，他的每部书法作品都具有很高的艺术价值。

王羲之出身名门，他是王导的族侄，父亲和祖父都是有名的大官。王羲之小时候语言迟钝，人们都不认为他有什么出色的地方。他13岁那年去拜访周颛，周颛见到他后很惊奇，认为是个奇人。当时在宴会上很重视烤牛心这道菜，通常是献给最尊贵的客人吃的，结果周颛没给别人吃，先切给了王羲之，从此王羲之出了名。王羲之成年后善于辩论，为人耿直，特别擅长楷书，人们评价他的书法，说他运笔的气势飘忽如浮云，流动如受惊的龙。王羲之很受王导和王敦的器重，当时陈留人阮裕名气很大，在王敦手下任主簿。王敦对王羲之说："你是我们家优秀的人，应当不比阮主簿差的。"阮裕也认为王羲之和王承、王悦三人是王家最优秀的青年才子。太尉郗鉴派人去王家选女婿，王导让来人随便相看他家的子侄。这人回去后对郗鉴说："王家的青年都不错，当他们知道我是来为您选女婿时，一个个马上作出正经的样子，只有一个人在东床上敞开衣服袒着肚子，就和没有这回事一样。"郗鉴说："这个人就是我要找的好女婿啊！"一问，才知道这个人就是王羲之，于是把女儿嫁给了他。称女婿为"东床"，当着别人的面称呼其女婿为"令祖"就是这么来的。

王羲之很喜欢鹅，会稽郡有个老寡妇养了一只鹅，叫声很好听，王羲之想买下来，但没有成功。于是王羲之带了几个朋友去观赏，那个老寡妇听说王羲之要来，不知道他是冲着鹅来的，见自己家没有什么好招待的，就把那只鹅杀了，做成菜来款待他，王羲之因为这件事而叹息了好久。后来有个道士养了

羲之爱鹅图　清　任颐

中国大事记　| 公元317年，得知晋愍帝投降后，司马睿自称晋王。

一群好鹅，王羲之前去观看，越看越喜欢，提出要买下来。道士说："你替我抄一部《道德经》，我就把这些鹅全部送给你。"王羲之欣然同意，抄完经书后就兴冲冲地把鹅装进笼子里提回去了。其实那些鹅的价钱和他的字比起来根本不算什么，但从这件事上可以看出王羲之是一个率真坦诚的人。有一次王羲之到他一个门客家里，看到桌子表面光滑洁净，书兴大发，于是在桌子上写满了字，一半是楷书，一半是草书。后来门客的父亲不懂书法，以为桌子被弄脏了，在王羲之走后把桌子上的字都给刮掉了，那个门客为此懊丧了好多天。又有一次，王羲之看到一个老妇在卖六角竹扇，叫卖了半天，一把都没卖出去，王羲之很同情她，就把扇子要过来，在每把扇子上都写了字。老妇不认识他，见扇子上被写了字，觉得被弄脏了更不好卖，于是很生气地看着他，但见他一副大官的模样，也不敢阻止他。王羲之写完后对老妇说："你只要对别人说这上面的字是王右军写的（王羲之担任过右军将军），一把可以卖100个钱。"老妇照着他的话去做了，人们一看扇子上的字果然是王羲之写的，竞相购买，不一会就把老妇的扇子抢购一空。过了几天，老妇又拿来扇子找到王羲之请他题写，这次王羲之只是笑笑，没有理她了。

王羲之曾经说过："我的书法和钟繇的相

·《兰亭集序》·

东晋穆帝永和九年（公元353年）三月三日，王羲之与谢安、孙绰等41人，在山阴兰亭"修禊"，会上各人作诗，《兰亭集序》是王羲之为他们的诗写的序文手稿。序中记叙兰亭周围山水之美和聚会的欢乐之情，抒发作者好景不长，生死无常的感慨。法帖相传之本，共28行，324字，章法、结构、笔法都很完美，是他50岁时的得意之作。《兰亭集序》表现了王羲之书法艺术的最高境界。作者的气度、襟怀、情愫，在这件作品中得到了充分表现。古人称王羲之的行草如"清风出袖，明月入怀"，堪称绝妙的比喻。

比，可以说是并驾齐驱，但比起张芝，只能说仅次于他。"他在给别人的信中说道："张芝在池塘边练字，光是洗毛笔就把池水染成了黑色，别人如果也这样入迷的话，未必赶不上他。"王羲之的书法一开始的时候赶不上庾翼，直到晚年才达到精妙的境界。他曾经用章草体给庾亮写信，庾翼看到信上的字后十分佩服，在给王羲之的信中说道："我以前曾收藏过张芝的10幅章草，因为战乱，过江的时候全部遗失了。我经常因为这种精妙的书法绝迹而赶到遗憾。

见到你给我哥哥写的信，信上的书法美妙绝伦，好像当年张芝的书法又呈现在了我的眼前。"

王羲之和骠骑将军王述齐名，但王羲之看不起王述，两人关系一直不太好。王述在会稽当过官，因为母亲去世而回乡守孝，王羲之接替了王述的职务，只去吊唁了一次就没有再去了。王述很看重王羲之，吊唁期间，他只要听到吹号角的声音，就

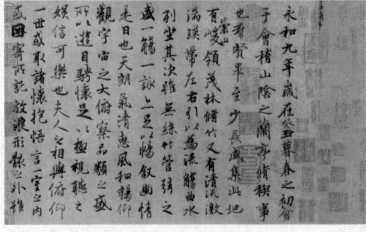

《兰亭集序》帖　东晋　王羲之

以为是王羲之来了，于是赶紧打扫庭院等着接待王羲之，结果等了几年，王羲之都没有来，王述因为这事开始怨恨起王羲之来。后来王述被任命为扬州刺史，临行前到会稽各地走了一圈，却没有看见王羲之，直到他要走了，王羲之才去象征性地告别了一下。以前王羲之对别人说："王述顶多也就是个做尚书的材料，到他老了还有可能得个仆射的官职。他得到会稽内史的地位就开始飘飘然了。"后来王述升了大官，王羲之是他的下属，经常为此感到羞耻，于是派人去朝廷建议把会稽郡分出来设立一个越州，好摆脱王述，但派出的人言语失当，反而落下笑柄，王羲之一直为这件事耿耿于怀。可见即使是大师，也有心胸狭窄的时候，不能因为他的成就就认为他尽善尽美。

王羲之的儿子王凝之和王献之也都擅长书法，王献之造诣尤高，和父亲王羲之并称"二王"。

仁义之士邓攸

邓攸是平阳襄陵人，祖父和父亲都当过大官，邓攸7岁的时候父亲就去世了，不久，母亲和祖母也离开了人间，邓攸按照礼仪的规定守孝9年，期间没有违反孝道，由此出了名。邓攸为人清正和气，平易近人。他成为孤儿后和弟弟生活在一起，他的祖父有赐官，朝廷下令由邓攸接受，后来太守劝邓攸辞去赐官，准备推荐他为孝廉（从孝廉出身进入政坛比从赐官出身进入政坛要光荣，而且升官容易）。但邓攸说："赐官是先人留下来的，不能改变。"没有接受太守的好意。他曾去拜访过镇军将军贾混，贾混把别人的诉状拿给邓攸看，让他决断。邓攸看都不看，说："孔子说过，听理诉讼的能力我和别人一样，应该做的是让人不进行诉讼。"贾混很欣赏他的话，把女儿嫁给了他。邓攸以他的清正廉明多次升官，受到皇族的尊敬。

中原大乱时期，邓攸被石勒俘虏，石勒一向很痛恨汉族的高级官吏，听说邓攸落到自己手中，准备杀了他。邓攸到了门口，看门的人正是当年邓攸当郎的时候给他看门的，所以认识邓攸，邓攸求他找来纸和笔，给石勒写了一封信。看门的人等石勒高兴的时候把书信递给了他，石勒看了后很赏识邓攸的文笔，就没有杀他。石勒的长史张宾以前和邓攸是邻居，很看重邓攸的节操和名望，向石勒推荐邓攸。石勒把邓攸找来谈话，谈完后很高兴，任命他为参军，送给他车和马，每次外出打仗都把邓攸安置在营里。石勒严禁晚上点火，违反者处死。邓攸的房子和一个胡人相邻，那个胡人晚上失火把车辆给烧毁了，胡人就在前来调查的官吏面前诬陷邓攸。邓攸很清楚和他没办法争辩，将错就错回答说是因为弟媳生病需要吃药，必须把药弄热，所以不小心失的火，石勒就下令赦免了他。那个胡人被邓攸的行为所感动，把自己捆上去见石勒，承认是自己诬陷邓攸。后来那个胡人还暗中送马、驴给邓攸，其他胡人听说后，都很佩服邓攸。

石勒过泗水的时候，邓攸找准机会，把车辆弄毁，用牛和马驮着全家逃跑。半路遇到强盗，把牛马都抢走了，邓攸没办法，只好用扁担担着儿子和侄子邓绥逃跑。邓攸知道石勒会派人来追他，他觉得没有两全的办法，于是对妻子说："我弟弟已经死了，他只有这一个儿子，不能让他的后代断绝，所以只能把我们自己的儿子丢掉了。如果我们能侥幸活下去的话，以后还会有儿子的。"他妻子深明大义，虽然很舍不得自己的儿子，但还是哭着同意了。邓攸就把自己的儿子扔掉，带着侄子逃跑。他儿子是早上的时候被扔掉的，晚上又追了上来。邓攸见实在没办法，干脆把儿子绑在树上，一狠心就走了。

邓攸和刁协、周顗的关系一直很好，于是跑到江南投靠他们，司马睿任命他为太子中庶子。当时吴郡没有太守，很多人都眼红这个职位，最后这个职位归了邓攸。邓攸自己带上粮食到吴郡就职，他不接受俸禄，只是喝吴郡的水而已。吴郡闹饥荒，邓攸上书朝廷请求赈灾，朝廷还没有答复，他就擅自打开粮仓赈济灾民。有人弹劾邓攸擅自开仓，朝廷下诏原谅了邓攸的做法。

邓攸在吴郡很清廉，执法严明，老百姓的生活都很好，邓攸也因此成为东晋中兴时期有名的好太守。后来他称病离职，吴郡本来准备了几百万迎送官员的经费，邓攸离开吴郡的时候一个钱都没有要。数千百姓牵着邓攸的船不让他走，邓攸没办法，只好下令把船停住，等到半夜的时候才悄悄开走。百姓到尚书台请求再挽留邓攸一年，但没有得到准许。在朝中，邓攸被任命为侍中，后来又调任吏部尚书，他平时只吃蔬菜，穿旧衣服，但是却经常周济别人。他性格和气，善于和人打交道，不管对方贵贱，他都一视同仁。

邓攸丢弃自己的儿子后，妻子就再也没有怀孕。到了江南后，为了生儿子，他娶了一个妾，非常宠爱她。后来问她的家属是什么人，小妾回答说自己是北方人，因为战乱才流落到江南来的，她回忆父母的姓名，结果她父亲居然是邓攸的外甥。邓攸一向很看重自己的节操和德行，听到这个消息后很悔恨，于是就再也没有纳妾，所以最后也没有儿子。当时的人都感念他的仁义，为他没有后代而感到哀伤，说："老天爷没有长眼睛啊，居然让邓攸这样的人没有儿子！"邓攸死后，他舍弃亲生子而救出的侄子邓绥为他服了3年的丧，也算是有人送终了。

大画家顾恺之

顾恺之是晋陵郡无锡县人，他的父亲担任过尚书左丞。顾恺之是个博学多才的人，他曾写过一篇《筝赋》，对别人说："我这篇赋比起嵇康那把琴，不懂的人肯定会认为它晚出而不重视它，但是那些见识高明的人一定会因为它的高妙而珍视它。"

大司马桓温推荐他为自己的参军，顾恺之很受桓温的信任。桓温死后，顾恺之到他墓前拜祭，写了一首诗："山崩沧海干，鱼鸟何所依！"有人问他："你是如此推崇桓公，那么你痛哭的情景可以用诗来表达出来吗？"顾恺之不假思索地说："声如震雷破山，泪如倾河注海。"

顾恺之生性诙谐，喜欢开玩笑，大家都喜欢和他来往。后来他担任了殷仲堪的参军，也很受器重。殷仲堪在荆州的时候，顾恺之请假回家，殷仲堪专门借给他一个布帆。结果船开到一个叫破冢的地方，遭遇了大风，船被风浪打坏了。顾恺之给殷仲堪写信说："那个地方叫破冢，真是'破冢而出'啊！同行的人都平安无事，布帆也没有坏。"回到荆州后，人们向他问起会稽这个地方的风景，顾恺之说："上千座山峰在一起竞相展现灵秀之气，上万道溪流争相奔流。草木郁郁葱葱，像云蒸霞飞。"很有文采。有一次桓玄和顾恺之在殷仲堪家做客，3个人比试谁说话最能表达出事物的极致。顾恺之说："火烧平原，寸草不留。"桓玄说："白布裹棺材，竖起招魂幡！"殷仲堪说："把鱼扔到深渊里，把鸟放到蓝天上。"然后又比试谁能说出最危险的情景。桓玄说："在长矛尖顶上淘米，在剑尖上煮饭。"殷仲堪说："百岁高龄的老翁攀爬枯树枝。"有一个站在旁边的参军插嘴道："盲人骑匹瞎马，走近深水池。"

·《洛神赋图》·

中国十大传世名画之一。东晋著名画家顾恺之绘制。这幅画根据曹植著名的《洛神赋》而作，为顾恺之传世精品。传世的宋摹本在一定程度上保留了顾恺之艺术的若干特点，千载之下，亦可遥窥其笔墨神情。全画用笔细劲古朴，恰如"春蚕吐丝"。山川树石画法幼稚古朴，所谓"人大于山，水不容泛"，体现了早期山水画的特点。

全卷分为3个部分，曲折细致而又层次分明地描绘着曹植与洛神真挚纯洁的爱情故事。人物安排疏密得宜，在不同的时空中自然地交替、重叠、交换，而在山川景物描绘上，无不展现一种空间美。《洛神赋图》宋代摹本，保留着魏晋六朝的画风，最接近原作。顾恺之的《洛神赋图》发挥了高度的艺术想象力，富有诗意地表达了原作的意境。

历史关注

魏晋南北朝时期的宗族组织是整个中国历史上最强盛的，从结构上看，分为皇室宗族、士族宗族、寒门宗族三种类型。

《洛神赋图》局部

此图取材于魏国曹植名篇《洛神赋》，表现作者由京师返回封地的途中与洛水女神相遇而产生爱恋的故事。全图采用长卷形式，分段描绘赋中的情节：开始是曹植在洛水边歇息，女神凌波而来，轻盈流动，欲行又止；接下来表现女神在空中、山间舒袖歌舞，曹植相观相送；最后女神乘风而去，曹植满怀惆怅地上路。各段之间用树石分隔，并以舟车无情地飞驶离去反衬人物的依依不舍之情，极为传神。

殷仲堪正好有一只眼睛因为生病而瞎掉了，听了这话，他吃惊地说："这话也太逼人了！"就不再说下去了。顾恺之每次吃甘蔗的时候都是从尖上开始慢慢嚼，一直吃到根部（甘蔗根部比尖要甜）。别人觉得他这种吃法很奇怪，他却说："这就是所谓的渐入佳境嘛。"

顾恺之尤其擅长绘画，他勾线、涂颜色都非常精妙，谢安对此非常佩服他，认为自有苍生以来开始，还没有人达到过这种境界。顾恺之每次画完人像后，都不点眼睛，有时甚至几年都不点。别人问他为什么，他回答："人四肢的美丑本来就对画像的精妙之处没有多大影响，人像的传神之处，全部都在眼睛里面。"据说顾恺之曾经喜欢上邻居家的一个女子，挑逗她，但没有成功，他就把那个女子的像画在墙上，用针扎心脏的部位，那个女子就得了心痛的病。顾恺之再次向那个女子表白了爱慕之情，那女子同意了，他偷偷把针拔掉，那女子的病也就好了。顾恺之很欣赏嵇康的四言诗，为这些诗专门配了图，他常说："要画出手弹琴的姿势很容易，但要画出目送大雁归来的意境却很难。"他画的每一幅人像，在当时都称得上是妙绝之作。他曾经为裴楷画过像，在脸颊上面添了几根毛，观看的人都觉得人像特别地有精神。他还为谢鲲画过像，把画像上的谢鲲安排在山石背景之中，他说："这个人应该把他放在丘壑之中的。"他想为殷仲堪画像，殷仲堪因为自己有眼病，不适合画像，于是极力推辞。顾恺之对他说："大人您的特点恰恰就是在您的眼睛上，如果把您的瞳孔涂得

黑黑的，再用飞白在上面轻抹，使其像淡淡的云遮住月亮一样，不是很好看吗？"殷仲堪这才答应。顾恺之曾经收藏了一柜子的画，在门上贴上封条，然后把柜子寄送给桓玄。那些画都是顾恺之钟爱的精品，桓玄找人把柜子背面打开，把里面的画拿出来，而前面的封条一点都没有动，把柜子弄好后送还回去，想捉弄顾恺之，告诉他柜子并没有打开。顾恺之见封条确实没有动，但画都没了，他只好说："绝妙的画是通灵气的，肯定是变化飞走了，就和人成仙飞上天一个道理。"丝毫没有露出奇怪的神情。

顾恺之为人矜持，喜欢自夸，常常言过其实，当时的轻薄少年就故意对他胡乱吹捧，以此来捉弄他。他还喜欢吟诗，自以为得到了古代贤人的风韵。有人请他学洛阳书生吟诗的样子，他回答道："怎么能学那些老奴婢的声音呢？"后来他担任了散骑常侍，和谢瞻是邻居。到了晚上，顾恺之就在月色中高声吟诗，谢瞻故意在远处赞扬他，顾恺之听到赞扬后吟得更加起劲，连疲倦都忘记了。谢瞻要睡觉的时候，命令别人代替自己赞扬顾恺之，顾恺之也没觉察出换了人，结果一直吟到天亮。他还特别相信邪门小术，认为只要用心去学，一定能学到手，桓玄曾经拿了一片树叶捉弄他，说："这就是蝉用来遮住自己的树叶，用它来遮住自己别人就看不见你。"顾恺之居然相信了他的鬼话，很高兴地接过了那片叶子。他拿那片树叶放在自己眼前遮住自己，桓玄故意当着他的面小便，顾恺之以为桓玄真的看不见自己，于是

中国大事记

非常珍惜那片树叶。

顾恺之在桓温手下任职的时候，桓温说："顾恺之身上痴呆和狡猾的部分各占了一半，两者合起来正好平衡。"因此当时都流传顾恺之身上有三绝：才绝、画绝和痴绝。他62岁那年死在任上。

桓温北伐

"如果不能流芳百世，也要遗臭万年。"这是东晋桓温的人生理想，也是他既有才能也有野心的人生写照。

桓温的父亲是桓彝，曾经在苏峻叛乱中被杀害。桓温从小就很有胆识和谋略。他做了大司马后，地位、声望、势力与日俱增。他不甘心做一个臣子，想取代皇帝的位置。他时常在晚上睡觉的时候，抚摸着枕头发出感慨："男子汉大丈夫，即使不能流芳百世，也要遗臭万年！"当时有个叫杜炅的算命先生很会看人，据说是能够看出一个人的前途和命运。于是，桓温就去拜访他，问他自己以后的官职能够做

到什么位置。杜炅说："您功德无量，可以做到最大的官位！"桓温心里很不高兴，算命先生哪里知道桓温的野心呢，他岂甘心只做一个臣子？

当时蜀地有个独立的小王国汉，被李氏割据了40多年。传到晋穆帝时期，一个叫李势的暴君执掌政权。李势骄奢淫逸，只知道贪图享乐，从来不关心国家大事。他还重用奸佞小人，给百姓带来了深重的灾难。

晋穆帝永和二年（公元346年），蜀地又遭遇了一场严重的灾荒，变得一片萧条，对本来处于多事之秋的汉国来说无疑是雪上加霜。桓温认为自己建功立业、扩充势力的好时机到了，于是率领大军进入蜀地。朝廷的大臣都认为蜀地地势险要，路途遥远，桓温带领少量军队孤军深入敌人的腹地，又没有任何援军，凶多吉少。大家都暗地里替他担心，可是桓温却满怀信心。

大军进入彭模的时候，桓温本来想兵分两路。一个叫袁乔的将领向他建议说："我们的兵力本来就少，不能再分成两路了。不如集中兵力，只带3天的粮食轻装上阵，士兵们没有退路了，一定会拼死杀敌。"桓温采纳了他的意见，把军械物资留在彭模，让一些老弱残兵看守，自己带着精锐的士兵直趋成都，结果在笮桥遇到李势的大军。

刚开始交战的时候，形势对桓温很不利，参军龚护战死，自己骑的战马也中了一箭。将士们都有些害怕，桓温也想退缩了。正在这万分危急的情况下，负责击打战鼓的士兵却误解了桓温的意思，猛烈击打进军的鼓声，袁乔拔剑激励士兵们奋勇杀敌。一时间，士气大振，把李势的大军打得土崩瓦解。桓温乘胜率军长驱直入进入成都，一把火烧了城门。李势连夜逃跑，最后不得不投降了桓温。于是，割据了40年的汉国归附晋朝，桓温也因立了大功，被拜为征西大将军。

平定蜀地以后，桓温的权势越来越大，连朝廷都对他礼让三分。会稽王司马昱感到了威胁，于是将在朝中比较有声望的扬州刺史殷浩

京口北固山图 宋懋晋 明

东晋征西大将军桓温曾驻守京口，并有"京口酒可饮，箕可使，兵可用"的豪言。

视为自己的心腹，让他参与朝政，企图以此来牵制桓温。

几年后，北方的后赵被大将军石闵篡位，改国号为大魏，中原地区陷入混乱。东晋朝廷得到消息后，准备趁此机会收复北方失地。桓温也听说石闵叛乱，他当然不愿意放过这次绝好的"立功"机会，就主动向朝廷请求出兵收复失地。但朝廷害怕桓温势力进一步膨胀，想倚仗殷浩来对抗桓温，所以一直没有给他任何答复，不久就任命殷浩为中军将军，统领各路大军。

可惜殷浩没有将才，接连几年北伐都以失败告终，损失惨重，引起了朝野上下的强烈不满。桓温请求罢黜殷浩的官职，立刻得到大臣们的赞成。从此，朝廷大权全部落到桓温的手中了。

晋穆帝永和十年（公元354年）二月，独揽大权的桓温率领4万大军渡过长江，北伐前秦，在蓝田击败前秦军，进驻灞上。当时，晋朝南迁已经有43年了。在这些年了，关中的老百姓受尽了外民族统治、欺压的苦头，非常怀念晋朝。当他们看到桓温率领的晋军威风凛凛的时候，感到很欣慰，纷纷牵着羊，带着酒来犒劳桓温的部队。有位70多岁的老人也蹒跚着赶来，感慨地说："没有想到我这把老骨头还能见到朝廷的军队！"可是桓温让关中的老百姓失望了。他原来是想趁麦子成熟的时候，收割了作为军粮，可是被同样狡猾的前秦军抢先把没有成熟的麦子割掉了，桓温没有办法，只好撤军。

北伐关中没有成功，两年后，桓温又北伐羌族人姚襄。趁着姚襄正围攻洛阳，桓温在洛阳南面的伊水将姚襄击败。桓温打了胜仗以后，还特地拜扫了历代帝王的陵墓，然后才班师回朝。

偏安一隅的东晋，也只有桓温有实力进行北伐，桓温的野心也日益膨胀。其实他北伐并不是为了国家的利益，而是想借此不断扩大自己的势力和影响。再加上东晋的几个皇帝都比较懦弱，桓温就很自然地成了掌握兵权的重臣。到晋哀帝司马丕兴宁元年（公元363年），桓

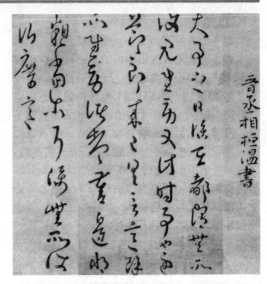

大事帖　东晋　桓温

温的权力已经达到了顶峰。

晋海西公太和四年（公元369年），桓温率领5万大军征讨由鲜卑贵族主慕容儁创立的前燕国。由于失算，他的军队在枋头被燕军抢先占据了石门渡口，导致水路不通，军粮无法运到。这时，燕国又与前秦联合起来，前秦派了2万大军前来援救。桓温只得丢弃了所有的军用物资仓皇逃跑。不料途中又中了慕容垂的埋伏，桓温大败。桓温狼狈地逃到山阳的时候，5万大军只剩下了六七千人。常胜将军桓温从来没有受到这样的耻辱，他不是自我反省，而是把兵败的过错全部嫁祸给袁乔，责怪他没有打通石门的水运。袁乔心里不服气，一气之下投降了前秦。

枋头失败，桓温的威信大减，但称帝的野心反而更大。不久他就利用床第之事诬陷东晋废帝（即海西公）司马奕"昏浊溃乱"，将他废掉，改立司马昱为皇帝，即晋简文帝。

当时前秦王苻坚听说了桓温废立皇帝的事情，讥笑他说："桓温在灞上、枋头接连失败，也不反思一下自己的错误，反而以废黜皇帝来开脱自己的错误，都60岁的老头了，做事还这么幼稚，又怎么能让天下的人信服呢？民间有句话叫作'把对妻子的愤怒撒在父亲身上'，

中国大事记

公元 319 年，刘曜改国号为赵，史称前赵。

大概就是说桓温这种人吧。"

简文帝继位不到 2 年，便因病去世了。桓温本来还想着他会遗诏禅位给自己，至少也应当像周武王委托周公那样，让自己做一个摄政王。谁知简文帝遗诏只要求他做像诸葛亮那样的人物，桓温气得咬牙切齿。

晋孝武帝司马曜即位时，请桓温辅佐朝政，但心怀怨恨的桓温断然拒绝了，后来一病不起。重病缠身的桓温还念念不忘称帝，多次催促朝廷给他加九锡。朝中当权的谢安、王坦之知道他病重，就故意拖延时间，结果桓温到死时也没有等到加九锡的诏书到达。

从容镇定的谢安

东晋时期著名政治家谢安以从容镇定的风范而名传古今。

谢安出生在显赫的谢氏家族，受晋代玄风的影响，信奉老庄哲学，注重个人修养，追求洒脱自由的精神境界。

年轻时的谢安就名重一时，但他一直拒绝

东山丝竹图 元

本图描绘了谢安隐居东山的故事。

出来做官，而是隐居在会稽山，徜徉于山水间，登山高呼，或临水赋诗，或以文献典籍自娱自乐。他虽然一直以一介平民的身份隐居在山水间，但当时的人们都对他寄予很大的期望，希望他有朝一日能够出来担任三公或者相辅。许多士大夫都私下议论说："谢安如果不出来做官，天下的老百姓怎么办？"谢安常常喜欢带着一帮歌舞妓女跟随，司徒司马昱听说后，说："谢安既然喜欢与别人一起分享快乐，想必也一定愿意为天下人分担忧愁，过段时间再征召他，他一定会来的。"

妻子刘氏见谢家的人一个个都做了大官，享受荣华富贵，只有自己的丈夫不思进取，成天只知道玩乐，忍不住抱怨说："有作为的男人不应当这样！"谢安连忙捂住妻子的嘴，在她耳边小声说："我是怕逃脱不了兄弟们的命运。"原来，谢安不是不想出仕，而是时机还不成熟。当时谢安的弟弟谢万担任西中郎将时，率军抵抗燕军，却不管军务大事。等敌人打过来时，他就拍马逃跑，使得大军损失惨重，朝廷正因为这件事在追究责任，谢安害怕弟弟的案子会株连到自己。

直到晋穆帝升平年间，朝廷将谢万的官职免去了，谢安才进身仕途，被征西大将军桓温聘请为征西司马，这时他已经 40 多岁了。

不久谢安就做到了吏部尚书。当时，权臣桓温带着大军进入朝廷，朝廷一片哗然，谢安却处乱不惊，表现出惊人的镇定与冷静。

简文帝司马昱死后，遗诏让桓温做个像诸葛亮、王导那样的辅臣。可是桓温一心想自己当皇帝，至少也要像西周周公那样做个摄政王，所以心里非常气愤，想起兵叛乱。当时孝武帝即位的时候才 10 岁，而朝廷大臣中也只有吏部尚书谢安和侍中王坦之比较有威望。大家听说桓温突然带兵从姑熟赶到京城，一时间谣言四起，都说是要来诛杀谢安和王坦之的。偏偏在这时，朝廷又下诏命谢安和王坦之去新亭迎候桓温。王坦之接到诏书，心里非常害怕，想找谢安商量个对策，谢安很平静地说："晋朝的命运，就决定于我们这次行动了，光害怕也

历史关注

东晋时期，居住在中国北方地区的5个少数民族先后建立了16个割据政权，即：成汉、前赵、后赵、前秦、后秦、西秦、前燕、后燕、南燕、北燕、前凉、后凉、南凉、北凉、西凉和夏。

没有用，我们就见机行事吧！"桓温率领大军进入朝廷后，派重兵守卫，威风凛凛。百官们都站在路边恭敬地迎候，一个个吓得灰头土脸的。王坦之更是吓得汗流浃背，手脚直打哆嗦，只有谢安仍然神态自若，从容地走到座位边坐下来。谢安笑着对桓温说："我听说光明磊落的人，他的护卫是站在大堂的四边，可是您为什么还在墙壁后边埋伏着这么多刀斧手呢？"桓温讪讪地说："我也是不得已才这么做的。"说完，就下令撤出刀斧手，并叫人摆上好酒好菜，与谢安畅饮一番，一直到天晚。

宴饮期间，桓温让主谋郗超藏在帐子中偷听他们的谈话。谈话间恰好刮过一阵风，把帐子掀开，郗超很难为情地站在那里，倒是谢安笑着说："郗超可真是帐子里的客人呀！"

这次会面后，桓温撤回了军队，不久就病重。桓温在病中多次派人催促朝廷给他加封九锡，可谢安有意拖延，借口说诏书的措辞不好，需要重新修改，结果拖了10多天，桓温便病死了，加封之事不了了之。

桓温死后，孝武帝终于能够亲政，谢安也接连升官，做到司徒兼侍中，统领全国的军队。

谢安担任宰相的时候，面对前秦军队屡次进犯，边境军队接连失利，但谢安总是从大局出发，不计较这些小小的挫败，安抚大家镇静下来。当时的人们总喜欢拿他与名相王导比较，认为两人不相上下，但谢安文雅的风度还要胜过王导。

在淝水之战这样的大决战中，前秦出动了100多万军队浩浩荡荡地南下，非常强盛，而东晋只有8万人，力量如此悬殊，令人瞠目结舌。东晋人没有不害怕的，就是身经百战的晋朝将领谢玄也整天魂不守舍，惴惴不安。只有谢安仍然镇定自如地指挥战役，闲暇的时候，还能够登山漫游，探亲访友，与平时一样逍遥快活。不久，谢安就接到战场送来的捷报，当时他正在与一位客人下棋。谢安接过信，只随意看了一眼，若无其事的照旧下棋，客人问他是什么事情，他慢条斯理地说："还不是那些小毛孩已经把前秦的军队打败了。"

面对外有强敌压境、内部皇帝年幼不懂事的重重困境，谢安与王坦之齐心协力，竭尽忠诚辅佐朝政，处理了许多复杂的人事关系，维持了东晋王朝的稳定局面，不愧是一代名相。

到谢安晚年的时候，孝武帝昏庸无道，将大权都交给了弟弟会稽王司马道子。而司马道子喜好专权，又听信小人谗言，与谢安产生了隔阂。谢安为了避开矛盾，于晋孝武帝太元十年（公元385年）主动请求离开朝廷去镇守广陵的步丘。

扪虱而谈

所谓"扪虱而谈"，就是一边抓身上的虱子，一边纵谈天下大事。这个扪虱而谈的人就是东晋时期的王猛。

王猛从小就聪明好学，很早就表现出了出众的才华。他觉得胸怀抱负的人就应当干事业，而对小事不屑一顾。当时许多人都很瞧不起他，可他一点也不在乎，照旧悠然自得，隐居在华阴山等待时机。

晋穆帝永和十年（公元354年），东晋权臣桓温进驻灞上。王猛听说后，穿着粗布衣服赶去见桓温。桓温刚到关中，也想了解关中百姓、知识分子对自己的评价，于是接见了他。王猛虽是一介平民，见了权重一时的桓温毫不拘束，大大方方地坐下来与桓温高谈阔论，一边说一边还饶有兴致地在身上抓来抓去，时时能挠出不少虱子来。桓温也知道魏晋时代的许多名士都有各种各样的怪癖，所以也没有责怪他。桓温试探地问："我是奉天子的命令率领10万大军前来讨伐前秦，我这是替天下的百姓消灭贼寇，可为什么关中的豪杰人士很少有人来拜见我呢？"

王猛哈哈大笑，狡黠地说："您率领大军长途跋涉赶到这里，前秦的都城长安已近在咫尺，可是您却停住在灞上，迟迟不渡过灞水继续进军，你猜百姓会怎么想？"桓温疑惑不解地问："百姓们会怎么想？"王猛说："百姓们会想桓大将军到底是为国家大义呢，还是为一己之私呢？"

好个王猛，一眼就看穿了桓温的小算盘，原来桓温确实是为一己之私才迟迟不肯打败前秦，占据关中。因为一旦占据了关中，胜利的战果就要归于东晋，这样一来，东晋就东有扬州，西有关中，对桓温的势力范围荆州就形成了包围的形势，势必要削弱自己的势力。因此，当他打到长安附近时，迟迟不肯进军。不料自己的心思被眼前这位年轻人一眼看穿，他不得不佩服王猛的才智，赞叹地说："长江以南的人没有谁能够和你相比！"于是邀请王猛跟他回江南，暂时安排他担任祭酒，王猛欣然答应了。

可是作为贫寒士族的王猛到江南并不能大显身手。当时东晋的大权都被王、谢、庾、桓四大家族把持，王猛在那里根本就不可能有什么作为，况且桓温也是一个心胸狭窄的人。经过慎重思考，王猛还是决定留在关中，继续等待可以辅佐的明君出现。

晋穆帝永和十一年（公元 355 年），前秦王苻雄去世，苻坚承袭了东海王爵位。苻坚是一个有雄才大略的人，受到当时许多人的推崇。而前秦的君主苻生生性喜欢猜忌，暴虐无道，引起了很多人的离心，于是有人劝苻坚把权力夺过来。苻坚去征求尚书吕婆楼的意见，吕婆楼说："我都快是人家刀子底下的人了，不能有什么作为了。不过我可以向殿下推荐一个人，他就是我私宅里寄住的一个人，名叫王猛；他的才智和

王猛像

谋略是世间少有的。殿下应该请他出来，当面向他请教。"苻坚便召见了王猛，两人相见恨晚，谈得非常投机，在许多关键的大事上竟然不谋而合。苻坚大喜，说："这与当年刘玄德遇到孔明，不是一个样吗？"当苻坚即大秦王位之后，立即任命王猛为尚书左丞。

王猛日益受到重用，王室亲属以及有功的元老旧臣开始厌恶他，特别是姑臧侯樊世。他本来是氐族的豪强，辅佐前秦国主

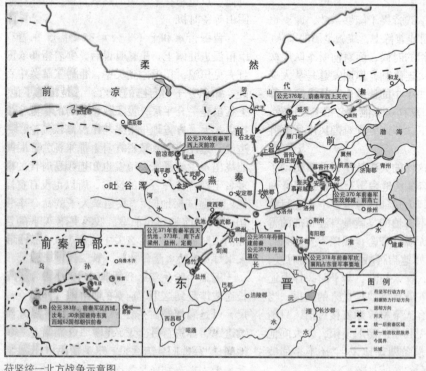

符坚统一北方战争示意图

历史关注

苻坚平定了关中，也曾经为前秦立下了汗马功劳。他十分嫉妒王猛得宠，认为王猛只是一个毫无功劳的毛头小子，心里很不服气，决定要为自己出这一口恶气。一次樊世当众羞辱王猛说："老子与先帝一起打下的江山，竟比不过你。你有什么功劳，敢担当如此大任？我们辛辛苦苦耕种，你就坐享其成吗？"王猛也不含糊，针锋相对地说："我不仅要让你耕种，我还要你煮成熟食！"樊世哪里受得了这个气，勃然大怒，恶狠狠地说："我一定要把你的脑袋悬挂在长安城门上，不这样，我就不活在人世！"王猛把这些话告诉了苻坚，苻坚说："我一定要杀掉这个氐族老头，来个杀一儆百，群臣百官才能对你恭敬从命。"恰好这时樊世进宫商讨事情，当着苻坚的面和王猛争论起来，并且出言不逊，还想站起来殴打王猛。苻坚大怒，把樊世杀了。从此，群臣百官见到王猛再也不敢趾高气扬了，恭恭敬敬地连大气都不敢出。

晋穆帝升平三年（公元 359 年），前秦苻坚任命王猛为侍中、中书令，兼任京兆尹。

特进、光禄大夫强德是强太后的弟弟。他经常借酒逞凶，骄纵蛮横，抢夺别人的财物和子女，是百姓的祸害，但大家都是敢怒不敢言，没人能制得了他。王猛一上任就拘捕了他，呈上奏章请求处理。没等苻坚回复王猛就把他杀了，并且将尸首放在街市上示众。

苻坚见到奏章后，马上派使者赶过去要将强德赦免，但为时已晚。王猛与御史中丞志同道合，斩除邪恶，纠正冤案，毫不畏惧。几十天时间，被处死和依法黜免的权贵、豪强、王公贵族有 20 多人，震动了朝廷上下。一时间，无人再敢目无法纪，政治清明，境内呈现出一片安宁和谐的景象。苻坚见了，感叹地说："我到如今才知道天下有法律了！"

同年，前秦苻坚任命王猛为辅国将军、司隶校尉，原来在宫中值宿警卫以及仆射、詹事、侍中、中书令等兼任的其他职务仍然由王猛继续担任。王猛在一年内一连升任 5 次，权势显赫压倒朝廷内外。有人因为嫉恨诋毁王猛，苻坚就处置诋毁的人，此后群臣中没人再敢说三道四了。

王猛没有辜负苻坚的信任。他南攻荆州，北伐凉国，所攻必克。晋海西公太和五年（公元 370 年），王猛受苻坚派遣，率步骑兵 10 万攻燕。王猛一路攻关斩将，长驱直入，最后攻破邺都，俘虏燕王慕容暐，燕国灭亡。前秦势力扩展到黄河流域，长江以北大都归入前秦版图。

王猛不久被任命为丞相，后又加任都督军事。王猛身为宰相，苻坚把军队以及国家内政外交事务都交给王猛处理。王猛刚正贤明，清廉严肃，赏罚分明，放逐罢免了很多在其位不谋其职、尸位素餐的官员，提拔重用大批有才能而不得志的人。他还鼓励耕种养蚕，训练军队，根据才能任用官员，依据罪行叛处刑罚，使得国富兵强，战无不胜，前秦的国力大增。苻坚对王猛也非常信任，经常对自己的儿子说："你们侍奉王猛，要像侍奉我一样。"

晋孝武帝宁康三年（公元 375 年），王猛因病去世。王猛临死时，还一再忠告苻坚暂时不要进攻东晋，而应该先平定鲜卑、西羌。但是苻坚这一次没有听进去，终于招致后来淝水之战大败，元气大伤，从此一蹶不振。

淝水之战

苻坚自平定各国以后，心中也日益滋长了骄傲情绪，经常宽赦叛乱的人，生活上也逐渐奢侈起来。苻坚可谓踌躇满志，唯一的心病是每当想到天下未能统一，觉也睡不着，饭也吃不香，很想即刻兴兵讨伐偏安一隅的晋朝。

东晋孝武帝太元七年（公元 382 年）十月，前秦王苻坚在长安太极殿会见群臣，商议伐晋。苻坚说："朕继承大业以来已经 30 年了，南征北战，四方已大体平定，现在只剩下偏安一隅的东晋王朝。我粗略估计一下，可以调集 97 万军队，我要亲自率军前去征讨。各位爱卿，你们认为怎么样？"

苻坚说完，满以为举朝公卿会齐声拥护，谁知人群密集的大殿之内，众说纷纭，有赞成的，有反对的。持反对意见的大大多于赞成的。

中国大事记

公元 325 年，晋明帝去世，太子衍继立，是为晋成帝。

等到退朝的时候，群臣都出去了，苻坚唯独留下了弟弟阳平公苻融。苻坚对苻融说："自古以来干大事，最怕众说纷纭，真正决策的不过一两人。这伐晋的事，还是我们两个人来决定。"苻融说："据微臣之见，如今讨伐晋朝有三难，第一，晋主贤明，朝臣有桓温、谢安尽心辅佐，政治清明，上下团结；第二，我军连年征战，兵疲将倦，有畏敌厌战的情绪；第三，我最担心的，那些被我们俘虏过来的鲜卑、羌族是我们的仇敌，对我们怀有二心。王猛临终时曾忠告陛下切不可伐晋。我的话陛下听不进，但陛下把王猛比作孔明，难道他的话也不愿意听吗？"苻坚沉下脸，很不高兴，对苻融说："连你都这样说，我还跟谁讨论天下大事！"

此时向苻坚进谏的大臣很多，可是苻坚头脑发热，已听不进任何忠告。他自负地说："比较双方的势力，以我们的力量攻打晋朝，就像秋风扫落叶一样容易。然而你们一个个却都说不能攻打，这实在让我百思不得其解！"鲜卑人冠军将军慕容垂心怀叵测，迎合苻坚的意图，支持他伐晋，苻坚十分高兴地说："能跟我平定天下的，只有你了。"于是赐给他丝帛 500 匹。

晋孝武帝太元八年（公元 383 年）七月，前秦王苻坚决定大举入侵东晋，下令："平民百姓每 10 个成年人当中选 1 个人充军；凡是年龄在 20 岁以下的富家子弟，一律授予羽林郎的官职。"富家子弟应征羽林郎的有 3 万名骑兵，苻坚任命秦州主簿赵盛之担任少年都统。

八月，苻坚派遣阳平公苻融统率张蚝、慕容垂等人的步兵、骑兵 20 万人作为前锋，任命兖州刺史姚苌为龙骧将军，率领益州和梁州的军队。苻坚亲自率领 60 多万步兵，27 万骑兵从长安出发，旌旗战鼓遥遥相望，绵延千里。

九月，苻坚的 80 多万大军抵达项城，凉州的军队也到达咸阳，蜀地的军队顺着长江东下，幽州、冀州的军队到达彭城，前秦的军队、战舰水陆并进，从四面八方包抄过来，大有一口吞下晋朝的气势。苻融的前锋部队 30 万人，先期抵达颍口。

东晋也任命谢安担任征虏将军，统领诸军，谢玄担任前锋，与辅国将军谢琰等人的士兵共 8 万人抵抗前秦的百万大军。谢石是谢安的弟弟，谢玄是谢安的侄子，谢琰是谢安的儿子，因此晋军几乎就成了谢家军。

当前秦的百万大军来进攻晋国的消息传至建康时，建康城内人心惶惶，连身经百战的谢玄都惴惴不安，屡次入朝向谢安询问应对的计策。谢安一副平静的样子，胸有成竹地说："我已经有安排了。"接着，谢安便驾车出去游山玩水，拜访亲朋好友，

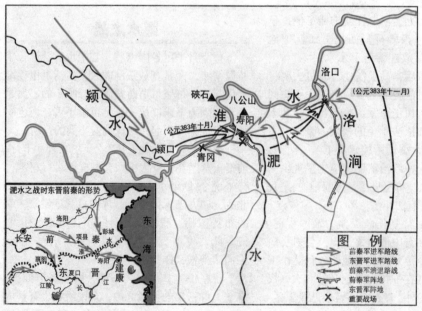

淝水之战示意图

历史关注

东晋著名书法家王羲之被后代尊为"书圣",其字势妍美,一改魏晋质朴书风。

东山报捷图　明　仇英

谢安是东晋的一代名相,《世说新语》中关于他的词条最多,记载也最丰富。图中表现的正是《世说新语》中描述的"东山报捷"场面:报捷的童子侍立在一旁陈述战事的胜利,而谢安仍专心下棋,镇定自如。

直到晚上才回来。

十月,前秦苻融占据寿阳后,派梁成沿着淮河做好布防遏制晋军,并带领5000人镇守洛涧。东晋谢石、谢玄也在洛涧不远的地方驻扎,但无法前进。

苻融攻打硖石的时候,暗中得知晋朝将领胡彬军粮断绝,于是派人快马加鞭地告诉苻坚。苻坚大喜,把主力军都留在项城,自己却带着8000骑兵兼程赶到寿阳。到寿阳时,苻坚派朱序去劝谢安投降。可是朱序背叛了苻坚,密告晋将谢石说:"前秦百万大军,势不可当,现在应该趁他们的军队还没有到齐的时候,打败他们的前锋,挫败他们的锐气,然后才能攻破他们。"

谢石听从了朱序的意见,派作战勇敢的刘牢之率领他手下的五千精锐的"北府兵"一举攻破了洛涧梁成的军营。前秦军队大败,四处逃散,死了1.5万人,军用物资全部被缴获一空。谢石率领大部队从水路、陆路相继进发,乘胜追击,追得前秦军败退至淝水。

苻坚在寿阳城的城楼上,远远望见晋军旌旗飘扬,雄赳赳地攻进来,不由得心虚害怕,又听见八公山上漫山遍野的野草发出簌簌的声响,以为全是晋朝的伏兵!苻坚惊骇地对苻融说:"晋朝的军队这么多,你怎么还说他们少?"

晋军逼近淝水的时候,苻坚连忙部署军队沿着淝水摆下阵势,致使东晋的军队无法渡过。正在一筹莫展的时候,前锋都督谢玄派人告知苻融,请秦军向后略退,让晋军渡水决战。苻融向苻坚请示,苻坚大喜,说:"好哇!我们就趁他们渡到水中心的时候,发动突然袭击,一定能把他们打得大败。"于是苻坚下令秦军向后撤退。由于前秦军队太多,退的时候乱了阵脚。朱序混在乱军中,大声呼喊:"前秦军队失败了!前秦军队失败了!"前秦军队后面的士兵不知实情,信以为真,急得撒腿就逃。前面的军队见后面的军队拼命逃跑,也慌了神,跟着狂奔乱逃起来。晋军士气大振,争先恐后抢着过河,奋勇杀敌。苻融骑着马在乱军中指挥,企图阻止士兵逃跑,结果战马跌了一跤,摔下来被晋军杀死,前秦军大溃。

苻坚也中了一箭,只得一个人骑着马逃到黄河以北,谢玄乘胜进军,攻占寿阳、彭城。前秦从此一蹶不振。

孝武帝宠信小人误国丧生

东晋的第九个皇帝名叫司马曜(即孝武帝)死得很蹊跷,他既不是战死沙场,也不是被政敌谋害,更不是死于疾病,而是死在他最宠爱的一个妃子手上。

司马曜的父亲是晋简文帝司马昱,母亲李陵容是一个身份极卑微的又黑又丑的宫中织女。这种出身在讲究门阀制度的魏晋南北朝是极为罕见的。

司马昱死后,太子司马曜继承皇位,是为孝武帝。孝武帝司马曜刚当上皇帝的时候,还能够亲自处理国家的政事,任用贤臣,很有君主的气度。有名的淝水之战,就发生在他当政的时候。由于他用人得当,这一战击溃了强大的前秦,巩固了东晋的统治。

中国大事记

公元328年，刘曜被羯族将领石勒所建立的后赵政权击败。

但这种局面并没有维持很久，淝水之战结束以后不久，孝武帝司马曜便沉溺于美酒和女色之中，近小人、远贤臣，东晋的政局开始混乱，国势衰微。

谢安是有名的功臣，他有个女婿叫王国宝，是王坦之的儿子。王国宝的人品很差，谢安很讨厌他的为人，一直压制着他，让他担任了个尚书郎的闲官。王国宝自以为出身名门，只愿意在吏部任职，对尚书郎不屑一顾，坚决不肯接受，而且还对谢安怀恨在心。王国宝有个表妹是孝武帝的亲弟弟会稽王司马道子的妃子，于是王国宝在喜好专权的司马道子面前说谢安的坏话，让司马道子挑拨谢安与孝武帝的关系。而一些想升官发财的小人纷纷阿谀司马道子，跟着诋毁谢安，孝武帝从此逐渐疏远猜忌谢安。由于奸邪诣媚者挑拨煽动，贤臣谢安终于被排挤出朝廷。

孝武帝为了自己享乐，把朝廷的政事统统推给弟弟琅琊王司马道子代管。但司马道子也是嗜酒之徒，而且掌权后，开始独断专行，引起了孝武帝的不满。

司马道子渐渐独揽了大权，更加奢侈放纵，

《搜神记》

《搜神记》原本已散，今本系后人缀辑增益而成，20卷，共有大小故事454个。所记多为神灵怪异之事，也有一部分属于民间传说。其中《干将莫邪》、《李寄》、《韩凭夫妇》、《吴王小女》、《董永》等，暴露统治阶级的残酷，歌颂反抗者的斗争，常为后人称引。

故事大多篇幅短小，情节简单，设想奇幻，极富于浪漫主义色彩。后有托名陶潜的《搜神后记》10卷和宋代章炳文的《搜神秘览》上下卷，都是《搜神记》的仿制品。《搜神记》对后世影响深远，如唐代传奇故事、蒲松龄的《聊斋志异》、神话戏《天仙配》，以及后世的许多小说、戏曲，都和它有着密切的联系。

不可一世。当时朝廷有个叫赵牙的本来是优伶出身，还有个叫茹千秋的，本来是钱塘地方一个负责抓贼缉盗的小吏，但两人都依靠贿赂、诣媚得到提升。昏庸的司马道子将他们作为自己的心腹，予以重用。赵牙怂恿司马道子修建新的府邸。府邸建得相当豪华，里面堆积了假山，挖掘了水池，简直跟自然形成的一样，耗费了巨大的人力、财力。

一次，孝武帝到司马道子的府邸，对司马道子说：“府上竟然有山，好是好，只是装修得太过分了。”司马道子无言以对。孝武帝走了之后，司马道子惴惴地对赵牙说：“如果皇上知道这山居然是人工堆积的，你可就死定了！”赵牙满脸堆笑说：“有您在，我赵牙怎么会死呢？”赵牙见孝武帝没有追究，非但不改，反而更加肆无忌惮地为司马道子营建豪华宫殿。而茹千秋特别贪财，他利用手中的权柄，卖官鬻爵、收受贿赂、搜刮钱财，加起来竟有上亿两白银。博平令、吴兴人闻人上奏说明这些情况后，孝武帝更加讨厌司马道子，只是迫于母亲的压力，没有下定决心罢黜。

为了牵制防备司马道子，孝武帝擢升那些在当时较有声望和与自己关系亲近的王恭、郗恢、殷仲堪、王雅等人，任命他们担当朝廷内外的重要官职。司马道子也针锋相对地将王国宝和王国宝的堂弟、琅琊内史王绪等人作为心腹。从此，东晋朝廷团结友爱的景象再也看不到了，朝野上下是一个个互相攻击、对抗的党派和小集团。

太后为了缓和两兄弟之间的矛盾，经常好心劝解孝武帝和司马道子。中书侍郎徐邈也劝孝武帝说：“像汉文帝这样英明的君王还时常后悔自己处死了淮南王刘长。世祖司马炎是个聪明豁达的人，还一直对齐王司马攸深负愧疚。兄弟之间，应当和睦相处。会稽王司马道子虽然有嗜酒好色的坏毛病，但也应当对他宽容。这样做，既是为国家长远利益考虑，也是不要让太后担心。”孝武帝听从了他的劝告，又像以前一样信任司马道子。

孝武帝迷信佛教，极端奢侈挥霍，浪费在

历史关注

《兰亭集序》是王羲之的代表作，表现了王羲之书法艺术的最高境界。

这方面的钱财很多。他所亲近的人又都是三姑六婆、和尚尼姑，所以他身边的人趁机争权夺利，收受贿赂，朝政极端腐败。

后宫的美女，孝武帝最宠幸张贵人。张贵人性情不贤淑，善于耍手段，心狠手辣，后宫中人人都非常害怕她。一天，孝武帝和后宫的嫔妃们一起宴饮，美女和乐队也都在一旁侍候。这时张贵人年纪将近三十，孝武帝故意调笑她说："你如果按照年龄来说，也应该废黜了，我现在更喜欢年轻的。"张贵人心中暗自气愤。到了晚上，孝武帝大醉，在清暑殿就寝。张贵人则拿酒赏赐所有的宦官，打发他们走开，然后，她让贴身的服侍婢女用被子蒙住孝武帝的脸，弑杀了孝武帝，又用重金贿赂左右的侍从，声称是"睡梦中惊悸窒息，突然死去"。

一个年富力强的皇帝，好端端地一夜之间突然暴死，大家都有点怀疑，但是谁也不敢说。当时太子司马德宗愚昧懦弱，有嘴不会说话，甚至到了连冷热饥饱也都不能分辨的程度。他喝水、吃饭、睡觉、起床都不能自己料理，哪里有能力探究父亲的死因？会稽王司马道子也昏庸荒淫，整天沉湎于酒色，自顾不暇。皇帝身边这两个最重要、最有权力的人都不追究查问，就更没有人过问了。于是，一件天大的弑君之案，就这样不了了之了。

大夏天王赫连勃勃

当初，北魏国主拓跋珪消灭了匈奴的部落首领刘卫辰，但是却让刘卫辰的儿子刘勃勃（即后来的赫连勃勃）逃跑了。赫连勃勃在逃跑之后，投奔了后秦。虽然他是个逃难者，但是他到了后秦以后，还很走运的。后秦的高平公没奕干把自己的女儿许配给了他。

赫连勃勃身材魁梧，容貌端庄，仪表堂堂。同时，他还特别聪明机智，也十分善辩。后秦王姚兴一见到他，就感觉他是一个奇才，非常喜欢他，还经常和他一起谈论军队、国家的大事。

渐渐地，姚兴对赫连勃勃的宠爱远远超过了他的老部下。众人看在眼里，都感觉姚兴太

轻率了，但是也没有人敢说什么。这时候姚兴的弟弟姚邕站了出来，对姚兴说："我认为对赫连勃勃这个人不能过于亲近。"

姚兴听兄弟这么一说就很不高兴，他对姚邕说："你知道什么啊！赫连勃勃有拯救乱世的才干，我正准备和他一起平定天下呢！你怎么对他这么反感啊！为什么要猜忌他呢？"

姚邕一再劝说，但是姚兴执意不听。最后，姚兴还任命赫连勃勃为安远将军，让他协助没奕干镇守高平（今宁夏固原），而且还把三城、朔方（今属内蒙古鄂尔多斯杭锦旗）等地的各少数民族部落和刘卫辰的老部共3万多人都交给他统辖，还让他严密地监视北魏的一举一动，等待机会出兵。

朝中大臣们都对姚兴宠爱赫连勃勃的事感到不满，姚邕也坚持争辩，认为姚兴这样厚爱赫连勃勃有一天一定会后悔不及。姚兴就对姚邕说："你三番五次地说赫连勃勃靠不住，你怎么就知道他靠不住呢？你是怎么知道他的为人的呢？"

姚邕就说："赫连勃勃对待上级，傲慢无礼，对待下级残忍狠毒，贪婪狡猾，不讲仁义，去留都很随意。对这样的人过分宠爱，将来一定会造成边疆的祸患。"姚兴听兄弟说的很有道理，于是就有一点儿心动，不再固执地坚持原来的想法。

但是，一段时间以后，姚兴又把赫连勃勃任命为安杰将军、五原公，而且还把三交地区的5个鲜卑部落以及其他亲族的2万多人都交给他统率，让他镇守朔方。

这一时期，后秦和北魏通好了。赫连勃勃听说这件事以后，十分愤怒，于是就在私下里图谋叛变后秦。恰巧这时，柔然可汗社仑向后秦进献了8000匹马。当马队走到大城的时候，赫连勃勃率领人马拦住了道路，把马匹全都抢了下来。同时，他还把自己手下的3万多部众，全都集合起来，假装去高平川打猎。乘着这个机会，他突然袭击了没奕干的军队，杀死了没奕干，而且还收编了没奕干的军队。

此后，赫连勃勃自称是夏后氏的后代。晋

中国大事记 | 公元329年，后赵大军进占长安，前赵灭亡。

·不为五斗米折腰·

陶渊明又名陶潜，是中国最早的田园诗人。公元405年秋，他为了养家糊口，来到离家乡不远的彭泽（今江西湖口）当县令。这年冬天，郡的太守派出一名督邮，到彭泽县来督察。这次派来的督邮，是个粗俗而又傲慢的人，他一到彭泽的旅舍，就差县吏去叫县令来见他。陶渊明平时蔑视功名富贵，不肯趋炎附势，对这种假借上司名义发号施令的人很瞧不起，但也不得不去见一见，于是他马上动身。

不料县吏拦住陶渊明说："大人，参见督邮要穿官服，并且束上大带，不然有失体统，督邮要乘机大做文章，会对大人不利的！"这一下，陶渊明再也忍受不下去了。他长叹一声，道："我不能为五斗米向乡里小人折腰！"

后来，人们从中概括出"不为五斗米折腰"的典故，用来表示清高、有骨气。

安帝义熙三年（公元407年）的六月，他自封为大夏王、大单于，而且还下令大赦，改年号为龙升，设置了文武百官。

此后，他就不住地对外征战，抢掠土地和财物，扩充自己的势力。

开始的时候，大夏王赫连勃勃攻破了鲜卑首领薛干等3个部落，收降了大约1.5万多人，势力不断壮大。后来，他又对后秦三城以北的3个边境要塞发起了进攻，还斩杀了后秦的将领杨玉、姚石生等人。

赫连勃勃手下的将领们见他整日打游击战，就对他说："陛下，如果您打算夺取中原的话，那么就应该先巩固自己的根基，先使我们有个寄托的地方。高平地区山川险峻，土地富饶肥沃，我们可以在这里定都。"

赫连勃勃听大臣们说完以后，感到很失望，就说："你们真是不了解朕的心啊！你们只知其一，不知其二。我宏伟的大业才刚刚开始，但是我们现在的人马还很少，而姚兴怎么也算是这个时代的英雄，何况他的将领们又全都肯为他卖命，所以说关中地区是很难攻下的。我现在如果固守一座城池的话，姚兴肯定会派大队人马前来进攻，我们势单力薄，肯定不是他的对手，那么我们很快就会被消灭。"

大臣们在下面听着，都连连点头称是。赫连勃勃继续说："我们还不如像现在这样，战马驰骋，来去如风，在他们不注意的时候袭击他们。他们营救前面，我们就袭击他们的后面；他们营救后面，我们就袭击他们的前面，让他们疲于奔命，自顾不暇。我们就这样打游击战，猎取现成的食物，这不是很轻松的事吗？这样的话，不到10年，岭北、河东地区就全都是我们的了，等姚兴死了以后，他的儿子必然继位，而他的儿子却是个昏庸软弱的人。那时候我们就可以慢慢攻陷长安了。这些都是我已经计划好了的事。"

从此以后，赫连勃勃就率领着人马，抢掠岭北地区的居民，以至于岭北的各个城池白天也不敢开大门。

姚兴见当初自己宠信的赫连勃勃，如今成了自己的心头大病，于是就长叹着说："我是不听黄儿（姚邕的小名）的话，才落得今天这个地步啊！"

宋 纪

公元420年，刘裕取代东晋政权称帝。国号宋，定都建康（今南京）。

东晋末期，民变此起彼伏，朝廷内部斗争也十分激烈。公元402年，东晋大将桓玄乘朝廷实力虚弱，起兵篡位，国号"楚"。刘裕与刘毅等起兵勤王，并最终消灭了桓玄的力量。继而刘裕率军南征北伐，其势力不断得到壮大，最终迫使晋恭帝将帝位禅让给他，宋朝建立。

宋帝国建立后，北方诸国虎视眈眈，战事不断。公元424年，宋文帝刘义隆即位，他在位30年，励精图治，国家生产经济有所恢复，史称元嘉之治。但公元453年，其长子刘劭为了篡夺皇位弑父，以后王室诸子为争皇位混战不止，帝王荒淫残暴，朝政日益腐败，国家从此一蹶不振。公元479年，宋顺帝刘准把帝位禅让给了萧道成，宋被齐所取代。

中国大事记

公元420年，晋恭帝被迫让位，刘裕即位称帝，建立了南朝宋政权，刘裕就是宋武帝。

刘宋代晋

东晋的宋公刘裕，在当时势力非常大，一直都梦想着坐上皇帝的宝座。因此，当看到谶书（古人认为能应验预言和预兆的书）上写着"昌明之后，还有两个皇帝"以后，刘裕就心里想："我得按谶书预示的去办事。'昌明之后，还有两个皇帝'，一个是司马德文，一个是司马德宗，那接下来的皇帝不就是我刘裕吗？我得快点行动。"于是，他就派中书侍郎王韶之和晋安帝左右的几个亲信去谋害司马德宗，想另立琅琊王司马德文为皇帝。

司马德文经常在司马德宗身边，吃饭、睡觉都寸步不离，这样就使得刘裕派去的人，对司马德宗无从下手。正巧有一次，司马德文患了病，出宫修养去了。借着这个机会，王韶之等人就潜入司马德宗的房间，把衣裳拧成绳索，在东堂把司马德宗勒死了。司马德宗死后，刘裕声称奉司马德宗的遗诏，拥立司马德文为皇帝，大赦天下。

司马德文当上皇帝后的第二年七月（公元420年），下诏书把东晋宋公刘裕晋封为宋王。八月，刘裕从彭城（今江苏徐州）搬到了寿阳（今安徽寿县）。十二月，刘裕被朝廷授予特殊礼仪，朝廷进封宋王太妃为太后，他的儿子刘义符为太子。

其实，自司马德文继位以后，刘裕就对皇位有所图谋，他很想让司马德文把江山禅让给自己，然而这样的话毕竟难以启齿。于是，他就召集群臣在自己的府上设宴吃酒，想在宴席中表明自己的心思。

在宴席中，刘裕十分随意地说："想当年桓玄篡夺王位的时候，晋国眼看就要破灭，是我刘裕挺身而出，南征北战，力挽狂澜，最终挽回了皇室的尊严，平定了天下。功成之日，我的勋业人所共知，皇帝因此还给了我很高的赏赐，如今我老了，还享受着这份荣耀。有道是物极必反啊！我现在倒是真想把爵位还给皇上，到京城里安闲地养老算了。"众位大臣都

刘裕像

刘裕（公元363～422年），南朝宋开国君主，字德舆，小字寄奴。为政崇尚简约，实行"庚戌土断"，集权中央。谥武，庙号高祖。

在下面称颂他赫赫的功绩，一时没有人领会他这番话的意思。

天色晚了，宴席散后，中书令傅亮刚跨出刘裕的府门不久，忽然间顿悟了刘裕席间所说话的言外之意，而此时府门已经关闭。傅亮请求叩见刘裕，刘裕马上就派人把傅亮接了进来。傅亮进来之后就说了一句话："我想我应该赶快赶回京城去。"刘裕知道傅亮明白了自己的意思，便再也没有多说，直接问道："你需要多少人保护？"傅亮答："几十人就够了。"然后，刘裕就给傅亮准备了人马，傅亮与刘裕告别。

傅亮出门的时候，夜色已经很深了，他看见天上有长长的彗星划过，便不禁感叹道："我过去并不相信天象，今天却不得不信了，看来是要应验了。"

傅亮很快就到达了京城。四月初，晋恭帝下诏书，宣刘裕入京辅政。六月九日，刘裕到达建康。此间，傅亮一再暗示晋恭帝应识时务，把帝位让给刘裕。他把退位诏书写好之后，让晋恭帝照抄。晋恭帝很爽快地答应了，并对周围的人说："当年桓玄叛乱的时候，晋朝就可以算做亡国了，幸好刘公救国于危难之间，才使晋朝又延续了20多年，现在让我让位给他，

历史关注 | 自先秦以来，北方游牧民族最高统治者自称大单于。

心甘情愿。"于是，他照着傅亮所写的草稿，用红纸写成了诏书，公布于世。

十一日，晋恭帝司马德文交出皇权，退回琅琊故居。文武百官叩拜辞行，秘书监徐广悲痛万分，痛哭不止。

十四日，刘裕在南郊建坛祭拜，正式登基。祭坛大典结束后，刘裕从石头城乘皇帝专用的车驾，堂而皇之地进入建康城内的皇宫。

宋武帝刘裕登上太极殿，改年号为永初，大赦天下。

晋恭帝司马德文退位后，被刘裕封为零陵王。开始的时候，刘裕把一坛毒酒交给了从前的琅琊郎中令张伟，让他毒死司马德文。张伟慨叹说："毒杀自己的君王，还不如自己一死了之来得痛快！"于是，他喝毒酒自尽。

司马德文知道自己难免一死，便和褚妃住在了一起，每天都待在屋子里生火做饭，足不出户，使得刘裕派来杀他的人无从下手。一天，褚妃被骗出屋内，受命暗害司马德文的士兵乘机潜入家中，让司马德文服用毒酒，司马德文不从，他说："菩萨说过，自杀的人是不能转世投胎的。"士兵不理，用被子把司马德文活活地闷死了。

在司马德文死后，刘裕亲自率领文武百官为他哀悼了3天。

足智多谋的王镇恶

刘裕能推翻东晋王朝，建立刘宋政权当上皇帝，除了他自己具有非凡的能力之外，他手下那一批能征善战的武将也做出了很大贡献，王镇恶就是其中的典型代表人物。

王镇恶的祖父就是前秦著名大臣王猛，父亲王休担任过河东太守。王镇恶出生在五月初五，当时有种说法是这一天出生的男孩对父亲不吉利，王休就想把他过继给别人。王猛见到王镇恶后说："这个孩子很不寻常，过去孟尝君也是这一天生的，但后来却成为齐国的相国，这个孩子以后也能光宗耀祖，光大我们王家的

· 前赵与后赵 ·

公元318年，刘聪之子刘粲继位，大臣靳准发动政变，杀刘粲自立为汉天王。刘聪的族弟刘曜闻讯也自立为帝，进兵平阳，灭了靳准一族，并且迁都长安。公元319年，刘曜改国号为赵，史称前赵。公元328年，刘曜被羯族将领石勒所建立的后赵政权击败，第二年，后赵大军进占长安，前赵灭亡。

门楣。"所以给他取名为镇恶。王镇恶13岁那年，前秦因苻坚失败而灭亡，关中地区一片混乱，于是他就逃亡到别处。曾经在渑池人李方家里住过一段时间，李方对他很好，王镇恶对李方说："我如果遇到好主人，被封为万户侯的话，以后一定会报答你的。"李方说："你是丞相的孙子，才能卓越，还怕不富贵吗？到时候我的愿望就是能在本县当个县令就行了。"王镇恶后来跟随叔父到了东晋，在荆州住了下来。他喜欢读诸子百家和兵法书籍，议论国家大事。骑马不是他的长处，射箭也不行，但是他足智多谋，做事情很果断。

刘裕在讨伐南燕的时候，有人向他推荐了王镇恶，当时王镇恶是个小县令，刘裕立刻派人把他请来，和他谈话后觉得这个人确实不一般，于是留他住宿。第二天对下属说："王镇恶是王猛的孙子，真可以说是将门出将啊！"当时就任命王镇恶为青州治中从事史。后来王镇恶在抗击卢循的战役中多次立功，被封为博陆县子。

刘裕准备讨伐刘毅的时候，王镇恶请求给自己100条大船，让他出任前锋。当时刘毅请求派自己的堂弟为助手，刘裕假装答应了刘毅。当年九月，讨伐大军进军，王镇恶率领百艘大船进军。王镇恶出发后，假称是刘毅的弟弟前来增援，刘毅居然相信了。王镇恶在豫章弃船登陆，每艘船上只留一两个人，船上插上旗子，下面放了一只战鼓，王镇恶对留下的人说："你们估计我到城下的时候就擂响战鼓，好像后面还有大军的样子。"他又分出部分军队在后面，

263

中国大事记 | 公元 421 年，宋武帝刘裕以毒酒杀晋恭帝。

命令他们烧掉在江边的战船。王镇恶率领大军袭击江陵，对前面的人说，如果有人问起，就说是刘毅的弟弟来了。所以沿途的人没有怀疑，放他们过去了。

离城还有几里地，王镇恶遇到刘毅手下大将朱显之带着十几个骑兵和几十个步兵前来。朱显之看出了破绽，马上逃回去告诉刘毅，下令关闭城门。王镇恶加速行军，士兵们攀登城墙进入城内，城门还没来得及拉下门栓，东门就被打开了。刘毅的军队共有 8 队，全副武装的约有上千人，已经严阵以待。王镇恶的部队进入东门后，向北进攻，然后又攻打牙城的东门。刘毅的牙城内有从长江下游带来的旧部，另外还有 6 队人共千人，荆州本地军官和士兵还有两千多人。从中午一直抵抗到傍晚，荆州士兵都逃得差不多了。

王镇恶进入江陵城后，就放火烧掉南门和东门，又派人拿了诏书赦文和刘裕的亲笔信送给刘毅看，劝他投降，刘毅把 3 份文件都烧掉了。牙城内的人都不相信刘裕来了，有个叫王桓的人，本来就是江陵人，是刘裕很喜欢的部将，他向刘裕要求到荆州接家属，刘裕同意了。这个时候王桓带领十几个人来帮助王镇恶，吃晚饭的时候他在东门的城墙上凿了个洞，首先进入，王镇恶的部队也跟着进去了，和刘毅的人展开近距离的搏斗。王镇恶的人和刘毅从东方带来的人之间，有的是父子兄弟关系，有的是亲戚关系，王镇恶下令他们边打边和对方交谈，于是荆州的士兵都知道刘裕的军队来了，军心涣散，到晚上一更的时候队伍终于溃散。刘毅的士兵又关闭了东西阁死守，王镇恶怕天黑后自己人自相残杀，就退了出去，把牙城包围了起来，只在南边留下一个缺口，作为退路。刘毅怕南边有伏兵，三更的时候带领 300 多人从北门逃走。当初刘毅的马在城外没有进来，这个时候他就没马了，刘毅问儿子要马，他儿子不肯给，朱显之就说："人家要抓的是你父亲，而你不肯给马，你今天如果自己跑掉的话，能上哪儿去呢？"然后把马抢过来递给刘毅。刘毅好不容易冲了出来，正好遇到王镇恶的军

队，怎么也冲不出去了，于是回头冲到另一边。王镇恶的士兵们已经战斗了一天一夜，很疲倦了，刘毅因此得以逃走，逃到牛牧佛寺那里上吊自杀。王镇恶在战斗中身中五箭，平定江陵后 20 天，刘裕的主力部队才赶到。

后来刘裕准备北伐，王镇恶被任命为谘议参军，再次出任前锋。出发前，刘穆之给他打气："主公可怜后秦统治下的汉族遗民，他是想讨平这帮叛贼，过去司马昭任命邓艾征讨蜀国，今天主公任命你征伐关中，你要建立大功勋，不要辜负了这次使命。"王镇恶说："我不攻下咸阳的话，坚决不回来了！"

王镇恶进入敌境后战无不胜，敌人望风而逃，打到洛阳后，后秦陈留公姚洸投降。王镇恶回到渑池后，拜访了李方，并拜见了他的母亲，送给他很多东西，当即任命李方为渑池县令，实现了当初许下的诺言。之后又挥军北上，占领了潼关，在那里和后秦大将军姚绍对峙。王镇恶孤军深入，后勤不足，缺乏粮食，他亲自到弘农去征收税赋，百姓们争先恐后地前来送米，很快就补充了军粮，姚绍不久病死，但兵力还很强大，直到刘裕率大军打来，后秦军队才撤退。

王镇恶在进攻长安的时候，把船都改造成用生牛皮蒙着的小船，划船的人躲在里面，外面是看不到的。后秦的人看到战船在没有人划桨的情况下居然逆流而上，都感到很惊奇，以为是奇迹。抵达长安城下后，王镇恶把船扔掉，直接登岸。他激励士兵说："你们的家都在江南，这里是长安，离家有万里，而船和衣服、粮食都已经流走了，求生的路已经没了。只有拼死战斗，否则我们都没命了！"于是带头攻城，士兵们士气大振，都奋勇向前，把长安守军打得大败，攻下了长安城。

匈奴人在刘裕撤军后，就侵略北方，刘义真派沈田子前去抵挡，沈田子见匈奴军队很强，于是按兵不动，派使者报告给王镇恶。王镇恶斥责了沈田子，沈田子本来和他就不和，听到王镇恶这么说他，更加生气了。王镇恶带领军队离开北地的时候，被沈田子派人杀害了，他

的 7 个兄弟也都同时遇害，一代名将就此死于非命。

刘裕与刘义符

宋武帝永初三年（公元 422 年）三月，刘宋武帝刘裕病重，太尉长沙王刘道怜、司空徐羡之、尚书仆射傅亮，以及谢晦、檀道济等人一一进宫，侍奉刘裕服药治疗。朝中的大臣们要为刘裕祈祷神灵，希望他早日康复，刘裕不允许他们这样做，只是派侍中谢方明到宗庙烧香，让他把自己的病情汇报给祖先。

刘裕一直都不相信神鬼。当他还是一个平民的时候，就有许多吉兆，等到后来大富大贵了，史官们都向他查证当时的传闻是否属实，他都拒绝回答。

皇太子刘义符经常和一些小混混在一起鬼混。为此，谢晦就对刘裕说过："陛下，您现在年岁已高了，到应该考虑如何才能使您的大业永世长存的时候了，帝位的继承非常重要，可不能交给没有才能的人啊！"

于是，刘裕就问他："你看庐陵王刘义真怎么样？"谢晦就说："陛下，那臣就先去看看吧！"谢晦出宫以后就去拜访庐陵王刘义真。刘义真盛情地款待了他，还想和他进行长谈，但谢晦只是含混地应答，不愿和他多说话。

回到宫中以后，谢晦就和刘裕说："陛下，刘义真的德行低于才能，不能做人主啊！"三月十五日，刘裕就把刘义真派到州郡去了。

五月，刘裕病得更厉害了，他把太子刘义符叫到了床前，告诫他说："檀道济这个人虽然很有才干，但并没有什么大的志向和野心，不像他的哥哥檀道韶，这家伙性格刚烈，很难驾驭；徐羡之、傅亮当然也不会有什么其他的图谋和妄想，至于谢晦这个人嘛，他一直和我南征北战，很有能力，如果以后出事的话，那一定就是出在他的身上了。"嘱咐完儿子之后，他又命人拿来纸笔，亲手写下了遗诏，遗诏上写道："如果以后有少年天子出现，朝中所有的大小事务都交给宰相处理了，用不着让皇太后她老人家出面主持朝政。"司空徐羡之、尚书仆射傅亮、领军将军谢晦都接受了刘裕的遗令。五月二十二日，宋武帝刘裕在西殿驾崩。

刘裕活着的时候，清心寡欲，特别节俭，在生活的各个方面都严格要求自己，穿着朴素，很少出外游玩或是举办大型宴会。

他曾经非常喜欢后秦高祖的侄女，对她宠爱有加，因此荒废了不少国家大事。为此，谢晦只进谏了一两次，他就把秦后赶出宫去了。他的财产都放在国库里，自己没有什么私人收藏。

曾经有一次，岭南的官人进贡给他一种特别细软的布匹，一匹整整长达八丈。宋武帝很厌恶这种把劳力耗费在精美布匹上的做法，于是就让主管官员处治了当地操办呈送布匹的太守，把贡品给原路退了回去，并且严禁岭南地区再生产这种布匹。

他的女儿出嫁的时候，作为公主，却只有区区 20 万的嫁妆，而没有其他什么贵重的东西陪送。因此，皇宫内外，都以此为戒，没有一个敢铺张浪费、攀富比阔的。

刘裕死后，他的儿子刘义符当了皇帝。刘

· 刘宋元嘉之治 ·

刘裕建宋以后，大力革新内政，推行改革。他死后，长子刘义符继位，整日耽于游乐，不理朝政，不久便被废掉。刘义隆即位，这就是宋文帝。他是一位很有作为的皇帝。他继承前代的事业，进行了一系列的改革。在政治上，他整顿吏治，加强对于地方官的考察监督，同时放宽刑罚，诏求贤才；在经济上，他兴修水利，奖励耕织，减免赋税，积极开展赈灾活动；在社会思想文化建设上，他大力兴复学舍，发展教育。这样，刘宋王朝就出现了政治清明社会安定的大好局面。宋文帝的年号是元嘉，因此历史上把这段清明的统治时期称为"元嘉之治"。

中国大事记

公元 422 年，宋武帝死，北魏发兵攻宋，宋沿河诸郡多为北魏据有。

义符当政的时候，和刘裕的做法就大不相同了。

在为刘裕服丧期间，刘义符就与左右侍从轻佻地嬉戏、游玩，一点也没有皇帝的尊严。早已退休的范泰呈上一本用皂封好的奏章，说："陛下，臣听说您常常在后花园习武练功，锣鼓喧天的。鼓虽然是在宫中，但是鼓声却早已经传出了宫外。您在深宫禁院打闹砍杀，又在朝廷各个公堂之间喧闹不止，这样不但不能威慑四方的夷族，反而只能使他们觉得我朝有些怪诞了。陛下继位以来，把各种政务都交给宰相处理了。您应该和商朝时期的高宗武丁一样，有在为父服丧期间闭口不言的美德。但是，想不到您却和小人亲近，恐怕这就对治理国家和维持日风不利了吧！"刘义符并没有理会范泰的劝告。

刘宋的司空徐羡之、大将檀道济等人掌握着强大的军队。他们看到刘义符昏庸无能，就想联合起来，把刘义符废掉。

当时，刘义符在皇家华林园造了一排商铺，他亲自在里面当商人，买入卖出，讨价还价。同时，他还和左右的一伙大臣们划船取乐。傍晚的时候，刘义符又率领左右大臣，游逛天渊池，夜里就睡在龙舟上。

景平二年（公元 424 年）四月二十五这一天的凌晨，檀道济引兵开路，徐羡之等人在后面跟着，从云龙门入宫。刘义符的禁卫军早被事先说服了，所以没有人前来阻拦。刘义符还没有起床，士兵们就闯了进去，杀掉了刘义符的两个侍从，把刘义符绑出了东宫，还没收了他的皇帝玉玺。文武百官都向刘义符叩拜辞行，士兵们把他送回到他的故居太子宫。

此后，徐羡之、檀道济等人拥立南豫州刺史刘义隆做了皇帝。

裴松之注《三国志》

裴松之是河东人，祖父和父亲都担任过重要官职，裴松之从小就阅读了很多书籍，8 岁的时候就通学了《论语》和《毛诗》。他博览群书，为人淳朴，20 岁的时候被拜为殿中将军，成为皇帝身边的侍卫官。

裴松之因为当时社会上人们立的碑上面的文字和事实有很大出入，上表反对这种风俗，认为这是一种弄虚作假的行为，如果放任不管的话，会给社会带来弊病。他认为："那些想立碑的人，应该命令他们向上面请示，经过朝廷允许后，才能立。这样才能防止碑文上出现不实之词，表彰那些真正值得赞扬的行为，让后代知道这上面没有虚假的东西，让当代的东西受到后世的崇敬。"于是以后谁要刻碑的话都得照着裴松之的意见去办。

刘裕北伐的时候，将裴松之调到外地当地

·江郎才尽·

南朝的江淹，字文通，他年轻的时候，就成为一个鼎鼎有名的文学家，他的诗和文章在当时获得极高的评价。可是，当他年纪渐渐大了以后，他的文章不但没有以前写得好了，而且退步不少。有时提笔吟哦好久，依旧写不出一个字来，偶尔灵感来了，诗写出来了，但文句枯涩，内容平淡得一无可取。于是就有人传说，有一次江淹乘船停在禅灵寺的河边，梦见一个自称叫张景阳的人向他讨还一匹绸缎，江淹就从怀中掏出几尺绸缎还他。从此，他的文章便不精彩了。又有人传说，有一次江淹在冶亭中睡午觉，梦见一个自称郭璞的人，走到他的身边，向他索笔，对他说："文通兄，我有一支笔在你那儿已经很久了，现在应该可以还给我了吧！"江淹听了，就顺手从怀里取出一支五色笔来还他。据说从此以后，江淹就文思枯竭，再也写不出什么好的文章了。

其实并不是江淹的才华已经用完了，而是他当官以后，一方面由于政务繁忙，另一方面也由于仕途得意，无需自己动笔，久而久之，文章自然会逐渐逊色，缺乏才气。

历史关注

方官，刘裕称帝后，特地下诏说："裴松之是国家的栋梁之材，不应该老是呆在边疆，所以现在把他召回来担任太子洗马一职，和殷景仁的待遇一样。"后来裴松之升任为零陵内史，不久被征召为国子博士。

公元 426 年，司徒徐羡之等人被宋文帝刘义隆诛杀，随后宋文帝派遣使者巡视天下，裴松之作为使者中的一员被派到汀州出使。回来之后，他向朝廷上奏道："我听说天道是给世界以光明，君主的德行是以全面地治理天下而作为极致的。古代的圣王贤君因为考虑到了所有的事情，所以一个人有好的想法，社会就能富足和平。即使只在江汉一带推行了礼制，但那种良好的影响却非常深远，所以能够让后人歌颂他们伟大的功业，创造出比周朝还要好的制度。陛下的想法玄妙通达，思想盖世无双，身居天子之位，考虑着四面八方的事情，咨询传播教化的不足之处，担忧荐举贤才的道路还不够通畅，公正地询问下面老百姓的痛苦，同情他们当中的鳏夫和寡妇，陛下光辉伟大的感召，影响远及四面八方。所以全国各地的人民都恭敬地颂扬，很远的外国也感到喜悦，没有不歌唱吟诵您的丰功伟业和仁爱之心的，大家都欢欣鼓舞，时刻铭记皇恩；有的扶老携幼，在路旁述说他们的欢喜之情，实在是因为您的养育之恩传播到了各地，所以才能让他们忘乎所以。千年以来，只有这个时候才会有这种情况出现。我承蒙陛下的错爱，被选中出使，不合格地和那些显要的人物并列，缺乏才能，思想又简陋，没有宣扬圣旨的力量，也不能严肃和提倡礼教风化，举荐人才也没有章法，访求和推荐人才也显得孤陋寡闻，心里非常惭愧和惶恐，不知所措。现在上奏 24 条访问成果，恭敬地写好呈上。我看见您下的诏书，说官吏和民风的得失，都依照周朝的制度加以裁断，每件事都写成了奏章，回来后会分门别类地上奏。"裴松之很懂得出使的意义，大家都赞扬他。

后来，裴松之担任过中书侍郎、司州和冀州两州的大中正，皇帝知道他历史知识很丰富，

就派他为陈寿的《三国志》作注。裴松之搜集了许多材料，为《三国志》里的事件增加了很多不同的说法。好不容易写完后递交给皇帝，皇帝认为写得非常好，赞扬道："这个注是不朽的。"于是调任他为永嘉太守。他当太守的时候勤政爱民，官民都生活得很好。朝廷又将他补任为通直散骑常侍，不久又出任南琅琊太守。他年老退休后，拜为中散大夫，不久又兼任国子博士，提升为太中大夫。裴松之打算续写何承天写的刘宋国史，还没有来得及动笔就去世了，享年 80 高龄。他写的论文和《晋纪》，还有他儿子为司马迁的《史记》作的注一起在世上流行。

刘义隆自毁长城

檀道济是刘宋王朝的开国元勋，他善于用兵，骁勇善战，足智多谋，为刘宋王朝的建立和发展做出了巨大的贡献。

宋文帝元嘉七年（公元 430 年），宋文帝刘义隆派征南大将军檀道济率领大兵向北讨伐北魏。在短短的 20 多天里，檀道济就和北魏打了 30 多场仗，把北魏的军队打得节节败退。檀道济率军乘胜追击北魏残军，一直追到了历城（今属山东省）。

然而，就在檀道济到达历城，为胜利而暗自高兴的时候，却被北魏的将领叔孙建来了个突然袭击。叔孙建瞅准机会，率领一支轻骑兵截断了檀道济军队运送粮草的道路，烧了他们的粮草。这一下檀道济的军队就再也不能前进了，只好从历城撤退。

在撤退的途中，他的军队中有人逃了出去，投奔了北魏。这些逃兵把檀道济因为缺乏粮草而撤军的消息，告诉了北魏的将领。北魏将领一听情况，就立刻派出大军追赶檀济道的军队。

如果真让北魏追上，那不是必死无疑吗？檀道济每想到此便坐立不安。后来他终于想出了一个好办法。一天晚上，檀道济带着一些士兵到了军营前，和士兵们一起用升和斗等工具

中国大事记

公元 423 年，宋少帝刘义符改元景平。

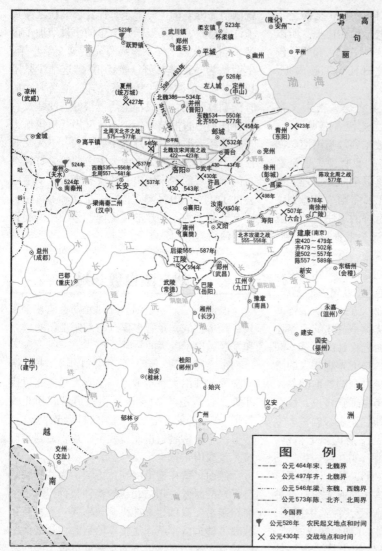

南北朝战争形势图

向领头报告情况。领头知道情况之后，就以为是投降的刘宋士兵欺骗了他，于是大发雷霆，让手下把投靠他的士兵给杀了。

北魏虽然包围了檀道济，但是也不敢轻易动兵。尽管如此，险情还是没有消除，于是檀道济又做了一个大胆的决策。他命令士兵们全都穿上铠甲，而他自己则穿着一身白衣服，随意地坐在马车上，然后命令士兵们整齐有序地缓缓后撤。北魏人一直就知道檀道济用兵神出鬼没，一看他这副样子，不知道他在搞什么把戏，因此并没人敢追。最后，檀道济安全返回自己的营地。

正因为檀道济战功赫赫，所以他在朝中有着很大的势力和很高的威望，他的几个儿子也都掌管着兵权。朝廷中有一些大臣，经常在宋文帝刘义隆的面前说檀道济的坏话，说檀道济有谋反之心，于是日久天长，刘义隆就起了除掉檀道济的心思。

有一次，刘义隆身患重病，觉得自己快不行了。他最担心自己死之后檀道济会控制朝政，篡权夺位。因此，他就让彭城王刘义康草拟了一道圣旨，召檀道济入朝。

檀道济的妻子是个非常聪明的人，她一听说皇上要召檀道济入朝，非常担心夫君的安危，对檀道济说："从古到今，凡是劳苦功高，声誉震主的大将，都会遭到帝王的猜忌。现在朝廷里也没有什么事情，却召你前去，看来是要

量沙子，然后再把沙子装进口袋里。

在装沙子的时候，他让宋军把称出来的重量，大声地念出来。口袋里装满沙子以后，他就让人把军队中仅有的粮食拿出来，盖在沙子上。北魏的探子乘着夜色，探头探脑地来到了檀道济的军营外，远远就听到宋军大营中，有数重量多少的声音。探子感觉到莫名其妙。等到天亮后，他才看清楚，原来宋军的大营内，粮食堆积如山，于是探子撒腿跑回到北魏军中，

大祸临头了。"檀道济觉得夫人说得很有道理，自己也很顾虑，然而圣旨不可违背，只好来到了京都。

檀道济进入京都后住在建康的檀城中，刘义隆把他留了很长一段时间，直到第二年的二月，刘义隆的病情略有好转，才放他回去。然而，檀道济刚踏上秦淮河的船上，刘义隆的弟弟刘义康就追了上来，他假借刘义隆的名义把檀道济召了回去，而且还把檀道济打入天牢，并对外宣称，檀道济想乘皇帝病重的时候，图谋造反。过了不久，刘义隆就把檀道济和他的儿子们给处死了。檀道济的一些部下也惨遭杀害。

临刑前的檀道济，又气又恨，他一口气喝下一斛酒，并且大声吼道："你们这是在破坏自己家的长城啊！"

檀道济被杀害的消息很快就传到了北魏，北魏的大小官员都欣喜若狂。他们庆幸地说："檀道济一死，刘宋还有什么值得可怕的啊！"果然，善于用兵的檀道济刚死不久，北魏就乘机南下，进犯刘宋了。

直到后来，刘义隆见北魏肆意横行，而朝中又无人能站出来抵抗的时候，才后悔错杀了檀道济。

统万城之战

宋文帝元嘉四年（公元427年）四月，北魏国主拓跋焘到了拔岭山（今内蒙古准格尔旗内）。拓跋焘到了拔岭山以后，大修城墙、军垒，也留下了很多的物资装备。完成这些事以后，他率领3万铁骑，快马加鞭赶往大夏国都城统万（今陕西靖边县），准备攻打统万。

他的手下官员们都劝阻他说："陛下，统万城十分坚固，不是一朝一夕就能打下来的，现在您只率领一些装备不多的骑兵去攻打，如果进攻不下，再回头恐怕军需就难保了，还不如和步兵一起，等攻城工具都准备好了，再一起出发去攻打统万。"

拓跋焘说："在兵法之中，强行攻城是最不可取的，只有在万不得已的时候，才用这样

的办法。现在如果我们将步兵和攻城工具一同动用，那么，他们必然会因为害怕而坚守在城中不敢出来了。而我们万一短时间内攻不下城来，一旦粮草都用完了，士兵疲惫不堪，粮草又得不到补充，那我们将进退不得。"

大臣们点头称是，认为拓跋焘说得很有道理。拓跋焘接着说："所以，我们还不如让骑兵直接进攻到万统城下，他们看到我们的步兵还没有赶到，就一定不会重视。然后，我们再装出一副不堪一击的软弱样子来引诱他们，他们必然会上当出击，到时候就可以抓住他们了。我之所以这样安排，是因为我们的部队已经离开家两千多里了，我们的身后还隔着一条宽宽的黄河，这就正是兵法上所说的'置之死地而后生'的境地啊！以3万轻装骑兵去攻城，显然有些不足，然而，用这些人以速战的方式攻城，还是绰绰有余的啊！"

于是，他率领大军向统万进发了。

拓跋焘到达统万以后，让士兵分开埋伏在山谷深处，只让少量的人马到统万城下进行挑衅。大夏国将领狄于五投降了北魏，向拓跋焘报告说："陛下，我听说大夏国国主知道北魏大军来了，就派人去召名将、平原公赫荐才，赫荐才说：'统万城坚固陡峭，易守难攻，不容易攻破，等我捉到了奚斤以后，再领军前去，里外合击，没有不成功的。'于是，大夏国国主就坚守城池，不出兵了。"

拓跋焘听狄于五这么一说，心里感到很不安，于是就命令士兵撤退，假

抚剑武士俑　南北朝

装自己不敢作战。与此同时，他还派出了娥清和永昌王拓跋健，让他们率领五千骑兵向西掠夺西夏国民。

北魏也有犯了军法后，逃跑投奔夏的士兵，他们中有的人对夏国人说："北魏军中粮草已经耗尽，士兵们只能以野菜充饥。物资都留在很远的后方，步兵还没有赶到，现在应该赶快攻击他们。"

大夏国国主赫连昌相信了他们的话。于是，赫连昌亲自率领 3 万步兵和骑兵，出城迎战。北魏大臣长孙翰等人都对拓跋焘说："陛下，大夏国步兵都摆好了阵式，很难对付，最好先躲一躲再说。"

北魏国主拓跋焘说："我们长途奔袭而来，就是为了求战，就怕他们不敢出来，他们既然出来迎战，哪有不战就躲起来的道理呢？这不是长他们的势气，灭我们的威风吗？"于是，拓跋焘就集合士兵假装逃跑，引诱大夏国士兵，想让大夏士兵在追击中消耗战斗力。

大夏国士兵兵分两路，喊杀声震天。北魏军队一路狂奔。当时东南方风雨大作，雷电交加，沙尘漫天，天昏地暗。宦官赵倪紧张兮兮地对北魏国主拓跋焘说："陛下，现在风雨从敌人方向袭来，我们是逆风作战，大为不利啊！看来是天神不保佑我们。士兵们也都又饿又累的，恳请陛下收兵撤退，改日再战吧！"

北魏大将崔浩一听，有点不乐意了，对赵倪说："你说的这算什么话？我们远道而来，自然是有准备的，哪有一天还没下来就方寸大乱的呢？敌人只顾追我们了，已经失去了与后续部队的联系，这正利于我们埋伏部队的分头突然出击。风是死的，人是活的，关键看怎么利用风向，谁说逆风就一定是不利的？"听完崔浩的这席话之后，拓跋焘拍手叫好。

北魏士兵分成了两路，他们互相呼应，共同对付大夏的军队。在战斗的过程中，拓跋焘因坐骑失足而坠落马下，险些被大夏士兵抓获。幸亏拓跋齐浴血奋战，用自己的身体拼死做掩护，拓跋焘才得以借这个机会翻身上马。他上马后，举起武器刺死了大夏尚书斛黎文，

然后又消灭了十几个大夏骑兵，在被流箭射中的情况下，依然杀敌不止。最后，大夏人大败而归。

崔浩遭忌恨

北魏的崔浩是"三朝元老"，因为他很有才华，所以北魏的几位皇帝都很看重他。北魏道武帝拓跋珪在位的时候，崔浩负责给皇上起草文件和命令等重要的事务。北魏明元帝拓跋嗣在位的时候，崔浩因为是皇上的老师，所以格外受尊重和宠爱。北魏太武帝拓跋焘继位以后，崔浩因为受人妒忌和谗害，一度被罢免官职，但是又因为朝廷中错综复杂的难题比较多，太武帝重新把他请了回来，委以重任。

崔浩从小就喜欢文学，对于天文、历史、诸子百家等学说，几乎样样精通，在当时是没有人能和他相比的。崔浩还经常给人写一些类似墓志铭之类的文章。

一次，有一个名叫冯汉疆的人死了，他的家属来请崔浩给写墓志铭。崔浩一听死者的名字，就谨慎起来。"疆"是"强"字的古写体，"汉疆"连在一起，就成了"汉族强大"的意思，这在鲜卑人那里是犯忌讳的（北魏是鲜卑人建立的），于是他就想，千万不能这样写，那该怎么办呢？崔浩就开始想主意了，最后他把"汉"字改成了"代"字，也就是说"冯汉疆"改成了"冯代疆"。"代"字代表着两方面的意

北魏重臣崔浩像
崔浩处理政务主张先修人事，次尽地利，后观天时。

思，既表示了"汉"不能和疆连在一起，必须用其他字代替的意思，又巧妙地点出了北魏原来的国名"代国"。"代疆"不就是"代国强盛"的意思吗？

鲜卑人看完以后很高兴，于是他就又躲过了一场风险。

另一次，著名的士族王慧龙从江南来到了北方。王慧龙是东晋士族中最高贵的门第，崔浩的弟弟因为羡慕王氏的贵族地位，就把女儿许配给了王慧龙。但也有人说王慧龙不是真正的王门子弟。崔浩经过研究王氏族谱得知，王氏世世代代都长酒糟鼻子，而王慧龙的鼻子很大，根据这一点，他就说王慧龙是真正的王门

陶风帽立俑　南北朝

此俑面颊丰腴，眉清目秀，戴皮风帽，外披小袖长袍，是少数民族武士装束。

弟子。于是他就高兴地和人说："王慧龙是一个地地道道的王门弟子，是一个贵种啊！"而在鲜卑人的国家里，只有鲜卑人才能称得上是贵种，王慧龙怎么能算是贵种呢？于是，有人暗中把这件事告诉了北魏太武帝，说崔浩贬低了鲜卑族，太武帝一听也火了，就训斥了崔浩。

又有一次，崔浩跟着明元帝去打南朝。在返回的途中，他和明元帝一起来到了西河。他们站在高高的山冈上，望着滚滚流去的黄河，崔浩禁不住触景生情，他感慨地对明元帝说道："陛下，秦始皇和汉武帝都犯了同样的错误，他们建立郡县是不对的。"

本来他说这句话的时候，没有什么其他意思，但鲜卑人却起了疑心。他们想："秦始皇、汉武帝和北魏一样都统一了山河，怎么能说是

错误呢？建立郡县是为了保障国家的统一，怎么会不对呢？"于是他们就认为，崔浩虽然表面在说秦始皇、汉武帝，实际上是在说北魏皇帝，是在鼓动汉人闹割据。当时，虽然明元帝没有责备他，但是鲜卑贵族已经在了心里给他记下了账。

崔浩晚年的时候，奉命编写北魏国史。他实事求是，原原本本地把北魏的国史写了下来，而且还刻在了石碑上，立在都城平城郊外的大路边。这下可把鲜卑贵族给气坏了，因为崔浩把鲜卑贵族怎样落后、怎样争权夺利都写了进去，这不是明摆着骂祖宗、揭老底吗？于是，鲜卑贵族联合起来，一起到北魏太武帝那里告状。太武帝听说以后也很生气，一想北魏江山已经稳固了，像崔浩这样的谋士也没什么用了，就下令把他处死。

行刑的当天，崔浩被装在一辆囚车里，面如死灰，两腿发抖，十分凄惨。到达刑场的时候，几十名士兵，轮流向他的囚车里撒尿，弄得崔浩浑身满脸都是，受尽侮辱之后，这个三朝元老就被杀了，他的全家和亲戚朋友也都受到了株连。

元嘉之役

南朝宋元嘉年间，北魏和刘宋长期作战。宋文帝刘义隆很想收回被北魏侵占的土地，而朝中的各个文武官员也都想借这个机会讨好宋文帝，所以就争着出谋划策，其中彭城太守王玄谟是最积极的一个。王玄谟给宋文帝呈上了很多奏章，宋文帝看到王玄谟的奏章后，就对身边的人说："看完王玄谟给朕呈上来的奏章后，真是令朕心花怒放，仿佛朕已经成为汉代的霍去病，站在高高的狼居胥山上，挥师北进了。"

御史中丞袁淑也对宋文帝说："陛下，您应该一口气收回北方的赵、魏等地，然后再乘胜登上泰山祭献祖先和神灵。这样的话，微臣就遇到了一个千载难逢的好机会，希望到时候能为陛下亲手献上祭祀用的封禅书。"宋文帝听了袁淑的话以后，感到特别舒服。

中国大事记

公元 424 年，宋文帝刘义隆即位，他在位三十年，励精图治，史称元嘉之治。

本尊如来坐像　云冈石窟　南北朝

在宋文帝又一次派兵作战之前，太子步兵校尉沈庆之曾劝谏宋文帝说："陛下，我们都是步兵，而魏国都是骑兵，恐怕打起仗来，我们是会吃亏的。何况檀道济两次出兵都没有什么收获，而到彦之更是打了败仗才回来，现在的王玄谟等人，本领不一定能超过檀道济、到彦之二人，加上我们军队现在的情况，也不比当年好，我很担心朝廷军队会再次失利。"

文帝听完沈庆之的话以后，笑了笑说："朝廷大军两次失利都有其他的原因。檀道济他根本就不想彻底消灭北魏的军队，他是想依靠敌人威胁的存在来提高自己的地位，让朝廷感觉到缺他不行，而到彦之则更是半途中发了病。敌人现在所依靠的只有马匹，今年夏天洪水猛涨，对行船很有利，我们只需乘船向北挺进，敌人驻扎在施微的驻军就只能逃跑了。滑台（今河南滑县东）的守军也不多，很容易攻打下来。只要我们占领了这两座城池，我们就能够住他们的房，吃他们的粮食，安抚当地的老百姓，

这样的话，虎牢和洛阳等地方也会受到很大的影响，那么北魏守住这些土地就很困难了。这样打下去的话，到了初冬时节，我们的军营就会到处都是，那到时候只要北魏人马再渡过黄河一步，我们就可以轻松地把他们抓住了。"

沈庆之一直坚持不可轻易出兵的观点，文帝就让徐湛之、江湛等人和他辩论。沈庆之说："管理国家和管理家庭的道理是一样的，要想知道种田的事情，就应该下到田里，问问种田的农民；要想知道织布的具体情况，就应该问问织机上的婢女。皇上您今天要发动大规模的战争，却单单听几个白面书生的夸夸其谈，哪里能把事情干成啊！"文帝听完沈庆之的话以后，没有说话，只是哈哈大笑。

当时，全国各地都在为战争做准备，上至王公贵族、公主王妃以及朝廷和各地的官员，下到富足的百姓，都捐出各自的钱财帮助朝廷备战。军队中人员不足，就在青州、冀州、徐州、豫州、克州、南克州等地招兵，凡是 15 岁以上的青壮年都得服兵役。为此朝廷派出了使节，而且还规定从军令下达开始，10 天之内必须把军队整装好。来自长江沿岸的 5 个郡的新兵们都集中在广陵（今江苏扬州东北），来自淮河延岸 3 个郡的士兵都集中在盱眙（今江苏盱眙）。同时，他们又广召天下各类武艺高强的人前来应考，而且还全部给了他们重赏。有关的官员还上报说，物资依旧不太充裕，于是朝廷决定让扬州、南徐州、宪州、江州这 4 个地方家产超过 50 万的富户和积蓄多于 20 万的和

历史关注

尚尼姑们，一律都要出四分之一的财产，给国家备战使用，等战争结束后归还。

元嘉二十七年（公元450年），宋文帝分兵两路，向北进攻，一路由王玄谟率领，攻打滑台，一路由柳元景、薛安都率领向西北挺进。柳元景、薛安都率领的军队在战争中势不可当，他们在攻克了弘农（今河南灵宝北）之后，又一口气向陕西攻去。而王玄谟的军队虽然数量较多，武器装备精良，但王玄谟本人却很贪钱财，又喜欢屠杀。刚围攻滑台城的时候，城里面有很多草房。将士建议他采取发射火箭来攻城的办法，王玄谟拒绝了，他说："那些房舍眼看就要成为我的东西了，怎能这么快就要烧了它！"等到城中的军队挖好了地洞，撤除了房顶上的茅草，想用火攻也就攻不成了。

当时，在黄河、洛水一带，每天都有民众拿出自己的粮食慰劳刘宋的军队，每天约有上千人拿着武器前来投靠王玄谟的军队。然而，王玄谟却不按军中的规矩编排这些人，只是把这些人都分给了自己的亲信指挥使用。仅仅发给他们家属一匹布作为赏赐，但同时他又命令每个人都得上交800个大梨。因此，军民对他和刘宋的军队都很失望，小城滑台围攻了几个月也没有打下来。听说北魏的援兵快到了，将士们都要求王玄谟下发战车，修建营垒，做好防范准备，王玄谟却没有答应。此后，王玄谟连打败仗，节节败退。

宋文帝看王玄谟等败仗连连，北魏军队攻势凶猛，打胜仗的柳元景等人也不能单独进攻，于是，他就下诏书把各路人马召了回来。

北魏永昌王拓跋仁攻打悬瓠（今河南汝南）和项城（今河南沈丘），先后得手了。文帝担心北魏军队会再来进攻寿阳，于是就下令安蛮司马刘康祖立即赶回来。不料，带了8万骑兵的拓跋仁在蔚武追上了只带了8000人马的刘康祖。北魏的士兵快要追上刘康祖的军队的时候，副将胡盛之劝刘康祖凭险要的地形，从小道悄悄地撤回寿阳。刘康祖听完胡盛之的话以后，非常愤怒，说："我到黄河边上找他们决战，可惜的是没有找到他们。现在，他们自己送上门来了，为什么还要躲开呢？"于是，决定把战车连接成军阵前进，并对士兵们下命令说："谁敢东张西望，就把头砍了；谁敢转身逃跑，就把脚砍了。"

过了一会儿，北魏军队围了上来，从四面进攻他们。刘康祖的将士们都拼命作战，从早晨到傍晚，他们杀死了1万多名北魏士兵，鲜血几乎都漫过了脚。刘康祖身上多处受伤，但是依旧斗志昂扬，显得特别顽强。北魏军队把士兵分成了3个梯队，轮流进攻。

天很快黑了下来，又刮起了大风，北魏军队借着这个机会，用战马驮了很多柴草，放火烧了刘宋军队用战车垒起的营垒。刘康祖赶紧前去救火，不料，他被一支飞来的流箭刺穿了脖子，落马而死，剩下的士兵都乱了手脚，大败而逃。北魏军队四处追杀，几乎把刘宋军队中的士兵杀尽了。

元嘉二十七年（公元450年）十二月十五日，北魏国主拓跋焘到了长江边的瓜步（今江苏六合东南），拆毁民房，制造渡筏，扬言准备渡过长江。刘宋的都城建康顿时一片混乱，老百姓也都收拾起东西，准备逃难。刘义隆赶

·云冈、龙门石窟·

北魏时期，佛教兴盛，各地开凿了许多石窟，最著名的是云冈石窟和龙门石窟。云冈石窟最早在北魏中期开凿，位于山西大同西郊，依山开凿，绵延1公里，现存主要洞窟45个，有大大小小5万多尊佛像，最大的佛像有十几米高，气势非常雄伟。

孝文帝把都城迁到洛阳后，北魏开始在洛阳南边的龙门山上开凿石窟，经过从北朝到唐朝几百年间的不断修造，现在龙门石窟有1300多个洞窟，大小佛像97000多个。无论从石窟规模，还是雕刻技巧、艺术风格来看，云冈、龙门石窟都是世界雕刻艺术中的珍宝，所以举世闻名。

中国大事记 | 公元 424 年，北魏拓跋焘改元始光。

忙调集扩充军队。当他登上都城城墙的时候，对守城将领江湛说："当初商议北伐的时候，赞同的人并不多，现在搞得民生疲惫，怨言四起，实在惭愧。连累了你们这么多人，都是我的过错。"他还说："假如檀济道还活着的话，哪能让北魏的军队打到这里来呢？"

北魏军队一路南下进攻，夺下刘宋江山的许多州郡。但是他们自己也死伤大半，所以，北魏的国民也多有怨言。

宋明帝刘彧

刘彧还是亲王的时候，性情温和，为人很好，口碑也相当不错，因此武帝刘骏非常喜爱他。在他刚即位的时候，对于曾经反对自己的人，也都宽大对待，按他们的才能大小任用他们，就像对待自己的旧臣一样。但是，刘彧到了晚年以后，就变得越来越多疑，越来越残忍了。他相信存在鬼神的说法，处处设立禁忌。无论是在日常生活中说话，还是写书面文字，对于"祸"、"败"、"凶"、"丧"之类不吉祥的字句，以及与它们相似的字句用语，共有成百上千条，都被刘彧列为忌讳的行列。如果有人触犯了，不管是有意还是无意，一律斩杀。同时，他还决定把"骗"字改为"驶"，因为这个字和"祸"很相像。他身边的官员中，常常有一些不小心犯了忌讳，而被开膛剖腹的。

刘彧的兄弟晋平王刘休祐经常冒犯刘彧，

· 麦积山石窟 ·

位于甘肃天水市城东南麦积山上的麦积山石窟，山高142米，形似堆积的麦秸，故名。开凿于十六国晚期，其后历代均有建造。现存洞窟194个，泥塑像、石雕像7000余尊，壁画1000多平方米。石窟开凿于距山基二三千米或七八十米高的悬崖峭壁上，层层相叠，上下错落，密如蜂窝。窟内有七座北朝"崖阁"，为研究北朝时代建筑艺术的重要资料。

所以刘彧一直想找个机会把他除掉。有一次，刘休祐跟着刘彧到岩山打猎。走了一段时间之后，刘休祐左右的侍从都被甩到了后面。这时候，天快黑了，刘彧就让亲信寿寂之等几个人，把刘休祐从马上拉下来，一起围上去往死打刘休祐，同时大呼："骠骑将军从马背上摔下来了！"

刘彧还假装很震惊，派御医轮流给刘休祐诊治。等到刘休祐的侍从赶到的时候，刘休祐已经气绝身亡了。于是，人们就拆下车轮，用车身把刘休祐抬回去了。刘彧下诏书追赠刘休祐为司空，并且按照王侯的礼仪安葬了他。

刘休祐死了以后，建安王刘休仁感到非常不安。刘彧也非常担心自己死后，刘休仁会夺取自己的江山。与此同时，刘彧的亲信大臣杨运长等人也都担心这一点，因为如果刘休仁当政，他们就不能专权了，所以刘彧和他的亲信们都想把刘休仁处死。

当刘彧病得很厉害的时候，朝廷内外都希望刘休仁主持朝政。大小官员都想事先巴结刘休仁，全都来到刘休仁的府上，拜访刘休仁的亲信。那些抽不出身巴结刘休仁亲信的官员们，都很惶恐。刘彧听到这件事情后，更加厌恶刘休仁了。

有一天，刘彧把刘休仁召进宫里。刘彧见到刘休仁后没说话，过了很大一会儿，才对刘休仁说："你今天晚上先住在尚书那里，等明天早晨再来吧！"就在当天夜里，刘彧派人给刘休仁送去了毒药，让他自尽。

刘休仁骂他说："刘彧，你今天能得到天下，是谁帮你的？孝武帝因为诛杀自己的兄弟，子孙都灭绝了。今天，你又要诛杀自己的兄弟，刘宋的天下怎么能长久呢？"刘彧怕有意外发生，勉强打起精神，乘轿到了外面。等刘休仁死了，他才回宫。回宫后，他下达诏书说："刘休仁和禁兵结交，想要谋反叛乱，朕不忍心依法处治他，只是下诏书斥责了他，他对自己的忘恩负义感到很惭愧，于是就畏罪自杀了。朕可以宽恕他的两个儿子，贬刘休仁为始安县王，由他的儿子刘伯融继承爵位。"

历史关注

南朝宋刘义庆等人编成《世说新语》，是研究魏晋时期社会情况的重要资料，对后世文学有着深远的影响。

刘彧自己没有儿子，于是，他就暗地里叫人把各位亲王怀有身孕的妻妾藏在自己的宫中，等这些妻妾们生了孩子以后，就被看作是刘彧的宠妾所生。

刘彧即位之后，他令人把自己原来的住处改建成佛寺，名为湘宫寺。这座寺装修得十分豪华，建筑也很宏大。刘彧原本是想建一座10层高的佛塔，结果因为技术不行，只能建成两座稍小的佛塔。新安太守巢尚之解职以后到宫中朝见刘彧，刘彧问他："你没去过我的湘宫寺吧？那可是我干的一件功德无量的事！"

通直散骑侍郎虞愿当时正站在旁边，他听刘彧这么一说，就对众人说："这些佛寺都是用老百姓卖儿卖妻的钱修成的，佛祖如果知道了，一定会为他们感到不幸，一定会叹息不止的。这样做所产生的罪孽比佛塔还要高，哪里还谈得上什么功德呢！"

旁边侍立的人一听这话，全都吓得脸色大变。刘彧非常愤怒，马上令人将虞愿赶出朝堂。

大孝子朱百年

朱百年是会稽山阴人，他出身名门望族，祖父朱恺之是晋朝的右卫将军，父亲是扬州主簿。朱百年年轻的时候就有高尚的情怀，他父母死后他尽心守孝，服完孝后就带着妻子孔氏到会稽南山隐居下来。朱百年和妻子以砍柴和采集箬叶为生，他每次都把砍下的柴和箬叶放在路边，别人不知道怎么回事，就把那些东西拿走了。大家都以为他东西被人拿了就不会再这样了，谁知道他第二天又把柴火和箬叶放在路边，人们都觉得很奇怪，过了很久才知道他是在卖柴。朱百年深受儒家思想的影响，认为做生意有损于自己的操行，于是干脆就把柴放在路边，人们需要多少就拿多少，拿走后把钱留下就行了。从此人们都不肯再白拿了，拿走后都会留下应该付的钱。有的时候遇到天气非常冷或者下大雪，柴火和箬叶就卖不出去了，因为放在路边会被打湿或者被雪盖住。那个时候他就没办法生活了，他就撑船把妻子送

回娘家，等天气好转后再把她接回来。有时他还跑到山阴县外边去给妻子买几尺丝绸，但他又喜欢喝酒，喝得太醉就把丝绸给遗失掉了。朱百年很能讲道理，经常写诗，而且他往往会说出很高妙的话。郡里任命他为功曹，州里提拔他为从事，乡里也举荐他为秀才，他都没有就任，可见他对当官是没有兴趣的，并不是那种装样子想获得一官半职的假隐士。

朱百年避开世人隐居起来，只和同乡孔觊来往，孔觊也喜欢喝酒，两个人在一起喝酒总

孝经图卷（局部） 南宋 佚名

中国大事记 | 公元 436 年，北魏灭北燕。

是喝不够。朱百年家一向很贫困，他母亲是冬天的时候死的，家里穷得在她死的时候都没有棉衣给她穿，从此以后他也不肯穿棉衣了。有一次天气很冷，他去孔觊家玩，由于不肯穿棉衣，身上的衣服只是双层布。他和孔觊两个人喝得很开心，很快他就喝醉，不由自主地躺在孔觊的床上睡着了。孔觊见天气那么冷，朱百年还穿得这么单薄，就拿了厚被子出来给他盖上，朱百年睡得很熟没有感觉到，裹着厚被子睡得很香。他睡醒后发现自己盖着厚被子，就把被子掀开，对孔觊说："棉被真是暖和啊！"看到被子就想起了母亲当年去世的时候都没有被子盖，一定很冷，如果当时能有一床厚棉被给母亲盖的话，母亲一定不会这么早就去世。朱百年说完后泪流满面，非常悲痛，孔觊也为他感到难过，很佩服他的孝顺。

朱百年的名声越来越大，朝廷也听说了他的孝行品德，征召他为太子舍人，但他仍然没有去就任。颜竣在治理东扬州的时候，下令发给朱百年五百斛稻谷，作为给贤才的俸禄奖励，朱百年还是没有接受。当时山阴还有一个很穷的隐士名叫姚吟，他也有高雅的兴趣爱好，也被当时的大小官员所敬重，义阳王到东扬州巡视的时候，举荐他为文学从事，他也没有就任。颜竣发给姚吟的稻谷，同样没有被接受。

朱百年后来死在了山里，终身没有出来做官，享年 87 岁。后来蔡兴宗任会稽太守的时候，送给朱百年的妻子孔氏一百斛米，但她派了一个婢女到郡里去说明情况，并不要那些稻米。当时的人对她的做法表示赞扬，认为丈夫廉洁不受馈赠，妻子也和丈夫一样，于是都把她比作梁鸿的妻子孟光。

齐纪

　　南朝齐（公元479～502年），萧道成所建，中国历史上南朝的第二个朝代。

　　萧道成利用刘宋末年皇室内部君臣之间相互残杀的混乱局面，于昇明三年（公元479年）代宋称帝，国号齐，年号建元，历史上又称南齐、萧齐。齐是南朝4个朝代中存在时间最短的，仅23年。齐高帝萧道成借鉴了宋灭亡的教训，以宽厚为本，提倡节俭。他共在位4年，在他临死前，要求其子武帝继续其统治方针，并且不要手足相残。武帝遵其遗嘱，使南朝又出现了一段相对稳定的发展阶段。武帝死后，齐国的皇帝又走上了宋灭亡的老路，纷纷杀戮自己的兄亲、叔侄，至东昏侯时，因其疑心过重，几乎将朝内大臣全部处死。公元501年，雍州刺史萧衍起兵攻入建康，结束了齐的统治。

中国大事记

公元 479 年，萧道成废宋帝为汝阴王，自称皇帝，改元建元，是为齐太祖高皇帝。

萧道成即位

萧道成，字绍伯，起初只是一个"布衣"，参军以后多次建立战功，因此升迁得很快。渐渐地，他被提升为刘宋中央禁卫军将领。随后，他又乘刘宋皇族内乱，掌握了军政大权。宋顺帝昇明元年（公元477年），萧道成杀掉废帝刘昱，立10岁的刘准为顺帝。昇明三年（公元479年）三月，萧道成自封为相国、齐公。

齐高帝萧道成像

在萧道成的威逼下，昇明三年（公元479年）四月二十日，刘宋的顺帝颁布诏书，把帝位传给了齐王萧道成。

二十一日这天，顺帝应该到殿前去会见百官，但是他怎么也不肯去，而且还战战兢兢地逃到了佛像的宝盖子下面，死活不肯出来。王敬则率领着一些士兵，抬着一顶木板轿子，到宫殿中前来迎接顺帝。太后见王敬则率兵前来，感到很害怕，亲自率领着宦官找到了藏在宝盖子下面的顺帝，顺帝这才爬了出来。

王敬则见到顺帝以后，顺帝哭着问王敬则："你准备把我杀掉吗？"

王敬则说："我不想杀你，只是想让你到另外的宫殿中居住罢了，你们家族以前取代司马氏也是这样做的啊！"

顺帝就哭得更厉害了，继续说："但愿我今后生生世世，永远也不要生在帝王家中！"周围的宫人们见状也都跟着哭了起来。

随后，顺帝又拍着王敬则的手说："如果今天不出什么意外的话，我就送给你10万钱。"王敬则笑了笑，又劝了他一会儿，顺帝这才抹着眼泪上了轿。

当天，文武百官都在齐王府陪着萧道成，而侍中谢朏当天正在宫中值班，所以不在萧道成的身边。按理说他应该把玉玺交给萧道成派来传达诏书的人，但是谢朏却假装不知道。他故意问诏使："你有什么公事吗？"

诏使就说："把玉玺交给齐王。"

谢朏说："齐王应该有自己的侍中啊！用我干什么呢？"说着，他就拉过枕头，躺下来睡了。

诏使很害怕，就给谢朏出了一个主意，他说道："谢大人，您就说自己有病了，这样，我回去以后告诉齐王，让齐王另找一个人兼任侍中，这也好给齐王一个交代啊！"

可是谢朏却对诏使说："我没有病，为什么要说我有病呢？"说完，穿上朝服，就气冲冲地步行走出东掖门，上了车，回自己的住宅去了。

诏使回去以后把情况对齐王说了，齐王无奈之下让王俭担任侍中，前去处理玉玺交接的事。

玉玺的交接典礼仪式结束以后，顺帝坐着车子出了东掖门，前往太子的府邸。顺帝坐在车子上问周围的人："奇怪，为什么今天没有乐器演奏呢？"周围的人心情都很沉重，沉着脸，没人作声。右光禄大夫王琨在晋朝的时候担任过郎中，现在已经白发苍苍了。到了此时，他抓着顺帝车上悬着的獬尾，泣不成声地说："世上的人们都为长寿而高兴，老臣却为长寿而悲哀啊！是我不能够事先死去，才亲眼目睹了今天的这种事情。"他哭得老泪纵横，不能自已，周围的官员们见他这样，也都一个个泪如雨下。

有哭的，就有笑的。齐王萧道成这里可热闹了。司空兼太保褚渊等人捧着玉玺，领着文武百官，浩浩荡荡地来到了萧道成的府上，请萧道成接受帝位。萧道成假意再三推脱，不肯接受。

褚渊的堂弟、前任安成太守褚照问褚渊的儿子褚贲说："今天怎么不见你父亲，他去哪儿了？"

褚贲回答说："在齐王府大司马门前奉献玉玺呢！"

褚照笑了笑对褚贲说："真不知道你父亲把一家的东西交给另一家，这算怎么一回事儿！"褚赟在一旁不说话了。

齐高帝建元元年（公元479年）四月二十三日，齐王萧道成在南郊登基，宣布称帝，改国号为齐，年号为建元，大赦天下。萧道成就是南齐高帝。

萧道成登基以后，把顺帝奉为汝阴王，并效仿刘宋初年的做法，很隆重地为汝阴王举行了封号典礼。萧道成还在丹阳（今在安徽当涂）为顺帝修筑了宫室，并且还派兵为他守卫。刘宋各位皇帝的神位也都迁到了汝阴庙中，刘宋时期的各位王爷都被降爵为公。刘宋与萧齐两朝的官员依旧保持原来的职位不变。

就这样，存在50多年的刘宋王朝结束了，另一个新的王朝齐开始了。

猛将周盘龙

周盘龙是兰陵人，刘宋时期实行土断政策，兰陵被隶属在东平郡的管理之下。周盘龙胆识过人，特别擅长骑马射箭。刘子业统治时期，周盘龙从军跟随官兵讨伐叛贼，在战斗中表现非常勇敢，进攻的时候总是冲在最前面，所以受到上级的赏识。周盘龙因军功而一直加官到龙骧将军、积射将军，赐爵晋安县子，食邑400户。对于一个平民出身的人来说，这已经是很丰厚的待遇了。刘休范在浔阳造反，周盘龙当时跟随萧道成守卫新亭，和屯骑校尉黄回出城南，与敌人对峙，不久退回城内，团结在一起抵抗敌人。刘休范的叛乱被平定后，周盘龙被任命为南东莞太守，加封前军将军，后来一直升到了骁骑将军。刘昱统治时期，他出任为假节，都督交趾和广州两个地方的军事、征虏将军、平越中郎将和广州刺史，还没有去上任，就平定了建康城司徒袁粲的起兵。萧道成掌权后，任命周盘龙都督司州军事兼任司州刺史，别的官职都不变。

一年后，北魏入侵，进攻寿春，朝廷命令周盘龙协助豫州刺史桓崇祖决堤放江水阻挡敌人。周盘龙率领军队在西部江泽中抗击敌人，杀伤敌人数万，桓崇祖和周盘龙等人抓住战机，

以迅雷不及掩耳之势从水陆两路对敌人发起进攻，杀得北魏军队尸横遍野，战斗打到第二天早上，西部的敌人就被击败了。萧道成非常高兴，下诏褒奖了周盘龙，还送了20个金钗给周盘龙的爱妾杜氏，并亲笔写上："送给周公的阿杜。"

第二年，鲜卑军队再次进攻淮阳，把角城包围了起来。当时守卫角城的是成买，鲜卑人把角城围了好几圈，萧道成派李安民前去救援，并对周盘龙下令道："敌人已经开始对角城进攻了，西部的河道应该很空虚，你可以带领军队到淮阴去靠近李安民的部队。"这个时候成买正在和鲜卑激战，他亲手杀死了许多敌人，最后战死。

周盘龙的儿子周奉叔单独率领200多人冲锋，鲜卑有1万多骑兵从左右两翼冲上来向他展开包围。忽然一个骑兵来到周盘龙面前报告说周奉叔已经战死了。周盘龙当时正在吃饭，听到这个消息后马上扔掉了筷子，骑上战马，手持长矛带领部下冲到敌人阵前，大喊："我周盘龙来了！"鲜卑人一向害怕周盘龙的大名，一下子被他杀得晕头转向的。这个时候周奉叔实际上并没有死，他已经杀了很多敌人，冲了出来，但周盘龙并不知道，还是在敌阵中冲来杀去地四处寻找爱子，鲜卑人都不敢抵挡。周奉叔见父亲一直没有出来，很着急，于是骑着马再次杀进敌阵。父子二人战斗得非常勇猛，将几万鲜卑军队杀得大乱，最后打败了敌人，从此周盘龙父子威名大振。周盘龙外表看上去并不强壮，也不喜欢说话，但是在和敌人厮杀的时候却勇敢果断，别的将领都比不上他。

齐武帝萧赜即位后，将周盘龙提拔为征虏将军、南琅琊太守，不久又升为右卫将军，后来封他为侯爵。齐武帝多次搞演习，都命令周盘龙率领骑兵，并拿着长矛冲锋陷阵。

角城守将张蒲和北魏暗中勾结，有一次他乘大雾乘船到小岛上砍柴，偷偷装了20多个鲜卑士兵，让他们把兵器藏在竹器中，船开到城东门，守门的士兵没有阻拦他们，于是敌人登岸攻下了城门。守城主帅皇甫仲贤率领部

孟灵宝等 30 多个人在城门上抵挡，杀了 3 个敌人，别的敌人都受伤，纷纷跳进水里逃命。这个时候敌人的军队在城外已经集结了 3000 多人，因为受到阻挡而不能前进。淮阴军主王僧庆率领 500 多人前去救援，这才把北魏军队逼退。事后追查责任，周盘龙也受到了牵连，被有关部门弹劾，皇帝下诏命他以平民身份继续担任职务。不久又给他恢复了职位，并兼任东平太守。

周盘龙上表说自己年老体弱，不能再在边境镇守了，请求解除自己的职务，朝廷同意了，把他调回来担任散骑常侍和光禄大夫。齐武帝和他开玩笑："你戴貂蝉冠比起打仗的时候戴的兜鍪盔有什么感觉？"周盘龙说："这貂蝉冠正是从兜鍪盔发展过来的呀！"几年后周盘龙病死，享年 79 岁。

范缜与《神灭论》

南齐的竟陵王萧子良是个佛教迷，他特别相信佛教，因此，时常会从全国各地请一些和尚和僧人来为他讲解佛法。一时间，佛教在江东地区非常盛行，这是以前从来都没有出现过的现象。更让人啼笑皆非的是，堂堂的一位一人之下，万人之上的竟陵王，有的时候还亲自给那些和尚们送饭送水。因此，无论是当地的官员还是百姓，都对他这种做法十分不满，认为这实在是太失亲王的身份了。

尚书殿中郎范缜一直坚持认为，世间上根本就没有什么佛、神、鬼这类东西，所以他自然对竟陵王萧子良的做法"深恶痛绝"。

曾经有一次，萧子良请各路"高僧"和官员到他的府上来研习佛法，范缜也被请去了。众人在场上高谈阔论，把佛法的精妙之处夸得天花乱坠。说着说着，萧子良突然停下了。然后他就当着众人的面问范缜说："范大人，本王知道，你是一直都不相信佛法的。那么本王问你，既然你不相信因果造化，那为什么还要说世间上有贫富贵贱的区分呢？"

范缜看了看萧子良，想了一会儿，说道："王爷，我承认人生是各不相同的，但这并不是由什么可笑的因果造化决定的。打个比方说，人生就像树上的花朵。虽然花朵都开在同一枝头，但是，随风飘散以后，就落到了各个不同的地方。有的飘进了室内，落到了华丽昂贵的床褥上面；有的则是飘过篱笆栅栏落到了粪坑中。落到华丽昂贵的床褥上面的，就是像王爷您这样的人；落到粪坑里的，就是像下官我这样的人。富贵和贫贱虽然差得很远，但是，哪里又有什么必然的原因呢？"

萧子良听完这番话之后，气得脸色发青，可是人家说得条条是理，因此也无话可说了。

过了没多久，范缜又写了一篇《神灭论》，专门批判那些所谓的神鬼之说。他在书中如此写道："物质具体的形体是精神依存的根本，精神只是物质具体形体的产物。精神和物质的具体和形体的关系，就像'锋利'这个抽象的概念和具体的'刀子'之间的关系一样。从来就没有听说过：具体的'刀子'已经没了，而'锋利'还依旧存在这样的怪事。因此，这个世界上怎么会存在什么鬼神呢？居然还说什么有的人躯体已经没了，而灵魂和精神还依旧完好，这简直是荒唐至极的道理。"

他认为人的精神和肉体是互相结合的，有了肉体，才有精神；肉体毁了，精神也就随着消灭。《神灭论》揭露了统治阶级利用佛教进行欺骗的本质。面对统治阶级的打击和围攻，范缜毫不屈服，始终坚持自己的真理。范缜继承和发扬荀况、王充等人的唯物论思想，有力地打击了当时流行的有神论，这种战斗精神值得赞扬。

范缜的《神灭论》一问世，马上引起朝廷内外一片议论。很多人出于对"鬼神"和"佛祖"的敬畏，纷纷指责范缜，说他简直是胡言乱语，完全是谬论。可是，虽然这些人都指责范缜，但却没有一个人能够拿出充分的证据来把他驳倒。

有一个名叫王改文的太原人，写文章讽刺范缜说道："范先生啊，你连自己老祖宗的神灵在哪里都不知道，真是太可怜了，我真替你感到悲哀啊。"本来，他想以这样的方式将范缜一军，想使范缜无话可说。范缜却针锋相对地回答王改文说道："王先生知道自己祖辈的神灵在哪里，却还不去追随他们，舍不得自杀前去孝敬他们，真是太不孝了！"王改文被范缜一顿"抢白"，从此以后再也不敢写文章讥讽范缜了。

竟陵王萧子良也想让范缜"投降"。他想用高官厚禄来引诱范缜就范，于是就派王融和范缜说："范先生简直太糊涂了，何必这么执迷不悟呢？按理说，以先生您出众的才华，根本不必担心做不到中书郎。可是您却故意坚持这种荒唐没有道理的怪想法，真是太让人惋惜了。我劝您还是早点抛弃这些怪观点，免得耽误了自己的前程。"

范缜听后大笑着高声地对王融说："你也太小看我范缜了。如果愿意出卖自己的想法去讨官做，我范缜早就当上尚书令、仆射了，哪能现在还只是区区一个中书郎呢？"

王融听后无言以对，灰溜溜地回去复命了。

郁林王萧昭业

郁林王萧昭业，面目清秀，举止优雅，非常聪明，为人处事也很有一套。萧昭业还有一个"特长"，那就是不管是高兴还是不高兴，他都能很恰当地表达自己的感情。因此，他的祖父齐武帝对他非常宠爱。实际上，萧昭业是一个阴险、卑鄙的家伙，只不过他很会伪装自己罢了。他与小混混们很投缘，私下里经常和他们吃住在一起。

萧昭业在担任南郡王的时候，和他的叔父竟陵王萧子良一起住在西州。他的父亲，也就是文慧太子，经常管束他的生活，控制他的花销。见父亲这样管他，萧昭业就私下里向有钱人要钱。

为了能够出去游玩，他还在背地里另配了一套钥匙。一到晚上，就悄悄地打开他所住州府的后门，和手下人一起跑到军营里寻欢作乐。

一天，他的老师史仁祖和侍书胡天翼商量说："如果萧昭业在军营里被人打了，或者是被狗给咬了，那么上面责罪下来，就不单单是我们两个人的事了，我们全家也难免会受到株连。而我们俩现在都是70多岁的老人了，还有什么值得贪生怕死的呢？"在以后的几天时间里，这两位老人就先后自杀了，而皇上和太子却不知道内情。

萧昭业事先给自己喜欢的侍从都封好了官职，并且还把官职的名称写在黄纸上。他让这些侍从把黄纸带好，而且还答应这些侍从，如果有一天自己当上了皇帝，就照纸上所写的兑现。

萧昭业在侍奉自己的父亲、当朝太子养病的时候，以及在为父亲死后居丧的日子里，每天都愁眉苦脸，哭得很厉害，把旁边的人都感动得直掉眼泪。但是，每次他一跨进自己家门，就喜笑颜开，大吃大喝起来。

曾经有一次，萧昭业命令一个姓杨的女巫向天祈祷，希望自己的祖父和父亲能早点儿死去，好让自己能够尽快登基。此后没多久，他的父亲就去世了，因此，他就认为这是女巫施

山水画像　南北朝

法术的结果，于是，就更加信服女巫了。当他正式被封为皇太孙以后，祖父武帝患了重病，萧昭业又让杨巫婆故伎重演，再次乞求武帝能早点死去。这时候，他正式的妃子何妃还住在西州，而他住在都城。当武帝的病情加重的时候，他就急忙给何妃写了一封书信，他在信纸的中间写了一个大大的"喜"字，而且，他还在大"喜"周围写了36个小"喜"，让小"喜"围绕着大"喜"。

萧昭业在侍奉武帝治病的时候，经常说一句话流一滴眼泪，特别地伤心难过。武帝看到他这个样子，就认为他将来一定能够承担重任，于是就嘱咐他说道："孙儿，我一旦死了，5年里大小的事情都交给宰相处理，你就不要插手管了。等5年之后，这一切都由你来做主，就不用再让别人管了。这样的话，如果你最终没有什么成绩，自己也就不会感受到遗憾了。"

临终之前，武帝又拉着萧昭业的手说："如果你还想着你的祖父，你就应该好好干！"武帝说完以后就去世了。武帝的遗体刚刚放进棺材，还没来得及下葬，萧昭业就忙着把所有的乐队和歌女都招来，演奏各种乐曲。

自从武帝去世以后，萧昭业便整天和侍从待在一起，穿着老百姓的衣服，混在闹市里游玩。他还很喜欢到父亲世宗的墓地里去扔稀泥巴、比赛跳跃、做一些鄙陋的游戏。他还常常任意赏赐侍从，往往一出手就是好几百万。他一看到钱，就眼睛盯着钱，对钱说："从前我想拥有10个你都十分困难，今天我可以玩玩你们吗？"武帝在国库里积存了5亿万钱，在斋库里也积存了大约3亿万以上的钱，至于金银绸缎之类的东西就更多了，萧昭业继位不到1年时间，就给挥霍得差不多了。

全才王僧虔

王僧虔是王羲之的族孙，他的祖父和伯父在东晋都当过大官，伯父王弘在刘宋时期还当过宰相，出身非常高贵。当年王僧虔的父亲和叔伯们把他们的孩子召集在一起，王弘的儿子

王僧达在地上蹦蹦跳跳地做游戏，而王僧虔当时才几岁，一个人在地上端正地坐着，用蜡烛油捏凤凰玩。王弘说："这个孩子将来会成为一个忠厚的长者。"

王僧虔为人宽厚，20岁的时候，尤其擅长写楷书。宋文帝看到他写的书法后，不由赞叹道："不光书法超过了王献之，器量也超过了他。"王僧虔被任命为秘书郎、太子舍人。他性格谦虚，沉默寡言，不怎么和人打交道，和袁淑、谢庄是好朋友。

他哥哥王僧绰被刘劭杀害，大家都劝王僧虔赶紧逃命。王僧虔哭着说："我哥哥用忠义来报效国家，用慈爱来抚育我。如果我没有牵连进去倒也罢了，现在能和哥哥一起死的话，就和升天成仙一样。"刘骏登基后不久，将他调为武陵太守，他的侄子王俭在跟随他的途中生病，王僧虔为此废寝忘食地照顾他，同行的人都劝他，他说："以前马援对待亲生儿子和侄儿没有区别，邓攸对待侄儿胜过亲儿子。我就是这样想的，和古人没区别。他是我死去的哥哥的后代，不应该忽视他。如果这孩子救不活的话，我就马上回去辞职，这辈子都不做官了。"后来他回去担任了中书郎，转任黄门郎和太子中庶子。

刘骏企图独自享有书法家的名誉，所以王僧虔在他面前不敢显露出自己的书法才能。他常常用磨秃了的笔写字，写出来的字当然就不好看了，所以才能活下来。

不久王僧虔调任为豫章内史，入朝担任侍中，升任御史中丞兼骁骑将军。当时的贵族向来不担任监察官，在平民区居住的王家的分支才会担任这个职位较低的职务，王僧虔却担任了这个职务，他说："这是平民区的人才会担任的官职，我也来试着干干。"后来朝廷把他调任为吴兴太守。当初王献之擅长书法，曾经担任过吴兴太守，而今王僧虔也擅长书法，也被调任为吴兴太守，两代书法家境遇相同，被传为美谈。

后来他又改任会稽太守，中书舍人阮佃夫是会稽人，请假回家。有人劝王僧虔要通过阮

历史关注

佃夫和朝廷搞好关系，对他要以礼相待。王僧虔说："我立身处世有自己的原则，哪用曲意讨好这种人。他如果不喜欢我，我走就是了。"阮佃夫把这话告诉了刘彧，并指使别人弹劾他，说："王僧虔在任吴兴太守的时候胡作非为，他从到任到迁官，任用官吏，广收门生，一共有448人。他还擅自批准百姓110家为士族，应该派人去调查。"王僧虔因此被免官。

不久王僧虔被重新起用，升任为吏部尚书，又加散骑常侍头衔，转为左仆射。后来又升为尚书仆射、中书令、左仆射，晋为左卫将军，他坚决推让，于是改任为右光禄大夫。当时郡县里对待囚犯一向是借囚犯生病的时候用毒药把他毒死。王僧虔认为这种做法是不对的，上书表示反对，皇帝采纳了他的意见。

萧道成也擅长书法，他当皇帝后对书法的爱好一直没有减退。他曾和王僧虔比试书法，写完后问王僧虔谁是第一。王僧虔回答："我的书法是第一，陛下您的也是第一。"萧道成笑着说："你真可以说是善于为自己打算的人啊。"同时给他展示了11本古人的墨迹，并让他举出历朝历代书法家的名字。王僧虔也搜集到了许多民间收藏的古人墨迹，皇帝没有而他有的就有孙权、孙休、孙皓、桓玄、王导等人的，一共12本，全部呈交给皇帝。

王僧虔在论述书法的时候说："宋文帝的书法自称可以和王献之相比，当时人们的评论是：'他的天赋比羊欣高，但功底不如羊欣。'平南将军王广是王羲之的叔叔，在南渡以前书法水平最高。我的曾祖父的书法，王羲之评价说不比他自己差。能变化古代书法的，只有王羲之和我曾祖父了，不然我们还会继续以钟繇和张芝的书法为标准的。我堂祖王坦之的书法，王献之评价说：'我弟弟的书法就和骡子一样，跑得飞快，总想超过骏马。'张芝、索靖、韦诞、钟会、卫夫人他们都在前代出名，现在没办法判断他们的优劣，只能看到他们的笔力惊人。桓玄认为自己的书法和王羲之的和属一流，人们认为他只能和孔琳之相比。羊欣的书法名重一时，受过王献之的传授，行书写得最好，楷书

和他名声不相称。孔琳之的书法自然放纵，有笔力，但不如羊欣的字规范。丘道护和羊欣都受过王献之的指点，所以孔琳之在羊欣之下。范晔和萧思话都拜羊欣为师，后来范晔改变了师父的传授，失去了原来的规范，只保留了羊欣的一点笔意而已。萧思话的书法简直就是羊欣的影子，不在羊欣之下，遗憾的是笔力弱了点。"王僧虔的这些话大致概括了魏晋南北朝时期江南地区书法家的状况，他的点评很有道理，是书法史上很重要的一篇评论文章。

王僧虔还精通音乐，他在政治、书法等方面都有所成就，是一个全面发展的人，60岁那年去世，谥号"简穆"。

大科学家祖冲之

南齐建国时间虽然很短，但让它骄傲的是那个时代出了中国古代最伟大的科学家——祖冲之，仅仅这一个人，就足以让这个朝代永远留在人们的记忆中了。

祖冲之的祖父做过大匠卿，父亲是一名散官，地位不是很高。祖冲之年轻的时候就喜欢读书，人也很聪明，尤其精通数学知识。当时的皇帝刘骏听说了他的名声，把他安排在华林园工作，赐给他住宅、车马和衣物，后来又把他调到南徐州担任从事史，祖冲之从此走上了仕途。祖冲之在官场上只是一个平凡的官员，但在科学面前，他有理由笑傲当时的任何一个人。

刘宋时期使用的历法是何承天制作的《元嘉历》，已经比古代的11家历法要准确精密了，可是祖冲之对它还是不满意，于是开始自己编写历法。祖冲之经过长期的观察测量计算，最后终于写成了一部新历法，叫作《大明历》。这部历法的精确程度达到了惊人的地步，它测定的一回归年（两年冬至之间的时间），跟现代科技测定的只误差了50秒。测定月亮公转一周的天数，居然跟现代科技测定的数据相差不到1秒。

这部历法虽然精妙准确，但是在祖冲之把

中国大事记

公元 484 年，范缜盛称无佛。

祖冲之像

它交给皇帝刘骏，皇帝下令群臣讨论的时候，反对的人还是很多。戴法兴就第一个跳出来反对，他摆出的理由是祖冲之擅自改变古代的历法，是离经叛道，还说后人不应该改变古人制定的历法。祖冲之用事实驳斥了戴法兴的荒唐理由，刘骏找了些懂得历法的人和祖冲之辩论。那些人对祖冲之提出了种种责难，但祖冲之用正确的数据将他们一个个都驳倒了。但即使如此，刘骏对颁布新历法还是很犹豫，一直到他死，新历法都没有颁布。

刘骏死后，祖冲之被派到外面担任了娄县令，后来又被调回了朝廷。当时缴获了后秦姚兴时期制作的一部指南车，但只有外表，里面的机关都是空的，当这车走起来的时候，让人坐在车里面掌握方向。所谓的指南完全是骗人的，完全想象不出姚兴要这种没用的东西做什么用。萧道成执政后，听说祖冲之在机械方面很有研究，下令让祖冲之按照古代的方法重新制作一部真正的指南车出来。祖冲之改用铜来制造里面的机械，机巧多变，最后那车不管怎么转，始终都指向南方，这种技术是三国时期的著名机械专家马钧以后从来没有过的。当时有一个北方人索驭驎吹牛说自己也能造指南车，萧道成让祖冲之和他各造一辆，造好后在京城的乐游苑比试，同时进行校对的试验，结果索驭驎造出的指南车误差非常大，萧道成很生气，下令把索驭驎造的车拆毁，当柴火烧掉

了。竟陵王萧子良喜欢古代的文物，祖冲之就自己制造了一件欹器送给他，对他加以劝讽。欹器就是一种礼器，可以往里面装水，如果装满了它就会倾倒过来，如果是空的它也放不正。只有装了一半水的时候它才能端正地放着。

后来齐武帝的太子看到祖冲之的历法后，觉得那历法确实精确，启奏齐武帝请求施行，但太子不久病死了，这事情又被搁置了下来。直到祖冲之去世 10 年后，《大明历》才得以施行。

祖冲之懂得音律，还是玩博塞（当时一种流行的游戏）的高手，在当时无人能比。他认为诸葛亮能造出木牛流马，不用风、水这样的动力，而依靠体内的机关就能行走，也想造出类似的东西出来。后来他造出了千里船，在长江的新亭段试验过，一天能走 100 多里，是当时最快的船。他还发明了用水力推动石磨舂米磨谷子的水碓磨，试验的时候，齐武帝都亲自跑去观看。

祖冲之在数学上的造诣非常高，他曾经注解过中国古代的数学典籍《九章算术》，自己还编写了一本数学著作《缀术》。他最杰出的贡献是将圆周率推算到小数点后面第 7 位，是世界上第一个把圆周率推算到小数点后面第 7 位的科学家。西方的数学家直到 1100 多年后才在这方面超过了他。

祖冲之的儿子和孙子都继承了他的事业，对数学特别有研究，尤其是他儿子祖暅，提出了一条原理，就是说同样高的地方横截面积相等的两个立体，它们的体积也必然相等（"幂势既同，则积不容异"），祖暅用这条原理计算出了球体的体积。很可惜的是，这条原理并没有引起当时人们的重视，很快就失传了。直到 17 世纪的时候才被意大利的数学家卡瓦列里重新发现，所以西方把这条原理称为"卡瓦列里定理"，而中国一般把这条原理称为"祖暅原理"，而祖暅在研究学问的时候是非常专心的，连天上打雷他都听不到。有一次他走在路上，边走边思考问题，对面走来个大官徐勉，祖暅根本没有看到他，结果一头撞到徐勉身上。

历史关注 | 西曲产生于长江中游的荆州、襄阳一带。

祖冲之儿子祖暅在开立圆术中设计的立体模型

这时候他还没反应过来，直到徐勉招呼他，他才像刚睡醒一样，赶紧施礼。徐勉也知道他这个人的特点，并没有怪他。祖冲之的孙子祖皓也是个数学家，很可惜的是祖皓后来死于战乱，这个科学世家从此就断绝了。

北魏肃贪

北魏的时候，朝中和地方的官员都没有俸禄。官员们也都想生活得更好一些，因此，上有政策，下有对策，大部分官员都开始贪污受贿了。对此，北魏主拓跋弘又下了一封诏书，诏书上说："各级官员，如果有哪一个敢接受下级一只羊，一壶酒的，一经发现，当即处死。"

此外，诏书上还规定说："行贿者和受贿者的罪责一样，一同处罚。凡是能够揭发尚书以下各级官员罪状的人，那么被揭发的官员的职位就由他来替代。"

给事中张白泽就劝拓跋弘说："陛下，臣知道在周朝的时候，就连最普通的雇工都能领取为官耕地的俸禄，而现在我们朝廷中的各级官员，虽然担任了繁重的工作，却得不到相应的报偿，如果实行了接受礼品被杀头而由揭发者去代替官职的措施，臣很担心，这样会使得那些不法之徒，乘机干出一些扰乱社会的事，如果是那样的话，就不好了。"

拓跋弘点了点头，示意他继续说下去。张白泽又说："非常忠于朝廷的官员害怕被人诬告，反而不敢严格执法。如果您想用这样的办法来得到安民和廉政的效果，恐怕很难办到吧。臣认为，您还应该按照从前的办法，发给官员任职的俸禄，给清正廉洁的官员们相应的报偿。只有这样，才能从根本上消除腐败，实现廉政。"

听了张白泽的这番话后，北魏主拓跋弘恍然大悟，于是撤销了新制定的治理贪污的办法。

齐武帝永明二年（公元484年）的九月，北魏朝廷下达诏书表示，从该年的十月开始，按季节给官员们发俸禄。按照以前的法律，凡是贪污十匹布，受贿二百匹丝绵等织物的人，都按死罪处理。从发放俸禄那一天开始，只要是受贿一匹织物，无论贪污多少，都从严按死罪处理。同时，北魏主还派出许多使臣，到各地检查、处理有贪污和受贿行为的官员。

恒农人李洪之是泰州和益州的刺史，因为是朝廷的外戚，所以十分富贵。在当泰州和益州刺史的时候，他不仅十分贪财，而且还很残暴。在朝廷实行给官员发俸禄的政策后，李洪之成为第一个因为贪污受贿而被查办的人。北魏孝文帝命令手下人给他带上枷锁，把他押到平城，而且还召集了许多文武百官到场，孝文帝亲自列举了他的各种罪状。不过，因为李洪之是朝廷大臣，所以，孝文帝特许他在家中自杀，没有到刑场上砍头。此后，地方官员因贪污受贿而被处死的有40多人。一些曾经贪污受贿过的官员都吓得半死，从此以后，贪污受贿的事情几乎没有了。

对于官员和民众中有犯其他罪行的，孝文帝的处理却十分宽大。对一些有人上报要求严厉惩罚而又找不到确切证据的犯人，文帝往往减免了他们的死罪，改为发配到边疆。在一年中，大约有1000多例这样的事情发生。而后每年在京城中被判决执行死刑的人往往不超过五六个，在地方上也不多。

过了很久以后，淮南王给朝廷发奏章，请求朝廷恢复以前的制度，不向官员发放俸禄。文明太后接到淮南王的奏章后，召集群臣，在大殿上商议这件事情。群臣议论纷纷，中书监

中国大事记 | 公元490年，北魏冯太后死，谥文明太皇太后。

高闾向太后奏本说："太后，当饥寒交迫的时候，就连慈祥的母亲也顾不上孩子了。现在给各级官员发放俸禄，那么就可以避免清廉的官员以贪污受贿的做法来维持生计了，而那些有贪赃枉法行为的人也可以从中受到影响，能变得清廉自守。"

太后想了想，并没有表态。高闾为了能够说服太后，继续说道："如果不发放俸禄，那么贪官不就更肆无忌惮地贪赃枉法了吗？而清廉的官员就怕连生计也难以维持。您说，淮南王的建议不是有点儿太荒谬了吗？"文明太后连忙点头称是，马上下达了诏书，采纳了高闾的建议。

孝文帝改革

齐武帝永明十一年（公元493年）的秋天，北魏孝文帝拓跋宏率领一支30万人马的大队伍，浩浩荡荡地开进了洛阳。

孝文帝到达洛阳以后命令大军南下，去攻打南朝。文武大臣们听见孝文帝要攻打南朝，都吓得够呛，一齐跪下来，哀求孝文帝说："臣请求陛下不要攻打南朝了，先帝拓跋焘南征刘宋王朝的时候，那种战败而归的场面至今还令人心痛。臣唯恐这次南征，准备不充分，士兵们水土不服，白白送死，落得和先帝南征一样的下场。这是关系到我们鲜卑朝廷生死存亡的大事，还请您慎重考虑，不要草率从事。"

孝文帝听完以后，感觉大臣们说得很有道理，就对他们说："你们说的很有道理。事关重大，既然你们都不愿意南下，我也不会怪罪你们。但是，有一个条件，我要把都城从平城迁到洛阳，我们可以在洛阳养精蓄锐，等到时机成熟以后，再攻打南朝，统一中国。"

大臣们忙说："只要陛下您停止南下，我们都赞同迁都洛阳。"

此后，孝文帝就把都城从平城迁到了洛阳。孝文帝迁都洛阳以后，进行了一系列大刀阔斧的改革。他试图改掉旧的风俗，于是，他就把文武百官召进了宫里。

· 均田制 ·

均田制是北魏孝文帝改革时采取的一项重要措施。孝文帝太和九年（公元485年）十月，均田令颁布施行。其内容包括：一、关于受田的种类和数量，规定编户齐民所受土地包括露田、桑田和麻田，奴婢和平民一样受露田和桑田，数量多少不等。二、关于土地的还受、买卖和继承，受田者年满七十或死亡，露田交还国家，桑田则可以世代相传。三、土地紧缺地方的民户可以迁往地广人稀处受田，并有一定的优惠政策。四、各地官吏就近受给公田，刺史15顷，太守10亩，治中、别驾、县令、郡丞多少不等，离职时须移交下任，不得买卖。在当时的历史条件下，均田制并不能完全做到平均土地，但是它对土地兼并的现象起到了抑制作用，并以法律形式确认劳动者对于土地的占有权和使用权，是中国历史上比较完备的土地制度，有其历史的进步意义。

孝文帝对文武大臣们说："你们是希望朕统治下的国家，像远古商周时期那么完善呢？还是希望连汉、晋也不如呢？"

咸阳王回答说："我们全都希望陛下能超越它们。"

孝文帝又说："那么，我们是应该改变我们的风俗习惯呢？还是让我们的风俗习惯永远不变呢？"

咸阳王又回答说："我们都希望陛下的江山每天都是新的。"

孝文帝继续问："那你们是希望我们的江山到我这一代就结束呢？还是希望它也能传给子孙后代？"

咸阳王回答："希望能一代一代地传下去。"

孝文帝于是就说："如果真是这样的话，那么我们就必须进行改革，你们谁都不允许反抗！"

还是咸阳王代表大家说道："天子下了命令，我们就只能执行了，谁还敢有所反抗呢？"

孝文帝又说道："古人说过'名不正，言

不顺，则礼乐不可兴。'现在，我想在全国之内停止使用鲜卑语，都统一使用汉语。凡是年龄在30岁以上的人，已经习惯说鲜卑语了，就暂时不勉强他们使用汉语，30岁以下还在朝廷任职的人，绝对不准再使用过去的语言。如果谁要是执意不改，那么就要贬低或者是罢免他的官职。大家一定要牢记在心里，引以为戒。各位王公大臣，文武官员，你们说这样做对吗？"

大家都回答说："我们都按皇上的意思去办。"

孝文帝点了点头，继续说："我曾经和李充谈过这件事情，李充和我说：'四方各族的语言，谁知道哪一个民族的语言是最标准的呢？皇上您说的话就是标准。'李充说出这种话来，真是该死！"

李充当时也站在下面，听孝文帝这么一说，吓得双腿直抖。孝文帝看着李充又说："李充，你有负于国家，朕应该让御使把你拉下去斩了。"李充连忙摘下帽子，磕头请罪。

孝文帝又责备留守洛阳的官员们说："前些天朕仍然看到妇女们穿着夹领小袖的衣服在

洛阳的大街上行走，你们为什么不执行朕上次发布的诏令，让她们改穿汉朝的衣服呢？"洛阳的各位官员，纷纷跪下来请罪。

孝文帝就批评他们说："如果朕说话有什么不对的地方，你们就应该当庭指出来，为什么在朝廷上，你们口口声声说是要执行，而下去以后又不照办呢？"洛阳的各位官员都红着脸，不吱声了。

又有一次，有关官员上奏说："陛下，广州王的妃子死了以后，被安葬到以前的都城平城，现在广州王也去世了，是应该把他安葬到平城呢？还是把他的妃子迁到洛阳和他合葬？"

孝文帝就说："凡是从旧都城平城迁到洛阳来的人，死后应该统一葬在洛阳城东的郎山；如果此前有丈夫死在平城的，容许妻子死后到平城和丈夫合葬；如果是丈夫死在了洛阳，就不准把他再送回到平城与妻子合葬。其他各个州县遇到这样的事情的时候，可以随便处理。"

几天之后，孝文帝正式颁布诏令，诏令上说："从北方各地迁到洛阳的人，去世以后，只能就近安葬在黄河的南面，不准再到北方安葬。"

农耕图 南北朝
太和九年，北魏孝文帝颁布了均田令，授给平民与奴隶农田耕种，农田不得买卖。均田制以法律形式确认了劳动者对于土地的占有权与使用权。其后，隋唐均沿用并完善了此土地制度。

东昏侯萧宝卷

南齐明帝永泰元年（公元498年），明帝萧鸾驾崩。随后，太子萧宝卷登上了皇位，也就是后人所说的东昏侯。萧宝卷是个生性残暴、十分昏庸的人。他继位后不久，太尉陈显达谋反。萧宝卷派出人马镇压了陈显达，结果陈显达被杀。

东昏侯萧宝卷杀了陈显达以后，变得更加骄傲蛮横。他喜欢出去四处游荡了，但每次出行的时候，都不想让人看见，所以，在每次出行之前，他总是先派人把将要路过的地方的住户赶跑，只留下空房子。每次出去的时候，官员们都在前面打着鼓开道，一听到鼓声，老百姓就吓得纷纷躲避，有时候连衣服和鞋子都来不及穿，每次不躲避或者是来不及躲避的人就被当场杀死了。

中国大事记

萧宝卷一个月里几乎就要出行 20 多次，他每次要出去的时候，事先都不说明白要去哪里，所以，城中各个地方的住户，每次都得遭到卫队的驱赶。不光这样，他时常在半夜的时候就要出游，弄得鼓声四起，火光冲天。他的仪仗卫队更是横行霸道，什么事情都干。遇到萧宝卷来的时候，一般的民众都惊叫着，成群结队地逃跑，老人儿童都哭哭啼啼地跑在路上。而每当这时候，路上到处都站满了卫兵，所以，逃跑的人也糊里糊涂，不知该往哪里跑。国内的民众民不聊生，就连上山打柴割草也没有道路可走；无论是喜事还是丧事都无法正常进行，有的时候产妇快要临产了，也不能回家，只得把孩子生在外面。也有很多病人被抬出家门避祸，却不幸死在路上，尸体扔在荒滩上的。

萧宝卷还让人在他路过的街区挂上布匹，作为屏障，而且还派了士兵把守，把这叫作"屏除"，也叫作"长围"。有一次，萧宝卷在沈公城遇到一位因为临产而无法躲避他的妇女，他当下就命令士兵把这个妇女的肚子剖开，看看里面是男孩还是女孩。

又有一次，萧宝卷来到了定林寺，有一个老和尚因为年老体弱而没有逃出去，就躲在了草丛里。萧宝卷看到以后，就命随从用箭射老和尚，结果百名弓箭手一起发射，把老和尚射成了"刺猬"。

萧宝卷还在社会上的流氓当中挑选了一些人，把他们封为"逐马"，左右各 500 人，经常跟在他的身边。他还经常到商市附近的亲信家去，每天都转来转去，几乎走遍了整个京城。有的时候，他还去京城附近的郊区猎射野鸡，在那里，他所设的猎场多达 296 处，每天都在寻欢作乐，没有一刻的安宁。

东昏侯萧宝卷称呼他宠爱的潘贵妃的父亲潘宝庆和茹法珍为"阿丈"，称梅虫儿和俞林韵为"阿兄"。有一次，他和茹法珍一起到潘宝庆家，他亲自打水，而且还挽了袖子下厨做饭。

潘宝庆依仗着自己是国丈，什么坏事都干。他看见别人有钱，就编造出一堆罪证，诬告人家犯罪了。随后，他就请萧宝卷把抄家没收下来的财产赏赐给他。通常，被告的人受了诬告，还得连累亲戚和邻居。在诬告成功，抄家之后，潘宝庆又很担心别人会报复他，于是，每次他都会斩草除根，杀尽与被诬告家庭相关的所有男子。

萧宝卷还经常到各位文武官员的家中吃喝玩乐。一旦文武官员的家里面有了婚嫁或者是死人等事情，他更是随便地跑来跑去，到各家祝贺或者是哀悼。

那时候，他的后宫嫔妃们穿的用的，都很珍贵、很华丽。她们任意挥霍，宫廷里的库藏不够用了，萧宝卷就派人到民间用高价收购金银珠宝。这一闹，把物价抬高了好几倍。萧宝卷还规定，建康城里面的酒税要用黄金来上交，这样还嫌不够，他又让人把黄金铸成莲花的形状，贴在地上，让潘贵妃在上面走。潘贵妃在上面走的时候，他在下面摇头晃脑地欣赏，而且还感叹地说："这才是真正的步步生莲花啊！"

萧宝卷还在芳乐苑里建了一个集市，他让宫女和宦官们扮成是做生意的人，让潘贵妃担任集市里的总管，他自己担任集市里抄抄写写的办事员。

萧宝卷还十分相信迷信，于是，他的亲信朱光尚为了获得宠信就欺骗他说自己能够看见鬼。有一次，萧宝卷到乐游苑游玩，忽然，他骑的马受惊了，他就问朱光尚这是怎么回事儿。朱光尚对他说："陛下，我看见先帝很生气，他不想让你经常出去游玩！"

萧宝卷听朱光尚这么一说，非常愤怒，于是就拔出刀和朱光尚一起四处寻找他父亲的魂灵。找了半天，仍然没有找到，他就用花草扎了一个像他父亲一样的草人，把这个草人面向北方捆好，然后砍了它的头，而且还把草人的头挂到了乐游苑的大门上。

梁 纪

南朝梁（公元502～557年），萧衍建立，中国历史上南北朝时期南朝的第三个朝代。

萧衍做皇帝之后，初期的政绩是非常显著的。他吸取了齐灭亡的教训，勤于政务，而且不分冬夏春秋，总是五更天起床，批改公文奏章。他广泛纳谏，听取众人意见，最大限度地起用人才。萧衍很重视对官吏的选拔任用，他要求地方长官一定要清廉，并且经常亲自召见他们，训导他们遵守为国为民之道，保持清正廉明。政令执行起来后，梁的官治状况得到显著改善。

梁朝后期国势败坏，北齐和西魏相继来攻，失去了大片土地。萧方智时陈霸先废帝自立，改国号陈。

中国大事记 | 公元 501 年，萧衍起兵，立南康王萧宝融为帝。

尔朱荣之死

起初，尔朱荣只是北魏一员普通的将领，后来，因镇压农民起义有功，尔朱荣得到了朝廷的重用。渐渐地，尔朱荣的势力越来越大，到北魏孝庄帝时期，朝中大权可以说完全被尔朱荣控制了。孝庄帝很担心尔朱荣会在日后干出篡权夺位的事来，因此，就有了杀掉他的念头。

梁武帝中大通二年（公元530年）的九月，尔朱荣来到了洛阳。在他到洛阳之后，北魏孝庄帝就想把他杀掉，但是又担心杀了尔朱荣之后，远在并州的太宰元天穆会成为新的后患（元天穆是尔朱荣的亲信），所以才暂时没有杀尔朱荣，只是把元天穆也召回了洛阳。

有的人就对尔朱荣说："大人，皇帝想把您杀了。"尔朱荣随后就把这话对孝庄帝说了。孝庄帝对他说："外面的人也传言说你想要害我了，这样的话你怎么可以相信呢？"尔朱荣听孝庄帝这么一说，就不再怀疑了。

他每次入朝拜谒孝庄帝的时候，身边只带几十个人，而且全都不带兵器。孝庄帝一见尔朱荣这样，也就放弃了原先的打算，不想再杀尔朱荣了。

于是，城阳王元徽对孝庄帝说："陛下，即使尔朱荣他不反叛，您又怎么能容忍他呢？何况您又不能保证他不反叛啊！"听城阳王这么一说，孝庄帝又开始动摇了。

九月二十一日这一天，尔朱荣只在朝堂上待了一小会儿，随后就到陈留王家里喝酒去了，一直喝到酩酊大醉才回家。回家后，他就对外说是自己生病了，连着几天都没有上朝。就在那几天，孝庄帝要谋杀尔朱荣的计划被泄漏出去了，尔朱世隆（尔朱荣的堂弟）听到消息

以后，就劝尔朱荣赶快逃跑。哪知道尔朱荣一点也没把孝庄帝放在眼里，他对尔朱世隆说："怕什么，何必要这么匆忙地逃跑呢？"

尔朱荣可不是个一般的人，他势力那么大，而且掌握着兵权。因此，和孝庄帝谋划杀尔朱荣的人都很害怕，孝庄帝也很担心。城阳王元徽就给孝庄帝出主意说："陛下，如果您以皇后生太子为借口，那么尔朱荣一定会入朝贺喜，到时候就可以趁机把他杀了，您说呢？"

孝庄帝就对城阳王说："皇后才怀孕九个月，这么说他能信吗？"

元徽就说："不到日期而提前生子的妇人多了，尔朱荣肯定不会怀疑的。"孝庄帝一听也有道理，就听从了城阳王的意见。

九月二十五日，孝庄帝在明光殿的东厢里埋伏下武士，并且还对外声言说皇后生了皇太子。孝庄帝派元徽飞马赶奔尔朱荣的府上，向尔朱荣报告皇后生了皇太子这一消息。

元徽见到尔朱荣的时候，尔朱荣正和元天穆在一起赌博呢。元徽见状，上前就把尔朱荣的帽子摘了下来，然后拿在手上转圈儿，向尔朱荣表示庆贺，说他又会升官了。随后，元徽就神采飞扬地把"好消息"对尔朱荣说了。尔朱荣一听也很高兴。再加上当时从皇宫内殿派出来的信史也前来催促他，所以，尔朱荣也就很轻易地相信了这一消息。紧接着，他和元天穆一起来到了朝中。

当孝庄帝听说尔朱荣来了以后，吓得惊慌失色，不知所措。中书舍人温子升对孝庄帝说："陛下，您怎么脸色都变了啊！"孝庄帝不说话，只是连连向手下的人要酒喝。孝庄帝命温子升撰写赦文，等写完以后，温子升就拿着赦文出去了，刚出宫殿就碰到了迎面而来的尔朱荣。尔朱荣见温子升手里拿着东西，就问温子升："你拿的那是什么？"温子升

"传祚无穷" 瓦当　北魏
瓦当上的 4 个字表达了北魏统治者希望皇位永传的愿望。

十分镇定，脸色一点都没变，对尔朱荣说："这是圣旨。"尔朱荣听温子升说完以后，也没拿过来看看，就大步流星地进殿去了。

进殿以后，孝庄帝坐在东墙下，面向西，尔朱荣和元天穆就在孝庄帝的西北面，面向南坐了下来。尔朱荣刚坐下，元徽就进来了。元徽给孝庄帝磕头跪拜，刚拜了一拜，光禄少卿鲁安、典御李侃晞等人就提着刀，从东门闯了进来。尔朱荣见状，赶忙起身，快步来到了孝庄帝的座位旁，可是他万万没有想到，孝庄帝事先早已在膝下放了一把刀。孝庄帝见尔朱荣冲着自己来了，马上抽出刀。尔朱荣来得太急，等他反应过来的时候已经迟了，被孝庄帝一刀捅了个透心凉，挣扎了几下就不动了。

鲁安等人见尔朱荣倒下了，奔上去一顿乱砍，元天穆也被这些人砍死了。尔朱荣的儿子尔荣菩提，以及车骑将军尔朱阳睹等30多名跟随尔朱荣入宫的人，也全都被伏兵杀死了。孝庄帝得到了尔朱荣的手版，这上面有几张启奏书，记的都是皇帝左右要除掉或者要留下的人名，不是尔朱荣心腹的，全都记在这上面。

孝庄帝处死尔朱荣后，就对左右近臣说："幸亏今天把这小子处死了，如果让他活过了今天恐怕以后就很难驾驭了。"他的近臣们也都非常高兴，欢呼声充满了整个洛阳城。

昭明太子萧统

萧统是梁武帝萧衍的儿子，他自幼就聪明伶俐，才华出众，而且还为人敦厚，生性善良。在萧统成人以后，梁武帝就让他参与朝政，凡是文武百官们上奏的奏章，全都交给他来处理。萧统明辨是非，也很细心。每当发现文武官员的错误时，他并不苛刻地去追究责任，而是让他们改正就罢了。他在处理案件的时候，也都以宽大为怀。因此，萧统深受人们的喜爱。但是，在宫廷之中，他这样的人毕竟很难存活。在一次被人诬告后，引起了父亲萧衍的猜疑。结果，萧统悲痛万分，含冤而死。

事情是这样的：一天，梁武帝萧衍的身体有点不舒服，于是，他就呆在养心殿中休息。就在他闭目养神的时候，忽然看见一个小太监在外面探头探脑，于是萧衍就厉声喝道："你在外面贼眉鼠眼地干什么呢？难道是想谋杀朕不成？"不料那个小太监一下子就跑了进来，跪着对梁武帝说："不！陛下，我不是要害你的，是有人要害皇上。"

萧衍一听这话大吃一惊，就知道一定有情况，于是就问小太监说："谁要害朕？"

小太监哆哆嗦嗦地说："是，是太子！"

"你说什么？来人，推出去把他砍了！"萧衍怎么也不相信太子会害他。

萧衍从小就对太子很疼爱，况且太子从15岁开始就帮他料理朝政，为人老实忠厚，他怎么可能加害自己的父亲呢？因此，萧衍一听小太监说太子要加害自己，就勃然大怒，要将他斩首。

小太监一听皇上要斩自己，就吓得大喊大叫，对萧衍说："陛下，我说的每一句话都是真的，不信的话，您可以到临云殿内的杨柳树下，派人去挖，一定能挖出蜡鹅。太子曾经命令道士做法，诅咒陛下早死，陛下您想想，为什么近几个月身体会感觉不舒服呢？"

萧衍本来不相信，但是小太监的最后一句话却令他深思。他想："我在养心殿养病没有几个人知道啊！莫非小太监说的是真的？"于是就派人把小太监叫到跟前细问。

小太监一见萧衍不杀他，就眼珠一转，对萧衍说："陛下，宁可信其有，不可信其无。您一定要保住您的龙体，我说出来您一定不要生气，太子这几天经常领一帮人在紫云殿聚会，他们鬼鬼祟祟地，不知道想干什么。"

萧衍听完小太监的话以后，顿时十分愤怒，就带了十几个人直奔紫云殿而去。到那以后一看，太子果然与一群人正在商量着什么，见自己来了以后，还都显得十分慌张。于是，萧衍怒气冲冲地对太子说："逆子，等我找到证据以后再说。"

难道是萧统真的想篡权夺位吗？否则他和那么多人在紫云殿商量什么呢？

中国大事记

公元 502 年，梁王萧衍在建康南郊称帝。是为梁高祖武皇帝。

其实，事情的原委是这样的。萧统非常爱惜人才，有一天他看到了著名的文学评论家刘勰所写的《文心雕龙》的手稿，看完以后爱不释手，对刘勰的才华很赏识，于是就召见了刘勰。二人一见如故，谈得很投机，他们从《文心雕龙》一直谈到太子所主持编撰的《文选》。刘勰还为太子的文选提了很多意见和建议，太子非常高兴。

第二天，太子又请了许多文人雅士，都一一介绍给刘勰认识，这些人见面之后，都畅所欲言，就像老朋友一样。以后，他们就经常聚到一起谈论诗书，研究治国之道。今天，他们相聚在紫云殿，一起商量给《文选》作序的事情。几个人正谈得高兴的时候，忽然听说皇上来了，太子等人赶忙出去迎接，不料皇上却怒气冲冲地说什么"寻找证据"，于是，太子和众人都愣住了，不知道发生了什么事情。

就在这个时候，先前那个小太监拿着一只蜡鹅慌慌张张地跑了进来，跪下对萧衍说："陛下，果然发现了这个！"旁边的太子一见此情此景，吓得魂飞魄散，他知道自己这是遭人诬告了。可是心里越着急，就越说不出话来，他没想到自己平日对人那么好，还遭人暗算，就算是跳到黄河里也洗不清了，想到这儿，不由得天旋地转，晕了过去。

那个害太子的人到底是谁呢？他就是那个小太监。这个小太监原来是太子身边的近人，太子的母亲病故不长时间，太子就要给母亲做"生忌"，提前让一个太监值一个夜班。不料，小太监竟不负责任，胡乱熬到半夜就跑出去和宫女鬼混了。太子在巡视的时候，正巧逮住了和宫女厮混的小太监。要是换作别人的话，即使不杀，也得严惩他，而太子却没有治他的罪，只是不再像从前那样亲近他了。哪知道这个小太监不识好歹，知恩不报，还反过来怀恨在心。当他探听到皇帝的身体不舒服的时候，就前去向皇上诬告太子，说太子让道士做法，诅咒皇上早死，想篡权夺位。

萧衍哪里知道这些事情，他见太子当场晕过去，还以为他做贼心虚，也就不理不睬，一

挥袖子走了。回到自己的寝宫以后，萧衍越想越伤心，越想越生气，于是，在一怒之下，就杀光了太子身边的所有文士。

太子听到这件事以后，连喊冤枉，从此一病不起。满朝的文武大臣纷纷上奏，请萧衍明察。最后终于真相大白了，但此时太子已经病得很厉害，无药可治，不几天就去世了。

太子死后，萧衍很伤心，在看到太子编撰的《文选》的时候，悲痛欲绝，含泪在文选的扉页上写下《昭明文选》4 个字，并降旨追封萧统为昭明太子。

"山中宰相"陶弘景

陶弘景字通明，晚年号华阳隐居，丹阳秣陵（今江苏南京）人，我国古代杰出的医学家。他幼年受葛洪的影响，立志修仙学道，在 37 岁时辞去官职，隐居句容茅山，遍游名山，寻访仙药，炼丹修道。他知识渊博，在药物、天文、地理、冶炼、生物、数学方面都有研究。他早年在齐朝做过左卫殿中将军，后来他辞官到茅山过起了隐居生活。

梁朝的时候，梁武帝萧衍希望请他出山帮助自己治理国家，可是陶弘景谢绝了他的好意。最后，梁武帝就只好在有大事的时候去咨询他，因此，人们称他为"山中宰相"。

陶弘景不迷信古书，从小就有独立思考、独自研究的精神。《诗经》里有这样的记载："蜾蠃这种小虫子，只有雄虫，没有雌虫。那它们是怎么繁殖后代的呢？它经常到菜地里把一种叫螟蛉的虫子衔回到自己的窝里，然后就对它念念有词地说：'快点变成我！快点变成我！'过不了多久，螟蛉果然就变得和蜾蠃一模一样，成了蜾蠃的儿子。"《诗经》里是这样说的，一代一代传下来，人们就全都以为是真的了，还把蜾蠃衔来的螟蛉称为"螟蛉子"。

有一次，陶弘景读到《诗经》里关于蜾蠃的诗句，他觉得诗句上所说的特别值得怀疑。恰巧在这个时候，有个朋友来拜访他，谈起了这个问题。朋友就对他说："您是一本活书，

什么都知道，您给我讲一讲蜾蠃领养螟蛉子究竟是怎么回事。"这下可把陶弘景给难住了，他一时间就回答不上来，只好红着脸对朋友说："这个问题我还没研究过呢！等我查查书再告诉你吧！"

陶弘景回去以后查了很多书，可是，不管是古代的，还是当时的书，说法全都和《诗经》里的一样。陶弘景就想，这些书都是我抄你，你抄他写出来的，查书肯定是查不出结果了，还是亲自去观察一下吧！

经过细心观察，陶弘景终于发现了蜾蠃衔螟蛉的真相。原来，蜾蠃也有自己的后代，它衔螟蛉只是把它当做后代的食物。它用嘴巴上的针把螟蛉刺个半死，然后衔到自己的窝里。等自己产卵孵化出幼虫之后，幼虫就把螟蛉当做食物吃了。

等到他的那位朋友再来拜访的时候，陶弘景把螟蛉变蜾蠃的秘密告诉给了他。后来，人们就全都知道了，也就不再相信那个传说了。

陶弘景用这种科学的态度，对中药进行了研究。汉代有人写过一本医学专著《神农本草经》，这部书记载了 365 种药物，并且还把这些药物分成了上品、中品和下品。上品的药物没有毒性，有强健和滋补身体的功效；中品的药物有毒性，既有治病的功效，又有滋补的功效；下品的药毒性较大，主要是用来治病的。他这里所说的"毒性"，并不是指对人的身体有毒，而是指治疗疾病的作用。这样的分类方法很粗糙，也不太恰当，还很容易出差错。于是陶弘景收集了《神农本草经》上没有记载的新药 365 种，再加上以前的药，共 730 种，写成了一本新书《神农本草经集注》。在这本书里，陶弘景不按以前的上中下 3 种来分类，而是根据药物的天然属性来划分。他把中药共划分为玉石、草木、虫鱼、禽兽、果菜、米实和有名未用共 7 大类。在每一种药的下面还注明了药的用途以及药性。

人们在翻阅这本书的时候，可以很方便地查到自己所需要的药物。

他还规定了丸、散、膏、丹、汤、酒的制作规程，统一细分了秤量药物的斤两标准。这部著作是《神农本草经》之后几百年间药物知识的一次总结，在本草学的发展史上具有承上启下的重要地位。

陶弘景研究中药并不是闭门造车，而是自己背起行囊，拿着锄头到野外进行实际考察，还十分注意收集民间的药方。他认为民间的那些经过长期生活实践积累出来的治病药方，实用性很强。有一次，他走累了，就到一个村庄里休息。这个村子里有个人小便不通，很痛苦。村子里的老人就找来一些牵牛子，碾成粉末，和着水给这个人服了下去。过了不大一会儿，这个人的小便就通了，人也舒服了很多。陶弘景看到这种情况以后感到很惊奇，就拿出笔墨记了下来：牵牛子利小便。在陶弘景的著作里，很多地方都反映了劳动人民的智慧成果。

陶弘景不但是一位科学家，而且还是一位文学家，他写的诗、词、赋、文论都很典雅，在当时名气很大。

· 陶弘景与《本草经集注》·

中国现存最早的药物学著作是汉代的《神农本草经》，共收药物365种，分上中下三品：上品无毒或毒性小；中品有的有毒，有的无毒；下品有毒，不能久服。该书成书后，经辗转传抄，有不少错误混乱。经历了南朝宋、齐、梁三个朝代的陶弘景（公元456～536年）决定对它进行校订和整理，写成《本草经集注》。他结合自己的经验，对药物作了鉴别和补充，收的药增加到730种。对药物的性味、产地、采集、形态、鉴别诸方面的论述，有显著提高。在分类方面，从原来上中下三品，改为七大类，即玉石、草木、虫兽、果、菜、米食、有名无用（未经验证之药）。书中又提出了一个"诸病通用药"的列记表，如治黄疸有茵陈、栀子、紫草等。此书对后世影响很大。唐《新修本草》，明李时珍《本草纲目》都是在其基础上发展起来的。

足智多谋的高欢

高欢是尔朱荣的侄子尔朱兆的部下，是一个富有雄才大略的人。因此，尔朱兆很嫉妒他。他们两人心里都很明白彼此不能相容，共事不可能长久。高欢想施展自己的才华，干一番惊天动地的事业，所以，他总是想方设法摆脱尔朱兆的控制。

一次，晋州一带爆发农民起义，搞得尔朱兆焦头烂额。无奈之下，尔朱兆只好硬着头皮来找高欢，希望他能够给自己想一个对策。

高欢一见机会来了，说："大王，依我看来，这么多人反叛朝廷，按理应该全部杀掉。然而现在又不可能全部都杀了，所以说，大王最好派一个亲信前去杀了他们的头领，然后统率他们。只有这样才能平定叛乱。"高欢的话正说到了尔朱兆的心坎里，于是就对高欢说："你说得很好，那么谁可以先去平叛呢？"

这个时候，尔朱荣的亲信贺拔允正好也在场，他是一个糊涂的人，不明白其中的事理，就连声说道："高欢在晋州多年了，在当地可谓是深入人心，如果让他去的话，一定可以把事情办好。"

高欢这时虽然心里乐得开了花，但是并没有表现出来。只见他忽然跳了起来，显得十分愤怒，冲上去一连在贺拔允的嘴上打了几拳，贺拔允的门牙被打了下来，满嘴都是血。高欢边打边骂："天柱大将军活着的时候，你和我都像狗一样对待着主人，总是趴在地上听从他的指示，如今天下的事情都由大王做主了，你没等大王说话，就赶着发起言来，这还了得！"然后，他又回过头来对尔朱兆说："大王，这样不懂得上下的人，要他还有什么用呢？还不如早一点杀掉算了。"

尔朱兆本来就对高欢不放心，打算另派人去，现在一看他这样，反而以为高欢很忠于自己。于是就毫不犹豫地把军权交给了他，派遣他前往晋州收编葛荣的流散部队。高欢大喜，但是他又怕尔朱兆反悔，于是就立即和尔朱兆

告辞。回到自己的地盘后，他就召集部将对他们说："众位，受大王的委派，现在所有的部将都听从我的指挥，请立即集合。"将士们一直都不喜欢尔朱兆，也很愿意听从高欢的派遣，于是就都按时到指定的地点集合了。

尔朱兆的长史慕容绍宗劝尔朱兆说："大王，如今天下动荡，很多人都心怀叵测。高欢这个人本来就很有野心，雄才盖世，现在又让他手握重兵，远离大王，岂不是如鱼得水，可以大施拳脚了吗？这样的话，恐怕您以后就更难控制他了。"

尔朱兆曾经和高欢结拜过兄弟，因此他就对慕容绍宗说："我和他曾经烧香发过誓，这还有什么可忧虑的呢？"

绍宗就对他说："亲兄弟还互相残杀呢，结拜兄弟算什么。"

高欢在事先早已料到自己走后，一定会有人向尔朱兆进谗言，因此，他预先就给尔朱兆左右的人送了礼。于是，当慕容绍宗向尔朱兆说完这些话以后，那些接受高欢钱财的人就和尔朱兆说："大王，慕容绍宗一直和高欢不和，所以就向您说高欢的坏话。"尔朱兆信以为真了，于是就把慕容绍宗给关了起来，还督促高欢快点出发。

高欢马上带兵出发了。在半路上，他碰到了尔朱荣的妻子刚从洛阳回来，还带着 300 匹良马，于是高欢就给劫了下来，据为己有。听到这个消息后，尔朱兆才知道高欢图谋不轨，连忙把慕容绍宗从狱中放了出来，向他询问计策。

绍宗对他说："大王，现在追还不晚，高欢还在大王您的手中。"尔朱兆听后不敢耽误，马上派兵追赶。

尔朱兆追到漳水，恰巧遇上涨潮，桥梁被冲毁了，没办法渡过河去。他就指责对岸的高欢说他不应该夺走良马。高欢说："大王，我只是想向您借 300 匹良马，为了作战的需要罢了，没有什么其他的打算。大王您竟然听信别人的谗言，亲自追来，现在我不过河向大王请罪，是因为我怕这边的部队会发生叛乱啊！"

| 历史关注 | 刘勰是南朝齐梁时期的文学理论批评家，他所撰写的《文心雕龙》是文学评论史上第一部有严密体系的文学理论专著。 |

骑兵和步兵战斗图　南北朝

魏晋南北朝时期是中国古代骑兵发展史上继西汉骑兵兴盛之后的又一个大繁荣阶段。这主要表现在骑战成为当时战争的主要方式、重甲骑兵的建设与运用进入全面发展时期。该图取自甘肃省敦煌285窟壁画，绘出重装骑兵和步兵战斗的场面。

此时，尔朱兆依旧把高欢的话当真，还埋怨自己听信谗言。于是，他就把刀扔在地下说："将军既然是这样，我还有什么好忧虑的呢？"他还单独涉水过河向高欢解释。尔朱兆还拔下佩刀，伸长脖子叫高欢砍，高欢不接刀，还哭着说："自从天柱大将军死了以后，除了大王您，我还能依靠谁呢？我愿意为大王效犬马之劳。如今有人挑拨离间，大王还说这样的话，让我以后怎么做人呢？"

当天晚上，尔朱兆就住在高欢的营中，高欢的部下抱怨他把尔朱兆这个狼引了进来，就说："将军您既然不想在他的手下做事，就应该在他让你杀的时候一刀了结了他，以免生出后患。"他们在和高欢说这话的同时，还在外面埋伏数百名壮丁，打算在夜间把尔朱兆杀掉。

高欢制止了他们，和他们解释说："我现在如果杀了尔朱兆，他的党羽们一定会聚集起来给他报仇，而现在我的兵力还不行，如果有人要是乘机而入的话，那危害就更大了，还不如现在暂时先放过他。他是个有勇无谋的人，以后除掉他，问题不是很大。"

直到此时，人们才明白了高欢为什么不杀尔朱兆，都很佩服他的远见卓识。

第二天，尔朱兆返回了自己的军营，还摆了酒宴，请高欢去。高欢也很想前往，但是，他的心腹反复和他陈述其中的利害，为了防止意外发生，高欢接受了心腹们的意见，婉言谢绝了尔朱兆的邀请。

就这样，高欢渐渐摆脱了尔朱兆的控制，自己掌握了兵权。等势力壮大以后，他就吞掉了尔朱兆，控制了东魏政权。

梁武帝之为政

梁武帝是个很孝顺的人，也特别平易近人，而且还十分有礼貌，有涵养。

梁武帝知识广博，知书达理，对于阴阳、卜筮、骑射、音乐、书法、围棋等都十分精通。他在处理政治事务的时候，对自己要求很严格，做什么事都不敷衍了事，一切都十分谨慎。此外，梁武帝当政期间十分勤政，从来不偷懒。

在冬天的时候，梁武帝常常刚过四更天就爬起来处理国事了。因为天气太冷，他握笔的手裂开了一道一道的口子，可是他从来不放在心上，依然继续处理政事。此外，他还一直遵守着佛教的饮食习惯，从来不吃鱼、肉等带荤腥的东西，并且每天只吃一顿饭，吃的也就是最简单的蔬菜汤和糙米饭。有的时候，由于国事太多，太阳已经升得一竿子高了，他还来不

中国大事记 | 公元507年，范缜著《神灭论》，批驳佛教人死神不死之主张。

及吃饭，于是就漱漱口，全当是吃过饭了。

梁武帝不光吃上不讲究，穿也不奢侈。按理说，堂堂一朝皇帝，身上穿着绫罗绸缎也并不是什么过分的事，可是他却总是穿着粗布衣服，一顶帽子要戴2年多才肯换，一床被子也要盖2年以上。别看梁武帝穿衣节俭，但是他的衣冠一直都十分整洁，即使不在大庭广众之中，

梁武帝像

他也是这样，就连上厕所和三伏天的时候，也没有衣冠不整、祖露肌肤的时候。

不光对自己要求严格，梁武帝对别人也同样对待。他后宫的嫔妃们也没有什么华丽的服装。梁武帝不喝酒。除了举办大型宴会、进行佛事活动和祭扫室庙的时候，他也从来不让人奏乐。他对待宫中的太监也十分尊重，就像对待自己重要的宾客一样。但是，有的时候，他对待自己下属的官吏们过于宽容，从而导致这些官吏们肆无忌惮、有恃无恐地盘剥老百姓的钱财。朝廷所派出的使者，到各个郡县以后，也任意搜刮钱财。他还经常听信那些奸佞小人的话，因此，在处理政事的时候，往往又显得苛刻严酷。他也建立了不少寺庙，浪费了不少的劳动力和钱财。

梁武帝很崇尚文雅的东西，不太赞成使用刑法。因此，梁朝的宫廷大臣们也都不太把心思放在处理案件上。奸猾的官员们以权谋私，行贿受贿的现象很普遍；冤枉好人，滥施刑法的事情不计其数。有人曾不完全地统计一下，每年大约有5000多人被判处2年以上的徒刑，被判苦刑的人，只能凭着自己的技能或者是出卖自己的体力去干活。如果不能干活的话，他们就只好戴着枷锁忍受折磨了，只有在生了重病时才可以把枷锁暂时取下。在进入牢狱中以后，囚犯们因为家境的不同会遭到不同的对待。

梁武帝一天天地老了，每天都忙着处理国事，再加上他一心向佛，所以，每当有犯人被判了重罪，他就闷闷不乐。有时候甚至发现了要造反的人，他也不忍心严厉惩处，而是流着泪原谅了他们。

王公贵族们越来越横行霸道，有胆大的居然敢大白天跑到街上杀人，有的还乘着夜色干起了抢劫的勾当。

一些犯了重罪的逃犯，一旦躲进王公贵族的府邸，司法官员们就不敢前去搜捕了。这一切梁武帝都知道，但是他一直都坚信佛教慈悲为怀的理论，所以一直没有采取措施禁止这些事情。

侯景叛梁

东魏的司徒侯景，右腿有残疾，骑马射箭，马上步下工夫，他都不在行。但是，这个人却特别善于谋算。当时，高敖曹、彭乐等人都是最勇猛的将领，而侯景却很看不起他们，说："这些人就知道横冲直撞，他们能干成什么大事呢？"

侯景与丞相高欢的儿子高澄是一对儿冤家，在高欢活着的时候，两个人就经常明争暗斗。等高欢去世以后，侯景考虑到自己与高澄不和，害怕高澄害了他，于是就反叛了东魏，想要归附西魏。后来，侯景又改变了主意，上表请求投靠梁武帝。恰巧，就在他上表的当天，梁武帝做了一个梦，他梦见中原的长官投降了他。因此，当侯景派去的人说侯景请求投靠他的时候，梁武帝就认为这是天意，不顾大臣的反对，收留了侯景，还把侯景封为河南王，让他管理河南等地。

侯景在归顺梁武帝之后，曾多次请求出兵与东魏的高澄决战，结果梁武帝一直也没有同意。一次，侯景假造了一封来自东魏都城邺城（今河北临漳西南）的书信试探梁武帝。他在信上借高澄的口气说，如果肯把侯景交出来，就把当时梁朝被抓的贞阳侯萧渊明送回梁国。梁武帝考虑再三，就想答应。侯景知道梁武帝的反应后，就对左右的人说："我早就知道这个老家伙是个薄情寡义的人。"于是，在这件

历史关注

萧统是梁武帝的长子，他主持编撰了一部文章总集，称为《文选》，又名《昭明文选》。

事以后，侯景有了反叛的心思。

梁武帝太清元年（公元547年），侯景在寿阳（今安徽寿县）起兵。他杀掉了中领军朱异、少府卿徐骏等人，反叛了梁朝。由于朱异等人为人奸诈、贪婪而骄奢淫逸，欺骗梁武帝，当时的人们很痛恨他们，侯景正好借杀他们的机会起兵叛乱了。

侯景的军队很快就打到了长江以北，梁武帝派他的六儿子萧纶带兵讨伐侯景，还派他的侄子萧正德守卫长江南岸，保卫京城建康。谁知萧正德早有夺取帝位的野心。于是，他就乘机和侯景勾结，做了侯景的内应。萧正德想在攻下建康城以后，自己当皇帝，侯景知道他的这一想法以后，就答应和他联手。于是他们二人相互勾搭，萧正德在夜里给侯景准备了许多船只，把这些船首尾都连接起来，让侯景的部队很顺利地渡过了长江，攻入了建康城（今江苏南京）。

虽然侯景已经进入了建康城，但是，只是进入了外城，而梁武帝却是住在中间的台城（今南京鸡鸣寺）。于是，侯景就让士兵们用火攻的方式，重点攻击台城。一时间，火光冲天，战鼓雷鸣，喊杀声震天。台城的守将羊侃见台城起火了，就赶紧命士兵们运水救火，人多力量大，火很快就被扑灭了。

侯景一见，赶忙命令士兵们用斧头劈砍台城的城门，希望能够破门而入。羊侃看见侯景的士兵们恶狠狠地砍城门，就命令自己的士兵用弓箭射杀。结果，乱箭一发，侯景的手下就全都变成了刺猬。侯景见无法进入城内，就只好暂时撤走了。

侯景不甘心失败，夜里他就又组织队伍，打着灯笼火把，再次对台城发起了进攻。但是，还是没有什么结果。侯景见攻不下台城，就派人前去劝羊侃投降。使者对羊侃说："只要你打开城门让我们进去，我们不但不杀你，而且还会让你做太尉；如果不开城门的话，等我们进去以后，全城的人都得被处死。"羊侃就对劝降的人说："侯景已经是个阶下囚了，自己的性命都难保了，让我投降，你们想都别想！"

见羊侃软的硬的都不吃，侯景只好采取久困台城的办法了。他想让台城与外部隔绝，等里面的粮食全部吃完，他们就会主动献城了。侯景害怕台城外的老百姓会接应台城内的官兵，于是就把他们的粮食全部都抢光了，还让他们服兵役，在台城的外围修筑土山。服兵役的百姓们忍着饥饿，挑着很重的泥土，每天都干活，连累带饿，死了很多人。有的人实在担不动土了，就被士兵们杀死，扔到土山上，充当了建筑土山的材料。台城外的居民大部分都死了，被堆在土山上，因此，侯景修筑的土山很快就高出了台城的城墙。

羊侃为了防止侯景借助土山进入，就在城里堆筑土山，但是城内的人比较少，粮食很快就被吃完了，所以，他们的土山越堆越慢。侯景堆筑的土山高出城墙以后，就开始率领士兵们对台城发动进攻了。于是，侯景和羊侃的军队就在土山上展开了决战。双方又僵持了很长时间。后来，下了几天大雨，台城内的土山被冲塌了。侯景见此机会，就命令自己的士兵在弓箭的掩护下攻城。他的士兵们很快就越过城墙，进城打开了城门，一股脑涌进了台城。羊侃率兵奋力抵抗，但是由于断粮多时，士兵们饿得难以坚持，所以，很快就被打败了，台城失陷。

侯景的士兵们进入台城内，开始大肆地屠杀抢掠。侯景命令部下先把萧正德杀死，而且还说："这家伙，连养育他多年的叔叔都能出卖，留着又有什么用呢？"紧接着，他又闯入皇宫抓住了梁武帝，并把他软禁起来，最后，把他活活地饿死了。

梁武帝死了以后，侯景拥立萧纲做了傀儡皇帝，萧纲就是简文帝。

陈霸先抗齐

南梁元帝萧绎继位之后，任命陈霸先为大司空，而且还让他兼任扬州刺史，镇守京口（今江苏镇江）。王僧辩被任命为太尉，负责全国的军事，镇守石头城（今属于江苏南京）。

中国大事记

公元529年，梁武帝舍身同泰寺，群臣以钱一亿万奉赎梁武帝还俗
为皇帝

萧绎做了皇帝以后，他的侄子萧詧和他的兄弟萧纶、萧纪开始互相残杀，争夺皇位。为了达到自己的目的，萧詧不惜引狼入室，让早就想灭掉南梁的西魏来帮助他夺得皇位。结果，在西魏的帮助下，萧詧攻下江陵（今湖北江陵），杀死了萧绎，自封为梁王。西魏的军队在南梁烧杀抢掠，无恶不作，大肆抢劫金银珠宝，还把数万人掠走当奴婢。随后，他们把江陵交给萧詧去管理。萧詧自称皇帝仍称为梁朝，作为北国的附庸。

江陵被西魏攻破以后，陈霸先和王僧辩不承认萧詧这个皇帝，于是就在建康（今江苏南京）立萧绎的儿子萧方智为皇帝，也就是南梁敬帝。就在这个时候，被东魏俘虏的贞阳侯萧渊明被北齐兵给送了回来，北齐想让萧渊明回来当皇帝。王僧辩是个反复无常的人，他为了个人的利益，答应了北齐的要求，废掉了南梁敬帝，辅佐萧渊明当了皇帝。

在这之前，陈霸先曾经苦苦劝说过王僧辩不要这样做，结果王僧辩不听，还是执意废掉了南梁敬帝，在建康立萧渊明为皇帝。为此，陈霸先十分愤怒，在私下里曾慨叹地和他的亲信们说："武帝的子孙们很多，而只有元帝萧绎能为他的祖宗报仇雪恨，他的儿子有什么过错呢？怎么能说废就废了？我和王僧辩一起接受先帝的委托，然而王僧辩怎么说变就变了呢？他依靠齐国，不按次序列天子，到底想干什么啊？"

陈霸先越想越气愤，就和部将侯安都起兵攻打建康，打算除掉王僧辩。

侯安都率领自己的人马很快就到了建康，而且还打败了王僧辩的军队，冲进了建康城。王僧辩一听说城外有人杀了进来，大吃一惊，然而，此时侯安都的人马已经攻了进来。王僧辩在手下的拼命保护下向南门逃走，不料，陈霸先的人马已经从南门杀了进来。王僧辩走投无路，束手就擒，当天晚上就被陈霸先杀了。紧接着，陈霸先又杀死了萧渊明，重新立萧方智为皇帝。

王僧辩死了以后，他的党羽们继续和北齐勾结，乘陈霸先到义兴（今在江苏、浙江的交界处）平定叛乱的时候，偷偷袭击了建康，占领了军事要地石头城。与此同时，北齐还派了五千兵马，从采石矶（今属安徽马鞍山）渡江，占领了姑孰（今安徽当涂），控制了建康的西南门户。陈霸先知道这一消息以后，连夜赶回了建康，乘着天黑袭击了长江北岸的北齐军，火烧了他们的粮船。然后，他又包围了石头城，把城中的水源切断。北齐军为了摆脱绝境，被迫向陈霸先求和。陈霸先知道这是北齐军的诡计，但是因为军队中的一些其他原因，就答应和他们讲和了。他对自己的部属们说："北齐人这次求和是被迫无奈的，他们是一些反复无常、不讲信用的人，很可能还要卷土重来，我们都应该做好准备。"

等和北齐的和约达成以后，陈霸先一方面清除王僧辩的残军，为巩固后方做准备，另一方面派兵驻扎在淮河沿岸的方山一带，防御北齐的入侵。

果然，没有过多长的时间，北齐就撕毁了和约，又来入侵，并且还占领了江南的一些地方。幸亏陈霸先早有准备，加上战士们作战勇猛，所以，北齐军队始终不能靠近建康。建康的老百姓也都很支持陈霸先对抗齐国，并且经常用荷叶子包饭，煮好鸭肉，争着送给在前线与北齐作战的战士。北齐军队每到一处，都会受到江南人民的坚决抵抗。没有房子住，就住在泥泞的草地里，军粮供应不上，就靠百姓接济维持生计，就这样，陈霸先终于打败了北齐的军队，保卫了江南。

此后，陈霸先的威望逐渐提高。南梁敬帝还特封他为陈国公，总揽朝政大权。

陈 纪

　　陈朝，即南朝陈（公元557～589年），中国历史上南北朝时期南朝的最后一个朝代，由陈霸先代梁所建立，以建康（今南京）为首都。陈朝建立时已经出现南朝转弱，北朝转强的局面。陈朝刚建立时面临北方政权的入侵，形势十分危险。陈朝开国皇帝陈霸先在政治上宽政廉平，怀柔天下；在军事上抵御少数民族入侵和压迫；在经济上发展了长江流域的经济，使之成为中华文明繁荣的中心，奠定了岭南及东南沿海经济腾飞的基础。陈叔宝即位后，沉迷酒色，国内政治腐败。当隋军南下时，君臣自恃有长江天险和城墙，不肯派兵援救。陈最后被隋所灭。

陈叔宝兄弟争位

陈文帝在登上皇位的第七个年头上就病倒了。临终之前，他对自己的二弟陈顼说："兄弟，我的儿子伯宗还小，又很柔弱，恐怕担不起天下大事，我死了以后，就把皇位传给你了，以免皇室内部发生动乱，弄得国家不得安宁。"

其实，陈顼早就有了称帝的野心，但是，哥哥当着众人的面传位于他，所以他只能尽力掩饰自己，假意不肯继承皇位。他一边哭一边对哥哥说："哥，你尽管放心，我一定会像诸葛亮那样把我的侄子辅佐好的。"陈文帝非常感动，他紧紧地拉着陈顼的手，不久就闭上了眼睛。

陈文帝死了一年以后，陈顼就废掉了自己的侄儿伯宗，自己当上了皇帝。

陈顼的即位还比较含蓄一点，他的儿子们就不这样了。在陈顼将要死的时候，儿子们就开始争夺皇位了，他死了以后就争得更厉害了。

在陈顼将要断气的时候，他的二儿子陈叔陵就想把已经被封为太子的陈叔宝给杀掉。陈叔陵让管理医药的人给他把剑送来，管理医药的人以为他要给皇帝举行送终仪式，结果拿来了一把木剑，使陈叔陵想法落空。

陈叔陵很早就有篡夺皇位的野心，他在做始兴郡王，江州、郢州、晋州、散州军事的时候，就在那里招兵买马，训练军队，为自己将来争夺皇帝做准备。但是，他对手下的人却十分苛刻，从来不顾及他们的疾苦，谁要是有一点过错的话，就会受到严

厉的惩罚，所以没有人愿意为他办事。当地的老百姓也都生活得痛苦不堪，都在背后唾骂他。

陈叔宝虽然没有什么才能，但是对陈顼却十分孝顺。在陈顼病重的时候，他经常守在陈顼的床前，嘘寒问暖，一步不离。陈叔陵想要实现自己的皇帝梦，也就学着陈叔宝的样子，天天来看望陈顼。但是他心里想的却是等父亲咽气了，如何杀死哥哥陈叔宝，夺取皇位。

在陈顼遗体入殓的那一天，陈叔宝哭得很厉害，陈叔陵乘哥哥不注意，拿起刀就向哥哥的脑袋砍上去，结果，陈叔宝当场晕了过去。幸亏柳皇后和奶娘吴氏及时挽救，陈叔宝才免于一死，等陈叔宝醒来，陈叔陵就逃走了。陈顼的四儿子陈叔坚，一直野心勃勃，他见二哥不想放过大哥，就把二哥陈叔陵抓住交给了大哥陈叔宝。可是，陈叔陵乘他们都不注意的时候逃跑了。

陈叔陵的势力在始兴（今广东韶关），建康（今江苏南京）城里都是陈叔宝的势力。本来他可以跑出京城到始兴，但是，慌乱之中却跑到了东府城（今属江苏南京），在那里还有他的几个部下。到东府城以后，他派人把城都封锁了。为了壮大自己的力量，他还打开了监狱，把犯人放了出来，收进自己的军队，想让他们与自己共同对付哥哥陈叔宝。

陈叔陵披着铠甲站在东府城的西门楼上，对下面的老百姓喊话说："你们谁要是加入我的部队，等我登上皇位以后，封给你们高官做。有王公大臣来辅佐我的，我给你们官升几级。"城里的老百姓都知道他残忍狠毒，不体

历代帝王图卷·陈后主像 唐 阎立本
陈后主承父祖之业，割据江南，内惑于张孔二贵妃，外惑于群小，以致国破家灭，身为臣虏，入隋后贪求爵禄，是以隋文帝叹曰："陈叔宝全无心肝！"

历史关注

十六国北朝时期的书法艺术，深受钟繇和王羲之等人的影响，并在这一基础上有所发展和创新。

贴下人，因此，没有多少人愿意跟随他。

陈叔宝呆在皇宫里养伤，把大事都委托给四弟陈叔坚处理，他还让陈叔坚见机行事。陈叔坚见二哥陈叔陵孤军奋战，成不了什么气候，心想只要杀了二哥陈叔陵，朝中将来的大权就一定会落到自己的手里。于是，他就派右卫将军萧摩诃带领五千人马围困了东府城。

陈叔陵知道萧摩诃很会作战，而自己势单力薄，人马很少，于是他就给萧摩诃送礼，诱惑他投降，并且对他说："太子叔宝软弱无能，很难挑起国家的重担，如果你能帮助我的话，打败太子以后，我做了皇帝，一定让你做右丞相，金钱、美女、豪宅样样都有。"

萧摩诃将计就计，就答应了陈叔陵的要求。等陈叔陵把萧摩诃放进城内，萧摩诃就包围了陈叔陵的手下戴温，结果戴温被杀，士兵们全都投降了萧摩诃，献出了东府城。

陈叔陵一半的人马都背叛了他，他一见大势已去，为了保全自己的性命，就带了很少的人，从东城门逃跑了。萧摩诃把这一事情告诉了陈叔坚。陈叔坚怕留下后患，就令萧摩诃赶快追击陈叔陵。陈叔陵知道陈国再也没有他藏身的地方了，就想领着人马逃往北周。结果萧摩诃率领着一千多骑兵，绕近道赶到了陈叔陵的前面，把他拦住了，陈叔陵被当场杀死。

陈叔宝见陈叔陵已死，陈叔坚又很听自己的话，于是就继承了皇位，他就是历史上的陈后主。

陈后主陈叔宝

陈后主上台以后，沉迷于酒色，不理朝政，国家日渐衰落。

歌伎出身的张丽华是南朝陈后主的贵妃，她头发特别长，乌黑发亮，眉目如画，举止优雅，楚楚动人。此外，她还很会揣摩皇帝的心思，而且还具有敏锐的才辩与过人的记忆力。

张丽华给龚贵嫔做侍女的时候，遇到了陈后主。陈后主对张丽华一见钟情，把她封为贵妃，视为珍宝。后来，陈后主临朝的时候，百官启奏国事，都常常把张丽华抱在腿上，共同决定天下大事。特别是张丽华为陈后主生下一个儿子之后，陈后主立即把这个孩子立为太子，张丽华在他心目中的地位就更高了。

话说这一年，陈后主在宫廷里的光昭殿前建起了临春、结绿、望仙3座楼阁，这几座楼阁每座都有几十丈高，房间多达几十间。窗户、栏杆、门等都是用最贵重的檀木和沉香木做成的，而且上面还装饰了许多金银珠宝。窗户和门外还挂着珍珠帘子，室内是华丽的座椅和幢幔。

在这3座阁楼的脚下，陈后主派人用石块堆成了假山，还引来了泉水，种植了许多奇花异草。陈后主自己住在临春阁，张丽华住在结绿阁，龚贵嫔和孔贵嫔住在望仙阁。陈后主还让人在空中搭起了天桥，3个阁子能互相往来。

陈叔宝热衷于诗文，因此在他周围聚集了一大批文人骚客，以官拜尚书令的"好学，能属文，于七言、五言尤善"的江总为首。这些朝廷命官，不理朝政，天天与陈叔宝一起饮酒作乐。陈叔宝还将十几个才色兼备、通翰墨会诗歌的宫女名为"女学士"。才有余而色不及的，命为"女校书"，供笔墨之职。

每次宴会，妃嫔群集，诸妃嫔及女学士、狎客杂坐联吟，互相赠答，飞觞醉月，大多是靡靡的曼词艳语。文思迟缓者则被罚酒，最后选那些诗写得特别艳丽的，谱上新曲子，令聪慧的宫女们学习新声，按歌度曲。

当时的尚书仆射江总虽然身为宰相，但是对国家大事并不重视，每天都和都官尚书孔范、散骑常侍王瑳等人在一起，侍奉后主在后花园里花天酒地地玩。这些人在一起玩乐的时候，根本没有什么大小尊卑之类的礼节，被人称作"狎客"。陈后主每次举办酒席的时候，都要让嫔妃和狎客们作诗，一起来吟唱。还在其中挑出一些特别香艳的诗词，然后再谱上曲子，让1000多位宫女练习演唱，并且还分成了多个声部，遥相呼应。这些歌曲里有《玉树后庭花》《临春月》等，大多是吟唱各位嫔妃美貌的。皇帝和大臣日夜都沉迷于花天酒地当中。

当时流传最广的有"壁户夜夜满，琼树朝朝新"10 字。陈后主曾作的《玉树后庭花》如下："丽宇芳林对高阁，新装艳质本倾城；映户凝娇乍不进，出帷含态笑相迎。妖姬脸似花含露，玉树流光照后庭；花开花落不长久，落红满地归寂中！""玉树后庭花，花开不复久"成为著名的亡国之音。

都官尚书孔范和孔贵嫔结为兄妹。孔范想方设法讨好陈后主，他知道陈后主最反感人们向他进谏批评，于是他就竭力奉承陈后主。正因为这样，陈后主对孔范大加恩宠，给了他丰厚的待遇，而且还事事听他的。

孔范自称文武双全，满朝大臣没有人能比得过他，他曾经还很自负地对陈后主说："陛下，外面的那些将军全都是当兵出身，只不过是一介武夫罢了，哪里懂得什么深谋远虑呢？"

陈后主就把孔范的话对施文庆说了，他问施文庆："施爱卿，你说孔范说得对不对？"施文庆很怕孔范，于是就说："陛下，孔范的话说得对极了！"中书通事司马申也同意孔范的说法。从此以后，带兵的将帅只要有一点点过失，陈后主就立刻剥夺了他们的指挥权，把指挥权转交给文官，从此文武官员的矛盾越积越深。

消息传入长安，正值隋文帝开皇年间。隋文帝本有削平四海之志，群臣争劝文帝伐陈。文帝下诏历数了陈后主的 20 大罪，散写诏书 20 万纸，遍谕

梳妆亭

位于南岳衡山藏经殿附近，传为南朝陈后主宠妃张丽华梳妆之地。张妃曾拜慧思大师在藏经殿学习佛法，于是，南岳便有了一些关于她的佳话及遗迹。

江外。有人劝说文帝，伐陈之事不必过于张扬，还是谨慎行事为妙。文帝说："如果他因为害怕而有所悔改，我倒不希望继续攻打陈国乐。现在我时替天行道，为什么要秘密行事呢？"于是修建了许多战舰，命晋王杨广、清河公杨素等为行军元帅，韩擒虎、贺若弼等为总管，率兵分道直取江南。

陈后主祯明二年（公元 588 年），隋文帝率隋军进攻陈国。陈后主听说这事以后，对大臣们说："我们这里的风水好极了，自然就带着天子的王气，齐军来进攻了 3 次，周军也来进攻了 2 次，最后还不是打了败仗逃跑了吗？现在隋军又能如何呢？"

都官尚书孔范也就顺着他的话说："是啊！长江是天然的护城河，自古以来就可以阻挡南北的战事，现在隋军难道能长出翅膀飞过长江吗？守备的军官想立功的时候，总是把军情夸大了。"此时，有的人还向陈后主谎报说隋军死了一些战马。孔范接着又说："那本来是我的马啊！死了真可惜！"陈后主听完孔范的话以后，认为孔范说得很有道理，所以并不为战争做准备，而是和以前一样，每天听乐、吟诗、喝酒。

隋兵渡江，如入无人之境。沿江守将，望风而逃。后主向来懦怯，不谙军事，待到隋兵百万压境，才开始害怕，召萧摩诃、任忠等于内殿，商议军事。可惜为时已晚。隋兵有几十万大军，东接沧海，西距巴蜀，旌旗舟楫，横亘数千里，无不奋勇争先，尽欲灭了陈朝。陈后主的好日子就像玉树后庭花一

样短暂，隋文帝仁寿四年（公元604年），死于隋大兴城，时年52岁。

隋文帝灭陈

陈后主祯明二年（公元588年），隋将贺若弼的军队从广陵（今江苏扬州北）渡过了长江，准备进攻陈。在一开始的时候，贺若弼就卖掉了军中的老马，用这笔钱从陈朝买来许多船只，然后，他把这些买来的船只藏了起来。后来，他又买了五六十条破船，停泊在小河中。当陈朝的人来看的时候，还以为隋军缺乏船只。

贺若弼还向隋文帝提议，让那些延江防守的军人每当换岗的时候，都要在广陵聚集，并在野外大量设置军营，然后再遍插旗帜，装出声势浩大的样子。陈朝的人来看的时候，以为隋军要大肆入侵了，就立即派军准备抵抗。然而，当他们得知这是隋朝军队在防守换岗的时候，就让军队散去了。后来，陈朝渐渐地对隋军的这种举动见怪不怪了，就不再多加防备。

贺若弼还让人经常沿着长江打猎，故意让打猎的人弄得很喧闹。时间一长，陈军对这样的事情也就习以为常了。因此，当贺若弼率领军队渡江的时候，陈军一点也不知道。与此同时，韩擒虎也率领着500多人，乘着夜色渡过了长江，来到了采石矶（今安徽当涂县东北）。陈朝在采石矶的守军全都喝醉了，因此，隋军很顺利地占领了采石矶。

采石矶被隋军占领以后，守将陈子建赶忙到建康向陈后主报信。陈后主知道情况危急，就召集大臣议事，然后发布诏书说："隋军入侵我领土，占据了我京城附近的土地。虽然这就像蜜蜂、蚊子一样微不足道，但是总是会造成毒害的。因此，应该及时平定。朕将亲自率领大军，扫清全境内的隋军，京师和外地都要同时戒备。"于是，他就任命骠骑将军萧摩诃、中将军鲁广达为都督；任命司空司马消难、湘州刺史施文庆为太监军。同时，他还设立了重赏的标准，和尚、道士等，都被征发服兵役了。

隋朝的将领贺若弼和韩擒虎一个从北路，一个从南路，同时进攻陈朝。陈朝延江防守的军队，闻风而逃。贺若弼从自己的军队中分出一支人马，占领了要道曲阿（今属江苏丹阳），割断了陈朝援兵的道路，因而，他很快就率领主力进入建康。

陈朝在建康的驻军有10万多人，但陈后主性格怯懦，不懂军事，整天哭哭啼啼的，把朝廷的全部政事交给施文庆办理了。施文庆早就知道外面的将领都很讨厌自己，于是就害怕将领们立下战功，威胁到自己。于是，施文庆就对陈后主说："陛下，这群将领一直对您心怀不满，现在情况又这么紧急，您怎么能信任他们，让他们擅自做主呢？"于是，不管将领们有什么请示，陈后主一律都不批准。

当贺若弼进攻到京口（今江苏镇江）的时候，萧摩诃请求出去迎战，陈后主却不让他去。当贺若弼进军到钟山（今南京紫金山）的时候，萧摩诃给陈后主上奏说："陛下，贺若弼是从很远的地方赶来的，他的士兵一定很疲惫。而且，他们现在所在的城寨也不牢靠，沟壑也不深，如果您让我发兵，对他们进行突然袭击的话，一定能够取胜。"陈后主又没允许他去。

一日，陈后主召集萧摩诃和任忠在宫中商议军事，任忠说："兵法上讲，前来侵犯的军队应该采取速战速决的策略，而防守的军队贵在坚持。现在我国兵多粮足，我们就应该固守京城，沿秦淮河建立栅栏。即使隋军来进攻，我们也不要轻易出战，应该分兵截断长江水路，阻止隋军音信相通。陛下您可以给我1万精兵，金翅战船300艘，让我顺江而下，突然袭击六合镇。这样的话，隋军一定会认为他们渡过江的将士们已经被我们抓获了，锐气就必然会下挫，斗志下降。除此之外，淮南的土著居民以前就很熟悉我，现在一听说我领兵前去，必然会群起响应。如果我再扬言要率领军队进攻徐州，断了隋军的退路，则隋军就会不战自退了。"这本来是一个很好的策略，可是陈后主却没有听从。

到了第二天，陈后主忽然说："和隋军相持了这么长时间，也没有决战，真让人心烦，

中国大事记

公元 573 年，陈宣帝派大将吴明彻乘北齐大乱之机北伐，攻占了吕梁和寿阳。

就叫萧摩诃出兵攻打隋军去吧！"任忠苦苦相求，阻止出去迎战。

孔范在一旁对陈后主说："陛下，您就让我出去和隋军决战吧！我军一定会胜利的，我将会为陛下在燕山刻石立碑，纪念战功。"

陈后主听了孔范的话，就对萧摩诃说："萧爱卿，你可为朕和敌军决一胜负吗？"

萧摩诃说："陛下，从来作战都是为了国家和自己，而今天作战也是为了妻儿和家人，我愿意去！"于是，陈后主给将士们发了很多金钱财物，陈国的军队在萧摩诃、孔范、任忠等人的率领下出发了。

贺若弼率领着轻骑兵登上了钟山，在上面看见陈国的军队已经摆开了阵式，于是就和他的部将杨牙等7个人，率领着八千人马下山，也摆好了阵式，准备作战。

因为陈后主私通萧摩诃的老婆，所以，萧摩诃一开始就不愿意为他打仗。开战以后，只有鲁广达率领部下拼死作战。起先，陈朝的军队还略占上风，后来，陈朝军队骄傲自大，贺若弼乘机率军猛攻，结果陈军大败，萧摩诃也被抓获了，但是最后贺若弼还是放了他。

在当时，韩擒虎已经率领军队从新林向台城（新林、台城都在今江苏南京境内）进发了，任忠就带领手下前去投降了韩擒虎。随后，任忠又领着韩擒虎到了台城的朱雀门。他们到的时候，很多人都吓得逃跑了，留下来的一些人想要反抗。任忠就对他们挥挥手说："快散了！我们都投降了，你们还抵抗什么呢？"于是，陈军全部逃散。

此时，台城内的文武大臣全都跑了。只有袁宪、江总等人守在陈后主的身边，陈后主就对袁宪感叹着说："朕平日里对你并没有对待别人好，而你还守在朕的身边，惭愧！这一切不是朕昏庸无道所导致的，江东士大夫们的气

胭脂井

胭脂井又名"辱井"。公元 589 年隋大将韩擒虎率军攻入建康，陈后主与宠妃张丽华、孔贵嫔躲入古井，被隋兵活捉。

节全都丧失尽了。"

陈后主慌慌张张，想要躲藏起来，袁宪严肃地对他说："陛下，隋军入宫以后，一定不会侮辱您，事情到了这个地步，我请求您穿戴整齐，坐在正殿上，就像当年梁武帝见侯景一样，再说您躲又能躲到什么地方呢？"陈后主坚决不听，下了坐床以后，疾驰而去，并且还说："兵刃之下，不能拿生命当儿戏，朕自己有的是办法。"

陈后主跟着10多个宫人逃出了后堂景阳殿，就往井里跳。袁宪苦苦哀求，但陈后主还是不听，夏侯公韵用身体挡住了井口，但陈后主还是使出浑身的劲儿，争着跳了进去。不久，隋军向井里窥视，而且还大声喊叫，井下没有人答话，隋军就扬言说要向井中扔石头了，这才听到井里有人呼唤。于是，士兵们就把绳索抛了下去，等往上拉的时候，士兵们感到非常沉，很吃惊。拉上来一看，原来陈后主、张贵妃、孔贵嫔是爬着一根绳子上来的。

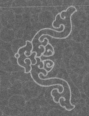

隋　纪

　　公元581年，北周外戚杨坚夺取了政权，建立隋朝，定都长安，设洛阳为陪都。公元589年，隋灭陈，结束了长期分裂的局面，重新统一了全国。隋统一后，社会安定下来，南北经济文化得到了交流。隋朝时候，经济有很大发展。耕地面积大量增加，农作物产量提高。长安、洛阳官仓里储粮多的达千万石，少的也有数百万石。手工业有新的发展，造船技术达到很高水平，能建造5层楼的宏伟战舰。洛阳的商业盛极一时，居住着数万家富商，封建经济呈现繁荣的局面。

　　隋朝的迅速灭亡是政府对人民进行残酷统治的结果，在开凿大运河、重建长城、修筑其他的许多建筑等工程中，人民承担着沉重的苛捐杂税和义务劳动，不堪重负。

<table>
<tr><td>中国大事记</td><td>公元589年，隋文帝统一全国，结束西晋末年以来近300年的分裂局面。</td></tr>
</table>

赵绰守法

赵绰是隋文帝时期的大理少卿，为人正直，守法严禁。他的故事在当时广为流传，被称为公道执法的典范。

隋文帝曾经下令禁止使用不合标准的钱币。有一次，大兴（今陕西西安）大街上有人拿次币换好币，结果被官差发现了，抓到了衙门里。隋文帝一听说有人竟敢这样违犯自己的法令，一气之下，就要下令把换钱人的脑袋砍掉。赵绰接到命令以后，赶忙进宫求见隋文帝。他对隋文帝说："陛下，这两个人虽然犯了禁令，但是按刑律只能打板子，不能处死。"

隋文帝很不耐烦地和赵绰说："这是朕自己下的命令，和你没关系。"

赵绰又说："陛下不嫌臣愚笨，让臣充当了大理的官员，安置在了执法部门，如今陛下不依照刑律，想要乱杀人，怎么说与臣无关呢？"

隋文帝气冲冲地对赵绰说："你是想撼动一棵大树吗？撼不动的话你就走吧。"

赵绰说："臣只希望能感动上天的心，劝陛下改变主意，和摇动树木无关。"

隋文帝又说："你是想触犯天子的威严吗？"

赵绰不管隋文帝怎么威吓，还是坚持自己的观点。隋文帝怎么骂他，赶他走，他都不走。隋文帝没办法，只好憋着一肚子闷气回后宫去了。后来由于别的官员也上奏章劝阻，隋文帝

观阳县印文　隋

此为隋开皇十六年（公元596年）十月五日所造的印绶，是县一级官员的权力凭证。

·《开皇律》·

隋文帝即位以后，命人修订刑律，编成《开皇律》。《开皇律》分为《名例》、《卫禁》、《职制》、《户婚》、《贼盗》、《斗讼》、《捕亡》、《断狱》等12篇，一共500条。《开皇律》废除了前代实行的许多酷刑，如枭首、宫刑、孥戮、车裂等，减掉了81条死罪和154条流罪。从历史的角度来看，《开皇律》意在维护封建统治秩序，同时它也体现了一种文明和进步的精神。

终于取消了杀人的念头。

还有一次，刑部侍郎辛亶穿了大红的裤子，民间的风俗说这样会有利于官运的亨通。隋文帝知道以后，认为这是在使用巫术，就命令大理把辛亶斩首。赵绰听了就对隋文帝说道："陛下，辛亶没有犯死罪，不能把他斩首，臣不能接受您的命令！"

隋文帝听赵绰这么一说，气得浑身发抖，说："你不想杀辛亶，那你自己的命就别要了！"他命令左右侍从把赵绰拉下去斩了。

但赵绰依旧面不改色地说："陛下，您可以杀我，但您不可以杀辛亶。"当赵绰被押到厅堂，除去朝服，将要问斩的时候，隋文帝派人问他："赵绰，你到底改不改变主意？"赵绰回答说："我一心一意地执法，哪能顾得上自己的命呢！"隋文帝气得甩着袖子进入了后堂。过了一会儿，隋文帝的气消了不少，就令人把赵绰给放了。其实，他也不是真想杀赵绰。等到第二天，隋文帝还派人慰问了赵绰，给赵绰赔礼。

在大理的官员中，有一个叫来旷的，他听说隋文帝对赵绰不满意，就想借此机会迎合隋文帝。于是他就背着赵绰，给隋文帝上了一道奏章，说大理衙门执法太宽了。隋文帝看了奏章之后，认为来旷说得很有道理，就提升了他的官职。

此后，来旷自以为受到了皇帝的赏识，就

| 历史关注 | 隋《开皇律》分为《名例》、《卫禁》、《职制》、《户婚》、《贼盗》、《斗讼》、《捕亡》、《断狱》等12篇，一共500条。 |

昧着良心，诬告赵绰徇私舞弊，把不该放的犯人给放了。

虽然隋文帝嫌赵绰办事不合他的心，但是对来旷的上告，却很怀疑。于是，隋文帝就派亲信官员前去调查。结果调查了半天，发现根本就没有这回事。隋文帝弄清真相后，勃然大怒，就下令把来旷处死。

隋文帝把这个案子交给赵绰办，认为这一次是来旷诬告赵绰的，赵绰肯定不会放过他。哪知道，赵绰还是说："陛下，虽然来旷有罪，但是还是不该杀。"

隋文帝很不高兴，袖子一甩，就又要回内宫去。

赵绰在他的身后大声说道："陛下，来旷的事，臣就不说了，不过臣还有别的要紧的事情，需要面奏给您。"

隋文帝信以为真，就把赵绰让进了内宫。隋文帝问赵绰又什么事，赵绰就说："陛下，臣有三条大罪，请陛下发落。第一，臣身为大理少卿，没有管好下面的官吏，使得来旷触犯了刑律；第二，来旷本来不应该处死，臣也不应该为此据理力争；第三，臣本来没有什么其他的事，只是因为心里着急，想面见陛下，于是就欺骗了陛下。"隋文帝听到最后几句话的时候，禁不住笑了起来。当时独孤皇后也在座，她也很赏识赵绰的正直，于是就命令左右赐给赵绰两杯酒。隋文帝也就赦免了来旷的死刑，改判为革职流放。

有德有才的独孤皇后

独孤皇后是北周大司马独孤信的女儿，独孤信见杨坚相貌奇特，就把女儿嫁给了他。杨坚和独孤皇后感情很好，两人情投意合，杨坚还发誓以后不要别人给他生的孩子。独孤皇后当时也是个温柔贤淑的女子，她的姐姐是北周明帝的皇后，大女儿又是北周宣帝的皇后，皇亲国戚里面，没有人比她更尊贵的，可她还是能够坚守自己的节操，一直谦虚谨慎，人们都认为她是个贤德的女子。北周宣帝死后，杨坚

隋洛阳城遗址
这段洛阳城遗址，在今河南省洛阳市赵村，只剩残壁断垣年年春草绿。

控制了朝政，独孤皇后告诉杨坚说："国家大事已经是这个样子了，你就好比骑在虎背上，根本无法下来，所以你要尽力而为。"

杨坚称帝后，把她立为皇后。突厥曾经和中原做生意，带来一箱明珠，价值800万，幽州总管把这事禀告给了她，劝她把那箱明珠买下来。独孤皇后说："这种东西不是我所需要的。现在北方的少数民族一再侵犯我国疆土，在前方打仗的将士们都很疲惫，我觉得不如把这800万钱赏赐给在前方立功的将士。"大家听说这件事后，都对她的行为表示赞赏。杨坚对皇后非常宠爱，但又有点畏惧她，每次上朝的时候，皇后都要把自己乘坐的车和隋文帝的车并列着，一起前往处理政事的地方，一直走到阁门才停下来。独孤皇后还派宦官多多注意隋文帝的事情，如果政治上有了失误，就及时规劝隋文帝，帮助他改掉错误。等到望见隋文帝下朝回来了，皇后才和他一起回到寝宫中。

独孤皇后因为自己早年失去了父母，所以经常怀念自己的亲人，羡慕那种家庭情谊，她

中国大事记 | 公元 600 年，隋文帝次子杨广谋得太子之位。

常常让父母健在的大臣代自己向他们的父母行礼问候。皇后经常对公主们说："北周的公主大多都没有妇德，对她们的公公婆婆不以礼相待，还在宗族之间挑拨离间，这种不孝顺的行为，你们应当引以为戒。"大都督崔长仁是皇后的表亲，他做了犯法的事，按照法律应该判死刑。隋文帝因为他是皇后的亲戚，想免除他的死罪。独孤皇后说："这是关系到国家的事，怎么可以顾念私情呢！"崔长仁最后还是被依法处死了。皇后有个同父异母的兄弟名叫独孤陀，他对皇后心怀不满，用巫术诅咒皇后，事情败露后被捕，应当处死。独孤皇后很伤心，对隋文帝说："独孤陀如果是做了有损国家危害百姓的事，我是不敢替他求情的。但是现在他犯的罪是因为我的缘故，所以我才向您乞求免他一死。"隋文帝看到皇后替他求情，就将他的罪减轻，判处了比死罪轻一等的刑罚。皇后每次和隋文帝谈论政务的时候，她的想法和主张往往和隋文帝的不谋而合，宫里的人都称赞他们是一对圣人。

独孤皇后生性仁慈，每次听到大理寺处决罪犯的消息，她都难过得掉眼泪。但是独孤皇后喜欢妒忌，后宫的女子没有一个敢和皇帝睡觉的。尉迟迥的孙女长得非常漂亮，隋文帝见到她后，很喜欢她，和她发生了关系。皇后知道这件事后非常生气，趁皇帝上朝的时候把她杀了。隋文帝回来后见美人被杀，火冒三丈，但又不敢对皇后发火，只好一个人骑着马在山里乱跑。高颎和杨素赶紧去追，好容易才追上，两人牵住他的马再三规劝，请他回去，隋文帝长长地叹了一口气说："我身为天下最高贵的天子，居然不能得到自由！"高颎说："皇上，您难道就因为一个妇人而舍弃天下吗？"隋文帝听了这话后火气才减轻了些，停下来在山谷中站了好久，半夜才回去。独孤皇后一直等着隋文帝，好容易才等到他回来，哭着跪在地上向皇帝谢罪。高颎和杨素两人劝说了好久，隋文帝和皇后才言归于好。

这件事发生后，独孤皇后受到很大打击。当初皇后因为高颎是她父亲的朋友，对他非常亲近有礼。她听说高颎居然说自己是可以舍弃的妇人，从此对他怀恨在心，高颎妻子死后，他的妾给他生了个儿子，独孤皇后就更不喜欢他了，多次在隋文帝面前他的坏话。隋文帝对皇后的话一向是言听计从，什么事都照她说的去办。皇后只要看到诸侯王和朝中大臣中间谁的妾怀了孕，就一定会让隋文帝废黜他们。

独孤皇后 50 岁那年去世，隋文帝虽然很悲痛，但也为自己少了个束缚而感到轻松。他开始到处宠幸美女，由于长期纵欲过度，隋文帝很快就得了病。到他病重的时候，他对身边的人说："如果皇后还在的话，我就不会到现在这个地步啊！"

·科举制度·

它是历代封建王朝通过考试选拔官吏的一种制度，由于采用分科取士的办法，所以叫科举。其制创始于隋，确立于唐，完备于宋，而延续至元、明、清，至清光绪三十一年（1905年）废除，历经1300多年。隋文帝为废除世族垄断仕途的九品中正制，开始用分科考试办法选拔官员。隋炀帝时置进士科，允许普通士人应考。唐代于进士科外，又置秀才、明法、明书、明算诸科为常科，而由皇帝特诏举行的考试为制科，武则天时又增置武举。诸科中以进士科最为重要。至宋代，确立了殿试制度，使科举三级考试制度得以完备。宋以后，只有进士一科。为防止应试者及考官舞弊，历代都建立了比较完整的防范制度，在一定程度上体现了公平竞争的原则。考试内容，唐代主要是诗赋和帖经；宋代主要是诗赋、经义、论、策；明、清则以四书五经为主。考试文体用八股文。唐代进士及第后，须经吏部考试合格方授官；宋代进士一至四甲可直接授官；明、清进士则均可直接授官。

<table>
<tr><td>历史关注</td><td>《开皇律》废除了前代实行的许多酷刑，如枭首、宫刑、
孥戮、车裂等，减掉了81条死罪和154条流罪。</td></tr>
</table>

隋将韩擒虎

韩擒虎是隋朝著名的将领，他年少的时候就很有气度，胆略过人，身材魁梧，容貌俊美，很有英雄的气概。而且他还喜欢读书，对于经史百家都有了解。因此，在当时很受人们的赞赏。

北周的时候，北周太祖宇文泰见到他以后，感觉他非同一般，就让他和自己的儿子们在宫里交游。后来，韩擒虎因为军功被升为都督、新安太守等职位，不久又升为仪同三司，承袭了他父亲的封爵，升为新义郡公。

在北周武帝讨伐齐国的时候，北齐的大将独孤永业镇守金墉城（今河南洛阳），韩擒虎乘北周军队不断取胜的机会，说服独孤永业投降了。随后，韩擒虎又平定了范阳（今属河北），任永州刺史。不久韩擒虎又任行军总管，击退陈军对光州（今河南潢川）的进攻。随即又随大将军宇文忻进攻平合州（今安徽合肥西）。

杨坚在北周任丞相的时候，韩擒虎被调任为和州刺史，而且还多次打败陈朝将领甄庆、任忠、萧摩诃等对江北的进攻，使陈军锐气大丧。

北周大定元年（公元581年），总揽北周大权的大丞相杨坚废周立隋，即隋文帝。隋文帝登基之后，准备先灭陈朝，后击突厥，因此向南方调集军队，选了一些有才能的军事将领，驻守江淮。隋文帝一直都清楚韩擒虎具有很强的文武才能，而且声名卓著，于是就让当了庐州省的总管把守江北的要地庐江（今安徽合肥），为灭陈做准备。

当对陈朝的进攻开始以后，韩擒虎率军一路猛进，攻打姑苏（今江苏苏州），不出半天时间就拿下了。陈军因此很惧怕韩擒虎，陈将樊巡、鲁世真、田瑞等人也都相继投降了。江南百姓早就听说过韩擒虎的威名，于是，纷纷到军门前拜见他。隋文帝听说这件事以后，非常高兴，为此还宴赐了群臣。

韩擒虎很快就攻到了建康（今江苏南京）。

到了建康之后，他率领精选出来的500骑兵，直捣建康。当他进兵到石子冈（今属南京城）的时候，陈将任忠就投降了他，陈后主派领军蔡征把守朱雀航（今在南京城内），蔡征的军队一听说韩擒虎的军队到

士兵出行作战图画像砖 隋
此图描绘士兵有的手握长矛，有的手持盾牌，有的一手握矛一手持盾，正在操练行伍。

了，都吓得四散而逃，于是韩擒虎的军队直接进了朱雀门。当陈朝的残留军队还想作战的时候，任忠就对他们说："我都投降了，你们还坚持什么呢？"陈军见任忠投降了，就都逃走了，于是韩擒虎迅速占领了建康，俘虏了陈后主，陈朝宣告灭亡。

为了表彰韩擒虎的战功，隋文帝下诏书褒扬了他，还拜他为上柱国。

以前，江南的歌谣里说："黄斑青骢马，发自寿阳边，来时冬气末，去日春风始。"大家唱的时候都不知道是什么意思。韩擒虎攻打陈朝的时候，常常骑着青骢马，往返的季节也与歌谣里唱的相符合，直到这时，大家才领悟到了歌词的含义。

后来，突厥派人来朝贡隋文帝的时候，隋文帝就对来使说："你听说过江南有个陈后主吗？"来使说："听说过啊！"隋文帝就命令左右的侍从，把来使领到韩擒虎的面前，说："这位就是抓住陈后主的人。"韩擒虎很严厉地看着来使，突厥来使很惊恐，不敢直视他的双目。

传说有一天，有一个人病得很厉害，却很着急地跑到了韩擒虎的家中，说："我想拜见大王。"韩擒虎的左右侍从都很惊奇，就问："什么大王？"那人答道："阎罗王。"韩擒虎的儿子们大怒，就要动手打这个人，韩擒虎制止了他们，而且还说："生为上柱国，死为阎罗王，

中国大事记

公元 604 年，隋文帝在仁寿宫病危，不久，隋文帝的死讯传出，杨广随即继位，即隋炀帝。

我已经很满足了。"

从此以后，韩擒虎就病了，几天以后就去世了，当时他才 55 岁。

隋炀帝即位

隋文帝仁寿四年（公元 604 年），文帝要到仁寿宫去避暑，术士章仇太翼竭力劝他不要去，而且还对他说："皇上如果这次出去的话，恐怕是要回不来了。"隋文帝一听这话，气得火冒三丈，马上让人把仇太翼关进了监狱，打算等避暑回来再杀他。隋文帝到了仁寿宫以后，就下诏书说：凡是赏赐，财政开支，无论事情大小，全部都交给皇太子处理。

文帝在仁寿宫住了一段时间，忽然感觉到身体不太舒服，而且病得厉害。最后，他躺在床上和文武百官告别，握着臣子们的手，叹息不止，还命太子赦免了仇太翼。几天之后，隋文帝在仁寿宫的大宝殿中驾崩了。

文帝在仁寿宫卧病不起的时候，尚书左仆射杨素、兵部尚书柳述、黄门侍郎元岩都在内寝侍奉皇帝。隋文帝把太子杨广也召进宫中，让他住在大宝殿中。杨广担心文帝去世，自己没有做好防备，于是，就亲自写了一封信，把信封好后，让人送给杨素，想向杨素请教咨询。杨素一条一款地把当时的状况和自己的想法写了下来，然后让人把信送给太子杨广。结果，

隋炀帝像

· 输籍之法 ·

南北朝时期，北方长期战乱，社会动荡，农民或流离失所，或投附豪强大族，户籍散乱。隋朝建立后，为增加赋税收入和征调徭役，隋文帝采纳宰相高颖的建议，颁行此法。先由朝廷根据民户资产多寡划定户等的标准，称"输籍定样"，颁发至州县。每年正月初五，县府派人下乡，令民户3至5党（百户为1党，即300至500户）为一团，依照定样的标准确定各家的户等，写成定簿，并规定应交纳赋税徭役的数额。输籍定样制定的赋税额较豪强地主的剥削量要轻，以此吸引豪强大族的附徒向地方官府申报户口，而成为国家的编户。

送信的人把信误送到了文帝那里，文帝见信之后非常愤怒。

当初，文献皇后独孤氏去世以后，宣华夫人陈氏、容华夫人蔡氏都受到了隋文帝的宠爱。文帝在仁寿宫养病，有一天，陈夫人早晨出去更衣，太子乘这个机会就要凌辱她。幸亏她竭力搏斗，才得以脱身。回到文帝身边后，文帝看她和以往的神色不一样，就问她怎么了。陈夫人流着眼泪把事情的经过原原本本地说了出来。文帝听完以后，怒发冲冠，使劲用拳头砸着床说："杨广这个畜生，我怎么能把国家大事交给他呢？是独孤皇后害了我啊！"于是他就把柳述、元岩召来，说："快把我的儿子召来！"柳述等人要急着跑去叫太子杨广，文帝说："是以前被废的太子杨勇！"柳述、元岩这才跑出室内，去拟定诏书。

杨素听说这件事以后，就向太子杨广做了报告。于是，太子就假托召命，把柳述、元岩抓到了大理寺的牢狱中，然后又立即派东宫的将士们来守卫仁寿宫殿。宫门的守卫都由杨广的手下宇文述、郭衍来指挥，人员的进出都得通过他们的允许。杨广还命令右庶子张衡到文帝的寝宫中传令，让后宫的人全都到外面去住。不久，隋文帝就去世了。陈夫人和宫人们一听

皇帝去世了，全都面面相觑，战栗不止，惊恐失色。黄昏之后，太子杨广派人给陈夫人送去一个小金盒，盒子边上贴了封条，封条上还有太子亲笔写下的字。陈夫人看到小金盒之后，惊恐万分，以为里面装着毒药，于是就不敢打开。在来人的催促下，她才打开了盒子，结果里面装的是一枚同心结。宫人们都很高兴，互相说："可以免死了。"陈夫人气得面色发紫，后退了几步，坐了下来，不肯致谢。宫人们一起逼迫她，她这才谢了来使。当天晚上，太子杨广就奸淫了陈夫人。

在为文帝发完丧之后，杨广继承了皇位。在杨广继位的时候，正好伊州刺史杨约前来朝觐，杨广就派遣杨约到长安把留守长安的人替换了。他让杨约拿着诈称是隋文帝所发布的召令，将太子杨勇用绳子勒死了。勒死杨勇以后，杨约才把士兵们召集到一起，公布了文帝已经死去的消息。隋炀帝听说杨约已经处理好了这件事情以后，就对杨素说："你的弟弟果然可以委以大任啊！"杨勇死后，隋炀帝追封他为房陵王。

几天以后，文帝的棺木从仁寿宫运回到了长安，在大兴前出殡。柳述、元岩一起被免职，柳述被流放到龙川，元岩被流放到海南。隋炀帝还命令兰陵公主和柳述离婚，让她改嫁。兰陵公主发誓，宁可死去，也不和柳述离婚。之后她不再朝见皇上，并且还上表请求和柳述一起流放。这话传到了隋炀帝耳朵以后，炀帝勃然大怒。最后，公主忧愤而死。

残暴荒淫的隋炀帝

隋炀帝杨广即位以后，营建东都，开通运河，忙得不亦乐乎。在当时，有几百万的男女被征发去开凿运河，修建宫殿。

隋炀帝大业元年（公元605年），隋炀帝派黄门侍郎王弘等人到江南去建造龙舟和其他船只，总共要建造好几万艘，因此征集来很多的民工。东京的官吏们日夜督促民工，对他们非常残酷。因此，服役的民工，10个人当中有四五个都死去了。当时，东至成皋，北到河阳，运送尸体的车辆络绎不绝，场面十分悲惨。

五月，隋炀帝又忙着让人建造西苑，把西苑建造得奢华至极。炀帝经常带着数千宫女在月明之夜到西苑游玩儿，兴致好的时候，还赋诗作曲，亲自演奏。

八月，隋炀帝前往江都。他从显仁宫出发，王弘派遣龙舟去迎接他。

隋运河示意图

311

中国大事记

公元611年，翟让和徐世勣在瓦岗寨（今河南滑县东南）领导农民起义。

隋炀帝龙舟出行图　清　佚名

隋炀帝乘坐的龙舟一共分为4层，高四十五尺，长二百丈。其中，上层还有正殿、内殿、东西朝堂；中层是用金玉装饰成的200多间房子；下层是宫廷侍臣们住的地方。皇后所乘的船和皇上的规模也不相上下，后面还跟着上千艘大小不同的船。船上面装着尼姑、道士、和尚、大臣、宫女等，应有尽有。拉船的人也有好几万。隋炀帝的船队首尾相接二百多里，灯火通明。

隋炀帝大业三年（公元607年）八月，隋炀帝又开始出游。他的车驾从榆林出发，经云中，沿着金河一直向上。他这次带了50多万士兵，还带了近10万匹马，士兵们全都穿着艳丽的铠甲。各色旌旗迎风摇摆，绵延了几千里。

隋炀帝还命令宇文恺等人给他建造出去观察民风时用的行殿。行殿可拆可卸，下面还安装着轮子，能很快地移动，里面能装下数百人。宇文恺还给隋炀帝建造了一座行城，用木板做主干，然后再蒙上麻布，用丹青涂画，十分豪华气派。各族人见到以后，惊得目瞪口呆，还以为是神创造出来的。他们每次仰望这座大营的时候，在十里以外就赶紧下马，跪下来叩头。

一次，隋炀帝来到了启民可汗的营帐。启民可汗见炀帝来了，赶忙捧着酒器给炀帝祝寿，跪在地上非常恭敬。王侯以下的人，全都毕恭毕敬地站在营帐前，没有人敢抬起头来仰视隋炀帝。隋炀帝见到这样的情景以后，非常高兴，还乘兴赋了一首小诗："呼韩顿颡至，屠耆接踵来；何如汉天子，空上单于台。"

与此同时，萧皇后也来到了义成公主的大帐中。隋炀帝赏赐给启民可汗和义成公主每人一个金瓮，还有许多衣服、被褥等。

隋炀帝大业六年（公元610年），各个番邦部落的首领都请求到洛阳东边的丰都市场进行交易，隋炀帝准许了。他下令事先整修丰都市场的店铺，所有的店铺、屋檐一律统一修筑，屋内也全都要挂满帷帐，堆满珍奇的货物。他还让来往的人全都穿上华丽的衣服，就连卖菜的人也要用龙须席铺地。只要有外国的客人路过酒店饭馆，隋炀帝就命店主把他们全部请进店内就座，让他们大口地吃肉，大碗地喝酒，想方设法把他们侍奉到最好，而且还分文不收。同时，他让店主对外国的客人说："我们中国太富有了，吃饭喝酒什么都不用您掏钱。"外国客人听完以后非常惊叹。也有的外国客人比较聪明，他们感觉不怎么对劲儿。当看到用丝绸缠树的时候，有的外国客人就问了："你们中国也有穷人啊！有的连衣服都穿不起，为什么不把这些丝绸给他们，却用来缠树呢？"市场上的人听外国客人这么一问，就羞愧得说不出话来了。

隋炀帝大业十二年（公元616年），隋炀帝在江都新造的龙舟完工了，被送到了东都。宇文述就劝隋炀帝巡游江都。右后卫大将军赵才竭力反对，对隋炀帝说："陛下，如今百姓疲惫，国库亏空，盗贼蜂起，禁令不行，还希望陛下返回京师，安抚天下的百姓。"隋炀帝听赵才说完以后，勃然大怒，把赵才交给狱吏，关了起来。10天以后，等他的气消了，才把赵才放出来。

朝廷中的官员都不想让隋炀帝出行，但是隋炀帝执意要去，因此没有人敢向他进谏。建节尉竭力劝阻他，结果，当天在朝堂上就被用杖打死了。

几天以后，隋炀帝要出发到江都了，他让越王杨侗、光禄大夫段达等人留下来看守京城，而且还作诗向宫人告别说："我梦江都好，征辽亦偶然。"奉信郎崔民象以全国盗贼充斥为由，在建国门上表挡住了隋炀帝的去路，劝阻他去游江都。隋炀帝怒不可遏，马上命人把崔民象拉下去，然后就让人先把崔民象的下巴给摘掉，最后把他杀了。

隋炀帝一生残暴荒淫的故事，不可胜数。

杨素功高招忌

杨素是隋炀帝杨广的贴身重臣，他自幼就胸怀宽广，志向远大。但是，当时很多人都不了解他的才能，只有从祖杨宽佩服他。杨宽还经常对子孙们说："处道（杨素字处道）出类拔萃，是个难得的人才啊！"后来，杨素和牛弘志同道合，关系甚好，他俩都酷爱学习，还经常在一起研讨经典精义，二人相互取长补短，因此，学识大长。杨素很善于写文章，对草书和隶书也很在行，他还十分留意占卜之术。

刚开始的时候，北周的大冢宰宇文户用杨素做他的中外记室，最后又转为礼曹。北周武帝继位以后，亲自处理朝政，又拜杨素为车骑大将军，仪同三司。从此以后，杨素逐渐被重用。周武帝命杨素写诏书的时候，他常常是落笔成文，文辞和内容都十分精彩，武帝十分赞赏他，就对他说："好好奋斗吧！不要为得不到荣华富贵而发愁。"

杨素对武帝说："只怕是荣华富贵要追我，我却无心去追它啊！"

在平定北齐的一次战役中，杨素请求北周武帝让他率领部下前去做先锋。北周武帝答应了他，并且还给了他一根手杖，对他说："朕想大张旗鼓地驱赶齐军，所以朕把这根拐杖给了你，希望你能为朕完成心愿。"结果杨素在与齐军作战的过程中，十分骁勇，立下了赫赫战功。北齐平定后，杨素被授予开府职责，改封为成安县公。由于战功赫赫，杨素又被封为徐州总管，位至柱国，并被封为清河郡公。

在隋文帝任北周丞相的时候，杨素就和他交情很好。隋文帝继位之后，杨素被封为上柱国，官至御使大夫。一次，他和妻子郑氏发脾气，对郑氏说："如果我做了皇帝，一定不立你为皇后！"

郑氏是个凶悍刻薄的人，一怒之下，就把杨素和她说的话告诉了隋文帝。隋文帝听说以后很不高兴，就把杨素的官职给免了。

之后，隋文帝攻打江南，杨素又被委托以重任，他率领的军队作战勇猛，纪律严明，所到之处，深受当地人民喜爱。在他打败陈军班师回朝以后，又被隋文帝封为越国公。

杨素才智过人，气魄宏大，为隋文帝平定了许多叛乱。他打仗的时候，几乎是每战必胜，因此，隋文帝不断地提拔他，重用他，给了他很多显耀的职位。

杨素的家里有童仆上千人。他的后宫也很豪华，就像皇宫似的，后宫的妻妾歌伎们都穿着华丽的衣服。朝臣中有和他作对的，杨素就在暗中中伤他们，而讨好他的人，虽然没什么才干，也会受到提拔。在朝廷中，只有兵部尚书柳述因为自己是隋文帝的女婿，才敢在文帝面前抨击杨素，大理卿梁毗也上表说杨素作威作福。

随着越来越多的人在隋文帝面前说杨素的

·大运河·

古代世界上最长的运河。隋炀帝为加强南北交通，巩固隋王朝对全国的统治，于公元605年下令开凿运河。大运河以洛阳为中心，北达涿郡（治所在今北京），南至余杭（今浙江杭州市），全长1794多公里。分为永济渠、通济渠、邗沟和江南河四段，连接海河、黄河、淮河、长江和钱塘江五大水系。经过今河北、山东、河南、安徽、江苏和浙江的广大地区，成为南北交通的大动脉，促进了南北方的经济交流。

中国大事记

公元 612 年农历正月，隋炀帝集中水陆大军 100 多万人向高句丽的都城平壤进发。

坏话，隋文帝渐渐地疏远了杨素。后来，隋文帝就下诏书说："杨素是国家的辅政大臣，不可以自己去处理细小的事务，只需要三五天到一次尚书省，议论一下大事就可以了。"表面上看这是在体谅优待杨素，实际上是在削弱他的权力。

文帝的身体不太好，杨素就和兵部尚书柳述、黄门侍郎元岩等人入宫侍奉他。此时，太子杨广居住在皇宫内的大宝殿中，他为防文帝不测，就亲手给杨素写了信。杨素把文帝的情况记录下来，让宫人送给太子，结果，宫人把这封信悄悄送给了文帝。文帝看了以后，对太子很生气，就想把被废为庶民的长子杨勇召回宫中。听说这件事以后，杨素就与太子谋划，想假借文帝的诏命，让东宫的兵士守住宫门，禁止出入。文帝在当天就驾崩了，因此，杨素的这些举动，让朝廷中人议论纷纷。

这个时候，汉王杨谅反叛了。于是，杨广就命杨素前去平叛，杨素凭借着自己突出的军事才能，很快就平定了杨谅的叛军。隋炀帝登基以后，杨素被提升为尚书令。不久，杨素又被授予太子太师一职，其他的官职还和以前一样。

杨素虽然扶杨广当上了皇帝，也平定了杨谅的叛军，功劳很大，但是，隋炀帝却特别不信任他。隋炀帝虽然表面上给了他优厚的礼遇，实际上对他情义甚薄。当太史说楚地有大伤（迷信的说法，指出现了不好的征兆）的时候，隋炀帝就把杨素封到了楚地。

杨素躺在病床上的时候，杨广每次都派最好的御医前去给他治病，给他吃上好的药，然而，私下里却恨不得让他早点死掉。杨素也知道自己的名位已经达到了巅峰，所以就不肯用药，也不太注重调养。他常常对自己的弟弟杨约说："我有必要继续活下去吗？活到现在，我死而无憾了。"

隋炀帝大业二年（公元 606 年），杨素因病去世，谥号景武。

继承父志的贺若弼

贺若弼的父亲贺若敦以武艺好、为人忠烈而出名，在北周当过金州总管，后来遭宇文护杀害，临刑的时候对贺若弼说："我生平的志愿就是平定江南，可惜我已经无法实现这个心愿了。你一定要完成我的遗志。还有，我是因为说太多话而死的，你一定要引以为戒。"说完就用锥子将贺若弼的舌头刺出血，告诫他说话一定要谨慎。

贺若弼牢记父亲的遗言，立下了大志，刻苦习武，而且能写文章，博览群书，很快就出了名。宇文宪很敬重他，引他做了自己的记室，周武帝的时候，上柱国乌丸轨对皇帝说："太子没有做皇帝的才能，这事我和贺若弼也谈论过。"皇帝把贺若弼叫来询问，贺若弼知道太子的地位无法动摇，害怕祸落到自己头上，于是对皇帝说："太子的学问每天都有进步，没有看到他的缺点。"皇帝听了之后不说话。贺若弼退出来后，乌丸轨责备他背叛自己，贺若弼说："君王的口不紧就会失信，而大臣的口不紧就连命都保不住，所以我不敢随便说话。"等到周宣帝即位后，乌丸轨被杀，而贺若弼则免去了杀身之祸。他和韦孝宽一起攻打陈朝，连战连胜，多数都是他的计策。

隋文帝即位后，一直都有吞并江南的打算，想找个可以帮助他成就大事的人。高颎说："朝廷里的大臣中，从文武才干上来看，没有一个可以比得过贺若弼的。"隋文帝深有同感，于是任命贺若弼为吴州总管，让他准备平定陈朝。贺若弼很高兴地接受了这个任务，并献上灭亡

·雕版印刷术·

中国最早发明的印刷术，始见于隋。雕版印刷术的原理是将所印书稿反刻在一块块木板上，使字凸出，然后在字面上涂墨，复上纸，轻刷之后，字迹便可印在纸上。熟练的工匠，一天可印约2000张。该技术在唐代得到进一步发展。宋代更趋完善，今天能见到的宋刻本书籍达700多种。

历史关注

保闾制度规定，县以下五家为一保，五保为一闾，四闾为一族。设置保长、闾正、族正等职，分级负责检查户口。

陈朝的 10 个计策，隋文帝看了很高兴，赏给他宝刀。

隋朝大军南下攻陈，任命贺若弼为行军总管。当初，贺若弼要沿江防守的士兵们在交接的时候，一定要集中在历阳，每次都在历阳树立了很多旗帜，满山都是军营帐篷。陈朝人都以为隋军大举进攻，征发了全国大部分的军队前来防守。后来才知道是隋朝的士兵在交换驻防地，所以征集来的士兵很多都撤走了。以后每次换防都是这样，陈朝人都以为这是很平常的事，也就不再动员大批人马来防御了。贺若弼由此麻痹了陈朝，率领大军渡江的时候，陈朝人根本没有任何察觉。贺若弼很快就攻下了南徐州，隋军军纪严明，秋毫无犯，有的士兵在民间买酒喝，被贺若弼知道后，立刻将他们抓来斩首。军队开到蒋山的时候，陈朝将领鲁广达、周智安、任蛮奴、田瑞、樊毅等人率领精锐士兵前来抵抗。田瑞率军攻打贺若弼，被贺若弼打败逃跑了。鲁广达等人率领部队相继冲锋，气势非常勇猛，贺若弼的部队渐渐抵挡不住，开始败退。贺若弼估计敌人士兵已经骄傲起来，失去了戒备心，而且也陷入了疲劳状态，于是严令士兵殊死战斗，将陈军杀得大败。陈朝大将萧摩诃被俘，贺若弼下令将他拉出去斩首。萧摩诃神情自若，丝毫也不怕死，贺若弼就把他放了，并以礼相待。后来杀进陈朝皇宫，当时陈叔宝已经被韩擒虎抓住，贺若弼来了后，叫人把陈叔宝带来让他看看。陈叔宝吓得要死，冷汗流得一身都是，见到贺若弼后浑身发抖，不停地给他叩头。贺若弼对他说："小国的国君面对大国的使者，按理说应该下拜，这是礼节。但你进入

我朝后还是能当个归命侯的，所以也不用害怕。"

回朝后，贺若弼因为怨恨没有抓到陈叔宝，让韩擒虎抢了先，功劳也排在韩擒虎的后面，和韩擒虎争吵起来，两人把刀都拔了出来，经隋文帝调解才罢手。隋文帝下诏表扬贺若弼，杨广却因为贺若弼在事先定好的进攻时间之前就和敌人决战，违反了军令，把贺若弼交给有关官员处置。隋文帝派人把他追了回来，不但没有追究，反而厚待他，赏给他很多财物，并加官晋爵。

贺若弼立了大功，地位和名望都很高，他的兄弟都因为他而被封为郡公，担任了刺史、列将一类的官职。贺若弼家里的珍玩数不胜数，穿绫罗绸缎的婢女都有好几百人，当时的人都认为已经非常荣耀了。贺若弼认为自己的功劳和名声都超过了其他大臣，觉得自己应该能当宰相。后来杨素担任了右仆射，而自己还是个将军，心里很不平，还将这种不平表现在了言语中，所以被免官，贺若弼怨恨得更厉害了。几年后他进了监狱，皇帝对他说："我任命高颎和杨素为宰相，你却经常发议论，说这两个人只会吃饭，这是什么意思？"贺若弼说："高颎是我的老朋友，杨素是我的表兄弟，我知道他们的为人所以才这么说的。"大臣们都纷纷上书说他对朝廷不满，应当处死。隋文帝觉得他功劳很大，只把他废为平民。一年多后又恢复了他的爵位，从此不再重用他，只是每次宴会赏赐的时候，对他总是很优厚。有一次，突厥人入朝进贡，隋文帝让他射箭，突厥人一箭就命中靶心。皇帝说："除了贺若弼没有人能和他们相比。"于是命令贺若弼

青瓷武士俑　隋

隋代国力昌盛，兵强马壮，军队装备精良，此士兵俑所着铠甲因金属护胸在阳光下闪闪发亮，故称"明光铠"，俑腹下部靠一面盾牌，周边饰以铆钉及花纹，为隋代士兵形象的真实反映。

中国大事记

公元616年，李密投奔翟让，瓦岗军发兵攻打荥阳。

射箭，贺若弼跪下来祈祷说："我如果是赤心为国的，就应该一箭命中。如果不是那样的人，就射不中。"结果一箭命中红心。

隋炀帝当太子的时候，曾经问贺若弼："杨素、韩擒虎、史万岁3个人都可以称得上是良将，但是他们之间的优劣如何呢？"贺若弼说："杨素是个猛将，但并没有谋略；韩擒虎是善于打斗的将军，不是善于领导的；史万岁是善于骑马的将军，不是大将之才。"太子问："那谁是真正的良将呢？"贺若弼下拜说："这得由殿下自己选择了。"他的意思就是说自己可以当大将。结果隋炀帝即位后，贺若弼更被疏远了。最终贺若弼没有遵守父亲让他谨言的遗训，因为私自议论朝廷得失而被杀，死的时候64岁。

正直敢言的刘行本

刘行本是隋朝有名的直臣，他父亲本来是在梁朝做官，家族在南方是有名的望族，所以刘行本很早的时候就担任了梁的武陵国常侍。后来萧修偕同梁州一起投奔了北周，刘行本和叔父也跟随他们到了北周。刘行本刚到北周的时候并没有出仕，而是闭门在家刻苦读书，经常学习得太专注而忘记疲劳。

刘行本性情刚烈，一旦决定了都不会有所改变。宇文护推荐他担任记室，周武帝即位后，刘行本负责记录皇帝起居注，连续升迁为掌朝下大夫。北周以前的制度规定，掌朝大夫负责主管笔砚，拿到御座前，然后由承御大夫取过来递给皇帝。到刘行本为掌朝大夫的时候，有一次将要把笔砚递交给皇帝，承御大夫要取过去，刘行本大声说道："笔不能给你！"周武帝吓了一跳，很吃惊地问他是怎么回事。刘行本说："我听说设立官位分明职掌，大家各有各自主管的事。我既然不能佩戴承御大夫的刀，那他怎么能拿我的笔呢？"周武帝不由点头称是，下令从此以后两个部门各行各的职责。周宣帝即位后做了很多荒唐的事，刘行本看不惯，多次劝谏，结果惹怒了周宣帝，被外放到河

·大索貌阅·

隋朝建立后，因此前北方长期战乱，农民流离失所。加之官府赋役繁重，农民或依附豪强大族，脱离国家户籍；或虚报年龄，逃避赋役，致使户籍散乱不实，故行此法。隋廷令地方官府和基层的三长，按户籍上登记的人口对各户进行核查，以查明有无隐匿人口；并根据人口的体貌核实户籍上登记的年龄，以防发生诈老诈小的现象。又规定堂兄弟以下一律分居，各自立户。还鼓励告发，若纠得一丁，则令被纠之家代告发者输赋役。如核查户口不实，一经发现，地方官吏解职，里正、党长发配远地。据史载，仅开皇初年（公元581年）于北方地区的一次大索貌阅，即检括出壮丁44万余人，164万余口编入国家户籍。大业五年（公元609年），又于全国范围内进行，共检出20余丁，新增64万余口。

内当太守。

杨坚出任北周丞相的时候，尉迟迥不服他的统治，举兵造反，向怀州发动攻击。刘行本率领部下抵抗住了他的进攻，因为这个功劳而被赐爵文安县子。杨坚即位后，刘行本被拜为谏议大夫，代理治书侍御史。不久又迁为黄门侍郎。有一次隋文帝对一个郎官发怒，在殿前公然用竹棍殴打他，刘行本劝谏说："这个人品行一向很高洁，他这次犯的过失又很小，希望陛下能够宽容些。"隋文帝没有理睬。刘行本见皇帝不采纳他的意见，干脆站到皇帝跟前对他说："如果我说的是对的，陛下怎么可以不听从呢？如果我说的是错的，那就应该把我交给执法的官员，以此来申明国法，怎么可以因为轻视我而不理睬我呢？我所说的又不是什么私事。"说完把朝笏放在地上，自己退下去了。隋文帝也觉得自己的态度有点过分，马上郑重其事地向他道歉，顺便原谅了那个被打的郎官。

雍州别驾元肇上书皇帝说："有一个州吏

历史关注

三省六部制是中国古代继三公九卿制之后的另一套中央政府机构组织形式。

接受了别人送给他的三百文钱，按照法律他应该被判处打 100 杖。因为我刚到那里的时候和他约定好了要守法，他还故意违背，所以请求在此基础上再给他加一年的徒刑。"刘行本反驳道："法律的执行都经过诏书发布，和百姓们做好了约定的。现在元肇居然胆敢只重视他自己的命令，而轻视国家的法令，他要申明自己的言语一定要实行，却忘记朝廷大的信义，破坏国法而重视个人的权威，这不是为人臣子应该有的准则。"隋文帝表扬了刘行本的直谏，并赏给他 100 匹绢帛。

刘行本担任黄门侍郎几年后，被拜为太子左庶子。太子杨勇对刘行本非常敬畏，在他面前一直很谦虚谨慎。当时唐令则也担任左庶子，太子非常亲近他，经常让他在自己面前弹奏瑟来取乐，并让他教太子宫中的歌女舞女还有妻妾唱歌跳舞。刘行本知道这件事后很生气，找到唐令则，责备他说："庶子的工作是用正道来辅佐教导太子，为什么要让太子在内室中昵爱呢？"唐令则听到他的责备后感到很惭愧，但并没有改正。当时沛国的刘臻、平原人明克让和魏郡人陆爽因为有文学才华而被太子亲近，刘行本对他们和太子亲近却又不能对太子的行为加以辅导而感到很生气，多次批评那 3 个人说："你们这些人只知道读死书！"当时左卫率长史夏侯福被太子所宠爱，曾经在阁里和太子嬉戏打闹，夏侯福放声大笑，声音在外面都能听到。刘行本刚好经过，等夏侯福出来，刘行本拦住他责备道："殿下为人宽容，给了你好脸色，你是什么小人，居然敢如此轻慢！"把夏侯福交给执法的人处理。太子曾经得到了一匹好马，让夏侯福骑上去奔跑，他自己在一边观看。太子玩得很开心，要刘行本也骑上去给自己看看。刘行本不肯骑，很严肃地说："皇上把我放在庶子这个位子上，是要我用正道来辅佐太子，并不是让我来给殿下做游玩的人！"太子听了之后很惭愧，也就算了。后来刘行本担任了大兴县令，权贵们都很惧怕他，没有人敢上门去拜访，从此大兴走后门请求办事的路就断绝了。刘行本去世后，官吏和百姓都很怀念他，隋文帝非常伤心，悼念了很久。后来太子被废后，隋文帝说："如果刘行本还在的话，杨勇也就不会到今天这个地步了。"

瓦岗军起义

韦城人翟让本来是东郡的一个小官，因为犯了法被打进牢监，还被判了死罪。

有个叫黄君汉的狱吏认为他是个英雄，于是就在晚上悄悄地来到了翟让所在的牢中，对他说："翟法司，现在的社会情况，想必你也清楚。我看你是条好汉，怎么能在牢里等死呢？"

翟让听黄君汉这么一说，就惊喜地说："我翟让就像是一条被关在圈中的猪，我的生死全都掌握在您的手上了。"

听翟让说完以后，黄君汉就马上就砸了镣铐，打开牢门，放了他。翟让向黄君汉拜了两拜，说："我有幸遇到了您，才能脱身，可我走之后，您该怎么办呢？"说着还流下了眼泪。

黄君汉很生气地说："我原来还以为你是个男子汉，出去以后可以拯救老百姓，因此，我才不顾自己的危险来救你。可是你怎么反而像个小孩一样，哭着和我道谢呢？你尽管逃命去吧，别管我了。"翟让这才红着脸，向黄君

· 隋炀帝三征高句丽 ·

高句丽建国于西汉时期。隋文帝曾发兵征讨，因高句丽遣使谢罪而罢兵修好。炀帝即位后，要求高句丽来朝拜被拒绝，便决心大举东征。公元612年，炀帝亲统大军出征，发兵113万多人。高句丽国顽强抵抗，隋军屡战不胜，而进攻平壤的30多万士兵只有2700人生还，炀帝被迫退兵。公元613年，炀帝再渡辽水，和上次一样攻围辽东城，一个多月仍没有攻下，而杨玄感又起兵反隋，炀帝只好退兵。炀帝公元614年又征高句丽。高句丽连年战争损失惨重，便向隋朝求和，而国内的战争也使炀帝觉得无法把战争进行下去，便乘势收兵。

中国大事记

公元 617 年，李渊在晋阳（今山西太原）正式起兵。

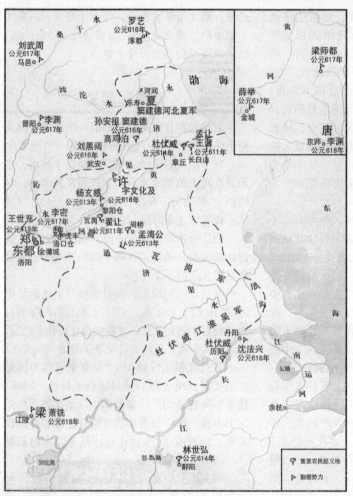

隋末农民起义晚期势力分布示意图

京兆长安人李密曾经参加过杨玄感的反隋斗争。杨玄感兵败后，李密一路逃亡。他一开始前去投奔郝孝德，结果，郝孝德不看重他。于是，他就又到了王薄那里，王薄也不看重他。李密身无分文，经常饿着肚子，甚至有时候还用树皮来充饥。最后，他终于躲到了淮阳郡的一个村子里，改换姓名后，收了几个学生，做起了老师。郡县的官吏很怀疑他，就去抓他，李密就逃到了他的妹夫雍丘县令丘君明家。丘君明不敢收留他，就让他到游侠王秀才家去躲藏。

谁知，丘君明的堂侄丘怀义知道这件事以后，居然告发了李密。隋炀帝命令丘怀义带着诏书去通知梁郡通守杨汪抓捕李密。杨汪带人包围了王秀才的家，恰好李密外出不在，逃过了一劫，结果丘君明和王秀才全被处死了。

当时，外黄人王当仁、济阳人王伯当、韦城人周文举、雍丘人李公义等各拉起一队人马，李密从雍城逃出来以后，就往来于各部首领之间，向他们游说该如何夺取天下。一开始人们都不相信他，但是，时间一长他们就渐渐地相信了。他们还说："李密是个公卿子弟，又有这么大的志向和抱负，现在人们都说杨氏将灭，李氏将兴。最近还听说：'能成王业的人是死不了的！'李密能多次渡过难关，难道他就是那个将要成就帝业的人吗？"于是，他们渐渐地都很敬重李密了。

李密通过观察各部的统率情况，发现只有翟让的势力最强大。于是，他就通过王伯当的

汉辞行。

翟让逃出牢狱后，逃到了东郡附近的瓦岗寨，招集了一些贫苦农民，组织了一支起义队伍。和翟让同郡的单雄信，勇猛矫健，善于在马上使用长枪，他也带着一伙人，投奔了翟让。当地一些青年人，也都来投奔他。其中有一个青年叫徐世勣，不但武艺高强，而且很有计谋。翟让听从徐世勣的意见，带领农民军到荥阳一带，专门打劫当地的官府和富商，得到了大量的资财。附近农民见翟让的势力越来越大，就都去投奔他。很快，翟让的部队就发展到 1 万多人。

关系，投奔了翟让。李密投奔翟让以后，首先帮翟让整顿他手下的"游击军"。当时，瓦岗附近还有一些小股的农民队伍。李密知道以后，就亲自游说他们，让他们与翟让联合起来，并且听从翟让的指挥。翟让对李密的表现十分满意，跟李密渐渐地亲近起来。

不过，翟让手下的队伍虽然壮大了不少，但是他并没想过要造反。

李密就劝他说："想当初刘邦和项羽也不过是普通的百姓，但是他们经过努力推翻了暴秦的统治。如今隋炀帝荒淫无道，百姓生活苦不堪言。同时，朝廷的军队大部分都远在辽东，现在正是您举大事、成大业的好时机啊。"

翟让听了很高兴，就谦逊地说："我们这些人只是一些强盗，没有您那么目标远大。"

李密就又劝翟让说："如今国内兵荒马乱，百姓无法种田。您兵马虽然多，但是没有储藏的粮食，只靠外出抢掠，常常是供给不足。若是时间长了，一旦大敌临头，必然会不战而败，还不如现在就攻打荥阳，先夺取粮食储存下来，等兵强马壮的时候，再和别人争夺利益也不迟。"翟让一听有理，就听从了他的意见，开始攻打荥阳。荥阳太守吓得胆战心惊，马上向隋炀帝告急。隋炀帝知道以后不敢怠慢，赶忙派大将张须陀带军镇压。

张须陀骄傲轻敌，很快就进了李密布置的埋伏圈，结果全军覆没，自己也白白送了一条性命。

经过这一场战斗，李密在瓦岗军的威信越来越高。李密治军时号令严明，并且在生活上也很朴素。只要是从敌人那里缴获来的钱财，他全都分给将士们，自己一点都不留。正因为这样，李密在瓦岗军中受到很多人的爱戴。

隋恭帝义宁元年（公元617年）二月初九，李密和翟让率领着七千精兵，越过方山，从罗口袭击并攻破了兴洛仓，他们打开粮仓，听任老百姓取粮。取粮的老弱病残，男女老幼，在路上接连不断。

李密在一次次与官兵交战的过程中，威名大振，翟让就推举李密做了首领。李密设坛即位，大赦天下，还给众人分了官职。瓦岗军越来越"正规"，也越来越强大。在李密的领导下，瓦岗军攻破了很多城池，取得了不小的胜利。

贤人李士谦

李士谦是隋朝有名的隐士，幼年的时候父亲就死了，由母亲抚养大。他的伯父是岐州刺史，非常赞赏他，经常称赞他说："这孩子是我们家的颜回啊！"李士谦12岁的时候就被提拔为开府参军事，后来母亲去世，他为母亲守灵，不吃不喝，瘦成一把骨头。李士谦为母亲服完丧后，把自己家的房子献出来作为佛寺，独自离家，到外地求学。很多人都推荐他当官，但他都借口有病而没有就任。大奸臣和士开也很看重他，想推荐给朝廷，李士谦知道后坚决推辞。隋朝建立后，他发誓永远不做官。

李士谦不喝酒吃肉，也不说有关杀生的话。亲戚朋友聚会的时候，他会安排美酒佳肴，但自己面对它们却正襟危坐，一口也不吃。李家的族人很多，其中不少都是高官，每次春秋祭祀的时候，一定会大摆宴会，大家一起开开心心地作乐。有一次在李士谦的家里集会，他给大家安排了许多丰盛的食物，但他自己却先上小米，对别人说："孔子称这种小米为五谷之长，荀子也说吃东西应该先吃谷物，古人所遵从的，我不敢违背。"在座的人顿时肃然起来，没有人敢随便了，出来后都说："看见了君子之后，才觉得我们这些人没有德行。"李士谦听说这事后责备自己说："为什么要被人疏远呢？我真是够笨的！"

李士谦家里很有钱，但他的生活却非常节俭，而且经常救济别人。州里如果有死了人却没有钱安葬，李士谦总是尽快赶到那里，帮助别人筹办丧事。有一两次兄弟分家产没有分好，两人打官司，李士谦听说后，拿出自己的钱，贴补给那个分得少的人，让他和分得多的人一样多。兄弟俩感到很惭愧，互相退让，最后都成了乐善好施的人。有一头牛践踏了他家的地，

中国大事记

公元 618 年，李渊立李建成为太子，封李世民为秦王。

他把牛牵到阴凉的地方喂它，比牛自己的主人照顾得还好。有一次他看见一个小偷在偷割他家的庄稼，他一句话都没有说，反而绕道走了。他家里的仆人抓到偷割庄稼的人，李士谦却说："这都是让穷给逼的，不要怪他了。"让他们把小偷给放了。他的仆人和一个叫董震的人喝醉酒打架，董震不小心把仆人打死了，很害怕，到李士谦那请罪，李士谦说："您本来就不是故意的，用不着道歉。但是您最好跑得远远的，不要让当官的抓住了。"

他还拿出小米数千石，借给家乡的人，正好碰到当年歉收，借他小米的人没有办法偿还，都去向他道歉。李士谦说："那些是我家多余的东西，本来就是想拿来救济大家的，并不是想得到利息。"他把借债的人全部召集起来，请他们喝酒，当着他们的面把借据烧掉了，然后让他们回去。第二年大丰收，那些借债的人争着跑来还债，李士谦不要，一家人的债都没有收。有一年发生大饥荒，李士谦把自己的家产全部拿了出来，换成谷物给大家熬粥喝。他还把饿死的人的尸体收埋起来，凡是被他看到的，都会被收埋。到了春天，他又拿出种子，送给那些没有种子的穷人家。当地的农民都很感激他，对自己的子孙说："这都是李参军赐给我们的恩惠啊！"有人对李士谦说："您积了很多阴德。"李士谦说："所谓阴德是什么？就像是耳鸣一样，只有自己才能听见，别人是不知道的。现在我做的，您全部都知道了，哪里还有什么阴德呢？"

李士谦经常吟诗，但写好后又会马上烧掉，不给别人看，他还曾经评论过刑罚，但文章并没有流传下来，大意是："帝王制定出了法律，历朝历代都有所沿袭和改动，也就是说刑罚是可以改变的，但也不能猛然改动。现在偷了很多东西的人要判死刑，这是残酷而不是刑罚。俗话说：'人不怕死，就不能用死去吓唬他。'我认为偷东西的人应该给他以形体上的惩罚，比如砍掉他一个脚趾，再犯的话就砍掉他的右手的三根指头。如果还犯的话就砍下他的手腕。小偷小摸的应该在脸上刺字，再犯的话就砍掉他偷东西那只手的三根手指头，再不改的话就砍掉手腕，这样没有不停止犯罪的。游戏下棋、到处游荡，这是产生小偷的温床，如果禁止不了的话，在他们脸上刺字就可以了。"

李士谦 66 岁那年死在家中。当地的老百姓听到他的死讯后，没有不痛哭流涕的，参加他葬礼的有 1 万多人。

·赵州桥·

世界上最古老的石拱桥。原名"安济桥"，位于今河北赵县的汶河上。由隋代杰出工匠李春于公元595~605年间设计建造，比欧洲同类拱桥早1200年。桥长50.82米，宽9.6米。桥身的大拱两端上方各有两个小拱，可以减轻桥身的重量和桥基的压力，遇到洪水，又可减弱激流对桥身的冲击。整个桥型匀称轻盈，栏板上刻有龙形花纹，栩栩如生。赵州桥历经1400多年，至今仍然完好，为全国重点文物保护单位。

赵州桥

唐 纪

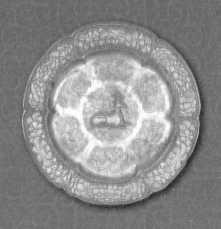

公元618年，李渊建立唐朝，以长安（今陕西西安）为都，后来又设洛阳为东都。唐朝建立后，继续完善三省六部、科举、均田制及租庸调等制度，社会迅速发展。唐太宗时，出现"贞观之治"。此后政坛风云多变，并产生武则天改唐建周的历史。开元时期，唐朝国势登峰造极。安史之乱后，一方面形成藩镇割据的局面，同时又出现宦官专权与官僚势力激烈斗争的现象，逐渐削弱了唐帝国统治。黄巢农民大起义涌现后，唐朝很快走向灭亡。

唐朝时期，社会经济发展迅速。农业生产技术进步，粮食亩产量增加；手工业水平提高，产品更为丰富、精良；商业规模扩大，南北经济交流密切，同时出现了经济重心南移的趋势。唐朝加强了对周边少数民族地区的管理，成为世界经济、文化交流的中心。

中国大事记

公元618年，宇文化及等人在江都发动兵变，炀帝被缢杀，隋朝灭亡。

隋炀帝之死

隋炀帝不顾中原乱兵四起，依旧巡游江南，并久住江都（今江苏扬州）。在江都期间，他变得越来越荒淫无道，他的宫里有100多间房，每间房都装修的十分华丽，奢侈之极。这些房子里都住着漂亮的妃子、宫女，隋炀帝每天都让她们其中的一个人当这里的主人。同时，隋炀帝每天还和萧后，以及她宠幸的美女到处宴饮，跟随他的1000多美女也都经常喝醉。

尽管如此，隋炀帝看到天下动荡不安，心里面也经常很忧虑。他退朝以后，就穿着短衣，拄着拐杖，在宫里到处走，不到天黑不会停止。

隋炀帝自己也会占卜相面，还喜欢说吴地的方言，经常在夜里喝酒的时候，抬头观察天象。一次，他对萧后说："外面有许多人图谋不轨，但是，我仍然不失为陈叔宝，你也不失为沈后。姑且一起饮酒作乐吧！"然后，倒满酒杯，一直喝到烂醉如泥为止。

曾经有一次，隋炀帝照完镜子，回过头来对萧后说："我长了这么好的一颗脑袋，该由谁来砍掉呢？"

萧后听完以后很吃惊，也很伤心，就问他为什么要这样说，隋炀帝笑着说："贵贱苦乐，都是循环更迭的，这又有什么好伤心的呢？"

唐高祖武德元年（公元618年），隋炀帝见中原地区已经大乱，就不想再回到北方了，于是就把都城从长安（今陕西西安）迁到了丹阳（今江苏南京）。

当时，江都的粮食都已经吃完了。跟随炀帝来的骁果（隋炀帝建立的新军）大多都是关中人，长期在外地，思念故乡。他们见炀帝没有回长安的意思，就产生了逃回家乡的想法。将军窦贤带领着自己的部下西逃，炀帝派骑兵追上了他，把他给处决了。尽管如此，还是有人不断地逃跑，这让隋炀帝很头疼。

虎贲郎将司马德戡一直都很受皇帝信任，隋炀帝让他率领骁果驻扎在东城。司马德戡和平时与他关系较好的元礼、裴虔通商量说："现

在骁果的士兵人人都想逃跑，我想和皇帝说，但是说了又怕被杀头。如果不说，事情最终也会发生，也逃脱不了被灭族的危险。这该怎么办呢？我还听说关内沦陷了，李孝常在华阴反叛了，皇上囚禁了他的两个弟弟，准备把他们杀掉。我们这些人的家属也都在西边，能不为这事担心吗？"

司马德戡又说："如果士兵们都逃亡了，那么我们一定会被杀头，我们还不如和他们一起跑呢。"元礼和裴虔通都说是好主意。于是，他们就联合虎牙郎将赵行枢、鹰扬郎将孟秉、勋侍杨士览等人一起商量逃跑的事。

有一个宫女知道了司马德戡等人的事情后，就告诉萧后说："外面的人都想造反了！"萧后说："你向皇上奏报去吧！"宫女就跑去报告了隋炀帝，隋炀帝听宫女说完以后，大怒。他认为这不是宫女应该说的话，于是就把宫女杀了。后来，又有宫女向萧后报告，萧后就说："如今，天下的形势到了这个地步，已经无法挽回了，何必再说呢？说了也只是让皇帝白白忧虑而已。所以，就别再说了。"从此以后，就再也没有人进言了。

虎牙郎将赵行枢和将作少监宇文智及一直都很要好。杨士览是宇文智及的外甥，于是赵行枢和杨士览就把他们和司马德戡一起计划的事告诉了宇文智及，宇文智及听到这个消息以后很高兴。

司马德戡等人定于三月月圆的那一天结伴逃跑，宇文智及就对他们说："皇上虽然昏庸无道，但是他的威令还是有的，你们现在逃跑，下场和窦贤一样，是在找死。现在，老天爷让隋朝灭亡的时候到了。英雄蜂拥而起，和你们同样心存反叛的也有上万人，这正是一个成就帝王之业的大好机会。"司马德戡等人都同意他的意见。赵行枢、薛世良等人都推宇文智及的哥哥右屯卫将军宇文化及为首领，等人们商议好了，才告诉宇文化及。宇文化及生性怯懦，没有什么能力，听说这件事情以后，脸色大变，浑身直冒冷汗，最后，他还是听从了众人的安排。

历史关注 | 《唐律疏义》是中国保存至今最完整的一部封建法典。

三月初十这一天，司马德戡召集全体骁果的士兵，把计划告诉了他们，大家都说："我们听将军的话。"就在当天，大风刮得天昏地暗。司马德戡买通了城门守卫，于是，各个城门都没有上锁。等到三更时分，司马德戡在东城聚集了几万人马，点起了火把和城外呼应，隋炀帝看到了火光，又听到外面有喧闹的声音，就问发生了什么事情。当时，正在值班的裴虔通就对他说："陛下，草房失火了，外面的人正在救火。"当时宫城内外是隔绝的，炀帝也不知道，就相信了他的话。

三月十一日的凌晨，司马德戡率领士兵从玄武门进入宫里，隋炀帝一听有人叛乱了，就赶忙换好衣服，逃往西阁。

裴虔通和元礼让士兵撞开东阁的门，士兵们进了永巷，大声地问："陛下在哪里？"一位美人从房间里探出头来，告诉了他们隋炀帝的藏身之处。于是，校尉令狐行达就直接拔刀冲进了西阁，隋炀帝躲在窗户后面对令狐行达说："莫非你想杀我吗？"

令狐行达回答说："臣不敢，臣只是想让陛下再回到长安罢了！"说完以后，他就把隋炀帝扶出了西阁。

裴虔通本来是隋炀帝的老部下，隋炀帝见到他以后就问："你不是我的旧部吗？你和我有什么仇，为什么要谋反？"

裴虔通说："臣不敢，将士们都想回乡，我只是想尊奉陛下回长安罢了！"

隋炀帝说："朕正打算要回去，只是因为长江上游的粮船还没有到，我现在就和你们回去。"裴虔通于是领兵看守着隋炀帝。

等到天亮以后，孟秉派人去迎接宇文化及。宇文化及全身发抖，连话都说不出来。有人来参见他，他就低头靠在马鞍上，连声说着"罪过，罪过"。等宇文化及到达宫门前，司马德戡迎接他进了朝堂，还称他为丞相。

裴虔通和隋炀帝说："陛下，百官都在朝堂里，你应该亲自出去慰劳他们。"他说完以后，送上自己随从的坐骑，逼着隋炀帝上马。隋炀帝嫌他的马鞍笼头太破旧，裴虔通就换了一个新的马鞍，隋炀帝这才肯上马。裴虔通牵着马缰绳，提着刀出了宫门，反叛的士兵们欢声雷动，宇文化及扬言说："哪能让这个家伙出来呢？快弄回去，弄死算了。"

于是，他们把隋炀帝带回了寝宫。裴虔通、司马德戡都拿着刀站在旁边。隋炀帝叹息着说："我犯了什么罪啊？怎么落得这个下场？"

马文举说："陛下抛下宗庙不顾，不断巡游，对内荒淫奢侈，对外不停作战，致使强壮的男人都死在了战争中，老弱病残的都死在了沟壑里，民不聊生，盗贼四起。你一直任用奸佞，文过饰非，拒不纳谏，怎么说你没罪呢？"

隋炀帝说："朕确实是对不起老百姓，可我对你们不薄啊！你们为什么还会这样做？今天这事，谁是主谋？"

司马德戡说："整个天下的人都怨恨你，哪有什么主谋啊！"宇文化及就派封德彝宣布隋炀帝的罪过，隋炀帝对封德彝说："你可是士人啊，怎么能干这种事！"封德彝红着脸，退了下去。

隋炀帝的爱子赵王杨杲，当时才12岁，在隋炀帝的身边不停地号啕大哭。裴虔通就杀了杨杲，鲜血溅到了隋炀帝的衣服上。这些人要杀隋炀帝，隋炀帝说："天子也有天子的死法，怎么能对天子动刀呢？拿毒酒来。"

马文举等人不答应，就让令狐行达把隋炀帝按住，隋炀帝自己解下了练巾交给令狐行达，让令狐行达把他绞死。

隋炀帝死后，萧后和宫女们撤下漆床板，做了一副小棺材，把隋炀帝和赵王杨杲一起埋在了西院的流珠堂。

李世民攻取洛阳

唐高祖武德四年（公元621年），秦王李世民率兵讨伐郑王王世充，对洛阳（今河南洛阳）发起了进攻。李世民很快就包围了洛阳城，随后，就率军对洛阳城发起了猛烈的进攻。但是，洛阳城把守得非常严密，因此，李世民攻了十几天，也没有攻下来。

中国大事记

公元 622 年，唐朝廷宣布废除五铢，新铸开元通宝，从而结束了五铢钱 700 余年的流通史。

甲骑具装战斗图　唐

三月，夏王窦建德发兵援救洛阳城内的王世充，王世充的弟弟徐州行台王世辩也派自己的手下郭士衡率领着几千士兵和窦建德的军队会合。他们一共有十几万人，在成皋（今河南荥阳东北）东边的平地上安营扎寨，和王世充里应外合。

李世民的手下一见王世充的救兵来了，而且规模还这么大，就劝李世民避一避风头。李世民采取了一些人的意见，率兵进入险要的虎牢关（当时洛阳城东一个重要的关口）。王世充在城头上看到李世民带兵，向虎牢关方向进发，却不敢出兵攻击。于是，李世民很轻易地进入了虎牢关。

三月二十六日这一天，李世民率领着 500 名骁勇的骑兵，出了虎牢关，到城东 20 多里的地方，侦察窦建德的营地。他让骑兵们沿路留下来，让李世勣、程咬金、秦叔宝分别率领一部分士兵埋伏在路边。最后，李世民的身边就只剩下 4 名骑兵了，他们 5 个一同前去侦察窦建德的营地。

周边的人都心惊胆战的，李世民却一点也不害怕。他对身边的尉迟敬德说："我拿着弓箭在前面开道，你拿着长枪在后面跟随，即使有 100 万人来了，又能把我们怎么样？"

尉迟敬德笑着说："是啊！"

李世民又说："敌人看见我们就撤回去，这应该是他们最聪明的做法，是上策啊！"跟

着他的几个人都笑了。

等他们到了离窦建德营地三里远的地方，遇上了窦建德的巡逻兵，巡逻兵就以为他们是侦察兵。李世民不慌不忙，大声地对巡逻兵喊道："我是秦王李世民。"说完拉弓搭箭，向对方的一名将领射去，一下就射死了。

窦建德的兵马见状大惊失色，赶忙派人给窦建德报信。不大一会儿，窦建德就派出五六千骑兵追击李世民，跟随李世民的人见后面的追兵那么多，全都吓得变了脸色。李世民依旧很镇定，他对那几个骑兵说道："你们只管在前面跑好了，我和敬德在后面挡着。"

于是，李世民和尉迟敬德就勒住马的缰绳，在后面慢慢地走。等到追兵快要追上了，李世民就拉弓射箭，每次总能射死一个。追兵非常害怕，就不敢再追了。等过了一会儿，追兵又开始追了，快要追上的时候，李世民又射，这样反复了好几次。

李世民先后射杀了几个人，尉迟敬德也杀死了十几个人，追兵就再也不敢逼近了。

李世民故意徘徊，最后把敌军引进了埋伏圈，李世勣、程咬金等人奋力出击，杀了 300 多人，还抓获了窦建德的将领殷秋、石瓒，最后大获全胜，回到了虎牢关。

五月，窦建德又和李世民交战。窦建德很轻视唐军，还派人对李世民说，想要和他要耍。窦建德的部下王琬骑着隋炀帝的青骢马，铠甲和兵器都很新鲜，他站在阵前，向大家夸耀。

李世民看见了，就对众将说："他骑的那匹马，真是一匹好马啊！"

于是，尉迟敬德就请求前去夺取，李世民就劝他说："别去了，我怎么能为了一匹马，而损失一名猛士呢！"

尉迟敬德不听，就和其他两名将领骑马冲进了敌阵，擒获了王琬，牵着他的马就回来了，

历史关注 | 《大衍历》亦称《开元大衍历》，共分7篇。

没有人敢阻拦。

李世民将一切都布置好后，就向窦建德的大营杀了过去。当时，窦建德正在朝谒，所以，一时间乱了手脚。

李世民的士兵和将领们都作战英勇，气势逼人，很快就把窦建德的军队打得大败。唐军到处追击，共斩杀了3000多名窦建德的士兵。窦建德也在战斗中被长枪刺中，逃到牛口渚躲了起来。李世民手下的车骑将军白士让、杨武威追上了窦建德，窦建德从马上掉了下来，白士让上去就想拿长枪刺他，窦建德就赶忙说："别杀我，我是夏王，我能给你们荣华富贵！"

白士让和杨武威哪会听他的，下马抓住他，拖回去交给了李世民。李世民见到窦建德就说："窦建德，我们讨伐王世充，和你有什么关系呢？你为什么要越过自己的领地，来进犯我们？"

窦建德皱着眉头说："如果我不自己来的话，到时候，恐怕还得麻烦你自己远道去攻击我呢！"

·唐 律·

唐初，唐高祖命参照隋律，重定新律。于武德七年（公元624年）颁行，称《武德律》。唐太宗时，命长孙无忌、房玄龄等修改《武德律》，编为《贞观律》之后，长孙无忌等又奉高宗之命，厘定旧律，修成《永徽律》。永徽三年（公元652年），高宗再命长孙无忌依据《永徽律》逐条解释律文，撰成《永徽律疏》12篇30卷（即《唐律疏义》），于次年颁行全国，与律文一样具有法律效力。《唐律疏义》是中国保存至今最完整的一部封建法典。"唐律"制定有笞、杖、徒、流、死五刑，以及"十恶"之条，作为正刑定罪之律。还有律、令、格、式四宥。"唐律"作为一部完备的封建法典，旨在维护封建制度和特权，防范人民的反抗。但对稳定社会秩序，促进生产的发展，亦有积极的意义。

窦建德的士兵全部逃散。李世民押着窦建德等人来到洛阳城下，见到了王世充。王世充见到窦建德以后，站在城墙上一边哭，一边说话。

事后，王世充就召集将领们一起商量突围的事，将领们都说："我们是依赖窦建德的，窦建德都被抓了，我们突围还有什么用呢？"

过了几天，王世充穿着白衣服，领着太子、群臣共2000多人，到李世民的军营投降。李世民按礼节接待了他，王世充趴在地上磕头，吓得汗流浃背。李世民就对王世充说："你总把我当成是小孩儿，现在见了小孩儿，为什么如此恭敬呢？"王世充赶忙磕头谢罪。最后，李世民把王世充的重要党羽，在洛水边全部斩首了。

玄武门之变

太原起兵的时候，唐高祖李渊拿不定主意，多亏李世民态度坚决，一再劝说，才让李渊走上了反隋的道路。在以后的五六年里，李世民东征西讨，南征北战，为大唐的建立做出了巨大的贡献，可以说，大唐的天下，是李世民打出来的。正因为这样，朝廷里出名的人才，如长孙无忌、杜如晦、房玄龄、尉迟敬德、秦叔宝等人都聚集在李世民的旗下，他在朝中的势力，无人能及。

唐高祖武德九年（公元626年），天下已经平定了。太子李建成、齐王李元吉都很嫉妒秦王李世民，兄弟之间的矛盾越来越大。李建成、李元吉和后宫的嫔妃们，每天都向李渊说李世民的坏话，李元吉还劝李渊杀掉李世民。

有一次，淮安王李神通立了功，李世民就把一块田赏赐给了他，恰巧张婕妤也想把这块田送给自己的父亲，就哭着对李渊说："您赏赐给我爹的田，让秦王抢去给了李神通，我不知道是皇帝的权力大，还是秦王的权力大。"李渊听完以后很生气，就把李世民骂了一通。

还有一次，伊德妃的父亲伊阿鼠让家人把经过自己家门的杜如晦拉下马来，一边骂着说：

中国大事记 | 公元624年，唐颁行《武德律》。

"你算什么东西，竟敢到我门前不下马！"一边说着还一边打杜如晦，甚至打断了他的一根手指。事后，伊德妃怕李世民把这件事告诉李渊，就恶人先告状，说秦王派手下的人欺负伊阿鼠，引得李渊又是一阵大怒，把李世民找去狠狠训斥了一通，任李世民怎么解释，李渊也不相信。

还有一日，李建成把李世民叫到他的府上喝酒，想用毒酒害死李世民。李世民喝完之后，感到心脏剧痛，随后就开始吐血，吐了很多。恰巧当时淮南王李神通也在，就把他搀扶着回到了自己的住所。因治疗及时，李世民才捡回一条命。

李元吉和李建成总是想方设法谋害李世民，李渊也准备惩罚李世民。为此，李世民就召来房玄龄，和他商议这件事。房玄龄说："秦王您功劳盖世，本应该继承皇帝的大业，现在您心怀忧虑和恐惧，这正是上天在帮助您啊！希望您不要再举棋不定，犹豫不决了。"于是，房玄龄就和秦王府属杜如晦一起劝说李世民杀掉李建成和李元吉。

武德九年（公元626年）六月初三，李世民给李渊呈上密奏，说李元吉和李建成与后宫

高台　窗棱　　　　鸱尾

玄武门壁画

的嫔妃淫乱，还说："我没有丝毫对不起哥哥和弟弟的地方，而他们却想杀掉我，像是要为王世充和窦建德报仇似的，我如果含冤而死，就远离您了，魂魄回到地下。我实在不愿再见到那些被我诛杀过的贼人！"

李渊看完奏章以后，很惊奇，就回复说："朕明天就调查这件事情，你应该及早前来朝见我。"

六月初四，李世民率领长孙无忌等人入朝，把自己的兵马埋伏在玄武门附近。张婕妤暗中得知了李世民上表的大概内容，就急忙赶去报告了李建成，李建成把李元吉叫来商议这件事情，李元吉说："我们应该统率东宫和齐王府的军队，假托有病，不去上朝，以便观察形势的变化。"

李建成说："我们的军队已经防备得很严密了，到处都是我们的人，我们应该入朝，亲自打听消息。"于是，他们二人就一起骑马入朝，向着玄武门走来。

当时，李渊已经将裴寂、萧瑀、陈叔达等人召集来，要调查这件事了。当李建成和李元吉走到临湖殿的时候，感到情况有点不对头，于是就立即勒马转头，准备向东，返回东宫和齐王府。李世民等人见李建成和李元吉要跑，就追了出来。李世民在后面大声叫他们，李元吉返回身，拉开弓箭准备射死李世民，但是，他射了好几次，都没有射准。李世民提箭射李建成，一箭就把他射死了，李建成坠落马下。李世民的坐骑跑到了树林里，李世民被树枝挂住，掉了下来。李元吉见状，迅速赶到，夺过李世民的弓来，准备勒死他。尉迟敬德带领着骑兵及时赶来，大声呵斥李元吉。李元吉见势不好，就想步行逃往武德殿，尉迟敬德从后面追来，用弓箭射死了他。

翊卫车骑将军冯立一听说李建成被射死了，就叹息着说："哪有在人家活着的时候，享受他给的恩惠和好处，他死了就独自逃避的人呢？"于是，他就和副护军薛万彻等人率领精锐兵马2000人，快速赶到了玄武门。结果张公谨关闭了城门，致使冯立等人无法进城。

历史关注 | 租庸调制是唐前期的一种赋税制度。

云麾将军敬君弘掌管着宿卫军，驻扎在玄武门。他见冯立等人前来，就要挺身而出，准备作战，他亲近的人就劝他说："将军，事情还未见分晓，先慢慢观察事态的发展，再见机行事吧！等到我们的人马集合起来，结成阵列再出战也不迟啊！"敬君弘不听劝说，执意出兵。于是他就和中郎将吕世衡

唐太宗像

大声呼喊着奔出城门，和冯立的人马交战，结果全部战死了。

把守玄武门的士兵与薛万彻率领的人奋力作战，持续了很长时间。薛万彻擂鼓呐喊，准备进攻秦王府，将士们都很恐慌。这时候，尉迟敬德提着李建成和李元吉的人头，给薛万彻等人看。薛万彻带领的东宫和齐王府的人马一见总头领已死，就全都逃散了。薛万彻和10多个骑兵逃进了终南山。冯立杀死了敬君弘以后，就对手下说："这也就算是略微报答太子了。"于是，他也丢掉兵器，落荒而逃。

此时，李渊正在海池划船，李世民就派尉迟敬德入宫，担任警卫。尉迟敬德身披铠甲，手拿长矛，直接就奔李渊所在的地方来了。李渊十分惊恐，就问他："今天是谁在作乱啊！你到这里做什么？"

尉迟敬德回答说："太子和齐王起兵作乱，秦王派兵诛杀了他们。秦王担心惊动您的大驾，就派我来担任警卫。"

李渊就对裴寂等人说："朕没料到今天会出这样的事情，你们说该怎么办呢？"

萧瑀和陈叔达就说："李建成和李元吉在平定天下的时候，本来就没立多少功。他们还忌妒秦王，准备谋杀他。现在秦王已经把他们处决了，秦王的威名遍布天下，人们都诚服他，您还不如立秦王为太子，把国家的大事交给他来处理，这样就不会再发生什么事情了。"

李渊叹了口气说："那好吧，这也是我一直以来的心愿啊！"

六月初七，高祖李渊将李世民立为皇太子，还颁布诏书说："从今天开始，军队和国家的各项事务，无论事务大小，全部都交给太子处置决定。"

又过了几个月，李渊索性退位当了太上皇，李世民当了皇帝，改年号为贞观。

谏臣魏徵

魏徵，字玄成，馆陶（今属河北）人。他从小就失去了父母，家里很穷，小的时候还当过道士。隋大业末年，魏徵被隋朝武阳郡（今河北大名东北）的长官元宝藏任命为书记。元宝藏投降李密之后，他又被李密任命为元帅府文学参军，专管文书卷宗。

李密失败后，魏徵跟着他进入关中，投降了唐，但是一直都没有被重用。后来，魏徵请求朝廷让他前去安抚河北，朝廷同意了。于是，他就到了黎阳（今河南浚县），劝李密的部下、黎阳守将徐世绩归降唐朝。不久，窦建德攻占了黎阳，魏徵被抓获。

后来，窦建德失败，魏徵又回到长安，被太子李建成任用为东宫僚属。魏徵看到太子和秦王李世民的冲突日益加深，就多次劝李建成要先发制人，早点动手。

等到李建成被杀，李世民召见魏徵的时候，问他道："你为什么要离间我们兄弟呢？"

大家都为魏徵担心，但是魏徵却很从容地说："如果太子早听我的话，一定不会落得今天这个下场。"

李世民一向都很注重魏徵的才能，于是就赦免了他，对他以礼相待，让他担任詹事主簿，

后来又任命他为谏议大夫。

李世民继位以后，励精图治，多次把魏徵请进卧室之内，询问政事。魏徵知道什么说什么，太宗也很高兴地采纳他的意见。不久以后，魏徵被任命为右丞相。

贞观元年（公元 627 年），有人告发右丞相魏徵祖护他的亲戚，太宗就派御史大夫温彦博审查魏徵。结果，没找到证据。温彦博对太宗说："魏徵办事的时候，毫不掩饰，不避嫌疑，虽然没有什么私心，但是也有应该责备的地方。"

太宗就让温彦博责备魏徵说："从今以后，你要掩饰自己的行为啊！"

有一天，魏徵进宫朝见的时候，就对太宗说："陛下，臣听说君王和臣子就应该像是一个整体，应该彼此都真心诚意的，如果彼此都掩饰的话，那么国家的兴亡就不得而知了，臣也不敢再听从您的诏令了。"

太宗听魏徵这么一说，就知道是什么意思了，于是，他就和魏徵说："朕已经后悔了。"

魏徵向太宗拜了两拜，然后说："臣有幸能侍奉陛下，臣请求陛下您能让我做良臣，不要让我做忠臣。"

太宗就问他："忠臣和良臣有区别吗？"

魏徵就说："能够使自己获得美名，使君主成为明君，子孙相继，福禄无边的臣子，是良臣；而能使自己身遭杀戮，让君主沦为暴君，丧家破国，空有其名的臣子，就是忠臣。"太宗听完以后，认为很有道理，十分高兴，就赏赐给他丝绢五百匹。

贞观二年（公元 628 年），魏徵被授予秘书监一职，并且还参掌朝政。他刚担职不久，长孙皇后听说一位姓郑的官员，有一位年仅十六七岁的女儿，才貌出众，国色天香。她把这件事告诉了唐太宗，请求太宗将郑家的女儿纳入宫中，选为嫔妃。于是，太宗就听了长孙皇后的话，下诏书，将这一女子聘为妃子。

魏徵听说这位女子已经许配了人家，就立即进宫，给太宗进谏。他对太宗说："陛下为人父母，应当抚爱百姓，为自己应该担忧的而担忧，为自己应该高兴的而高兴。您居住在宫室台榭中，应该想想老百姓有没有房子住；当您吃山珍海味的时候，应该想想老百姓是否还置身在饥饿之中；您的嫔妃满院，而老百姓是否拥有合家的欢乐？现在郑官员的女儿，早已许配了人家，您没有详细查问，就把她纳入了宫中，如果消息传出去，难道不会被世人笑话吗？您所做的，难道符合为民父母的身份吗？"

太宗听完之后，大吃一惊，当时就表示歉疚，并且决定收回成命。但是，房玄龄等人却认为郑官员的女儿没有许配人家，就坚持诏令有效。与郑官员女儿定亲的那家人，也派人递上表章，说以前虽然和郑官员有交往，但是，

魏徵古帖

传说唐初虞世南书名远播，太子李世民从其学"戈"法，一日，李世民将写"戬"字，空书右半边"戈"旁，召虞世南补写。之后拿给魏徵看，并说："朕学虞世南，似乎已尽其法。"魏徵细看一番，评曰："天笔所临，万象不能逃其形，非臣书所可仰。今仰观圣作。惟'戬'字'戈'法逼真。"李世民大加赞叹，可见魏徵书法鉴赏力之高。

历史关注 |

并没有定亲的事。唐太宗半信半疑，就又召来魏徵询问这件事。魏徵直截了当地对太宗说："定亲的那家人之所以否认这件事，是害怕陛下您以后因为这事而害他们，其中的缘故已经十分清楚了，这还值得奇怪吗？"太宗这才恍然大悟，于是就坚决地收回了诏令。

魏徵敢直言进谏，即使在太宗大怒的时候，他也敢和太宗当面争论，从不退让，所以，唐太宗有时对他也很敬畏。

有一次，唐太宗想要去秦岭打猎，行装都已准备好了，但却迟迟没有出行。后来，魏徵问到这件事的时候，太宗就笑着说："朕当初的确有这个想法，但害怕你又要直言进谏，所以，很快又打消了这个念头。"

还有一次太宗得到了一只上好的鹞鹰，把它放在自己的肩膀上，很是得意。但是，当看到魏徵远远地向他走来时，就赶忙把鹰藏到了怀中。魏徵假装奏事，故意拖延时间，致使鹞鹰在太宗的怀中闷死了。

贞观六年（公元632年），大臣们都请求太宗去泰山封禅，借这个机会炫耀功德和国家的富强，只有魏徵表示反对。唐太宗觉得奇怪，就问魏徵："你不主张进行封禅，是不是认为我的功劳不够高、德行不够、国家还没有安定、四面的少数民族还没有平定、国家还不够富裕、好兆头还没有来临呢？"

魏徵回答说："陛下虽有以上的6种功德，但是，自从隋末天下大乱以来，直到现在，户口还没有恢复，仓库还没有积蓄，而您耗费巨大的资财东巡，沿途百姓一定会承受不了。况且陛下封禅，各国的人必然都会前来，远方的少数民族君长也会随行。而现在中原一带，人烟稀少，灌木丛生，各国的使者和少数民族的君长看到我们的国家如此虚弱，怎么能不轻视您呢？如果赏赐不周到的话，就不会满足这些远来的人的欲望；免除赋役，也远远不能报偿老百姓所破费的财物。这样仅仅能够谋取虚名，而实际上却要受害的事情，陛下为什么要干呢？"过了不久，中原各个州暴发了洪水，封禅的事也就不了了之。

·三省六部制·

三省六部制是自西汉以后形成的政治制度，到唐朝时这种制度趋于完善。国家中央机关主要由"三省"和"六部"构成。三省是最高的权力机关，分别是中书省、门下省、尚书省，各省长官是辅佐皇帝处理天下政事的最高官员。中书省负责掌管制令决策，门下省掌管封驳审议。所有的军国大事，必须由中书省拟定诏书，门下省审议复奏，然后交付尚书省颁布实行。各部门以及地方所呈的重要奏章，也必须通过尚书省交给门下省审定，然后由中书省呈请皇帝批阅。尚书省是一个执行机关，下统6部分别为吏部、户部、礼部、兵部、刑部、工部，各部下有四个属司，一共24司，负责处理全国的各类具体的行政事务。

贞观七年（公元633年），魏徵取代王珪当了侍中。这年年底，中牟县丞皇甫德参向太宗上书说："修建洛阳宫，苦了老百姓；地租收得太多，却都被宫女们穿衣化妆给挥霍掉了。"太宗收到奏章以后很愤怒，就对宰相们说："德参想让国家不使用一个百姓，不收地租，富人什么事也不干，这才符合他的心意。"于是，就要给皇甫德参治罪。魏徵上谏说："自古以来，上奏不偏激，就不能触动人主的心。所谓狂徒所说的话，圣人选择好的听从。请陛下想想这个道理。"最后他还强调说："陛下最近不爱听直言了，虽然还能勉强包涵，但已不像从前那样豁达自然了。"唐太宗觉得魏徵说得合情合理，就转怒为喜，不但没对皇甫德参治罪，还把他提升为监察御史。

贞观十六年（公元642年），魏徵得病后，一直卧床不起，唐太宗知道后，不停地派人前去探望。魏徵一生节俭，家室极其简陋。魏徵病后，唐太宗便下令把为自己修建小殿的材料，全部为魏徵建筑大房子使用。不久，魏徵就在家中病逝了。太宗亲自前去吊唁，痛哭失声，悲切地说："拿铜当镜子，可以帮助人修整好

中国大事记

公元 629 年，玄奘从凉州出玉门关西行，历经艰难抵达天竺（古时对印度的称呼）。

衣冠；以古代的事当做镜子，就可以知道兴衰变迁的规律；以人做镜子，就可以知道自己得到了什么，失去了什么。朕常常想着这 3 面镜子，以防自己犯错误。现在魏徵走了，朕失去了一面镜子啊！"

便桥会盟

玄武门之变以后，突厥的颉利可汗率领大兵，乘唐朝发生内乱时大举入侵。唐太宗派尉迟敬德率兵阻击。尉迟敬德骁勇善战，把突厥可汗打得大败而逃。可是，颉利却是个不见棺材不落泪的人。过了没几天，他再次入侵大唐，一直到了渭水便桥的北岸。颉利可汗还派遣他的亲信到唐的京城里拜见太宗，以便打探唐朝的情况。

太宗见突厥可汗这样猖狂，就气不打一处来。一天，他亲自带着高士廉、房玄龄等 6 个人，骑马出了玄武门，径直来到渭水边上。颉利可汗见对岸出来人了，于是也就领兵带队站了出来。唐太宗隔着河和颉利可汗对话。

太宗高声地向对岸说："颉利可汗，我们不是有过盟约吗？你为什么背信弃义，不守盟约，前来进犯我朝呢？"

太宗说话的时候，声音洪亮，气度非凡，特别有威慑力，突厥士兵见状大为吃惊，全都从马上跳下，一起拜唐太宗。

不一会儿，唐朝的军队就陆续赶来，旗帜飘扬，铠甲在阳光下闪闪发光，漫山遍野都是唐朝的士兵。见亲信没有回来，而唐太宗又亲自出马，唐朝的军队又阵容强大，颉利可汗也感觉到很不安，脸上露出了恐惧的神色。

唐太宗让自己的军队退出一些地方来排成阵列，他自己仍然留在原地和突厥可汗交谈。官员萧瑀认为太宗轻敌，于是，就赶紧上前拉住太宗的坐骑，再三劝阻他不要这样。太宗见他一副紧张的神色，就笑着对他说："萧瑀，你不用害怕，朕已经很周密地谋划过了，你还不了解朕的用意。突厥之所以敢竭尽全国的兵力前来，直接进犯我们京城的边郊地区，这是因为我们国家内部出现了祸难，朕又是刚刚继位，认为我们不能抵抗他们。"

萧瑀在一旁静静地听着，太宗就继续说："现在，如果我们向他们示弱的话，关闭城门，防守抵御，则突厥人必然会出动大队人马，对我们发起进攻。这样的话，到时候就很难遏制他们了。所以，朕轻装骑马前来，就是要显示出看不起他们的样子，向他们炫耀我们军队的阵容，是想让他们相信我们的军队肯定会出战。朕的行动出乎突厥人的意料之外，是要让他们失去主张。这样的心理战术难道运用得不对吗？"

萧瑀觉得太宗真是太英明了，于是连声称是。太宗继续说："突厥进入我们的疆域，心里面肯定有所恐惧，所以，如果我们和他们交战的话，就一定能够胜利，我们和他们言和的话，他们也一定会答应。制服突厥，就看这一次的行动了，你不要阻拦了，尽管看着好了。"

战争壁画

敦煌莫高窟第十二窟唐代的战争壁画。从双方隔河相峙、筑城而战的紧张场面，可看到"城"之于"战"的重要。

历史关注

唐朝最著名的医学家孙思邈以毕生心血写成《千金方》，在中国医药学史上占有重要地位。

萧瑀听完以后，对太宗佩服得五体投地，就退了下去，再也没说什么。

当天颉利可汗就忍不住了，他派人前来请求和唐朝和好。太宗也不想和他们再发生战争，于是就答应了他的请求。过了几天，太宗又到了城西，宰白马歃血，和颉利可汗在便桥定下盟约。颉利可汗率领兵马撤了回去。

事后，萧瑀私下里向太宗请教说："陛下，在突厥没有请求言和的时候，各位将领都争着请求出战，您却不允许。我们都对陛下您的做法感到疑惑不解。过了没多久突厥就自动撤退了，这到底是怎么回事啊？有什么奥妙吗？"

太宗笑着说："朕观察突厥兵马虽然为数众多，但是阵容并不整齐，而突厥君臣也只是想得到一些财物而已。当突厥和朕讲和的时候，可汗独自一人留在了渭水西岸，其他的官员都来拜谒朕。如果当时朕采取谋略，消灭他们的话，不是易如反掌吗？"

萧瑀很疑惑地说："是啊！那怎么不消灭他们呢？"

太宗说："朕之所以不肯和他们交战，是因为朕继位的时间太短，国家还不稳定，百姓还不富裕，现在应该以休养生息为主。如果我

们和突厥开战了，那一定会带来很多损失。现在我给他们一些金银布帛，满足他们的欲望，他们就自动撤退了。回去以后，他们一定不再设置军备了，而我们养精蓄锐，等到时机成熟，就能够一举消灭他们。这正是想要索取，就得先要给予的道理啊！"萧瑀听完以后，立即叩拜说："陛下，您真是深谋远虑啊！"

唐灭东突厥

唐太宗贞观三年（公元629年），薛延陀的毗伽可汗派遣他的弟弟统特勒前往唐朝进贡。太宗见到统特勒以后很高兴，就赏赐给他宝刀和宝鞭，而且还对他说："如果你所统领的部属，有犯大罪的，你就可以用我给你的宝刀把他斩首，有犯小罪的，你就可以用宝鞭打他。"统特勒非常高兴，赶紧谢恩。突厥的颉利可汗听说这件事以后，感到很害怕，于是就派遣使臣前来向太宗称臣，还请求迎娶唐朝的公主。

过了几天，代州都督张公谨给太宗上奏，陈述了6条可以讨伐突厥的理由。这6条理由都特别具有说服力。太宗也认为颉利可汗一方面想要和亲，一方面又出兵援助大唐的敌人梁师都，心不诚。于是，太宗任命兵部尚书李靖为行军总管，张公谨为副总管，一起率兵讨伐突厥。

十一月，太宗又任命李勣为通汉道行军总管、兵部尚书李靖为定襄道行军总管、华州刺史柴绍为金河道行军总管、灵州大都督薛万策为畅武道行军总管，总共发兵10万人，统一接受李靖的指挥，分路进攻突厥。

贞观四年（公元630年）的春天，李靖率领三千多精锐骑兵从马邑出发，一直进发到恶阳岭，并且驻扎下来。当夜，李靖率领士兵突袭定襄城，取得大胜。突厥的颉利可汗怎么也没想到李靖出兵这么迅速，他对手下人说："唐朝肯定是派出全国的兵力讨伐我们了，要不然李靖怎么敢孤军深入呢？"颉利的部下也都很害怕，颉利令人把牙帐迁到了大沙漠的出入通

·租庸调制·

唐朝初年，对田赋户籍制度进行了改进。唐高祖武德七年（公元624年），朝廷颁布了均田令，改进了前代的均田制。在此基础上，推行租庸调制。政府规定征敛赋役和原则是"务在宽简"，农民的主要负担是租庸调。具体规定是：每丁每年纳租粟二石；输调绢二丈，绵三两，或是输布二丈五尺，麻三斤；每年服徭役20天，如不应役则按每天三尺绢折纳，叫作输庸。凡是加役15天者，可以免调；加役30天者，租调全免，额外加役最多不能超过30天。租庸调制是统治者轻徭薄赋政策的具体体现，农民的负担比前代大为减轻，社会秩序日趋稳定，经济也随之繁荣。

中国大事记

公元630年，李靖等在阴山大破东突厥，俘获颉利可汗，使北方得以安定。

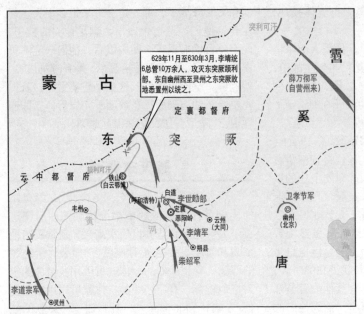

> 629年11月至630年3月，李靖统6总督10万余人，攻灭东突厥颉利部。东自幽州西至灵州之东突厥故地悉置州以统之。

唐与东突厥之战示意图

唐朝军队在与突厥的交战中一再取胜。

颉利可汗战败以后，领着几万名残兵败将逃到了铁山。颉利可汗派执失思力向太宗请罪，请求归附太宗。太宗就派鸿胪卿唐俭前去安抚，又命李靖领兵迎接颉利。颉利虽然外表上想要归顺，内心却想另找机会，重整旗鼓。

李靖率领兵马和李世勣在白道会合了。会合以后，他们就在一起谋划说："颉利可汗这家伙虽然被打败了，但是他的兵马还很多，如果让他穿过大沙漠向北跑去，那么就很难再追上他了。现在陛下派使节带着诏书到他们的营地，他们一定会放松警惕。这样的话，我们只要挑选1万精锐骑兵，带上20天的干粮去袭击他们，那样就可以轻易抓住颉利可汗。"

他们两人商量好以后，把这个计划告诉了张公谨。张公谨一听，很不赞成，就对李靖和李世勣说："现在陛下已经下诏书，允许他们前来归降了，何况我们的使节还在那里，我们怎么可能去袭击他们呢？"

李靖听张公谨说完以后，笑着对张公谨说："张副帅，这你就不懂了。这就是过去韩信破

齐的方法，使者唐俭这样的人又有什么可惜的呢？"

张公谨听李靖这么一说，感觉也有道理。于是，李靖当天晚上就率领着兵马出发了。李世勣带着兵在后面跟着。当他们到达阴山的时候，遇到了突厥的1000多人马，就全部都俘虏过来。

颉利见唐朝的使节到了，就放下了心。而就在这时候，李靖派武夷人苏定方率领着200多骑兵做先锋，冒着大雾前进，一直到了离颉利可汗的牙帐七里远的地方。突厥人发现唐朝的军队来了，颉利听到消息后，吓得魂飞魄散，赶忙乘着千里马先逃跑了。李靖率领大军赶到以后，突厥兵四散而逃，唐俭也及时脱身，回到了唐朝的军队里。

李靖斩杀了1万多突厥人，俘虏了10万多突厥男女，缴获了各种牲畜几十万头，杀掉了隋义成公主，活捉了她的儿子叠罗施。

颉利可汗率领着1万多人，想要穿越大沙漠。李世勣把守着沙漠的出口，颉利不敢穿越。颉利手下的大酋长们全都带领部下投降了。李世勣抓获了5万多人回到京城，颉利也被押回到长安。

贞观四年（公元630年）四月，唐太宗到了顺天城楼上。他让人把大量的仪仗礼器陈列出来，然后让人把颉利带到顺天城楼上。太宗见到颉利可汗以后，历数了颉利的5大罪状，声音高亢，特别威严。最后，太宗饶颉利一死。颉利哭着拜谢太宗以后，退了下去。太宗把他安排在太仆寺，而且还给他优厚的待遇。

太上皇听说把颉利可汗抓住了，非常高兴，他叹息着和周围的人说："过去，汉高祖曾经被匈奴围困在白登，最终也没能报仇。现在，我的儿子能够灭掉突厥，看来我托付的人是正

| 历史关注 | 孙思邈在《孙真人丹经》中记载了世界上最早的火药配方：硫磺、硝石和皂角，被称为硫磺伏火法。 |

确的啊！那我还有什么好担忧的呢？"于是，太上皇就召见太宗以及 10 多位重臣，还有各位王爷、王妃、公主，一起在凌烟阁大摆酒宴，庆祝胜利。

长孙皇后

长孙皇后知书达理，贤淑善良，13 岁就嫁给了李世民。唐朝建立以后，她被册封为秦王妃，等李世民登基以后，她被立为皇后。

长孙皇后生性节俭，从不铺张浪费。太宗知道她深明大义，因此也经常和她谈论国家大事。长孙皇后给太宗生下一个女儿，也就是长乐公主，被太宗视为掌上明珠。

唐太宗贞观六年（公元 632 年），长乐公主要出嫁了。因为太宗特别疼爱长乐公主，所以，他就命人给长乐公主送去比永嘉公主多一倍的嫁妆。这件事让魏徵知道了，魏徵就上书对太宗说："陛下，过去汉明帝想要分给皇太子土地，他就说：'我的儿子怎么能和先帝的儿子相比呢！'于是，分给皇太子的土地就比楚王和淮阳王（和汉明帝是兄弟关系）少一半儿。如今，您给长乐公主的嫁妆，比永嘉公主多一倍，您的做法不是正好和汉明帝相反吗？"唐太宗觉得魏徵说的很有道理，回去以后就把这件事情告诉了长孙皇后。

长孙皇后听太宗说完之后，叹息着说道："平常我经常听您称赞魏徵，却不知道是什么缘故，今天才知道。他引证礼仪来抑制陛下的

私情，真是辅佐您的栋梁大臣啊！"

太宗点头称是。长孙皇后继续说道："我和陛下您是多年的结发夫妻，但每次和你说话的时候，都得察言观色，不敢冒犯您。而魏徵只是个大臣，和您比较疏远，他还能够做到直言进谏，他的意见陛下不能不听从啊！"太宗认为皇后说得非常有道理。

皇后请求太宗派人到魏徵家，给他送去了丰厚的赏赐。

还有一次，太宗罢朝不上回到了宫中，很生气地："我以后一定要找个机会，杀了这个乡巴佬！"

长孙皇后见状就问："陛下，是谁惹怒了您！"

太宗说："能有谁呢！还不是那个魏徵，他经常在朝堂上羞辱我。"

皇后听完太宗的话，就退了下去，穿上朝服站在庭院内。太宗很惊奇，就问皇后为什么这样。

皇后就说："我听说君主开明，臣子才能正直，如今魏徵正直敢言，这正说明了陛下开明，我怎么能不穿好衣服，祝贺您呢！"唐太宗听完以后，脸上的怒色很快就没了。

长孙皇后仁慈孝敬，很喜欢读书，经常和太宗谈论历史，还会提出一些有益的意见。

有一次，皇上无故对宫女发怒，长孙皇后也假装动怒，请求太宗让她亲自来询问。于是，她下令把宫女绑起来。等到太宗的怒火消了，她才慢慢地为宫女申辩。从此，宫廷中再也没

·遣唐使·

到了唐朝，中日两国的交往达到了一个前所未有的频繁程度。从公元630年开始的200多年中，日本先后派出多批使者来到中国，学习唐朝的典章制度和文化礼仪。随同使臣一起来中国的，有官员、留学生和留学僧，人数多时达五六百人。由于他们都是由日本政府派遣的使者，所以就被称为"遣唐使"。这些人在中国学习了各种技艺，回国以后便积极传播唐朝的制度和文化，中国的典章制度、工农业生产技术、历法、哲学、历史学、文学、数学、医药学、建筑学、美术、工艺等，都被介绍到日本。据史书记载，唐朝时日本派来的遣唐使前后有13批，达数千人之多。遣唐使对推动日本社会的发展和促进中日友好交流做出了巨大的贡献，促成了中日文化交流的第一次高潮。

中国大事记

公元 630 年，日本派使者来到中国，学习唐朝的典章制度和文化礼仪。

有出现过冤枉好人、滥用刑罚的事。

豫章公主早年失去母亲，皇后收养了她，就像对待亲生的一样。嫔妃以下的人，谁有了疾病，皇后都亲自前去探视，并且还拿出自己的药给她们服用，宫中的人都很爱戴皇后。

唐太宗贞观十年（公元 636 年），皇后病重，要和太宗诀别了，此时，房玄龄已经被太宗遣返回家。皇后临别的时候，强打起精神对太宗说道："房玄龄侍奉陛下已经这么多年了，做事一直都很细心，朝廷的机密要闻他一点也没有泄漏出来过。如果他没有犯什么大过错的话，希望陛下您不要抛弃他啊。"太宗握着她的手，点了点头。

皇后继续说："我的亲属是因为我才得到了恩惠，既然他们不是因为德行升到高位的，就很容易惹上灭顶之灾，希望陛下不要给他们太大的权力，只是让他们以外戚的身份，定期朝见您就行了。"

说到这儿，皇后已经喘得很厉害了，皇上想阻止她，但是皇后继续说："我活着的时候对别人也没有什么用处，死了以后就更不能害人了。希望陛下不要为我建造陵墓，浪费国家的财力，只要简单的葬掉我就行了。我还是希望陛下能够亲贤臣，远小人，接纳忠言，不信谗言，节省劳役，禁止游猎，如果真能这样的话，我在九泉之下也就安息了。还有，请您也不要让儿女们来看我，他们看见以后只会悲哀，这样只能搅乱人心。"

太宗听完以后，非常感动，泪流满面。

贞观十年（公元 636 年）六月二十一日，皇后在立政殿离世。

此前，长孙皇后曾经收集上古以来妇人的荣辱得失的事，编成了一本《女则》，她亲自做文章对这些妇人的功过进行批驳和赞扬，十分有见地。她去世以后，宫中管理书籍的人向太宗呈上了这本书，太宗看完以后，十分悲痛。他把这本书给周围的大臣们看，然后说："皇后的这本书，足以成为千古的典范，朕不是不知道上天的安排，才沉溺在这无益的悲哀中，

只是在宫廷内再也听不到规谏的话了。失去了贤良的内助，我怎么能不想她呢？"

过了几天，太宗就把房玄龄召了回来，让他官复原职。

贤相房玄龄

唐朝著名的大臣房玄龄，名乔，字玄龄，齐州临淄（今山东淄博东北）人。他从小就聪明伶俐，博览群书，特别擅长草书、隶书，还擅长写文章。他曾经跟随他的父亲到过京城，当时，天下太平，人们就都说隋朝国运长久。房玄龄就避开人群，背地里和他的父亲说："隋朝的皇帝本来没有什么功德，只会迷惑黎民百姓，不为国家的长治久安做打算。他还混淆嫡系和庶族，让他们相互争斗，皇太子和各位王爷又争着攀富比阔，早晚会互相残杀的。靠这些人治理国家，恐怕难以长久，现在天下虽然很安宁，但是，过不了多久，就会灾祸四起，国家灭亡的日子快要到了。"他的父亲听完以后，大吃一惊，从此以后，就对他刮目相看了。

房玄龄 18 岁的时候，他所在的州郡举荐他去考进士。他考中以后，被授予羽骑尉一职。

众学士登瀛洲　版画

李世民建文学馆，广揽人才，杜如晦、房玄龄、孔颖达、李玄道、于志宁、苏世长、姚思廉、虞世南、蔡允恭、薛收、褚亮、陆德明、李守素、苏勖、颜相时、许敬宗、盖文达、薛元敬十八人称为学士。后来薛收逝去，召刘孝孙补入。令阎立本作画，褚亮作赞，题十八人名号、籍贯，称《十八学士图》，民间也称为"众学士登瀛洲"。李世民手下人才辈出，文臣武士如云，这为他夺取皇位、治国强兵打下良好基础。

吏部侍郎很会看人，当他见到房玄龄以后，就很欣赏他，还对裴矩说："我阅人无数，还从来没见到过房玄龄这样的才子。他日后一定会成大气候的。遗憾的是，我恐怕等不到他功成名就的那一天了。"

房玄龄的父亲病了100多天，他一直都尽心地守在床边，总是穿着衣服睡觉。他的父亲去世以后，他5天不吃不喝。后来，房玄龄被任命为隰城县县尉。

李渊举义旗入关以后，秦王李世民率领军队向外拓展土地，房玄龄骑马前去军营参见李世民。李世民一见房玄龄，就像老友重逢一样，任命他为渭北道行军记室参军。房玄龄一见遇到了知己，就竭尽全力帮李世民，知道什么就说什么。每当平定贼寇的时候，众人都争着去抢珍宝、钱财，唯独房玄龄先去搜罗人才，然后，再把搜到的人才送到秦王的幕府。当遇到猛将谋臣的时候，他就暗中和他们结交，使他们能够忠实地为国家效力。

唐朝建立后，太子李建成见秦王李世民功劳和权势都比他大，于是就产生了猜忌。有一次，秦王到太子府上吃饭，被太子投了毒，中毒而归。为此，秦王幕府的人都震惊不已，但又无计可施。房玄龄就站出来对长孙无忌说："现在，秦王和太子的冤仇已经很深了，祸乱将要发生了，天下的人心都没有主见，各有各的想法，灾祸一发生，则必然就会引起大乱。如果这样的话，灾祸不但会殃及秦王幕府，弄不好的话，恐怕对国家的存亡还会有威胁。在这样的关头，我们怎么能不好好想想呢？现在，我这里有一个计策，不如像周公诛杀自己的兄弟那样，除掉李建成和李元吉。这样的话，可以对外安抚天下，对内安定宗族的江山社稷。古人曾经说过'治理国家的人不能顾及小节'，说的就是这个道理啊！这样做，不是要比国家沦亡，身败名裂好得多吗？"

长孙无忌说："其实，我也早有这样的打算了，就是一直都没敢说出来。您现在所说的，和我所想的不谋而合啊！"

他俩议论完以后，长孙无忌来到秦王府，向秦王李世民献计。李世民就召来房玄龄，对他说："现在已经有了灾祸临头的迹象，你说该怎么办呢？"房玄龄就对他说："国家遭逢危难，古今都是一样的，只有英明的圣人才能平定灾难，大王功高盖世，符合君临臣民的天象预兆，不用靠人谋算，自有天助。"

后来，秦王听从房玄龄等人劝说，发动玄武门之变，杀死了李建成和李元吉，除去了登上皇位的绊脚石。

房玄龄在秦王府的10多年里，每当写奏章的时候，从来都是成竹在胸，写得很简洁，道理也很充分，不打草稿。高祖李渊曾经对侍臣们说："房玄龄这个人很懂事理，完全可以放心地委任他办事，每当他替秦王向我陈述事情的时候，我就感觉像是在和我自己的孩子对话一样。"

·房谋杜断·

贞观三年（公元629年）二月，李世民以房玄龄为左仆射，杜如晦为右仆射，魏徵守秘书监，参与朝政。

房玄龄（公元579~648年），齐州临淄（今属山东）人。参与玄武门之变，助李世民得帝位，深得李世民信任，公元629年任左仆射，精于理政，为贞观时政事的主要谋划者和执行者。

杜如晦（公元585~630年），字克明，京兆杜陵（今陕西西安市长安区）人。少即聪悟，好谈文史。隋末曾任滏阳尉。唐兵入关中，助李世民筹谋，官至陕东道大行台司勋郎中。太宗即位，任右仆射，与房玄龄共掌朝政，并称"贤相"，时人合称"房杜"。

《旧唐书》载："世传太宗尝与文昭（房玄龄）图事，则曰：非如晦莫能筹之。及如晦至焉，竟从玄龄之策也。盖房知杜之能断大事，杜知房之善建嘉谋。"又载："文含经纬，谋深夹辅。笙磬同音，唯房与杜。"两人精于理政，订定了各种典章制度，为"贞观之治"的开创立下了汗马功劳。

中国大事记

公元636年农历六月，长孙皇后在立政殿去世，终年36岁。

·翰林院·

翰林院是中国唐代开始设立的各种艺能之士供职机构。开元二十六年（公元738年），建翰林学士院，专供草拟诏制者居住，供职者称翰林学士（简称学士）。安史之乱以后，翰林学士的地位愈加重要，在参谋密计方面分割了宰相之权。唐宪宗以后，翰林学士往往晋升为宰相。

宋沿唐制设学士院，也称翰林学士院，有时亦称翰林院。翰林学士实际上充当皇帝顾问，很多宰相都从翰林学士中选拔。元丰改制后，翰林学士成为正式官员，正三品，并且不任其他官职，专司草拟内制之职。

明翰林院掌制诰史册文翰之事。入翰林院者均为科举进士名列前茅者，官品虽低，却被视为清贵之选。明朝翰林若得入职文渊阁参与机密，则更是贵极人臣。

清因明制，设翰林院。掌院学士无文学撰述之责，是侍读学士以下诸官的名义长官，与唐宋之翰林学士有所不同。但仕为翰林官者不仅升迁较他官为易，而且南书房行走及上书房行走例由翰林官充任。

李世民当上皇帝后，房玄龄代替萧瑀当了中书令。李世民论功行赏，以房玄龄、长孙无忌、杜如晦、尉迟敬德、侯君集5个人为第一，房玄龄晋爵邢国公。贞观三年（公元629年），李世民任房玄龄为太子太师，房玄龄坚持不受，于是就改任为太子詹事，兼任礼部尚书。后来，房玄龄又接替长孙无忌任尚书左仆射，改封魏国公，并兼修国史。

房玄龄在总管百官事务的时候，虔诚恭谨，日夜操劳不息，尽量要求自己把事情做到最好。他听到别人有什么长处的时候，就像自己有长处一样高兴。他还精通吏事，审定法令的时候，力求宽大平等，不求全责备，从来不拿自己的长处衡量别人，唯贤是举，不以贵贱作为用人的标准，被当时的人称为良相。

贞观十三年（公元639年），房玄龄又被加官为太子太师。他再三上表请求解除他的尚书左仆射职务，但是，太宗李世民下诏书说："选用贤能的基本标准是在于他的无私，侍奉皇上的道义是指有责任的时候应该当仁不让。从古至今，各位圣贤之所以能弘扬风化，在于贤臣们都能同心协力。您忠贞庄重，诚信贤明，为我创下帝业做出了巨大的贡献。现在，让您执掌尚书省，使正室通和，辅佐皇太子，实在是众望所归。您现在忘记了这些大事，却拘于这些小节，虽然说您能很好地完成教学的任务，但是要辞去宰相的职位，难道就是您所说的辅佐朕安天下吗？"于是，房玄令就带着宰相的职位，担任了太子太师。当时，皇太子要行拜师礼，已经做好了仪仗，等房玄龄来，房玄令谦让推辞，不敢进见，就回家去了。有见识的人们都很敬佩他的谦让精神。

贞观十六年（公元642年），房玄龄和高士廉等人一起撰成《文思博要》，得到太宗丰厚的赏赐。皇上任他为司空，仍然让他执掌朝政。房玄龄上表辞官，太宗一再挽留，他才停止了推让。

贞观十七年（公元643年），房玄龄和司徒长孙无忌等人的画像，被画在了凌烟阁上。房玄龄画像下面的赞词写道："才能兼有辞藻，思虑化入神机。为官励精守节，奉上尽忠亡身。"

文成公主出嫁

吐蕃源于羌族，也就是现在藏族的前身。唐朝初年的时候，吐蕃的赞普松赞干布统一了吐蕃的各个部落，定都逻些（今西藏拉萨）。之后，松赞干布又进行了一系列的改革，吐蕃渐渐强大起来。

唐太宗曾经派使者冯德遐前去安抚吐蕃，吐蕃听说突厥、吐谷浑等都娶过唐朝的公主，也想和唐通婚。于是，吐蕃就派使节跟着冯德遐前往大唐求婚。他们带了很多的金银财宝，但是，唐太宗没有答应。

吐蕃的使者没料到太宗会拒绝，担心回去以后没法和首领交代，就想出一条妙计。等他

历史关注

昭陵是唐太宗李世民和文德皇后的合葬墓，位于陕西省礼泉县。

回去以后，就对首领松赞干布说："我是初次去大唐的，大唐的天子对我特别好，还答应和我们通婚。但倒霉的是正赶上吐谷浑的首领也到了大唐，他在背地里离间我国和大唐，结果，唐对待我就渐渐地冷淡了，后来就不答应和我们通婚了。"松赞干布一听，气愤难平。于是，他就下令发兵攻打吐谷浑。

吐谷浑还不知道是怎么回事儿，吐蕃的大军就攻了进来。吐蕃势力强大，因此，吐谷浑抵挡不住，就逃到了青海的北面。

为了威慑大唐，吐蕃接着又打败了党项、白兰等羌族部落，派 20 万大兵驻扎在松州（今四川松潘）西部边境。他们还派使节进献金银绸缎，声称是前来迎娶公主的。

不久以后，他们就对松州发起了进攻，打败了松州的都督韩威。羌族的首领阎州刺史别丛卧施、诺州刺史把利布利一起投降了吐蕃，献出了城池。吐蕃每年都对外征战，大臣们竭力劝阻，因为赞普不听劝告而因此自杀的大臣就有 8 人。

唐太宗贞观十二年（公元 638 年），唐朝任命礼部尚书侯君集为弥道行军大总管，任命执失去思利、牛进达、刘简为 3 路行军总管，跟随侯君集，率领着步兵和骑兵总共 5 万多人，攻打吐蕃。

当侯君集到松州的时候，吐蕃已经攻打松州 10 多天了。九月初六这一天，牛进达率领的部队作为先锋军，乘吐蕃不注意的时候，在松州城下打败了吐蕃军队，杀了 1000 多名吐蕃士兵。为此，松赞干布很害怕，就率兵回到了自己的领地，还派人到长安向唐太宗请罪。借这个机会，他再次请求和大唐通婚，唐太宗答应了。

贞观十四年（公元 640 年），吐蕃的赞普松赞干布派遣他的丞相禄东赞给太宗奉上黄金五千两以及上百件的珍宝，请求和大唐通婚，太宗答应把文成公主嫁给他。

贞观十五年（公元 641 年），唐太宗任命吐蕃的丞相禄东赞为右卫大将军。太宗很喜欢禄东赞，称赞他善于应答，想把琅琊公主的外甥女段氏许配给他。禄东赞就一本正经地对太宗说："我已经有了妻子，她是我的父母为我聘娶的，我不能把她抛下啊！何况，我们的赞普还没有见到公主，我作为陪臣，怎么能够先娶媳妇呢？"听禄东赞这么一说，唐太宗很感慨，对他大加称赞。太宗想用丰厚的恩德来安抚他，但是，禄东赞没有接受。

正月十五，唐太宗让礼部尚书、江夏王李道宗持旌节送文成公主到吐蕃。松赞干布见到李道宗、文成公主以后，非常高兴，完全按女婿的礼节来对待李道宗。他还对大唐的衣服和仪仗称赞不已，一一细看，不住地点头。

为了优待文成公主，他还专门给文成公主另外修建了宫室，让文成公主住到里面。而他每逢与公主团聚时，事先总要打扮再三，换上最好的、最漂亮的衣服，才去见文成公主。自从文成公主嫁给松赞干布以后，松赞干布的性格也改变了不少，还派本族的子弟到长安的国子学，学习《诗经》、《尚书》等古代典籍。

从此以后，唐和吐蕃的交往更加频繁，关系日益密切。

文成公主入藏壁画 吐蕃

中国大事记

公元 640 年，唐军攻破高昌（今吐鲁番）以后，在高昌设立了安西都护府。

晋王李治被立为太子

唐太宗贞观十七年（公元 643 年）的四月，纥干承基向李世民告发，说太子李承乾要谋反。太宗李世民召集大臣，调查以后，发现纥干承基所说属实，就废黜了太子李承乾，把他贬为平民。

李承乾被定罪以后，魏王李泰就每天进宫侍奉太宗，太宗还当面答应，要立他为太子。一些大臣也劝太宗，应该立李泰为太子。

一天，太宗对他周围的大臣们说："昨天晚上，我说要立李泰为太子，李泰就像个小孩儿一样，扑到了我的怀里，还对我说：'父皇，我今天才真正当了您的儿子，今天可以说是我再生的日子啊！我有一个儿子，等我死的时候，我要把我的儿子杀掉，好把皇位传给弟弟李治。'是啊！李泰多么忠厚啊！谁不疼爱他的儿子呢！而他却愿意杀死自己的儿子，把帝位传给李治。他有这样的诚心，真是让我高兴！"

大臣们听后没人说话。这时，谏议大夫褚遂良站了出来，他对太宗说："陛下，您所说的话，大错特错，希望您能再三考虑，不要在立太子的问题上出什么差错。陛下从前立李承乾为太子，而您却对魏王李泰更加宠爱，这样才导致了李承乾想要谋反。事情刚发生也没几天，您应该以这件事为鉴啊！陛下您现在要立魏王为太子，希望您先把晋王处置掉，这样才能确保平安无事！"

太宗听完褚遂良的话以后，不做声了。过了一会儿，他流着泪说："他们都是我的儿子啊！我怎么能狠心下手呢！这件事，我办不到！"说完以后，就很失意地回了后宫。

魏王李泰也很担心太宗会立晋王李治为太子。一天，他对晋王说："你和汉王元昌（李元昌是李世民的弟弟，因谋反被杀）关系很不错吧！现在元昌被赐死了，难道你不担心也会落得和他一样的下场吗？"

李治听李泰这么一说，心就提了起来。从此以后，每天都愁容满面。太宗见他每天都这个样子，就问他为什么会这样。李治把事情告诉太宗。太宗听李治说完以后，心里面很不舒服，很后悔答应立李泰为太子。他记得李承乾和他说过，他的谋反是李泰唆使的。现在，李泰又对李治说这样的话，而自己又要立他为太子，这不正中了他的下怀吗？为此，太宗很痛苦。

李承乾被废黜的当天，太宗待在两仪殿，晋王李治陪着他。等大臣们都出去后，殿中只留下长孙无忌、房玄龄、李勣、褚遂良 4 个人。唐太宗就和这些人说："朕有 3 个儿子，一个弟弟，他们怎么不是谋反就是心怀不轨啊！朕为此实在是伤透了心。"说着说着，太宗流下了眼泪。忽然，他很激动地向床头上撞去。长

·唐长安城·

唐长安城，兴建于隋朝（时人称大兴城），唐朝易名为长安城，为隋唐两朝的首都，是中国历史上规模最为宏伟壮观的都城，一度也是世界上规模最大的城市。它是隋文帝君臣建立的中国古代最宏伟的都城，反映出大一统王朝的宏伟气魄。为体现统一天下、长治久安的愿望，城池在规划过程中包揽天时、地利与人和的思想观念。"法天象地"，帝王为尊，百僚拱侍。为容纳更多的人口以及迁徙江南被灭各国贵族以实京师的宏伟计划，将城池建设得超前大，面积达84平方千米，是汉长安城的2.4倍，明清北京城的1.4倍，是同时期的拜占庭王国都城的7倍，是公元800年所建的巴格达城的6.2倍，为当时世界大城之一。长安城由外郭城、宫城和皇城三部分组成，城内百业兴旺，最多时人口接近300万。唐王朝建立后，对唐长安城进行了多方的补葺与修整，使城市布局更趋合理化。龙首原上大明宫的建立，使李唐王朝统治者更加占有优越的地理位置。站在龙首原上，俯瞰全城，更显一代帝国一统天下的气度与风范。

历史关注

唐长安城大明宫复原图

孙无忌等人见状不好,赶忙跑上前去抱住了他。太宗还不罢休,极力地挣扎着,又抽出了佩刀,哭着喊着要自杀,褚遂良赶忙跑上前去,把刀夺下来,交给了晋王李治。

长孙无忌等人见太宗这么激动,就竭力安慰他,和他说:"陛下,您消消气,有什么话说出来就好了,别憋着。"

太宗叹了一口气,然后说:"朕想立李治为太子,你们说行吗?"长孙无忌就说:"我们都听您的,如果有人不同意,就请您拉出去斩首。"

太宗听长孙无忌这么一说,就转过头对呆在一旁的李治说:"你舅舅已经许诺让你当太子了,你应该谢谢他!"李治赶忙拜谢长孙无忌。

随后,太宗就问长孙无忌:"你们和朕的意见已经达成一致了,可是不知道朝外的官员们是怎么想的!"

长孙无忌就说:"陛下,晋王仁义孝敬,天下的百姓都很喜欢他,望陛下召集文武百官来试探着问一下,如果有不同意立晋王为太子的,就是微臣等人辜负了陛下,您惩罚我们就行了。"

太宗听了长孙无忌的意见,来到太极殿,召集文武百官,然后就对他们说:"太子李承乾大逆不道,犯上作乱,魏王李泰也居心不良,他们都不能立为太子。朕想从各位皇子中选出一位合适的继承人,你们认为立谁为太子比较合适?请当面讲明!"

大臣们听完太宗的话以后,心里就全都明白了。于是,大臣们就齐声高喊:"晋王李治仁义孝顺,应该立为太子。"太宗听后十分高兴。就在这一天,当李泰带着100多个骑兵到达永安门的时候,被太宗派去的人抓了起来,后来把他幽禁在北苑中。

七月,太宗下诏书,把李治立为太子,太宗还亲临天门楼,大赦天下。

武则天轶事

唐高宗李治还是太子的时候,有一次,他进入皇上的寝宫去侍奉太宗,正巧碰到了当时也在宫中的武氏。他见到武氏以后,便十分喜欢她。唐太宗驾崩之后,武氏随众位妃子一起到寺庙里出家当了尼姑。到了唐太宗的忌日,高宗到寺庙里烧香拜佛,恰巧碰上了武氏。武氏一见唐高宗便哭得一塌糊涂,唐高宗一见此情此景,也感觉到很难过。

当时的王皇后听说这件事情以后,想要借此机会来离间高宗和萧妃的感情,就劝说高宗把武氏纳入宫中。武氏聪明机智,还特别善于玩弄权术。她刚进宫的时候,对皇后特别谦恭有礼,因此,皇后也很喜欢她,也多次在皇上面前夸奖她。过了没多久,武氏就得到了皇上

中国大事记

公元655年，唐太宗才人武则天被高宗册封为皇后。

武则天像　年画

的宠爱，皇上封她为武昭仪。从此以后，王皇后和萧妃就失宠了。因此，她们两人又一同去诬告武氏。但是，高宗却不相信她们的话了，只相信武昭仪。

王皇后不会和高宗身边的人处好关系，她的母亲柳氏和她的舅舅中书令柳奭进宫见嫔妃们的时候，也不太讲礼节。武昭仪见到皇后讨厌的人，就和她们倾心相交，得到赏赐以后也要分给她们一些。因此，王皇后和萧妃的一举一动，都会有人向她报告，她也会把自己知道的情况全部告诉给高宗。

虽然高宗不宠爱王皇后了，但也并没有废掉她的意思。后来，武昭仪为皇上生了一个女儿。王皇后很喜欢武昭仪的女儿，于是就每天都逗着她玩儿。

这一天，王皇后又来到了武昭仪的住处，和她的女儿玩儿了一会儿，把这个小家伙逗得挺高兴。不一会儿，王皇后就把她哄得睡着了。然后，王皇后就离开了武昭仪的住处。这一切武昭仪全都看在眼里，等王皇后走后，武昭仪越想越生气。忽然，她眼珠一转，计上心头，然而，最后还是很无奈地叹了口气。又过了一会儿，她把脚一跺，牙一咬，心一横，就走进了自己的卧室。当来到自己床前的时候，女儿睡得正香，武昭仪看了看，把眼睛一闭，拿起

了被子，然后，用尽全身力气，堵住了孩子的嘴和鼻子，孩子的小腿使劲地蹬着，然而，没过多久就不动了。武昭仪看了看死去的孩子，然后长出了一口气，又把被子给孩子盖上了。

过了没多久，高宗就喜气冲冲地来了。武昭仪见到皇帝来了，就装着很高兴地样子，把皇帝请进了屋内。她一边走一边还说："陛下，孩子真听话，我出去的时候，她就睡着了。"然后，她就掀开被子给皇上看。皇上正要过来看的时候，武昭仪"哇"一声就哭开了，高宗也吓得不轻。

皇上知道以后也很伤心，但是他不知道孩子是怎么死的，于是就问身边的人这是怎么回事。周围的人都说："陛下，刚才王皇后来过这里。"高宗一听，怒发冲冠，连话都说不出来了。他吼道："王皇后啊！原来是你杀了朕的女儿！"武昭仪见状，就一边流眼泪，一边数落王皇后的罪状。皇上让人把王皇后召来，问孩子是怎么死的。无奈王皇后有口难辩，自己刚刚确实来过，说没杀武昭仪的孩子，谁信呢？于是，皇上就有了废掉王皇后，立武昭仪的想法。

高宗想立武昭仪为皇后，但是，他又害怕大臣们不服，于是，他就带着武昭仪，来到了当时朝廷元老长孙无忌的家中。来到长孙无忌家中后，他们举办了盛大的酒宴，在宴席上，开怀畅饮，还特意封长孙无忌的3个儿子做朝散大夫。皇上还让人拉了十几车金银珠宝、绫罗绸缎给长孙无忌。

唐高宗在席间乘机就对长孙无忌说皇后没有儿女，以此来暗示长孙无忌，想说出自己打算废掉王皇后，另立武昭仪为皇后的事情。但是长孙无忌有意避开皇上所说的话题，没顺高宗的心思。高宗和武昭仪很不高兴地离开了。

过了几天，武昭仪又让自己的母亲杨氏亲自到长孙无忌家，请求长孙无忌答应换皇后的事，但是，长孙无忌仍然没有答应。礼部尚书许敬宗也多次劝说长孙无忌，但是，长孙无忌不但不答应，还狠狠地斥责了他。为此，武昭

仪对长孙无忌耿耿于怀。武昭仪当了皇后以后，长孙无忌很快就被她迫害致死。

武则天封后

唐高宗永徽六年（公元655年）十月，唐高宗下诏书说："王皇后、萧淑妃阴险毒辣，想用毒酒把人害死。朕现在就将她们废黜为平民，他们的父母亲戚也全都要免除官职，流放到岭南。"

王皇后被废，皇后位置空缺。过了没几天，文武百官就给皇上上表，请求皇上另立新皇后。于是，唐高宗就下诏书说："武昭仪（武则天）出身于有功劳的大家庭，家中世世代代都出任朝廷中的官员。她因为才华出众，品行端庄才被选入了后宫，在后宫期间她的口碑也很好。先皇在世的时候，她就日夜侍奉先皇，一丝不苟，尽心尽力。父皇看好了她，才把她赐给了我，因此，我要立武昭仪为皇后。"

武昭仪被立为皇后，皇上大赦天下。武昭仪给皇上上表说："陛下，您当初要封臣妾为宸妃，韩瑗和来济在朝堂上当面反对您，他们能这样做，实在是太难能可贵了，难道这不正说明他们是在为国家一心一意着想吗？臣妾恳请陛下表扬奖赏他们。"

高宗就把武昭仪的奏章拿给韩瑗和来济等人看，韩瑗等人看完以后变得提心吊胆，他们不知道武昭仪的"葫芦里装的是什么药"，很害怕武昭仪会报复。于是，他们就多次给高宗上书，请求高宗让他们辞职还乡，但是高宗没有答应。

唐高宗永徽六年（公元655年）的十一月初一，唐高宗亲自到了皇宫大殿前的平台上，让司空李勣带着玉玺册封武昭仪为皇后。文武百官在素义门朝拜了皇后。

原来的王皇后和萧淑妃，自从被废后，就被一同囚禁在后宫的别院中。高宗虽然废了她们，但也很想念她们，毕竟也夫妻一场，怎么能割舍得下呢？何况她们本来也没犯什么错误。高宗自己心里也感觉到很歉疚。

有一天，高宗独自一人悄悄地来到了王皇后和萧淑妃被关的地方。囚禁王皇后和萧淑妃的地方封闭得很严密，只在墙上凿了一个小洞，以便给她们送食物和日常用品。高宗一看这二人落得这般下场，十分伤心。他向屋子里喊道："皇后、淑妃，你们在哪儿呢？"王皇后听出了是高宗的声音，于是就哭着回答说："我们已经沦落为宫中的奴婢了，您怎么还称呼我们为皇后、淑妃。如果您还记得从前的情分，让我们重见天日的话，就请您把这个院子命名为回心院好了。"高宗听完以后，就对王皇后说："你放心吧，朕答应你的请求，朕回去以后就给你们安排。"

没有不透风的墙，高宗去看望王皇后和萧淑妃的事情被武则天知道了。她勃然大怒，派人到王皇后和萧淑妃住的地方，狠狠地杖打了她们，每人100下，还砍断了她们的手和脚。最后，她还让人把王皇后和萧淑妃扔到酒瓮中，然后对她们说："我要让你们两个人的骨头也喝醉酒。"过了没多久，王皇后和萧淑妃就被处死了。

武后步辇图　唐　张萱

中国大事记

当得知自己要被处死的消息以后，王皇后只是向天拜了两拜，然后说："祝愿皇上万岁！武昭仪蒙受皇恩，我自然应该死了。"萧淑妃则气地大骂道："阿武（武则天）啊！你竟然奸诈、狡猾、阴险到了这种地步！但愿我来生转世投胎，变成一只猫，你变成一只老鼠，我要活生生地卡住你的咽喉，把你掐死！"萧淑妃说话的时候，咬牙切齿，脸都扭曲了，恨到了极点。当武则天听说这件事情以后，便不让人在宫中养猫了。不久以后，她又把王氏改姓为蟒氏，把萧氏改姓为枭氏。

武则天杀了王皇后和萧淑妃以后，自己心里面也很害怕。她多次在梦中惊醒，还经常说自己看见王皇后和萧淑妃的鬼魂，披头散发，浑身淌着鲜血，来找她算账。后来，她实在不敢在皇宫里住了，就移居到蓬莱宫去住，但是，王皇后和萧淑妃来找她算账的情形，在她的脑海里一直挥之不去。后来，她就搬到了洛阳居住，再也不敢回长安了。

徐敬业谋反

光宅元年（公元 684 年），太后武则天把中宗李显废掉，让他做庐陵王，又另立豫王李旦为皇帝。随后，武则天还给自己的亲族加官晋爵，给予优厚的赏赐。武则天的这一举动让李氏宗室的人感到很愤慨，同时，他们心里面也很担心会受到武则天的迫害。

正好这时候，李勣（原姓徐，后被太宗赐姓李）的孙子、担任眉州刺史的徐敬业被降职了。徐敬业的弟弟徐敬猷，还有唐之奇与骆宾王、杜求仁等，都因为一些事情被降职的降职，罢官的罢官。这些人与第二次罢官的魏思温等聚在扬州。因为失去了官职，所以他们对朝廷极为不满。几个人聚在一起，密谋要以恢复庐陵王的地位为借口，发动叛乱。

魏思温是他们中最主要的谋划

者，他和他的同伙监察御史薛仲璋使了一些小计谋，把扬州长史陈敬之投进了监狱。

过了几天，徐敬业就乘着驿车来到了扬州，假称自己是扬州司马派来的官员，说奉太后的密旨，要镇压谋反的叛军。于是，他就命人打开府库，放了囚徒和铸钱作坊里的工匠，给他们发了铠甲和武器，随后他又杀了监狱中的陈敬之。这一系列的举动，把扬州的官员都给镇住了。于是，他就发动整个扬州的兵力，还改了年号，设置了官制机构，自称匡复府上将，领扬州大都督。10 天不到，徐敬业就聚起了十几万人马。

徐敬业还发布檄文到各个州县，檄文上大体意思是说："武则天出身寒微，人也很残暴，太宗在位的时候，钻了空子才侍奉太宗。太宗晚年的时候，他又和太子淫乱，谋得了皇帝的宠爱，陷害王皇后，最后，以不义的手段当上了皇后。武则天杀害自己的姐妹兄弟，毒死皇后，天下人人对她不满，她篡权夺位，天理难容。"

这篇檄文写得文采斐然，武则天看完以后，就问大臣们这是谁写的。

有人就说："是骆宾王写的。"

武则天就对大臣们说："这可是宰相的过失啊！这个人如此有才华，却不重用他，以至他还在外面流落！"众人都不吭声了。

徐敬业为了使自己的号召力更大，他就找了一个很像太子李贤的人。然后就骗大家说："太子李贤并没有死，他逃亡到了城里，现在，他命令我们起兵。"于是，徐敬业也学了一回曹操的做法，与曹操的"挟天子以令诸侯"不一样的是，徐敬业来了个抚"太子"以令天下。

魏思温就对徐敬业说："既然您已经打出去光复社稷的口号了，您就应该率领大军，大张旗鼓地向东都洛阳进军，这样的话，天

举旗骑兵俑　唐

历史关注

六花阵有方阵、圆阵、曲阵、直阵和锐阵五种阵形，五种阵形又各有五种变化。

下人都知道您是为了援救天下，就都会响应您的。"

而薛忠璋却对徐敬业说："金陵（今江苏南京）有帝王的气象，又有长江天险，很容易把守。我们还不如先夺下常州（今江苏常州）和润州（今江苏镇江），以此作为开创帝王之业的基础。然后再向北夺取中原地区，这样向前可以开拓，向后可以退守，是上上之策啊！"

魏思温听薛忠璋这么一说，就赶紧向徐敬业说："崤山以东地区的英雄豪杰，都因为武氏的专制而不满。他们听说您起兵了，就全都自己准备了干粮，拿起了自制的武器，等着您的大军的到来。我们不乘此大好机会建功立业，却修建巢穴，退缩不前，让远近的人知道了，还不全得心灰意冷吗？"

徐敬业没有听魏思温的话，他派唐之奇驻守在江都（今江苏扬州），自己则率领大军前去进攻润州。魏思温见状就对杜求仁说："兵力聚起来才强大，分散开就衰弱了，这是常识啊！徐敬业不聚集力量渡过淮河，去召抚山东的兵众，攻取洛阳，反而分散人马去攻打润州，失败眼看就要临头了。"

朝廷任命左玉铃卫大将军李孝逸为扬州道大总管，率领 30 万大军，前去讨伐徐敬业。而且还削了徐敬业祖父和父亲的官爵，刨了徐敬业家族的坟墓，劈了棺材。

徐敬业听说李孝逸前来讨伐他，就马上从润州返回。徐敬业派徐敬猷进攻淮阴（今江苏淮阴西南），还让韦超和尉迟昭驻扎在都梁山。

李孝逸派助手马敬臣进攻都梁山，马敬臣出师顺利，斩杀了尉迟昭。等到十一月，韦超、徐敬猷相继逃跑。徐敬业见势不好，就派军队隔着下阿溪防守李孝逸的进攻。

李孝逸和徐敬业的军队交战了几次，但全都失败了，为此李孝逸很害怕，想要撤退。行军管记刘知柔和魏元忠就对他说："大帅，现在，从我们这里到徐敬业的大营是顺风，再加上芦苇很干燥，正是火攻的好机会啊！"

李孝逸一听是个好计，就出兵对徐敬业发起了进攻，乘着风势，放火攻击徐敬业。徐敬业大败，他的士兵死伤无数。

徐敬业骑马逃回了江都，带领着自己的妻儿老小逃奔润州，然后准备走海路，逃往高句丽。但是，当他携着全家老小到达海陵边境的时候，被大风给挡住了，一时不能逃脱。他的部将王那相见徐敬业大势已去，就砍去了徐敬业、徐敬猷的人头，投降了朝廷。徐敬业剩下的党羽唐之奇、魏思温也都被抓住砍了头。

徐敬业造反就这样被平息了。

· 日月当空 ·

唐高宗死后不久，武皇后立太子李显为帝，是为唐中宗。不久又废中宗为庐陵王，改立另一个儿子李旦为帝，是为唐睿宗。平定了徐敬业领导的反叛后，天授元年（公元690年），皇后武氏废睿宗称帝，改国号"唐"为"周"，称圣神皇帝。武后也成了中国历史上唯一自称皇帝的女人，前后掌权50余年。由于谥号中的"则天"二字，所以近代以来一些学者称其为"武则天"，但这是一个不严谨的称号，她在即位后自己造了一个字"曌"，这个字意为"日月当空"，以示自己的神圣。

在武周15年统治时期，武后为了制衡甚至打击高宗以来的世家大族的权力，对以科举进身仕途的官员大力提拔。狄仁杰是其中的代表。她又安排她的侄儿武三思和武承嗣等人担任重要机务。索元礼、来俊臣和周兴等官员在她的鼓励下替她监视群臣。武后又常绕过门下省、中书省，直接对官员发号施令，开了破坏官吏制度的先例。

武后对佛教亦大力推崇，武周时期的佛寺兴建频繁，使用年号证圣、大足等，这与李氏皇族推崇道教和贞观、永徽等年号相对。

中国大事记

公元 690 年，武则天废掉唐睿宗称帝，改国号周，建立武周政权，成为中国历史上唯一的一位女皇帝。

唐平高句丽

高句丽的泉盖苏文去世以后，他的大儿子泉男生代替他当了莫离支（一种官职名称，相当于兵部尚书兼中书令）。刚开始的时候，泉男生勤勤恳恳地治理政事，到各地视察，让他的两个弟弟泉男建、泉男产在京城里，负责处理大大小小的事情。

后来，有小人在背地里离间泉家兄弟的感情。有人对泉男生的两个弟弟说："你哥哥痛恨死你们两个了，他嫌你们碍手碍脚的，因此想把你们除掉，你们趁早做好打算吧！不然，可就有罪受了。"泉男生的两个弟弟刚开始的时候并不相信。

过了没多久，又有人对泉男生说："你的两个弟弟怕你回去把他们的权力剥夺了，他们打算把你拒在京城以外，不让你回去。"泉男生也半信半疑，于是就派自己的两个手下回到京城平壤，暗中侦察这件事是否属实。结果，他手下的两个亲信到京城以后，就被他的两个弟弟给捕获了，他的弟弟以王的命令召泉男生回去。泉男生害怕自己回去以后会被害，就不敢再回平壤。泉男建自己封自己为莫离支，派兵讨伐泉男生。泉男生只好逃走，驻守在其他的城邑里不敢出动，并让他的儿子泉献诚拿着自己的亲笔书信，到唐朝去请求帮助。

唐朝各方面权衡利弊，最终答应帮泉献诚出兵。

唐高宗乾封元年（公元 666 年）的六月，唐高宗任命左骁卫大将军契苾何力为辽东道安抚大使，领兵前去高句丽；又任命泉献诚为右武卫将军，让他做向导；还任命右金吾卫将军庞同善、营州都督高侃为行军总管，共同讨伐高句丽。

唐高宗初年，大将薛仁贵在金山打败高句丽兵以后，就要攻打扶余城。他的手下将领都认为他的兵力太少，反对进攻扶余城。薛仁贵见大将们都反对，就把豹子眼一瞪，说："兵不在多少，就看你怎么用，难道你们害怕了吗？那你们看我的好了！"于是，他自己作为先锋官，率兵进攻扶余城。结果，薛仁贵把高句丽兵打得落花流水，杀死和俘虏的高句丽兵加起来总共有 1 万多人，扶余城就这样被攻下了。其他 40 座城池的首领见薛仁贵率领的部队这样勇猛，就全都乖乖地请求投降。

侍御史贾言忠奉命从辽东回到了京城。唐高宗就问他辽东的军事情况如何。贾言忠很乐观地对皇上说："陛下，高句丽一定会被平定。"高宗一听很高兴，就问他："你凭什么知道高句丽一定会被平定呢？"

贾言忠就对皇上说："陛下，隋炀帝东征没能成功，是因为隋军自身人心离散，相互怨恨。先帝太宗东征不成功，是因为高句丽内部没有破绽。而现在高句丽力量薄弱，自从泉盖苏文死后，朝中大臣专权，泉男生兄弟又相互攻击，加上高句丽还连年闹饥荒，人心涣散。而我朝国富民强，陛下圣明，将士们也都尽全力打仗，又乘着高句丽内乱的好机会，平定它不是很容易的吗？"

高宗一听笑容满面，连连点头。他又问贾言忠："那你认为在辽东的将领中，哪一位最值得称道呢？"

贾言忠就说："薛仁贵勇冠三军，无人可比；

骑兵交战图　唐

历史关注

撤退阵是与敌人交战不利、需要撤退时的阵形。其阵法是隔一队抽一队撤退，被抽撤退的队行至阵后百步列阵。

庞同善虽然不善于带兵打仗，但是他治理军队十分严谨；高侃勤俭自律，忠诚而且还有谋略；契苾何力沉着坚毅，办事果断，虽然他很嫉妒比他强的人，但是，他很有统率军队的才能；至于说在忘记个人利益，全心为国家考虑的人当中，谁也不会赶上李勣。"

唐高宗一边听，一边点头，很赞同贾言忠所说的话。

唐朝的将士们在平定高句丽的过程中，连连获胜，攻下了许多城池，俘获了许多高句丽的士兵。

大将李勣攻克大行城以后，各路人马都和他的军队会合了，他们一路推进，到了鸭绿江。高句丽军队奋力反抗，但是李勣的军队作战勇猛，高句丽军队被打得打败而逃。李勣乘胜追击了二百多里，攻下了辱夷城，其他各座城池的人见势不好，要不就弃城逃跑了，要不就都投降了。

契苾何力最先率领士兵们到了平壤城下，李勣的军队接着就赶到了。他们把平壤包围了一个多月，高句丽王高藏无奈之下派遣泉男产率领着98个首领，打着白旗，到李勣的军队投降。李勣以礼相待，没追究他们的责任。

泉男建仍然负隅顽抗，还不断地派兵出战，但往往都是大败而归。泉男建把军事都委托给僧人信诚处理了，结果信诚秘密派人找到了李勣，请求李勣让他做内应，李勣当然很高兴。过了四五天，信诚把城门打开，让李勣的军队进入。泉男建知道情况不妙，就要自杀，但是自杀未果，最后被大唐的士兵俘虏了。自此，高句丽才被全部平定。

裴炎之死

唐高宗时，突厥可汗阿史那伏念屡次侵扰中原，唐朝边疆地区人民的生命财产安全受到严重威胁。为了抵御阿史那伏念的侵扰，唐朝派大将裴行俭率军讨伐。

阿史那伏念本来以为自己的部落距唐朝路途遥远，唐朝军队不会来，所以在军事上毫无防备。裴行俭就利用阿史那伏念这种侥幸心理，率军越过沙漠，奇袭突厥。面对突然前来的唐朝军队，阿史那伏念一时间惊慌失措。为了减轻伤亡，尽快结束对突厥的战事，裴行俭以免除死罪为条件招降了阿史那伏念。

裴行俭平定突厥，立了大功，宰相裴炎对此非常嫉妒。裴炎怕裴行俭因为立功被提拔做宰相，跟自己争权，就向朝廷上奏说："阿史那伏念是因为被唐朝军队围困，走投无路才投降的。"因为裴炎的上奏，阿史那伏念最后被判处了死刑。知道阿史那伏念被处死的消息后，裴行俭伤心地说："杀了投降的人，恐怕以后再没有人投降了！"从此以后，他就借口有病，不再出门了。

唐高宗死后，武则天掌握了权力。虽然武则天没有称帝，但实际上已经相当于皇帝了。按照古代的制度，凡是皇帝都要建立七庙，分别供奉自己的上七代祖先。武则天的侄子武承嗣就请求武则天也建立七庙，武则天答应了。但宰相裴炎却坚决反对，武则天因此对裴炎渐渐产生了厌恶心理。

武则天篡夺了唐朝的政权，唐朝的皇室成员都对此耿耿于怀，伺机反叛。武则天为巩固自己的地位，就想把唐朝的皇室成员全部除掉。当时皇室成员韩王李元嘉、鲁王李灵夔在皇室中地位最高、威望最大，武则天的侄子武承嗣和武三思力劝武则天找借口赶快除掉李元嘉和李灵夔。武则天咨询执政大臣的意见，别的大臣都一言不发，只有裴炎坚决反对武则天这么做，武则天对裴炎更不满意了。

突厥骑兵攻城银碗 唐

武则天的篡权行为也给了其他野心家起兵夺权的借口。将军徐敬业就借口武则天篡权，以恢复李氏唐朝为号召发动了叛乱。裴炎的外甥薛仲璋也参与了徐敬业的反叛。徐敬业的叛乱发生后，人心惶惶，裴炎这时为了表示自己临危不乱，不急于讨伐徐敬业。武则天问裴炎怎么才能平息叛乱，裴炎说："叛贼的借口就是恢复李氏唐朝，您只要把政权交还李氏，叛乱自然平定。"监察御史田崔詧听到裴炎的话就上奏说："裴炎身为宰相，有平叛的职责。他要是没有和徐敬业串通谋反的话，为什么让太后交回政权？"武则天于是下令把裴炎抓进监狱，派大臣审问裴炎是否有谋反的行为。裴炎入狱后一点都不屈服，有人劝他不要这样，裴炎说："自古宰相进监狱的，哪有活着出来的？"裴炎知道，武则天对自己深恶痛绝，自己必死无疑。

大臣李景堪出来证实裴炎确实谋反了。而大臣刘景先、胡元范都说："裴炎是朝廷重臣，

对国家有功，对皇上尽忠，天下人都知道了。我们敢证明裴炎没有谋反。"武则天说："裴炎谋反有证据，只是你们不知道而已。"刘景先、胡元范说："假如裴炎这样忠心的大臣都算谋反，那把我们也当成谋反的人算了。"武则天说："我知道是裴炎谋反，而你们没有谋反。"文武大臣们证实裴炎没有谋反的人很多，但武则天都不听，过了几天把刘景先、胡元范也抓进了监狱，升了李景堪的官。这样朝中的大臣们再也没人敢帮裴炎说话了。

裴炎最后在洛阳都亭被处斩。临死之前，裴炎回头对他的兄弟们说："兄弟们的官职都是靠自己努力得来的，我一点力都没出，现在却受我的牵连被贬官流放，太让人伤心了。"朝廷查抄裴炎的家产，发现裴炎身为宰相，竟然没有一丝一毫的积蓄。刘景先被贬官为晋州刺史，后又贬为辰州刺史（治今湖南沅陵）。胡元范被流放到海南岛后去世。

·太平公主·

太平公主（约公元665～713年），唐高宗李治之女，生母武则天。下嫁薛绍，再嫁武攸暨。生前曾受封"镇国太平公主"，后被唐玄宗李隆基赐死。太平公主是中国历史上赫赫有名的人物，不仅仅因为她是中国历史上第一个女皇武则天的女儿，而且因为她几乎真的成了"武则天第二"。

作为唐高宗李治与武则天的小女儿，唐中宗和唐睿宗的胞妹，太平公主生平极受父母兄长，尤其是其母武则天的宠爱，权倾一时，被称为"几乎拥有天下的公主"。其实，太平公主一生很不太平，她的血管里流动着的是她那极不安分的母亲的血液。从小，她骄横放纵，长大后变得凶狠毒辣，野心勃勃地觊觎着那高高在上的皇位，梦想像她母亲那样登上御座，君临天下。然而，正如黑格尔所言，历史往往会发生惊人的重复，但如果第一次是以喜剧面目出现，第二次则以闹剧出现。太平公主虽不乏心机和才干，也曾纵横捭阖得意于一时，但终未能承传母志，位列九五，只是在史书上留下许多五颜六色的斑痕而已。

刚直不阿狄仁杰

唐高宗时期，将军权善才和范怀义误砍了唐太宗李世民陵墓上的松树，大理寺（唐朝最高审判机构）审判后将二人免职为民。可唐高宗李治却下特旨要将权善才和范怀义处死。大理寺法官狄仁杰向李治进谏说："权善才和范怀义的罪责不够判死刑。"李治说："他们砍了先皇陵墓上的树，惊动了先皇，朕要不杀他们就是不孝。"狄仁杰仍然坚持不能将权善才和范怀义处死。李治生气了，让狄仁杰出去。狄仁杰说："不顾皇帝生气向皇帝进谏，从古到今都被认为是难事，但我认为碰上夏桀、商纣王这样的暴君是难事，如果碰上尧、舜这样的圣主就不是什么难事了。现在法律上不够判死刑的陛下却判了死刑，这将使法律失信于人。今天因为一棵松树而杀死两位将军，后世的人会怎么看待陛下您呢？我之所以不敢执行陛下的命令，就是不敢因为自己失职而让陛下被后世嘲笑。"听狄仁杰说得这么诚恳，李治的怒气稍稍缓解了一些。最后权善才和范怀义被除名，

历史关注 | 翰林院是中国唐代开始设立的各种艺能之士供职的机构。

狄仁杰因为直言进谏被李治赏识，几天后被任命为御史。

御史是专门负责监察官员的，狄仁杰担任御史后，对违背法律的官员都加以弹劾，毫不留情。大臣韦弘机负责建造皇室宫殿。他将这些宫殿都建得十分华美，特别是上阳宫，依山傍水，令人流连忘返。李治很喜欢上阳宫，刚一建好就搬了进去。可狄仁杰却弹劾韦弘机诱导皇帝奢侈享乐，韦弘机因此被免官。左司郎中王本立倚仗皇帝宠信，胡作非为。狄仁杰将王本立的罪行向朝廷启奏，请求朝廷将王本立治罪。李治想赦免王本立，狄仁杰说："王本立这样的人对国家有什么用，值得违背法律来赦免他？如果陛下要赦免王本立，就先将我治罪，让后人引以为戒！"王本立最后被免去了官职，朝廷中其他大臣都被狄仁杰的勇气所震慑，没人敢枉法行事了。

武则天掌权后，豫州刺史越王李贞、博州刺史琅琊王李冲为了恢复李家天下，起兵反抗武则天。那些平常养尊处优的王爷早没了父辈当年扫平天下的勇气和能力，还不到一个月，他们的反抗就被武则天平定。武则天派狄仁杰到豫州（今河南）担任刺史，彻查李贞的同党。当时，在豫州因李贞反叛受牵连的有5000多人，这些人都被判处死刑。朝廷的使者让狄仁杰尽快行刑。狄仁杰秘密给武则天上奏说："这些人都是被胁迫参加李贞反叛的，希望陛下原谅他们。"武则天因此特别下旨将这5000人免死，流放到丰州（今内蒙古五原南）。被流放的人们路过狄仁杰曾担任刺史的宁州（今甘肃庆阳）时，宁州的百姓在路上迎接他们，对他们说："是狄仁杰公使你们活下来呀。"流放者都被感动得痛哭流涕，在宁州百姓给狄仁杰所立的狄仁杰德政碑前拜了3天才离开。

负责平定李贞叛乱的将军张光辅居功自傲，肆无忌惮地向地方索取财物，狄仁杰没理张光辅。张光辅见狄仁杰不把他放在眼里，生气地说："一个州刺史怎么敢无视元帅的命令。"狄仁杰说："反叛朝廷的只有一个李贞，可现在李贞死了，却出现了成千上万个李贞。"张光辅质问狄仁杰是什么意思。狄仁杰说："你领兵30万，要杀的只有李贞。城中的人听说你带兵来了，纷纷翻越城墙向你投降。可你却纵容士兵大肆抢劫，杀害投降的百姓冒充杀死的敌人，致使河南血流成河。你不是在制造成千上万个李贞你是在干什么？我恨不得现在就把你的头砍下来。"狄仁杰这番义正词严的话让张光辅无言以对。张光辅回朝后对武则天说狄仁杰对他不礼貌，武则天因为张光辅的缘故，将狄仁杰降职为复州刺史。

后来，狄仁杰因在地方上政绩卓著又被调到朝廷任职。武则天对狄仁杰说："你把地方治理得很好，可有人陷害你，你想知道陷害你的人是谁吗？"狄仁杰回答："陛下认为我有过错，我就加以改正，陛下知道我没有过错，这是我的幸运。我不想知道陷害我的人是谁。"武则天很赞赏狄仁杰的美德，叹息了良久。不过狄仁杰最终也没逃过酷吏的魔掌，以谋反的罪名被抓进了监狱。狄仁杰知道如果不承认的话就会被拷打致死，就承认了谋反的罪名，借看守松懈的机会向武则天上奏说自己是冤枉的。酷吏还想让狄仁杰诬陷其他的人。狄仁杰听了之后以头撞墙，当场鲜血直流，以此表示宁死也不牵连他人。酷吏被狄仁杰的勇气吓倒，不敢再加以逼迫了。后来武则天终于醒悟过来，将狄仁杰释放了。

此事之后，狄仁杰更受武则天信任，才能也得到充分的发挥，成为武则天时代的一代名臣。

狄仁杰像

中国大事记 | 公元705年，武则天病重，李唐王室和旧臣发动政变，拥立唐中宗复位，重建了唐朝。

抑制罗织之风

武则天掌握政权后，为巩固统治，任用酷吏，鼓励告密。一时间罗织之风盛行，人人自危，道路以目。在这场"浩劫"中，先后有数百名皇室成员被杀害，被灭族的朝中大臣达数百家，至于地方上的刺史、郎将以下的官员被诬告陷害的更是不可计数。每当任命一名官员的时候，官府的人都窃窃私语说："鬼又来了。"而新任命的官员经常是不到一个月就横遭逮捕，继而被灭族。告密的不计其数，武则天也有些厌烦了。

当时朝廷的监察御史严善思以敢言著称，武则天派严善思去查问告密者所控告的情况是否属实。严善思调查后发现被诬告陷害的达到850多人，告密的风气被稍稍抑制住了。告密的人大为泄气，都争相陷害严善思，严善思最后获罪被流放到欢州（今越南义静省）。不过，武则天知道严善思是被冤枉的，不久又把他调回了朝廷。

一些正直的官吏在罗织之风盛行的情况下，坚持操守，秉公办案，给告密者、酷吏以沉重的打击。酷吏胡元礼要将一名犯人处死，李日知坚决不同意，结果这个犯人的判决几天也没下来。胡元礼大怒说："只要我胡元礼当一天官，这个犯人就一定得死。"李日知反驳道："只要我李日知当一天官，这个犯人就不会死。"两人把自己的判决理由同时向武则天禀告，经调查，最后证明李日知是正确的，这名犯人免于一死。

那些正直的官吏之中，最著名的就是徐有功。徐有功刚开始在蒲州（今山西永济）担任司法官，负责监督官吏的违法行为。按当时法律，官吏犯法的要被处以杖刑，也就是用木杖对犯法的官吏进行体罚。徐有功从不轻易使用杖刑，官吏们被徐

有功不滥施刑罚、公正严明的精神所感动，都相约不犯法。凡是有犯应处杖刑之罪的官吏，其他人都一起斥责他。结果徐有功在蒲州担任司法官期间，没有使用过一次杖刑。

徐有功后来被调到朝廷担任法官。因为执法公正，定罪只看证据，徐有功和另外一名法官杜景俭深受民众的尊敬和信赖。被诬告陷害的人都说见到来俊臣等酷吏一定死，见到徐有功、杜景俭一定活。被酷吏诬陷的人，徐有功都为他们平反，前后救活了几十家人。徐有功经常在朝廷上与武则天争论对犯人的判罪问题。有时武则天不高兴，厉声训斥徐有功，旁边人都被吓得浑身发抖，徐有功却毫无惧色，争辩得更厉害了。武则天虽然残酷，但因为知道徐有功正直，也很敬畏他。

当时告密者常引诱官员的仆人控告官员，以求封赏。李旦的妃子德妃因被人诬告诅咒武则天，被武则天处死了。有人因此想通过陷害德妃的父母来求得升官发财，就诱使德妃母亲庞氏的仆人装鬼恐吓庞氏。借着庞氏害怕的机会，仆人建议庞氏向上天祈祷求福，让鬼不要到家里来。被吓得六魂无主的庞氏马上就在家里摆坛祭神，求得上天的保佑。告密者借此诬告庞氏，监察御史薛季昶得到举报后也想趁火打劫，就诬陷庞氏和德妃一同诅咒武则天。薛季昶向武则天控告庞氏时，极尽表演之能事。他在武则天面前先是痛哭失声，然后说："庞氏的所作所为，臣都不忍心说啊！"然后就向武则天诬告。武则天相信了薛季昶的诬告，下令将庞氏处死，并提升薛季昶为给事中。

庞氏的儿子向徐有功申诉庞氏无罪，徐有功下令暂缓执行庞氏的死刑，并上书武则天，禀明案件的真实情况。薛季昶见自己的好事被徐有功破坏，又诬告徐有功，徐有功因此被判处绞刑。手下人把被判绞刑的消息告诉了徐有功，

握笔文吏俑　唐

历史关注 | 唐长安城一度是世界上规模最大的城市。

徐有功叹气说："难道只有我死，其他人永远不死吗？"吃完饭后就睡觉去了，完全没把自己被判绞刑的事当回事。大家以为徐有功假装镇定，肯定睡不着，就偷偷看徐有功是不是装睡，却发现徐有功早就进入梦乡了。武则天召见徐有功，对徐有功说："你审案子，把有罪的人判成无罪的很多啊。"徐有功回答："错判是我的小错误，但珍惜生命，是圣人的高尚品德。"武则天听了默然不语，庞氏因此得以免死，被流放到广东，但徐有功也被除名。后来因为执法公平，武则天又把徐有功调回朝廷，人们得知徐有功又重新被任用的消息都欢欣鼓舞，奔走相告。

武则天任用酷吏主要的用意就是想将唐朝的皇室成员全部除掉，以巩固自己的统治。经过大屠杀后，除了武则天的亲生儿子外，唐朝的皇室成员几乎被杀光了。而酷吏的倒行逆施激起了人民的激烈反抗，武则天见酷吏对自己已经没什么作用，同时又想平息人民的不满，就将来俊臣、索元礼等酷吏处死，将周兴流放到广东，周兴在流放途中被仇人杀死。

李唐恢复

武则天做了中国第一个女皇帝，建立了武周王朝。随着年龄的逐渐增长，武则天不得不考虑自己的继承人问题。武则天有4个儿子，大儿子李弘和二儿子李贤因为妨碍武则天当皇帝，很早就被武则天处死了。还剩下三儿子李显和四儿子李旦，但武则天如果让自己的儿子当继承人的话，那就意味着等武则天死后，唐朝就自行恢复了。武则天的侄子武承嗣、武三思因此请求武则天任命自己为继承人，以确保江山永远都属于武家，但武则天对此始终犹豫不决。

大臣们都希望能恢复李氏唐朝，因此大多劝武则天立自己的儿子做继承人，其中对武则天影响最大的是狄仁杰。狄仁杰劝说武则天的方法就是用亲情来打动武则天，以侄子没有儿子亲来劝武则天立自己的儿子为继承人。

一天，武则天做了一个梦，她问狄仁杰："我做了一个梦，梦到了一个折断了翅膀的大鹦鹉，这是怎么回事啊？"狄仁杰回答道："皇上您姓武，这个那鹦鹉代表的就是皇上您。大鹦鹉折断的翅膀就代表着您的两个儿子。皇上您重用您的两个儿子的话，那么大鹦鹉的两翼就会重新振作的。"在狄仁杰的劝说下，武则天打消了立武承嗣、武三思为继承人的主意。可则天还是下不了立自己儿子为继承人的决心。武则天晚年最宠爱男宠张易之、张昌宗兄弟。张氏兄弟虽然深受武则天的喜爱，享受荣华富贵。可武则天年事已高，张氏兄弟俩很怕武则天去世之后自己的荣华富贵都会消失。大臣吉项趁机劝说张氏兄弟劝武则天立自己的儿子为继承人，为以后的皇帝登基立下功劳，荣华富贵就可以长盛不衰了。张氏兄弟听了吉项的话后，经常在武则天前面劝武则天立自己的儿子为继承人。武则天知道张氏兄弟这么说全都是吉项的主意，就把吉项叫了过来。吉项具体给武则天说明了立自己儿子为继承人的好处，武则天最后下定了立自己儿子为继承人的决心，并很快立李显为皇太子。

李显被立为皇太子之后，唐朝恢复的大局就已经定了。大臣们本来想等武则天死后再恢复唐朝，可有一件事让这些大臣都坐不住了，那就是武则天宠信张易之、张昌宗兄弟的事。武则天晚年身体虚弱，疾病缠身，将国家的政务全都托付张易之、张昌宗兄弟，张氏兄弟因此把握了朝廷大权。大臣们担心张氏兄弟会借机篡权，就决定不等武则天去世，抢先行动恢复唐朝。

对唐朝忠心耿耿的张柬之此时担任了宰相，张柬之和大臣崔玄、敬晖、桓彦范、袁恕己等共同密谋杀死张易之、张昌宗兄弟，拥立皇太子李显为帝，恢复唐朝。张柬之找到禁卫军将领右羽林卫大将军李多祚，对他说："你的荣华富贵是谁给的？"李多祚哭着回答："是唐高宗皇帝。"张柬之说："现在张易之、张昌宗两人要谋害唐高宗皇帝的儿子皇太子李显，篡夺政权，你怎么办？"李多祚表示自己坚决

中国大事记 | 公元710年，韦后及其党羽惧怕中宗追究罪行，合谋毒死中宗。

听张柬之的命令，誓死保卫皇太子李显。就这样，禁卫军就听从了张柬之等人的指挥。

以前张柬之和大臣杨元琰曾一同坐船过长江。当两人在船上谈到武则天建立武周取代唐朝的时候，杨元琰慷慨陈词，发誓要恢复唐朝。到这时，张柬之推荐杨元琰担任右羽林将军，在对杨元琰颁发任职命令的时候，张柬之暗示杨元琰说："还记得当初在江中说的话吗？这个官可不是白让你当的"。杨元琰对张柬之的意思心领神会。张柬之还让敬晖、桓彦范还有亲信李湛等人都当了禁卫军将领，以加强对禁卫军的控制。为防止张柬之等人起疑心，张柬之又任命张易之的同党武攸宜为禁卫军将领，而实际上武攸宜担任的只是虚衔，并不掌握实权。张柬之又找到太子李显，将大臣们的计划告诉了李显，李显同意了大臣们的计划。

一切布置好后，张柬之决定采取行动。行动那天，张柬之带500名禁卫军到达玄武门，并派人去迎接李显。李显这时有些害怕，不敢出来。在大臣们的强行劝说之下，李显被迫出来跟大臣们一起行动。禁卫军从玄武门冲入皇宫，杀死了张易之、张昌宗。武则天当时正在睡觉，被喊杀声惊醒。武则天醒了之后发现身边都是人，大惊失色，马上问："谁造反？"大家说："张易之、张昌宗造反，已经被处死了。"武则天看儿子李显也在人群之中，马上明白了是怎么回事，就对李显说："是你带的头吧！现在张氏兄弟已经死了，你可以回去了。"桓彦范上前说："皇上，太子怎么能回去？现在天下人都思念唐朝，希望唐朝能重新恢复，希望皇上把皇位传给太子，顺应人心。"武则天没有办法，只好把皇位传给了李显，唐朝又恢复了。

韦氏母女乱政

唐高宗李治死后，唐中宗李显继位。他是武则天的亲生儿子，但武则天对权力的欲望盖过了母子之情，李显很快就被废掉了皇位，并被秘密囚禁起来。

唐高宗与武则天合葬墓，在今陕西扶风县。

李显在被押往囚禁的地方的路上，妻子韦后生下了李显的小女儿安乐公主。李显在被囚禁的时候，每天都担惊受怕，生怕哪一天武则天会突然下令杀了他。每当听到朝廷使者来的消息，他就恐慌地要自杀。每当这个时候，韦后都以自己特有的女性温柔劝阻李显。韦后说："福祸无常，死生有命，你何必要自寻短见呢？"在那段艰难的日子里，李显和韦后相依为命，共同养育可怜的安乐公主，二人的感情越来越深。

李显终究是武则天的亲生儿子。武则天晚年立太子的时候，还是将李显立为太子。后来大臣们发动政变，推翻了武氏政权，将李显推上了皇位。李显当上皇帝以后为了补偿自己以前欠韦后和安乐公主的关爱，对韦后和安乐公主有求必应。韦后羡慕武则天身为一个女人能做皇帝，也像武则天那样干预朝政。当时朝廷的诏书都是由上官婉儿撰写，因此她权力很大。上官婉儿和武则天侄儿武三思相好，因此把武三思推荐给韦后，韦后又把武三思推荐给李显。李显很器重武三思，朝廷的军国大事都同武三思商议，还将自己最疼爱的女儿安乐公主嫁给了武三思的儿子武崇训。武三思经常和韦后在后宫玩赌博游戏，李显就在旁边数筹码。一来二去，武三思和韦后勾搭成奸。仗着上官婉儿和韦后，武三思的势力越来越大。

那些当年发动政变推翻武氏政权的大臣们看到武氏又复兴了，都非常不满。武三思也很恨这些大臣，就向李显进谗言将这些大臣全部

历史关注

《大唐西域记》，简称《西域记》，是玄奘根据自己的亲身经历编著的一部佛教游记著作。

宫中贵妇图 壁画 唐 佚名

杀害。李显是靠着这些大臣才当上皇帝的，可他当上皇帝之后，这些大臣又都被他下令杀了。或许受武则天的影响，韦后和安乐公主都想当皇帝。安乐公主请求李显封他当皇太女，做李显的继承人。李显虽然没答应，但也没有怪罪安乐公主。太子李重俊却对此很恐惧，生怕安乐公主抢了自己的位置。李重俊不是韦后生的，不受韦后宠爱，武三思也讨厌李重俊。上官婉儿因为和武三思相好，写的诏书都向着武三思。安乐公主和驸马武崇训经常欺负李重俊，管李重俊叫奴才。李重俊受不了这些人的侮辱，发动了叛乱。

李重俊带着军队杀死了武三思、武崇训，然后冲入皇宫，四处搜寻上官婉儿。上官婉儿生怕自己被李重俊杀掉，就造谣说："李重俊是想先抓我，然后抓韦后，最后抓皇上。"李显听信了上官婉儿的话，带着上官婉儿躲了起来。等到保卫皇宫的军队到了以后，李显亲自出去劝李重俊手下的军队投降。李重俊手下的军队本来就是李重俊假冒李显的命令召集起来的，现在知道命令是假的，都一哄而散，李重俊也被乱兵所杀。

武崇训死后，安乐公主没了丈夫。以前安乐公主的婚礼是由官员武延秀操办的，他英俊潇洒、能歌善舞，安乐公主当时就很喜欢他。武崇训死后，安乐公主就嫁给了武延秀。李显的宠爱让安乐公主肆无忌惮地享乐，她的房子修得比皇宫还好，衣服也极为名贵，一条裙子竟然价值1亿钱。安乐公主向李显请求把长安

的昆明湖赏赐给她，李显因为很多人靠在昆明湖养鱼为生，没有答应，安乐公主就抢夺百姓的民田自己修了一个湖。为了表示自己修的湖超过昆明湖，安乐公主给自己的湖起名叫定昆湖。

安乐公主虽然享尽荣华富贵，可她并不满足，一心想当皇太女，日后好当皇帝。韦后在武三思死后又和精通医术的散骑常侍马泰客、擅长烹饪的光禄少卿杨均勾搭成奸。韦后怕李显知道了会大祸临头，就想杀了李显。安乐公主认为韦后能执政的话自己就能当皇太女，日后就能做皇帝了，也同意韦后的计划。这样，李显的妻子和女儿就在李显的饼里下毒，将李显毒死。在李显死后，韦后仿效武则天临朝听政，似乎新一代女皇又要出现了。

可是韦后和安乐公主并不知道，皇位是个无数人都在觊觎的东西。武则天成为中国历史上唯一的女皇帝是因为武则天的雄才大略，而武则天是不可复制的。在她们的保护人李显还活着的时候，没有人敢动她们，可是李显死了，她们也就丧失了之前所有的保护。李显的侄子李隆基发动政变，士兵们冲入皇宫杀死了韦后，韦后的家族也在政变中都被宰杀殆尽。政变的时候安乐公主正在对着镜子画眉，结果被士兵斩首，而武延秀、上官婉儿等人也被杀死。李隆基的父亲李旦登上皇位，即唐睿宗。

开元贤相姚崇

在中国历史上，唐朝的开元盛世是少有的政通人和、文化发达的时代。辅佐唐玄宗李隆基开创这个时代的就是当时著名的宰相姚崇。而姚崇之所以能够取得非凡的成就，很大一部分取决他的科学精神。

唐朝时期蝗虫灾害严重，但因为受迷信思想的影响，人们认为造成蝗灾的原因是政治不清明导致上天向人间降灾。因此，蝗灾发生之

中国大事记

公元 710 年，李隆基与姑母太平公主合谋，杀中宗皇后韦氏，拥戴其父睿宗即位。

后，人们非但不积极采取措施灭蝗，反而向寺庙祈祷，祈求上天的原谅，结果蝗灾越来越重。姚崇与这种风气进行了坚决的抗争。

唐玄宗开元三年（公元 715 年），山东爆发了大规模蝗灾。蝗虫扑天盖日，所到之处，庄稼都被一扫而光，而老百姓因为迷信只是在田地边焚香祷告而不敢捕杀蝗虫。姚崇上书皇帝请求派御史到山东督促地方官灭蝗，其他的朝廷官员都认为蝗虫太多，根本杀不完。李隆基一时间也束手无措。姚崇说："现在山东蝗虫到处都是，大肆啃嚼庄稼，人民流离失所，国家怎么能因为杀蝗虫困难就坐视不管，眼睁睁地看着老百姓饿死呢？"李隆基被姚崇的话打动，下令各地捕杀蝗虫，并派御史到各地督促灭蝗措施的执行。宰相卢怀慎认为，如果杀了太多蝗虫的话会招来上天降罪。姚崇说："我们不忍心杀蝗虫，难道忍心让老百姓饿死吗？如果因为杀蝗虫招致什么祸患的话，我一个人承担。"

唐玄宗开元四年（公元 716 年），山东又爆发了大规模的蝗灾。人们以为是上一年蝗灾时杀了太多的蝗虫招致的，一时间人心惶惶。

但姚崇灭蝗的决心毫不动摇，再次下令山东灭蝗。山东地方官倪若水说："蝗灾是天灾，天灾是不能以人力来对抗的，应该用修德的方法来避免蝗灾。以前两晋南北朝时的皇帝刘聪也下过灭蝗的命令，可蝗虫越杀越多，最后一发不可收拾。"倪若水因此拒绝执行姚崇的命令。姚崇见倪若水如此愚昧，气得哭笑不得，就以其人之道还治其人之身，训斥倪若水说："刘聪当皇帝的时候天下大乱，可现在是政通人和、天下大治。古代好的地方官镇守的地方，蝗虫都不会飞进来，你说修德就可以消除蝗灾，那不是说蝗灾是你无德导致的吗？"倪若水这才不敢说什么。姚崇又加派御史到各地检查灭蝗情况，对灭蝗出色的官员予以奖励，对灭蝗不力的官员予以处罚。在姚崇的努力下，尽管在唐玄宗即位的最初几年连续发生蝗灾，粮食的收成也没有受到很大的影响，以往在蝗灾后出现的大饥荒在姚崇主政时期也没有出现。

唐朝时期佛教盛行，皇帝带头崇佛，各地也纷纷修建佛寺，建造佛像。由于僧侣可以免交赋税，所以人们纷纷落发为僧以逃避赋税。

庄园生活图 唐 敦煌石窟
图中表现的是具有西北地方色彩的地主庄园。一座二层门楼围绕着回廊的院落里，殿阁内富者坐在胡床上，主妇在院中吩咐指点。侍仆们忙碌地出出进进。院外宽阔的马圈里拴着肥壮的马匹，饲养者肩扛着扫帚，端着饲料走近墙边，附近的田野里雇农正紧张地犁地，生活气息浓厚。

很多人只有僧人之名而无僧人之实，大都不遵佛法，把寺庙搞得乌烟瘴气，佛教的清誉受到了很大的损害。同时，大量的人为逃避赋税而出家为僧，减少了纳税人口，造成了国家的财政危机。但因为皇帝李隆基宠信佛教，大臣们无人敢向皇帝进言，唯有姚崇向李隆基上书说："佛教以慈悲为本，只有天下的百姓都幸福安康，才是真正的实现佛教的教义。佛法只有真正信奉佛教的僧人才能弘扬，那些滥竽充数、败坏佛法的人怎么能当僧人呢？"李隆基听从了姚崇的劝告，命令有关部门清

历史关注 | 武后对佛教亦大力推崇，武周时期的佛寺兴建频繁。

从西汉武帝铸造五铢钱开始，五铢钱一直使用到唐初。唐武德四年（公元621年），朝廷宣布废除五铢，新铸开元通宝，从而结束了五铢钱700余年的流通史。开元通宝采用两钱制，即一两等于十钱，等于一百分，等于一千厘。1枚开元通宝重一钱，又叫一文，10枚为一两。中国的一两十钱制，即起源于此。唐钱以开元通宝为主，共铸行200多年。开元通宝为后世通宝、元宝之起源，其钱文、重量、行制均成为后世铸钱之楷模。唐武宗会昌五年（公元845年），扬州节度使李绅在钱背铸"昌"以记年号，各地纷纷加以仿效，在钱的背面铸上州郡的名称，这种钱币称作会昌开元通宝。开元通宝除铜钱外，还有金币和银币，但这两种币不用于流通，而是用于宫廷赏赐。

查假冒僧人的情况，结果清查出假僧人达1.2万人。

因为姚崇坚持科学的精神，勤于治国，所以当时的人们对他的评价就很高。当时姚崇和卢怀慎共同担任宰相。一次姚崇因为有事请了10天假，政事都由卢怀慎一人处理。卢怀慎处理不了，10天之内，政事堆积如山。姚崇回来以后立即处理政事，一会工夫，10天的政事全都处理完了。姚崇很得意，问身边的大臣齐澣："我当宰相，可跟什么人比啊？"没等齐澣说，姚崇又问："能跟战国时齐国的管仲、晏婴比吗？"齐澣说："管仲、晏婴确立的制度虽然不能延续到后世，可他们活着的时候能一直实行，而您确立的制度却随时更改，您好像不能跟管仲、晏婴比。"姚崇问："那你认为我是一个什么宰相呢？"齐澣说："您可以说是一个救时宰相了。"

"救时宰相"就成了姚崇的代称，"救时宰相"也是人们对姚崇的高度评价。

姚崇将自己科学的精神一直坚持到最后。姚崇去世前，亲笔写给自己儿女的遗嘱中说：

"想当年北周和北齐争夺天下，北周销毁佛像制造兵器，北齐制造佛像而荒废内政，结果北周胜利北齐灭亡。现在的习俗，有亲人去世以后，就请僧人来超度亡灵，道士看到僧人获利，也仿效僧人来超度亡灵。我死以后，绝对不能让僧人道士进门。这个作为家法，子子孙孙都要遵守。"

宋璟不徇私情

在唐朝的宰相之中，最为有名的是唐太宗时期的房玄龄、杜如晦和唐玄宗时期的姚崇、宋璟，唐朝人称之为"前有房杜，后有姚宋"。在唐朝所有的宰相之中，没有人超过他们4个的。在这4位宰相之中，宋璟以公正严明、不徇私情著称。

宋璟性格十分倔强，一身正气，两袖清风。在武则天时期，武则天的男宠张易之受武则天的宠信，权势如日中天，人人都对张易之礼让三分，可宋璟就敢当面指责张易之的过失。唐玄宗时期，大将王毛仲深受唐玄宗的信任。王毛仲在嫁女儿的时候对唐玄宗说自己请不来客人，唐玄宗说："听说你嫁女儿，不去的官员应该只有宋璟吧！"王毛仲回答说："正是，我请不来宋璟。"唐玄宗答应帮王毛仲请宋璟。唐玄宗亲自下圣旨让宋璟去参加王毛仲女儿的婚礼。宋璟到了王毛仲为女儿举行婚礼的地方后，刚拿起酒杯就借口肚子痛，马上就离开了。宋璟就是靠着这种刚直的性格，不畏权势，赢得了人们的尊重。

唐中宗、唐睿宗时期，先后出现了韦后乱政和太平公主专政。在这一时期，朝廷的权贵们卖官鬻爵，把朝廷搞得乌烟瘴气。宋璟担任负责选拔官员的官吏后，致力于公正地选拔人才。凡是有才华的官员，不论年龄、出身、资历，都加以提拔，将以前的弊政全部废除。唐朝时期，从隋朝开始的科举考试制度更加完善，官员基本上都是从参加科举考试的人中选拔。但有些人不愿参加科举考试，总想通过其他方式进入官员队伍。宋璟对这种风气进行了坚决

中国大事记

文官图 唐

唐初多因袭隋制，帝王及文武百官均能戴图中所示的黑色帻，至贞观后，则为帝王、内臣所专用。

的抵制。有人向朝廷推荐一个叫范知璿的隐士，推荐的人说范知璿才华横溢，可以重用，还把范知璿写的《良宰论》献给了朝廷。宋璟看了范知璿的文章以后说："范知璿写的这篇《良宰论》里面充满了阿谀奉承的话。如果范知璿真的是隐士的话，那他的文章应该清新脱俗，怎么会如此充满世俗之气。如果范范知璿真有才华的话，那应该去参加科举考试，不用通过其他的门道来谋取官职。"

宋璟对朝廷的官员因材施用，使每个官员都能人尽其才，发挥出自己的长处。宋璟发现括州员外司马李邕、仪州司马郑勉都才华横溢，但是二人的性格变化不定，常常会因为自己的情绪而改变主意。如果对李邕和郑勉加以重用的话，那么这两个人肯定难以称职。可是不用他们俩的话，又浪费了人才。宋璟最后把这两名官员派到地方担任刺史，以使这两人有所历练，等这两人成熟以后再加以任用。

为了督促官员们勤勉工作，宋璟完善了官员的考核制度，规定考核定期举行。在对官员的考核中，不论资排辈，只看官员的政绩和能力。法官元冲素担任法官初期，尽心尽职，办案很认真负责，成绩卓著，被大家交口称赞。但是他担任法官时间长了之后，就变得懈怠，不再像开始的时候那样认真负责。宋璟在对元冲素考核后把元冲素定为不合格，将元冲素降

职为左散骑常侍。大臣李朝隐工作勤奋，刚直不阿，宋璟在对李朝隐进行考核后将李朝隐升为法官，让李朝隐接替了元冲素的职务。大臣陆像先性格仁厚，但是不适合在朝廷担任职务，宋璟在对陆像先进行考核后将他派到河南担任地方官。朝廷的考核制度迫使每个官员都兢兢业业，尽职尽责，行政效率有了很大的提高。

宋璟对朝廷的考核制度执行得非常严格。王仁琛在唐玄宗没当皇帝时就跟随他，是唐玄宗的老部下，但他当县令后很长时间都没有升迁。唐玄宗想提拔一下王仁琛，就下诏书任命王仁琛为五品官。宋璟劝唐玄宗说："国家提拔官员是有规定的，不能依靠当官的时间长短来进行提拔。对王仁琛如果不经过考核就加以提拔，肯定会引起其他官员的不满。因此，我们应该先对王仁琛加以考核。如果考核合格，再按照他的能力加以提拔！"在宋璟的努力下，官员的考核制度得到了严格的执行。

宋璟不因为私情而提拔官员，连自己的亲戚和朋友都不例外。宋璟的叔叔宋元超是候补官员，他在吏部候选的时候，对吏部官员说自己是宰相宋璟的叔叔，希望能得到特殊照顾。宋璟知道了以后，就写了一封信给吏部，信上说："宋元超确实是我的叔叔。他住在洛阳，我住在长安，所以很难能见面。我之所以一直不说，就是不想让下面为难，破坏国家的制度。现在我叔叔既然已经表明了身份，按国家的制度，如果候补官员有这种行为的话，是不能够再参加候选的。我请求吏部免去我叔叔的候选资格。"最后，宋元超被免去了候选资格。

通过严格的考试、考核，宋璟唐朝选取了很多优秀的人才。他选上来的人才，办事认真，勤勤恳恳。宋璟所建立的人才选拔制度为唐朝的"开元盛世"奠定了良好的基础。

口蜜腹剑

李林甫早年是唐玄宗时期的户部侍郎。他为人十分阴险狡诈，与后宫的宦官和妃嫔的家属结交，借此将唐玄宗李隆基的一举一动都探

历史关注

文章四友是指唐初至武后时代的四位宫廷诗人：崔融、李峤、苏味道、杜审言。

听得一清二楚。由于知道李隆基想的是什么，所以李林甫办什么事都符合李隆基的心意，李隆基也很赏识他。李隆基在后宫最宠爱武惠妃，其他妃子都不能相比。李林甫为了获得武惠妃的帮助，就向武惠妃表示自己会全力保护武惠妃的儿子寿王李瑁。武惠妃因此很感激李林甫，也从暗中帮助他，李林甫的官位因此不断升迁，最后做到了宰相。

李林甫做宰相时张九龄也是宰相。张九龄才华横溢，很受李隆基器重。李林甫想独揽大权，非常忌恨张九龄，就不断在李隆基耳边说张九龄的坏话，李隆基因此对张九龄日益疏远。李林甫推荐萧炅担任户部侍郎。萧炅不学无术，在向中书侍郎严挺之汇报事情时把"伏腊"念成了"伏猎"。严挺之对张九龄说："朝廷怎么能有伏猎侍郎？"萧炅因此被降职，李林甫由此怨恨严挺之。而张九龄和严挺之关系很好，想推荐严挺之做宰相，就对严挺之说："现在李林甫正受皇帝的信任，你去拜见一下他吧。"可严挺之很鄙视李林甫的为人，就没有去拜见李林甫。李林甫因此恨严挺之恨得更深了。

严挺之的前妻嫁给了蔚州刺史王元琰。王元琰因为贪污罪被捕，严挺之四处奔走想解救王元琰。李林甫让李隆基身边人向李隆基禀告了严挺之徇私的事。李隆基对张九龄说："严挺之徇私枉法。"张九龄说："那是严挺之的前妻，已经离婚了。"李隆基说："就是离婚了也还是藕断丝连，还是有私情。"结果严挺之被贬官，张九龄也被当做严挺之的同党被免除了宰相的职位。李林甫终于如愿以偿，大权独揽。

李林甫为防止谏官说他的坏话，就召集谏官对他们说："现在皇帝圣明，皇帝说什么就是什么，你们不要乱说话。你们没看到那些皇宫里的马吗？平常的时候吃上好的草料，可要是乱叫一声的话马上就会被杀掉。你们要是乱说话的话，结局就只会像那马

李林甫像

一样，那时后悔就来不及了。"有谏官没把李林甫的恐吓放在眼里，仍然向皇帝进言，结果马上被贬官。从此以后，再没人敢向皇帝进言了。

李林甫城府极深，凡是李隆基所赏识的人，李林甫都与之结交。但只要这人的地位接近自己，李林甫都想办法除掉他。一次，李隆基在勤政楼下安排歌舞表演，自己在楼上观看。因为李隆基是隔着帘子观看歌舞的，所以兵部侍郎卢绚看不到李隆基，以为李隆基走了，便纵马从勤政楼下穿过。卢绚扬鞭纵马、气宇轩昂、风度翩翩，李隆基目送卢绚离去，深深被卢绚的气度所折服。李林甫因为向李隆基的左右行贿，所以对李隆基的一言一行都了解得很清楚，马上就知道了这件事。李林甫召见卢绚的儿子说："你父亲德高望重，现在交州（今越南）、广州需要人，圣上打算让你父亲去，可以吗？如果不想去，朝廷的制度你知道，那官位就没了。不过我可以安排你父亲到其他地方去，你问问你父亲的究竟想到哪里去？"当时交州、广州还是很偏远的地方，只有犯罪的官员才到那里去任职。卢绚怕自己被派到交州、广州去，就向李林甫请求去其他地方。李林甫怕被人议论，不敢把卢绚调到太远的地方，就任命卢绚为华州刺史。卢绚到华州（今陕西华县）后，李林甫又假称卢绚有病不能管理政事。将卢绚再次贬官。

严挺之被贬官后，李隆基有些后悔。一次他跟李林甫说："严挺之现在在哪啊？这个人是个人才，可以用一下。"当时严挺之正担任绛州刺史。李林甫退朝后召见严挺之的弟弟严损之，跟他说："皇上对你兄长感情很深，你兄长要想东山再起，只有见到皇上才行。你让你兄长上奏朝廷说自己中风了，请求回京城治病，这样就有机会见到皇上了。"严损之把李林甫的话告诉了严挺之，严挺

中国大事记

公元 738 年，唐建翰林学士院，专供草拟诏制者居住，供职者称翰林学士（简称学士）。

之不明就里，还以为李林甫是为自己着想，就按李林甫所说的办了。李林甫借此上奏李隆基说："严挺之年纪大了还得了中风，应该让他干一些闲散的差事，好让他能静心养病。"李隆基因为不能再用严挺之，叹息了良久。严挺之后来被派到一个无事可做的衙门中任职。

李隆基很看重户部尚书裴宽。李林甫怕裴宽被任命为宰相，想借机除掉他。兵部尚书裴敦打海盗回来后因为接受他人的贿赂，在向朝廷的报功名单上，把那些没有军功的人谎报为有军功，裴宽向李隆基禀告了此事。李林甫把裴宽告裴敦的事告诉了裴敦，裴敦就用钱收买李隆基身边的宫人诬告裴宽，结果裴宽被贬为睢阳太守。

人们因为李林甫表面上甜言蜜语，可实际上却阴险狡诈，都说他是口有蜜，腹有剑。

安禄山献宠

安禄山是唐朝营州的胡人，原名叫阿荦山，母亲是巫师。父亲死后，母亲嫁给了突厥人安延偃，后来因为部落解体，阿荦山逃到唐朝。因为继父姓安，所以阿荦山改名为安禄山。安禄山长大后在唐朝河北边防军中任职，因为骁勇善战当上了将军。

安禄山很会"做人"，凡是唐玄宗李隆基身边派到边关的人，他都以重金贿赂。这些人回去后都说安禄山的好话，李隆基对安禄山的印象越来越好。御史中丞张利贞被派到河北视察边防，安禄山对张利贞曲意逢迎，热情款待，临走的时候又送上重礼。张利贞回到

安禄山像

朝廷后向李隆基大肆赞扬安禄山安定边防的功劳，对安禄山赞不绝口。李隆基本来对安禄山印象就不错，又听张利贞这么说，就将安禄山任命为营州都督、平卢军使，两蕃、勃海、黑水四府经略使，统管河北边防。

安禄山统管河北边防后，利用自己掌握兵权的机会，四处屠杀契丹族、奚族等少数民族，掠夺财富，然后把掠夺来的人口、牲畜、珍禽异兽、宝物献给李隆基。由于进献的东西太多，从河北到长安沿途的郡县几乎天天忙于运送安禄山的贡物。安禄山又派亲信刘骆谷在长安刺探朝廷的情况，为他贿赂朝廷官员和皇宫的宦官、宫女。李隆基每天听的都是安禄山的好话，又看到安禄山进献来那么多东西，所以对他越来越信任。

安禄山很会说话，常装傻充愣来讨李隆基的喜欢。安禄山很胖，常说自己有三百斤重。一次安禄山到朝廷拜见李隆基，李隆基看安禄山那么胖，就跟他开玩笑说："你这个胡人肚子里都装了什么，怎么这么大啊？"安禄山说："里面什么都没有，只有对皇上的一片赤胆忠心。"李隆基听了很高兴。李隆基让安禄山向旁边的太子磕头，安禄山不磕。宦官们让安禄山快点磕，安禄山对李隆基说："我是一个胡人，知道的东西少，太子是什么官啊？我为什么要给这个叫太子的磕头啊？"李隆基说："太子就是我的继承人，等我死后，太子就继承我的位子当新皇帝。"安禄山说："我太笨了，从来心中只有皇上一个人，不知道这世界上还有太子。"然后，安禄山才扭扭捏捏地向太子磕头。李隆基以为安禄山对自己很忠心，便对安禄山更宠信了。

朝廷举行宴会的时候，其他文武百官都坐在一起，李隆基和安禄山坐在一起，以示对他的恩宠。李隆基很宠爱杨贵妃，安禄山就做了杨贵妃的儿子。向李隆基和杨贵妃跪拜的时候，安禄山先拜完杨贵妃之后再向李隆基跪拜，李隆基问他为什么，安禄山说："我们胡人的规矩先拜母亲再拜父亲。"李隆基一听自己都成安禄山的父亲了，更加高兴。

历史关注

安西、北庭都护府是唐朝在西域的最高行政和军事机构。

安禄山受宠，边关的少数民族的灾难就来临了。为了邀功，安禄山假意和奚族、契丹族的人和好，邀请他们喝酒。酒席宴间趁奚族、契丹族人喝醉之机发动突袭，将这些人全部活埋，然后以战功上报，并把奚族、契丹族酋长的头颅献给朝廷。就这样，安禄山先后杀害奚族、契丹族民众几万人，然而朝廷却以为安禄山立了大功，将他招入朝廷进行封赏。

安禄山到长安的时候，朝中文武百官都去迎接。李隆基下令修建专门的官邸供安禄山居住，并且表示安禄山的官邸要修得富丽堂皇，花多少钱都不在乎。结果安禄山的官邸修得比皇宫还好，里面的物品也极尽豪华奢侈之能事。两个床都用上好的白玉制作，有一丈长六尺宽；屏风是银制的，长一丈宽八尺；甚至厨房马厩里的器物都镶上金银做装饰，煮饭的金锅有2个，淘米的银盆有5个，金锅和银盆都特别大，里面能放下五斗米；银丝筐和银笊篱各有一个；其他的物品也极为奢华，就是李隆基自己用的都赶不上。

安禄山住进李隆基专门为自己修的新房子后，大摆宴席，请宰相们喝酒。当时宰相们正和李隆基在一起打球，李隆基听到安禄山请宰相喝酒的消息，马上就停止比赛，让宰相们去赴安禄山的宴会。安禄山在长安期间，李隆基不但派自己的亲信陪安禄山在长安游玩，而且几乎每天都赏赐安禄山。李隆基吃到什么东西觉得好吃，或者打猎时打到什么好的猎物，都马上叫人赏给安禄山，负责运送赏赐品的使者在路上络绎不绝。

杨贵妃则用大襁褓把安禄山裹起来，像照顾婴儿一样照顾安禄山，每天给安禄山洗澡。李隆基听到后宫欢声笑语的，就问手下是怎么回事，手下说杨贵妃在给安禄山洗澡。李隆基到后宫一看，也和杨贵妃一起洗上了，还赐给杨贵妃一堆洗儿钱。等大家玩得尽兴才结束。

讽刺的是，这个让李隆基和杨贵妃爱不释手的干儿子后来发动了叛乱，给李隆基和杨贵妃带来了灭顶之灾。

安史之乱

安史之乱是唐玄宗时期唐朝将领安禄山和史思明发动的叛乱。这次叛乱造成了极大破坏，是唐朝由盛而衰的转折点。

安禄山是营州的胡人，后来逃到唐朝。史思明原名叫史窣干，从小和安禄山一起长大，两人情同手足。安禄山和史思明长大后都在唐朝的边防军中任职。一次，安禄山奉命带兵出击敌人，结果由于轻敌冒进，军队几乎全军覆没，按照军法应当被处死。安禄山在临刑之前高喊："敌人还没有被消灭，为什么要杀禄山？"军队统帅张守珪因为安禄山骁勇善战，不想杀他，就把安禄山的案件报请唐玄宗李隆基决定。李隆基爱惜安禄山的才华，不顾大臣们的反对，下令免除了安禄山的死罪。

史思明曾经因为欠了官府的钱，逃到奚族的统治地区躲避官司。奚族的边防士兵抓获了史思明，以为他是奸细，要杀他。史思明谎称自己是唐朝派来同奚族和亲的使臣，还威胁说如果自己被杀了，唐朝的军队就会来屠灭奚族。奚族士兵相信了史思明的话，就把史思明送到奚王那里去。史思明见到奚王后极不礼貌，奚王虽然很生气，但因为害怕唐朝，不敢杀史思明，反而对史思明礼遇有加。史思明回去的时候奚王还派100多人跟随史思明到唐朝，表示奚族和唐朝和好。史思明对奚王说："大王派的人虽然多，可我看他们的才华都不足以见皇

中国大事记 | 公元 742 年，鉴真不顾弟子的劝阻和地方官的阻挠，发愿东渡传法。

帝。我听说您手下有名将琐高，为什么不派他入朝。"奚王于是派琐高带 300 人和史思明一起入朝。到了唐朝边关后，史思明又对唐朝的边防将领说："琐高带兵声称是要入朝，实际上是要偷袭边关，要先下手为强。"唐朝的边防将领听信了史思明的话，带兵偷袭琐高，将琐高手下 300 人全部活埋，并把琐高关进监狱。史思明因功被升为将军。

靠着屠杀少数民族，安禄山和史思明的官越做越大，最后当上了统领唐朝河北边防的将领，安禄山还被封为节度使。唐玄宗统治晚期，重用奸臣杨国忠，政治腐败，同时唐朝的统治措施出现失误。唐朝为加强边防，在边境设置了 10 个节度使，节度使不但可以管理军队，还可以管理民政、财政。同时唐朝又把重兵放到边境。当时，唐朝军队共有 57 万，其中边防军就占了 49 万。

安禄山担任节度使，掌握大权，手下兵力雄厚。他见唐朝京畿一带兵力空虚，可以乘虚而入，就以讨伐奸臣杨国忠为名于唐玄宗天宝十四载（公元 755 年）十一月和史思明一起发动叛乱。安禄山起兵之后横扫河北，河北各郡县望风而降，叛军直逼洛阳。唐朝此时在洛阳一带没有什么军队，只好派大将封常青临时招募 6 万军队抵挡安禄山。这 6 万士兵没经过什么训练，根本不是安禄山虎狼之师的对手，一触即溃，洛阳也被占领，封常青和陕州守将高仙芝共同退守潼关。唐玄宗李隆基听信监军宦官的谗言，将封常青和高仙芝杀害，另派大将哥舒翰前往潼关统兵作战。

由于叛军一路烧杀抢劫，各地纷纷起兵反抗叛军。常山（今河北正定）太守颜杲卿与弟弟平原（今山东陵县）太守颜真卿首先起兵，河北各郡县纷纷响应，几天时间就集结了 20 万军队。唐朝大将郭子仪、李光弼率部出击河北，屡战屡胜。在河北的各路唐军将安禄山的退路切断，此时形势对唐朝极为有利，安禄山甚至想放弃洛阳逃跑。可宰相杨国忠猜忌潼关守将哥舒翰，拒绝了哥舒翰坚守潼关的建议，怂恿唐玄宗下令哥舒翰出击。潼关唐军当时虽然有 20 万人，但大都是新兵，没有经过良好的训练，贸然出击的结果是唐军全军覆没，哥舒翰被俘。潼关失守使长安无险可守，唐玄宗被迫放弃长安逃往四川。途中愤怒的士兵发动兵变，处死了祸国殃民的宰相杨国忠，逼唐玄宗将杨贵妃赐死。太子李亨没有随唐玄宗去四川，而是到了宁夏灵武。李亨在灵武登基称帝，自称唐肃宗。

叛军的兵力这时被唐朝名将张巡所牵制。张巡指挥军队先在雍丘（今河南杞县）后在睢

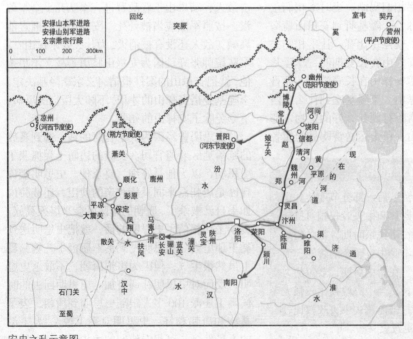

安史之乱示意图

历史关注

阳（今河南商丘），与叛军激战600多天。叛军进攻雍丘、睢阳的军队前后达数十万人，而张巡手下只有6000名唐军。张巡智勇兼备，指挥唐军顽强抵抗，屡战屡胜，共消灭叛军14万人。虽然张巡最后英勇战死，但为唐朝赢得了宝贵的时间。唐朝各路军队纷纷到达灵武，回纥等少数民族也派兵增援，形势开始有利于唐朝。而叛军那面却内乱不断。安禄山的儿子安庆绪杀了安禄山，史思明杀死了安庆绪，史思明的儿子史朝义又杀死了史思明。但因为叛军实力强大，唐军和叛军的战争一共持续了7年时间，最后唐朝靠回纥骑兵的帮助才平定了安史之乱。

安史之乱对生产造成了极大的破坏，唐朝人口从5000多万人减少到只剩1700万人，唐朝的全盛局面从此一去不复返了。

玄宗西奔

安史之乱爆发后，安禄山指挥的叛军势如破竹，直逼唐朝京师的门户潼关。唐玄宗李隆基为了抵抗叛军，派大将哥舒翰领兵守卫潼关。宰相杨国忠因为和哥舒翰有矛盾，就没有听从哥舒翰坚守潼关的建议，逼哥舒翰出击敌人。结果哥舒翰被俘，潼关唐军全军覆没。长安门户大开，完全暴露在叛军的攻击范围之内。

潼关失守的当天，哥舒翰的部下向李隆基告急。李隆基却没当回事，只是派将军李德福带一些军队去增援。李隆基根本没想到潼关会失守，可一直等到晚上前方也没传来任何消息，连他派去增援的军队都没了消息，李隆基这才知道出事了。

潼关失守，长安危在旦夕，李隆基向大臣们征求意见。宰相杨国忠兼任四川的官职，听说安禄山要造反，就命令四川的官员做好应变准备。李隆基问大臣们该怎么办，杨国忠就劝李隆基放弃长安，逃到四川去。李隆基被安禄山吓破了胆，觉得四川地势险要，正好可以躲避安禄山的锋芒，就决定放弃长安，到四川去。听到安禄山占领了潼关，马上就要到长安

·《霓裳羽衣曲》·

《霓裳羽衣曲》是唐玄宗李隆基所作。相传，李隆基曾经梦见游月宫时，听到天上有仙乐奏曲，身穿霓裳羽衣的仙子翩翩起舞。仙女的歌声玄妙优美，跳舞的仙女舞姿翩翩。李隆基醒来后，对梦中的情景还记得清清楚楚，很想把梦中的乐曲记录下来，让乐工演奏，让歌女们舞蹈。他不停地想啊想啊想，想起一点就记录下来，就连白天上朝的时候，他怀里还揣着一支玉笛，一边听大臣读奏本，一边在下面偷偷按玉笛上的孔笛，寻找曲调。他为了仙曲都入迷了，可是还谱不全这首曲子，十分苦恼。

有一次，李隆基来到三乡译，他向着远远的女儿山眺望，山峦起伏，烟云缭绕。顿时产生了许多美丽的幻想。他把在梦中听到的仙乐全想起来了。立即在谱子上记录下来。创作了一部适合在宫廷演奏的宫中大曲。李隆基命令乐工排练《霓裳羽衣曲》，令爱妃杨玉环设计舞蹈，为了让她们有个好场所排练，李隆基在宫廷中建立了一个梨园（后泛指唱戏的地方）。杨玉环与宫人日夜赶排，终于练好了大型歌舞《霓裳羽衣曲》，在一个盛大的节日上演出。细腻优美的《霓裳羽衣曲》仙乐奏起，杨玉环带着宫女载歌载舞，一个个宛如仙女下凡，群臣的眼睛都看直了。

的消息，长安的民众人心惶惶，都想离开长安逃命，可又不知道去哪里。市面上的店铺都关门停业了，人们都不知所措，不知道会发生什么事情。

此时，李隆基一面做表面文章安抚人心，一面秘密做着逃跑的准备。李隆基任命了留守长安的官员，并派禁卫军将军陈玄礼集中禁卫军部队，准备行动。为了让禁卫军能效忠自己，李隆基对禁卫军大加赏赐，并从皇家马厩里挑选了900匹好马供他们使用。而李隆基所做的这些事，外人都不知道。

中国大事记 | 公元742年，全国共分设了九道节度使，领兵40万。

明皇幸蜀图 唐 李昭道

此图描绘唐玄宗为避安史之乱而行于蜀中的情景，画中山石峻立，着唐装的人物艰难行于途中。

唐肃宗至德元年（公元756年）六月十二日黎明，在大臣和百姓都一无所知的情况下，唐玄宗李隆基带着杨贵妃以及杨国忠、韦见素、魏方进3个亲信大臣和几个贴身的宦官、宫女，在将军陈玄礼率领的禁卫军保护下，不顾满朝文武大臣，不顾全长安的百姓，独自逃离了皇宫。而这时长安还一切如常，人们照常的生活，丝毫不知道一朝天子已经逃走了。官员们还像平时一样上朝，在宫门门口，卫士照常站岗。然而当皇宫的门在早晨一打开，太监、宫女们像潮水一样涌了出来，四散逃命。人们都惊呆了，大家这时才知道皇帝李隆基已经逃走了！当李隆基逃走的消息传开后，整个长安顿时陷入了一片混乱，之前还井然有序的街道，迅速就充斥了逃亡的人群，人们争着要逃离这个是非之地，因为它很快就会变成地狱。当然这时也是一个发财的好机会，趁火打劫的人冲入那些平日神圣不可侵犯的王宫府院，抢掠财物。唐朝的国库不知被谁点了一把火，顿时火光冲天，唐王朝百余年的积蓄在一把大火中被烧成灰烬。这时的长安城里烟火四起，哭声、喊声、叫骂声交汇在一起，呈现出一片末日的景象。

不过新的统治者马上就要来了，长安城经过一阵的混乱后，人们又忙着迎接新的统治者。李隆基留下的留守长安的官员，一面安定长安的秩序，一面派人向安禄山投降，长安又有了新的主人。

李隆基逃跑的队伍逃过便桥的时候，杨国忠怕叛军追过来，派人放火烧毁便桥。当时便桥是离开长安的必经之路，如果没有桥，人们就出不了城。这时在李隆基身后，还有无数逃难的人群。李隆基这时候良心发现，说："百姓都要逃命，这桥要是烧了，百姓的活路不是没了吗？"于是赶忙让心腹太监高力士带人把火给扑灭了。李隆基传旨让沿途各地的地方官员迎接自己，可这个时候上哪里去找那些地方官员啊？以前那些作威作福的地方官员早就逃得无影无踪了。李隆基的逃亡队伍到咸阳的时候，因为没了地方官员，无人迎接，结果众人都没有饭吃。宰相杨国忠只好自己到市场上买饼给李隆基吃。倒是老百姓听说皇帝逃到咸阳，还没有吃饭，都争着把做好的饭献给李隆基等人。李隆基的孙子们早就饿坏了，看到有饭吃都抢着去吃，没有筷子就用手抓。一会工夫，百姓们献上的饭就都被吃光了，结果也没有吃饱。

看到皇帝落到这个地步，百姓们都哭了，李隆基也悲不自胜。队伍到金城的时候，已经是半夜了，金城县别说是县令，就连老百姓都逃走了。不过粮食和做饭的炊具都在，大家就自己动手做饭，才解决了吃饭问题。晚上的时候，大家就互相偎依着睡觉。因为前途未卜，李隆基的随从人员纷纷逃跑，连大太监内传监袁思艺都逃走了。

开创了"开元盛世"的唐玄宗李隆基最后竟然弄得落得落荒而逃、众叛亲离的下场！

杨贵妃之死

杨贵妃本名叫杨玉环，嫁给唐玄宗李隆基的儿子寿王李瑁，做了王妃。夫妻两人恩恩爱爱，日子过得非常美满。不过天有不测风云，有人对杨玉环动了心思，这人就是李隆基。李隆基本来最宠爱李瑁的母亲武惠妃。武惠妃死了以后，李隆基再也没找到合适的女人。尽管当时后宫有三千佳丽，却没有一个李隆基看得上眼。有人对李隆基说："寿王李瑁的妃子杨玉环国色天香，有倾国倾城的相貌。"李隆基一听动心了，就找借口让杨玉环进宫。从李隆基看到杨玉环的那一刻起，就知道自己爱上了杨玉环。

但把杨玉环召进后宫还颇费点波折，李隆基先让杨玉环自己请求出家做道姑，还给杨玉环取了个法号——太真，杨玉环因此和李瑁离婚，出家做了道姑。李隆基接着又给李瑁娶了一个新媳妇。当这些工作做完后，杨玉环就被秘密召进宫了。在这个过程中，杨玉环和李瑁究竟是怎么想的呢？这个没人知道，其实不管他们怎么想，皇帝的权威是不可挑战的，他们只有听从皇帝的命令。杨玉环到皇宫以后很快就做到了以前武惠妃的位子，宫里人都称杨玉环为"娘子"。当时唐玄宗没有立皇后，杨玉环实际上就相当于皇后了。因为杨玉环被封为贵妃，人们都叫杨玉环为杨贵妃。

其实抛开世俗的东西，李隆基和杨贵妃可以说是有真感情的，这很大一部人原因是两人有共同的爱好。李隆基精通音律，专门在皇宫建立培养艺人的学校，亲自教艺人弹唱。学校因为在皇宫的梨园内，所以学校又叫梨园，后世的戏曲艺人因此都自称为梨园子弟。杨贵妃也精通音律，二人有共同爱好，情投意合。杨贵妃忘记了过去的寿王李瑁，李隆基忘记了国家大事，一心沉浸在二人的小世界中。一人得道，鸡犬升天，杨玉环受到宠爱，全家也都升了官。杨贵妃已去世的父亲杨玄琰被追赠为兵部尚书，叔父杨玄被任命为光禄卿，堂兄杨琦不仅被封为驸马都尉，李隆基还把公主嫁给了他。杨贵妃的三个姐姐也都在京城有了宅子。一时间杨家一门显贵。

对杨贵妃，李隆基是倾其所有。杨贵妃爱吃荔枝，李隆基就派人不远万里从广东运荔枝过来。后宫之内专门负责给杨贵妃织衣服的就有600人。李隆基还让各地的地方官员进献特产给杨贵妃。因为所献的东西让杨贵妃喜欢，岭南经略使张九章被连升3级，广陵长史王翼被升为户部侍郎，各地地方官员一看升官竟然这么容易，纷纷效仿，都搜刮民脂民膏进献给朝廷，想通过讨好杨贵妃升官发财。天下人都被杨贵妃受宠的情况所震动，中国人长期以来重男轻女的心理在这时也被改变了，大家都希望能生像杨贵妃那样的女孩，一时之间重女轻男的风气在中国盛行起来。

杨贵妃的族兄杨国忠靠着杨贵妃的关系做了宰相。杨国忠贪赃枉法，结党营私，把朝政搞得一团糟。云南发生叛乱，唐朝派兵镇压，屡战屡败。杨国忠为推卸责任每次都以大捷向唐

贵妃上马图 唐 佚名

中国大事记 | 公元757年，安禄山被其子安庆绪杀死。

玄宗报告，结果唐军在云南先后死了20多万人，叛乱也没有平息。唐玄宗天宝十三载（公元754年），唐朝出现大灾荒，杨国忠又匿灾不报，有正直的官员报告了，也被杨国忠以虚报灾情的罪名抓了起来。李隆基满耳听的都是太平盛世，却不知道那个所谓的盛世已经走到了尽头。

"渔阳鼙鼓动地来，惊破霓裳羽衣曲。"正当李隆基和杨贵妃尽情享乐的时候，边将安禄山发动了叛乱，叛军很快就攻占了长安。李隆基带着杨贵妃和手下的大臣、将士西逃四川。将士们本来在长安过着幸福的生活，可现在却被弄得妻别子、颠沛流离，大家都认为是杨家人胡作非为才把唐朝弄到这步田地的，对杨家人都切齿痛恨。队伍行进到马嵬驿（今陕西兴平西）的时候，跟随唐玄宗的士兵们又饥又渴，心中的愤怒再也无法遏止了。这时跟随唐玄宗逃亡的吐蕃使者向杨国忠诉说自己没有食物，将士乘机高喊："宰相和胡人串通谋反。"于是一起放箭射杨国忠。杨国忠立即逃跑，最后还是被杀死。杨贵妃的3个姐姐和杨国忠的家人也被杀死。

杀死杨国忠后，将士们把唐玄宗休息的地方包围起来。李隆基听到外面人声鼎沸，就派人问出什么事了。身边人说杨国忠造反，被将士们杀了。年老体衰的李隆基拄着手杖到外面让将士回去，可大家都站在那里，没人听从李隆基的命令，李隆基派人问陈玄礼怎么回事。陈玄礼说："杨国忠谋反，杨贵妃不应该再在皇帝身边，请陛下将她杀了。"李隆基说："这事我自己处理。"然后就拄着手杖站在那里，站了很长时间。将士们也站在那里，没有人动。大臣们知道这样下去不行，拼命劝李隆基下命令处死杨贵妃。李隆基没有办法，只好让亲信太监高力士用绳子勒死了杨贵妃，一代红颜化为尘土。

张巡坚守雍丘

安史之乱爆发后，安禄山分兵两路，一路直取唐朝的京城长安，另一路则南下江南，意图切断京杭运河，断绝唐朝政权的财政来源。

从武则天开始，由于均田制遭到破坏，建立在其基础之上的府兵制也开始崩溃。唐玄宗于开元十年（公元722年）采纳建议，下令实行招募宿卫的新办法。招募来的职业兵称长从宿卫，分别隶属于十二卫。这种雇佣兵，以当兵为职业，长期在军中服役，由国家供给资粮，保障武器，而且免除赋税。开元二十五年（公元737年），朝廷改革征防军，面向社会招募情愿入伍长期驻扎边镇者，可以自带家口，由政府供给田宅，这种兵称作长征健儿。从此，征兵制改为了募兵制。天宝八载（公元749年），府兵制正式废除。这种兵制上的变化，对以后的社会政治和军事产生了巨大的影响，宋、明朝后期、清末、民初都实行募兵制。

当时唐朝政权的生存全靠江南的赋税和粮食，一旦安禄山的企图得逞，唐朝必将陷入绝境。

南下叛军首先进攻河南，以打通通往江南的通道。叛军势如破竹，连克宋州、曹州，唐朝地方官员望风而降。谯郡太守杨安石、雍丘县令令狐潮向叛军投降。杨安石逼迫手下真源县令张巡充任长史，出城迎接叛军。张巡接到命令回到真源（今河南鹿邑）后，率手下痛哭于老子庙，发誓效忠唐朝。民众被张巡的忠心感动，踊跃参军，迅速组成一支千余人的部队。这时，唐将贾贲率二千唐军击败令狐潮，夺回雍丘。张巡带兵与贾贲会合，共同抵抗叛军。令狐潮被打跑后，很快又组织叛军反扑，贾贲阵亡。张巡击败令狐潮后统领雍丘唐军，坚守雍丘（今河南杞县）。

唐肃宗至德元年（公元756年）三月。叛军重新集结后，在令狐潮、李怀仙、杨朝宗、谢元同指挥下再次进攻雍丘。此时雍丘唐军有2000人，而进攻的叛军有4万人之多。强弱如此悬殊，雍丘唐军人心慌慌，都想弃城而逃。张巡对手下将士说："敌人兵力是我们的20倍，根本没把我们放在眼里，我们就趁他们骄傲轻敌之机，出其不意，攻其不备，打它个措手不及，杀杀敌人的锐气。敌人的锐气被挫，我们就好守城了。"

张巡留下一千将士守城，亲率另外的一千士兵向叛军发起攻击。叛军万万没想到张巡竟然在只有 2000 人的情况下还敢发动攻击，结果毫无准备的 4 万叛军被一千唐军打退。叛军虽然暂时受挫，但唐军人数太少，叛军伤亡并不大。第二天，叛军又将雍丘包围，发起进攻。叛军用大炮猛轰雍丘，雍丘城墙上的防御工事都被击毁。叛军借唐军防御工事被击毁之际，开始攀登城墙。张巡一边在城墙上放置木栅栏阻挡叛军，一边命令手下把蒿草束灌上油脂点着，投下城墙火烧叛军。叛军被烧得焦头烂额，无法登城。伤亡惨重的叛军恼羞成怒，把雍丘团团包围，日夜不停地连续进攻。张巡率部据城死守，而敌人一旦宿营就率兵袭营。如此激战 60 多天，大小战斗 300 次，张巡衣不解甲，裹伤再战，终于将叛军打退。叛军败退后，张巡率部乘胜追击，俘虏叛军 2000 人。一时间张巡威震河南，声名远扬。

唐肃宗至德元年（公元 756 年）五月，令狐潮率领叛军第三次向雍丘进攻。令狐潮以前和张巡是朋友，所以想靠以前的交情劝张巡投降。张巡嘲讽令狐潮说："以前你总是说要尽忠报国，现在你的忠在哪啊？"令狐潮被说得面红耳赤，只好暂时放弃了劝降的打算。

到七月的时候，令狐潮和张巡在雍丘已相持了 40 多天，战斗久拖不决。此时叛军已攻克了唐朝京城长安，唐玄宗逃往四川。令狐潮派人告知张巡长安被攻克的消息，劝张巡投降。一时间雍丘唐军人心动摇，张巡手下的 6 名大将劝张巡投降，张巡假装答应大将们的请求。

第二天，张巡把手下将士都召集在一起，共同向唐玄宗的画像叩拜，然后把那 6 名大将带到大家面前，将他们投降的企图告诉大家，随后将这 6 名大将当众处死，雍丘唐军军心这才安定下来。令狐潮见劝降不成，只好又恢复了对雍丘的进攻。因为长期作战，雍丘唐军的箭已经消耗殆尽，无法有效地打击敌人。为

此张巡想出了一条草人借箭的妙计。

张巡命令手下扎 1000 多个草人，给草人穿上黑衣服，晚上的时候把草人放下城去。叛军以为是唐军来偷袭，争着放箭。等叛军最后知道是草人的时候，张巡已经得到几十万支箭了。之后张巡再放草人下去，叛军都笑着喊："还想骗箭，门儿都没有。"再也没人放箭了。张巡于是派 500 名敢死队员奇袭叛军。叛军以为还是草人，根本没有防备，夜里又不知道唐军究竟有多少人，一时间溃不成军，被 500 名唐军追杀了 10 多里。令狐潮羞愧难当，对雍丘发动了更加猛烈的攻击。

然而此时叛军已被张巡打得闻风丧胆，战斗力大大削弱。张巡率兵迎击令狐潮，叛军将领 14 人被生擒，战死的达 100 人，从此彻底丧失了进攻雍丘的勇气。令狐潮带兵连夜逃到陈留（今河南开封），连门都不敢出了。

睢阳之战

安史之乱爆发后，安禄山为切断京杭运河，断绝唐朝政府的后勤支持，派兵进攻雍丘（今河南杞县）。进攻雍丘的叛军多达数万人，可面对守将张巡指挥的千余名唐军却屡战屡败，苦战几个月一无所获。叛军于是在雍丘北面筑城，以隔断唐朝对雍丘的后勤支援。

同时，叛军将领杨朝宗带 2 万军队连克东平、济阳，直逼宁陵，企图切断雍丘守军的后路。一旦宁陵失守，雍丘将成为一座孤城。张巡见此时再坚守雍丘已没有意义，便在唐肃宗至德元年（公元 756 年）十二月撤离雍丘，退到宁陵准备迎击杨朝宗。睢阳（今河南商丘）太守许远带兵赶来和张巡会合，共抗杨朝宗。双方军队在宁陵西北交锋，一天之内激战数十次，最后唐军大获全胜，杀叛军 1 万多人，杨朝宗带叛军残余部队趁夜狼狈逃走。

唐肃宗至德二年（公元 757 年）一月，安禄山的儿子安庆绪杀死安禄山后自立为帝。安庆绪派大将尹子奇带兵 13 万南下，继续执行切断运河的任务。雍丘、睢阳都是运河沿线要

中国大事记

公元757年，唐玄宗返归长安，幽居兴庆宫，后抑郁而死。

地，叛军要想切断运河，就必须攻取运河沿线要点。此时雍丘已被叛军夺取，南下叛军于是集中力量向睢阳进攻。张巡率手下三千将士进驻睢阳，与许远合兵一处，一共6800人。此时，尹子奇带13万大军兵临睢阳城下，张巡率六千唐军与敌人展开血战，一天战斗不下20次。唐军激战16昼夜，生擒叛军将领60名，斩杀叛军2万人，将叛军彻底击溃，尹子奇带兵逃走。许远见张巡智勇兼备，就把军队的指挥权全都交给张巡，自己则负责调集军粮，打造兵器，为唐军保障后勤。

三月，尹子奇带兵再次进攻睢阳，张巡手下将士踊跃请战。张巡命令杀牛宰羊犒赏三军，然后全军出击。叛军看到唐军兵少，都大笑不已。张巡手执帅旗，身先士卒，带领将士直冲敌阵。唐军锐不可当，连杀叛军将领30人，士兵3000人，直追叛军数十里。

叛军重整旗鼓后，第二天接着进攻睢阳。张巡出城迎战，一天激战数十次，再次将叛军打败。但叛军很快卷土重来，继续进攻睢阳，双方在睢阳展开血战。

五月，尹子奇增加兵力，攻城更加猛烈。一天夜里，张巡下令鸣鼓集结军队，叛军以为唐军要出击，就一夜没有睡觉以防备唐军进攻，可唐军始终没有出来。天亮的时候，张巡命令部队回房休息，叛军发现唐军已经休息，也都脱下盔甲睡觉了。这时张巡下令打开城门，与将军南霁云、郎将雷万春等10名将领带500名骑兵冲入敌营。500名唐朝骑兵冲入10万叛军的军营，纵横驰骋，任意冲杀，一直冲到尹子奇的中军大帐，叛军军营一片混乱。唐军连杀敌将50人，敌兵5000人，大获全胜。擒

贼先擒王，张巡想除掉尹子奇，但不知道尹子奇究竟是谁。在两军对阵时，张巡叫兵士把一支用野蒿削成的箭射到敌阵里，叛军兵士拾到这支箭，以为城里的箭已经用完了，高兴地拿着箭报告尹子奇。尹子奇拿箭看的时候，张巡命令南霁云射尹子奇，南霁云一箭贯穿了尹子奇的左眼睛，唐军随即发动进攻，尹子奇左眼受伤，无法指挥作战，只好带兵撤退。

七月，尹子奇又招募了几万军队后再次向睢阳发动进攻。许远本来在城中囤积了6万石粮食，可其中有一半被上头强行分给了濮阳、济阴两个郡。这两个郡得到粮食后就投降了，结果睢阳粮食短缺，将士们只能靠少量的粮食和树皮充饥。而叛军粮食供应充足，人员伤亡了马上就能有补充。唐军则因为没有支援，士兵牺牲一个就少一个，部队从6800人减少到只有1600人，还大都带伤，不能再有效打击敌人了，睢阳因此被敌人重重包围。敌人架云梯攻城，以钩车破坏城上防御设施，又造木驴、磴道进攻。张巡随机应变，将叛军的进攻一一挫败。叛军被张巡的智勇折服，不敢再攻，就把睢阳重重包围起来，长期围困。

八月，睢阳城的唐军只剩下600人了，张巡和许远分开把守城池。张巡守睢阳的东北角，许远守睢阳城的西北角，张巡、许远与将士们同甘共苦，一起吃树皮，坚守城池。张巡还对攻城的叛军晓以忠义，先后投奔张巡的叛军士兵多达200人。由于局势危急，张巡派南霁云出外求援，南霁云带30名骑兵冲出睢阳。见有人出城，数万叛军围拢过来。南霁云一马当先，冲锋在前，左右将士张弓射箭，箭无虚发，一路所向披靡。等冲出敌营，只损失了2个人。南霁云到达临淮（今江苏盱眙北）后，向这里的唐军将领贺兰进明求援，可贺兰进明以睢阳情况不明为由拒不增援。南霁云回到睢阳后，人们知道没有援兵，都哭了，而敌人知道睢阳没有援兵，围攻得更加厉害了。

十月，睢阳城中百姓和士兵加起来只剩下400人了，完全丧失了战斗能力，结果睢阳被攻克，张巡、南霁云等人被杀害。张巡等人

持戈骑兵画像砖 唐

在睢阳的战斗，使江南地区几百万民众免遭战火的蹂躏，也保住了唐朝的命脉——京杭大运河。

李光弼守河阳

唐肃宗乾元二年（公元759年），史思明杀死了安庆绪后，自称大燕皇帝，向河南发动进攻。唐军大将李光弼率唐军退守河阳（今河南孟县），抵御史思明。

史思明带兵到河阳后，先派骁将刘龙仙到河阳城下向唐军挑战。刘龙仙自以为武艺高强，没把唐军放在眼里，一只脚放在马鬃上，在河阳城下大骂李光弼。李光弼看刘龙仙这么嚣张，就问手下将领哪个可以把刘龙仙杀了。大将仆固怀恩向李光弼请战，李光弼怕仆固怀恩会有什么闪失，就说这不是大将应该去的，没让仆固怀恩去。李光弼手下的将领向李光弼推荐小将白孝德，说他英勇善战，可以去生擒刘龙仙。李光弼把白孝德找了过来，问他敢不敢去，白孝德向李光弼请战。李光弼问白孝德："你需要带几个人？"白孝德说："我一个人就行。"李光弼很赞赏白孝德的勇气，不过他还是问白孝德还需要什么。白孝德说："别的不需要，只要派50个人在城门接应一下我，然后大家给我加油助威就行了。"白孝德说完就纵马出发了。

白孝德左右两手各持一把长矛，策马直奔刘龙仙。刘龙仙看白孝德就一个人，根本没放在眼里。等到白孝德走近的时候，刘龙仙正要射箭。白孝德忽然摇了一下手，表示自己不是来打仗的。刘龙仙没弄明白，就把弓放下了。等到白孝德走到距离刘龙仙10步远的地方，假意跟刘龙仙搭讪。刘龙仙仍然破口大骂，根本没把白孝德放在眼里。白孝德呆了很长时间，突然怒目而视刘龙仙说："你这狗贼认识我吗？"刘龙仙说："你是谁？"白孝德说："我，白孝德。"刘龙仙说："白孝德是什么猪狗的名字，我不认识！"白孝德大叫一声，运矛跃马直扑刘龙仙。看到白孝德出手了，河阳的唐军同时大喊起来，为白孝德助威。由于距离太近，刘龙仙没法射箭，只好掉头逃跑，白孝德追上后将刘龙仙斩首，并把刘龙仙的首级带回了河阳，唐军士气大振。

史思明见唐军士气旺盛，对自己作战不利，就想出了一个打击唐军士气的方法。史思明把手下的1000匹好马全集中起来，每日早上赶这些马在黄河对岸洗澡，以向唐军显示自己马多。李光弼看到史思明的马大多是公马，也想出了一个计策。他命令把军队中的母马全部集中起来，等到史思明的马到黄河洗澡的时候，把这些母马全都放了出来。结果史思明的公马都被李光弼的母马吸引了过来，被唐军赶进了城。史思明勃然大怒，调兵猛攻河阳，被唐军击退。

史思明第一次攻击河阳失败后，不甘心失败，又调集军队第二次进攻河阳。李光弼派兵分别防守河阳的南城和北城。李光弼自己带兵坚守北城，派节度使李抱玉坚守南城。李光弼对李抱玉说："你能为我坚守南城两天吗？"李抱玉问："要是过了两天呢？"李光弼说："如果过了两天你就可以放弃南城。"李抱玉答应了李光弼坚守南城两天。可在叛军的攻击下，南城坚持了一会就顶不住了。李抱玉欺骗敌人说："我的粮食吃光了，守不住了，我明天早晨就投降。"叛军相信了李抱玉的话，就停止了进攻。李抱玉趁机整修了工事。第二天一早，他又向敌人请战。叛军大怒，向南城发起了猛攻。李抱玉一面坚守，一面不断发动反攻，杀伤叛军的大量有生力量，叛军始终未能占领南城。

李光弼率领唐军主力坚守北城，决心主动出击消灭敌人。出击前，李光弼问手下将领："敌人的营盘，向来什么地方最坚固？"大家都说："敌人西北部营盘最坚固。"李光弼命令将军郝廷玉带三百骑兵攻击叛军的西北部营盘。然后，李光弼又问敌人营盘第二坚固的地方在哪，大家说："在营盘的东南部。"李光弼命将军论惟贞带领二百骑兵攻击敌人东南部营盘。

中国大事记

公元 758 年，为彻底平定安史之乱，唐将郭子仪等九位节度使率兵攻打被叛军占领的邺郡（治所在今河南安阳）。

布置完毕后，李光弼说明了军纪，下令唐军出击。刚打一会儿，将军郝廷玉就逃了回来。李光弼见自己的先锋竟然最先逃了回来，马上命令手下将郝廷玉斩首。郝廷玉说："我的马中了箭，自己跑了回来，我怎么敢临阵后退。"李光弼让郝廷玉换马，马上出击。大将仆固怀恩和他儿子稍微后退了一下，李光弼又下令将他们斩首。仆固怀恩父子回头看见使者提着刀冲过来，赶忙又杀进敌阵。在李光弼的督促下，唐军将士个个奋勇争先，将叛军彻底击溃，杀叛军 1000 多人，俘虏叛军 500 人，叛军中逃跑时被淹死的就有上千人。叛军负责攻打北城的主将周挚只带着几个随从狼狈地逃出了战场，叛军大将徐璜玉、李秦授被生擒。

由于通讯不灵，史思明并不知道攻打北城的叛军已经失败，仍然在攻打南城。等到李光弼把俘虏的叛军展示给史思明看后，史思明才带兵撤退。河阳之战以唐军的大获全胜告终。

李亨灵武即位

唐玄宗晚年，边将安禄山发动叛乱。叛军很快就攻克了唐朝的京城长安的门户潼关，直逼长安。唐玄宗李隆基带手下放弃长安狼狈逃往四川，走到马嵬驿（今陕西兴平西）的时候，士兵发动兵变，杀死了宰相杨国忠，逼李隆基处死了杨贵妃。

当李隆基带手下要离开马嵬驿时，被老百姓发现了。老百姓看到皇帝不顾百姓的安危，只顾自己逃命，都围拢过来，把路堵住。百姓们对李隆基说："陛下的家在长安，祖坟在长安，现在陛下却要离开长安，要去哪里啊？"人们都请李隆基留下，统领大家共同抵御叛军。但此时的李隆基年老体衰，已无力再带兵打仗。他考虑了很久，还是决定离开。

为了劝百姓离开，李隆基派太子李亨向百姓说明情况，让大家把路让开。可百姓看到太子李亨，情绪更加激动，听李亨说李隆基决定要走，大家都说："那就请太子留下，率领我们收复长安，要是你们都走了，百姓们怎么

办？"李亨是个孝子，不想在危难之际离开父亲，就哭着对大家说自己要照顾父亲，不得不走，李亨说完就要走。李亨的儿子李俶和宦官李辅国拉住李亨的马说："现在长安被叛军占领，唐朝处在危亡关头，要是没有人民的拥护，怎么才能复兴唐朝？现在百姓让您留下，这是民心啊，如果您现在走了，失掉了民心，唐朝就完了，您不能走啊！"百姓们也都一拥而上把李亨团团围住，不让他走。李亨没法走，就派儿子向李隆基禀明百姓挽留，无法离开的情况。

李隆基等了很长时间，也没等到李亨，就派人看看怎么回事。去的人回来后就把发生的事向李隆基汇报了。李隆基长叹一声："天意啊！"李隆基知道，自己已经老了，唐朝又处在危难之际，是该让自己的儿子担当重任，拯救危局了。李隆基从手下的禁卫军中抽二千骑兵给李亨，并勉励将士们好好辅佐李亨。李隆基派使者向李亨传话说："你不要管朕，好好努力。朕对西北地区少数民族恩重如山，他们感怀朕的恩德，一定会为你效忠的，你依靠他们必定可以复兴唐朝！"之后，李隆基又上路了。

李亨既然决定留下，就必须找个根据地招兵买马对抗安禄山。李亨于是召集手下商量去什么地方落脚。李亨的儿子李俶说："我以前在宁夏一带任职，对那比较熟悉。宁夏土地肥沃，号称塞上江南，人口众多，骁勇善战。守将裴冕对唐朝忠心耿耿，是最好的根据地。现在敌人刚到长安，正忙着抢劫财富，还顾不上对付我们，我们正好可以趁这个机会西进宁夏，机不可失，必须马上行动。"大家都赞成李俶的提议。于是，李亨率领手下西进宁夏。

刚出发就碰上了叛军的军队。李亨误把叛军大部队当成小股部队，想打一个胜仗振奋士气，可打起来才发现碰上的是叛军的精锐，结果唐军伤亡惨重。唐军剩余的部队通过渭河的时候又碰上渭河涨水，只有那些有马的将士才能从渭河水浅的地方勉强过河，没马的士兵只能眼睁睁地看着部队离开。为防止叛军追来，

历史关注

颜真卿和柳公权开创了盛唐豪迈奔放和刚劲有力的书法艺术，后人称之为颜筋柳骨。

马嵬坡杨贵妃墓

杨贵妃墓在陕西兴平县马嵬坡。墓为一个陵园，面积3000平方米，墓砖砌圆形，立"杨贵妃之墓"碑，大门横书"唐杨氏贵妃之墓"七字，墓园内有历代名人题咏碑刻。

唐军一路上都是急行军，常常一天一夜要跑三百里。

等李亨到达新平（今陕西彬县）的时候，唐军只剩下几百人。唐朝新平太守不但没有迎接李亨，反而弃城而逃。李亨一怒之下，将新平太守斩首。李亨进入甘肃境内后，局势才缓和了一些，便借机在甘肃一带招兵买马。李亨在甘肃彭原（今甘肃宁县）招募了几百名士兵，在平凉招募了500名士兵。平凉是唐朝的军马基地，养有数万匹军马，李亨将这数万匹马全部用于装备手下军队。唐军的军力又得到了恢复。

宁夏的唐朝文武官员得知李亨在平凉招兵买马的消息，上表请求李亨到宁夏去。李亨得知宁夏军民仍然效忠自己的消息，非常高兴，就带兵到达宁夏灵武。宁夏文武官员为欢迎李亨，在灵武修建宫室，豪华程度跟唐朝原来在长安的皇宫差不多。李亨到达灵武后，看到在国家危亡之际宁夏官员竟然忙着献宠，极为愤怒。但刚到宁夏，他不便处罚官员，就下令将这些豪华设施全部撤除。李隆基走的时候曾经要把皇位传给李亨，但李亨没有答应。这时以裴冕为首的宁夏文武官员请求李亨按照李隆基以前的旨意称帝。李亨不答应，裴冕劝李亨说："您手下的这些将士，大多都是长安人。现在长安被叛军占领，他们的家人生死不明。他们不顾家人安危，跟随您出生入死，就是想建功

立业。您要是不当皇帝的话，百姓们就不会来投奔您，将士们也就建立不了功业，您就是为了手下的将士也应该称帝。"李亨听从了手下的劝告，在灵武登基称帝，即唐肃宗，成为唐朝第八位皇帝。人们得知唐朝的新皇帝在灵武即位的消息，纷纷来投奔，唐朝中兴的希望之火在灵武燃烧起来。

李泌孤身入陕州

唐德宗贞元元年（公元785年），陕虢都知兵马使达奚抱晖毒死了节度使张劝，掌握了陕州（今河南三门峡市）的军政大权。达奚抱晖一面向朝廷上书，假称张劝因病去世，并在上书中暗示朝廷让自己接任节度使；一面和当时反叛唐朝的叛臣李怀光联系，意图在朝廷不答应让他接任节度使的情况下和李怀光共同反叛唐朝。陕州地理位置重要，是漕运的必经之路，一旦陕州叛乱，则唐朝京师长安的粮食供应将会被切断，一时形势十分危急。

唐德宗召见宰相李泌，把当前的严峻局势告诉了他，请他亲自到陕州稳定局势。鉴于陕州局势不可预测，唐德宗决定派唐朝最精锐的军队神策军护送李泌到陕州。李泌说："陕州地势险要，易守难攻，要是用武力解决的话一年半载也解决不了问题，我一个人去就行，不用带什么人。"唐德宗说："一个人怎么行？"李泌说："陕州的军民长期以来都忠于朝廷，只是达奚抱晖为恶而已。我如果带兵去，陕州军民就会据城坚守，那样局势就复杂了。我一个人去的话，反倒容易些。皇上要是不放心的话，可以让陕州附近的唐军摆出只要我一出事就加以讨伐的架势，这样陕州就不会敢轻举妄动。"唐德宗说："那要万一出了什么事怎么办？我宁可失去陕州，也不能失去你。"李泌说："现在达奚抱晖在陕州掌权，统治还不稳。我这时出其不意到陕州去，一定能扭转局势，要是派其他人的话，一定畏缩不敢去。如果形势发生变化，那就一切都晚了。"唐德宗听李泌说得这么坚定，就答应了他的请求，同意他一个人

中国大事记 | 公元 763 年，历时八年的安史之乱终于平定。

李泌邺侯书院　唐

去陕州。

当时陕州正闹饥荒，李泌借此在长安对达奚抱晖派来的人说："朝廷因为陕州缺粮，特意派我去那里赈济灾民。至于达奚抱晖，朝廷会根据具体情况而定。要是达奚抱晖有才，朝廷会重用他；要是达奚抱晖能够立功的话，节度使的位置会交给他的。"使者回去后将李泌的话告诉了达奚抱晖，达奚抱晖的心略微安定下来。

李泌从长安出发前，怕唐德宗不放心，就对唐德宗说："现在陕州的军民都盼着粮食早点到，达奚抱晖盼着能早点接任节度使，而这些只有我能给他们带去，他们欢迎我还来不及呢，肯定不会害我的。"李泌布置好后，就一个人离开长安出发了。

虽然李泌临行时想方设法让唐德宗不要担心，但唐德宗还是放心不下，又命令唐军前去护送李泌。李泌在潼关碰到了邠坊节度使唐朝臣，唐朝臣奉命率领三千唐军前来护送李泌去陕州。李泌对唐朝臣说："我从长安出发的时候，已经获准可以便宜行事。我这次去陕州，一个也不许跟着。"唐朝臣因为唐德宗有命令坚持要同李泌一块去，李泌就给德宗写了一个纸条，表示是自己坚决拒绝唐朝臣来护送的，把唐朝臣打发走了。

达奚抱晖对李泌的到来有些恐惧，生怕有大批的军队跟随，就不断派出间谍察看是否有

什么阴谋。陕州的军民这时都热切盼望李泌的到来。等李泌到曲沃时，陕州的将领们在没有达奚抱晖命令的情况下就纷纷前来迎接李泌。李泌由此知道了陕州内部已经发生了变化，非常高兴。等到走到距陕州十五里的地方时，连达奚抱晖自己都出来迎接李泌了。李泌对达奚抱晖抚慰有加，赞扬了达奚抱晖在张劝死后这段时间里稳定陕州局势有功，并对达奚抱晖说："陕州一切照旧，你和手下照常任职。"达奚抱晖听了之后非常高兴。

李泌到了陕州以后，有人见朝廷没对达奚抱晖采取什么行动，还以为朝廷不知道达奚抱晖的罪行，就单独向李泌禀告。李泌说："节度使更换肯定有一些闲言闲语，对这些话我都不想听。"这实际上是一种不追究的态度，那些跟随达奚抱晖谋反的人因此都放心了。李泌控制住陕州的局势后，就着手处理达奚抱晖的问题。李泌对达奚抱晖说："你犯了死罪，但是如果杀了你，以后再有这种叛乱的事朝廷就不能和平解决了。你先去祭奠一下节度使张劝，然后就逃命去吧，我保证你没事。"这样，李泌就把达奚抱晖放走了。

张劝被毒死后，朝廷经秘密调查查明，陕州共有 75 名将领参与了毒害节度使张劝的阴谋。在李泌从长安出发前，唐德宗把这 75 人的名单交给了李泌，命令他到陕州后要将这 75 人全部处死。李泌刚把达奚抱晖打发走，朝廷派来的使臣就来了，查问那些有罪的将领是不是被处死了。李泌对使臣说："达奚抱晖已经被我放了，其他那些将领就不必再追究。"但唐德宗后来又派使臣到陕州坚持要将那些将领处死。李泌只好把其中 5 名罪行最重的将领押送长安，并向唐德宗上书恳请唐德宗赦免这 5 个将领，但是唐德宗还是把这 5 个将领给杀了。

李辅国专权

"安史之乱"平定以后，唐玄宗李隆基从四川回到了长安，这时的李隆基已经是 70 多岁的老人了。李隆基回到长安后就住在兴庆宫。

历史关注

唐三彩是一种盛行于唐代的陶器，以黄、白、绿为基本釉色。

跟随李隆基出生入死的高力士、陈玄礼，李隆基的妹妹玉真公主等人陪在李隆基的身边，对李隆基问寒问暖，让失去了杨贵妃的李隆基略感欣慰。

以前李隆基亲自培养出来的歌舞艺人天天为李隆基表演歌舞，让李隆基开心。长安的民众对老皇帝也很怀念，路过兴庆宫的时候都高喊万岁，向李隆基叩拜。这让李隆基回忆起他以前的光辉岁月，凡是向他叩拜的百姓，李隆基都派人用酒肉招待，以表谢意。以前的老臣旧将，李隆基也叫他们到兴庆宫吃饭，共同回忆从前的岁月。李隆基在兴庆宫生活得很舒适，他打算在这里度过自己的余生。

不过天不遂人愿，李隆基在兴庆宫的生活，却引起了他儿子唐肃宗李亨的不满。本来长安只有一个皇帝，那就是唐肃宗。可李隆基回来之后，天天有人向李隆基高喊万岁，长安城一下子有了两个皇帝，这让李亨心里头很不高兴。李亨的这种心思被手下的宦官李辅国看出来了。李辅国是李亨手下的老臣，很受李亨的信任，掌握着禁卫部队的兵权。李辅国出身寒微，再加上他以前在宫中地位很低，李隆基手下的人以前都是他的上司，所以现在李辅国虽然当了大官，可李隆基的手下还像以前那样对他，很看不起他，对此李辅国一直都怀恨在心。现在看李亨有对李隆基不满的机会，李辅国就想借机报复一下李隆基的手下，同时也好借此增加自己的权势。

李辅国向李亨诬陷李隆基有对李亨不利的行为，建议把李隆基从兴庆宫迁居到皇宫内软禁起来。李亨虽然没答应李辅国建议，但也没有训斥李辅国，不置可否。李辅国见李亨没说话，就知道李亨心里是赞成的，就是嘴上不好说而已，于是就肆无忌惮地开始行动。

兴庆宫本来有 300 匹马，李辅国假借圣旨取走了 290 匹，只给李隆基留下了 10 匹。李隆基从这件事看出了些苗头，知道自己想在兴庆宫度过余生的计划行不通了。不久，李辅国就决定用武力逼宫。他首先向李亨请求采取行动把李隆基迁到皇宫里去，可李亨这时有些犹豫，下不了决心。这样一来李辅国就害怕了，他知道要是李隆基、李亨父子和好的话，自己就会作为离间皇帝父子感情的替罪羊首先被处分。想到这，他决定擅自采取行动。

李辅国首先以李亨请李隆基到皇宫游玩为由，骗李隆基到皇宫来。在李隆基到皇宫的时候，李辅国骑着马带着 500 名禁卫士兵携带武器把李隆基包围，强迫李隆基到皇宫内居住。李隆基本来听说儿子请他到皇宫玩，很高兴，就骑着马由老随从高力士领着到皇宫来了，可没想到却发生这种事。500 多拿刀拿枪的人一围过来，已经 70 多岁的李隆基被吓坏了，差点从马上掉下去。高力士对李隆基忠心耿耿，一看李辅国竟然敢这样，就怒斥李辅国："你怎么敢如此无礼。"就让李辅国下马。李辅国

迎玄宗图 唐 佚名

至德二载（公元 757 年）十月十九日，唐肃宗从凤翔起驾返长安，并派太子太师韦见素入蜀，奉迎玄宗。

中国大事记

没办法，只好从马上下来。高力士又对那些禁卫军士兵说："你们见到太上皇怎么不行礼？"士兵们只好都跪下向李隆基磕头，高喊万岁。高力士虽然镇住了局势，但也知道皇宫不去不行。为了能让李隆基能保持尊严，高力士让李辅国和他一起拉着马的缰绳，共同送李隆基皇宫里去。李亨听到父亲被强行搬离了兴庆宫，虽然心里不太好受，但也没说什么。

李隆基被迫搬到皇宫后，他的老部下高力士、陈玄礼等都被流放到地方，妹妹玉真公主也迁居到其他地方，以前跟随李隆基很久的宦官、宫女也都被赶走了，一下子真成了孤家寡人。李隆基很伤心，由于年老体衰，再加上受了这么大的刺激，生了重病，不久就去世了，享年 78 岁。李亨自从把父亲迁到皇宫后，一直对父亲心怀愧疚。看到父亲死了，知道都是自己害的，又难过又后悔。本来李亨就有病，到这时病更重了，无法料理政务，就把政务都交给太子李豫来管理，自己在宫中养病。可李亨没想到更大的打击还在后面。李亨的夫人张皇后，本来和李辅国是一伙的，共同把持朝政，可后来和李辅国有了矛盾，就想杀掉李辅国。可张皇后的计划被李辅国发觉，李辅国为了保命发动政变，杀死了张皇后。本来就重病在身的李亨受不了政变的惊吓，一命呜呼了。

李辅国拥立太子李豫做了皇帝，朝廷的大权都由李辅国掌握了。李辅国得意扬扬地对李豫说："天下的事都由我来处理，您坐着就行了。"李辅国得意得过了头，他的这番话让李豫愤愤不平，于是设计从他手中夺走兵权后，派刺客杀死了他。

郭子仪单骑见回纥

唐代宗时期，大将仆固怀恩因为对朝廷不满，联合吐蕃发动叛乱。猝不及防的唐王朝一时间连京师长安都丢了。在苦战夺回长安、打跑仆固怀恩后不久，唐王朝又接到情报，说是仆固怀恩联合吐蕃、回纥军队再次入侵，总兵力不下 10 万人，唐王朝朝野震动。为抵御仆

· 仆固怀恩叛乱 ·

唐将仆固怀恩是铁勒部人，曾在平定安史之乱中随郭子仪东征西讨，屡立奇勋。叛乱平定后，他受到朝廷猜忌，愤怨之下于公元 764 年起兵造反，与唐军几次大战均以失败告终。八月，仆固怀恩招引回纥、吐蕃军 10 万人攻唐，很快进逼彬州（今陕西彬县），京城告急。郭子仪严阵以待。不料仆固怀恩突然得急病，死于军中。他的部将药葛罗答应立即退兵，从而分化瓦解了联军。消息传出，吐蕃将领害怕唐军和回纥联合起来袭击他们，就连夜带着大军撤走了。至此，仆固怀恩叛乱被平定。

固怀恩的入侵，唐朝派汾阳王郭子仪担任军队统帅，镇守奉天（今陕西乾县）。

仆固怀恩和吐蕃、回纥联军逼近奉天后，唐军将领纷纷请战，被郭子仪严词拒绝，只是命令手下在奉天坚守。仆固怀恩看到唐军严阵以待，无机可乘，就不战而退了。这次进犯没有成功，仆固怀恩并不死心，又联合回纥、吐蕃、吐谷浑、党项等数个少数民族的军队共同入侵，总兵力达数 10 万，唐王朝再次派郭子仪统兵抵抗。仆固怀恩在入侵途中病死，其他少数民族军队因此烧杀一阵后就撤退了，只有吐蕃和回纥的军队一直向前进攻。

吐蕃名将尚结赞指挥 10 万骑兵到达奉天，准备对奉天的唐军发动进攻。吐蕃骑兵到奉天，营盘刚刚扎好，就遭到唐军的攻击。唐朝名将朔方兵马使浑瑊率二百唐朝骑兵冲入吐蕃的军营。浑瑊身先士卒，奋力冲杀，所向披靡，生擒吐蕃一员将领后撤回奉天，手下 200 名骑兵无一伤亡，奉天唐军因此士气大振。尚结赞恼羞成怒，率军向奉天发起进攻，唐军坚决抵抗。双方激战数天后，吐蕃伤亡惨重，不得不停止了进攻，撤回军营。浑瑊率唐军夜袭吐蕃军营，杀吐蕃士兵上千人。唐军在奉天共与吐蕃骑兵战斗 200 次，杀吐蕃骑兵 5000 多人，但由于吐蕃兵力强大，唐军始终无法将吐蕃击退，战

历史关注

安史之乱是唐朝由盛至衰的转折点，唐王朝的全盛时代从此结束。

争一直处于胶着状态。

这时老天帮了个忙，大雨连绵不绝地下了起来，吐蕃军队每天在水中宿营，无法生火做饭，被迫撤退。撤退途中吐蕃军队一路烧杀抢劫以发泄不满，唐军趁吐蕃军队忙于抢劫的时机，向吐蕃军队发动突袭，吐蕃军队惨败，被唐军一直追击到邠州（今陕西彬县）。

吐蕃撤退途中和回纥的军队联合在一起，再次进逼奉天。郭子仪命令唐军坚守，不得出战。郭子仪很清楚，唐军是依靠老天帮忙才把吐蕃击退的，现在敌人又增加一个回纥，一定很难对付。回纥骑兵骁勇善战，唐军以步兵为主，骑兵很少，这样一来就很难抵挡吐蕃和回纥骑兵的联合进攻，只有坚守以待时机才行。

郭子仪很快得到吐蕃、回纥闹矛盾的消息。由于以前军队是由仆固怀恩统一指挥的，仆固怀恩死后，吐蕃和回纥为争夺指挥权发生矛盾，本来驻扎在一起的军队都分开驻扎了。郭子仪知道吐蕃和回纥发生矛盾后，大为高兴，知道这是一个千载难逢的机会。如果能联合回纥共同抵抗吐蕃，那么局势就能得到根本扭转。于是他派人说服回纥和唐朝联合。回纥骑兵以前曾帮助唐朝平定过安史之乱，回纥的将军、酋长们以前都和郭子仪并肩战斗过，感情很深。他们本来以为郭子仪早就死了，现在听说郭子仪派来了使臣，都不相信，就对郭子仪的使臣说，郭子仪如果还活着的话就自己亲自到回纥来，这样才能谈。

郭子仪听完使臣的汇报，就决定亲自去回纥军营。元帅自己要到敌军军营去谈判，唐军的将领请求带兵保护，郭子仪没让。郭子仪的儿子郭晞拉住郭子仪的马不让他去，郭子仪对郭晞说："如果我们和回纥、吐蕃打，不但我们父子会死，国家也会灭亡。现在我去谈，如果成功了，国家就安全了，就是失败了，我也不愧为是唐朝的忠臣。"说到这，他用马鞭打郭晞的手说："走。"然后就独自骑马到回纥军营去了。

到回纥军营后，郭子仪让人通报说自己来了。回纥人都大惊失色。回纥统帅药葛罗怕是圈套，还严阵以待以防备刺客。郭子仪脱掉盔甲，穿着便服进入回纥的军营，回纥的将军、酋长都认识郭子仪，大家交头接耳地说："确实是郭子仪啊。"郭子仪抓住药葛罗的手责备他说："唐朝对回纥很好，可你们却和仆固怀恩一起进攻唐朝。我现在人来了，任你杀，我的将士会拼命保卫唐朝的。"药葛罗说："仆固怀恩骗我们说，唐朝皇帝死了，您也死了，中原一片混乱，这样我们才敢来。现在您在这，我怎么敢跟您打仗呢？"

郭子仪看回纥人很讲情义，就劝药葛罗和唐朝联合，共同消灭吐蕃。药葛罗说："我们被仆固怀恩骗了，和您打起来了，我们辜负了您。我们愿攻击吐蕃向您谢罪，仆固怀恩的儿子是我们可汗妻子的兄弟，希望您别杀他。"郭子仪答应了回纥的条件，双方结盟。郭子仪将3000匹彩绢送给回纥，回纥上下都很高

七子八婿满床笏　年画

因郭子仪功名显赫，寿高八十余岁，传说他诞辰之日，七子八婿及朝廷祝寿之臣，将笏板放满了一床。故此图题名"满床笏"。

中国大事记

公元764年，仆固怀恩起兵造反，与唐军几次大战均以失败告终。

兴。吐蕃听说了唐和回纥结盟的消息，连夜逃跑了。

逃跑的吐蕃军队被唐军和回纥骑兵追上，上万人被杀。等他们逃到泾州（今甘肃庆阳一带），又被追上，再次战败。此后好长时间，吐蕃军队都不敢入侵中原。

唐代宗除元载

元载是唐代宗时期的宰相。他很有才华，善于讨唐代宗的欢心，因此很受唐代宗的信任。唐代宗把朝廷的政事都交给元载去办，唐朝的朝政实际上是由元载控制的。

因为专权，元载得罪的人很多。他怕其他大臣在给皇帝的奏章中说自己的坏话，所以就向唐代宗上奏说："官员每天的奏章不可计数，让皇上十分劳累。奏报的事情应当先经过审核再向皇上报告，这样可以避免一些不必要的奏报。从今以后官员要是向皇帝奏报事情的话，都要先经主管官员审核，然后再由宰相审核，经这两级审核通过后再奏报给皇上。"唐代宗同意了元载的请求。

刑部尚书颜真卿上书唐代宗反对元载的提议，认为官员的上书等于是皇帝的耳目，必须直接上交皇上，不能由宰相审核。元载听说颜真卿上书反对自己后，很恨颜真卿，就把颜真卿流放到了地方。

元载向来非常自傲，自以为才华横溢，处理朝廷政事随心所欲。只要谁给元载的贿赂多，谁就能当大官，否则的话就会倒霉。吏部侍郎杨绾，专门负责官员的提拔、考核等工作。杨绾公正严明，从不受贿，被认为是最称职的吏部侍郎。可元载因为受了岭南节度使徐浩的贿赂，让徐浩担任了吏部侍郎，而把一个闲差分配给杨绾。徐浩贪污成性，他担任吏部侍郎后，吏部行贿受贿的风气很快盛行起来。因为元载能够决定自己的命运，人们都争着给他送礼，元载一时间气焰熏天。

元载的一个亲属来看他，希望他能给自己一个官做。元载知道这个亲属没什么才华，根本没法当官，就给这位亲属一封信，让他去见他家乡那里的节度使，然后就把这位亲属打发回去了。这位亲属在路上出于好奇把信封打开，想看看元载究竟给自己写了什么好话。令这位亲属没想到的是，信里面什么都没写，只有元载的署名。这位亲属没想到元载竟会这么无情，非常生气，可也不可能再回去找元载理论。没有办法只有抱着试试看的态度拿着这封只有元载署名的信去见家乡的节度使了。

当地的节度使没想到竟然会有人拿着元载的亲笔信来找自己，一下子受宠若惊，让手下的将军用大箱子把元载的亲笔信装好，以表重视，然后又在上等馆舍款待了元载的亲属，让他尽兴玩乐。临走的时候，当地的节度使还送给元载的亲属上千匹绢。由此，元载的势力可见一斑。

元载当宰相后越来越不像话，他和另外一个宰相王缙结为同党，共同贪污受贿。元载的妻子王氏和儿子元伯和、元仲武，还有王缙的弟弟、妹妹们，仗着这两位宰相的势力，也大肆接受贿赂。官员们要想升迁，都要结交元载、王缙的亲属，向他们送礼才行，否则就升不了官。

唐代宗李豫因为元载的所作所为已经侵犯了皇权，对他很不满意，但因为元载曾经立过大功，所以开始的时候还想给元载一个机会，希望他自己能改过自新。但元载我行我素，非但不改，反而变本加厉。唐代宗最后忍无可忍，就想除掉元载。

李豫想找人商议，又怕走漏了消息。想来想去，李豫想起了一个自己信得过的人，那人就是他的舅舅，当时担任左金吾大将军的吴凑。李豫想第一吴凑是自己的舅舅，不会出卖自己；第二吴凑掌握兵权，可以利用吴凑手中的军队执行抓捕元载及同党的任务，因此李豫就把吴凑找过来，跟他具体商定了除掉元载的事。

李豫先派人诬告元载和王缙图谋不轨，然后以此为借口，命令吴凑将元载、王缙和元载的亲信家人都抓了起来，并派吏部尚书刘晏和御史大夫李涵共同审理元载的案件。李豫坐镇

历史关注 | 自唐中宗年间起，朝廷开始在边镇设置节度使，作为常设的军事长官。

宫中，官吏询问元载等人什么话，都由李豫来定。元载知道自己罪孽深重，很痛快地承认了所有指控的罪行。

李豫赐元载在陕西万年县自杀，元载对负责来杀他的官员说："你快点让我死吧！"主管的官员笑笑说："死容易，不过你还要受点侮辱，这是上边的意思，你别怪我。"说完把自己的臭袜子脱下来塞到元载的嘴里，然后杀死了元载。宰相王缙本来也被赐自尽了，在吏部尚书刘晏的据理力争下，王缙被贬官下放到地方。元载的妻子王氏，儿子元伯和、元仲武、元季也被杀害，家产亦被没收。

理财专家刘晏

安史之乱使唐朝的社会经济遭受到极大的破坏。安史之乱后，唐朝又遭到周边的少数民族政权的入侵。战争连绵不绝，军费开支浩大，唐朝的财政极为困难。在这种情况下，唐朝派刘晏担任转运使，主管财政工作。在刘晏的努力下，唐朝的财政在极其困难的情况下得以正常运转。

刘晏认为，要办理好财政，首先在于如何使用人才。当时唐朝的政府工作人员主要分为两种：一种是通过科举考试进入官僚队伍的读书人；另一种是吏，是靠专业技术或者是世袭在政府工作的普通人员。刘晏对读书人和吏有很深刻的了解。他认为，读书人受儒家思想影响很大，都很重视自己的名声。另外，读书人有升迁的机会。要是读书人有廉洁的名声，那么他升迁速度相应也会加快。相反，要是读书人贪污的话，他的前途也就毁了，因此读书人大多清正廉洁。而吏则不同，吏是没有升迁机会的，即使吏清正廉洁，也不会有什么好处，所以吏大多有贪污行为。

基于这种想法，刘晏在人才使用上很有讲究。账目核对、出纳现金粮食等可能发生贪污行为环节，都委托读书人来办。而其他专业技术性工作，则委托吏来办理。这样人尽其才，又防止了腐败的发生。

在刘晏的管理下，唐朝的财政工作人员都兢兢业业，即使是出差到几千里以外办事，也都像在刘晏眼前一样，不敢违背任何的规章制度。

因为财政工作是个肥差，朝廷的权贵都安排自己的亲属到刘晏手下任职。刘晏一律答应权贵们的请求，至于薪俸的多少、升迁的快慢，也都随权贵们的心愿。但实际的财政工作这些权贵的亲属都不能接触。刘晏以后有名望的唐朝财政管理人员，大多都是他以前的部下。

唐朝前期的财政收入很大一部分来源于人头税，财政的好坏与人口的多少关系很大。安史之乱使唐朝的人口数量大量减少，从唐玄宗时期的 5000 余万人减少到只有 1700 万人。有鉴于此，刘晏认为，唐朝的财政根本好转取决于唐朝经济的恢复与人口的增加，因此他把百姓的疾苦作为财政工作的第一大事。

刘晏在全国各地设置知院官，将各地的天气情况和农业收成情况每月上报。如果农业丰收导致农产品的价格太低，国家就用高价收购农民手中的粮食，而在农业歉收时国家再以低

·太监·

中国自唐代开始，就有太监这个官职。古人常将"太"字写作"大"字。"大监"也写作"太监"。各种官府的主管都称"太监"，其下有少监、监丞。《辽史·百官志》载，辽代南面官诸"监"职名中，有"太监"之称，但在具体称呼上，仅称监，如太府监。元代的机构多有"太监"一官（如仪文监、典牧监、典室监、太府监等均设太监）。明代诸监不设此官，但在宦官统管的二十四衙门中专称某某太监，太监成为宦官的专称。清设总管太监为宦官首领，隶属于内务府。

也就是说，在元代之前，"太监"一词与宦官毫无关系。到明代，"太监"一词开始与上层宦官有所联系。清代以后，太监与宦官才成为同义语。

中国大事记 | 公元 780 年，唐德宗接受宰相杨炎的建议，实行两税法。

价将粮食卖给农民。对盛产手工业产品的地区，国家用粮食和农民交换手工业品，之后再运到那些农业丰收的地区卖掉。这样，国家既获得了利润，也保证了农民的利益。

以前，国家都是在各地发生水旱灾害之后才对农民进行救济。刘晏管理财政之后，命令各地的知院官对各地农业收成进行报告时，如果发现当地本年度可能会出现农业歉收的情况，要立即报告，并提供在什么时候应当免除赋税，什么时候应当给予救济的详细汇报。到了知院官汇报的应当免去赋税或给予救济的日子，刘晏就下令采取应有的措施。这样百姓就得到及时的救济，即使遭遇自然灾害，也能安居乐业了。

在刘晏执掌财政工作之初，唐朝的人口只有 200 万户，年财政收入只有 400 万缗。刘晏管理财政几年后，唐朝的人口增长到 300 万户，年财政收入增长到 1000 多万缗。

为增加财政收入，刘晏采取了多种办法使财政部分商业化。

唐朝当时实行的是食盐专卖制度，食盐的买卖由政府严格控制。食盐主要有海盐和河盐两种，海盐的买卖由刘晏负责。刘晏认为政府在盐的买卖主要应该进行监管，过多的干预到盐的买卖上不但不能增加收入反而会滋生腐败现象。刘晏只是在产盐地设置盐官，负责收购食盐，然后转卖给盐商，而其他地方以往设置的盐官全部撤销。有些地方距离产盐区较远，政府就把盐运到那里储存起来，如果因为盐商不来导致盐价昂贵，政府就以低价将盐出售给百姓。

在刘晏的经营下，百姓的日常用盐都有了保障，而政府也获得了好处。刘晏管理海盐之前，海盐每年的收入是 40 万缗。刘晏接受之后，海盐每年的收入增长到 600 万缗。而当时唐朝的河盐卖得比海盐贵，可由于管理不善，一年的收入只有 80 万缗。

刘晏同时兼管唐朝的漕运，负责由南方向京城长安运送粮食。刘晏认为从南方到长安，先后要经过长江、汴河、黄河和渭河，这些河的水位情况差距很大。因此，刘晏在各个河运输时分别使用不同的船只，选派得力的人员押送，每年向长安运送上千万升粮食，没有丝毫损失。

可惜的是，刘晏后来在政治斗争中被政敌诬陷致死，刘晏死后唐朝再也没有出现能与他媲美的理财专家。

颜真卿劝李希烈

颜真卿是唐朝时期著名的书法家，和书法家柳公权一起并称为"颜筋柳骨"，开创了一代书风。颜真卿不但字写得好，为人也非常正直，对朝廷忠心耿耿。

安史之乱时，河北各郡县纷纷向安禄山投降，只有颜真卿率先起兵反抗安禄山。当时的皇帝唐玄宗李隆基本来以为河北各郡县都投降了，得知颜真卿起兵的消息，非常高兴。李隆基说："我从没见过颜真卿，没想到他竟能这样。"在安史之乱中，因为效忠唐朝，颜真卿家族被叛军杀害的达数十人，可以说是满门忠烈。

从那之后，颜真卿备受朝廷的重用，被任命为唐朝的太师。因为颜真卿为人刚正不阿，一身正气，朝廷的奸臣很讨厌他。

唐德宗年间，奸臣卢杞当了宰相。为了能大权独揽，他就想把颜真卿排挤出朝廷。这时军阀李希烈造反，朝廷几次派兵征讨都不能取胜，唐德宗无计可施，就问卢杞怎么对付李希烈。卢杞借机对唐德宗说："李希烈年轻气盛，目中无人，他造反连他的手下都不敢劝。如果我们能派一个德高望重的老臣到李希烈那里去，向他说明归顺朝廷的好处和造反招致的灾祸，李希烈必定会向朝廷投降。颜真卿是三朝元老，刚正不阿，他去是最合适的了。"唐德宗听信了卢杞的话，就下诏书让颜真卿去劝降李希烈。李希烈造反是要当皇帝，怎么是派一个大臣劝降就行的呢？这不是让颜真卿送死吗？满朝的文武大臣都为颜真卿的生命安全担心。

历史关注

据清朝时所编的《全唐诗》统计，唐诗的作者有2200多人，诗歌48000多首。

大臣郑叔则对颜真卿说："你要去了肯定没有好结果，先别去，等我们再劝劝皇上，或许皇上会回心转意。"可颜真卿因为对唐朝忠心耿耿，不想违背唐德宗的命令，就对郑叔则说："皇上的命令，怎么能不执行呢？"颜真卿不顾他人的劝阻，毅然决然地上路了。

在上路前，颜真卿给儿子写信，托付后事，但只告诉儿子要祭祀祖先，照顾好被叛军杀害的家人的遗孤，没有说任何其他的事情。大臣李勉向唐德宗请求挽留颜真卿，并派人去追赶颜真卿，可惜没有追上。

颜真卿到达李希烈所在的许州（今河南许昌）后，还没等他向李希烈宣布朝廷的旨意，李希烈就派他的养子带1000多人将颜真卿团团包围。歹徒们对颜真卿肆意谩骂，拿着刀在颜真卿身上乱比划，大有要杀颜真卿的架势。颜真卿在乱刀环绕之下，毫无惧色，挺身而立，一步未动。李希烈为颜真卿的勇敢震动，下令手下不得放肆，并对颜真卿以礼相待。

李希烈本来想把颜真卿送回去，可是这时一个意外发生了。颜真卿在李希烈那里看到了一个叫李元平的人。李元平是唐朝的大臣，后来投降了李希烈。颜真卿痛斥了李元平的投降罪行，李元平恼怒之下就劝李希烈把颜真卿扣留下来。李希烈在李元平的劝说下改变了主意，把颜真卿扣留在许州。

李希烈造反以后，因为手下兵强马壮，各地其他反叛唐朝割据势力的头领朱滔、王武俊、田悦、李纳等人都派使臣到李希烈这里向李希烈称臣，劝李希烈称帝，与唐朝分庭抗礼。这些使者来了之后，李希烈就邀请使者们和颜真卿一块吃饭。使者们见到颜真卿都说："现在李希烈将军马上要做皇帝的时候，您到这里，这简直是上天给李希烈将军派来了宰相啊！"颜真卿怒斥这些使者说："你们知道怒骂安禄山壮烈殉国的颜杲卿吗？我告诉你们，那是我哥哥。我们颜家满门忠烈，是不会背叛朝廷的！"

看到颜真卿不肯投降，李希烈派10多名士兵在颜真卿所住的地方旁边挖坑，准备把颜真卿活埋。颜真卿镇定自若，去见李希烈，对他说："既然你决定杀我，何必搞那么多花样？现在就一剑砍死我，不是更痛快吗？"李希烈被颜真卿的气势镇住，连忙向颜真卿道歉，说自己没有杀他的心思。

李希烈的手下将领周曾、王玢、姚憺、韦清等人被颜真卿的大义凛然所感动，密谋奉颜真卿为主，反叛李希烈。不幸周曾等人的计划被李希烈发觉，周曾、王玢、姚憺被杀害，韦清逃走。从此李希烈加强了对颜真卿看管，并将其囚禁在龙兴寺。

唐朝荆南节度使张伯仪率军进攻李希烈，

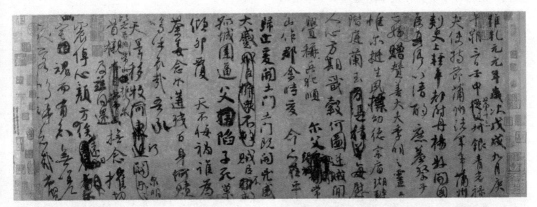

祭侄文稿　唐　颜真卿

此墨迹为颜真卿祭奠其侄子季明的祭文，全部情感、悲痛注于笔端，因而张晏评价道："告不如书简，书简不如起草。盖以告是官作，虽端楷为强约；书简出于一时之逸兴，则颇能放纵；而起草又出于无心，是其心手两忘，其妙见于此也。"

结果全军覆没，张伯仪连节度使的符节都丢了，只身逃走。李希烈把张伯仪的节度使符节和俘虏的唐军士兵给颜真卿看，意思让他屈服。颜真卿极为伤心，当场就昏了过去，好长时间才苏醒过来，从此以后颜真卿不再和人说话。

唐德宗兴元元年（公元784年），李希烈登基称帝，他手下将领辛景臻准备木柴，点上火后对颜真卿说："你要是不投降，就只有自焚。"颜真卿直接就向火堆走去，辛景臻本来是吓唬颜真卿，一看颜真卿不怕死，真的去自焚了，赶忙把颜真卿拦住。

但李希烈最终还是下令杀害了颜真卿。李希烈的弟弟李希倩被唐朝处死后，李希烈恼怒之下派宦官去处死颜真卿，颜真卿被绞死在蔡州（今河南汝南）。颜真卿死后不久，李希烈也灭亡了。

李晟兴复唐朝

唐德宗建中四年（公元783年），地方出现了叛乱，唐朝从各地调集军队到长安集结，准备镇压叛乱。可没想到祸起萧墙，甘肃的军队到达长安后因为对朝廷的待遇不满，鼓动当时在长安闲居的唐朝将领朱泚发动兵变，把唐德宗赶出了长安。唐德宗逃出长安后躲到了奉天，朱泚为了斩草除根，率兵进攻奉天。坚守奉天的唐军并不多，在叛军的猛攻下，奉天险象环生，一时间唐王朝到了灭亡的边缘。

当时唐朝名将李晟正在外地养病，得知唐德宗处境危险的消息后，马上决定到奉天去解

骑兵和马 唐

救唐德宗。可李晟当时养病的地方也遭到叛军的进攻，形势比较危急。当地的节度使张孝忠想留李晟帮他抵抗叛军，不想让他去奉天。李晟为了能去奉天，不但让自己的儿子娶了张孝忠的女儿，还向张孝忠身边的亲信送礼，让那位亲信游说张孝忠。在李晟的百般努力下，最后张孝忠终于答应放李晟去奉天，并让手下大将杨荣国率600名士兵跟随李晟一同前往。这样，李晟就带着只有600人的唐军部队去救援奉天。

李晟指挥部队一面前进，一面招兵买马。因为李晟是唐朝名将，威望很高，所以人们纷纷去投奔李晟。不到一个月，李晟的军队就从600人扩大到1万多人。

李晟率领军队到达奉天的时候，其他各路唐军也到达了奉天，其中大将李怀光指挥的唐军实力最为强大。朱泚不敢决战，带兵撤回长安。李晟见朱泚逃走，决心乘势进攻长安，消灭朱泚，可大将李怀光这时却有了其他想法。他看到唐德宗现在流落到奉天，手下军队不多，而自己手下兵强马壮，不由得萌发了野心，想趁机夺取唐朝政权。李怀光觉得忠于唐朝的李晟指挥的上万唐军是他夺权的最大障碍，就向唐德宗请示，以统一指挥为由，要求李晟的军队由自己统一指挥，唐德宗答应了李怀光的要求。李晟的军队因此和李怀光的军队驻扎在一起。

李怀光的士兵天天抢劫，而李晟的士兵秋毫无犯。李怀光的士兵们抢来的东西不敢独占，就想把其中一部分给李晟手下的士兵，可李晟手下的士兵没有一个敢接的。李晟发现李怀光图谋不轨后，为了防止自己的军队被李怀光吞并，就将军队驻扎到其他的地方，并向唐德宗报告李怀光谋反的企图。唐德宗为了安抚李怀光，便对李怀光加官晋爵，可李怀光还是谋反了。不过，李怀光没想到他手下的绝大部分士兵都被李晟所折服，在他谋反后都投奔了李晟。李怀光众叛亲离，只好带着少数亲信逃走。李晟指挥的唐军吸收了李怀光的部队后，变得更加强大了。李晟见手下兵力充足，就决定反攻长安，

历史关注 | 骆宾王与王勃、杨炯、卢照邻合称初唐四杰。

消灭朱泚。

李晟带兵进攻长安之前，与手下将领商议如何进攻长安。有人建议先占领长安外城，然后夺取市区，最后占领皇宫，这样可以把在长安的叛军一网打尽。李晟经深思熟虑后否决了这个建议，对手下将领说："长安市区道路狭窄，如果叛军利用地形跟我们进行巷战的话，我们不但要造成很大的伤亡，还会误伤百姓，使千年古城毁于一旦。现在叛军主力都驻扎在长安北部的西内苑，我们不如突袭那里。如果能击溃叛军主力的话，他们必然会放弃长安，这样虽让不能彻底消灭叛军，但可以确保长安城安然无恙。"将领们都赞成李晟的建议，各路唐军会师后向西内苑挺进。

朱泚派手下骁将张庭芝、李希傅带兵迎击唐军。李晟正欲寻找叛军主力决战，这时看到叛军竟然送上门来了，大为高兴，命令唐军立即出击。唐军锐不可当，一天之内，三破叛军。在唐军的强大压力下，叛军的军心动摇。晚上唐军宿营的时候，听到叛军营地里到处都是哭声。

第二天，唐军乘胜发动进攻，在击退叛军阻击后到达西内苑。西内苑是皇帝打猎的地方，四周都有很高的院墙。在进攻的前一天夜里，李晟已经就派人把墙扒开了几百米。可唐军到苑墙的时候，发现事前扒好的缺口已被叛军用树木挡住，叛军隔着树木用箭猛射唐军，唐军

不能前进。李晟大怒，对唐军的将领们说："要是再过一会儿还不能突破叛军的防线，我把你们全部斩首。"唐军的将领被吓坏了，争先恐后向叛军发动进攻，迅速突破了叛军的防线，叛军主力被击溃，但仍有部分叛军顽抗，并有数千名叛军骑兵绕到唐军后路偷袭唐军。李晟率部苦战，连续十几次冲锋，终于将叛军击退，朱泚最后率叛军狼狈逃出长安。

朱泚逃走后，李晟下令唐军进入长安，并命令不得侵害百姓，凡违抗军令的一律斩首。先后有几名将领因为违反军令被杀，唐军士兵都被吓得大腿发抖，没人敢犯法。唐军是在夜里进入长安的，由于没有惊动百姓，很多都是在第二天早晨起来时才知道唐军已经进城了。朱泚后来在逃亡途中被杀，唐德宗时期最严重的政治危机被李晟化解了。

永贞革新

唐德宗末年，政治腐败，民不聊生。唐德宗时期的弊政很多，其中为害百姓最深的是宫市和五坊小儿。

宫市是指朝廷向老百姓采购皇宫的日用品。与其他朝代皇室的日用品由专门地方生产不同，唐朝皇室的日用品是在市场采购的。在唐朝前期，宫市由朝廷的官员负责，朝廷的官员根据皇室的需要，按照货物的价格在市场采购皇宫的日用品。因为皇室每天的日用品需求量很大，所以老百姓在宫市中不但没有受害，反而受益不少。可到了唐德宗时期，宫室的负责人改由宦官担任。宦官们发现宫市是一个发财的好机会，便以宫市为借口掠夺人民的财富。从此宫市逐渐走形，变成了人民的噩梦。

长安是当时世界上最繁华的城市之一，商业非常发达。长安的住宅区和商业区截然分开，其中商业区主要有两个——东市和

唐长安城
位于今陕西西安。这段城墙为明代修建，南城墙部分建在唐长安皇城墙基上。

中国大事记 | 公元806年，白居易作《长恨歌》。

西市。全国各地，乃至海外的商品都能在这两个市场看到。东市、西市有特定的开门和关门时间，每天营业的时候，人流熙熙攘攘，热闹非凡，可宫市将这一切都改变了。

宦官担任宫市负责官员后，在东市、西市内派驻几百人，四处张望哪有好东西卖，这些人被长安人称为"白望"。"白望"们发现哪有好东西卖，就到卖东西那里说自己是宫里派来买东西的。"白望"们从来不拿出任何身份证明，老百姓也分不清是真是假。但因为惧怕宦官的权势，没人敢不卖，也没人敢跟这些"白望"讲价，所以"白望"常用一百文钱就能买几千文的东西。

后来"白望"们变本加厉，连钱都不用了。他们把皇宫里的旧衣服染上红色、紫色等颜色冒充新衣服，然后用这些不值钱的东西来交换百姓们手里商品。"白望"不仅向百姓索要商品，还向百姓索要将这些商品运进宫的路费。有的百姓早晨带着货物到市场去卖，碰到"白望"之后，财务被勒索一空，最后只好空手回家。宫市发展到后来已经变成对人民赤裸裸的抢劫。

· 两税法 ·

唐后期实行的赋税制度。由于土地兼并严重，均田制和租庸调制无法继续实行。为了解决财政上的困难，公元780年，唐德宗接受宰相杨炎的建议，实行两税法。它的主要内容是：（1）"以资产为宗"，即按土地、财产的多少来确定应纳税额。（2）"费改税"，把当时混乱繁杂的税种和各类收费合并统一起来，归并为户税与地税两种。（3）"以征收货币为主"，两税法以征收钱币为主。规定除田亩税以谷物形式交纳外，其他一律折合成钱币交纳。（4）"统一征收时间"，两税法规定每年纳税时间分夏秋两季。两税法的实行，使唐政府的收入增多了，但地主把赋税转嫁给农民，农民所受的剥削更重了。

宫市变形以后，商家凡是有好的货物都藏起来，不敢拿出来出售。每当朝廷的宫室人员到市场的时候，所有的商家都关门停业，就连卖豆浆、卖烧饼的小贩都收摊歇业。曾经有一个农民用驴驮着木柴到市场贩卖，一个"白望"发现后就用几尺绢换了农民的木柴。农民虽然不愿意，但也没有办法。可"白望"得到木柴后并不满足，还要把驴赶走。这驴是农民唯一的财产，看到"白望"要把他唯一的财产夺走，农民痛哭流涕，把刚才"白望"给自己的绢又给了"白望"，让他放过自己。可"白望"不肯接，对农民说："我要的是你的驴。"农民哭着说："我上有父母，下有妻儿，他们都等着我卖柴后买米下锅，现在你不仅把木柴拿走了，还要拿走驴，这是逼我去死啊。"农民忍无可忍，把这个"白望"痛打了一顿，因此被抓进官府。在舆论的压力下，朝廷下令把农民放了，将强行索要农民驴的"白望"免职，并赐给农民20匹绢，可宫市制度并没有改变。

五坊小儿是指皇宫中专门为皇帝饲养鸟雀的人，他们也借着特殊的身份对百姓横征暴敛。这些五坊小儿以捕捉鸟雀为名在路上张网，谁要是碰到了网就诬蔑谁对皇帝不敬，借机勒索钱财。五坊小儿后来发展到在老百姓的家门口张网，或者在公用水井上张网。老百姓回家或者去公用水井打水，他们就对老百姓说："不要惊动了供奉的鸟雀。"结果百姓连家都没法回，连水都喝不上，只好掏出自己的血汗钱求这些人离开。

五坊小儿到饭馆吃饭从来不掏钱，饭店的主人知道他们的身份，也都不敢要钱。有不知道他们身份的饭馆主人向他们要钱，经常遭到五坊小儿的毒打。五坊小儿有时还会在饭馆留下一袋蛇来充当自己的饭钱，在留蛇的同时交代饭店主人说："这蛇是我们用来当鸟雀诱饵的，你好好养，别让蛇渴着饿着，否则拿你是问。"常常是饭馆的主人苦苦哀求后，五坊小儿才肯把蛇拿走。

唐顺宗早在当太子的时候，就对宫市、五坊小儿等就深恶痛绝。即位后，唐顺宗在大臣王叔文等人支持下，将这些弊政全部废除。同时，王叔文等人对唐朝的政治进行了大规模的革新。这次革新因为发生在唐朝永贞年间，所以又被称为"永贞革新"。但因为"永贞革新"侵犯了宦官的利益，唐顺宗不久就被迫让位给太子唐宪宗李纯，王叔文被杀害，"永贞革新"最后以失败告终。

李愬雪夜入蔡州

唐朝中晚期，各地地方军阀拥兵自重，不服从朝廷。唐宪宗李纯即位后，致力于扫平各地的割据势力，振兴唐王朝。

当时对唐王朝的威胁最大的是蔡州（今河南汝南）的军阀吴元济。蔡州位于唐王朝的核心地带，吴元济在这里割据，使唐王朝有了腹心之患。为了消灭吴元济，唐宪宗李纯多次派兵征讨，但由于蔡州军队骁勇善战，唐军屡战屡败。唐朝前线指挥官袁滋被吴元济吓破了胆，就违抗朝廷进剿蔡州的命令，不但不敢再进攻蔡州，反而在蔡州军队反攻的时候私下向蔡州求和。朝廷得知袁滋在前方的情况后，于唐宪宗元和十一年（公元816年）派李愬接替袁滋负责进取蔡州。

唐军在以前进攻蔡州战斗中伤亡惨重，都被蔡州军队打怕了，看李愬来了，以为又要打仗，将士们都忐忑不安。李愬对将士们说："皇上因为我这个人很懦弱，所以派我来安定这里的局面，打仗不是我的任务，大家不用担心。"这下将士们的心才安定下来。

李愬在前线训练部队，养精蓄锐，等待进取蔡州的时机。而吴元济因为连续几次打败唐军，骄傲自满，再加上李愬也没什么名气，就没把李愬放在眼里，对李愬没有什么防备。

蔡州军队将领丁士良到前线抓俘虏，结果和唐军的巡逻部队遭遇，被唐军生擒。丁士良曾多次打败唐军，所以唐军将士都请求李愬下令用丁士良的心来祭奠烈士。李愬派手下人把丁士良押过来，告诉丁士良唐军将士要用他的心来祭奠烈士。丁士良听了李愬的话面不改色，面对死亡的威胁毫无所动。李愬被丁士良的勇气感动，就下令把他放了。丁士良有感于李愬不杀之恩，投降了李愬。李愬立即任命丁士良担任与其在蔡州时同等的官职。

丁士良向李愬建议说："吴元济手下将领吴秀琳带3000军队驻扎在文城栅，防卫蔡州的外围，必须首先消灭他们。吴秀琳全依靠手下将领陈光洽打仗，只要抓住了陈光洽，吴秀琳就会不战而降。陈光洽有勇无谋，我可以把他从城中引诱出来，将他生擒，这样就可以打下文城栅了。"李愬于是派丁士良去抓陈光洽。

丁士良用计将陈光洽生擒，吴秀琳一看自己的依靠没了，再抵抗下去也没什么好处，就带兵向李愬投降。李愬来了以后，抓了丁士良、陈光洽，招降了吴秀琳，唐军的士气大振。李愬问吴秀琳进取蔡州的办法，吴秀琳说："要想占领蔡州，必须抓到李祐。"

李祐是蔡州军队的名将，智勇双全。李愬听了吴秀琳的话后，就派人用计生擒了李祐。李祐曾经杀害过很多唐军将士，所以唐军将士

王建《赠李愬仆射》诗中记叙了夜袭蔡州城时风雪交加、人马息声的行军场面，从这组唐骑兵蜡像可以想见当时的情景。

中国大事记

公元817年，大将李愬夜袭并攻克淮西蔡州（今河南汝南），长期割据的淮西镇自此归顺。

都争着要杀了他。李愬坚决阻止了将士们的激愤行为，对李祐以礼相待，向李祐询问进攻蔡州的计略。李祐因为受到李愬的礼遇，十分感动，全力帮李愬策划进攻蔡州的计划。唐军将士都很不高兴，天天向李愬说李祐的坏话。李愬怕将士的怨言传到朝廷，会对李祐不利，就秘密向唐宪宗李纯报告说："如果杀了李祐，那么蔡州也就拿不下来了。"李纯特别下旨赦免李祐，这样唐军的将士才不敢再说什么。

李祐向李愬提议说："蔡州军队的主力布置在外围，而蔡州城兵力空虚，我们可以乘虚而入。等蔡州外围军队赶回来的时候，吴元济已经被我们生擒了。"李愬很赞同李祐的提议，就秘密做好了突袭蔡州的准备。

唐宪宗元和十二年（公元817年）九月十五日，李愬命令李祐带三千敢死队员为先头部队，自己率三千军队作为中军；将军李进城带三千军队垫后，总共九千唐军向蔡州进军。

军队出发的时候，将士们都不知道要去哪，李愬只是下命令说："向东方行军六十里。"十五日晚上，唐军到达蔡州的张柴村，将戍守这里的蔡州军队全部消灭。唐军在张柴村稍事休整后，李愬留1000名军队留守，然后就带着八千唐军继续着向蔡州进发。李愬手下的将领这时都忍不住了，都问李愬："我们现在这是要去哪？"李愬这时才告诉大家这次行动的确切目标："我们现在去蔡州活捉吴元济。"将领都大惊失色，但军令如山，不能违背，大家只好向前进发。

这时天下起了雪，北风怒号，唐军在雪地里缓慢地前进。到了深夜，雪更大了，唐军顶风冒雪，艰难地行进了七十里，终于到达蔡州城下。自从蔡州反叛唐朝以来，唐朝军队已经有30年没有到这里了，蔡州人做梦也没想到唐朝军队竟然已经兵临城下了。蔡州城外有养鸭、鹅的池塘，李愬让手下去赶那些鸭、鹅，借鸭、鹅的声音掩盖军队的脚步声。看到蔡州丝毫没有防备，李愬身先士卒，带兵登城。守城的蔡州士兵还在熟睡，就被唐军全部杀死，唯有打更的人被留下了，李愬命令他照常打更。

唐军先头部队占领城墙后打开城门，主力进入蔡州。而这时蔡州人对唐朝军队的到来仍然一无所知，唐军顺利地进入了蔡州城区。当吴元济得知唐军到来的消息时开始还不相信，这时李愬向手下下达命令，喊"是"的有上万人，吴元济才恐惧地说："这是一个什么将领啊，竟然能来到这里。"吴元济忙带人抵抗李愬，但大势已去，最后被迫向李愬投降，得知蔡州被占领的消息，外围的蔡州军队土崩瓦解，也都向唐军投降。为患唐朝30年的蔡州叛乱被平定。

韩愈谏迎佛骨

佛祖释迦牟尼涅槃火化后的遗骨被称为佛骨，也叫舍利子，佛骨是佛教中至高无上的宝物。佛教传入中国后，佛骨随之也传到中国，但由于佛骨数量很少，中国只有长安的法门寺拥有释迦牟尼的一个指骨。

唐朝的时候，佛家在中国极为盛行，皇帝带头信仰佛教。为了表示对佛家的尊崇，唐朝皇室多次举行了迎奉佛骨的活动。迎奉佛骨指的是将佛骨从法门寺迎到长安城内进行供奉。迎奉佛骨是唐朝时期的宗教盛事，一共举行过7次。唐宪宗李纯信仰佛教，因此在他统治期间也举行了一次迎奉佛骨的活动。

唐宪宗元和十四年（公元819年）派宫人将佛骨迎至长安，在皇宫内供奉3天后，又分别由长安各大佛教寺庙分别供奉。迎奉佛骨的盛事震动了整个长安，上至王公贵族，下至平民百姓，都蜂拥前往寺庙参拜佛骨。为了表示虔诚，有人将自己全部财产布施给寺庙，有人

韩愈书法

历史关注

在头上和手臂上点香供奉。

中国知识分子长期受儒家影响，对宗教一直怀有恶感，佛教的兴盛引起当时他们的不满。当时担任刑部侍郎的韩愈就向唐宪宗李纯上书，痛斥佛教。韩愈在上书中说："佛教是外国的法术，中国以前并没有佛教。佛教是在东汉明帝的时候传到中国的，佛教传入后不久东汉就灭亡了，从此中国战火连绵，民不聊生。南北朝的时候，各个朝代对佛教都比较尊崇，结果这些朝代的寿命都不长。只有梁武帝萧衍执政48年，萧衍信仰佛教，曾经3次出家为僧，最后因为国家发生叛乱被活活饿死。本来供佛求福，可供佛的结果是招来了祸患。从这些事实来看，佛是不足以相信的。"

法门寺鎏金银质真身菩萨像　唐

列举完历史的事实后，韩愈又指明了皇帝带头信仰佛教的危害，韩愈说："百姓们愚昧无知，不知道佛教是好是坏。百姓要是看到连皇帝都这么信仰佛教，自然会说：'连皇帝都信仰佛教，何况我们呢？'这样对百姓会起误导作用。"

随后，韩愈又用儒家思想对佛教进行了批判，韩愈说："佛（释迦牟尼）是外国人，不宣扬中国人自古以来遵从的礼义道德，不穿中国人服装，不知道君臣之间的大义、父子之间的恩情。就是佛现在还活着，奉他本国的命令来到长安，皇上您答应见他，也只应该在皇宫见他一面，款待一下，赐他一件袈裟，然后把他打发回国，让他不再妖言惑众。"

最后，韩愈对唐宪宗李纯迎奉佛骨的行为进行了猛烈的批判，韩愈说："陛下现在把佛的骨头迎接到皇宫里来供奉，我真是感到羞耻啊。皇上您应该把佛骨交给有关部门处理，让有关部门把佛骨投到水火之中，让它彻底消失，这样天下人才知道皇上的圣明。如果佛真有灵能够降祸，就由为臣我来承担。"

正沉浸在迎奉佛骨活动之中的唐宪宗李纯看到韩愈的奏章后勃然大怒，准备杀了韩愈。幸亏宰相裴度、崔群为韩愈求情说："韩愈这个人虽然狂妄，但他所说的话都是发自赤诚的，皇上您应该宽恕他。"由于大臣们的求情，韩愈免于一死，被贬到广东潮州担任刺史。

当时的潮州属于很偏僻的地方，韩愈忠心进谏，却落得个贬官的下场，心里很伤心。韩愈的侄孙韩湘得知韩愈被贬官，就从外地来看韩愈，在陕西蓝田见到了正在去潮州路上的韩愈。

韩愈见到亲人很是激动，挥毫写下了传颂千古的诗篇《左迁至蓝关示侄孙湘》："一封朝奏九重天，夕贬潮阳路八千。欲为圣明除弊政，敢将衰朽惜残年！云横秦岭家何在？雪拥蓝关马不前。知汝远来应有意，好收吾骨瘴江边。"

韩愈在潮州只当了8个月的刺史就被调回了，可韩愈在潮州的8个月却彻底改变了潮州。潮州本来是一个很落后的地方，识字的人很少。韩愈到潮州之后办的第一件事就把潮州的学校建立起来。尊师重道的风气在潮州盛行开来，以前的蛮荒之地变成了岭南的文教胜地。

韩愈因谏迎佛骨被贬职是他的不幸，但这对潮州人民来说却是一件幸事。

朋党之争

唐朝穆宗年间，围绕着一次科举考试，唐朝官僚队伍内部发生了一场纠纷。

这次科举考试由右补阙杨汝士与礼部侍郎钱徽主持。为了能让自己的亲属通过考试，西川节度使段文昌和翰林学士李绅都给钱徽写信，嘱咐他照顾自己的亲属。等科举考试成绩出来以后，段文昌和李绅都十分意外，他们的亲属没有一个考中的。相反，考中的人分别是宰相郑覃的弟弟郑朗、宰相裴度的儿子裴譔、

中国大事记

公元 820 年，宪宗被宦官毒杀，各藩镇变乱重起。

中书舍人李宗闵的女婿苏巢，还有杨汝士的弟弟杨殷士。

主考官显然是没把段文昌和李绅放在眼里，把名额给了官更大的人的子弟了，这让段文昌和李绅极为愤怒。段文昌向唐穆宗检举说："这次科举考试中录用的人没有什么真才实学，都是靠关系才考上的。"唐穆宗听了段文昌的检举，就向翰林院的学士们问那些通过科举考试的人究竟怎么样。因为中书舍人李宗闵曾经在奏章中弹劾过自己的父亲，翰林学士李德裕很痛恨李宗闵，而翰林学士元稹也和李宗闵有些嫌隙，所以在唐穆宗问翰林学士意见的时候，李德裕、元稹和李绅都说段文昌说得对，那些人确实没什么真才实学。唐穆宗听了翰林学士的话，就下令重考，将郑朗、裴譔、苏巢和杨殷士等人的资格取消，并把主考官杨汝士、钱

朋党之争图

唐代党争既有传统士族与庶族斗争的一面，又混杂了大官僚地主阶级之间的斗争。争斗中两派又援引宦官做靠山，得势后便大力排挤政敌，从而演变成为掌权而进行的互相倾轧，结果进一步加深了统治危机。

徽和李宗闵都贬官下放到地方。

这样一来，朝廷官员因为这次科举考试有人利益受损，有人得利，矛盾激化了。李宗闵和李德裕本来关系就不好，到这时更是水火不容。为了打击对方，两个人都拉帮结派，组成自己的小团体，对对方百般攻击。古代把官僚为自己利益组成小团体称为朋党，所以李德裕和李宗闵之间的争斗被称为朋党之争。因为李宗闵团伙中的牛僧孺地位和李宗闵不相上下，李宗闵死后团伙又由牛僧孺领导，所以两个团伙之间的朋党之争又被称为"牛李党争"。

牛僧孺刚开始在朝廷担任户部侍郎，很受唐穆宗的器重。当时有一个大臣为了升官向很多人行贿，事发后他的行贿名单被朝廷得到。行贿名单上列满了朝中的大臣，其他大臣的名字下都写了送了多少钱，只有牛僧孺的名字下写着："某年某日，送给牛僧孺一千万钱，牛僧孺不收。"唐穆宗看到后非常高兴，对手下人说："我果然没有看错人。"牛僧孺因此被任命为宰相。

当时李德裕在朝廷政绩卓著，大家都认为宰相应该由李德裕来做，可牛僧孺却做了宰相。李德裕不仅没能做宰相，还被下放到地方任职，8 年也没有升迁。李德裕认为是牛僧孺排挤自己，对牛僧孺心怀怨恨。李宗闵趁机和牛僧孺联合，共同对付李德裕，将李德裕的同党都赶出了朝廷。

唐文宗年间，李德裕被任命为西川节度使，负责在四川抵御吐蕃和南诏的入侵。李德裕去之前，四川屡次遭到南诏的侵犯，民不聊生。李德裕到四川后走遍四川的山山水水，查看地形、整顿军备、训练士卒、修建工事、屯集粮草，使四川的边防局势有了很大的改观。

吐蕃维州守将悉怛谋率领所部向李德裕投降，李德裕趁势占领维州（今四川理县），并请求朝廷允许他带兵进攻吐蕃。唐文宗召集朝廷官员共同商议李德裕的建议，其他大臣都赞同李德裕的建议，只有牛僧孺反对。牛僧孺对唐文宗说："现在唐朝和吐蕃和好，不能背弃合约。另外，吐蕃实力强大，一旦开战，对唐

朝百害而无一利。"唐文宗被牛僧孺说动，下令李德裕把维州归还给吐蕃，并把悉怛谋和他的手下送归吐蕃。吐蕃在唐朝和吐蕃交界的地方以极为残忍的手段将悉怛谋等人杀害，李德裕眼睁睁看着悉怛谋等人被杀却无能为力，对牛僧孺更加痛恨了。

牛僧孺当宰相期间，因为对反叛的藩镇姑息迁就让皇帝唐文宗十分不满，被迫辞去宰相到地方任职，李德裕被升为宰相，而李宗闵当时也在朝中担任宰相。李宗闵和李德裕在朝中各带手下，互相排挤，把朝廷搞得乌烟瘴气。

当时，河北地区有地方割据势力反叛唐朝，朝廷里有朋党之争，唐文宗很发愁，认为朋党之争比河北的反叛更难对付。唐文宗常说："消灭河北的叛贼很容易，可要想根除朝廷中的朋党就太难了。"李宗闵和李德裕的争斗结果是两败俱伤，两人都被贬出了朝廷。李宗闵被贬为潮州刺史，被派到潮州任职。而李德裕被贬不久就靠行贿宦官又当上了宰相。

唐文宗死后，唐武宗即位，李德裕更受信任，牛僧孺、李宗闵及其手下都被贬官到了边疆。不过唐武宗死后，唐宣宗即位，李德裕的厄运来了。唐宣宗向来就讨厌李德裕，上台后马上就将李德裕免职，把他贬到了海南岛，牛僧孺、李宗闵等人又被召回朝廷。不过李宗闵还没回朝廷就死在了自己被贬官的地方，牛僧孺回到朝廷后也很快就去世了。李德裕一直没有被调回朝廷，最后死在了海南岛。

中兴名臣裴度

唐王朝在安史之乱以后日益衰落，社会问题和政治问题尖锐。在唐王朝面对的诸多问题中，最为严重的就是藩镇割据的问题。

藩镇割据的问题是从安史之乱时开始出现的，当时由于唐朝无力将参与安史之乱的叛军全部消灭，所以只好委任那些叛军的将领为掌握一方军政大权的节度使，暂时安抚他们。当这些叛军将领死后，节度使的位子就由前节度使的儿子和部将接任，唐朝政府虽然曾经试图

干预，但由于军队腐败无能，最后也只好被迫承认了那些新任节度使的合法性。结果，唐王朝内部出现了很多地方藩镇割据势力。他们名义上是归属于唐王朝，可实际上是独立王国，唐朝根本无法干涉他们的内部事务。藩镇之间以及藩镇和中央之间的战争不断，社会经济受到很大破坏，唐朝也日益衰落。

唐朝的藩镇割据现象在唐宪宗时受到了一定程度的遏制，唐朝一时出现了中兴的局面，因为唐宪宗的年号是元和，这次中兴被称为"元和中兴"，而帮助唐宪宗实现"元和中兴"的人就是唐朝的名臣裴度。

唐宪宗即位后，下令唐朝军队讨伐各地的割据势力，在消灭了几处藩镇割据势力后，集中力量讨伐淮西、成德和淄清3处割据势力。在唐朝大兵压境的压力下，丧心病狂的藩镇割据势力竟然想出了刺杀朝廷主战派大臣的主意，意图通过这种手段来阻止唐朝平定藩镇的行动。

当时朝廷中主战派大臣的代表是宰相武元衡和中丞裴度。刺客在长安刺死宰相武元衡后，又在裴度上朝途中狙击裴度。裴度被刀砍中头部，跌到路边的水沟里。幸亏那天裴度带的毡帽很厚，才幸免于难。裴度的仆人王义为了保护裴度不顾危险抱住刺客大声呼救，被刺客砍断了双臂。

这次刺杀事件震惊了整个朝野，有些大臣被刺客的刺杀行为吓倒，竟然建议唐宪宗罢免裴度的官职，以安抚叛乱的藩镇。唐宪宗听后勃然大怒，对他们说："要是罢免了裴度，那些的刺客的目的就达到了。我用裴度，足以平定那些叛乱的藩镇。"

裴度受伤很重，卧床不起达一个月之久。为了保护裴度，唐宪宗专门派军队把守裴度的宅第。他对裴度的伤势也非常关心，几乎每天都派人到裴度那去询问他的伤势。裴度的伤势一好，唐宪宗马上任命裴度为宰相，并向他询问讨伐藩镇的事宜。裴度对唐宪宗坚定地表示："3处叛乱的藩镇中，淮西藩镇就在中原，是大唐的腹心之患，不能不除。现在其他藩镇都

中国大事记 | 公元821年，唐和吐蕃会盟，史称长庆会盟。

在观望朝廷的行动，如果朝廷不能除掉淮西藩镇，那么后果不堪设想。"唐宪宗对裴度的见解深表赞同，就决定把讨伐藩镇的事交给裴度统筹。

唐朝曾因为害怕大臣串通谋反，严禁大臣在家中会客。到这时，裴度向唐宪宗建议说："现在用人之际，需要广招各地人才，希望能解除禁止大臣会客的禁令。"唐宪宗于是解除了禁令。裴度在宰相府广招人才，积极做平定藩镇割据势力的准备。

唐朝为了集中力量，停止了对其他割据势力的讨伐，集中力量对付淮西割据势力。唐朝讨伐淮西割据势力的战争由于唐军的腐败无能久拖不决，一直持续了4年时间。

长期的战争几乎将唐朝的国力耗尽，由于马匹都被征为军用，民众只得用驴来种地。面对严峻的形势，唐宪宗的信心也有所动摇，就向宰相们征求意见，是否将战争继续进行下去。其他宰相都争相向唐宪宗表示长期作战也不能成功，应该马上停战，只有裴度表示要亲自前往前线督战。唐宪宗十分高兴，亲自为裴度送行。

临行前，裴度对唐宪宗说："叛贼一天不除，我一天不回朝廷。"唐宪宗被裴度的壮志感动，激动得热泪盈眶。以前的时候，唐军的军队都由宦官担任监军，军队的大权掌握在宦官手里。将领如果立功了，功劳就被宦官抢去；如果战败了，责任又被宦官推到将领的身上。唐军长期没有战功，很大一部分原因就在于此。裴度到前线后，就请奏唐宪宗将监军全部取消。从此以后，唐军将领的才能有了充分的发挥，军事形势很快得到了扭转。

大将李愬决心带兵偷袭西叛军的根据地蔡州（今河南汝南），向裴度请示。裴度很赞同李愬这一大胆举动，批准了李愬的计划。李愬带九千唐军乘雪夜偷袭蔡州，生擒淮系割据势力的首领吴元济，淮西割据势力被平定。平定淮西后，唐

军又平定了其他几处割据势力，唐朝的藩镇割据局面有了很大的改观。

裴度在朝廷任职长达20年，威名远播四海。每次吐蕃、回纥使臣到唐朝的时候，都要询问裴度的近况。有裴度在唐朝，吐蕃、回纥等政权都不敢侵犯唐朝。

甘露之变

从唐朝中期开始，宦官的势力就越来越大。皇帝的废立、朝臣的任免几乎都由宦官控制，兵权也由宦官掌握。

到唐文宗时期，宦官的势力更加强大，唐文宗对此愤愤不平。大臣李训、郑注看出了唐文宗的心思，就表示愿意为唐文宗效力。因为李训、郑注有才，再加上他们两个是宦官推荐当官的，重用他们宦官不会起疑心，唐文宗就把自己想铲除宦官势力的心思告诉了他们。李训、郑注从那以后也以铲除宦官势力为己任，天天在一起密谋如何消灭宦官。由于唐文宗的赏识，李训、郑注的官越做越大，别人都以为他们是靠宦官的势力才当上大官的，谁都不知道他们其实正在策划消灭宦官。

李训想大权独揽，就以中央和地方合力铲除宦官为名，把郑注派到地方担任凤翔节度使。李训、郑注铲除宦官的第一个行动就是毒死了大宦官王守澄。毒死王守澄后，郑注和李训商量说："我到凤翔后召集几百名壮士作为士兵，然后向朝廷上奏王守澄的葬礼由我带兵护送，让所有的宦官都去参加王守澄的葬礼。在宦官们都来了以后，我就带手下把宦官们全部除掉。"计划定好以后，郑注就去了凤翔。

但李训却另有打算，他跟亲信们说："如果按郑注的计划办，那功劳就全归郑注了，不如用我的手下先把宦官除掉，等郑注来了，把他也干掉，这样功劳就是我一个人的了。"于是

彩绘文官俑　唐

历史关注

山水田园诗派形成于开元、天宝年间，代表作家有王维、孟浩然、储光羲等。

李训和手下秘密商定了除掉宦官的计划。

唐文宗太和九年（公元835年）十一月二十一日，李训派将军韩约向唐文宗报告说左金吾院子里的石榴树上夜降甘露。甘露是一种特殊的露水，在古代被视为吉祥的标志，大臣们因此都向唐文宗贺喜。李训建议唐文宗亲自去看，唐文宗派大宦官仇士良带着全体宦官先去看，自己随后再去。

仇士良等人到左金吾的后院来看甘露时，将军韩约因为过于紧张，浑身流汗，脸色都变了。仇士良觉得不对劲，就问韩约："将军你怎么了？"这时，风刮起了起来，军营的帘子被风吹开了，仇士良发现帘子后面竟然有大批的士兵，兵器碰撞的声音伴随着风声传来，一时间特别害怕。聪明的仇士良发现情况不妙，带着宦官们往外跑。守门的人想拦，却被仇士良的大声呵斥吓住，眼睁睁地看着宦官们逃走。

仇士良他们迅速跑到唐文宗那里向唐文宗报告有人要杀他们。李训看到阴谋已经败露，就对早在殿下准备的亲信们高喊："快进殿保卫皇上，进殿的赏钱一百缗。"仇士良一看形势紧急，就对唐文宗说："请陛下回宫。"宦官们抬着唐文宗就往北走。这时候李训的亲信罗立言带着300多名禁卫军士兵，李孝本带着200多名御史台的随从冲入了大殿，开始屠杀宦官，连杀了10多名宦官。可大多数宦官还是挟持着唐文宗逃入内宫，并把内宫的门关上。诛杀宦官的行动失败了。

当诛杀宦官的行动失败后，宦官就掌握了主动。因为宦官掌握着兵权，所以可以动用军队来消灭自己的敌人。仇士良命令在长安的驻军出动，杀死李训等人。数千名军人冲入皇宫，开始了大屠杀。宰相王涯等人正在吃饭，接到报告说："军人杀进来了，见人就杀。"王涯等人赶快逃跑，朝廷官员和宫里的侍卫们争着逃出皇宫。

很快皇宫的门就被关上，官员和御前侍卫有600人被杀死。仇士良下令在皇宫挨个房间搜查，捕杀李训的同党。无论是政府的低级官员，还是打水扫地的奴仆，甚至在皇宫中卖菜

宫中仪仗队　唐

的百姓都难逃噩运，上千人被杀害，一时间皇宫内血流成河。

皇宫的屠杀结束之后，仇士良又派上千名军人在整个长安城搜查李训的同党。逃出皇宫的宰相王涯等官员被捕，随即军人对王涯等人进行了严刑拷打，逼迫王涯承认和李训、郑注串通谋反。王涯已经70多岁了，经不住酷刑，就违心地承认了自己和李训、郑注串通谋反，打算拥立郑注当皇帝。

在一片混乱之中，军人趁机大发横财，以参与谋反的罪名将富有的官员杀害，借机将官员的财产全部抢走。长安的地痞无赖们也趁乱杀人抢劫，长安城被闹得鸡犬不宁，尘埃蔽天。

李训外逃的时候被抓住，在押送途中被杀害。郑注在带兵前往长安的路上听说李训失败的消息，就带兵撤回凤翔，被凤翔的监军杀害。李训的同党和宰相王涯等人都被满门抄斩，亲属中没有死的也都成了官府的奴婢。唐文宗时期发生的这次宫廷流血政变在历史上被称为"甘露之变"。"甘露之变"后宦官的势力更加强大了，皇帝几乎成了摆设。

唐宣宗轶事

唐宣宗李忱原名李怡，是唐宪宗李纯的小儿子。小的时候，宫里的人就认为他不聪明。李怡的侄子唐光宗即位的时候，李怡因为自己是唐武宗的叔叔，怕唐武宗猜忌自己，处世十

中国大事记 | 公元845年农历九月，李德裕奏请置备边库。

分低调。参加宴会的时候，他经常一句话不说，别人因此都认为李怡很傻。唐武宗和手下举行宴会的时候，一项重要的娱乐活动就是逗李怡说话。

李怡的侄子唐武宗当皇帝后，对李怡更不礼貌。等到唐武宗病重的时候，宫里的宦官们觉得李怡很傻，好控制，就伪造唐武宗的诏书，将李怡更名为李忱，立为皇太叔，负责主持政务。令所有人都没想到的是，李忱将政务处理得井井有条，这时候大家才知道李忱是很有才华。唐武宗死后，李忱继承了皇位。

李忱博闻强识，过目不忘，皇宫里打水扫地的人的姓名他都能记住。不仅如此，他对宫中每个人的才能、品性都了如指掌，凡是他所任用的人都很称职。下属部门上奏章，将"渍"写成了"清"。管理奏折的官员以为皇帝不会注意，就私自把写错的字改正了。李忱发现字被改了，非常生气，就把擅自更改奏章的官员下放到地方。

一次李忱出去打猎，碰到一个打柴的樵夫，就问樵夫是什么地方的人，樵夫说是自己是泾阳人。李忱又问泾阳（今属陕西）的县令是谁，樵夫回答是李行言。李忱问："李行言管理地方管理得怎么样啊？"樵夫说："李行言这个人很执拗。一次他抓到了几个强盗，军队的人来索要，他不但没给，还把那几个强盗都杀了。"李忱回到皇宫后，就把李行言的名字写在纸上并贴在自己后宫的柱子上。没过多久李忱就将李行言提拔为刺史。李行言进宫拜见李忱的时候，李忱问李行言："你知道为什么升你官吗？"李行言说："我不知道。"李忱就让手下去把自己写着李行言名字的纸取过来，并告诉李行言自己是怎么发现他的。

李忱很宠爱自己的女儿万寿公主，想为她找个好婆家。进士郑颢才华横溢，很受大家看重，李忱也很器重他，就把女儿许配给了郑颢。

结婚的时候，大臣们请求用白银装饰的车把公主送到郑家去，李忱说："皇帝要带头勤俭节约。"于是就用铜装饰的车把公主送到了郑家。

公主嫁到郑家后不久，郑颢的弟弟得了重病，李忱派使者前去探望。使者回来的时候，李忱问使者："你去的时候公主在哪啊？"使者回答说："公主在大慈恩寺看戏呢！"李忱勃然大怒，自言自语说："怪不得人家都不愿跟皇室结亲，原来是这样！"马上让人把公主叫到皇宫里来。

公主来了之后，李忱让公主站在台阶上，不让她进宫。公主很害怕，一面哭一面请求父亲原谅。李忱责备女儿说："哪有小叔子得了重病，嫂子不去探望，反而去看戏的。"说完后他让女儿马上去探望小叔子。

李忱在闲暇的时候很喜欢听听音乐，看看表演。艺人祝汉贞才能出众，擅长说一些滑稽故事，李忱很喜欢听祝汉贞讲的故事。可一次祝汉贞讲故事的时候，涉及了国家的政事，李忱神色一下子严肃起来。从此以后，祝汉贞就失宠了，不久受儿子犯罪的牵连，被流放到了地方。

艺人罗程擅长弹琵琶，李忱因为懂得音律，很喜欢罗程。罗程倚仗着皇帝的宠信，因为一点小恩怨就杀了人。其他艺人想为罗程求情，就在李忱要听音乐的时候，在李忱的面前放一个空椅子，把琵琶放在椅子上，然后一起跪倒，放声大哭。李忱问艺人们出什么事了，艺人哭着说："罗程杀了人，辜负了皇上对他的信任，罪该万死，可惜他那天下无双的琵琶声，皇上再也听不到了。"李忱叹了口气说："你们可惜的是罗程的技艺，我可惜的是国家的法律。"最后罗程还是被处死了。

李忱上朝时对待大臣像对待客人一样，从来没有怠慢的神情。宰相向李忱禀报事务，李忱都威严正坐，十分严肃地听宰相禀报。宰相奏报完了，李忱就会放松神情对宰相们说："我们现在可以说点闲话了。"然后就家长里短，和宰相们聊了一会。宰相令狐绹对朋友说："我当了10年宰相，深受皇帝的信任，可我每次向皇帝禀报事务，没有一次不被吓得汗流浃背的。"

历史关注

韩孟诗派是唐代以韩愈、孟郊为代表的一个诗歌流派，主要作家还有李贺、贾岛、卢仝、马异等。

唐懿宗轶事

唐懿宗是有名的玩乐皇帝，皇宫之中每天负责给唐懿宗演奏音乐的艺人就不下 500 人，盛大的宴会每个月都要举行 10 次以上。宴会上山珍海味具备，极尽豪华奢侈。唐懿宗每天都听曲看戏，四处游玩，几乎没有闲着的时候。艺人表演得好了，唐懿宗就大加赏赐，常常一次就赏到上千缗钱。曲江、昆明、南宫、北苑、昭应、咸阳等地都是长安附近的风景名胜之地，唐懿宗经常去游玩，每次去玩的时候，随从都达到 10 万多人，花的钱不可计数。

唐懿宗很宠爱自己的女儿会昌公主。会昌公主长大后，唐懿宗把会昌公主嫁给了在朝廷中担任右拾遗的韦保衡。韦保衡娶了会昌公主后，马上就被提升为起居郎、驸马都尉。会昌公主出嫁的时候，唐懿宗几乎把皇宫中的所有金银财宝都用来给会昌公主做嫁妆。唐懿宗还在广化里给会昌公主和韦保衡建了新房，房子的窗户都用珍宝装饰，水井的栏杆、装衣服的箱子等都是用金银做的，就连簸箕都是用金丝编成的。不仅如此，唐懿宗还赐给会昌公主 500 万缗钱，赐予的其他物品也相当丰厚。

可惜红颜薄命，会昌公主嫁给韦保衡后还不到 2 年就因病去世了。会昌公主的死让唐懿宗痛不欲生，把责任全都算在为女儿治病的医生头上。唐懿宗下令将负责给会昌公主治病的韩宗劭等 20 多名医生全部处死，并把这些医生的 300 多名亲属也抓了起来，关进了监狱。

看到这么多无辜的人因为会昌公主的死受牵连，宰相刘瞻让专门负责给皇帝提意见的谏官向唐懿宗进言，劝唐懿宗把这些医生的家属放了。但谏官们惧怕唐懿宗的淫威，都不敢说话。于是刘瞻亲自给唐懿宗上奏章说："公主得病之后，韩宗劭等医生竭尽全力，想使公主的病好转。但因为公主得的是绝症，医生们无能为力，公主才不幸去世的。这些医生已经尽了自己的全力，希望皇上能饶恕他们的亲属。"唐懿宗看了刘瞻的奏章后很不高兴，拒不听从

刘瞻的劝告。

为了能救那 300 多无辜的人，刘瞻和京兆尹温璋在唐懿宗面前据理力争，请求唐懿宗把那些无辜的医生家属放了。唐懿宗不但不听，反而把刘瞻和温璋赶了出去。刘瞻和温璋因为向唐懿宗进谏的缘故都被贬了官，刘瞻被贬为节度使，温璋被贬为振州司马。温璋受不了遭贬官的打击，服毒自杀了。唐懿宗以温璋是畏罪自杀为借口，认为自己贬刘瞻和温璋官的行为是正确的。他不仅下令将温璋的尸体暴尸荒野，还把刘瞻贬到了更远的地方。刘瞻的政敌也趁机迫害刘瞻，朝廷的官员凡是和刘瞻关系好的也都被贬官了，刘瞻最后一直被贬到距长安 1 万里的欢州（今越南义静省）。

唐懿宗还很信佛。唐朝有从法门寺迎奉佛骨到长安供奉的传统，在唐懿宗以前一共举行过 6 次迎奉佛骨的活动。因为迎奉佛骨的活动劳民伤财，社会舆论都不赞成进行迎奉佛骨的活动。到唐懿宗执政的时候，他又提出要从法门寺迎奉佛骨，大臣们纷纷反对。为了阻止唐懿宗举行迎奉佛骨的活动，有大臣甚至举出了以前唐宪

女乐图 唐

宗在举行迎奉佛骨活动后很快去世的例子。但唐懿宗的意志非常坚决，说："要是见到了佛骨，朕死了也甘心。"大臣们看到唐懿宗的想法不可动摇，都不再说话了。

唐懿宗下令大量制造浮屠、宝帐、香舆、幡花、幢盖等宗教物品，以迎接佛骨的到来。为了表示自己的重视，唐懿宗还命令在宗教用品上都装饰上金银珠宝、翡翠玉器、锦绣绸缎等物品，让这些宗教用品都看起来珠光宝气，十分华丽。当佛骨从法门寺迎奉到京师的时候，整个长安都被震动了，送佛骨的队伍连绵数十里，中间是法门寺的僧侣和朝廷派来迎接佛骨的官员，两旁还有禁卫军士兵护送。

为了迎接佛骨，长安的街道都打扫一新，街道两旁都挂满了绫罗绸缎，以示欢迎。唐懿宗亲自迎接佛骨，在对佛骨三叩九拜后将佛骨迎到皇宫供奉。供奉3天后，又送到安国崇化寺内供奉。迎奉佛骨的活动整整进行了8个月，耗费了无数的金钱。

可惜佛并没有给唐懿宗带来什么福气，唐懿宗迎奉佛骨后还不到一年就染病去世了。唐懿宗执政期间，将唐王朝的国库挥霍一空。唐懿宗死后不久，就爆发了王仙芝、黄巢领导的农民大起义，唐王朝的丧钟被敲响了。

黄巢起义

黄巢是山东冤句（今山东菏泽）人，因为几次考科举都没有考上，后来就靠贩卖私盐谋生。黄巢擅长骑马射箭，喜欢行侠仗义，自幼胸怀大志。

唐朝末年，政治腐败，民不聊生，民众纷纷揭竿而起。唐僖宗乾符二年（公元875年），黄巢得知山东人王仙芝聚众起义的消息后，也聚众数千人响应王仙芝，和王仙芝合兵一路，共同反抗唐朝。在唐朝的横征暴敛下，苦不堪言的民众纷纷响应，王仙芝、黄巢的队伍几个月内就扩大到数万人。

唐朝凭武力无法消灭王仙芝、黄巢等人，就采取了招安的办法，以封王仙芝左神策军押

牙兼监察御史为条件诱王仙芝归顺朝廷。王仙芝见能当上大官，非常高兴，就想投降唐朝。黄巢因为唐朝没有给他任何官职，极为愤怒，痛斥王仙芝道："当初我们对天起誓共同推翻唐朝，现在唐朝给你一个官你投降了，手下的这些兄弟怎么办？"黄巢越说越气，抡拳痛打了王仙芝一顿，把王仙芝打伤。王仙芝手下的将士也反对招安。在黄巢和手下将士的压力下，王仙芝拒绝了唐朝的招安。

此事之后，王仙芝和黄巢产生隔阂，无法再共同作战了。王仙芝、黄巢约定农民军由二人分别带领，王仙芝带领3000人，黄巢带领2000人，各自为战。不久后王仙芝战死，大将尚让带王仙芝余部投奔黄巢，和黄巢会合。黄巢自立为王，自称"冲天大将军"，统一领导农民军和唐朝对抗。

面对强大的唐王朝，黄巢采取流动作战的战术与唐军周旋。黄巢指挥军队渡过长江，进入浙江，在浙东浙西转战了一阵后，带领军队挺进唐朝守备空虚的福建地区，连克福建多处州县后，夺取了福州。唐军得到增援后，很快就发动了反攻，农民军屡战屡败，将领向唐军投降的达数十人。由于无法在福建立足，黄巢被迫带兵转移到广东继续作战。

黄巢起义始终不能平息令唐政府极为焦虑，宰相王铎亲任荆南节度使，统一指挥唐军。黄巢到达广东后，向唐朝官员表示如果唐朝任命自己为广州节度使的话自己就可以归顺唐朝，但唐朝不肯任命黄巢为广州节度使，只答应给他一个名叫率府率的小官。率府率是古代一种低级武官的名称，相当于太子的侍卫。黄巢见唐朝竟然如此轻视自己，极为愤怒，集中兵力向广州发动猛攻，俘杀唐广州守将岭南东道节度使李迢，占领广州。

黄巢在岭南招兵买马，实力迅速强大起来。唐军畏惧黄巢军队的强大，竟无人敢进攻广州。黄巢的手下很多都是北方人，在广州水土不服，很多人都染病去世，因此黄巢手下将领都劝黄巢返回中原。黄巢实力强大后野心也膨胀起来，想回中原与唐王朝争夺天下。于是黄巢下令制

造数千个竹筏，于唐僖宗乾符六年（公元 879 年）十月，带领军队顺湘江乘竹筏北上，直抵唐朝军事重镇谭州，一天之内就拿下了谭州。

占领谭州后，农民军又向江陵进军。唐军前线总指挥宰相王铎竟然不战而逃，农民军轻易就占领了江陵。不过在襄阳，农民军遭遇到较强的抵抗，损失惨重。黄巢被迫率部向江浙转移。农民军到江浙后，江浙民众纷纷响应，农民军发展到近 20 万人。

唐僖宗广明元年（公元 880 年）七月，农民军渡过长江，进入两淮地区，队伍迅速扩大到近 60 万人。黄巢自称"天补大将军"，指挥农民军进攻唐朝的统治中心长安。农民军一路势如破竹，轻而易举地就打下了唐朝的第二大城市东都洛阳。

此时，农民军距长安的距离已经相当近了，唐军慌忙调集禁卫军防守长安的门户潼关。当时唐朝的禁卫军只有 2000 人，而进攻潼关的农民军是 60 万人，兵力对比是 1 : 300。结果农民军轻而易举地就突破了唐军的潼关防线，直逼长安，唐僖宗狼狈地逃往四川。

唐僖宗广明元年（公元 880 年）十二月，农民军占领长安，长安的老百姓都跑出来看农民军是什么样子。农民军将士对百姓们说："黄巢将军是为了老百姓才起兵的，我们对老百姓很好，不会像唐朝那样对百姓横征暴敛。"遇到贫穷的市民，农民军将士还给以救济。但是农民军的良好纪律并没有能保持下去，很快侵犯平民的现象就层出不穷，留在长安的唐朝官员大部分被杀害。黄巢到长安后正式建立起了政权，国号"大齐"，自立为帝。

农民军虽然占领了长安，但因为农民军长期以来一直采取流动作战的战术，没有建立稳固的根据地，所以他们的实际统治地域仅限于长安及周围地区。因此，形势很快就对农民军不利起来。长安被各地的唐军团团包围，农民军后来被迫撤出了长安。

撤出长安后，农民军连连受挫，最后在瑕丘（今山东兖州西）被包围，全军覆没。黄巢宁死不屈，在泰山虎狼谷自杀。黄巢起义给了唐王朝致命一击，从此以后唐王朝就名存实亡了。

朱李结怨

黄巢起义后，唐朝分崩离析，陷入了军阀混战。在这些军阀之中，实力最强的分别是朱温和李克用率领的军队。

朱温原是黄巢手下的将领，很受黄巢的器重。起义军占领长安后，朱温被派到长安的外围抵御唐军的反攻。可后来朱温看到唐军实力强大，丧失了与唐军继续作战的信心，于是向唐军大将秦宗权投降，并认秦宗权为舅舅。在秦宗权的保举下，朱温当上唐军的将军，转过头来屠杀起义军。

李克用是沙陀族人，沙陀族是中国西北地区的少数民族，以骁勇善战著称。吐蕃政权崛起后，控制了青藏高原，沙陀族成为吐蕃政权

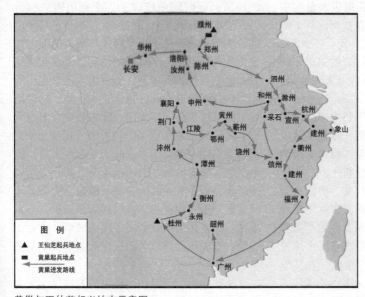

黄巢与王仙芝起义始末示意图

中国大事记

公元881年，黄巢攻克长安，入宫即皇帝位，建国号大齐。

管辖的一个民族。每次吐蕃和其他敌对政权交战，都用沙陀族的军队做先锋。后来吐蕃在与回鹘的战争中大败，西北的重镇凉州（今属甘肃）被回鹘夺走。吐蕃怀疑是沙陀暗中帮助回鹘，否则不会败得这么惨。吐蕃命令沙陀离开家乡，想把沙陀迁到青藏高原腹地以便更好的控制。

沙陀族上下对此极为恐惧，首领朱邪尽忠和儿子朱邪执宜决定带领全族归顺唐朝。朱邪尽忠和朱邪执宜率沙陀族3万民众，沿乌德犍山向东转移，去投奔唐朝。吐蕃发现沙陀族逃跑后，迅速派出精锐骑兵追击沙陀，3天后追上了逃亡的沙陀族。沙陀族将士在朱邪尽忠的率领下为民族的生存与吐蕃骑兵展开血战。沙陀族且战且走，共与吐蕃军队激战了数百次。

在残酷的战斗中，包括朱邪尽忠在内的大部分沙陀族人战死，只有1万多名沙陀族人在朱邪执宜的带领下转移到唐朝。

沙陀族以骁勇善战闻名四海，唐朝得知沙陀族前来投奔的消息非常高兴。唐朝灵盐节度使范希朝亲自带兵迎接艰苦转战而来的沙陀族人。

沙陀族到唐朝后，唐朝将沙陀族安置在盐州（今宁夏盐池），并为沙陀族提供大量的牛羊以改善沙陀族的生活。唐朝在盐州设立了阴山府，任命朱邪执宜为阴山兵马使。不久后，在同吐蕃战斗中被打散的朱邪尽忠的弟弟葛勒阿波带着700名沙陀战士突围后也来到盐州，被唐朝任命为阴山都督。

从此以后，灵盐地区的唐军每次出战，都由沙陀骑兵担任先锋，每战必捷，沙陀骑兵成为唐朝最为精锐的一支作战力量。后来，因为朝廷的不信任，沙陀又被安置到塞外。

黄巢起义后，农民军占领长安，唐朝急需兵力讨伐起义军，就命令沙陀酋长李克用带沙陀骑兵进关参与讨伐起义军。因为沙陀军队全都穿黑色的衣服，起义军给沙陀军起了个绰号叫"鸦军"。李克用率领4万沙陀骑兵和其他各路唐军共同进攻长安，与起义军将领尚让带领的15万起义军决战，大败起义军，杀死起

义军将士数万人。李克用后来又在长安近郊3次击败起义军，最后起义军被迫撤出了长安。这一年李克用才28岁，在当时所有大将中李克用年纪最小，可立的功最高。因为经常眯着一只眼睛，李克用被人称为"独眼龙"。

黄巢率领的起义军撤出长安后，仍有相当强的实力。起义军在各地艰苦转战，攻击唐军。当时朱温管辖的汴州（今河南开封）被黄巢包围。朱温急忙向李克用求救，李克用率沙陀骑兵火速增援，大败起义军，杀死起义军将士上万人。此战之后，起义军仅剩下1000多人。李克用率领手下日夜不停地追击起义军，每天急行军达二百里。到后来因为下属大都掉队，身边只剩下了几百人，身上带的粮食也都吃光了。李克用决定带人先到汴州补充给养，然后再追击起义军。

朱温在汴州对李克用盛情款待，李克用因为喝酒喝多了，说话伤害了朱温，朱温很生气。同时朱温看到李克用智勇兼备，以后会是自己的劲敌，就想杀了李克用。朱温和手下将领杨彦洪定下计策，用树木封锁住李克用所住地方周围的道路，趁夜袭杀李克用。

晚上的时候，朱温率领将士突袭李克用的住所，一时间杀声震天。李克用因为喝醉了，根本没有听到外面的声音，幸亏亲兵薛志勤、史敬思等十几个人拼命地与敌人搏斗，才没让敌人冲进来。李克用的侍从郭景铢吹灭蜡烛，把李克用藏在床下，然后用水泼李克用的脸，经过好长的时间才把李克用弄醒，然后把发生的事情告诉了李克用。薛志勤在外面连杀数十名敌兵后看李克用已经清醒，就带几个人扶着李克用一起突围。这时天下起了大雨，雷电交加，薛志勤就趁着闪电所发出的光寻路突围。李克用等人在路上和敌兵遭遇，史敬思让薛志勤带李克用先走，自己在后面掩护，不幸战死。李克用最后顺着绳子爬下城墙，才免于一死。李克用的300名随从在此次事变中全被杀害。

从此以后，朱温和李克用结为世仇，朱李两家之间的战争一直持续了几十年。

后梁纪

后梁为朱温所建立，历3主，共17年。

朱温曾参加黄巢领导的农民起义，后叛降唐朝，被赐名朱全忠，与沙陀贵族李克用等协同镇压黄巢起义。

开平元年（公元907年），朱温废唐哀帝，自行称帝，改名为晃，建都开封，国号为"梁"，史称"后梁"。

朱温在称帝前后，革除了一些唐朝积弊，奖励农耕，减轻租赋，基本上统一了黄河中下游地区。朱温虽然做了某些改革，但他残暴成性，战争中滥行杀戮，与据有太原的李克用、李存勖父子连年作战，使黄河两岸遭到严重破坏。

至后梁末帝朱友贞时，内部分裂，国力进一步削弱。龙德三年（公元923年）十月，后唐庄宗李存勖攻入开封，末帝自杀，后梁亡。

中国大事记

公元905年，朱全忠大肆贬逐朝官，并将崔枢等被贬的朝官三十余人全部杀死于白马驿，史称"白马驿之祸"。

生子当如李亚子

李亚子是李克用之子李存勖的小名。晋王李克用和后梁太祖朱温争夺天下，不幸英年早逝，李存勖继任晋王。

李克用逝世之时，梁军正在围攻晋军据守的潞州，潞州形势危急。潞州就是今天的山西长治，是李克用、李存勖父子大本营太原的门户。潞州一旦不保，太原将大门洞开，无险可守。因此李克用在临终之时再三嘱咐李存勖，无论如何要保住潞州。

在潞州的前期作战中，为防止城中守军突围和晋军援军的接应，梁军在潞州城外又筑了一座城，号称夹寨，将城中守军重重围困。夹寨外晋军援军又把梁军围住，双方战斗持续时间长达1年。这时传来了李克用去世的消息，夹寨外的晋军援军撤退，梁军上下欣喜若狂，都认为李克用一死，援军不会再来，潞州城指日可下。朱温从前线回到国都大梁（今开封），夹寨中的守军也不再像以前那样严加戒备，就等着潞州守军投降了。

李存勖处理完丧事后，立即召开军事会议与诸将商议解救潞州的对策。大家认为：潞州是太原的门户，潞州不保，则太原必失。朱温怕的是先王李克用，对新王李存勖还不了解，不会放在眼里。趁朱温轻敌，没有防备，应该发动突然袭击，一定会击破梁军，解潞州之围。监军张承业也劝李存勖立即采取行动。李存勖于是派监军张承业和判官王缄向岐王李茂贞请求援兵，又派使臣向契丹国王阿保机请求提供骑兵支援。李茂贞此时年纪已经很大了，军队的力量又很弱小，没能派兵增援李存勖。李存勖于是决心依靠自己的力量打败朱温。后梁开平元年（公元907年）四月二十四日，李存勖亲自率军从太原出发，向潞州进军。

经15天急行军，晋军到达距潞州四十五里的黄碾，并在那里安营扎寨，等待时机。而梁军对晋军的到来一无所知。五月一日，晋军潜伏在夹寨附近的三垂岗。五月二日清晨，大雾弥漫，10米内无法见人。晋军在大雾的掩护下，抵达夹寨。

而这时梁军仍然做着潞州指日可下的美梦，没有任何防备，甚至没有派出侦察敌情的士兵。在晋军开始进攻的时候，很多梁军士兵还在睡梦之中，在梦中做了刀下鬼。

李存勖兵分两路，分别由手下大将周德威、李嗣源指挥。周德威率军攻击夹寨西北角，李嗣源率军攻击夹寨东北角。二人率领将士用土填埋阻挡军队前进的战壕，放火烧毁梁军的营寨，大喊着向前冲锋。梁军猝不及防，全线崩溃。梁军大将招讨使符道昭马倒被杀，军队伤亡上万人。晋军缴获的粮食、武器堆积如山。

周德威来到潞州城下，高声告诉潞州守将李嗣昭："先王李克用已经去世，新王李存勖继任王位，带兵来救你们来了。现在梁军已经被打败，赶快开城门迎接大王。"李嗣昭不信，对身边的人说："这家伙肯定是被抓住了，来诓骗我来了。"说着要拿箭射周德威，身边的人连忙制止李嗣昭。李嗣昭说："如果

· 五代十国货币 ·

在五代十国这段较为特殊的历史时期里，几乎每一个曾经独立过的政权都发行过自己的货币。五代十国的钱币种类极多，但留存下来的非常少。比如后梁开平年间铸"开平通宝"大钱和"开平元宝"，后唐有"天成元宝"，后晋有"天福元宝"，后汉"汉元通宝"，等等。而"应圣元宝"是当时的北燕铸造的钱币。五代十国时期的货币，总结起来有两大特点：一是大额钱币盛行。唐朝除了在短期内发行过大额钱币外，一直使用的都是小平钱。而五代十国的钱币多为当十、当百或是当千的大钱。二是这个时期的铸币大部分采用的是"铁"这种最为普通的金属，因此铁钱的流通量比较大，同时这个时期铸币的质量也不是很高。

新王真的来了，能让我们见一见吗？"李存勖听了亲自去见李嗣昭。李嗣昭看见李存勖穿着白色的孝服，知道这一切都是真的。

李嗣昭是李克用的养子，跟李克用的感情很深，知道养父去世，被解救的喜悦立即被挚爱亲人去世的哀痛淹没了。李嗣昭放声大哭，几乎昏了过去，潞州城也是一片哭声。既然验证了身份，城中人马上打开了城门。两军会师，周德威以前和李嗣昭不和，等到潞州被围，周德威负责救援潞州，苦战一年也没能解潞州之围。李克用以为是周德威有私心，不肯全力救援李嗣昭。临终前，他对李存勖说："进通（李嗣昭的字）又忠心又孝顺，我很爱这个孩子。现在他冲不出重围，难道是德威忘不了以前的恩怨吗？把我的意思告诉德威，要是潞州之围不解，我死不瞑目！"周德威听到李克用的遗言后，非常感动，在夹寨之战中身先士卒，全力作战。见到李嗣昭后，二人又和好如初。

在晋军的猛烈攻击下，梁军一溃千里，统领夹寨后梁军队的后梁统帅唐怀贞最后仅带100多骑兵逃走。朱温听说前方大败，夹寨被晋军攻克，大惊失色。既而叹息道："生子当如李亚子，像我的那些儿子，不过是一些猪狗罢了。"

李存勖回到太原后，论功行赏，任命周德威为振武节度使、同平章事。李存勖命令地方推荐人才，罢免贪官污吏，减轻赋税，资助贫苦百姓，平反冤狱，整饬治安。在李存勖的治理下，他所管辖的地区一片繁荣景象。同时，李存勖积极训练军队，命令骑兵不见敌人不得骑马；军队的部署和职责一经确定，不得改变，不得越权；命令必须执行；军队分路行军时，会合日期不能相差半分；凡有违反军纪者，立即斩首。

经过整训，李存勖的晋军军纪严明、令行禁止，最终打败了后梁。

梁晋柏乡之战

朱温称帝建立后梁后，急于荡平各割据势力，统一中原。当时中原的各割据势力主要有晋王李存勖、赵王王熔、燕王刘守光、义武节度使王处直等。其中晋王李存勖势力最大，对朱温构成了致命威胁。

朱温为消灭李存勖，决心首先除掉赵王王熔和义武节度使王处直，占领二人盘踞的河北，对李存勖形成夹击之势。这时，刘守光为争夺地盘，在涞水屯集军队，准备攻击赵王王熔所属的定州（今河北定州）。朱温借机以支援王熔抗击刘守光为名，派供奉官杜廷隐、丁延徽率三千魏博（治魏州，今河北大名东北）兵集结于深、冀（今河北深县、冀县）地区，准备乘乱夺取河北。

大兵压境，王熔、王处直均向李存勖求救。李存勖也早有占据河北的心思，所以以下决心联合王熔、王处直对抗后梁，将后梁势力逐出河北。于是，他立即派蕃汉总管周德威出兵支援。朱温获知李存勖出兵的消息，也向前方增兵，任命王景仁为北面行营都指挥招讨使，领兵从河阳（今河南孟县南）出发，会合各路军队，共4万大军，向晋军进攻。李存勖也迅速开始行动，派蕃汉副总管李存审留守后方，亲率主力出发，与王处直部、周德威、王熔部合兵一处。双方在柏乡（河北柏乡西南）展开决战。

后梁开平四年（公元910年）十二月，梁晋柏乡之战开始。二十六日，晋军到达距柏乡三十里处，为诱使梁军出击，李存勖派周

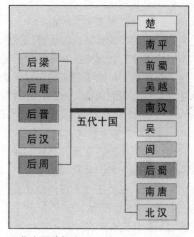

五代十国政权表

中国大事记 | 公元907年，后梁封钱镠为吴越王，都于杭州，拥有两浙之地

德威率胡人骑兵向梁军挑战，梁军按兵不动。二十七日，晋军进驻到离柏乡只有五里的野河北岸，与梁军隔河对峙，再派胡人骑兵骚扰梁军。胡人骑兵在梁军营前奔驰射箭，旁若无人，破口大骂梁军胆小如鼠。梁军被晋军的行为激怒，将领韩勍等人率领步兵、骑兵3万人分三路攻击晋军。

梁军装备精良，铠甲上雕刻金银，外披丝绸，金光闪闪，十分夺目。相比之下，晋军就寒酸很多，晋军的士气不由得有些低落。周德威对部将李存璋说："梁军打扮得这么漂亮，不是要打仗，只是想炫耀他们的兵威，打击我军的士气，必须给他们点厉害瞧瞧，振奋我军士气。"周德威于是巡视军营，鼓励士兵说："梁军这些士兵都是些新兵，以前都是些杀猪的、卖酒的、帮工的、卖货的，穿得虽然漂亮，打起仗来10个也打不过你们一个。他们身上穿着绫罗绸缎，还有金银，抓住一个，就发了，大家可不要错过这个机会啊。"晋军被周德威的话鼓舞，踊跃请战。周德威亲率1000名精

· 韦庄 ·

韦庄（公元836~910年），晚唐五代诗人、词人，字端己，京兆杜陵（今陕西西安）人。乾宁元年（公元894年）进士，曾任校书郎、右补阙等职。后入蜀，为王建书记。唐亡，王建建立前蜀，韦庄为宰相，死于蜀。他的诗词都很著名。《秦妇吟》一诗是他未第前写的一首长诗，时人曾因之称他为"秦妇吟秀才"，其中虽有嘲笑黄巢起义军之语，但客观上反映了官军的腐败无能，表达了对人民痛苦的同情。他的此种诗歌为数极少，多是抒发及时行乐、追念昔日繁华之作。较有成就的是《古离别》、《台城》。词史上，他属花间派，是花间派代表作家，与温庭筠齐名，号称"温韦"。其词风格清新明朗，寓浓于淡，以清丽见长，艺术成就较高。《思帝乡》、《女冠子》、《菩萨蛮》是其优秀代表。有《浣花集》。

锐骑兵向梁军两翼发起攻击。晋军纵横驰骋，在梁军中来回冲杀，连冲4次，生俘梁军百余人。但因兵力太少，梁军逐渐占了上风，晋军且战且退，一直退到野河岸边。梁军见晋军背水一战，生怕晋军拼命，全军后撤。

周德威见梁军在兵力上占优势，就向李存勖进言："敌人现在气势旺盛，我们应该等待时机再战，现在不宜出战。"李存勖说："我军前来救援，越快打越好，怎么能等着不打呢？"周德威说："我们晋军擅长于野外作战，而不擅长于守城。现在敌人兵临城下，我们无法发挥长处，而且彼此兵力对比又相当悬殊，现在的局势对我们很不利。"李存勖很不高兴，回帐篷里睡觉去了。其他将领见李存勖不高兴，也都不敢说什么。

周德威见无法说动李存勖，就去见监军张承业。因为张承业很受李存勖尊重，他的话李存勖会听。周德威对张承业说："大王现在非常轻敌，自不量力，想迅速打败敌人。现在我们和梁军就隔着一条河，要是梁军造浮桥冲过来，我们就全完了。现在应该退兵到高邑，诱使梁军追赶。敌进我退，敌退我扰，再派部队切断敌人的后勤供应，不出一个月就可以打败敌人。"张承业很是赞同，入帐去见李存勖。张承业见李存勖还在睡觉，就对李存勖说："现在是大王睡觉的时候吗？周德威老将知兵，他的话不能不听啊。"李存勖突然坐起来说："我正在想这个事。"这时晋军抓到梁军的一个俘虏，得知梁军正在造浮桥，晋军迅速撤至高邑。

梁军在柏乡没有储备草料，到城池外去打草，每次都被攻击。没有办法，梁军只好把屋上的茅草和草席铡碎来喂马，结果马大多被饿死。周德威见梁军实力削弱，便带部将史建瑭、李嗣源率领三千骑兵在梁军营盘门口大骂梁军。梁军将士被激怒，全部出城，向晋军攻击。李存勖派周德威率骑兵在高邑南牵制梁军，派王镕、王处直所率步兵坚守野河。双方为争夺野河上的浮桥展开激战。王镕、王处直所部连连败退，眼看浮桥就要失守。李存勖派匡卫都指挥使李建及带二百精兵奋力把梁军击退。李

存勖欲乘势攻击，周德威见梁军势力仍强，劝止了李存勖，双方沿野河展开血战。

激烈的战斗整整持续了一天，仍然不分胜负，双方都用尽了全力，就看谁能撑到最后。梁军阵形是分为东西两线，分别与晋军作战。梁军远离后方营地，后勤补给供应不上。激战一天，将士们没有吃一口饭，已经支持不住。而晋军以逸待劳，战斗力仍很旺盛。梁军统帅王景仁在这时发生动摇，命令部队稍微后退，周德威抓住机会，高喊："梁军跑了！"晋军士气大振，奋勇进攻。东线梁军先撤走，李嗣源同手下士兵向西边的梁军大喊："你们东边的战友都跑了，你们还在这里不是等死吗？"西线梁军闻此不战自溃。晋军趁势猛烈攻击，梁军大败，战死2万人。

李存勖经此战夺取了后梁的大片土地以及不可计数的粮食、资财、武器，为以后彻底打败后梁奠定了基础。

朱友珪怒杀朱温

朱温出身贫苦，成年后参加了黄巢起义军，成了一位将领。黄巢起义军在占领长安之后，由于唐朝军队的反扑和自身的问题，陷入了困境。朱温看形势不好，就投降了唐朝。为了能够瓦解黄巢起义军，让更多的起义军将领投降，唐朝给予朱温很高的待遇，不仅授予他很高的官职，还赐名朱全忠。可唐朝统治者没有想到的是，唐朝就是灭亡在这个朱全忠手中。

朱温在唐衰弱后，篡夺了唐政权，建立了后梁。为了篡夺唐政权，朱温还专门演了一出戏。他派李彦威、氏叔琮等杀害了唐昭宗，以扫清他篡位的障碍。听到唐昭宗被杀的消息，朱温号啕大哭，说："奴才们辜负了我，让我以后受恶名。"然后又到唐昭宗的棺材旁，扶棺大哭，高喊严惩凶手。不仅如此，他还以扰民为借口把李彦威和氏叔琮杀死。李彦威在临刑时大骂："杀我来灭口，是瞒不过鬼神的。朱温你这样做事，一定会断子绝孙。"

跟朱温在政治上的无耻相比，更为人不齿的是他的品性。只要是他看上的女子，不论血缘、年龄、身份，都要弄到手。更可悲的是，在那个专制社会，有些人为了升官发财，不顾礼义廉耻，不顾基本的道德来满足他的欲望。

当时有一个大臣叫张全义。一年夏天，朱温借口天热避暑，住在他家，将他的妻子、女儿、儿媳全部奸淫。张全义的儿子受不了这种侮辱，想要杀死朱温。张全义为了官位、财产，不仅阻止儿子的复仇行为，而且还说出了一套冠冕堂皇的理由为自己辩解。

朱温的原配夫人姓张，朱温做皇帝后，被立为皇后。张皇后性格刚烈，在世的时候，朱温不敢胡作非为。张皇后去世后，朱温唯一的约束没有了，他把自己的儿子全都派到远方，而把儿媳留在身边服侍自己。他的儿子对他们父亲的这种禽兽行为，不但不反抗，反而希望用自己妻子的美色博得父亲的欢心，谋求太子之位。

其中朱友文的妻子王氏很美，很得朱温的宠爱，因此朱温对朱友文也是颇为器重，有意把他立为太子。而他另外的一个儿子朱友珪看到自己没法当上太子，十分生气。同时，朱友珪又因为自己的过失经常被朱温责打，所以心怀怨恨。

当时朱温因为身患疾病，性格变得喜怒无常，经常无故把大臣赐死。朱友珪害怕自己有一天也会落得个被赐死的结局，心中就有了谋反的念头。朱温的病情变得严重起来，决定立朱友文为太子，派朱友文的妻子王氏去招朱友文回来，想把政权托付给他。

当时，朱友珪的妻子也在朱温身边，知道这件事后，迅速告诉了朱友珪。在专制社会里，争夺皇位是你死我活的，朱友文要当太子，就意味着朱友珪的末日到了。朱友珪夫妻两个相对而泣，恐惧灾难随时会来临。身边人见他们哭就对他们说："现在这种情况，就得想办法，要不然后悔都来不及了。"这时朱友珪又被下放到莱州当刺史。在当时，下放就是赐死的前奏，朱友珪非常恐惧，决心谋反。他穿上便装，

中国大事记

公元907年，后梁封马殷为楚王，都于潭州（长沙）。

秘密去见当时负责保卫朱温的统军韩珪，把自己的计划告诉了他，希望能得到他的协助。韩珪因为朱温的性格变得喜怒无常，很多大臣都无故被赐死，不想落得和别人同样的下场，也同意参加到这个阴谋之中，二人详细地制定了计划。

韩珪派500名士兵跟随朱友珪手下训练仙鹤的人混入宫中，在宫中潜伏起来。半夜时分，他们斩断关门，冲入朱温所在的宫室。朱温身边的宫女、太监都吓得四散奔逃，朱温被惊醒，吓得不知所措，连连问："谁造反？"朱友珪恨恨答道："是我！"朱温大骂："我早就怀疑你这个贼子，没早杀了你，你干出这种事来，天理不容啊！"

"老贼，我把你碎尸万段。"朱友珪用动手的命令回答了朱温的责骂。他的仆人将朱温杀死，朱温得到了应有的下场。

朱友珪杀死朱温后，又杀死了朱友文，而他自己也被兄弟朱友贞所杀。几年后，后梁被后唐所灭。

十三太保之首李存孝

五代十国是一个兵荒马乱的时代，涌现出很多英勇善战的名将。在民间传说中，这个时期最有名的大将莫过于李存孝了。

当时太原一带是沙陀人李克用的地盘，朱温盘踞在中原地区，巴蜀、江南、岭南等地区也各有各的势力，他们之间相互混战，给老百姓带来很大的痛苦。

李克用为了巩固自己的势力，收了很多养子，把他们全都改姓李，并为了和自己的儿子同辈，将他们全部取名"存"字辈。他的这些养子中最受宠爱的有13个人，人们把这13人称为"十三太保"，他们为李克用打天下立下了汗马功劳。李存孝就是"十三太保"当中的佼佼者。

张濬入侵太原，潞州士兵发动叛乱，将守将李克恭杀死，献城投降。朱温派张全义攻打泽州，泽州守将李罕之向李克用告急，李克

用命李存孝率领5000人前去援救。朱温的部下在泽州城下大骂："你们仗着李克用的势力长期和我们作对，现在张濬正在攻打太原，葛从周已经占领了潞州，过不了几天，你们沙陀人连藏身的巢穴都没有了，看你们到时候怎么办！"李存孝听到了这些话后非常生气，选了五百骑兵出来，冲到朱温部队阵前高呼："我就是你们说的找巢穴的沙陀人，不过我找巢穴是为了吃你们的肉，快快叫个胖点的人出来让我吃个够！"当时朱温军队里有个叫邓季筠的人，也以勇猛著闻名，他带领部下出来应战，李存孝亲自舞着槊冲进敌阵，将邓季筠活捉，然后带兵把敌人全部消灭，得到1000匹战马。吓得敌人当天晚上就撤军了，李存孝紧追不舍，俘房杀伤了1万多人，然后回头攻打潞州。

当时朝廷任命孙揆为昭义节度使，到潞州上任。朝廷已经被朱温控制了，所以实际上是朱温借朝廷名义想抢潞州。孙揆带了1万多人前来。李存孝打探到这个消息后，带了三百骑兵在长子西崖设下了埋伏。孙揆带着军队大摇大摆地走了过来，进入了李存孝的包围圈。李存孝瞅准机会，等到孙揆军队走到跟前的时候，率领伏兵杀出，将敌人横切为两半，一举击破孙揆大军，俘房了孙揆和护送官韩归范，另外还有500个敌兵也当了俘房。李存孝乘胜攻打潞州，潞州守将葛从周弃城逃走。李存孝为收复潞州立下头功，本以为会得到重赏，谁知李克用却任命康君立为潞州节度使。李存孝大怒，但他从不违背李克用的命令，只是气得几天没有吃饭。

这一年十月，李存孝将潞州的士兵召集到自己帐下，率领他们将张濬围困在平阳。华州韩建派了300人前来偷袭，李存孝事先得知这一消息，设下了埋伏，将前来偷袭的人杀了个精光。然后引兵晋州，俘房了三千敌军，敌人从此以后再也不敢出来找麻烦了。李存孝乘机攻打绛州，将绛州守将张行恭赶跑，张濬、韩建等人听说后也都偷偷溜走了。李存孝于是把晋州也给占领了，被封为汾州刺史。

几年后，邢州节度使安知建投降朱温，李

历史关注 | 温庭筠和韦庄是五代花间词派的代表人物，号称"温韦"。

克用很生气，命令李存孝将其平定。在战斗过程中，李存孝和李存信产生矛盾，李存信在李克用面前造谣说李存孝当时望风而逃，根本不想和敌人作战，怀疑李存孝和敌人私下里有勾结。李存孝听说后非常生气，一气之下干脆真的和敌人通信，他认为反正我没有你们也说有，那还不如真有呢。第二年，李克用出兵真定，李存孝和敌将王镕见面，两人谈了很久关于军事方面的事情。李克用知道后大发雷霆，打败敌人后马上回军讨伐李存孝。

后来李存孝袭击了李存信的大营，将其打败。李克用亲自带兵征讨李存孝，并在城下挖掘壕沟围城。李存孝率兵出击，让壕沟无法完成。袁奉韬对李存孝说："你唯一怕的人就是李克用，但是他挖好壕沟后就会离开。他手下的人哪个是你的对手？所以就算挖好了也没用。"李存孝听信了他的馊主意，不再出击，结果整座城池都被壕沟围住，李存孝非常被动，军粮也吃光了。李存孝登上城墙请罪，哭着对李克用说："我深受父亲的大恩，如果不是小人在父亲面前进谗言的话，我怎么会做出这样忤逆的事呢？我虽然心胸狭窄，但都是李存信造谣诬陷才落到这个地步的。我只求能见父亲一面，把心里话说出来，死也甘心！"李克用听了之后也觉得很凄然，于是派刘太妃进城慰劳。刘太妃把李存孝从城里带了出来，拉着他跪在地上请罪道："孩儿立过一些功劳，并没有什么大过失，只是被人中伤才会干出这样的蠢事。"李克用斥责李存孝道："你和王镕在信里给我安了这么多罪名，这也是李存信教的？"

于是把李存孝带回太原，车裂而死。

李克用虽然杀了李存孝，但心里还是很爱惜他的才能的。李存孝每次遇到强大的敌人，都披上重铠甲，拿上兵器，身边只带两个骑着马的仆人冲锋。跑到敌人阵前的时候再换上仆人骑的马，这样马匹就跑得飞快，在敌阵中冲杀，有万夫不当之勇。李存孝的死对李克用打击很大，好多天都没有出来处理事情。

张承业顶撞李存勖

张承业是唐僖宗时的宦官，后来被派到节度使李克用手下担任监军。张承业为人忠贞不贰、勤勤恳恳，李克用对他极为赏识。

唐末期，朝中的大臣和宦官为争夺权势爆发了严重的冲突，冲突最终演变成一场对宦官的大屠杀。当时的丞相崔胤不仅诛杀了朝中的全部宦官，还命令杀掉所有在外的宦官，李克用也收到杀死张承业的命令。李克用用一个死囚来顶替张承业，把张承业藏了起来，等到风声过了以后，仍让张承业担任监军，张承业因此对李克用更加忠心。

李克用临终前，把儿子李存勖托付给张承业。张承业担负托孤的重任，全力辅佐李存勖。张承业积极发展生产，积累财富，筹集军需物资，执法不避权贵。晋国在张承业的治理下，经济繁荣、治安良好。当时李存勖同朱温父子争夺天下，战争持续了10多年，军需费用特别浩大，全靠张承业在后方积累才使军需不至于匮乏。因为钱是打仗用的，所以张承业极为

· 五代十国官制 ·

五代十国官制大体沿袭唐制，朝廷以三省六部为主干；地方官制也是州、县两级，州设刺史，县设县令，重要城市设府。变化较突出的是枢密院地位提高。唐代宗时设内枢密使，本由宦官担任，掌传递诏旨密奏。唐末改由士人充任。至后唐时，枢密院长官枢密使可参议军国大政的决策了。后周规定枢密院专管全国军事，不管民政。这种情况进一步发展，就形成了宋代中书、枢密对掌文武二柄的职官体制。五代十国的各个政权是唐末藩镇割据势力的延续，他们依靠武力维持统治，因此对于麾下的幕僚给予重用，对于许多重要职务作为临时差遣委派幕僚去做，这样就使旧有的一套正式官职近于虚设。这时期的官制虽然基本沿用唐制，但各朝又有不少变化。

中国大事记

公元 909 年，后梁封王审知为闽王，据有泉、汀等地。

节省，赋税除了军需之外，很少用到其他地方。

由于张承业对李家立下了汗马功劳，同时辈分也很高，所以无论太后、李存勖还是其他权贵对张承业都很尊敬，李存勖尊称张承业为七哥。张承业虽然地位尊贵，却从不骄傲，治家很严。他的侄子有偷牛的，立即被他送官斩首。张承业为了报答李家对他的知遇之恩，李存勖有什么过失他都忠心进谏，从不隐瞒。

李存勖喜好赌博和看戏。赌博要赌资，看戏要赏赐演员，这都需要钱，但张承业吝惜不肯给。为了能让张承业给钱，李存勖想出了一个办法。他在金库摆酒宴请张承业喝酒，让自己的儿子李继岌给张承业跳舞，意思让张承业看在自己儿子的面子上给点钱。

张承业把自己的马和腰带送了李继岌，作为对他跳舞的答谢。李存勖看到张承业只给了腰带和马，不高兴了。李存勖指着金库里的钱说："和哥（李继岌的小名）这孩子没有钱，七哥你给钱就行了，给腰带和马有什么用啊？"张承业回答："和哥的衣服和帽子都是我用自己的俸禄买的，我难道对和哥不好，舍不得给和哥钱吗？我不是不给和哥钱，金库里的钱都是军饷，是用来养兵的。我不能因为私事拿国家的钱送礼。"李存勖很不高兴，乘着酒劲大骂张承业。

张承业在李家的地位很高，平常连太后都对张承业特别尊重，却被李存勖因为钱的事当众辱骂，张承业也很气愤。他生气地说："我是一个宦官，没有子孙，要钱有什么用？这钱是大王打仗用的。大王你要花就花，不用问我。可钱花光了，没有军饷，一切就完了。"李存勖大怒，回头向身后的部将元行钦要剑，想要杀了张承业。张承业起来牵着李存勖的衣服哭着说："我受先王的托付之命，希望能消灭朱温，报唐朝和李家的仇。今天为了吝惜国家的财产而死，我没有辜负九泉之下的先王啊，请大王杀了我吧！"这时在旁边一个名叫阎宝的大臣过来劝解，想把张承业劝回去。这个阎宝以前是朱温的手下，后来投降了李存勖。张承业见阎宝这个降臣来劝，更加气愤，用拳奋力打阎宝，大骂道："阎宝，你这个朱温的同党，受李家大恩，不忠心进谏，难道想靠谄谀苟活吗？"

太后知道了李存勖想杀张承业的事，十分着急。张承业是李家的老臣，为李家立下了汗马功劳，军队的军需给养全靠张承业在后方维持。要是没有张承业，李家就不会有现在兴旺的局面。现在李存勖要杀张承业，不是自毁长城吗？太后是又急又气，立即派人去叫李存勖到她那里去，想把这件事缓和一下。

北人会宴图　五代

历史关注 | 前蜀高祖王建是个文盲皇帝，却厚待唐末名臣士族，敬重文人雅士。

李存勖很孝顺，一向顺从自己的母亲，听说母亲要找他，怕受责罚，赶忙向张承业道歉。李存勖拿起两杯酒，对张承业说："我刚才是喝多了，不仅让您受惊了，还惊动了太后，您喝了这杯酒，原谅我吧。"张承业不肯喝。太后把李存勖召进宫后，亲自出来见张承业，说："小儿顶撞了您，我已经把他打了一顿，您不要放在心上。"第二天，太后又带着李存勖到张承业的家里向他表示歉意。不久，李存勖又封张承业为开府仪同三司、左卫上将军、燕国公，以安抚张承业。张承业坚决推辞不接受，一生只称自己是唐朝的官员。

拒绝认父的刘皇后

李存勖的皇后刘氏出身低微，她父亲刘山人靠给人算命治病为生。刘氏五六岁的时候，李克用的部将把她抢走，送进了王宫，在宫里学会了吹笙和唱歌跳舞。15岁的时候，她被李存勖看中，把她带回家做了自己的小妾。刘氏不久给李存勖生了个儿子，李存勖觉得那个孩子很像自己，很喜欢他。刘氏母以子贵，得到了李存勖的专宠。

刘山人听说女儿成了李存勖的宠妃，就跑去求见，想父女团圆。李存勖把当年抢走刘氏的部将找来询问，那个人说："我当初是在成安城北见到刘氏的，那时候有个黄胡子老头在保护她。"李存勖把刘山人叫进来让那个部将认，部将说："就是他。"本来事情发展到这里就应该出现父女相认的大团圆结局了。可刘氏当时正在和几个妃子争宠，她自己的出身最低微，一直在想办法提高自己的门第。一听说父亲来找她了，大怒说："我离开家的情景现在还依稀记得一点，当时我父亲已经被乱兵杀害了，我哭了一阵后才走的。这个种田的老头是从哪里来的？"刘氏为了巩固自己的地位，居然连自己的亲生父亲都不肯认，可见这个女人的心有多毒。她还叫人到宫外去把刘山人痛打了一顿，以打消别人对她的怀疑。刘山人不光不被女儿认，还挨了顿打，老人家

心里别提有多伤心了，但也没有办法，只好走掉了，从此下落不明。

李存勖当了皇帝后想立刘氏为皇后，但他的原配是韩氏，韩氏和另一个夫人地位都比刘氏高。李存勖觉得立刘氏为后的话不太妥当，就把这事搁置下来了。宰相豆卢革和枢密使郭崇韬猜出了皇帝的意思，上书说应该立刘氏为后。李存勖很高兴，立了刘氏为皇后。刘氏觉得自己出身太低，没有威信，她见张全义地位很高，干脆认他当自己干爹，这样地位就提高了很多。

李存勖灭了后梁后开始骄傲起来，刘氏也在后宫作威作福。她认为自己能当上皇后是靠佛祖的帮助。而且刘氏还很喜欢聚敛财物，派人到各地做生意，市场上的东西都说成是后宫拿出来卖的，就连各地的贡品都要分成两份，皇帝和皇后各得一份。

有个叫诚惠的和尚自称能降龙，他经过镇州的时候，当地官员怠慢了他，诚惠大骂："我有500条毒龙，放出一条就能把这里淹没。"正好第二年当地发大水，把城墙都冲坏了，人们都传说诚惠是神仙，所以他到京城后很受皇后尊敬。诚惠仗着皇帝和皇后迷信他，很骄傲，文武百官见了他都要跪拜，只有郭崇

中国大事记 | 公元912年，朱温第三子朱友珪弑父自立。

· 花蕊夫人 ·

后蜀主孟昶的费贵妃，五代十国女诗人，青城（今都江堰市东南）人，号花蕊夫人。幼能文，尤长于宫词。得幸蜀主孟昶，赐号花蕊夫人。其宫词描写的生活场景极为丰富，用语以浓艳为主，但也偶有清新朴实之作，如"三月樱桃乍熟时，内人相引看红枝。回头索取黄金弹，绕树藏身打雀儿"这一首，就写得十分生动活泼，富有生活情趣；其《述国亡诗》亦颇受人称道，实难得之才女也。诗一卷。

韬不拜。

那个时候皇后和各地官员都有联络，很多人见皇后崇佛，也纷纷修建佛寺，以讨皇后欢心。刘氏很妒忌，李存勖有个宠妃，长得很漂亮，还生了儿子，刘氏对她恨之入骨。有一次大臣元行钦在旁边伺候皇帝，李存勖问他："你妻子死了后你续弦没有？我可以帮你做个媒。"刘氏马上指着那个宠妃说："皇上怜悯元行钦，那就把她赐给他吧。"李存勖没办法，就假装答应。刘氏又催促元行钦赶紧拜谢，然后把那个女子送到他家里。李存勖很不高兴，一连好几天都吃不下饭。

不久，黄河发大水，人民流离失所，朝廷的收入也大大减少，可还是要预征第二年的赋税。老百姓根本没有这个能力预交赋税，哭声震地，但皇帝和皇后还在沉溺于游猎之中。当年十二月，皇帝和皇后跑到白沙打猎。当时正赶上下大雪，保驾的1万士兵全部要当地老百姓提供给养。那些士兵和强盗没什么区别，冲到百姓家里又吃又拿，甚至还把人家房子拆了来生火，连当地官吏都怕得跑到深山里躲了起来。

第二年，宰相请求皇帝拿些财物出来犒赏士兵，皇帝同意了，但刘氏却反对。她说："我们夫妻能得天下，尽管是因为将士们英勇奋战，但也是靠的天命。既然命运是天掌握的，人能拿我们怎么样？"其实刘氏自己积攒的财宝堆积如山，她就是舍不得拿出来而已。宰相苦苦哀求，刘氏生气了，拿出一个脂粉盒，还把小儿子放到皇帝面前，说："现在宫里就这些东西了，你们把我的脂粉盒和儿子卖成钱赏给将士们吧！"宰相吓了一跳，赶紧退出去了。后来赵在礼造反，皇后这个时候才拿出财物来赏赐给将士们，想让他们去平叛。士兵们把财物都扔掉了，大骂："我们的家人都饿死了，现在拿这些东西有什么用！"

李存勖亲征叛军，但跟随的士兵纷纷逃散，李存勖急了，对身边人说："刚才听说蜀国被平定了，得到了50万两金银，我决定全部赏给你们。"他们回答："陛下赏赐得太晚了，现在得到赏赐的人也不会谢你的。"李存勖听后大哭。他让主管内库的张容哥找出东西来赏赐给将士，张容哥说："东西都给完了。"将士们大骂："让我们的皇上落到这个地步，都是你们这些人造成的！"张容哥气愤地说："明明是皇后吝啬，不愿意把财物拿出来赏赐军队。你们却怪在我头上，如果有什么不测，我说得清楚吗？"他说完后投水自尽。

李存勖受伤后想喝点水，刘氏只让人给他拿了点奶酪，自己也不去看。李存勖死后，刘氏满载金银珠宝准备到太原修建佛寺，自己当尼姑，后来被后唐明宗派人杀死。这个贪婪的女人最后也没有保住自己处心积虑搜刮积攒下来的财宝。

仕女图 五代

五代时期贵族妇女的服饰趋向华丽繁缛，色泽更加绚烂多彩，衣料更加精工细密。图中贵妇高贵优雅，颇有气度。

后唐纪

后唐为李存勖所建，建都洛阳，历4帝，前后约14年。

龙德三年（公元923年）四月，李存勖称帝于魏州，是为庄宗，改元同光，国号唐，史称后唐。李存勖执政后期骄淫乱政，重用伶官、宦官，诛杀功臣，激起魏州兵变。李存勖后在洛阳被乱兵杀死，李嗣源入洛阳称帝，改名李亶，是为明宗，改元天成。

李嗣源即位后，改革弊政，杀宦官，诛孔谦，废苛法，均田税，政局有所改善。但他也猜忌大臣，又年老多病，于公元933年死，其子李从厚继位，是为闵帝。

应顺元年（公元934年）四月，河东节度使李从珂（本姓王，嗣源养子）起兵杀从厚，自立为帝，是为末帝。公元936年，石敬瑭勾结契丹攻入洛阳，李从珂自杀，后唐亡。

后唐庄宗轶事

后唐庄宗李存勖精通音乐，打败后梁后，李存勖认为天下不会再有什么大事了，就把精力投入到自己钟爱的艺术之中，和艺人们打成一片，天天在后宫以演戏为乐。经常是刘皇后做观众，李存勖和其他艺人在台上演，天天忙得不亦乐乎。李存勖还给自己起了个艺名——李天下。

一次演戏的时候，因为剧情需要，李存勖大叫自己的艺名："李天下、李天下。"这时旁边一个叫敬新墨的艺人突然上来打了李存勖两个耳光，李存勖见敬新墨竟然敢打他，气得脸都变了颜色。旁边的艺人也被吓坏了。敬新墨却没有害怕，不急不慢地说："你是皇帝，治理天下的就是你，你刚才在叫谁啊？"敬新墨的话让李存勖很受用，不仅没惩罚敬新墨，还重重地赏赐了他。

李存勖一次带着随从骑马到中牟县打猎，马踩坏了庄稼。中牟县的县令在李存勖马前跪着向他进谏说："陛下，您是老百姓的父母，怎么能糟蹋百姓的粮食，让他们饿死呢？"李存勖听了很生气，大骂中牟县令，命令手下把中牟县令推出去斩首。敬新墨高喊："让我训斥几句再杀。"他把中牟县令抓到李存勖的马前，大骂中牟县令："你这个县令难道不知道当今皇上喜欢打猎吗？为什么让老百姓种地，妨碍皇帝打猎？你真是该死啊！"然后请求将中牟县令立即处死。李存勖被敬新墨的话逗乐了，也觉得不该杀中牟县令，就下令把他放了。

李存勖没当皇帝的时候，身边有一个叫周匝的艺人，戏演得很好，李存勖很喜欢他。周匝后来在战争中不幸被俘，李存勖以为他死了，没事的时候总想起他，每次都很伤心。可没想到的是，周匝并没死。在李存勖打败后梁，进入后梁首都的时候，又见到了周匝。李存勖非常高兴，问周匝是怎么活下来的。周匝哭着说："臣之所以能活下来，全靠后梁教坊使陈俊、内园栽接使储德源的帮助，没有他们，我早就

死了，就不会再见到陛下了，希望陛下封给他们两个刺史之职，报答他们救臣之恩。"李存勖想都没想就答应了。

教坊使是教艺人学习歌舞的，而内园栽接使就是种花种草的，让他们担任管理一方的刺史，显然不合适。另外，当时李存勖刚刚打败后梁，战争中涌现的大批功臣还没封赏。同救周匝相比，那些人的功劳大得多。没有封功臣，反而先封救周匝的人，这就是封赏不公了。李存勖身边的大臣郭崇韬进言说："现在我们刚打败后梁，功臣都没有封赏，先封赏他们，恐怕会失掉人心。"在郭崇韬的劝阻下，封赏陈俊、储德源做刺史的事没有施行。

但周匝屡次向李存勖提这件事，李存勖因为自己曾经答应过周匝，也不好意思拒绝。过了一年，李存勖实在是顶不住周匝的屡屡请求了，就对郭崇韬说："天子无戏言，我已经答应周匝，不能不办到，你虽然说得很对，还是为了我委屈一下吧。"于是就封陈俊为景州刺史，储德源为宪州刺史。当时李存勖手下有很多跟随李存勖身经百战，为后唐立下过汗马功劳的功臣都还没被封为刺史。听说这件事，众人极为愤怒，对李存勖非常失望。

李存勖有一个很漂亮的妃子，非常受宠，这个妃子还为李存勖生了个儿子。刘皇后生怕这个妃子越来越受宠，以后会抢她的位置，就千方百计想除掉这个妃子。这时在外做官的大将元行钦被调回朝内，担任皇宫的警卫工作。元行钦的妻子刚刚去世，李存勖出于对元行钦的爱护，想帮元行钦重新找个妻子。

有一天，元行钦在宫中值班。李存勖问元行钦："你又结婚了吗？要是还没结婚，我帮你找一个。"元行钦说还没有。皇后一看机会来了，指着那个妃子说："皇帝可怜元行钦，就把这个妃子赐给元行钦吧。"李存勖大惊失色，只好含含混混地答应，皇后刘夫人让元行钦马上向李存勖拜谢。第二天早晨起来，李存勖去看那个妃子，才知道那个妃子前一晚已经被送到元行钦那里去了。李存勖难过得好几天没吃下饭。

历史关注 | 冯道是中国大规模官刻儒家经籍的创始人。

李存勖很怕热，于是下令建一座高楼用来避暑。但建高楼很费钱，李存勖怕大臣们劝谏，就先发制人，对大臣们说："今年是朕活这些年来最热的，朕都快热死了。朕以前夏天在黄河和后梁作战的时候，扎营的地方低洼潮湿，天天披着盔甲与敌军作战，每天都汗流浃背，也没热成这个样子。"李存勖意思是让大臣同意建楼。大臣郭崇韬回答："陛下以前在黄河的时候，大敌当前，全心打仗，即使是酷暑也没放在心上。现在天下太平，如果心思全在使自己怎么安逸上的话，就是建再高的楼，也会觉得热。要是陛下不忘记当初的辛苦，勤俭治国，心思不在热上面，自然不会觉得热了。"

李存勖最后还是命令修建高楼。每天修楼的人有上万人，花了上亿的钱。郭崇韬继续劝谏，可李存勖始终也没有听从。

李存勖当皇帝的第三个年头，自然灾害严重，老百姓靠野菜度日，饿死的比比皆是。士兵没有粮饷，只好靠卖儿卖女维持生计。而李存勖这时竟忙着四处打猎，所到之处，责令地方上供应粮饷，如果没法供应，卫兵就打烂物品，拆屋当柴，犹如强盗。此时宫中的钱财堆积如山，可吝啬的皇后却不肯拿出来发给士兵做军饷。人民、士兵的不满到了极点，动乱一触即发。

当时戍守瓦桥关（今河北雄县南）的魏博士兵期满回镇，走到半路时又接到就地屯守的命令。一时间谣言四起，人心惶惶，早对李存勖不满的士兵趁机发动叛乱。李存勖派兵征剿，不能取胜，于是派大将李嗣源率后唐主力出征。对李存勖不满的军队在途中发动兵变，拥立李嗣源为新君主。由于当时的军需粮草都囤积在大梁（今河南开封），能否攻取大梁就成了胜败的关键。李

嗣源派大将石敬瑭带兵奇袭重镇大梁，李存勖也带兵从洛阳出发向大梁进发。这时李存勖已经丧失人心，军队不愿为李存勖卖命。大梁守军只做了象征性抵抗后，就向李嗣源投降了。其他各路军队也纷纷倒向李嗣源。

李嗣源的先头部队很快就逼近了洛阳的门户汜水关（今河南荥阳汜水镇）。李存勖决定亲自带兵坚守汜水关，以阻挡李嗣源的兵锋。

后唐天成元年（公元926年）四月初一，李存勖部队准备就绪，骑兵集结于宣仁门外，步兵集结于五凤门外，准备出发。马直指挥使郭从谦趁军队都调到城外之机发动叛乱，猛攻皇宫的门户兴教门。李存勖当时正在吃饭，得知有人叛乱的消息后，一面指挥禁卫部队抵抗，一面派人命令在城外集结的军队回援皇宫，攻击叛军。正在城外指挥军队的蕃汉马步使朱守

后唐庄宗击鼓图

后唐庄宗统一中原后，开始沉迷于奢华的生活。他从小喜欢看戏，整天和伶人在一起，穿着戏装，登台表演，不问国事。他还给自己起了个"李天下"的艺名。

中国大事记

公元926年，后唐魏州发生兵变，庄宗被乱兵所杀。

殷接到平叛的命令后，非但没有指挥军队进攻叛军，反而带着手下士兵去树林中休息了。李存勖指挥禁卫部队一度把叛军打了出去，但叛军很快翻越城墙攻了进来。李存勖身边的大臣和禁卫部队的士兵都放下武器四散奔逃，只有十几名将士还在李存勖身边保护着他。

李存勖在苦战中被流箭射中，宫中负责养鹰的善友把李存勖扶进后宫，帮他把箭拔了出来。李存勖胸闷想要喝水，可附近却没有。皇后只是派宦官送点奶酪过来，自己带着金银财宝和王爷李存渥、大将元行钦等人逃离了皇宫。受伤很重的李存勖很快就死了，在他身边保护他的那十几个将士痛哭着离开。平时跟他形影不离的艺人、宦官、宫女也都逃走了。善友收集附近的乐器，把它们放在李存勖的尸体上，将李存勖火化。

李嗣源的军队到达后，在一片灰烬中找到了李存勖的骨灰，为李存勖举行了葬礼。

后唐明宗善听讽谏

李存勖死后，李嗣源很快就登基做了皇帝，被称为后唐明宗。

李嗣源出身很贫苦，他当兵的时候，自己的饷银不足以养家，靠义子李从珂卖马粪维持生计。早年的艰辛生活使李嗣源对老百姓生活的艰辛有深刻的了解。当皇帝后，李嗣源并没有忘本。他减轻赋税，停止征战，使在动乱年代颠沛流离的人民稍稍得到了休息。

后唐天成四年（公元929年）是李嗣源当皇帝的第四个年头，这一年中原农业大丰收。李嗣源非常高兴，认为是自己统治有方。在与大臣冯道闲谈的时候，李嗣源谈起自己做皇帝以来不再打仗，粮食连年丰收，特别是这一年收成特别好，非常得意。冯道见李嗣源有些骄傲，想借机劝谏李嗣源。冯道没

有直说，而是先举了个例子。冯道说："我以前在太原当官的时候，曾经奉命出使中山，到中山要路过井陉，那里都是山路，特别危险。我怕马会失足跌到，就紧紧抓住马的缰绳，小心翼翼，幸好没有出什么事。等我好不容易到了平坦的路上，觉得没什么事了，就放开缰绳纵马奔驰，结果一会儿就摔倒了。我觉得治理国家的道理和骑马一样，只有小心谨慎、战战兢兢才能治理好国家。"李嗣源听了冯道的比喻深为赞同。

李嗣源知道冯道是要劝谏自己，就问冯道："今年丰收了，农民的生活改没改善啊？能吃饱肚子吗？"冯道回答："农民碰到灾年就逃荒要饭，饿死在路上；碰到丰年又因为谷贱伤农，过得也不好。不管灾年丰年，农民的日子都很苦。我记得进士聂夷中有一首诗是这么写的：二月卖新丝，五月粜新谷。医得眼下疮，剜却心头肉。这诗歌虽然粗俗，却写出了农民的真实生活。为了生活，农民只得卖新丝，粜新谷，就是不愿意也没有办法。士、农、工、商，农民是最苦的，陛下身为皇帝，是不能不知道这一点的。"

李嗣源听了冯道的话很受感动，让身边人把这首诗写下来，经常反复地吟诵。李嗣源下令把朝廷的税收调低，以减轻农民的负担。不久李嗣源又下令把皇宫中饲养的猎鹰之类的动物全都放了，并命令地方上以后不得向朝廷再进献珍禽异兽。冯道看自己的劝谏起作用了，就对李嗣源说："皇上不但对人仁慈，对飞禽走兽也很仁慈，真是菩萨心肠。"李嗣源说："不是那么回事，我以前曾经和先皇一块去打猎，当时正是庄稼丰收的时候，被追捕的野兽受惊吓就逃到了田里去了。后来虽然抓住了野兽，可农民的庄稼全被踩坏了，

武官俑 五代

武官头戴金盔，全身着甲，左手拄剑，右手握拳，一副威武刚猛的神态。

我现在回想起这件事，还有点后悔。猎捕珍禽异兽对百姓伤害很大，我觉得有害无益，才不让地方再进献珍禽异兽。"

李嗣源一次问大臣赵凤什么是丹书铁券，赵凤说："丹书铁券是皇帝颁给臣子的凭证，有了这个凭证，臣子以后无论犯了什么罪都可以免死，不仅如此，大臣的子子孙孙都可以享受荣华富贵。"

李嗣源说："以前朝廷只给 3 个人颁发了丹书铁券，我也是其中一个。另外两个被颁发丹书铁券没多久就因为被陷害满门抄斩了，我也差点没逃过小人的毒手。"说完，李嗣源叹息了很久。

赵凤说："皇上要是心存大义的话，不必刻在金属石器上。大臣们有了丹书铁券，就有恃无恐，违反法律，到时如果不杀，就违背了法律；如果杀了，则又丧失了皇帝的信义。丹书铁券这个制度危害很大，希望皇上以后不要向大臣颁发。"李嗣源采纳了赵凤的意见。在他当皇帝期间，没有发过一个丹书铁券。

李嗣源没当皇帝的时候，算命术士周玄豹对李嗣源说他日后贵不可言。李嗣源当时听了没觉得什么，等他当上皇帝之后，越发觉得周玄豹有先见之明，就想把周玄豹找到京城来，向他询问一下国家大事。

大臣赵凤对李嗣源说："周玄豹说陛下能当皇上，已经应验了，其他的事没有必要再问他。如果让他来京师，人们听说他曾经为皇帝算过命，而且还应验了，肯定会争着到他家去算命。从古至今，因为算命的人乱说话，不知道有多少人丢了性命，让周玄豹来京师，不是对国家有益的事。"

李嗣源听了赵凤的话后，就没有让周玄豹来京师，只是赐给他一些财物，作为对他的答谢。

李嗣源当皇帝的时候已经 60 多岁了，每年除夕的时候，他都会对上天祈祷说："我是一个胡人，因为众人的推举才当了皇帝，希望老天早点降下圣人，来接替我的位置。"李嗣源善听谏讽，对好的意见都加以采纳。他的统治时期政治清明，没有战争，在五代十国那个大乱世中可以称得上"小康"了。

长乐老冯道

五代十国是一个混乱的时代，很多人都无法在其中保住性命，但是冯道却能在政坛上如鱼得水，先后侍奉了 4 个朝代 10 多个皇帝，担任宰相 20 多年。

冯道出身于一个普通人家，他为人纯朴厚道，平时除了照顾父母之外，只是读书吟诗，是一个爱学习的人。冯道被刘守光提拔为官，后来又投奔了后唐，帮助后唐庄宗处理文书。当时后唐庄宗和后梁军队隔着黄河对峙，按惯例，军官们吃饭都是一起会餐。一天，郭崇韬认为会餐人数过多，对军队是个很大的负担，请求稍微减少一点人。后唐庄宗生气了，说："我想给为我效力的人吃点饭都不行了？那好，你们另外找人当你们的主帅吧，我不干了！"于是命冯道起草文书。冯道迟迟不肯下笔，后唐庄宗催促他。冯道站起来回答："我怎么敢不听您的话呢？郭崇韬所说的话不一定是对的，您可以拒绝他，但不能说刚才那番话。敌人如果知道了的话，会认为我们将帅不和的。"后唐庄宗这才消了气，从此人们开始敬重冯道。

冯道还非常关心民间疾苦。后唐明宗即位后，向冯道询问外面的事，冯道建议他要事事谨慎，不要贪图享乐，后唐明宗觉得很有道理。第二天，后唐明宗又问冯道："现在虽然丰收，但百姓是否得到了好处？"冯道回答："粮食太贵的话，农民买不起，必然饿肚子。可粮食太贱的话又卖不出好价钱，吃亏的还是农民。我记得最近有个叫聂夷中的举子写过一首《伤田家诗》，诗是这样写的：'二月卖新丝，五月粜新谷。医得眼下疮，剜却心头肉。我愿君王心，化作光明烛。不照绮罗筵，偏照逃亡屋。'"唐明宗对这首诗赞不绝口，命人将其抄下，以便自己背诵。

冯道脾气很好，从不发怒。有一次一个属官因为一件小事在官署门口大骂冯道，其他人

中国大事记

公元926年，孟知祥入成都，整顿吏治，减少苛税，攻占东川。

纷纷劝冯道处罚那个人。冯道不予理睬，说："那家伙一定喝醉了。"后来把那个人请进来，摆酒设宴款待了一个晚上，那个人从此以后再也不骂冯道了。

契丹灭掉后晋后，耶律德光问冯道："怎样才能拯救天下百姓？"冯道回答："现在的百姓就连佛祖都救不了，只有皇帝才能救他们。"这句话哄得耶律德光很开心，所以没有怎么伤害百姓。

冯道也很得意自己能够在乱世保全性命和富贵，他写了一篇《长乐老自叙》，自称长乐老，认为自己已经是天底下最快乐的人了。

郭威平定内乱后，立刘赟为皇位继承人。他派冯道等人去迎接刘赟。结果冯道和刘赟走到宋州的时候遇上兵变，郭威已经登上了皇位，就是后周太祖。刘赟得知郭威即位的消息后，以为自己被冯道出卖了，想杀掉他出口气。当时和冯道一起迎接刘赟的人都害怕得不知道该怎么办，只有冯道镇定自若，最后也没有出什么事。冯道很快就向后周太祖称臣，后周太祖很器重他，封他为太师，不直呼他的姓名以示尊敬。后周太祖去世后，由于冯道精通礼仪，后周世宗就任命他为山陵使，负责处理后周太祖的后事。北汉刘崇勾结辽国入侵中原，年轻气盛的后周世宗想率军亲征。他召集大臣讨论，冯道坚决反对后周世宗亲征。后周世宗说："当初唐朝刚建立的时候，天下大乱，那么多草寇都是后唐太宗带兵扫平的。"冯道却说："陛下比得上唐太宗吗？"后周世宗又说："我们大周兵强马壮，对付一个小小的刘崇和几个契丹人，就像大山压鸡蛋一样容易。"冯道又说："陛下真的能和大山比吗？"后周世宗勃然大怒，责问道："冯道你为什么要小看我！"冯道见后周世宗动了真怒，就不敢再说话了。等到后周世宗出兵的时候，没有让冯道跟从，而是让他在周太祖陵前祭祀。祭祀完毕后，冯道护送太祖的神像回宫，还没等送进太庙，冯道就去世了，享年73岁。

后晋纪

  后晋为石敬瑭所建，历2帝，前后约11年。

  石敬瑭是后唐明宗的女婿。后唐长兴三年（公元932年），石敬瑭任北京（太原）留守、河东节度使。明宗去世前后，石敬瑭看到后梁、后唐皆自藩镇得国，早就觊觎帝位。清泰三年（公元936年）夏，石敬瑭与桑维翰勾结契丹，认契丹主耶律德光为父，并将幽云十六州拱手献给契丹。十一月，契丹主在太原册立石敬瑭为大晋皇帝，改元天福，国号晋，史称后晋。

  石敬瑭的帝位并不稳固。他对契丹的屈辱行为，遭到人民的唾弃。此外，尽管石敬瑭卑屈地侍奉契丹，仍常遭到契丹的责备。天福七年（公元942年），石敬瑭忧郁而死，其侄石重贵继位，史称少帝或出帝。公元947年，契丹入开封，虏重贵北迁，后晋灭亡。契丹主耶律德光在开封称帝，改国号为辽。

中国大事记

公元 936 年，李克用部将石敬瑭反唐，借契丹兵攻入洛阳，灭后唐称帝，国号晋，称高祖。

石敬瑭做儿皇帝

石敬瑭是后唐明宗李嗣源的女婿，骁勇善战，很受李嗣源器重。在李嗣源夺取皇位的过程中，石敬瑭立了大功。

当时李嗣源被派出去征讨叛兵。可走到半路上，对皇帝后唐庄宗李存勖心怀不满的士兵发动兵变，拥立李嗣源为主。李嗣源对这突然的变故毫无心理准备，一时乱了手脚，不知道该如何是好。倒是石敬瑭比较冷静，劝李嗣源说："自古以来，手下出了兵变的将领都没有好下场，何况现在乱兵还拥立您为主呢？李存勖是不会放过您的。现在既然已经背上了叛贼的罪名，无法回头，不如一不做二不休，造反起事。国家的军需粮草都储存在大梁（今河南开封），只要占领了大梁，天下就是您的了。大梁防备松弛，您给我 300 人精兵，我保证给您拿下大梁。犹豫不决是兵家大忌，必须马上行动。"李嗣源听石敬瑭说得有理，就命石敬瑭带兵进攻大梁。

石敬瑭动作迅速，很快就夺取了大梁，失去大梁后的李存勖王朝迅速土崩瓦解。李嗣源登上皇位后，论功行赏，封石敬瑭为节度使，大加封赏。之后石敬瑭又升迁为河东节度使，掌管重镇太原。

李嗣源死后，李嗣源的三儿子李从厚继承皇位。李从厚怕自己的兄弟跟自己争夺皇位，就想杀掉掌握兵权的李嗣源的义子李从珂。可没想到李从珂先下手为强，还没等李从厚动手就发动叛乱。李从厚手里没有什么兵，忙下令各地勤王（勤王就是皇帝有难，各地来救的意思）。石敬瑭也接到勤王的诏书，可还没等出兵，李从珂已经带兵攻入京城，李从厚落荒而逃，后来就逃到石敬瑭所在的河东。石敬瑭见李从厚来投奔自己，不是"勤王"而是"擒

石敬瑭像

王"，把李从厚抓住送到李从珂那杀掉了。

虽然石敬瑭为李从珂当皇帝立下了功劳，因为石敬瑭手下兵强马壮，李从珂很猜忌石敬瑭，怕他谋反。石敬瑭也知道李从珂的心思，就秘密做好了谋反的准备。双方虽然表面上相安无事，背地里却已经是剑拔弩张。既然要打仗，谁能有外援就成了取胜的关键。当时能够派军队提供援助的只有契丹。契丹是由北方游牧民族契丹族建立的政权，契丹骑兵英勇善战。谁能得到契丹的支持，谁在这场皇位争夺战的胜算无疑就会更大。

李从珂手下的大臣首先向他建议送重礼给契丹，以取得契丹的支持。李从珂本来答应了，可他手下的一个大臣薛文遇对李从珂说："陛下是堂堂天子，怎么能低声下气地去讨好夷狄（对少数民族的蔑称）呢？再说，以前中原和夷狄交往都是靠和亲，都要把公主嫁到夷狄。要是契丹按以前的惯例向我朝求婚怎么办？"李从珂面子上挂不住，交好契丹的事没了下文。但石敬瑭又不能不打，李从珂只好在没有联合契丹的情况下就发动了对石敬瑭的战争。

李从珂没想到的是，石敬瑭可不管什么面子不面子。战争一开始，石敬瑭就派使臣到契丹求援。为了笼络契丹，石敬瑭竟然认契丹皇帝耶律德光为父亲，还允诺成功后每年送给契丹大量的金银绸缎，并会把大量土地割给契丹。石敬瑭的所作所为连他手下的将领都看不下去了，石敬瑭手下大将刘知远就说："让契丹出兵，多给金银就行了，认父亲太过分了，为什么要割地呢？割了地以后就麻烦了！"但这话对一心想当皇帝的石敬瑭又有什么用呢？契丹皇帝耶律德光见有儿子有地有钱，非常高兴，马上派 5 万军队支援石敬瑭。

5 万军队并不多，李从珂手下的中原军队几倍于这个数字，但中原军队的将领为保存自己的实力并不想打

仗，一触即溃。当时各军中实力最大的赵德钧、赵延寿父子竟也想趁机靠契丹夺取皇位，不仅按兵不动，还派人向契丹示好。石敬瑭赶忙派大臣哭着求耶律德光看在"父子之情"的情分上不要改变主意，好不容易才保住了自己儿子的地位。李从珂走投无路，最后和全家一起自焚而死。

石敬瑭如愿以偿地登基做了皇帝，建立了五代十国中第三个朝代后晋。即位之后，石敬瑭马上履行诺言，将幽云十六州（今北京、天津、河北西北部、山西大同等）割给了契丹，每年送给契丹绸缎布匹三十万，并正式认耶律德光为父皇帝，自己则为儿皇帝。当时耶律德光只有37岁，而石敬瑭已经47岁。47岁的石敬瑭竟然认37岁的耶律德光为父亲，这在世界上也可以说是奇观了，石敬瑭由此成了中国历史上著名的"儿皇帝"。

石敬瑭称帝后，很守"信用"，割幽云十六州给契丹，承诺每年给契丹布帛30万匹。幽云十六州乃中原北部的天然屏障，幽云十六州一失，中原完全暴露在契丹铁蹄之下。从那以后，燕云十六州成为辽南下掠夺中原的基地，北方社会经济遭到严重破坏，贻害长达400年。

石敬瑭称帝伊始，卢龙节度使北平王赵德钧，厚以金帛贿赂契丹，试图以契丹为靠山，从而夺取中原。契丹主因为当时困难重重，准备答应赵德钧的请求。石敬瑭闻讯大为惊惧，急令掌书记官桑维翰见契丹主。桑维翰跪于契丹主帐前，从早晨哭到晚上，不停止哭泣，也不起身。苦苦哀求契丹放弃赵德钧之请。契丹主无奈答应了桑维翰的哭求，并说桑维翰对石敬瑭忠心不二，应该做宰相。

石敬瑭对于契丹百依百顺，非常谨慎，每次书信皆用表，以此表示君臣有别，称太宗为"父皇帝"，自称"臣"，为"儿皇帝"。每当契丹使臣至，便拜受诏敕，除岁输30万布帛外，每逢吉凶庆吊之事便不时赠送好奇之物，以致赠送玩好奇异的车队相继以道。

石敬瑭为人辩察，多权术，好自矜大，所聚珍异奢侈绮丽，宫殿悉以金玉珠翠为饰。他对契丹百依百顺，但对百姓却如虎狼一般，凶恶狠毒，用刑十分残酷。

石敬瑭坐稳了"儿皇帝"，可他的"父亲"契丹主耶律德光却贪得无厌，索求无度。再加上石敬瑭晚年尤为猜忌，不喜欢士人，而专任宦官为政，导致宦官大盛，吏治腐败，朝纲紊乱，民怨四起。另外，石敬瑭手下的将领个个拥兵自重，伺机造反。

石敬瑭既不敢得罪手握重兵的手下将领，更不敢得罪"父皇帝"，由此，忧郁成疾，于天福七年（公元942年）六月在屈辱中死去，时年51岁，庙号高祖，葬于显陵（河南宜阳县西北）。

契丹崛起

契丹是中国北方一个古老的游牧民族。唐朝末年的时候，契丹分为8个部落，契丹的王位由这8个部落的酋长轮流担任，每位首领的任期为3年。

到阿保机接替王位的时候，幽州节度使刘守光暴虐无道，人民无法生存，纷纷逃入与幽州相邻的契丹，契丹实力增强。阿保机趁机带领所属军队侵入中原，攻陷城池，掠夺人口，所属部落日益强大。凭借着自己强大的实力，阿保机在自己王位任期届满后拒绝让出王位。本来只能任职3年的王，阿保机却当了9年，其他7个部落对此极为不满。

在一次出征回来的路上，阿保机被7部的军队包围，要求他按照契丹的原有制度让出王位。阿保机迫不得已，被迫答应了7部的要求。不过阿保机提出了一个条件，说："我当了9年的王，得到了很多汉人，我想带领这些汉人在汉城（今河北滦平）居住，自成一部。"7部答应了。

汉城土地肥沃，盛产食盐和铁矿。阿保机带领着汉族民众在汉城发展农业，建立城市，汉族居民在这里安居乐业，阿保机的力量更加强大。阿保机采纳夫人述律平的计策，用计杀死了其他7个部落的首领，趁势发兵消灭了其他7个部落，统一契丹。后梁末帝贞明二年

中国大事记

公元 937 年，徐知诰篡吴称帝，国号为齐，史称徐齐。

（公元 916 年），阿保机称帝，建立了契丹政权。阿保机重用汉族官员韩延徽等人，采用中原的先进制度和生产方式，契丹发展成为中国北方一个强大的政权。

在契丹崛起的时候，中原正处于军阀混战之中，各个割据势力为了争夺政权，纷纷拉拢契丹。后唐庄宗李存勖就认阿保机为叔父，认阿保机的夫人述律平为婶母，以求得契丹的帮助。阿保机的儿子耶律德光即位后，中原军阀石敬瑭为夺取皇位，以认耶律德光为父、割让幽云十六州的代价向契丹求援。耶律德光听说石敬瑭来求援，特别高兴，对母亲说："我昨天做梦梦到石敬瑭派使臣来，今天果然来了，这是天意啊。"于是带全国兵力支援石敬瑭。

在契丹的支援下，石敬瑭做了皇帝，建立了后晋，契丹也得到了石敬瑭进献的幽云十六州。包括了今天北京、天津、河北西北部和山西大同周边的大部分土地，地势险要、土地肥沃，既是华北平原的屏障，又是富饶的农业区。契丹得到幽云十六州之后，不仅实力大为增强，而且取得进攻中原的前进基地。

出行图　契丹

图中人物为典型契丹男子形象，留髡发、戴耳环，身着各色长袍，腰系革带，有拿笔砚的，有握短刀的，也有双手捧黑色皮帽的，表现等待出发的情形。

儿皇帝石敬瑭死后，大臣冯道和将军景延广拥立石敬瑭的侄子石重贵为皇帝。石重贵即位时不仅没有通知契丹，而且在对契丹的上表中也不再称臣了。景延广极力主张与契丹断绝来往，契丹负责与后晋贸易的官员乔荣被投进监狱，在后晋的契丹商人都被处死，货物被没收。在部分大臣的建议下，乔荣被释放。乔荣回契丹之前向景延广告辞，景延广狂妄地对乔荣说："先帝是为契丹所拥立，所以向契丹称臣。现在的皇帝跟契丹没关系，称臣一点道理都没有。中原兵强马壮，你都看到了，要是耶律德光想打仗的话，我这有 10 万横磨剑等着他呢，到时他战败逃窜，被天下人耻笑，可别后悔呀！"乔荣看景延广这么狂妄，就对景延广说："你说的我记不下来，你能写下来吗？"景延广就写下来给乔荣了。乔荣回到契丹后向耶律德光做了报告，耶律德光勃然大怒，发动了对中原的战争。

腐败的后晋根本抵挡不住契丹的攻势，迅速灭亡。耶律德光带兵进入了后晋的都城大梁。有人劝耶律德光，汉族的地区就应该由汉族来治理，应该派后晋的官员治理地方，但耶律德光没有听。耶律德光对后晋的大臣们说："契丹的风俗和汉族不同，我想为汉族立一位皇帝，你们觉得怎么样啊？"大臣们都说："天无二日，民无二主，汉族、契丹族都拥立您为皇帝。"耶律德光于是在大梁称帝，各个地方争着向耶律德光投降。

但是耶律德光没有处理好复杂的民族关系，纵容军队抢劫，派人四处搜刮财富，激起了人民的激烈反抗。进军中原仅 3 个月后，耶律德光就不得不退出了中原。耶律德光倒不后悔，他对身边的大臣说："我在漠北的时候，每天和手下去打猎，非常快乐。到了中原以后，无事可做，一点意思都没有。我现在回去，就是死我也甘心了。"耶律德光走到半路的时候，就患病去世了。

耶律德光进军中原的行动虽然失败了，但此时的契丹已经非常强大，后来发展成与宋朝分庭抗礼的强有力的政权。

后汉纪

　　后汉为刘知远（即后汉高祖）所建，建都开封，历2帝，前后约4年。

　　刘知远是沙陀部人，后晋天福六年（公元941年）七月，任北京（太原）留守、河东节度使。开运三年（公元947年），契丹陷开封，后晋亡，刘知远对契丹的南下先采取观望态度。次年正月，契丹主耶律德光称帝于开封，国号辽。二月，刘知远亦在太原称帝。

　　刘知远称帝后，为了赢得民心，沿用后晋的年号天福，以争取后晋文武官吏的支持。他下诏书慰劳各地自发武装抗辽、保卫乡土的起义军，不夺民财，并取出宫中所有财物赏赐将士，获得了军民的支持。

　　公元948年农历正月，刘知远死，隐帝继位。公元951年，隐帝被杀，后汉亡。

中国大事记 | 公元947年，后晋亡，刘知远改国号汉，后定都于汴，称高祖。

刘知远入梁

刘知远是五代后汉王朝的建立者，生于唐昭宗乾宁二年（公元895年），卒于后汉乾祐元年（公元948年）。在后晋开运四年（公元947年）称帝建立后汉，庙号高祖。其祖先为沙陀部人，世居太原。

刘知远从小为人沉稳庄重，不好嬉戏。到了青少年时期，正值李克用、李存勖父子割据太原，刘知远就在李克用的养子李嗣源（即后来的后唐明宗）部下为军卒。当时，石敬瑭为李嗣源部将，在战斗中，刘知远不顾自己的生死安危，两次救护石敬瑭脱难。石敬瑭感而爱之，以其护援有功，奏请将刘知远留在自己帐下，做了一名牙门都校，不久升任马步军都指挥使。

作为后晋皇帝石敬瑭手下大将，刘知远为石敬瑭立下过汗马功劳。在石敬瑭称帝后，他被任命为河东节度使，执政太原地区的军政大权。

当初后唐末帝猜忌石敬瑭，派兵攻打晋阳。石敬瑭闻讯，让刘知远负责守卫晋阳。石敬瑭派桑维翰到契丹国都上京（今内蒙古巴林左旗）去求援，主动割让幽云十六州（今北京、天津、河北北部、山西北部），拜契丹太宗当义父。

· 石敬瑭献燕云十六州 ·

燕云十六州，又称"幽云十六州""幽蓟十六州"，是指中国后晋天福三年（公元938年）石敬瑭割让给契丹的位于今天北京、天津以及山西、河北北部的十六个州。"燕云"一名最早见于《宋史·地理志》。公元936年，后唐河东节度使石敬瑭反唐自立，向契丹求援。契丹出兵扶植其建立晋国，辽太宗与石敬瑭约为父子。作为条件，两年后，即公元938年，石敬瑭把燕云十六州之地献出来，使得辽国的疆域扩展到长城沿线。

刘知远得知后，不以为然地对石敬瑭说道："将军向契丹太宗称臣就行了，何必拜他当义父；可以送给他金银珠宝，不应割让土地，否则契丹国将来肯定成为中原地区心腹祸患，后悔不及。"

石敬瑭听后十分恼怒地说道："这件事本将军早想好了，将军不必多嘴。"

不久后，契丹主封石敬瑭当儿皇帝，建立晋国。石敬瑭让刘知远率兵直捣洛阳，杀掉后唐末帝。石敬瑭定都大梁（今河南开封），封刘知远当邺城（今河北临漳）留守，后为晋阳留守兼河东（今山西中南部）节度使。

后晋出帝石重贵即位后，与契丹失和。刘知远知道这肯定会招来祸患，但并没劝谏石重贵，只是秘密训练军队，筹集粮草，预备紧急事变。契丹进攻中原，刘知远也没有派军队增援京城大梁，只是把军队部署在太原周围保卫太原。等到契丹军队攻入大梁，后晋灭亡后，刘知远马上派人向契丹皇帝耶律德光祝贺，并表示太原是军事要地，自己暂时不能离开，从太原向大梁进贡的道路被堵塞，等到道路一通自己立即向耶律德光进贡。

耶律德光为拉拢刘知远，每次都把诏书上刘知远的名字前加一个"儿"字，表示自己像对待石敬瑭一样对待刘知远，还把在契丹只有最尊贵的大臣才能得到的木拐赐给刘知远。

虽然耶律德光百般向刘知远示好，但刘知远却始终不肯到大梁见耶律德光。耶律德光派人质问刘知远："你不到大梁，究竟想干什么？"

见耶律德光发怒，刘知远手下将领郭威对刘知远说："契丹现在很恨我们，但契丹在中原胡作非为，根本待不下去，不用怕他们。"手下人有人劝刘知远带兵进攻大梁，消灭耶律德光。刘知远说："契丹刚收降了后晋的10万降兵，现在实力仍很强大。我看契丹的目的就是抢夺财物，财物抢完了，自然会走。再说夏天马上就到了，契丹不习惯炎热的天气，也没法呆下去。我们等待契丹撤退之时再打击他们，才能万无一失。"

历史关注

五代十国的绘画，继承了唐代绘画的传统，并有所创新。

由于耶律德光放纵士兵四处抢劫，激起了人民的激烈反抗，统治严重不稳。刘知远看到机会来了，就检阅军队，准备出兵。手下建议刘知远称帝，阅兵的时候士兵们高喊万岁。刘知远想做做样子，就对手下说："敌人还很强大，我们还没打什么胜仗，称帝的事以后再说。"于是禁止再喊万岁。

做了几次样子之后，刘知远就迫不及待地称帝了，建立起五代中的第四个朝代——后汉。刘知远称帝后，为了赢得民心，沿用后晋的年号天福，以争取后晋文武官吏的支持。他下诏书慰劳各地自发武装抗辽、保卫乡土的起义军，又不夺民财而取出宫中所有财物赏赐将士，获得了军民的支持。然后趁辽军北退，辽统治集团忙于争夺皇位之际，他统帅大军自晋阳出发，一路势如破竹，21天后进入洛阳，又8天后开进汴京，将其定为都城。

称帝后刘知远立即下令：废除契丹的一切暴政，免除被迫给契丹做事人的罪责，杀死所有在中原各地的契丹人。刘知远为了犒劳士兵，打算搜刮百姓。他妻子跟他说："你刚当上皇帝就搜刮百姓，肯定会失去人心，不如用后宫的财产犒劳士兵。虽然钱不多，但士兵也不会抱怨的。"刘知远同意了，就把自己的所有财产拿出来犒赏士兵。大家看到刘知远不搜刮民财，用自己的财产犒赏士兵，都非常高兴。刘知远迅速赢得人们的拥护。

契丹因人民反抗，最终被迫退出中原。耶律德光派大将萧翰留守大梁，自己带军队回契丹，途中病逝。刘知远见契丹主力已经退走，在大梁的契丹军队人数很少，便亲率主力向大梁进发。萧翰见刘知远大兵压境，就想带兵逃走，可又怕大梁的官员、百姓知道自己要走的话引起混乱，就想了个办法。

当时后唐明宗李嗣源的妻子王淑妃和儿子李从益在洛阳，萧翰派人把他们带到大梁。王淑妃和李从益知道没有好事，就藏了起来，可最后还是被找到了。二人被带到大梁后，萧翰假借契丹皇帝的命令立李从益为皇帝，然后就带兵走了，只留给李从益一批大臣和1500名

· 燕云十六州 ·

燕云十六州是指幽州（今北京）、顺州（今北京顺义）、儒州（今北京延庆）、檀州（今北京密云）、蓟州（今天津蓟县）、涿州（今河北涿州）、瀛州（今河北河间）、莫州（今河北任丘北）、新州（今河北涿鹿）、妫州（今河北怀来）、武州（今河北宣化）、蔚州（今河北蔚县）、应州（今山西应县）、寰州（今山西朔州东）、朔州（今山西朔州）、云州（今山西大同）。

幽、蓟、瀛、莫、涿、檀、顺七州位于太行山北支的东南方，其余九州在山的西北，十六州大致是今北京、天津和河北北部、山西北部的大片土地。

士兵。

这时刘知远的军队越来越近，大梁城中的人都很恐惧。王淑妃对大臣们说："我和儿子李从益被萧翰逼着走这条路，没办法。你们没什么罪，还是早早迎接刘知远，自求多福，不用管我们母子。"大家被王淑妃的话感动，都不忍心背叛。有人建议："集合在各地的军队，还能有5000人，加上留在大梁的军队，还可以抵挡一阵。只要能坚守一个月，契丹的援军就会到。"王淑妃说："我们是后唐灭亡后幸存下来的人，怎么敢跟别人争夺天下？现在到了这个地步，只能听天由命。要是坚守城池的话，不仅会连累你们，城里的百姓也会惨遭涂炭。"尽管王淑妃不同意，但大臣们还想守城，跟刘知远打。大臣刘审交说："大家好好想想，刚打过仗，大梁的物资储备几乎消耗殆尽，城中的居民也没剩多少。如果真守一个月的话，大梁就不会有活人了。大家别说了，听王淑妃的命令吧。"大臣们看没办法，只好放弃了抵抗，打开城门迎接刘知远。

刘知远兵不血刃，占领了大梁。到大梁后，他将已经投降的1500名士兵全部杀害，并派人秘密杀害了王淑妃和李从益。王淑妃临死前

说："我儿子是被人逼迫才当皇帝的，有什么罪，为什么不能让他活着，在每个寒食节为他父亲李嗣源在墓前洒一碗冷饭呢？"听到这话的人都哭了。

入大梁后，刘知远最疼爱的儿子不幸病死，他极为悲痛，也得了重病，第二年就去世了。

一人立功，天下晋爵

刘知远刚建立后汉就去世了，他的儿子，只有17岁就继承了皇位，即后汉隐帝。在五代十国那个谁实力强谁当皇帝的时代，这无疑是军阀们争夺皇位的好机会，而河中节度使李守贞就看准了这个机会。

李守贞自后晋以来一直就担任大将，因为乐善好施，很得军心。他见一个17岁的孩子登上了皇位，觉得自己的机会来了，就积极招兵买马、囤积粮草，做造反的准备。

李守贞这个人很迷信，他手下的僧人总伦为了讨好他，就在为他算命时说他有皇帝命。一次李守贞和手下将领吃饭的时候，拿着弓指着一幅一只舐脚掌的虎的画说："我要是有天助的话，就一定能射中老虎的舌头。"结果老虎的舌头果真被李守贞射中了。李守贞找相面的人给自己的儿媳相面，相面的人说李守贞的儿媳有"国母"之相。李守贞非常高兴，心想自己儿媳都能当"国母"，自己的皇帝命应该是确信无疑了。李守贞于是下定了造反的决心，自称秦王，联合另外两个节度使共同领兵反叛。

后汉派大将郭威领兵平叛。在与手下将领研究后郭威认为，虽然是3个节度使造反，但其中实力最强、威胁最大的是李守贞。只要消灭了李守贞，其他2个节度使就不攻自破了，于是郭威决心集中力量消灭李守贞。

临行前，郭威问大臣冯道，怎样做才能打败李守贞。冯道说："李守贞长期在军队任职，靠小恩小惠赢得军心，朝廷的军队都受过他的恩惠，因此拥戴李守贞，李守贞也正是靠这个才造反的。您不能吝惜财物，要对军队重重赏赐，只要赏赐超过李守贞，那么他的依靠就

没了，这样一来打败李守贞就是时间问题了。"郭威听从了冯道的建议，重重赏赐军队官兵。士兵有小小的功劳马上重赏，士兵有伤郭威亲自去看望，士兵有小的过失郭威也不惩罚，结果郭威很快就赢得了军心。

李守贞本以为朝廷军队都受过自己的恩惠，来了之后肯定会反戈一击、拥戴自己。可没想到士兵们刚得到郭威的重赏，早把李守贞给忘了，到了河中（今山西永济西蒲州镇）以后都踊跃请战，高声怒骂李守贞。李守贞见自己算盘落空，不由得大惊失色。

郭威手下的军队士气很盛，将领们都主张马上攻城，消灭李守贞。郭威不同意，说："河中城防坚固，易守难攻。我们如果贸然攻城的话，一定会招致重大伤亡，不如长期围困河中，等到城中的粮食吃光的时候再发动进攻，那个时候拿下河中就易如反掌了。"于是郭威率军将河中城团团围住。围城的军队驻扎的军营连绵数十里，步兵把守陆路，水兵把守水路，禁止一切人出入河中城，李守贞被困在天罗地网之中。

李守贞屡次带兵突围都大败而回，就派人出城求援，没有一个能走出封锁线。城中的粮食消耗殆尽，到处都是饿死的人。

李守贞问僧人总伦，为什么有皇帝命的他落到这般地步。僧人总伦只好编谎话骗李守贞说："大王命中注定就是皇帝，只是现在有点小灾，等到这段时间过去，大王就可以登基称帝，号令天下。"执迷不悟的李守贞仍然对总伦的话深信不疑，依旧做着当皇帝的美梦。可梦终究是要醒的，在郭威军队的强大压力下，李守贞手下纷纷投降。

李守贞最后走投无路，只好和家人一起自焚而死。李守贞死后，另外两个节度使的反叛也迅速被扑灭。

郭威回到京城之后，汉隐帝下令给这个对国家有大功的臣子重重封赏。郭威为显示自己不居功，就对汉隐帝谦让说："我在外领兵打仗一年多时间，只打下一座城，能有什么功劳？我之所以取得胜利全是靠充足的军需粮草，而

这都是朝中大臣的功劳，我怎么敢一个独自领受赏赐，请陛下对有功之臣都加以封赏。"听郭威这么说，汉隐帝觉得很对，就下令遍赏朝中大臣。

后汉乾祐元年（公元948年）九月，后汉大规模封赏开始了。九月四日，朝廷加任郭威兼任侍中，史弘肇兼任中书令；九月十日，加任窦贞固为司徒、苏逢吉为司空、苏禹珪为左仆射、杨邠为右仆射。朝中的大臣赏赐完之后，大臣们商量，朝中的大臣都晋了爵位，可在地方任职的官员都没晋爵，他们一定会不满，于是对地方任职的官员也大加封赏。九月十四日，朝廷加任天雄节度使高行周为太师、山南东道节度使安审琦为太傅、泰宁节度使符彦卿为太保、河东节度使刘崇兼任中书令；九月十八日，加任忠武节度使刘信、天平节度使慕容彦超、平卢节度使刘铢共同兼任侍中一职；九月二十日，加任朔方节度使冯晖、定难节度使李彝殷兼任中书令；十月一日，加任义武节度使孙方简、武宁节度使刘赟为同平章事；十月十一日，加任吴越王钱弘俶为尚书令、楚王马希广为太尉；十月十五日，加任荆南节度使高保融兼任

·桑维翰·

桑维翰（公元898~946年），字国侨，洛阳县人。桑维翰于后唐同光中登进士第。不久，跟随石敬瑭历任河阳、河东、镇州武顺军等节度掌书记，直到石敬瑭立国称帝。后晋立国十多年中，桑氏两度任宰臣，同时，后晋设枢密院，桑氏以宰臣负责枢密院事，或充枢密使，另任翰林学士、集贤殿大学士，历任相州、兖州、晋昌军等节帅。五代十国时期，枢密院兼具顾问、行政两系统的职权，枢密使职权膨胀，"权兼内外"，翰林学士等顾问权力亦膨胀，翰林学士属近侍重臣，有"内相"之称。桑维翰任宰相、枢密使、翰林学士，一身荣登三要职，历后晋立国时期之半强，称之为后晋军国重臣，确实名副其实。

侍中。

于是，后汉就出现了郭威一个人立功，几乎所有官员都晋爵的怪现象。

后汉隐帝信谗言诛大臣

刘知远在临死之前把儿子汉隐帝托付给自己的亲信大臣。汉隐帝即位后，这些大臣不忘刘知远的嘱托，全心辅佐他。其中枢密使、右仆射、同平章事杨邠总理朝政；枢密使兼侍中郭威掌管军事；归德节度使、侍卫亲军都指挥使史弘肇管理京城治安；三司使、同平章事王章掌管财政。

杨邠为人公正忠诚，专心公务，在家从不会客，以杜绝私下的请托。地方上的进献，有多余的他就献给汉隐帝。

王章收税时苛刻严厉。按照以前的制度，每交一斛（古代计量单位，十升为一斗，十斗为一斛）的土地税，要另外再交两升的"雀鼠耗"，就是指麻雀老鼠可能对粮食造成的损失，这其实是让民众承担政府保管粮食不力的责任。到王章当政的时候，"雀鼠耗"改名为"省耗"，民众需交纳量增加到两斗，竟然是过去的10倍。以前的制度，钱币的收入支付都以八十钱为一陌，王章以收入八十为一陌，支付七十为一陌，还为这种制度起名为"省陌"。当时的收入支付都是以陌为计算单位，这实际上是一种不等价交换。后汉实行盐、矾、酒政府专卖制度，凡是违反专卖制度，不管涉案金额多少，王章都处以死刑。在王章的苛政下，百姓的生活十分困苦。

当时中原刚经历过战乱，政府与百姓的财力都很困难。王章搜集点滴之利，节省开支，以此来充实国库。发生地方叛乱后，军队的军费和对立功将士的赏赐没有短缺过；叛乱平息后，财政还有剩余，国家因此比较安定。

史弘肇掌管京城治安，把京城治理得路不拾遗。但是，史弘肇为人极为残忍。他在京师掌管治安，巡逻时抓到罪犯，不管罪行大小，也不管法律如何规定，全部就地斩首。为了获

中国大事记

得口供，无论什么残忍的手法他都采用，而且几乎每天都杀人。虽然京师盗贼绝迹，可冤死的无辜平民也不可胜数，但无人敢申辩。史弘肇特别痛恨文官，常说："文官最让人难以容忍，常骂我是走卒。"

一次，王章请朝中大臣吃饭，大家喝酒划拳，史弘肇不懂怎么划拳。他身边的官员阎晋卿就教史弘肇。宰相苏逢吉就跟史弘肇开玩笑说："身边有姓阎的，不怕罚酒啊？"史弘肇的妻子就姓阎，以前是在酒家的妓女，史弘肇以为苏逢吉讽刺他，极为愤怒，要打苏逢吉，苏逢吉赶快跑了。史弘肇拿剑要去追，想杀了苏逢吉。杨邠哭着苦劝史弘肇，才把冲突止住，但从此以后文官和武官之间的矛盾到了水火不相容的地步。

汉隐帝长大后，喜欢任用身边的亲信，太后的亲属也干预朝政，但都受到杨邠等人的抑制。汉隐帝和太后想任命太后的弟弟李业当宣徽使，杨邠和史弘肇不同意，李业因此极为痛恨杨邠等人。而汉隐帝身边的一些宠臣如阎晋卿、聂文进、匡赞、郭允明等人，虽然很受汉隐帝宠信，但因为杨邠等人的缘故，长期升不了官，对杨邠等人也怀恨在心。

汉隐帝刚服完了三年之丧（儒家礼仪，父母死后子女要守孝三年），就开始听音乐，还赐给艺人锦袍和玉带。史弘肇知道后发怒说："将士们在边疆出生入死还没得到这样的赏赐，你们这些艺人靠什么得到这样的赏赐？"于是就把这些赏赐都没收充公了。

汉隐帝想立自己宠爱的妃子耿夫人为皇后，杨邠认为太快了。耿夫人死后，汉隐帝想用皇后的礼仪安葬耿夫人，杨邠还是不同意。汉隐帝凡事想自己拿主意，不想听大臣的。一次杨邠、史弘肇在汉隐帝面前商议事情，汉隐帝说："仔细一些，别让人家说闲话。"杨邠说："陛下你不用说话，有我们在。"汉隐帝的自尊心很受伤害。

身边的亲信看到汉隐帝与杨邠等人有矛盾，就趁机向汉隐帝进谗言说："杨邠等人大权独揽，早晚要谋反。"汉隐帝相信了。汉隐帝晚上听到作坊打铁的声音，以为杨邠等人手下正在赶制兵器，做谋反的准备，一夜没有睡着。

苏逢吉和史弘肇有仇，经常从中挑拨。在手下亲信和苏逢吉的挑拨下，汉隐帝下了杀杨邠等人的决心。他和李业、阎晋卿、聂文进、匡赞、郭允明等人商量好计划后，去向太后报告。太后不同意，劝汉隐帝不要这样干，汉隐帝不听太后的劝告，决心行动。他在朝堂上埋伏军队，在杨邠、史弘肇和王章上朝时处死了他们，接着又将其亲属、党羽甚至仆人都一并杀害。当时执掌军队的郭威正在边境抵御契丹，汉隐帝派人杀害了郭威的全家。

汉隐帝不知道他的后汉王朝全靠这几个大臣支撑才不至于灭亡，他杀这几个大臣就是自毁长城。而汉隐帝自毁长城的行动终于把自己毁了，全家被杀的郭威带领军队向汉隐帝兴师问罪，汉隐帝被乱兵所杀，年仅19岁。

后周纪

后周为郭威所建，建都开封。历3帝（二姓），共10年。

公元950年，后汉隐帝被杀。次年正月，郭威即帝位，改国号周，史称后周，改元广顺，都开封。郭威针对前朝弊政，进行了一些改革，刑罚有所减轻，部分苛税被废止，部分官田散给佃户，这些措施在一定程度上减轻了对人民的压迫剥削。

显德元年（公元954年）正月，郭威病逝，养子柴荣（柴皇后之侄）继位，是为世宗。柴荣继续进行改革，整顿吏治，严明军纪，士卒精强，为统一全国准备条件。

显德七年（公元960年）正月，赵匡胤发动陈桥兵变，废后周恭帝，建立北宋王朝，后周亡。

后周的灭亡，标志着五代的结束。

中国大事记 | 公元950年，后汉大将郭威以邺都留守起兵入汴。

郭威废帝自立

后汉隐帝时期，为防止契丹侵扰中原，后汉派大将郭威带兵在边境防卫契丹入侵。可郭威没有想到的是，自己在前方为汉隐帝出生入死，竟然落得家破人亡的下场。汉隐帝为加强皇权，以谋反的罪名诛杀大臣，在京城进行了一场大屠杀。在屠杀中，郭威一家老小都被汉隐帝杀害。汉隐帝还派使者秘密赴军营诛杀郭威以及另外一个大臣王殷。

王殷事先得到消息，扣留了使者，并将汉隐帝下令处死郭威的密诏交给了郭威，让他早做准备。郭威把手下将领郭崇威、曹威等人叫过来，把京城发生的事和皇帝密诏的内容都告诉大家，然后说："我与诸位大臣披荆斩棘，帮助先帝建立政权。受托孤重任以后，更是竭心尽力。现在其他人都死了，我也不想活了，你们把我的头砍了，向朝廷复命吧，不要连累了你们。"郭威手下的将领跟随郭威出生入死，情同手足，听郭威这么说，都哭了。手下将领哭着说："皇上还小，这事肯定是皇上身边的小人做的，要是让这些小人得逞，国家就完了。我们愿跟随您回京城，杀掉这些小人安定天下。您要是这么死了，就背上个谋反的罪名，就是一千年也翻不了身！"文官赵修己也对郭威说："您死有什么用呢？不如趁着大家拥护，率领军队去京城，这是天赐良机呀！"郭威看得到手下将士的拥护，就率领军队以清除皇帝身边奸臣的名义，向京城进发。

得知郭威带兵向京城进发的消息，汉隐帝与手下大臣商议对策。侯益向汉隐帝建议说："郭威手下将士的家属都在京城，在郭威军队到京城后让他们的家属招降他们，郭威的军队自然土崩瓦解。"将军慕容彦超讽刺侯益说："侯将军老了吗？怎么想出这种懦夫才能想得出的

郭威像

计策。"汉隐帝听了慕容彦超的话，而没有听从侯益的建议，派侯益领兵抵御郭威。

郭威得知侯益领兵来了，为防止手下军心动摇，在军队到达滑州的时候演了一出戏。郭威把滑州官府仓库中的财物分给士兵，分东西的时候郭威对士兵说："侯益带朝廷军队过来了，要是打的话就违背了我们入朝清除小人的本心，要是不打，又只能做俘虏。我不想连累你们，你们还是按皇帝的诏书杀了我吧，我就是死也不会恨你们的。"

郭威的言行感动了手下的士兵，士兵们都说："是国家辜负了您，您没有辜负国家，正是因为这个我们才跟随将军。您的仇就是我们的仇，侯益他们来多少我们都不怕。"看到取得的效果，郭威很满意。接着，郭威的亲信又向士兵们宣布："等到打下京城，任由大家掠夺几天！"能在富庶的京城随意抢劫，士兵的斗志被这个诺言迅速激发起来，每个人都想赶快进军打下京城。

朝中的军队、大臣看到郭威所率领的军队士气高昂、锐不可当，都无心抵抗。汉隐帝派来负责抵御郭威的侯益也秘密向郭威投降了。众叛亲离的汉隐帝最后只好亲自出城作战，被乱兵杀死，郭威轻易地占领了京城。

占领京城后郭威履行诺言，放纵士兵抢劫。士兵们在京城大肆劫掠，一时间京城火光四起，哭声一片，昔日繁华富庶的都市变成一座人间地狱。吏部侍郎张允的衣服被士兵抢走，被活活冻死。士兵们冲进原义成节度使白在荣的家，将白在荣家抢劫一空，临走时为了灭口又将白在荣杀害。

士兵的抢劫也激起了反抗，右千牛卫大将军赵凤将床放在巷口，拿着弓箭坐在上面，有人来抢劫就当场射死，全巷子的人都因此得以保全。一夜的大抢劫过后，郭崇威、王殷对郭威说："要再不制止抢劫，京城就要变成一座

空城了。"郭威看士兵抢得差不多了，就下令停止了抢劫。

郭威打着除掉皇帝身边奸臣的名义出兵京城，这时不得不做做样子。虽然攻入了京城，但他对其他大臣表示自己只是要清除朝廷中的小人，并没有别的意思。郭威和大臣们商议立后汉高祖刘知远的侄子刘赟为皇帝。刘赟此时远在太原，朝廷派人迎接刘赟到京城。

这时传来了契丹入侵的消息，郭威带领军队从京城出发，到边境抵御契丹。此刻军队军心浮动，根本没有心思和契丹打仗。将士们得知刘赟要当皇帝的消息后都非常震惊，互相说："我们攻陷京城，抢劫杀人，要是刘赟当皇帝后追究下来，我们就死无葬身之地了。"郭威手下的士兵一致认为，为了保命，唯一的选择就是立郭威为帝。这样他们就不再是劫掠京城的罪人，而是拥立皇帝的忠臣了。

郭威带领军队走到澶州的时候，士兵们突然大声叫喊起来，将郭威的房子包围。郭威命令关门，士兵们爬墙进来对郭威说："皇上必须要您来做，我们跟后汉刘家结仇了，不能拥立刘家的人做皇帝。"有人把黄旗撕裂裹在郭威的身上，大家将郭威举起，几万士兵同时高喊万岁，震天动地。几万士兵趁势簇拥着郭威向京城进发。在士兵的拥护下，郭威登基称帝，建立了五代中最后一个朝代——后周，太原赶来做皇帝的刘赟在途中被秘密处死。

后周太祖治国

郭威取代后汉建立后周后，借鉴其他朝代兴亡的教训，认真治理国家。郭威登基后的第一件事，就是革除以前的弊政。

五代时期是法律极为严酷的一个时代。自从唐朝灭亡之后，社会动乱，统治者为稳定统治纷纷采用严刑酷法。五代法律规定，凡是偷盗3匹绢以上的就判处死刑，到后晋时死刑的标准从3匹提高到5匹。与有夫之妇发生关系的，不管是强奸还是通奸，男女都判处死刑。后汉法律规定凡盗窃一个钱以上的都判处死刑，即使不是谋反等重罪，犯人也常常被判处灭族、没收全部财产的处罚。

郭威继位后首先就废除了这些恶法。郭威在废除严刑酷法的同时，也严格执法，以此来确保国家的安定。犯法者不管是谁，都从严查处。莱州刺史叶仁鲁是郭威的老部下。因为贪污了1.5万匹绢和一千缗钱（古代货币单位，相当于一千钱）被判处死刑。临死前郭威派宫人给叶仁鲁送去酒肉，对他说："你犯了法，被判处死刑，我没什么办法，你的老母亲我会照顾的，你不用担心。"叶仁鲁感动得泣不成声。

五代前期的时候，因为牛皮可以用来做盔甲、鼙鼓等作战用品，属于军需物资，所以政府禁止百姓私下买卖牛皮，规定牛皮只能卖给官府。后唐的时候，官府用盐作为百姓卖牛皮的补偿。到后晋的时候，连盐都没有了，民众只能无偿地将牛皮交给官府。因为民众的日常生活需要牛皮，所以牛皮的买卖屡禁不止。为了禁止牛皮的买卖，后汉竟然制定了买卖一寸牛皮以上判处死刑的法律。在大臣建议下，郭威颁布了新的牛皮管制法令，法令规定：民间上交官府的牛皮总量降为从前的三分之一，农民交纳牛皮的量按农民的土地数量计算，每十公顷交一张牛皮，其余所剩的牛皮可以自由买卖，只是不得卖给敌国。就这样，民众的生活大为方便，也不再因为买卖牛皮而被判死刑了。

郭威还致力于改变历代沿袭的奢靡风气。他对大臣王峻说："我出身贫寒，历经苦难。现在我做了皇帝，怎么能榨取百姓的血汗来供养自己呢？"于是命令王峻处理四方贡献朝廷的珍美食品。

不久郭威又下诏书废止了由地方向朝廷进献贡物的制度，诏书上说："享用贡物的只有朕一个人，可受苦的却是天下的百姓，而朕又怎么能享用完那么多的贡物呢？"结果那些贡物最后大多都扔掉了。

郭威还下诏书向大臣们征集意见，诏书上说："朕自幼在军队长大，对治理天下的道

中国大事记

公元951年，南唐抓住南楚内乱的机会进攻楚国，攻占长沙，南楚灭亡。

理知道的不多。如果文武官员有利国利民的办法，都上书让朕知道。上书不要说空话，要直书其事。"郭威把宫中的珠宝玉器全都当着手下人的面打碎，然后借机对手下人说："皇帝的职责是管理天下，要这些珠宝玉器有什么用，朕听说后汉隐帝的时候，天天和手下的亲信拿着珠宝玉器把玩，爱不释手，结果亡了国。后汉隐帝的事就在眼前，我们不能不引以为戒。"接着，他告诫手下以后不得带珠宝玉器进宫。

立国之本在于人才，郭威极为重视人才。在他当将军的时候，遇事向朝廷请示，看到朝廷的诏书都写得十分得体，事务的应对策略恰到好处，就很想知道写诏书的人是谁，后来得知是翰林学士范质。郭威到京城后首先找到范质，把身上的袍子披到范质身上，大声赞赏范质是"宰相之才"。等郭威做了皇帝之后，立即将翰林学士范质任命为宰相。郭威登基之前，已经是众望所归。他曾几次征求转运使李谷对谁适合当皇帝的意见，李谷每次回答都符合臣子的本分。郭威见李谷很忠心，很器重他，登基后也将李谷任用为宰相。老臣王峻长期跟随郭威，精通军事，善于掌管军队，郭威将军队的事全部托付给王峻。在这些大臣的辅佐下，后周的朝政十分清明。

郭威重视教育，对孔子极为敬重。郭威在到山东曲阜孔子祠堂的时候，以跪拜的方式向孔子表示敬重，手下说："孔子生前只是一个臣子，您作为皇帝不应该向孔子下跪。"郭威说："孔子是帝王的老师，学生怎么敢不敬重老师呢？"郭威不仅在孔子祠堂跪拜，还在孔子墓前跪拜。郭威下令修缮孔子祠堂，禁止在孔家碑林打柴，并寻找孔子、颜回的后人，任命他们为曲阜的县令和主簿。

郭威提倡薄葬，临死前对养子柴荣说："我以前西征的时候，看到唐朝18位皇帝的陵墓都被盗墓贼挖了，这都是因为陵墓里有太多的随葬品，太多的金银玉器，让盗墓贼有了觊觎之心。我死以后，寿衣要用纸做的，棺材要用土烧制的，死了以后赶快下葬，不要停在宫中大办丧事。墓穴不要用石头，用砖就行了；修墓的工人要出钱雇用，不能麻烦老百姓；安葬完了，在陵墓旁找30户人家，免去他们的赋税，让他们看守陵墓；不要修地下宫室，也不要派守陵的宫人；别在陵墓旁放石羊、石虎、石人、石马之类的东西，只需要在陵墓的碑上刻上这样的话：周天子一生节俭，遗命用纸寿衣、瓦棺材，嗣位的皇帝不敢违背周天子的意愿。你要是不听朕的话，朕在阴间就不保佑你。"

郭威在位的时间不长，不过他的治国方略使后周逐渐兴盛起来，为以后中国的局部统一打下了良好的基础。

南唐重臣冯延巳

冯延巳是五代十国时期南唐的大臣。冯延巳刚开始时在南唐太子李璟手下做事，辅佐太子。

冯延巳心机很深，凡是在他位置之上的人他都要设计除掉。

一次，冯延巳跟中书侍郎孙晟开玩笑说："你有什么能耐？竟然能当中书侍郎？"孙晟说："我是山东一个愚昧的书生，写文章不如你，开玩笑逗乐子不如你，拍马屁也不如你，可我跟太子在一起的时候，总用仁义去辅导太子，不像你那样用声色犬马来带坏太子！"冯延巳无话可说。

大臣常梦锡几次跟南唐皇帝烈祖李昪说冯延巳是奸邪小人，不能把他放在太子身边，其他大臣也向李昪提出了同样的建议。

正当李昪准备将冯延巳免职的时候，突然得了重病，很快就去世。太子李璟继承皇位，冯延巳因此得以幸免。

李昪去世后，冯延巳和弟弟冯延鲁负责起草遗诏。以前南唐的法律严禁买卖人口，冯延巳和冯延鲁想买小老婆，就在遗诏中废除了严禁买卖人口的法律，听任百姓出卖自己子女。

大臣萧俨看到遗诏后愤怒地说："这肯定不是先帝的意思，是冯延巳他们自己加上去的。以前冯延鲁就上奏章向先帝建议要废除禁止买卖人口的法律，先帝征询我的意见。我跟先帝说：'您以前没当皇帝的时候，遇到百姓有卖儿卖女的，您都用钱把孩子赎回来，让他们回家，所以大家都拥护您。现在您当皇帝了，怎么能允许这种事出现，让人做奴隶呢？'先帝同意了我的建议，还要把冯延鲁治罪。我跟先帝说冯延鲁只是一时糊涂，没必要将他治罪，冯延鲁才没有被治罪。先帝在冯延鲁的奏章上抹了3笔后拿进宫了，现在在宫中找肯定能找到这个奏章，看到奏章就知道先帝对买卖人口是什么态度了。"

李璟派人寻找，果然找到了这个奏章，奏章正如萧俨所说的那样，被李昪抹了3笔。可诏书这时已经发出了，就没有进行更改。买卖人口的风气从此在南唐盛行起来。

李璟即位后重用陈觉、冯延巳、冯延鲁、魏岑、查文徽等5人，这5人贪赃枉法、胡作非为，南唐民众给他们起了外号叫"五鬼"。李璟喜好文学，冯延巳正好擅长文学，所以很得李璟的器重，后来被任命为宰相。跟冯延巳同时被任命为宰相的孙晟很看不起冯延巳，听说冯延巳被任命为宰相后跟人说："金杯玉碗，怎么能装狗屎呢？"本来南唐政务都是由李璟亲自处理，冯延巳向李璟启奏："陛下事必躬亲，让宰相的才能不能得到全面的发挥，这是现在国家治理不好的根本原因。"李璟于是把政务都交给冯延巳办。冯延巳很懒，文书都让下面人写，军队的事务也推给别人。结果没过多长时间，南唐政局一片混乱，李璟只得再次亲自处理政务。

大臣萧俨极为痛恨冯延巳的为人，几次上奏折攻击冯延巳。萧俨曾因错判一个女子死刑犯了罪，其他大臣都坚决主张杀了萧俨。

冯延巳说："萧俨误杀了一个女子，你们以为萧俨该死，可萧俨是朝廷的重臣，难道就可以随便误杀吗？"冯延巳对李璟说："萧俨向来刚正不阿，忠心耿耿，被他误判成死刑的女子因为碰上大赦被赦免了，没有执行死刑，我想应该对萧俨从宽处理。"李璟听从了冯延巳的建议，萧俨免于一死。人们因为冯延巳以

德报怨，都很赞赏他。

冯延巳好说大话，他最初就是靠进献进取中原的计策而被重用的。他很看不起南唐烈祖李昪，在南唐同敌人的一次战斗中，南唐有2000多名士兵阵亡，李昪因此难过得几天吃不下饭，从此以后就很少出兵打仗。冯延巳常嘲笑李昪，说："那一仗不过死了2000多人，就几天吃不下饭。如此怎能成大事？当今皇帝李璟，几万军队在外作战，打球喝酒跟平常一样，真是一代英主，比他父亲强多了！"

冯延巳平常和人谈话的时候都以统一中国为己任，和同党互相吹捧。大臣常梦锡对李璟说："冯延巳说的话都是貌似忠言的奸言，陛下要是不醒悟，国家肯定会灭亡。"李璟并不在意。

李璟当皇帝的时候，中原的后周逐渐强大起来，南唐在与后周的战争中屡战屡败，最后被迫向后周称臣。冯延巳等人在闲谈之中，称后周为大朝，南唐为小朝。常梦锡嘲笑冯延巳说道："你们不是要统一中国，让当今圣上成为尧、舜那样的圣主吗？怎么现在自己贬低自己是小朝啊？"冯延巳等人都默然不语。

冯延巳虽然在政治上非常龌龊，但他却是五代十国时期著名的词人。他的词开一代风气之先，名句"风乍起，吹皱一池春水"就出自冯延巳之手。

后周世宗精兵简政

公元954年，后周太祖死，柴荣继承皇位，即后周世宗。

在后周世宗柴荣即位后的高平之战中，樊爱能、刘徽等将领脱逃，险些导致战斗失败。高平之战结束后，柴荣想诛杀樊爱能、刘徽等人以严肃军纪，但一直下不了决心。

战后的一天，柴荣躺在行宫的床上翻来覆去，思考是否严惩樊爱能等人的事情。正好禁卫部队的将领张永德在旁边，柴荣就问张永德的意见。张永德说："樊爱能他们本来就没什么大的功劳，根本没资格当将军。这些人望敌先逃，

中国大事记

公元951年，郭威灭后汉，即帝位，建后周，称太祖。

就是死也抵不了他们的罪责。况且陛下正想平定天下，如果军法不严，那么就是有勇猛之士、百万大军，又有什么用呢？"柴荣听张永德这么一说，把枕头扔在地上，大声叫好，下令把樊爱能等70多名临阵脱逃的将领全部拘捕。柴荣训斥他们说："你们都是历朝老将，不是不能打仗。在高平望风而逃，不是为了别的，是想把我像货物一样卖给敌人。"

柴荣下令将樊爱能等70多人全部斩首。刘徽以前有战功，柴荣本想赦免刘徽，但因为军法必须执行，柴荣就下令将刘徽也一同斩首，然后用车子将刘徽的尸首送回老家安葬。

从此以后，那些向来骄纵不法的士兵和将领知道了军法的严厉，不敢再违法妄为了，后周的军队建立起严明的军纪。

同时，柴荣对高平之战中的有功之臣都委以重任，提拔将领只看功绩不看资历，有士兵因为立功而直接被提拔为将军的。

以前，五代的其他朝代对军队的管理都很松，生怕管严了伤了人情。而管理松懈导致军队机构臃肿，老弱病残占了军队的大多数。不

仅如此，军队在朝廷的姑息迁就下变得十分骄横，不听指挥，打仗的时候不是逃跑就是投降。五代的时候各个朝代灭亡那么快，大多都是由于军队作战不力造成的。

高平之战中，部分军队临阵逃跑差点让后周亡国，柴荣对此痛心疾首，下决心进行改革。柴荣对手下说："兵在精不在多，现在100个农民也养不了1个士兵，怎么能用民脂民膏养一些废物呢？再说良莠不分，怎么激励众人？"于是下令各军进行大规模的检查挑选活动，精锐的提升到上军，老弱病残逐出军队。因为精锐的士兵大多在地方，又下令地方把精锐的士兵都派到京城参加挑选。柴荣任命禁卫部队将领赵匡胤负责从地方的士兵中挑选最精锐的士兵组成新的禁卫部队，剩下的士兵再由其他将领挑选组成其他各种部队。经过整顿，后周军队士兵素质增强，战斗力大为提高。

南唐开国君主李昪

李昪出生在江苏徐州，8岁时被节度使杨行密手下的士兵抢走。杨行密见到李昪后很喜欢他，就把他收为养子，对李昪比自己亲生儿子还好。杨行密的大儿子杨渥受不了，很憎恨李昪。

杨行密看李昪在自己家里实在是呆不下去了，就想给李昪再找个人家。杨行密跟手下将领徐温说："我收养的这个孩子天生聪明，不同于常人，可惜杨渥容不下他，我把他赐给你做儿子吧。"这样徐温就收养了李昪，还给李昪起了一个名字——徐知诰。

徐知诰对徐温十分孝顺。有一次徐知诰犯了错，徐温打了他一顿后，把他赶出了家门。过几天徐温回家的时候，徐知诰在门口迎接徐温，徐温问徐知诰："你怎么还在这？"

徐知诰哭着说："孩子离开父母能到哪里去啊？父亲生气了就到母亲那里避一会，等父亲消气再回来，这是人之常情啊。"徐温从此对徐知诰更加喜爱了，让徐知诰执掌家事。

徐知诰把家管理得井井有条，家人都交口

· 柴荣 ·

后周世宗柴荣（公元921~959年）是五代时期后周皇帝。公元954~959在位，在位6年。邢州尧山柴家庄（今河北省邢台市隆尧县）人，父柴守礼，祖父柴翁是当地望族，

后周世宗柴荣像

柴荣年轻时曾随商人颉跌氏在江陵贩茶，对社会积弊有所体验。史载其"器貌英奇，善骑射，略通书史黄老，性沉重寡言"，他是后周太祖郭威的养子（柴荣本身是郭威的内侄）。庙号世宗，谥号睿武孝文皇帝。

历史关注

李煜前期的词，主要写宫廷生活，后期的词，完全脱去了宫廷生活气息，抒发了国破家亡的悲愤之情。

称赞。徐知诰长大以后，喜欢读书射箭，文武双全，见识远大。父辈们对徐知诰都极为赏识，杨行密就对徐温说："知诰是俊杰之才，其他将领的孩子都赶不上他。"

杨行密死后，徐温掌握了大权，拥立杨行密的儿子为吴王，建立了吴国。原来杨行密手下的将领李遇不服从徐温，带兵造反。徐温派军队平叛，苦战后消灭了李遇。在这次战斗中，徐知诰立了大功，被任命为升州刺史。当时各州刺史都是军人出身，只关心行军打仗，没有人关心政务。只有徐知诰选用廉洁的官员，积极治理地方。徐知诰倾其所有广招人才，各地人才纷纷投奔他，而他也对有才人士加以重用。

对养父徐温，徐知诰十分孝顺。徐温有病徐知诰就整夜守在床边，几天都不睡觉。徐温特别喜欢徐知诰，经常对其他儿子说："你们能向徐知诰那样对我吗？"徐温的儿子徐知训、徐知询等见父亲偏爱养子，疏远亲子，都愤愤不平，对徐知诰都很不礼貌，只有小儿子徐知谏对徐知诰很好。

徐温在外打仗，政事由大儿子徐知训主持。徐知训很恨徐知诰。

一次他请兄弟们喝酒，徐知诰有事没有来。徐知训生气地说："要饭的不喝酒，难道想吃剑吗？"

徐知训想杀了徐知诰，就在一次徐知诰参加的宴会上秘密埋伏了杀手。徐知谏知道徐知训的用意，用脚踩徐知诰示意他快走。徐知诰假装出去方便，趁机逃走了。徐知训发觉徐知诰逃走了，把自己的佩剑解下来交给手下的将领刁彦能，让他去追。刁彦能追上徐知诰后，只拿着剑在徐知诰的面前晃了一下就回去了，向徐知训报告说自己没有追上。徐知训在主政期间胡作非为，得罪了很多人，后来在政变中被杀。

徐知训死后，徐知诰接替徐知训主持政务，他和徐知训主政的时候作风完全相反：恭敬地侍奉吴王，谦逊地对待臣下；对他人宽松，对自己严格；除苛捐杂税，清退不合格

的官吏，任用人才，因此徐知诰很受百姓的拥戴。以前吴国百姓必须得交人头税，就是婴儿、老人也得交税，民众负担沉重，苦不堪言。徐知诰下令免除人头税。有人说："这将导致国家减少上亿的税收，造成国家财政困难。"大臣宋齐丘反驳说："废除人头税，有利经济发展，民众会富裕起来，哪有民众富而国家穷的？"于是人头税在南唐被废除了。人头税被废除后，南唐的人口大大增加。劳动力的增加促进了经济的开发，长江、淮河间的荒地都被开垦，以前的荒野都种满了庄稼，吴国富强起来。

徐知诰虽然处理政事十分得力，但他毕竟不是徐温的亲生儿子，地位并不巩固。徐温的二儿子徐知询就以徐知诰不是亲生为理由，屡次向徐温请求由自己接替徐知诰主持政务，每次徐温都以他不如徐知诰为由拒绝了他的请求。

徐温的手下重臣严可求、徐玠也劝徐温用徐知询取代徐知诰。徐温因为徐知诰很孝顺，不忍心把徐知诰换下来。徐温的夫人也说："我们家穷的时候知诰就跟着我们，怎么能因为现在富了就不要知诰了呢？"手下大臣不断向徐温请求换掉徐知诰，徐温病重后终于下决心用徐知询取代徐知诰。可还没等实行，徐温就去世了。就这样，徐知诰继承了徐温的位子。

徐温在位的时候虽然自己执掌大权，但因为杨行密对自己有恩，所以他始终都拥立杨行密的后人为主，没有自己当皇帝。徐知诰不像徐温，他始终想自己能做皇帝。徐知诰常对着镜子长叹："国家安定了，我却老了，怎么办呢？"手下人知道他的意思，就劝徐知诰登基称帝。

徐知诰把自己的名字改回李昪，自称是唐朝皇室的后代。他建国时定国号为唐，以表示自己是唐朝的继承人，李昪建立的唐政权历史上称为南唐。

李昪后来为求长生不老乱吃丹药中毒而死，死的时候只有57岁。

中国大事记

公元 954 年，郭威卒，柴荣以太祖养子嗣位。

寿州之战

后周自从柴荣即位之后，国力日益强大，柴荣有感于唐朝灭亡后中国陷入四分五裂的惨状，立志统一中国。

后周显德二年（公元 955 年），柴荣发动了对南唐的战争。而这时的南唐因为长时间都没有打仗，士兵对战争都很陌生。按南唐的军事制度，凡是淮河水浅的时候，都要从寿州（今安徽寿县）派军队在淮河边布防，以防止敌人涉水过河、袭击南唐。这时南唐寿州监军吴廷绍认为天下无事，派兵布防白白浪费粮饷，竟然将这一制度废除了。寿州守将刘仁赡据理力争，也没有效果。后周军队趁南唐军队没有防备，渡过淮河，直扑南唐的军事重镇寿州。

寿州的南唐军队听说后周大军马上就要到了，人心惶惶。面对后周军队兵临城下的严重局面，寿州守将刘仁赡神情自若，毫无惊慌恐惧之色，军事操练也同平常一样，南唐军队的军心因此逐渐安定了下来。南唐皇帝李璟任命神武统军刘彦贞为北面行营都部署，统率 2 万军队增援寿州；任命奉化节度使、同平章事皇甫晖为应援使，常州团练使姚凤为应援都监，统率 3 万军队跟进，同时命令南唐水军顺流而下，攻击后周补给线。

在刘仁赡的坚守下，后周进攻寿州的军队毫无进展。柴荣心急如焚，决定御驾亲征。柴荣命令侍卫都指挥使、归德节度使李重进带后周主力增援进攻寿州的后周军队，自己则带禁卫部队从都城大梁（今河南开封）出发，直逼寿州。

但后周增援部队还未到位，刘彦贞指挥的南唐陆上援军就已到达距寿州两百里的来远镇（今安徽寿县西南），同时由数百艘战舰组成的南唐水军逼近正阳（今属河南），意图切断后周军队的退路，对后周形成前后夹击之势。后周军队前线统帅李谷被南唐军队的气势吓倒，跟手下将领说："我军不能水战，如果正阳失守，腹背受敌，必定会全军覆没。"于是下令全军撤退。

柴荣得知后周军队撤退的消息后忙派人制止，可为时已晚。等使者到的时候，李谷已经烧毁辎重，退到正阳，以抵御准备攻击正阳的南唐水军。

刘彦贞得知后周军队不战而退，大喜过望，以为后周军队怯懦，战胜后易易如反掌，便下令全军向正阳进发，意图与后周军队决战。而此时后周军队主力云集，李重进所指挥的增援部队已经到达正阳与李谷会合。刘仁赡和池州刺史张全约苦劝刘彦贞说："敌人见到您就跑了，这是畏惧您啊！为什么要急于速战呢？一旦战败，一切都完了。"刘彦贞有勇无谋，根本不听劝告，带兵进攻正阳。刘仁赡判断："一旦和后周主力遭遇，必败。"于是下令寿州守军整修城池，准备迎击后周军队的进攻。

后周军队和南唐军队在正阳决战，南唐军队大败，刘彦贞战死，阵亡士兵达 1 万人，正阳周围三十里内到处堆满了南唐将士的尸体，2 万军队最后只有池州刺史张全约带着少数士兵逃回了寿州。

大破南唐援军后，后周乘胜向寿州发起进攻。寿州被后周军队重重包围，柴荣亲临城下指挥。因兵力不足，柴荣下令征召宋州（今河南商丘）、陈州（今河南淮阳）、许州（今河南许昌）、蔡州（今河南汝南）、亳州（今属安徽）、颖州（今安徽阜阳）等地数十万民夫参战。后周军队不分白天黑夜地连续进攻寿州，刘仁赡坚守寿州，死战不退。后周军队猛攻数月一无所获，遂集中力量攻打援军，以消灭南唐的有生力量。南唐增援部队连战连败，损失惨重。南唐齐王李景达率 2 万军队增援寿州，遭后周军队突袭，5000 余人战死，剩余的上万士兵大多在逃跑途中溺死在江中。在寿州外围战中，南唐的有生力量消耗很大。但因南唐水军强大，后周军队无法与之对抗，寿州之役久战不决。

为了彻底地打败敌人，柴荣决定返回大梁（今河南开封）组建水军。柴荣留手下将领在寿州继续作战，自己则返回大梁。柴荣在大梁建造战舰，训练水军，积极准备与南唐决战。

历史关注

柴荣命人彻底修改法律，制定了较为完善的《大周刑统》，对北宋的《宋刑统》有着直接的影响。

寿州之战一直延续到后周显德四年（公元957年），长期作战使得寿州城的粮食消耗殆尽。向城中运粮的部队屡遭攻击，粮食供应不上，军心动摇。见形势危急，刘仁赡请求由将军边镐守城，自己带领手下士兵跟后周决战，但南唐统帅齐王李景达不允许，刘仁赡因此忧愤成疾。刘仁赡的小儿子刘崇谏夜间乘船欲投奔后周，被士兵抓住。刘仁赡下令把刘崇谏腰斩，左右都不敢说话。监军使周廷构哭着求刘仁赡不要杀刘崇谏，刘仁赡不答应。周廷构又向刘仁赡的夫人求救，刘仁赡的夫人说："我不是不爱崇谏，可是军法容不了私情，名节容不得亏损。今天要是饶恕了崇谏，刘家就成了不忠之门，我和仁赡还有什么脸面再见众位将士。"刘崇谏于是被处死。将士们被刘仁赡一家的忠心所感动，发誓死守寿州。

柴荣在训练好水军后，再次御驾亲征。后周水旱两路进兵，势不可挡。后周军队和南唐增援军队在紫金山决战，南唐军队阵亡上万人，溺死和投降的达4万人之多，彻底丧失了增援

·后周建立禁军·

柴荣生于乱世，他即位还不到10天，便有北汉勾结契丹大举入侵。他力排众议亲自出征，招募勇士入编禁军，简选良将四面出击，沉着应战，危局中竟以少胜多，将汉军击溃。

战后，柴荣赏有功，罚怯懦，将贪生怕死的将领70多人全部处死，严厉整治骄兵悍将。他下令各地将战斗力最强的士兵输送到京城，建立了精锐的禁军。在此后的征战中，禁军起到了决定战争胜负的关键作用。北宋延续了禁军制度，禁军始终是北宋王朝实力最强的军事力量。

寿州的能力。刘仁赡为此病情加重，然而仍然坚守孤城一个月之久。刘仁赡病情越来越重，最后人事不省。监军使周廷构、营田副使孙羽假借刘仁赡名义向后周投降，寿州之战最终以后周的胜利告终。